Français

Le
Méthodes
&Techniques
NOUVEAU PROGRAMME

**CLASSES
DES
LYCÉES**

Évelyne Pouzalgues-Damon
Agrégée de lettres classiques

Christophe Desaintghislain
Professeur Formateur

Christian Morisset
Ancien élève de l'École Normale Supérieure (Saint Cloud)
Agrégé de Lettres modernes

Patrick Wald Lasowski
Agrégé de Lettres modernes

© 2007 Nathan – 25 avenue Pierre
de Coubertin – 75013 Paris
ISBN : 978-2-09-160302-5

Coordination éditoriale : Christine Asin
Édition : Mélanie Schmitt, Sophie Legras
Coordination artistique : Évelyn Audureau
Conception couverture : Rony Turlet/
Courant d'idées
Conception maquette : Killiwatch
Composition et gravure : Nord Compo
Iconographie : Maryse Hubert
Lecture/correction : Catherine Lainé
Fabrication : Françoise Leroy

Guide et ouvrage de référence qui accompagne la Seconde et la Première, *Le Méthodes & techniques* conduit vers la maîtrise des techniques d'analyse et d'expression en s'appuyant sur des explications claires et des activités progressives.

Les fondamentaux : les bases du français

La première partie de l'ouvrage s'ouvre sur les repères qui fondent l'étude et la connaissance de la littérature : les mouvements, les registres, l'image, les genres littéraires. Cette partie met aussi en place les objets d'étude de la classe de Seconde : Un mouvement littéraire et culturel ; Le récit : le roman ou la nouvelle ; Le théâtre : les genres et les registres (le comique et le tragique) ; Le travail de l'écriture ; Démontrer, convaincre et persuader ; Écrire, publier, lire ; L'éloge et le blâme.

Les objets d'étude au bac : les connaissances à maîtriser en vue de l'examen

La seconde partie est entièrement consacrée au programme de Première sur lequel portent les épreuves écrites et orales. Chaque objet d'étude est introduit par un exemple et expliqué clairement. Des exercices progressifs multiplient les mises en application. Certaines activités renvoient directement à la préparation des épreuves. Un exo-bac sert à chaque fois à évaluer la maîtrise de l'objet d'étude et un sujet du bac met en œuvre les connaissances acquises dans la perspective de l'examen.

Les épreuves du bac : les méthodes à maîtriser pour réussir l'examen

La troisième partie aborde les exigences de l'épreuve écrite et orale. Elle explique, étape par étape, comment répondre aux questions, rédiger une dissertation, un commentaire, un texte d'invention. Elle prépare à l'exposé et à l'entretien oral.

– de nombreuses applications progressives, en lien avec les fiches méthodes, s'articulent autour des compétences à acquérir ;

– des critères d'évaluation permettent d'analyser son travail ;

– des sujets modèles, avec des réponses rédigées, illustrent clairement les exigences de l'examen ;

– des sujets complets peuvent servir d'entraînement.

La langue : la maîtrise de l'expression

La quatrième partie complète la préparation aux épreuves. Des fiches consacrées à la langue peuvent être consultées pour vérifier un temps, un mode, une modalité de phrase ; pour également choisir le mot juste, construire un paragraphe, utiliser des citations, rendre son texte plus vivant, retenir l'attention du lecteur, écrire des phrases correctes... Des exercices facilitent, là aussi, la maîtrise des techniques proposées.

Ainsi, comme lors de ses éditions précédentes, l'ouvrage souhaite accompagner avec efficacité chaque lycéen sur le chemin de la réussite, de la Seconde à la Première.

Sommaire

Sommaire

Objets d'étude

Objets d'étude

Objets d'étude

XVIᴱ SIÈCLE

L'humanisme

Lucas Cranach, *Le Cardinal de Brandenbourg*, 1525 (Huile sur toile).

L'humanisme développe une nouvelle image de l'homme, libre et épanoui. Il s'élève contre les croyances du Moyen Âge, au nom d'un retour à l'Antiquité, mais aussi de l'intelligence et du savoir.

Objectifs

- Placer l'homme au centre des préoccupations morales et philosophiques.
- Encourager les sciences et le savoir ainsi que la lecture des textes antiques.
- Explorer toutes les formes d'art.
- Dénoncer la violence sous toutes ses formes.

Formes privilégiées

Le roman, l'essai, le portrait, la littérature didactique, la poésie, l'épître.

Thèmes essentiels

- La méditation sur l'homme et sur soi.
- Le dialogue incessant du maître et de l'élève.
- L'instruction du Prince et des puissants sur leurs devoirs.

Procédés d'écriture

- L'usage des sentences et des maximes.
- La citation de la Bible et des auteurs de l'Antiquité.
- L'interpellation du lecteur à travers le questionnement.

L'île d'Utopie dans le roman de Thomas More (1516)

Écrivains et œuvres

- More, *Utopie* (1516, traduit du latin en 1550)
- Érasme, *Éloge de la folie* (1509, traduit du latin en 1520)
- Marot, *L'Adolescence clémentine* (1523-1535)
- Rabelais, *Pantagruel* (1532), *Gargantua* (1534)
- Budé, *L'Institution du Prince* (1547, en latin)
- Montaigne, *Essais* (1580-1588)

La Pléiade

Participant à l'humanisme, les écrivains de la Pléiade veulent retrouver l'inspiration qui a fait la grandeur de la culture antique. Ils rejettent les formes de la littérature médiévale et cherchent à développer et enrichir la langue française.

Objectifs

- Imiter les œuvres de l'Antiquité pour en retrouver la richesse.
- Défendre la langue française contre l'usage du latin.
- Exalter la grandeur de l'univers.
- Célébrer le poète inspiré par la « fureur divine ».

Formes privilégiées

L'ode, l'hymne repris de l'Antiquité, le sonnet emprunté à la poésie italienne.

Thèmes essentiels

- L'exaltation du sentiment amoureux.
- La fuite du temps et la mélancolie.
- La beauté féminine, reflet de la splendeur de l'univers.
- L'immortalité de la poésie.

Procédés d'écriture

- L'utilisation de l'alexandrin.
- La multiplication des métaphores et des allégories.
- La création de mots nouveaux.

Manifeste

- *Défense et Illustration de la langue française* (Du Bellay, 1549)

Pierre de Ronsard (1524-1585).

Écrivains et œuvres

- Ronsard, *Odes* (1550), *Amours de Cassandre* (1552), *Amours de Marie* (1556), *Sonnets pour Hélène* (1578)
- Jodelle, *Cléopâtre captive* (1553)
- Du Bellay, *Les Regrets* (1558), *Les Antiquités de Rome* (1558)
- Baïf, *Antigone* (1573, pièce adaptée de Sophocle).

XVIIᴱ SIÈCLE

Le baroque

Marqués par les guerres de religion, convaincus de l'incertitude du devenir de l'homme, les écrivains baroques défendent l'exubérance des formes. Ils témoignent de la fantaisie et de la virtuosité de l'artiste.

BERNIN, *Apollon et Daphné*, 1622, (Statue en marbre).

Objectifs

- Refuser la codification des genres en mêlant le sublime et le grotesque.
- Revendiquer la liberté et l'imagination.
- Exprimer l'intensité des sensations éprouvées au contact de la nature.

Formes privilégiées

Le théâtre, le roman, la poésie, genres ouverts à tous les jeux formels.

Thèmes essentiels

- L'illusion et l'instabilité, les métamorphoses du monde et des êtres.
- Les déguisements, les masques et les miroirs, les jeux sur l'identité.
- Les incertitudes du bonheur toujours menacé.

Procédés d'écriture

- L'antithèse et les effets de contraste.
- L'hyperbole et l'amplification des sensations.
- Les images étonnantes.
- Le théâtre dans le théâtre et la complexification de l'intrigue romanesque.

Manifestes et écrits théoriques

- *Satire IX* (RÉGNIER, 1613)
- *Élégie à une Dame* (THÉOPHILE DE VIAU, 1621)

Écrivains et œuvres

- D'URFÉ, *L'Astrée* (1607-1619)
- D'AUBIGNÉ, *Les Tragiques* (1616)
- VIAU, *Œuvres poétiques* (1621)
- SAINT-AMANT, *Œuvres du sieur de Saint-Amant* (1627)
- CORNEILLE, *L'Illusion comique* (1636)
- TRISTAN L'HERMITE, *La Marianne* (1636)
- CYRANO DE BERGERAC, *Histoire comique des États et empires de la Lune* (1662, posth.)

Le classicisme

En réaction contre l'exubérance du Baroque, le classicisme cherche à créer des modèles, en fondant chaque genre littéraire sur des règles de construction claires et rigoureuses. Il revendique l'usage d'un style simple et naturel.

Objectifs

- Instruire le lecteur et le spectateur, tout en suscitant son émotion.
- Retrouver le naturel et l'universalité des caractères et des passions.
- Établir et respecter des règles strictes, pour chaque genre littéraire.

À Versailles, Louis XIV et ses conseillers d'État, 1672 (Peinture).

Formes privilégiées

Le théâtre, la fable et le portrait, qui favorisent l'analyse morale et psychologique.

Thèmes essentiels

- La peinture des caractères, des désirs et des sentiments humains.
- La confrontation de l'individu avec les contraintes sociales, politiques et morales.
- L'idéal d'équilibre et d'honnêteté.

Procédés d'écriture

- L'utilisation de maximes et de formules générales.
- L'emploi de la litote qui préserve la bienséance.
- Le respect de la vraisemblance.
- La multiplication des effets de parallélisme et de symétrie.

Manifestes et écrits théoriques

- *Commentaire sur Desportes* (MALHERBE, 1608)
- *Art poétique* (BOILEAU, 1674-1683)

Écrivains et œuvres

- CORNEILLE, *Horace* (1640)
- BOSSUET, *Oraisons funèbres* (1653-1687)
- RACINE, *Andromaque* (1667)
- MOLIÈRE, *Tartuffe* (1664)
- LA FONTAINE, *Fables* (1668-1693)
- MME DE LAFAYETTE, *La Princesse de Clèves* (1678)
- LA BRUYÈRE, *Les Caractères* (1688)

XVIIIᴱ SIÈCLE

Les Lumières

Les écrivains des Lumières s'engagent afin de répandre le savoir et de favoriser l'exercice de la raison, contre les ténèbres de l'ignorance et du despotisme. Ils refusent toute vérité imposée par l'autorité religieuse et politique. Le philosophe des Lumières est un rationaliste et un militant qui veut contribuer au progrès de l'humanité. Il se fixe des objectifs précis et ambitieux.

Symbole des découvertes considérables du XVIIIᵉ siècle, l'aérostat des frères Montgolfier.

Objectifs

- Développer l'exercice de la raison critique qui remet en cause les habitudes, les traditions, les dogmes.
- Diffuser les connaissances des sciences et des techniques. Ce sont les vraies « Lumières » qui éclairent l'humanité. Le travail théorique s'appuie sur le développement de l'expérimentation.
- Combattre l'intolérance et toutes les manifestations du fanatisme religieux.
- Dénoncer les injustices et les abus de la noblesse et du clergé qui empêchent l'essor des individus les plus inventifs.
- Défendre les valeurs de liberté et d'égalité qui rapprochent tous les êtres humains.
- Apprendre à savourer le bonheur que l'existence humaine rend possible grâce au déploiement de l'intelligence et de la sensibilité.

Formes privilégiées

L'écrivain des Lumières cherche à toucher le public le plus large en privilégiant la clarté, la logique, la brièveté. Si les genres littéraires comme le théâtre, le roman, la poésie sont renouvelés, ce sont les œuvres à visée argumentative qui sont privilégiées : essai, pamphlet, dialogue, lettres philosophiques, dictionnaire, conte philosophique.

Thèmes essentiels

- L'analyse des formes du fanatisme et de la superstition remet en cause l'autorité et les traditions dans tous les domaines : religieux, politique, moral.
- Le regard critique porté sur les préjugés, les coutumes et les mœurs se fonde sur la comparaison avec d'autres sociétés : ce relativisme montre que l'amélioration des lois et des mœurs est nécessaire et possible.

Planche de l'Encyclopédie

- La dénonciation des privilèges de la naissance auxquels on oppose les mérites de l'individu.
- Le travail méprisé par la noblesse est valorisé alors que le noble, le prêtre et le soldat apparaissent comme des parasites.
- La nature et la culture : la société peut détourner l'homme de sa nature mais la culture permet le développement de l'humanité. Le philosophe cherche à fonder une société qui permettra le libre épanouissement des individus.

Procédés d'écriture

- Le recours au discours argumentatif et à la diversité des modes de raisonnement.
- L'usage de l'ironie, qui implique le lecteur et provoque le rire en ridiculisant les positions de l'adversaire.
- L'éloquence et les formes de l'adresse au destinataire.

Manifestes et écrits théoriques

- Article « Philosophe » de l'*Encyclopédie* (DUMARSAIS, 1751)
- *Traité sur la tolérance* (VOLTAIRE, 1763)

Écrivains et œuvres

- MONTESQUIEU, *Lettres persanes* (1721), *De l'esprit des lois* (1748)
- VOLTAIRE, *Lettres philosophiques* (1734), *Candide* (1759), *Dictionnaire philosophique* (1764)
- BUFFON, *Histoire Naturelle* (1749-1789)
- ROUSSEAU, *Discours sur l'origine de l'inégalité* (1755), *Du contrat social* (1762)
- DIDEROT, *Encyclopédie* (1751-1772), *Jacques le fataliste* (1765)
- BEAUMARCHAIS, *Le Mariage de Figaro* (1784)
- CONDORCET, *Esquisse d'un tableau historique des progrès de l'esprit human* (1795)

XIXᴱ SIÈCLE

Le romantisme

Le romantisme revendique une sensibilité nouvelle reposant sur l'exaltation du sentiment, le goût pour le passé, le rêve et la nature, la défense des peuples opprimés au nom de la liberté. Il s'oppose ainsi au goût et à la tradition classique.

CASPAR DAVID FRIEDRICH, *Le Rêveur*, 1835 (peinture).

Objectifs
- Libérer les genres littéraires des règles strictes fixées par la tradition.
- Exprimer les sentiments et les souffrances profondes des individus.
- Retrouver l'harmonie du moi avec le monde à travers la communion avec la nature.

Formes privilégiées
L'autobiographie, le drame, le roman et la nouvelle, les formes de la poésie lyrique.

Thèmes essentiels
- La solitude du moi, inquiet et révolté, mélancolique et habité par la nostalgie du passé.
- La nuit et ses mystères.
- Le pittoresque et le fantastique du Moyen Âge.
- Le dialogue avec la nature.

Procédés d'écriture
- Le mélange des registres comique et tragique.
- L'utilisation d'un langage hyperbolique.
- La multiplication des enjambements et l'usage du rythme ternaire en poésie.

Manifestes et écrits théoriques
- Racine et Shakespeare (STENDHAL, 1823)
- Préface de *Cromwell* (HUGO, 1827)

Écrivains et œuvres
- LAMARTINE, *Méditations poétiques* (1820)
- VIGNY, *Cinq-Mars* (1826), *Les Destinées* (1864.)
- HUGO, *Hernani* (1830), *Notre-Dame de Paris* (1831), *Les Rayons et les Ombres* (1840)
- MUSSET, *Lorenzaccio* (1834) ; *Les Nuits* (1835)
- CHATEAUBRIAND, *Mémoires d'outre-tombe* (1848, posth.)

Le réalisme

Les écrivains réalistes veulent peindre la réalité de leur temps et explorer la vie quotidienne sous toutes ses formes. Ils représentent l'ensemble des milieux sociaux, même les plus défavorisés.

Objectifs
- Rejeter toutes les formes d'idéalisation de la réalité.
- Démonter les mécanismes économiques et sociaux conduisant l'individu à la réussite ou à l'échec.
- Peindre d'une manière objective tous les aspects de la société contemporaine.

Formes privilégiées
Le roman et la nouvelle.

Thèmes essentiels
- L'apprentissage de la vie et l'initiation sentimentale.
- Le rayonnement de Paris, centre des affaires et des plaisirs.
- La puissance de l'argent et du pouvoir politique.

Procédés d'écriture
- La multiplication des petits détails vrais.
- L'expansion de la description.
- L'utilisation de niveaux de langage adaptés aux situations et aux personnages.

Manifestes et écrits théoriques
- Avant-propos de *La Comédie humaine* (BALZAC, 1842)
- *Le Réalisme* (CHAMPFLEURY, 1857)
- *Étude sur le roman* (MAUPASSANT, 1888)

Écrivains et œuvres
- BALZAC, *La Comédie humaine* (1842-1848)
- STENDHAL, *Le Rouge et le Noir* (1830)
- FLAUBERT, *Madame Bovary* (1857)
- MAUPASSANT, *Une vie* (1883)

caricature de DAUMIER, *Les bourgeois*, le 16 septembre 1826.

XIXᵉ SIÈCLE

Le naturalisme

Zola caricaturé par Robida, 1880.

S'appuyant sur les découvertes de la science, les écrivains naturalistes transposent dans le roman les lois de l'hérédité et du milieu sur les individus. Ils s'inscrivent dans la continuation du courant réaliste pour représenter la société de leur temps.

Objectifs

• Montrer la transmission héréditaire d'une fatalité biologique, d'une « fêlure » au sein d'une même famille.
• Mettre en évidence l'influence du contexte familial dans lequel évolue l'individu.
• Décrire les fléaux sociaux, comme l'alcoolisme ou la prostitution, qui menacent l'ensemble de la société.

Formes privilégiées

Le roman et la nouvelle, mais aussi l'adaptation au théâtre des œuvres romanesques.

Thèmes essentiels

• Les malheurs du peuple, amplifiés par l'urbanisation et le capitalisme naissant.
• Les instincts et les pulsions que l'individu ne peut contrôler.

Écrivains et œuvres

• EDMOND et JULES DE GONCOURT, *Germinie Lacerteux* (1865)
• ZOLA, *Les Rougon-Macquart, histoire naturelle et sociale d'une famille sous le Second Empire* (1871-1893)
• ALEXIS, CÉARD, HENNIQUE, HUYSMANS, MAUPASSANT et ZOLA, *Les Soirées de Médan* (1880)

Le symbolisme

L'écrivain symboliste se donne pour mission de suggérer l'existence d'un univers supérieur et invisible dont le monde réel n'est que le reflet.
Il s'oppose ainsi au réalisme et à l'idéologie de la science et du progrès.

Objectifs

• Recréer les correspondances qui existent entre les signes du langage, le monde naturel et le monde de l'art.
• Exercer un pouvoir évocateur et suggestif sur l'imaginaire du lecteur.
• Reproduire dans le texte l'harmonie de la musique.

Formes privilégiées

Le poème qui, par sa puissance évocatrice, fait accéder au monde des symboles.

Thèmes essentiels

• La création d'un paysage fluide et mystérieux, qui incarne un état d'âme.
• La solitude et le silence du poète.
• La présence du blanc : de la neige, du brouillard et de la page vierge.

Procédés d'écriture

GUSTAV KLIMT, *La musique*, 1895 (Peinture, détail).

• L'harmonie suggestive qui joue sur les sonorités.
• Le vers classique, mais aussi le vers impair, le vers blanc et le vers libre.
• La multiplication des symboles, à travers les images poétiques.
• L'utilisation d'un langage énigmatique.

Manifestes et écrits théoriques

• *Le Manifeste du symbolisme* (MORÉAS, 1886)
• Avant-dire au *Traité du verbe* (MALLARMÉ, 1886)
• *Traité du verbe* (RENÉ GHIL, 1886).

Écrivains et œuvres

• VERLAINE, *Sagesse* (1880)
• LAFORGUE, *Les Complaintes* (1885)
• MAETERLINCK, *Pelléas et Mélisande* (1892)
• MALLARMÉ, *Poésies* (1899 posth.)

XXᴱ SIÈCLE

Le surréalisme

Le surréalisme appelle à se libérer des exigences de la morale et de la raison, à s'ouvrir à l'univers de l'inconscient. Il élabore un nouveau langage poétique qui exprime la puissance du rêve et du désir. Il s'appuie sur les recherches de la psychanalyse pour revendiquer l'importance du hasard dans la création artistique.

SALVADOR DALI, *La Tentation de Saint Antoine*, 1946 (huile sur toile).

RENÉ MAGRITTE, *Bouteille peinte*, 1863.

Objectifs

- Explorer l'univers de la magie, du rêve et de la folie pour libérer les forces plus vives de l'esprit, méconnues par un rationalisme trop étroit.
- Combattre tous les conformismes sociaux, religieux, idéologiques qui étouffent par leurs censures ce qui pourrait donner sens à la vie humaine.
- Célébrer l'intensité de l'amour fou qui bouleverse notre façon de voir le monde, qui change notre vie.

Formes privilégiées

La poésie, le récit onirique, les collages, le jeu sur les formes brèves comme la maxime ou la définition.

Thèmes essentiels

- Le hasard qui fait naître l'illumination poétique à travers les rencontres fortuites de personnes, mais aussi les associations libres d'images et de mots qui bousculent nos habitudes.
- La puissance du rêve qui nous ouvre la voie d'un monde merveilleux, où l'être humain peut déployer toute son énergie.
- La fascination de la femme, médiatrice irremplaçable qui réalise la fusion du rêve, du réel et du désir.
- La révolution surréaliste transforme le domaine de l'art, mais doit aussi bouleverser le monde politique, changer l'ordre social et renverser la morale bourgeoise. Mais, au nom de la liberté, l'artiste surréaliste refuse de se soumettre aux ordres d'un parti ou d'un groupe.

Procédés d'écriture

- L'écriture automatique qui consiste à écrire sous la dictée de l'inconscient des phrases que la raison aurait interdites.
- L'association libre et le jeu humoristique sur les mots, leurs sens, leurs sonorités, leurs associations inattendues et originales. Se crée ainsi un langage neuf, libéré de toute contrainte.
- Le rapprochement, à travers la métaphore, de réalités éloignées. L'image poétique y prend une force nouvelle, déroutante, libératrice. Ces nouvelles voies ouvertes à l'imagination inspirent poètes, peintres et cinéastes.

Manifestes et écrits théoriques

- *Manifeste du surréalisme* (BRETON, 1924)
- *Une vague de rêves* (ARAGON, 1924)

Écrivains et œuvres

- BRETON et SOUPAULT, *Les Champs magnétiques* (1919)
- ÉLUARD, *Capitale de la douleur* (1926), *L'Amour la poésie* (1929)
- ARAGON, *Le Paysan de Paris* (1926)
- BRETON, *Nadja* (1928)
- DESNOS, *Corps et Biens* (1930)
- ARAGON, *Les yeux d'Elsa* (1942)

XXᵉ SIÈCLE

L'absurde

Les écrivains de l'absurde représentent une image tragique de l'homme, voué à la solitude et confronté à un univers dépourvu de sens. Ils expriment l'angoisse existentielle née de l'impossibilité de communiquer avec les autres.

ERIK BOULATOV,
Autoportrait, 1868
(huile sur toile).

Objectifs

- Combattre les illusions, littéraires et philosophiques, qui donnent une image idéalisée de l'homme.
- Mettre en évidence l'absurdité de la condition humaine.
- Montrer les limites du langage dans la communication.

Formes privilégiées

Le roman, la nouvelle, mais surtout le théâtre, qui favorise l'expression d'une crise du langage.

Thèmes essentiels

- La solitude de l'homme, qui se sent étranger dans le monde.
- L'écoulement infini du temps, dans un univers sans passé et sans avenir.
- Le vide d'un espace sans repères.
- La vanité des actions humaines.

Procédés d'écriture

- Les jeux sur le langage : jeux de mots, clichés, répétitions, humour noir, dérision.
- Le mélange des registres tragique et comique.
- Les effets de rupture dans les dialogues, à travers les phrases brèves, souvent réduites à un mot.

Manifestes et écrits théoriques

- *L'existentialisme est un humanisme* (SARTRE, 1946)
- *Précis de décomposition* (CIORAN, 1949)
- *Notes et Contre-Notes* (IONESCO, 1962)

Écrivains et œuvres

- SARTRE, *La Nausée* (1938), *Huis clos* (1944)
- CAMUS, *L'Étranger* (1942)
- IONESCO, *La Cantatrice chauve* (1950), *Rhinocéros* (1960), *Le Roi se meurt* (1962)
- BECKETT, *En attendant Godot* (1953), *Fin de partie* (1957)
- ADAMOV, *Le Ping-pong* (1955)

Le Nouveau Roman

Le Nouveau Roman refuse le développement de l'intrigue et de la psychologie du roman traditionnel. Il cherche à créer des formes narratives originales, qui restituent la réalité complexe d'un monde fragmenté.

Objectifs

- Faire du roman un laboratoire de formes d'écriture nouvelles.
- Créer une nouvelle forme de personnages, anonymes et impersonnels.
- Restituer le cheminement de la pensée à travers les voix intérieures de la conscience.

Formes privilégiées

Le roman, ouvert à toutes les recherches.

Thèmes essentiels

- La présence entêtante et obsessionnelle des objets.
- Le souvenir et les images du passé, qui traversent la conscience d'une manière discontinue.
- Le labyrinthe, qui peut prendre la forme d'une ville ou d'une errance intérieure.

Procédés d'écriture

- La minutie objective et froide de la description.
- La déconstruction de la chronologie, trouée par les jeux de la mémoire ou de la projection dans le futur.
- La répétition et la variation des mêmes scènes, mises en série.

Manifestes et écrits théoriques

GÉRARD FROMANGER,
La vie et la mort du peuple,
1975 (Peinture).

- *L'Ère du soupçon* (SARRAUTE, 1956)
- *Pour un nouveau roman* (ROBBE-GRILLET, 1963)
- *Essais sur le roman* (BUTOR, 1964)

Écrivains et œuvres

- ROBBE-GRILLET, *Les Gommes* (1953)
- BUTOR, *La Modification* (1957)
- SARRAUTE, *Le Planétarium* (1959)
- DURAS, *Le Ravissement de Lol V. Stein* (1964)
- SIMON, *Histoire* (1967)

Observation

1

Texte **A**

Le raisonnement comique

(Sganarelle, valet de Don Juan, ne comprend pas pourquoi son maître est incroyant. Après un véritable interrogatoire, il essaye de le convaincre de l'existence de Dieu.)

DON JUAN. – Je crois que deux et deux sont quatre, Sganarelle, et que quatre et quatre sont huit.

SGANARELLE. – La belle croyance et les beaux articles de foi que voilà ! Votre religion, à ce que je vois, est dans l'arithmétique ? Il faut
5 avouer qu'il se met d'étranges folies dans la tête des hommes, et que pour avoir bien étudié on est bien moins sage le plus souvent. Pour moi, Monsieur, je n'ai point étudié comme vous, Dieu merci, et personne ne saurait se vanter de m'avoir jamais rien appris ; mais avec mon petit sens, mon petit jugement, je vois les choses mieux que tous les
10 livres, et je comprends fort bien que ce monde que nous voyons n'est pas un champignon, qui soit venu tout seul en une nuit. Je voudrais bien vous demander qui a fait ces arbres-là, ces rochers, cette terre, et ce ciel que voilà là-haut, et si tout cela s'est bâti de lui-même. Vous voilà vous, par exemple, vous êtes là : est-ce que vous vous êtes fait
15 tout seul ? Pouvez-vous voir toutes les inventions dont la machine de l'homme est composée sans admirer de quelle façon cela est agencé l'un dans l'autre : ces nerfs, ces os, ces veines, ces artères, ces... ce poumon, ce cœur, ce foie, et tous ces autres ingrédients qui sont là, et qui... oh ! dame, interrompez-moi donc si vous voulez : je ne saurais disputer si
20 l'on ne m'interrompt ; vous vous taisez exprès et me laissez parler par belle malice.

DON JUAN. – J'attends que ton raisonnement soit fini.

SGANARELLE. – Mon raisonnement est qu'il y a quelque chose d'admirable dans l'homme, quoi que vous puissiez dire, que tous les savants
25 ne sauraient expliquer. Cela n'est-il pas merveilleux que me voilà ici, et que j'aie quelque chose dans la tête qui pense cent choses différentes en un moment, et fait de mon corps tout ce qu'elle veut ? Je veux frapper des mains, hausser le bras, lever les yeux au ciel, baisser la tête, remuer les pieds, aller à droite, à gauche, en avant, en arrière, tourner.

Il se laisse tomber en tournant.

MOLIÈRE, *Dom Juan*[1], Acte III, scène 1, 1665.

1. L'usage est d'orthographier *Dom Juan* le titre et Don Juan le personnage.

Le registre comique déforme la réalité à travers des situations qui provoquent le rire. L'ordre habituel des choses, la logique du langage, des gestes et des comportements sont tout à coup mis en cause par une rupture inattendue. Le registre comique est un registre vivant qui traverse tous les arts. Quelles caractéristiques du registre comique ces deux textes de Molière mettent-ils en évidence ?

Texte **B**

La répétition comique

(Orgon, époux d'Elmire, a recueilli chez lui l'hypocrite Tartuffe, qu'il admire aveuglément. Rentrant de voyage, il demande à sa servante ce qui s'est passé durant son absence.)

DORINE
Madame eut, avant-hier, la fièvre jusqu'au soir,
Avec un mal de tête étrange à concevoir.
ORGON
Et Tartuffe ?
DORINE
Tartuffe ? il se porte à merveille,
5 Gros et gras, le teint trais et la bouche vermeille.
ORGON
Le pauvre homme !
DORINE
Le soir elle eut un grand dégoût
Et ne put au souper toucher à rien du tout,
Tant sa douleur de tête était encor cruelle.
ORGON
10 Et Tartuffe ?
DORINE
Il soupa, lui tout seul, devant elle,
Et fort dévotement il mangea deux perdrix
Avec une moitié de gigot en hachis.
ORGON
Le pauvre homme !

MOLIÈRE, *Tartuffe ou l'Imposture*, Acte I, scène 4, 1664.

1 LA RUPTURE DANS L'ORDRE LOGIQUE

1 ▷ Pourquoi la réaction d'Orgon peut-elle étonner et faire rire ?

2 ▷ Dans l'extrait de *Dom Juan*, pourquoi la chute de Sganarelle prête-t-elle à rire ? Voyez-vous un point commun entre le rire provoqué par Orgon et le rire provoqué par Sganarelle ?

2 LES SURPRISES DU LANGAGE

3 ▷ Molière utilise le procédé de la répétition dans l'extrait de *Tartuffe*. Pourquoi peut-on dire qu'il produit un effet comique ?

4 ▷ Sganarelle suppose que la force de son argumentation proviendra de l'abondance de son énumération. Relevez les indices qui montrent que son discours est absurde.

3 LA SITUATION COMIQUE

5 ▷ Selon vous, en quoi la situation d'Orgon et de Sganarelle est-elle comique ?

6 ▷ Montrez que Molière, par des situations différentes, s'attache à mettre en évidence le ridicule des deux personnages.

Le registre comique

Le registre comique recouvre l'ensemble des situations et des procédés qui provoquent le rire. Il repose sur une rupture qui se manifeste à travers des situations, des gestes ou des effets de langage inattendus.

1 LA RUPTURE DANS L'ORDRE LOGIQUE

Le registre comique fait naître le rire à partir d'une contradiction, d'une situation qui crée un écart soudain par rapport à ce qui est attendu.

L'écart	Le comique naît d'une opposition entre l'attitude, le statut social, le caractère d'une personne et la situation dans laquelle elle se trouve plongée. *CÉLIMÈNE* (Elle parle d'Arsinoé qui n'est pas là) *Enfin je n'ai rien vu de si sot à mon gré ;* *Elle est impertinente au suprême degré,* *Et...* (Arsinoé apparaît) *Ah ! quel heureux sort en ce lieu vous amène ?* *Madame, sans mentir, j'étais de vous en peine.* (Molière, Le Misanthrope)
Le renversement	Le comique est provoqué par un retournement brutal de situation. C'est par exemple le cas d'Harpagon, dans *L'Avare* de Molière : l'avare se croit ruiné.
Le glissement vers l'absurde	Le comique naît du glissement de l'ordre logique vers l'absurde : « *Radieux : "J'aurais pu avoir plus !" s'est écrié l'assassin Lebret, condamné à Rouen aux travaux forcés à perpétuité.* » (Félix Fénéon)

2 LES SURPRISES DU LANGAGE

■ 1. Le jeu sur les niveaux de langage

Le registre comique peut susciter le sourire ou le rire lorsque le niveau de langage utilisé est en décalage par rapport à la situation. C'est le cas, par exemple, lorsque des personnages ordinaires s'expriment dans un langage soutenu ou, au contraire, lorsque des personnages héroïques adoptent un vocabulaire familier.

Dans une pièce de Marivaux, deux serviteurs cherchent à imiter les propos précieux de leurs maîtres :

« LISETTE. – Tenez donc, petit importun, puisqu'on ne saurait avoir la paix qu'en vous amusant.
ARLEQUIN. – Cher joujou de mon âme ! Cela me réjouit comme du vin délicieux. Quel dommage que de n'en avoir que roquille*. » (*quelques gouttes)
(Marivaux, Le Jeu de l'amour et du hasard)

■ 2. Le jeu sur les mots

→ **Le jeu sur le double sens.** Il permet d'effectuer un glissement du sens propre vers le sens figuré ou inversement.

« Je connaissais un sportif qui prétendait avoir plus de ressort que sa montre. »
(Raymond Devos)

→ **Le télescopage.** Il mêle des réseaux lexicaux appartenant à des domaines différents.

« Le point se sauve. Dans une échappée magnifique une virgule remonte. »
(Jean Cocteau)

→**L'association.** Elle produit, au moyen de la comparaison et de la métaphore, un effet humoristique par un rapprochement inattendu.

→**Le jeu sur les sons.** Le remplacement d'un son par un autre son provoque une rupture de sens souvent comique.

Procédé	Définition	Exemples
L'inversion sonore	Inversion de sons ou de lettres dans un mot.	*La spychologie* (pour psychologie) *L'infractus* (pour infarctus)
L'anagramme	Permutation de sons d'un mot pour obtenir un mot nouveau.	*Rimer/mirer* *Chien/niche*
La contrepèterie	Permutation de sons, de lettres ou de syllabes dans un ensemble de mots.	*Sonnez, trompettes !* *Trompez, sonnettes !*
Le calembour	Ressemblance de sons recouvrant une différence de sens.	*Mon père est marinier* pour « mari niais » (Boby Lapointe).

3 LA SITUATION COMIQUE

1. Le quiproquo

→**Le quiproquo sur un personnage.** Le personnage est pris pour un autre. Dans *Le Jeu de l'amour et du hasard*, Marivaux fait jouer aux valets le rôle de leurs maîtres, et dans *Les Fausses confidences* c'est Dorante qui change d'identité pour connaître les sentiments d'Araminte.

→**Le quiproquo sur un objet.** Dans une pièce de Feydeau, Médor est le nom d'un diamant, mais le personnage croit qu'il s'agit d'un chien.

→**Le quiproquo sur un lieu.** Dans *Un chapeau de paille d'Italie* de Labiche, un personnage se croit à la mairie alors qu'en réalité il est dans un magasin.

2. Le sous-entendu complice

Un personnage connaît et comprend les références utilisées par un autre, mais un troisième les ignore. Cette situation provoque le rire : on rit alors des réactions de celui qui n'est pas dans la confidence.

Cette complicité s'établit également avec le lecteur qui sourit alors des références inattendues ou naïves d'un personnage ou d'un narrateur.

> « Il avait donné une partie de son appartement à une association qui s'appelait SOS Bénévoles, où l'on peut téléphoner jour et nuit quand le monde devient trop lourd à porter et même écrasant, et c'est l'angoisse. On compose le numéro et on reçoit du réconfort, ce qu'on appelle l'aide morale, dans le langage. »
>
> *(Romain Gary/Émile Ajar, L'Angoisse du roi Salomon)*

Le narrateur, un jeune garçon, évoque avec sa propre vision du monde un organisme inconnu. Le lecteur connaît cet organisme (SOS...) et sourit devant cette analyse inattendue.

3. La répétition

La répétition d'une même situation, d'une même parole ou d'un même geste crée un effet mécanique. Cette raideur inattendue se double parfois d'un effet d'accélération, qui souligne le comique de l'action ou du dialogue.

4. L'éxagération

C'est un effet de grossissement : la situation est amplifiée par rapport à la réalité. Le comique repose sur la démesure, sur le changement de proportions.

> « Qui pourrait le croire ? les architectes ont été souvent obligés de hausser, de baisser et d'élargir leurs portes, selon que les parures des femmes exigeaient d'eux ce changement. »

(Montesquieu)

4 LES FORMES DU COMIQUE

Le registre comique se rencontre dans différents genres qui peuvent exprimer des intentions qui vont du rire à la moquerie.

Le burlesque	Il repose sur le décalage entre l'objet décrit et le niveau de langue choisi. Il consiste à peindre des situations sérieuses en termes vulgaires ou, au contraire, à brosser des situations vulgaires en termes délicats.
La parodie	Elle repose sur l'imitation amusante d'une œuvre connue, d'un genre, de façon à mettre en évidence ses caractéristiques dominantes, présentées alors comme des faiblesses.
La satire	Elle repose sur la description d'une personne, d'une activité, qu'elle caricature ou dénonce. Elle se moque souvent des mœurs et des modes d'une époque.
La farce	Elle repose sur la représentation de situations simples où les stratagèmes mis en place (ruse, tromperie, mensonge) aboutissent à un renversement final de situation.
L'humour	Il repose sur un effet comique qui se dissimule sous une apparence de sérieux. L'humour noir souligne l'absurdité et la cruauté du monde.

Les grandes dates de l'histoire littéraire

Le registre COMIQUE et la comédie

Antiquité La comédie est apparue en Grèce à l'occasion des fêtes consacrées à Dionysos, le dieu du vin. Pour Aristote, elle est un genre bas, qui garde le souvenir des défilés carnavalesques mêlant la musique, la danse et le rire.

Moyen Âge Les multiples farces grossières tournent en dérision les institutions : c'est le bouffon qui dit alors la vérité des hommes.

XVIIᵉ siècle Molière impose véritablement la comédie, qui se veut la peinture des mœurs et des ridicules, tout en sollicitant la réflexion critique du spectateur.

XVIIIᵉ siècle Marivaux et Beaumarchais poursuivent cette critique sociale et enchaînent sur la scène quiproquos et péripéties.

XIXᵉ siècle C'est le triomphe du théâtre de boulevard. Pour Labiche, Feydeau ou Courteline, le vaudeville est à la fois une satire qui se moque de l'univers des petits bourgeois et un style théâtral fait de malentendus et de coups de théâtre.

XXᵉ siècle Guitry, Pagnol, Anouilh, Ionesco renouvellent la comédie, inscrivant à leur tour dans le registre comique l'expression d'une profonde humanité, présente sous le rire.

ÉTUDIER LA RUPTURE DANS L'ORDRE LOGIQUE

1. 1. Ce texte fait directement référence à une fable de La Fontaine. Laquelle ? Relevez des indices (personnages, situation...) pour illustrer votre réponse.

2. Relevez et nommez les écarts de situation que contient cet extrait par rapport à la fable de La Fontaine (page 292).

La cigale ayant chanté
Tout l'été,
Dans maints casinos, maintes boîtes
Se trouva fort bien pourvue
5 Quand la bise fut venue.
Elle en avait à gauche, elle en avait à droite,
Dans plusieurs établissements.
Restait à assurer un fécond placement.
Elle alla trouver un renard,
10 Spécialisé dans les prêts hypothécaires
Qui, la voyant entrer l'œil noyé sous le fard,
Tout enfantine et minaudière[1],
Crut qu'il tenait la bonne affaire.

JEAN ANOUILH, Fables, Éd. La Table ronde, 1967.

1. Minaudière : *enjôleuse.*

2. 1. Quel procédé de rupture crée, dans la photographie, un effet humoristique ?

2. Quelles caractéristiques de la situation contribuent à amplifier l'effet produit ?

3. Quelle légende inventeriez-vous pour inscrire l'image dans le registre comique ?

ELLIOT ERWITT, À Bratsh, en Sibérie.

ANALYSER LE JEU SUR LES MOTS ET SUR LES NIVEAUX DE LANGAGE

3. 1. Quels sont les réseaux lexicaux qui dominent dans le texte d'Albert Camus ?

2. En quoi ce jeu sur le lexique contribue-t-il à inscrire le texte dans le registre comique ?

C'est une page d'histoire qui se déroule sur le ring. Et le coriace Oranais soutenu par des milliers de voix hurlantes défend contre Perez (d'Alger) une manière de vivre et l'orgueil d'une 5 province. La vérité oblige à dire qu'Amar mène mal sa discussion. Son plaidoyer a un vice de forme : il manque de rallonge. Celui du puncheur algérois, au contraire, a la longueur voulue. Il porte avec persuasion sur l'arcade sour- 10 cilière de son contradicteur. L'Oranais pavoise magnifiquement sous les vociférations d'un public déchaîné.

ALBERT CAMUS, « Un match de boxe à Oran »,
in Cinquante exploits et récits sportifs, Éd. Gründ.

4. 1. Raymond Queneau détourne des expressions courantes pour en créer de nouvelles qui prêtent à sourire. Relevez deux de ces expressions. Expliquez de quelle manière elles sont formées.

2. Quel autre type de détournement l'auteur utilise-t-il à deux reprises ? Expliquez.

Il pleuvait à pierre fendre.
Paul situa dans un coin de la boutique un dégoulinant de flotte objet dont les commerçants hilares commençaient à imposer l'usage venu de 5 l'étranger. Il se laissait parfois tenter par les coutumes des touristes, ne se risquant pas encore toutefois à revêtir un imperméable ouateur-proufe[1], vêture passant pour très excentrique.
Il regarda la sculpture et testa du hochet.
10 Pierre continuait à marteler le marbre, à coups réguliers et régulièrement maladroits. Il était en train de faire un bout de bras et travaillait dans le modelé. Il finit par se décider à saluer son frère et comme il pleuvait (il pleuvait à verso et 15 à hecto) il lui dit (à son frère) :
— Mauvais temps, hein.
Bien que ce fût à cause de lui qu'il était comme ça le ouézeur[2]. Et d'autres fois, Pierre disait :
— Sale temps, hein.

RAYMOND QUENEAU, Saint Glinglin, Éd. Gallimard, 1948.

1. **Ouateurprouf** : *écriture phonétique du mot anglais* waterproof, *imperméable* – 2. **Ouézeur** : *écriture phonétique d'un mot anglais,* weather, *le temps.*

Vers le commentaire

5
**
1. Résumez la situation de la scène ainsi que la fonction des personnages.

2. Observez les termes en italique. En quoi manifestent-ils de façon comique la déformation professionnelle des Diafoirus ?

3. Lisez l'encadré. Expliquez de quelle manière cet extrait illustre les reproches adressés par Molière à la médecine et aux médecins.

Monsieur Diafoirus. – Nous allons, Monsieur, prendre congé de vous.

Argan. – Je vous prie, Monsieur, de me dire un peu comment je suis.

5   Monsieur Diafoirus *lui tâte le pouls*. – Allons, Thomas, prenez l'autre bras de Monsieur, pour voir si vous saurez porter un bon jugement de son pouls. *Quid dicis*[1] ?

Thomas Diafoirus. – *Dico*[2] que le pouls de Mon-
10 sieur est le pouls d'un homme qui ne se porte point bien.

Monsieur Diafoirus. – Bon.

Thomas Diafoirus. – Qu'il est duriuscule[3], pour ne pas dire dur.

15 Monsieur Diafoirus. – Fort bien.

Thomas Diafoirus. – Repoussant.

Monsieur Diafoirus. – *Bene*[4].

Thomas Diafoirus.– Et même un peu caprisant[5].

Monsieur Diafoirus. – *Optime*[6].

20 Thomas Diafoirus. – Ce qui marque une intempérie[7] dans le *parenchyme spléïnique*, c'est-à-dire la rate.

Monsieur Diafoirus. – Fort bien.

Argan. – Non : Monsieur Purgon dit que c'est
25 mon foie qui est malade.

Monsieur Diafoirus. – Eh ! oui : qui dit *parenchyme*, dit l'un et l'autre, à cause de l'étroite sympathie qu'ils ont ensemble, par le moyen du *vas breve du pylore*[8], et souvent des *méats*
30 *cholidoques*[9]. Il vous ordonne sans doute de manger force rôti ?

Argan. – Non, rien que du bouilli.

Molière, *Le Malade imaginaire*,
Acte II, scène 6, 1673.

1. **Quid dicis** : *qu'en dis-tu ? (latin)* – 2. **Dico** : *je dis (latin)* –
3. **Duriuscule** : *un peu dur* – 4. **Bene** : *bien (latin)* –
5. **Caprisant** : *irrégulier* - 6. **Optime** : *très bien (latin)* –
7. **Intempérie** : *fièvre, malaise* – 8. **Vas breve du pylore** :
vaisseau du fond de l'estomac – 9. **Méats cholidoques** : *qui amènent la bile dans le duodénum.*

Pour étudier le texte

LA DÉNONCIATION DES RIDICULES CHEZ MOLIÈRE

Chez Molière, le registre comique tient souvent à l'observation du réel et joue sur la représentation de personnages-types : épouse rusée ou tyrannique, femme émancipée, vieillard amoureux, prétentieux grotesque, médecin ignorant et vaniteux... C'est l'occasion de faire la critique d'un ridicule particulier, d'une obsession risible : avarice, pruderie, pédantisme, misanthropie... C'est pourquoi, lorsqu'il met en scène les médecins par exemple, vrais ou faux comme dans *Dom Juan*, *Le Médecin malgré lui*, *Le Malade imaginaire*, il exagère leur érudition et leurs propos scientifiques sous la forme d'un charabia latino-burlesque.

6
*
Repérez et expliquez les jeux sur les sonorités dans chacun de ces titres d'articles de presse.

Pourquoi tant d'ADN
(article sur la recherche scientifique)

La cage aux fioles (article sur le dopage)

L'offensive du général Cyber
(article sur l'informatique)

En letton armé (article sur la Lettonie)

L'igloo du spectacle

Toubib or not toubib

Tour de France : des contrats au dope niveau.
Titres du *Canard enchaîné*.

RECHERCHER ET ÉTUDIER LE QUIPROQUO

7
*
1. Repérez les différents quiproquos dans ce résumé de l'acte II de la pièce *Un chapeau de paille d'Italie*.

2. Pour chacun des quiproquos repérés, précisez de quel type de quiproquo il s'agit.

Acte II (*chez Clara, la modiste*). Fadinard va se marier. Après une discussion d'ordre professionnel entre Clara et son commis (sc. 1), irruption de Fadinard en quête de chapeau. Par malheur, Clara
5   est une de ses anciennes maîtresses ! Elle le reconnaît, et il doit feindre de renouer (sc. 2). Surcroît d'embarras : les invités de la noce, qu'il a laissés à la porte, se croient à la mairie et envahissent le magasin (sc. 3) alors que Fadinard est momentané-
10 ment sorti. Le commis de Clara survenant avec des écharpes tricolores, les invités le prennent aussitôt pour le maire. Mais, ouvrant une porte, Bobin aperçoit Fadinard en train d'embrasser Clara (sc. 4).

Fadinard se défend tant bien que mal (sc. 5). Ce-
15 *pendant Clara ne dispose pas du modèle demandé*
(sc. 6), et Félix vient faire un rapport inquiétant :
Tavernier casse tout et Anaïs a des crises de nerfs.
Un espoir, pourtant : la baronne de Champigny, à
qui Clara a vendu un chapeau identique (sc. 8).
20 *Fadinard repart avec la noce, qui suit le commis*
affolé de pièce en pièce, le prenant toujours pour le
maire (sc. 9).

Résumé de la pièce d'EUGÈNE LABICHE,
Un chapeau de paille d'Italie, 1851.

→ Vers l'écrit d'invention

8 **1. Étudiez les didascalies. Qu'indiquent-elles à**
** **propos des relations entre les trois personnages ?**

2. Expliquez comment le double sens de certains mots contribue à la situation comique.

3. Effacez le jeu sur le double sens en remplaçant chaque mot par un terme du vocabulaire courant.

« Madame » *reçoit M. de Perleminouze qui est*
son amant. Il entre chez « Madame », *mais son*
épouse Mme de Perleminouze est là.

MONSIEUR DE PERLEMINOUZE (*à part*). – Fiel ! Ma
5 pitance !
MADAME DE PERLEMINOUZE (*s'arrêtant de chanter*).
– Fiel !... Mon zébu !... (*Avec sévérité*) : Adalgonse,
quoi, quoi, vous ici ? Comment êtes vous bardé ?
MONSIEUR DE PERLEMINOUZE (*désignant la porte*).
10 – Mais par la douille !
MADAME DE PERLEMINOUZE. – Et vous bardez souvent ici ?
MONSIEUR DE PERLEMINOUZE (*embarrassé*). – Mais
non, mon amie, ma palme,... mon bizou. Je...
15 j'espérais vous raviner..., c'est pourquoi je suis
bardé ! Je...
MADAME DE PERLEMINOUZE. – Il suffit ! je grippe
tout ! C'était donc vous, le mystérieux sifflet
dont elle était la mitaine et la sarcelle ! Vous,
20 oui, vous qui veniez faire ici le mascaret, le beau
boudin noir, le joli-pied, pendant que moi, moi,
eh bien, je me ravaudais les palourdes à babiller
mes pauvres tourteaux... (*Les larmes dans la*
voix) : Allez !... Vous n'êtes qu'un...
25 *À ce moment ne se doutant de rien, Madame revient.*
MADAME (*finissant de donner des ordres à la can-*
tonade). – Alors, Irma, c'est bien tondu, n'est-
ce pas ? Deux petits dolmans au linon, des
sweaters très glabres, avec du flou, une touque
30 de ramiers sur du pacha et des petites glottes
de sparadrap loti au frein... (*Apercevant le*
Comte. À part) : Fiel !... Mon lampion !

JEAN TARDIEU, « Un mot pour un autre »
in *La Comédie du langage*, Éd. Gallimard, 1951.

ANALYSER LA RÉPÉTITION ET L'ÉXAGÉRATION

9 **1. Relevez les mots qui créent un effet de brutale**
** **accélération.**

2. En citant des exemples pris dans le texte, expliquez comment cette scène s'inscrit dans le registre comique.

3. Quels sentiments du narrateur la ponctuation traduit-elle ?

Le narrateur décrit l'une des inventions de
Roger-Martin Courtial des Pereires, le « Chalet po-
lyvalent ». L'inventeur présente son chalet comme
une demeure souple, extensible, adaptable à toutes
les familles, utilisable sous tous les climats.

« Il plie beaucoup, mais ne rompt pas... »
Le jour même qu'on inaugurait son stand,
après le passage du Président Félix Faure, la
parlotte et les compliments, la foule rompit
5 tous les barrages ! Service de garde balayé ! elle
s'engouffra si effrénée entre les parois du chalet,
que la merveille fut à l'instant arrachée, épluchée, complètement déglutie ! la cohue devint
si fiévreuse, si désireuse, qu'elle comburait la
10 matière !... L'exemplaire unique ne fut point
détruit à proprement dire, il fut aspiré, absorbé,
digéré entièrement sur place... Le soir de la fermeture, il n'en restait plus une trace, plus une
miette, plus un clou, plus une fibre de tarla-
15 tane... L'étonnant édifice s'était résorbé comme
un faux furoncle !

LOUIS-FERDINAND CÉLINE, *Mort à crédit*,
Éd. Gallimard, 1936.

10 **1. La Bruyère fait, dans *Les Caractères*, le por-**
** **trait de ses contemporains. Quel personnage-**
type Théodecte représente-t-il ?

2. Relevez les procédés de l'exagération dans le portrait de Théodecte. Quel est l'effet recherché ?

3. Quels autres procédés La Bruyère emploie-t-il ?

J'entends *Théodecte* de l'antichambre ; il grossit
sa voix à mesure qu'il s'approche ; le voilà entré ;
il rit, il crie, il éclate ; on bouche ses oreilles, c'est
un tonnerre. Il n'est pas moins redoutable par les
5 choses qu'il dit que par le ton dont il parle. Il ne
s'apaise, et il ne revient de ce grand fracas que
pour bredouiller des vanités et des sottises. Il a si
peu d'égard au temps, aux personnes, aux bienséances, que chacun a son fait sans qu'il ait eu
10 intention de le lui donner ; il n'est pas encore assis
qu'il a, à son insu, désobligé toute l'assemblée.

1

A-t-on servi, il se met le premier à table et dans la première place ; les femmes sont à sa droite et à sa gauche. Il mange, il boit, il conte, il plai-
15 sante, il interrompt tout à la fois.

LA BRUYÈRE, *Les Caractères*, 1688.

IDENTIFIER ET ÉTUDIER LES FORMES DU COMIQUE

11 **1. Quels procédés l'auteur utilise-t-il pour imiter
** ** le langage enfantin ? Quelle est son intention ?**

2. Expliquez comment le procédé de l'exagération est utilisé.

3. Montrez que ce texte s'inscrit dans la forme de l'humour noir.

Quand un enfant veut s'amuser, il ramasse un bout de bois, il dit « Poum-Poum », et son copain tombe par terre les bras en croix, en disant « Damned », s'il a appris le français dans
5 *Tintin*, ou « Arrg ! » s'il a appris le français dans *Spirou*. […]

En revanche, quand un adulte veut s'amuser, il ne ramasse pas un bout de bois. Pas con, l'adulte. Il prend un fusil qui fait « Poum-
10 Poum » pour de vrai. Et qui fait pour de vrai des trous dans le ventre de l'autre adulte qui tombe en arrière en criant « Vive la France » (l'Allemagne, le roi ou la République. Rayez les mentions inutiles, et à mon avis elles le sont toutes).

15 Après quoi, son sang coule pour de vrai tout autour de lui, et il meurt doucement dans la boue. Puis les autres adultes ramassent les atomes et ils s'amusent de plus en plus sérieusement. À la fin, il y a deux camps, et le chef
20 du premier camp dit à l'autre : « La concentration de missiles antimissiles sur votre territoire nous contraint à renforcer notre sécurité en construisant de nouveaux missiles antimissiles antimissiles, bisque, bisque rage. » Et le chef du
25 deuxième camp répond : « Si la concentration de missiles antimissiles sur notre territoire vous contraint à renforcer votre sécurité en construisant de nouveaux missiles antimissiles antimissiles, nous n'hésiterons pas à renforcer la nôtre
30 en construisant de nouveaux missiles antimissiles antimissiles antimissiles, lalalèreu. » Et le chef du premier camp répond : « C'est çui qui le dit qu'y est », et la terre explose une bonne fois pour toutes.

PIERRE DESPROGES, *Manuel de savoir-vivre à l'usage des rustres et des malpolis*, Éd. du Seuil, 1981, coll. Points.

12 **1. En quoi la situation dans laquelle se trouve le
** ** narrateur fait-elle sourire ?**

2. Relevez les énumérations et expliquez leur rôle.

3. Montrez comment l'auteur joue sur les noms donnés à ses personnages.

4. En quoi ce passage relève-t-il de la satire ? Justifiez votre réponse.

Quand j'ai débuté dans Claude François, la profession était déjà saturée. Il n'y avait pas une ville en France, pas un village, pas un bourg, pas un lieu-dit, pas un mas qui n'ait son Cloclo.
5 Luc François, Chris Damour, Claude Flavien exerçaient leur magistère et faisaient autorité dans le circuit. C'étaient ceux-là qu'on acclamait d'abord. La concurrence faisait rage. Claude, à son époque, était le seul Claude François. C'était
10 plus facile : il avait à se battre contre d'autres artistes, Bécaud, Johnny, Hugues Aufray, Frank Alamo et Sacha Distel, mais pas contre d'autres Claude François.

Longtemps, je me suis considéré comme un
15 bon Claude François. Longtemps, moi, Jean-Baptiste Cousseau (alias Couscous), j'ai fait autorité entre Saint-Ay et Huisseau-sur-Mauves. Et puis un jour Bernard a déboulé : j'ai dû m'incliner. Il avait le feu sacré, moi pas. J'ai
20 lâché l'affaire. Histoire d'amortir mon passage dans Claude François, je me suis recyclé dans C. Jérôme, dont je suis aujourd'hui sosie officiel sous le nom de « D. Jérôme » - ce qui est logique puisque je viens après lui. En plus, le vrai nom
25 de C. Jérôme étant Claude Dhotel, je reste dans un Claude : je ne suis pas trop dépaysé.

« Je suis mieux dans ma peau depuis que je suis dans celle de Claude », m'a un jour avoué Bernard. Je ressens la même chose avec
30 C. Jérôme, qui me correspond mieux que Cloclo, où j'avais toujours l'impression d'endosser un costume trop grand. Avec C. Jérôme, j'ai la sensation agréable d'avoir trouvé ma voie. Et puis ce n'est pas n'importe qui. Il a signé des
35 standards comme *Kiss me* (1972) ou encore *C'est moi* (1974).

*Oui, Jérôme, c'est moi, non je n'ai pas changé
Je suis toujours celui qui t'a aimée
Qui t'embrassait et te faisait pleurer*

40 Financièrement, c'est vrai que C. Jérôme est moins intéressant que Cloclo, mais ça marche toujours mieux qu'Hervé Vilard ou Gérard Lenorman. Qu'importe : j'étais un Cloclo honorable, je suis un C. Jérôme honoré.

YANN MOIX, *Podium*, Éd. Grasset, 2002.

Vers le sujet de commentaire

LECTURE — Quels procédés les auteurs utilisent-ils pour inscrire leurs créations dans le registre comique ?

ÉCRITURE — Dans un commentaire en deux paragraphes, expliquez comment ces trois documents s'inscrivent dans le registre comique. Présentez d'abord les procédés communs aux trois documents, puis précisez les caractéristiques originales du poème de Robert Desnos.

Document iconographique A

Jacques Prévert (1900-1977), « Souvenirs de Paris », *Fatras*, Éd. Gallimard, 1966.

Document iconographique B

Joël Guenoun, *Les mots ont des visages*, tomes 1 et 2. Édition intégrale, coll. «Littératures», Éd. Autrement, Paris, 1998.

Texte

C'ETAIT UN BON COPAIN

Il avait le cœur

sur la main
Et la cervelle dans la lune
C'était un bon copain
Il avait l'estomac dans les talons
Et les yeux dans nos yeux
C'était un triste copain
Il avait la tête à l'envers
Et le feu là où vous pensez
Mais non quoi il avait le feu au derrière
C'était un drôle de copain
Quand il prenait ses jambes à son cou
Il mettait son nez partout
C'était un charmant copain
Il avait une dent contre Etienne
A la tienne | à la tienne
   Etienne | mon vieux
C'était un amour de copain
Il n'avait pas sa langue dans la | poche

Ni la main
dans la poche
du
voisin
Il ne pleurait jamais dans mon gilet
C'était un copain
C'était un bon copain.

Robert Desnos (1900-1945), « Langage cuit », *Corps et biens*, Éd. Gallimard, 1930. Mise en page d'André Belleguie.

Les registres tragique et pathétique

Le registre tragique est lié à la terreur et à l'admiration que provoque un destin fatal. Il s'exprime particulièrement au théâtre et au cinéma.

Le registre pathétique cherche à inspirer l'attendrissement et la compassion, en soulignant la tristesse, les souffrances. Comment la confrontation de ces deux textes permet-elle de définir les registres tragique et pathétique ?

Texte **A**

Une mort tragique

(Le roi Thésée, époux de Phèdre, soupçonne injustement son fils Hippolyte d'être amoureux de sa belle-mère. Il demande aux dieux de punir son fils. Théramène, le précepteur d'Hippolyte, rapporte à Thésée, qui comprend son erreur, le récit de la mort de son fils).

THÉRAMÈNE

J'ai vu, Seigneur, j'ai vu votre malheureux fils
Traîné par les chevaux que sa main a nourris.
Il veut les rappeler, et sa voix les effraie ;
Ils courent ; tout son corps n'est bientôt qu'une plaie.
5   De nos cris douloureux la plaine retentit.
Leur fougue impétueuse enfin se ralentit ;
Ils s'arrêtent non loin de ces tombeaux antiques
Où des rois ses aïeux sont les froides reliques[1].
J'y cours en soupirant, et sa garde me suit.
10   De son généreux[2] sang la trace nous conduit,
Les rochers en sont teints, les ronces dégouttantes
Portent de ses cheveux les dépouilles sanglantes.
J'arrive, je l'appelle, et me tendant la main,
Il ouvre un œil mourant qu'il referme soudain :
15   « Le ciel, dit-il, m'arrache une innocente vie.
Prends soin après ma mort de la triste Aricie[3].
Cher ami, si mon père un jour désabusé
Plaint le malheur d'un fils faussement accusé
Pour apaiser mon sang et mon ombre plaintive,
20   Dis-lui qu'avec douceur il traite sa captive,
Qu'il lui rende... » À ce mot, ce héros expiré
N'a laissé dans mes bras qu'un corps défiguré,
Triste objet, où des dieux triomphe la colère,
Et que méconnaîtrait[4] l'œil même de son père.

THÉSÉE

25   Ô mon fils ! cher espoir que je me suis ravi[5] !
Inexorables dieux, qui m'avez trop servi !
À quels mortels regrets ma vie est réservée !

JEAN RACINE, *Phèdre*, Acte V, scène 6, 1677.

1. Reliques : *les corps des ancêtres décédés* – 2. Généreux : *noble, courageux* – 3. Aricie : *la fiancée d'Hippolyte* – 4. Méconnaîtrait : *ne pourrait reconnaître* – 5. Je me suis ravi : *je me suis arraché.*

Texte **B**

Une situation pathétique

À la fin du roman, Manon Lescaut, l'héroïne, est arrêtée et condamnée à l'exil en Amérique. Le narrateur, des Grieux, fait le récit émouvant des malheurs qui accablent Manon, sa maîtresse.

Vous dirai-je quel fut le déplorable sujet de mes entretiens avec Manon pendant cette route, ou quelle impression sa vue fit sur moi lorsque j'eus obtenu des gardes la liberté d'approcher de son chariot ? Ah ! les expressions ne rendent jamais qu'à demi les sentiments du cœur. Mais
5 figurez-vous ma pauvre maîtresse enchaînée par le milieu du corps, assise sur quelques poignées de paille, la tête appuyée languissamment[1] sur un côté de la voiture, le visage pâle et mouillé d'un ruisseau de larmes qui se faisaient un passage au travers de ses paupières, quoiqu'elle eût continuellement les yeux fermés. Elle n'avait pas même eu
10 la curiosité de les ouvrir lorsqu'elle avait entendu le bruit de ses gardes, qui craignaient d'être attaqués. Son linge était sale et dérangé, ses mains délicates exposées à l'injure de l'air[2] ; enfin, tout ce composé charmant, cette figure capable de ramener l'univers à l'idolâtrie, paraissait dans un désordre et un abattement inexprimables. J'employai quelque temps à
15 la considérer, en allant à cheval à côté du chariot. J'étais si peu à moi-même que je fus sur le point, plusieurs fois, de tomber dangereusement. Mes soupirs et mes exclamations fréquentes m'attirèrent d'elle quelques regards. Elle me reconnut.

ANTOINE-FRANÇOIS PRÉVOST, *Histoire du chevalier des Grieux et de Manon Lescaut*, 1731.

1. Languissamment : *sans force* – 2. L'injure de l'air : *les atteintes du froid et de l'air.*

1 L'UNIVERS TRAGIQUE

1 ▷ Relevez, dans la tirade de Théramène, les allusions faites aux forces divines. De quoi Hippolyte et Thésée les rendent-ils responsables ?

2 ▷ Quelles sont les qualités d'Hippolyte mises en évidence par le récit de Théramène ?

2 LA SITUATION PATHÉTIQUE

3 ▷ Relevez, dans le texte d'Antoine-François Prévost, ce qui place l'héroïne dans une situation pénible et tourmentée.

4 ▷ À travers quels mots, quelles expressions le narrateur suscite-t-il la compassion, la pitié du lecteur ?

3 LA DOULEUR TRAGIQUE ET PATHÉTIQUE

5 ▷ L'intervention de Thésée exprime le désespoir d'un père qui a perdu son fils. Montrez comment les trois derniers vers soulignent l'expression de la douleur.

6 ▷ Relevez dans les textes de Racine et de Prévost les phrases exclamatives et interrogatives. Quelle est leur fonction ?

Les registres tragique et pathétique

Les registres tragique et pathétique sont liés à l'émotion d'une situation douloureuse. Le registre tragique présente des personnages hors du commun aux destins marqués par la fatalité. Il multiplie les procédés qui suscitent l'inquiétude et la fascination. Le registre pathétique présente des personnages proches du lecteur ou du spectateur, placés dans des situations douloureuses. Il provoque la tristesse et la pitié.

1 L'UNIVERS TRAGIQUE

1. La situation tragique

La situation tragique est une situation sans issue, dans laquelle des personnages se comportent avec héroïsme en acceptant un destin fatal.

La crise tragique	Exemples
L'intervention d'une force supérieure ou d'une divinité	Dans *Iphigénie* de Racine, les dieux exigent d'Agamemnon le sacrifice de sa fille : « Un oracle cruel / Veut qu'ici votre sang coule sur un autel. »
L'obligation morale	Dans son roman *L'Espoir*, André Malraux met en scène des personnages qui se sacrifient pour un idéal de liberté.
L'emprise d'une passion	La volonté du héros tragique ne peut résister à la force de la passion, qui pourtant l'anéantit : « Je tremble au seul penser du coup qui le menace ? / Et prête à me venger, je lui fais déjà grâce ? » (Racine)

2. Le héros tragique

Le héros tragique se caractérise par sa grandeur. Noble, hors du commun, il possède un caractère qui lui permet d'affronter le destin.

→ **La grandeur d'âme.** Le héros tragique n'est pas un homme ordinaire mais un homme exceptionnel, pourvu du sens du devoir et de la vertu.

→ **La lucidité.** Le héros tragique est conduit par un devoir moral, même s'il a conscience que son combat est sans issue. Il sait que la gloire viendra récompenser son attitude face à la mort.

→ **Le courage.** Le héros tragique ne craint pas de braver les lois divines ou humaines. Son courage lui permet d'affronter les épreuves du destin.

2 LA SITUATION PATHÉTIQUE

1. Une situation tourmentée

La situation pathétique est une situation douloureuse : misère, maladie, danger, séparation, décès accidentel... Ce sont des malheurs qui suscitent le regret, la tristesse, car ils auraient pu parfois être évités.

2. La proximité avec le lecteur

Les malheurs des personnages suscitent la compassion, au sens étymologique du terme qui signifie « souffrir avec ». Le registre pathétique exprime les inquiétudes et les tourments d'une situation identique à celle que pourrait connaître le lecteur ou le spectateur. Il provoque ainsi l'attendrissement et la pitié.

> « Accourez, contemplez ces ruines affreuses,
> Ces débris, ces lambeaux, ces cendres malheureuses,
> Ces femmes, ces enfants l'un sur l'autre entassés,
> Sous ces marbres rompus ces membres dispersés. »

(Voltaire)

> À la suite d'un tremblement de terre qui a frappé la ville de Lisbonne et fait trente mille morts, Voltaire écrit un long poème pathétique.

3 LA DOULEUR TRAGIQUE ET PATHÉTIQUE

Dans le registre tragique, l'expression de la douleur manifeste l'étendue du malheur. Elle provoque la stupeur angoissée du lecteur ou du spectateur. Dans le registre pathétique, elle est destinée à toucher, à provoquer la pitié.

1. L'imprécation

C'est un appel à la colère divine contre quelqu'un ou quelque chose. L'imprécation souhaite la ruine, le malheur ou la malédiction. Elle peut aussi exprimer une révolte contre la cruauté des dieux, le caractère implacable du destin ou l'injustice d'une situation.

> « Que ta destinée perverse s'accomplisse ! Maldoror, adieu ! Adieu jusqu'à l'éternité, où nous ne nous retrouverons pas ensemble ! »

(Lautréamont)

2. La supplication

La supplication implore avec insistance un être ou une divinité. Elle est une forme de prière.

> « Hélas ! je suis, Seigneur, puissant et solitaire.
> Laissez-moi m'endormir du sommeil de la terre. »

(Alfred de Vigny)

3. La lamentation

La lamentation exprime une tristesse intense, des regrets très vifs. Peu fréquente dans le registre tragique (la victime du destin est contrainte à une certaine retenue), on la retrouve souvent au contraire dans le registre pathétique.

> « Ô nuit désastreuse ! ô nuit effroyable où retentit tout à coup comme un éclat de tonnerre cette étonnante nouvelle : Madame se meurt ! Madame est morte ! »

(Bossuet)

> En prononçant l'oraison funèbre des grands personnages du royaume, Bossuet multiplie les procédés du registre pathétique. Il exprime ici le bouleversement de la cour à la mort de « Madame », épouse du frère de Louis XIV.

4 **LES PROCÉDÉS DES REGISTRES TRAGIQUE ET PATHÉTIQUE**

1. Le lexique et les images

Les termes chargés de connotations affectives correspondent aux temps forts de l'existence : la vie, l'amour, les passions, la mort. Le registre tragique se caractérise ainsi par la présence du réseau lexical de la mort, de la fatalité.

> « Que des plus nobles pleurs leur tombe soit couverte ; / La gloire de leur mort m'a payé de leur perte. »
> *(Corneille)*

> Le lexique possède une forte charge émotive qui renforce l'expression tragique ou pathétique des sentiments.

2. L'exclamation et l'interrogation

→**Dans le registre tragique.** Une série d'exclamations ou d'interrogations exprime le désarroi de celui qui est accablé par la situation tragique.

> « Où suis-je ? Qu'ai-je fait ? Que dois-je faire encore ? / Quel transport me saisit ? Quel chagrin me dévore ? / Errante, et sans dessein, je cours dans ce palais. / Ah ! ne puis-je savoir si j'aime, ou si je hais ? / Le cruel ! de quel œil il m'a congédiée ! »
> *(Racine)*

→**Dans le registre pathétique.** Les interrogations et les exclamations manifestent le bouleversement du personnage et visent à apitoyer l'interlocuteur, le lecteur ou le spectateur.

3. L'apostrophe

L'apostrophe permet d'invoquer une puissance supérieure ou de solliciter la compassion des autres.

> « Mon père ! mon père ! c'est impossible : intervenez pour moi ! je ne veux pas qu'on me tue ! Mon père ! par pitié ! »
> *(Emmanuel Roblès)*

Les grandes dates de l'histoire littéraire

Le registre TRAGIQUE et la tragédie

Antiquité La tragédie antique rassemble la cité au théâtre, dans un sentiment de terreur ou de pitié devant le danger qui menace le héros.

Moyen Âge Alors que le théâtre du Moyen Âge mêle le rire et l'émotion, la Renaissance s'inspire de l'Antiquité pour recréer la tragédie.

XVIIe siècle La tragédie est un genre noble qui montre le héros confronté à son destin à travers une situation de crise. Chez Corneille ou Racine, il n'y a pas d'issue au conflit : le spectacle des passions humaines s'achève sur une catastrophe.

XVIIIe siècle Certains auteurs, comme Voltaire, maintiennent l'idée de grandeur mais multiplient sur scène les situations violentes et pathétiques.

XIXe siècle Victor Hugo réclame « le mélange sur la scène de tout ce qui est mêlé dans la vie ». Le drame romantique libère ainsi la tragédie des règles fixées par la tradition.

XXe siècle Giraudoux, Anouilh, Sartre ou Camus transposent sur la scène la menace de la guerre ou la tragédie de la condition humaine. Beckett exprime le tragique de l'existence, ses personnages solitaires s'abandonnent au sentiment de l'absurdité du monde.

ÉTUDIER LA SITUATION ET LE HÉROS TRAGIQUES

1 **1. Que symbolisent les mouches dans ce passage ?**

2. En quoi la situation des personnages présente-t-elle un caractère tragique ?

ORESTE. – Les mouches...

ELECTRE. – Écoute !... Écoute le bruit de leurs ailes, pareil au ronflement d'une forge. Elles nous entourent, Oreste. Elles nous guettent ;
5 tout à l'heure elles s'abattront sur nous, et je sentirai mille pattes gluantes sur mon corps. Où fuir, Oreste ? Elles enflent, elles enflent, les voilà grosses comme des abeilles, elles nous suivront partout en épais tourbillons. Horreur ! Je
10 vois leurs yeux, leurs millions d'yeux qui nous regardent.

ORESTE. – Que nous importent les mouches ?

ELECTRE. – Ce sont les Érinyes[1], Oreste, les déesses du remords.

JEAN-PAUL SARTRE, Les Mouches,
Acte II, Éd. Gallimard, 1943.

1. **Érinyes** : *divinités grecques des Enfers.*

2 **1. Dans chaque extrait, identifiez les caractéristiques de la situation tragique.**

2. Qui est le héros tragique ? Quelles sont ses caractéristiques ?

Dans le silence de cette matinée de printemps, tous les habitants d'Ispahan, muets, juchés sur leurs toits en terrasses, et toute l'armée sur le remblai sud regardaient, par-delà le scintille-
5 ment du fleuve, la masse noire qui s'était immobilisée dans la plaine. Les Afghans étaient là ! Eux ! Les barbares ! La mort ! Les mères serraient leurs enfants, les maris leurs épouses, les vieillards secouaient la tête. Chacun jugeait tout
10 à coup qu'il y avait trop de bleu dans ce ciel, trop de soiries sur ces corps, trop de délicieux vernis sur les majoliques des murs et les feuilles des magnolias.

JEAN-CHRISTOPHE RUFIN, Sauver Ispahan,
Éd. Gallimard, 1998

IPHIGÉNIE. –   Mon père,
Cessez de vous troubler, vous n'êtes point trahi.
Quand vous commanderez, vous serez obéi.
Ma vie est votre bien. Vous voulez le reprendre ;
5 Vos ordres sans détour pouvaient se faire
[entendre.

D'un œil aussi content, d'un cœur aussi soumis
Que j'acceptais l'époux que vous m'aviez promis,
Je saurai, s'il le faut, victime obéissante,
Tendre au fer de Calchas[1] une tête innocente,
10 Et respectant le coup par vous-même ordonné,
Vous rendre tout le sang que vous m'avez donné.

JEAN RACINE, Iphigénie, Acte IV, scène 4, 1674.

1. **Calchas** : *devin qui doit procéder à l'exécution d'Iphigénie pour obtenir la faveur des dieux.*

3 **1. Quelle situation est évoquée dans cette œuvre ?**

2. Dans quel registre cette scène s'inscrit-elle ?

3. Quels détails amplifient le registre choisi par l'artiste ?

THÉODORE GÉRICAULT, Première étude préliminaire du *Radeau de la Méduse*. Musée du Louvre.

Le 17 juillet 1816, les rescapés du naufrage de la frégate *La Méduse*, embarqués sur un radeau construit avec des débris de l'épave, aperçoivent un navire à l'horizon. Malheureusement le navire ne les remarque pas. Depuis onze jours en mer, ils luttent contre la faim, la soif et le désespoir. Le lendemain, un voilier les repère enfin. Sur les cent quarante-neuf naufragés accrochés au radeau de *La Méduse*, onze survécurent.

4 **1. En quoi la situation du personnage peut-elle être qualifiée de tragique ?**

2. Pourquoi peut-on dire du personnage qu'il est un héros tragique ?

Pendant l'été 1914, Jacques Thibault est chargé de survoler le front afin d'y déverser des tracts appelant à l'arrêt de la guerre. Son avion est abattu.

Son regard vacillant remonte des profondeurs opaques, se glisse entre les paupières, émerge

2 Les registres tragique et pathétique

un instant au jour. Il aperçoit une cime d'arbre, le ciel. Des jambières blanches de poussière...
5 des pantalons rouges... L'armée... Un groupe de fantassins français est penché sur lui. Ils l'ont tué, il est en train de mourir...

Et les tracts ? L'avion ?

Il soulève un peu la tête. Son regard se fau-
10 file entre les jambes des soldats. L'avion... À trente mètres, un monceau informe de débris fume au soleil comme un bûcher éteint : amas de ferrailles, où pendent quelques loques char-bonneuses. À l'écart, profondément piquée
15 en terre, une aile, déchiquetée, se dresse dans l'herbe, toute seule, comme un épouvantail... Les tracts ! Il meurt sans en avoir jeté un seul ! Les liasses sont là, consumées, ensevelies pour toujours dans les cendres ! Et personne, jamais,
20 jamais plus... Il renverse la tête ; son regard se perd dans le ciel clair.

ROGER MARTIN DU GARD, *Les Thibault*, « L'été 1914 », Éd. Gallimard, 1922-1940.

ÉTUDIER LES INDICES DU REGISTRE PATHÉTIQUE

5 Relevez les éléments qui rendent la situation
* pathétique dans ce texte.

À 9 h 36 minutes, tandis que la plupart se trouvaient dans les temples, ou sur le chemin, ou à se préparer pour s'y rendre, « il se fit un tremblement de terre si horrible qu'il terrassa
5 en moins de trois minutes toutes les églises et tous les couvents ». Les maisons s'écroulent, écrasent ceux qui fuient ou n'ont rien compris. C'est une grêle de rocs et de tuiles. Des crevasses s'ouvrent de tous côtés. Partout, on crie miséri-
10 corde. Un second frisson secoue la terre. Le feu prend dans ce qui reste des églises, des palais et des maisons. Un vent du nord emballe les flammes, l'incendie est général. Des enfants nus courent se blottir dans les jambes de gendarmes
15 en pleurs. On ne sait plus.

ÉRIC SARNER, MIGUELANXO PRADO, *Une lettre trouvée à Lisbonne*, 1995.

6 1. Relevez les indices de la situation pathétique
** dans ce texte.

2. Étudiez ce qui, dans cette scène, amplifie l'ex-pression des sentiments pour susciter l'émotion du lecteur.

3. Quelles sont les caractéristiques du person-nage de Carmen ?

– Carmen ! ma Carmen : laisse-moi te sauver et me sauver avec toi.

– José, répondit-elle, tu me demandes l'impos-sible. Je ne t'aime plus ; toi, tu m'aimes encore, et
5 c'est pour cela que tu veux me tuer. Je pourrais bien encore te faire quelque mensonge ; mais je ne veux pas m'en donner la peine. Tout est fini entre nous. Comme mon rom[1], tu as le droit de tuer ta romi ; mais Carmen sera toujours libre.
10 Calli[2] elle est née, calli elle mourra.

– Tu aimes donc Lucas ? lui demandai-je.

– Oui, je l'ai aimé, comme toi, un instant, moins que toi peut-être. À présent, je n'aime plus rien, et je me hais pour t'avoir aimé.
15 Je me jetai à ses pieds, je lui pris les mains, je les arrosai de mes larmes. Je lui rappelai tous les moments de bonheur que nous avions passés ensemble. Je lui offris de rester brigand pour lui plaire. Tout, monsieur, tout ! Je lui offris tout,
20 pourvu qu'elle voulût m'aimer encore !

Elle me dit : T'aimer encore, c'est impossible. Vivre avec toi, je ne le veux pas.

La fureur me possédait. Je tirai mon couteau. J'aurais voulu qu'elle eût peur et me demandât
25 grâce, mais cette femme était un démon.

PROSPER MÉRIMÉE, *Carmen*, 1845.

1. **Rom** : *mari, chez le peuple des bohémiens auquel Carmen appartient* – 2. **Calli** : *noire, nom que les bohémiens se donnent dans leur langue.*

ÉTUDIER LA PROXIMITÉ AVEC LE LECTEUR

7 1. Dans quel registre s'inscrit la situation dé-
** crite ?

2. Quels sont les éléments du récit qui visent à susciter l'attendrissement et la pitié du lecteur ?

3. Commentez l'utilisation du réseau lexical de la douleur dans le texte.

On vit alors un objet digne d'une éter-nelle pitié : une jeune demoiselle parut dans la galerie de la poupe du Saint-Géran[1], tendant les bras vers celui qui faisait tant d'efforts pour
5 la joindre. C'était Virginie. Elle avait reconnu son amant à son intrépidité. La vue de cette aimable personne, exposée à un si terrible dan-ger, nous remplit de douleur et de désespoir. Pour Virginie, d'un port noble et assuré, elle
10 nous faisait signe de la main, comme nous disant un éternel adieu. Tous les matelots s'étaient jetés à la mer. Il n'en restait plus qu'un sur le pont, qui était tout nu et nerveux comme Hercule.

Il s'approcha de Virginie avec respect : nous le
15 vîmes se jeter à ses genoux, et s'efforcer même de
lui ôter ses habits ; mais elle, le repoussant avec
dignité, détourna de lui sa vue. On entendit aussitôt ces cris redoublés des spectateurs : « Sauvez-la, sauvez-la ; ne la quittez pas ! » Mais dans
20 ce moment une montagne d'eau d'une effroyable grandeur s'engouffra entre l'île d'Ambre et
la côte, et s'avança en rugissant vers le vaisseau,
qu'elle menaçait de ses flancs noirs et de ses sommets écumants. À cette terrible vue le matelot
25 s'élança seul à la mer ; et Virginie, voyant la mort
inévitable, posa une main sur ses habits, l'autre
sur son cœur, et levant en haut les yeux sereins,
parut un ange qui prend son vol vers les cieux.
Ô jour affreux ! hélas ! tout fut englouti.

HENRI BERNARDIN DE SAINT-PIERRE,
Paul et Virginie, 1788.

1. **Le Saint-Géran** : *le bateau sur lequel se trouve Virginie.*

ÉTUDIER L'EXPRESSION DE LA DOULEUR

 **Vers le commentaire**

8 **1. Dans quel registre ce texte s'inscrit-il ? Analy-
** sez le rôle des didascalies dans ce passage.

**2. Relevez les différentes répétitions utilisées.
Montrez qu'elles participent au registre dans
lequel cette scène s'inscrit.**

**3. En vous aidant de l'encadré, montrez
comment, dans ce passage, la représentation
théâtrale amplifie la douleur de la situation.**

*Au centre, recouvert d'un vieux drap, assis dans
un fauteuil à roulettes, Hamm. Immobile à côté du
fauteuil, Clov le regarde. (…)*
HAMM. À – (*bâillements*) – à moi. (*Un temps*). De
jouer. (*Il tient à bout de bras le mouchoir ouvert
devant lui.*) Vieux linge ! (*Il ôte ses lunettes,
s'essuie les yeux, le visage, essuie ses lunettes, les*
5 *remet, plie soigneusement le mouchoir et le met
délicatement dans la poche du haut de sa robe
de chambre. Il s'éclaircit la gorge, joint les bouts
des doigts.*) Peut-il y a – (*bâillements*) – y avoir
misère plus… plus haute que la mienne ? Sans
10 doute. Autrefois. Mais aujourd'hui ? (*Un temps.*)
Mon père ? (*Un temps.*) Ma mère ? (*Un temps.*)
Mon… chien ? (*Un temps.*) Oh je veux bien
qu'ils souffrent autant que de tels êtres peuvent
souffrir. Mais est-ce dire que nos souffrances se
15 valent ? Sans doute. (*Un temps.*) Non, tout est a-
(*bâillements*) – bsolu, (*fier*) plus on est grand et
plus on est plein. (*Un temps. Morne.*) Et plus on
est vide. (*Il renifle.*) Clov ! (*Un temps.*) Non, je
suis seul. (*Un temps.*) Quels rêves – avec un s !

20 Ces forêts ! (*Un temps.*) Assez, il est temps que
cela finisse, dans le refuge aussi. (*Un temps.*) Et
cependant j'hésite, j'hésite à… à finir. Oui, c'est
bien ça, il est temps que cela finisse et cependant j'hésite encore à – (*Bâillements*) – à finir.
25 (*Bâillements.*) Oh là là, qu'est-ce que je tiens,
je ferais mieux d'aller me coucher. (*Il donne un
coup de sifflet. Entre Clov aussitôt. Il s'arrête à
côté du fauteuil.*) Tu empestes l'air ! (*Un temps.*)
Prépare-moi, je vais me coucher.
30 CLOV. – Je viens de te lever.
HAMM. – Et après ?
CLOV. – Je ne peux pas te lever et te coucher
toutes les cinq minutes, j'ai à faire.

SAMUEL BECKETT, *Fin de partie*,
Les Éditions de Minuit,1957.

Pour étudier le texte

LE PATHÉTIQUE AU THÉÂTRE

Contrairement au récit, où le pathétique naît des
propos agencés par le narrateur, au théâtre le
pathétique est lié aux personnages sur la scène. Ils
se parlent, et la présence d'un interlocuteur direct
donne une réalité et une résonance particulière aux
supplications, aux imprécations ou aux lamentations.
Ce qu'affirme l'un agit sur l'autre, et le jeu des
acteurs, leur voix, leurs gestes, leur intonation, leur
présence physique amplifient les effets du texte et de
la situation. À l'écrit, le texte de théâtre exprime aussi
cette dimension par l'intermédiaire des didascalies.

ÉTUDIER LE LEXIQUE ET LES IMAGES

9 **Étudiez dans le texte la métaphore soulignée.
** Comment renforce t-elle l'expression des sentiments ? À quel réseau lexical peut-elle être
associée ?**

Je n'entreprendrai point, ô René, de te peindre aujourd'hui le désespoir qui saisit mon
âme, lorsque Atala eut rendu le dernier soupir. Il faudrait avoir plus de chaleur qu'il ne
5 me reste ; il faudrait que mes yeux fermés se
pussent rouvrir au soleil, pour lui demander
compte des pleurs qu'ils versèrent à sa lumière.
Oui, cette lune qui brille à présent sur nos
têtes, se lassera d'éclairer les solitudes du Ken-
10 tucky : oui, le fleuve qui porte maintenant nos
pirogues, suspendra le cours de ses eaux, avant
que mes larmes cessent de couler pour Atala !

FRANÇOIS-RENÉ DE CHATEAUBRIAND, *Atala*, 1801.

2 | Les registres tragique et pathétique

10 **1. À travers quel regard cette scène est-elle
★★ décrite ?**

2. En quoi ce point de vue amplifie-t-il la dramatisation e la scène ?

3. Identifiez les trois principaux moments de la scène telle qu'elle est vécue par Salammbô.

4. Quels sentiments successifs Salammbô éprouve-t-elle ?

5. À la dernière phrase du texte, quel sentiment le lecteur est-il amené à éprouver lui-même ?

6. Analysez le lexique et les images contenus dans ce texte.

Dans les dernières pages de son roman, Gustave Flaubert décrit le long supplice de Mâtho. Celui-ci, vaincu, est lynché par le peuple de Carthage, sous les yeux de la Carthaginoise Salammbô, qui fut son ennemie mais l'aimait.

Mâtho regarda autour de lui, et ses yeux rencontrèrent Salammbô.

Dès le premier pas qu'il avait fait, elle s'était levée ; puis, involontairement, à mesure qu'il se
5 rapprochait, elle s'était avancée peu à peu jusqu'au bord de la terrasse ; et bientôt, toutes les choses extérieures s'effaçant, elle n'avait aperçu que Mâthô. Un silence s'était fait dans son âme, un de ces abîmes où le monde entier disparaît
10 sous la pression d'une pensée unique, d'un souvenir, d'un regard. Cet homme qui marchait vers elle l'attirait.

Il n'avait plus, sauf les yeux, d'apparence humaine ; c'était une longue forme complète-
15 ment rouge ; ses liens rompus pendaient le long de ses cuisses, mais on ne les distinguait pas des tendons de ses poignets tout dénudés ; sa bouche restait grande ouverte ; de ses orbites sortaient deux flammes qui avaient l'air de monter
20 jusqu'à ses cheveux ; et le misérable marchait toujours !

Il arriva juste au pied de la terrasse. Salammbô était penchée sur la balustrade ; ces effroyables prunelles la contemplaient, et la conscience lui
25 surgit de tout ce qu'il avait souffert pour elle. Bien qu'il agonisât, elle le revoyait dans sa tente, à genoux, lui entourant la taille de ses bras, balbutiant des paroles douces : elle avait soif de les sentir encore, de les entendre ; elle ne voulait
30 pas qu'il mourût. À ce moment-là, Mâthô eut un grand tressaillement ; elle allait crier. Il s'abattit à la renverse et ne bougea plus.

GUSTAVE FLAUBERT, *Salammbô*, 1862.

ÉTUDIER L'EXCLAMATION, L'INTERROGATION ET L'APOSTROPHE

11 **1. Condamnée à mort pour ses crimes, Milady
★★ essaie d'échapper au sort qui l'attend. Quels sentiments cherche-t-elle à susciter ?**

2. Étudiez les stratégies successives employées par Milady pour émouvoir ses « juges ».

Et, comme il[1] la liait en disant ces paroles, Milady poussa deux ou trois cris sauvages, qui firent un effet sombre et étrange en s'envolant dans la nuit et en se perdant dans les profon-
5 deurs du bois.

– Mais si je suis coupable, si j'ai commis les crimes dont vous m'accusez, hurlait Milady, conduisez-moi devant un tribunal ; vous n'êtes pas des juges, vous, pour me condamner.

10 – Je vous avais proposé Tyburn, dit lord de Winter, pourquoi n'avez-vous pas voulu ?

– Parce que je ne veux pas mourir ! s'écria Milady en se débattant, parce que je suis trop jeune pour mourir !

15 – La femme que vous avez empoisonnée à Béthune était plus jeune encore que vous, madame, et cependant elle est morte, dit d'Artagnan.

– J'entrerai dans un cloître, je me ferai religieuse, dit Milady.

20 – Vous étiez dans un cloître, dit le bourreau, et vous en êtes sortie pour perdre mon frère.

Milady poussa un cri d'effroi, et tomba sur ses genoux.

Le bourreau la souleva sous les bras, et voulut
25 l'emporter vers le bateau.

– Oh ! mon Dieu ! s'écria-t-elle, mon Dieu ! allez-vous donc me noyer ?

Ces cris avaient quelque chose de si déchirant, que d'Artagnan, qui d'abord était le plus
30 acharné à la poursuite de Milady, se laissa aller sur une souche et pencha la tête, se bouchant les oreilles avec les paumes de ses mains ; et cependant, malgré cela, il l'entendait encore menacer et crier. D'Artagnan était le plus jeune de tous
35 ces hommes, le cœur lui manqua.

– Oh ! je ne puis voir cet affreux spectacle ! je ne puis consentir à ce que cette femme meure ainsi !

Milady avait entendu ces quelques mots, et elle s'était reprise à une lueur d'espérance.

40 – D'Artagnan ! d'Artagnan ! cria-t-elle, souviens-toi que je t'ai aimé.

ALEXANDRE DUMAS, *Les Trois Mousquetaires*, 1844.

1. Il : *le bourreau chargé d'exécuter Milady de Winter.*

EXO-BAC

Vers le sujet d'invention

LECTURE

1. Dans *La Divine Comédie*, le poète italien Dante se met en scène. Il visite l'Enfer et rencontre Paolo et Francesca, personnages qui vécurent effectivement au Moyen Âge en Italie. Vers 1275, Francesca, épouse de Gianciotto Malatesta, seigneur de Rimini, tombe amoureuse de Paolo, frère de son mari. Alors qu'ils échangent un premier baiser, ils sont surpris par Gianciotto qui les poignarde.
Expliquez comment la scène rapportée par Dante s'inscrit dans le registre tragique.

2. Quels détails de la peinture de Cabanel et de la sculpture de Rodin contribuent à susciter l'émotion ? Ces deux œuvres s'inscrivent-elles dans le registre tragique ?

ÉCRITURE

Transposez le dénouement de l'histoire de Paolo et Francesca au théâtre, dans le registre tragique. Créez la liste des personnages, leurs costumes et les décors. Rédigez les dialogues et les didascalies.

ALEXANDRE CABANEL (1823-1889),
Mort de Francesca da Rimini et de Paolo Malatesta, 1870.

Le tableau de Cabanel reprend le thème des amants évoqués par Dante. Le couple paraît endormi, mais le désordre de la pièce, la position de Paolo, sa main crispée sur sa poitrine, la pâleur de Francesca, et enfin la tache de sang dénoncent le meurtrier.

Dans cet extrait de La Divine Comédie, *Francesca, qui est en Enfer, s'adresse au poète Dante.*

« Ô créature gracieuse et douce
qui vient nous visiter dans l'ombre pourpre,
nous qui teignîmes la terre de sang,
s'il nous aimait, le roi de l'univers,
5 nous le prierions de t'accorder sa paix,
puisque tu plains nos souffrances perverses.
Ce que vous désirez dire et entendre,
nous l'entendrons et vous le dirons,
tant que le vent, comme à présent, se tait.
10 La ville où je suis née repose au bord
de la marine[1] où le Pô[2] vient descendre
pour que ses affluents et lui s'apaisent.
Amour, rapide à croître en un cœur noble,
fit celui-ci s'éprendre des beautés
15 qu'on m'a ravies : toujours ce feu me blesse.
Amour, qui force à l'amour ceux qu'on aime,
me fit, en lui, prendre un plaisir si fort
qu'il ne m'a point laissée, comme tu vois,
Amour nous fit trouver la même mort :
20 la Caïnie[3] attend notre assassin. »
Ces paroles par eux nous furent dites.
                  DANTE (1265-1321), *La Divine Comédie*.

1. Marine : *bord de mer* – **2. Pô** : *fleuve d'Italie* –
3. Caïnie : *zone de l'Enfer où sont condamnés les traîtres à leurs parents.*

AUGUSTE RODIN (1840-1917),
Le Baiser, 1889.

Avec cette sculpture, Rodin représente les amants célébrés par Dante, Paolo et Francesca. Le sculpteur a écarté tout pittoresque. Seule compte l'émotion du spectateur devant la représentation.

Le registre lyrique

Texte **A**

Le registre lyrique dans la poésie

> Il pleure dans mon cœur
> Comme il pleut sur la ville ;
> Quelle est cette langueur
> Qui pénètre mon cœur ?
>
> 5 O bruit doux de la pluie
> Par terre et sur les toits !
> Pour un cœur qui s'ennuie
> O le chant de la pluie !
>
> Il pleure sans raison
> 10 Dans ce cœur qui s'écoeure.
> Quoi ! nulle trahison ?...
> Ce deuil est sans raison.
>
> C'est bien la pire peine
> De ne savoir pourquoi
> 15 Sans amour et sans haine
> Mon cœur a tant de peine !

PAUL VERLAINE, *Romances sans paroles*, 1874.

Le registre lyrique fait entendre une voix qui livre ses émotions. L'émetteur exprime ainsi ses sentiments et cherche à les faire partager. Il dit sa joie ou sa tristesse, il confie son amour ou ses regrets. Le destinataire reconnaît, dans la confidence intime, ce qu'il pourrait lui-même éprouver. Quelles caractéristiques du registre lyrique le rapprochement de ces deux textes révèle-t-il ?

Texte **B**

Le registre lyrique dans le roman

Ça me disait pas beaucoup de rentrer, puisqu'on n'avait plus très faim... On prenait des précautions, on emportait des provisions, on pillait un peu la cuistance au moment de sortir. Je me sentais plus pressé du tout...

5 Même fatigué je me trouvais mieux dehors à baguenauder[1] par-ci, par-là... On se reposait au petit bonheur... On se payait une dernière station, sur les marches ou sur les rocailles, juste à la porte de notre jardin... Là où passait le grand escalier, la montée du port, c'était presque sous nos fenêtres... On restait avec Jonkind[2], le plus tard possible,
10 planqués, silencieux.

On discernait bien les navires, de cet endroit-là, les venues, les rencontres du port... C'était comme un vrai jeu magique... sur l'eau à remuer de tous les reflets... tous les hublots qui passent, qui viennent, qui scintillent encore... Le chemin de fer qui brûle, qui tremblote, qui
15 incendie par le travers les arches minuscules... Nora[3], elle jouait toujours son piano en nous attendant... Elle laissait la fenêtre ouverte... On l'entendait bien de notre cachette... Elle chantait même un petit peu... à mi-voix... Elle s'accompagnait... Elle chantait pas fort du tout... C'était en somme un murmure... une petite romance... Je me souviens encore
20 de l'air... J'ai jamais su les paroles... La voix s'élevait tout doucement, elle ondoyait dans la vallée... Elle revenait sur nous... L'atmosphère au-dessus du fleuve, ça résonne, ça amplifie... C'était comme de l'oiseau sa voix, ça battait des ailes, c'était partout dans la nuit, des petits échos...

Tous les gens étaient passés, tous ceux qui remontaient du boulot,
25 les escaliers étaient vides. On était seuls avec « No fear[4] »... On attendait qu'elle s'interrompe, qu'elle chante plus du tout, qu'elle ferme le clavier... Alors on rentrait.

LOUIS-FERDINAND CÉLINE, *Mort à crédit*, Éd. Gallimard, 1936.

1. Baguenauder : *se promener* – 2. Jonkind : *l'ami du narrateur* – 3. Nora : *la responsable du foyer où logent les deux garçons* – 4. No fear : *surnom donné à Jonkind.*

1 LA VOIX DE L'ÉMOTION

1 ▷ Quelle est l'émotion présente dans chacun de ces deux textes ?

2 ▷ Étudiez la progression des sensations dans le texte de Céline. Quels sont les différents sens du narrateur qui sont directement sollicités ?

2 LA CRÉATION D'UNE INTIMITÉ

3 ▷ Relevez, dans le texte de Céline, l'ensemble des termes qui créent une impression de douceur et de proximité.

4 ▷ Observez le jeu des pronoms dans chacun des deux textes. Relevez les indices personnels qui témoignent de la présence d'un émetteur dans le poème et dans le roman.

3 L'ÉCRITURE DES SENTIMENTS

5 ▷ Relevez dans le troisième paragraphe du texte de Céline les formes d'insistance (gradation, anaphore, images...) qui renforcent l'expression des sentiments.

6 ▷ À travers quels procédés le poète exprime-t-il ses sentiments dans le poème de Verlaine ?

3

Le registre lyrique correspond à l'expression de sentiments personnels. L'auteur dit son trouble, il interpelle les autres pour leur faire partager ses états d'âme, son bonheur ou sa mélancolie. Il confie une émotion dans laquelle chacun peut retrouver ses propres sentiments.

1 LA VOIX DE L'ÉMOTION

Le registre lyrique inscrit dans le texte la présence et la voix de l'auteur, ou de son personnage, qui communique avec intensité des émotions et des sentiments personnels.

1. Le lyrisme du sentiment amoureux

La voix lyrique dit l'exaltation du sentiment amoureux. L'auteur manifeste la plénitude et l'intensité de l'émotion qui l'envahit. Il confie son trouble, poussé par le besoin d'exprimer ce qu'il ressent.

> « Oh ! mon cœur et mon âme,
> C'est toi ! l'ardent foyer d'où me vient toute flamme,
> C'est toi ! Ne m'en veux pas de fuir, être adoré ! »

(Victor Hugo, Hernani, *1830)*

> Entraînant le mouvement romantique, le théâtre et la poésie de Victor Hugo ont redonné vie, à travers l'expression du sentiment amoureux, à la voix lyrique.

2. Le lyrisme et la mélancolie

La voix lyrique exprime le regret, le chagrin, le désespoir. L'auteur expose une peine qui peut être provoquée par une déception sentimentale, par la tristesse du temps qui s'enfuit, par l'exil ou par un deuil.

> « C'est bien la pire peine
> De ne savoir pourquoi
> Sans amour et sans haine
> Mon cœur a tant de peine ! »

(Paul Verlaine, Romances sans paroles, *1874)*

> À travers ses « chansons tristes », Verlaine recrée une musique poétique appropriée à sa mélancolie.

3. Le lyrisme de la sensation

La voix lyrique manifeste le bonheur d'une communion avec la nature. L'auteur témoigne de la plénitude des sensations, du plaisir des sens, de l'harmonie avec le monde. Il chante sa joie, dans un accord retrouvé avec les éléments.

> « L'automne me surprit au milieu de mes incertitudes : j'entrais avec ravissement dans les mois des tempêtes. »

(François René de Chateaubriand, René, *1802)*

> Au début du xixe siècle, l'œuvre de Chateaubriand exprime l'effusion du « moi » qui se projette et se retrouve dans les sensations au contact de la nature.

2 LA CRÉATION D'UNE INTIMITÉ

En exprimant des sentiments à la première personne, le registre lyrique met en place une relation d'intimité. Il crée un effet de proximité entre celui qui s'exprime et le lecteur.

▪ 1. L'expression du moi intime

Dans le registre lyrique, l'émetteur exprime directement ce qu'il éprouve. Il est fortement présent dans le texte. Les marques de cette présence sont les pronoms personnels, les pronoms possessifs ainsi que les adjectifs possessifs de la première personne du singulier et de la première personne du pluriel.

> « Je fais souvent ce rêve étrange et pénétrant
> D'une femme inconnue, et que j'aime, et qui m'aime
> Et qui n'est, chaque fois, ni tout à fait la même
> Ni tout à fait une autre, et m'aime et me comprend. »
>
> *(Paul Verlaine,* Poèmes saturniens, *1866)*

▪ 2. La sollicitation de l'autre

Dans le registre lyrique, l'auteur ou le personnage cherchent à partager leurs sentiments avec celui à qui ils s'adressent. Les marques de cette sollicitation sont les pronoms personnels (tu, vous...), les pronoms possessifs (le tien, le vôtre...), ainsi que les adjectifs possessifs (ton, ta, votre...) de la deuxième personne du singulier et du pluriel.

> « Oui, si tu retournes danser
> Chez Temporel, un jour ou l'autre,
> Pense aux bonheurs qui sont passés,
> Là, simplement, comme les nôtres. »
>
> *(André Hardellet,* La Cité Montgol, *1952)*

Dans ce poème, Hardellet interpelle son lecteur (« si tu retournes... ») et lui fait partager sa mélancolie du temps qui passe.

3 L'ÉCRITURE DES SENTIMENTS

Le registre lyrique utilise divers procédés pour marquer l'intensité des émotions et des sentiments exprimés.

▪ 1. L'exclamation et l'interrogation

La force du sentiment s'exprime à travers la ponctuation. L'auteur s'exclame (le point d'exclamation), utilise des interjections (Ah !), des adverbes d'intensité (Jamais !). Mais il peut aussi exprimer ses doutes et s'interroger. Il prend alors le destinataire à témoin à travers la forme interrogative.

> « Ne devinez-vous pas que je bous d'ivresse ?
> Ange de ma grand-mère, ange de mon berceau,
> Ne devinez-vous pas que je deviens oiseau,
> Que ma lyre frissonne et que je bats de l'aile
>   Comme l'hirondelle ?... »
>
> *(Arthur Rimbaud,* « Un cœur sous une soutane », *1870)*

Dans l'un de ses premiers poèmes, Rimbaud prend le lecteur à témoin de la fièvre poétique (« ma lyre frissonne ») qui l'habite.

Le registre lyrique

2. L'insistance

Les procédés de l'insistance renforcent l'expression des sentiments.

Procédé	Définition	Effet recherché
L'anaphore	Répétition du même mot ou de la même expression en début de vers ou de phrase. « *Soit qu'un déclin rengrège mes douleurs, /* *Soit qu'un dépit fasse naître mes pleurs, /* *Soit qu'un refus mes plaies renouvelle.* » (Ronsard, *Amours de Cassandre*, 1553)	– Rythmer l'expression des sentiments. – Créer un effet musical.
L'hyperbole	Emploi d'un terme trop fort, exagéré. « *De l'infini des mers à l'infini des cieux,* *Moi, rêvant à vous seuls, je contemple et je sonde* *L'amour que j'ai pour vous dans mon âme profonde,* *Amour doux et puissant qui toujours m'est resté,* *Et cette grande mer est petite à côté !* » (Hugo, *Les Voix intérieures*, 1837)	Amplifier le sentiment.
La gradation	Succession de plusieurs termes d'intensité croissante ou décroissante. « *Je ne sais quel attrait des yeux pour l'eau limpide /* *Nous faisait regarder et suivre chaque ride, /* *Réfléchir, soupirer, rêver sans dire un mot* » (Lamartine, *Jocelyn*, 1836).	Exprimer la progression des impressions et des sentiments.

3. L'apostrophe

Le registre lyrique est également caractérisé par l'emploi de l'apostrophe. L'auteur utilise alors l'impératif ou le subjonctif. Cette interpellation s'adresse soit à une divinité prise à témoin, soit au lecteur.

> « Ô temps ! suspends ton vol ! et vous, heures propices / suspendez votre cours ! »
> (*Alphonse de Lamartine*, Méditations poétiques, *1820*)

Les grandes dates de l'histoire littéraire

Le registre LYRIQUE et la poésie

Antiquité La lyre est l'instrument de musique inventé par le dieu Hermès. Ses cordes verticales tendues sur la carapace d'une tortue expriment la tension entre la terre et le ciel, les hommes et les dieux que le poète charme par son chant. C'est de cette façon qu'Orphée obtient de descendre aux Enfers pour chercher Eurydice, sa fiancée disparue.

XIIᵉ siècle Les troubadours, s'accompagnant de musique, chantent les joies et les douleurs de l'amant. Les ballades et les rondeaux évoquent eux aussi, dans un registre lyrique populaire, l'amour et les souffrances de la vie, comme le fait Villon. Pour exprimer ses sentiments, le poète peut recourir à l'ode, dans un lyrisme sévère et majestueux, ou à la chanson, plus familière.

XIXᵉ siècle Aux sonnets de Ronsard et de Du Bellay, du XVIᵉ siècle, font écho les poèmes de Musset et de Hugo, les chansons tristes de Verlaine. Pour Baudelaire, le lyrisme est alors « le cri du sentiment ».

XXᵉ siècle La même voix lyrique se fait entendre dans l'œuvre d'Apollinaire ou de Claudel. Le poète lyrique est semblable à Orphée : il traverse la nuit et dit à travers son chant le bonheur d'aimer, l'exaltation des instants heureux, mais aussi le chagrin et la mélancolie des hommes.

ÉTUDIER LE LYRISME AMOUREUX

1 **1. Repérez l'ensemble des termes qui évoquent la présence d'une voix, celle du personnage, dans le texte.**

2. Quel trouble le personnage exprime-t-il ?

LA PRINCESSE

Je ne suis pas triste ! L'oiseau chante et je chanterai aussi ! Qu'il chante et je chanterai aussi !
Et ma voix s'élèvera comme la force de la flûte
Plus haut, plus fort ! Emplissant la ville et la
                                              [nuit.
5 Je chanterai et je ne me contiendrai point !
L'oiseau chante l'été et il se tait l'hiver ; moi,
je chante dans l'air âpre et dur, et vers le ciel
désert, quand tout gèle, je m'élève éperdument !
Car ma voix est celle de l'amour et la chaleur
10 de mon cœur est comme celle de la jeunesse.

Elle ouvre la bouche comme pour chanter.

PAUL CLAUDEL, *Tête d'or*, Éd. Mercure de France, 1959.

2 **1. Relevez les pronoms dans le texte.**

2. Montrez comment l'auteur, à travers un jeu sur les pronoms, exprime l'exaltation du sentiment amoureux.

Elle est plus jolie que l'amour
Elle a dans les yeux la couleur
triste et vivante pourtant
de la mer
5 Et elle avance à pas de
louve contre la mort
Et moi je voudrais avancer
avec elle
Sortir du pays dont l'avenir
10 est sorti
Sortir de soi-même pour être
nous-mêmes
Il suffirait que nous allions
un peu plus loin
15 Et que nous nous enfermions
dans notre regard
Et qu'elle ouvre son sourire
pour que je puisse y
entrer

CHRISTIAN DOTREMONT, *Œuvres poétiques complètes*,
Éd. Mercure de France, 1998.

ÉTUDIER LE LYRISME MÉLANCOLIQUE

3 **1. Ces deux poèmes ont été écrits au même moment, alors qu'Apollinaire était emprisonné, accusé d'avoir volé *La Joconde*. Quels sont les thèmes développés ?**

2. À travers quels termes, quelles images, la tristesse s'exprime-t-elle dans ces deux poèmes ?

3. En vous appuyant sur les réponses aux deux questions précédentes, montrez comment les deux poèmes s'inscrivent dans le registre lyrique.

TEXTE A

Que lentement passent les heures
Comme passe un enterrement
Tu pleureras l'heure où tu pleures
Qui passera trop vitement
5 Comme passent toutes les heures

TEXTE B

J'écoute les bruits de la ville
Et prisonnier sans horizon
Je ne vois rien qu'un ciel hostile
Et les murs nus de ma prison

5 Le jour s'en va voici que brûle
Une lampe dans la prison
Nous sommes seuls dans ma cellule
Belle clarté Chère raison

Septembre 1911.

GUILLAUME APOLLINAIRE, « À la Santé »,
Alcools, Éd. Gallimard, 1913.

4 **1. À travers quels termes l'émotion du narrateur s'exprime-t-elle dans ce texte ?**

2. Quels sont les thèmes qui inscrivent ce texte dans le registre lyrique ? Justifiez votre réponse.

Je me souviens des paroles de Waldemar Cuzco, le jour où il nous laissa partir vers l'Europe. Il nous avait pris sur ses genoux, mon frère et moi, et, de sa voix sourde qui nous re-
5 muait le ventre, il avait dit : « Au fond de vous, minuscule, dort le Brésil. Plus vous grandirez, plus il grandira. Il bougera. Ça vous tirera de partout. Vous serez comme une femme qui va mettre un enfant au monde. Vous trouve-
10 rez qu'il fait froid de ce côté-ci de l'Atlantique. Vous aurez envie de fruits secs et sucrés, de ces chants lancinants et tendres qui déchirent nos ciels plus net que les orages. Alors il faudra rentrer. » J'avais onze ans et Pacifico huit.
15 Trente années ont passé. Nous n'avons jamais eu froid. Au fond de nous, ce n'est pas un pays qui a grandi mais un homme. On n'oublie pas Waldemar Cuzco.

ÉRIC FOTTORINO, *Nordeste*,
Éd. Stock, 1999.

ÉTUDIER LE LYRISME DES SENSATIONS

 Vers le commentaire

5 **1. Quelle saison ces deux poètes choisissent-ils d'évoquer ? Pourquoi ?**
**

2. En vous aidant de l'encadré, repérez dans l'un et l'autre texte les moyens mis en œuvre pour créer un lien entre la nature et l'homme. Rédigez votre réponse sous forme de paragraphe.

PREMIER EXTRAIT

Je suis d'un pas rêveur le sentier solitaire :
J'aime à revoir encore, pour la dernière fois,
Ce soleil pâlissant, dont la faible lumière
Perce à peine à mes pied l'obscurité des bois.

5 Oui, dans ces jours d'automne où la nature
[expire,
À ses regards voilés je trouve plus d'attraits ;
C'est l'adieu d'un ami, c'est le dernier sourire
Des lèvres que la mort va fermer pour jamais.

ALPHONSE DE LAMARTINE, *Méditations poétiques*, 1820.

DEUXIÈME EXTRAIT

Ma jeunesse ne fut qu'un ténébreux orage
Traversé çà et là par de brillants soleils ;
Le tonnerre et la pluie ont fait un tel ravage,
Qu'il reste en mon jardin bien peu de fruits
[vermeils.
5 Voilà que j'ai touché l'automne des idées,
Et qu'il faut employer la pelle et les râteaux
Pour rassembler à neuf les terres inondées,
Où l'eau creuse des trous grands comme des
[tombeaux.

CHARLES BAUDELAIRE, *Les Fleurs du mal*, 1857.

6 **1. Relevez et classez l'ensemble des termes qui évoquent les cinq sens dans ce texte.**
**

2. Quelle métaphore filée traverse le texte ? Expliquez sa construction.

3. Analysez l'utilisation des pronoms personnels.

4. Comment la communion avec la nature s'exprime-t-elle dans ce passage ?

Nathanaël, je te parlerai des attentes. J'ai vu la plaine, pendant l'été, attendre ; attendre un peu de pluie. La poussière des routes était devenue trop légère et chaque souffle la soulevait.
5 Ce n'était même plus un désir ; c'était une appréhension. La terre se gerçait de sécheresse comme pour plus d'accueil de l'eau. Les parfums des fleurs de la lande devenaient presque intolérables. Sous le soleil tout se pâmait. Nous
10 allions chaque après-midi nous reposer sous la terrasse, abrités un peu de l'extraordinaire éclat du jour. C'était le temps où les arbres à cônes, chargés de pollen, agitent aisément leurs branches pour répandre au loin leur fécondation.
15 Le ciel s'était chargé d'orage et toute la nature attendait.

ANDRÉ GIDE, *Les Nourritures terrestres*,
Éd. Gallimard, 1897.

Pour étudier le texte

LE REGISTRE LYRIQUE ET LA NATURE

Le registre lyrique peut s'exprimer à travers la symbolique de la nature. C'est ainsi que les saisons représentent la succession des âges de l'homme, de sa naissance à sa mort. Conscient que cette symbolique a quelque chose d'universel, le poète crée des correspondances entre la nature et l'être humain. Pour évoquer la nature, il emploie des termes qui s'appliquent d'ordinaire à l'homme. Il joue sur la comparaison et la métaphore, dans un échange constant entre le monde humain et le monde naturel.

ANALYSER L'EXPRESSION DU MOI INTIME ET LA SOLLICITATION DE L'AUTRE

7 **1. Quels sont les pronoms utilisés pour désigner le destinataire de la lettre ?**
*

2. Comment expliquer le changement dans l'utilisation de ces pronoms ?

3. À travers quelles images l'émotion éprouvée par l'auteur de la lettre s'exprime-t-elle ?

De Lady Sidley au comte de Mirbelle

J'ai reçu hier une lettre de vous ; mais qu'est-ce qu'une lettre pour me dédommager de votre absence ? C'est vous que je veux, que je désire, que j'attends... Combien de siècles écoulés de-
5 puis que tu n'es venu enchanter mon asile ! Je ne t'accuse point, je te regrette. Le soleil n'a point paru ici après ton départ, l'obscurité est affreuse, le froid insupportable, je m'enferme dans ma chambre... seule avec tes lettres et ton
10 portrait.

CLAUDE JOSEPH DORAT,
Les Malheurs de l'inconstance, 1772.

Vers l'oral

8 1. Relevez les réseaux lexicaux du mouvement et de la nuit dans le poème. Quels sentiments expriment-ils ?

2. En vous aidant de l'encadré, analysez le jeu des pronoms.

3. *Travail en binôme.* Développez par oral la réponse à la question : comment, à travers la sollicitation de l'autre et son inscription dans le texte, le poète crée-t-il un climat d'intimité ?

Mais toi, ne veux-tu pas, voyageuse indolente,
Rêver sur mon épaule, en y posant ton front ?
Viens du paisible seuil de la maison roulante
Voir ceux qui sont passés et ceux qui passeront.
5 Tous les tableaux humains qu'un esprit pur
　　　　　　　　　　　　　[m'apporte
S'animeront pour toi, quand devant notre porte
Les grands pays muets longuement s'étendront.

Nous marcherons ainsi, ne laissant que notre
　　　　　　　　　　　　　[ombre
Sur cette terre ingrate où les morts ont passé ;
10 Nous nous parlerons d'eux à l'heure où tout
　　　　　　　　　　　　　[est sombre,
Où tu te plais à suivre un chemin effacé,
À rêver, appuyée aux branches incertaines,
Pleurant, comme Diane au bord de ses
　　　　　　　　　　　　　[fontaines,
Ton amour taciturne et toujours menacé.

ALFRED DE VIGNY, « La maison du berger »,
Les Destinées, 1864.

9 1. Le narrateur s'adresse à un destinataire précis. Que peut-on deviner à propos de cet interlocuteur ?

2. Quelles sont les marques de la présence du narrateur dans le texte ? Expliquez comment le registre lyrique établit une relation d'intimité.

Je n'ai rien oublié, Marima. Maintenant, si loin, je sens l'odeur du poisson frit au bord du fleuve, l'odeur de l'igname et du foufou[1]. Je ferme les yeux et j'ai dans la bouche le goût très
5 doux de la soupe d'arachides. Je sens l'odeur lente des fumées qui montent le soir au-dessus de la plaine d'herbes, j'entends les cris des enfants. Est-ce que tout cela doit disparaître à jamais ? Pas un instant je n'ai cessé de
10 voir Ibusun, la plaine d'herbes, les toits de tôle chauffés au soleil, le fleuve avec les îles, Jersey, Brokkedon. Même ce que j'avais oublié est revenu au moment de la destruction, comme ce train d'images qu'on dit que les noyés entrevoient au moment de sombrer. C'est à toi
15 trevoient au moment de sombrer. C'est à toi

Marima, que je le donne, à toi qui est née sur cette terre rouge où le sang coule maintenant[2], et que je sais que je ne reverrai plus.

J.-M. G. LE CLÉZIO, *Onitsha*, Éd. Gallimard, 1991.

1. **Foufou** : *banane pilée* – 2. *Il s'agit du Biafra, au Nigéria, en guerre civile de 1967 à 1970.*

Pour étudier le texte

LE JEU DES PRONOMS

Le registre lyrique tisse un réseau de relations entre le moi intime et celui qu'il sollicite. Le jeu des pronoms appuie et amplifie cette proximité. Le « vous » donne un caractère solennel à la sollicitation, le « tu » souligne l'intimité, le « nous » rapproche.

Par ailleurs, la progression et l'alternance du « je » et du « tu » instaurent un dialogue exprimant la distance ou le rapprochement entre le moi intime et celui qu'il sollicite.

Le registre lyrique laisse ainsi entendre la voix de celui qui exprime ses émotions et confie son trouble au lecteur, qui peut s'identifier à lui à travers le jeu des pronoms.

ANALYSER LE JEU DE L'EXCLAMATION ET DE L'INTERROGATION

10 1. Analysez le jeu des pronoms personnels dans cette tirade. Montrez que l'association entre le « je » et le « vous » exprime la souffrance de Fortunio.

2. Relevez et commentez les différentes interrogations contenues dans ce passage. Quelle progression dans le doute ces interrogations expriment-elles ?

JACQUELINE. – Calmez-vous, venez, calmez-vous.
FORTUNIO. – Et à quoi suis-je bon, grand Dieu, sinon à vous donner ma vie ? Sinon au plus chétif usage que vous voudrez faire de moi ?
5 Sinon à vous suivre, à vous préserver, à écarter de vos pieds une épine ? J'ose me plaindre, et vous m'aviez choisi ! Ma place était à votre table, j'allais compter dans votre existence. Vous alliez dire à la nature entière, à ces jardins, à
10 ces prairies, de me sourire comme vous ; votre belle et radieuse image commençait à marcher devant moi, et je la suivais : j'allais vivre... Est-ce que je vous perds, Jacqueline ? Est-ce que j'ai fait quelque chose pour que vous me chas-
15 siez ? Pourquoi donc ne voulez-vous pas faire encore semblant de m'aimer ?

Il tombe sans connaissance.

JACQUELINE, *courant à lui.* – Seigneur, mon Dieu, qu'est-ce que j'ai fait ? Fortunio, revenez à vous.

ALFRED DE MUSSET, *Le Chandelier,* Acte III, scène 3, 1840.

3 Le registre lyrique

11 1. Quels reproches Bérénice adresse-t-elle à
*** Titus ?

2. Relevez l'ensemble des marques de l'exclamation et de l'interrogation qui inscrivent cette
tirade dans le registre lyrique :
– les phrases exclamatives ou interrogatives,
– les interjections,
– les adverbes d'intensité. Montrez qu'elles traduisent la douleur de la rupture.

3. Aux vers 3, 5, 14 et 15, à travers quels termes
Bérénice s'adresse-t-elle à Titus ?

4. Comment interpréter cet abandon du
« vous » dans la progression de la tirade ?

*(L'empereur Titus annonce à la reine Bérénice
qu'il la renvoie, malgré son amour, parce qu'il doit
obéir à la raison d'État. Bérénice, dans cette réplique, laisse éclater son émotion.)*

BÉRÉNICE

Eh bien ! régnez, cruel ; contentez votre gloire ;
Je ne dispute¹ plus. J'attendais, pour vous croire,
Que cette même bouche, après mille serments
D'un amour qui devait unir tous nos moments,
5 Cette bouche, à mes yeux² s'avouant infidèle,
M'ordonnât elle-même une absence éternelle.
Moi-même j'ai voulu vous entendre en ce lieu.
Je n'écoute plus rien : et pour jamais, adieu.
Pour jamais ! Ah ! seigneur, songez-vous en vous-
            [même
10 Combien ce mot cruel est affreux quand on aime ?
Dans un mois, dans un an, comment
                [souffrirons-nous,
Seigneur, que tant de mers me séparent de vous ?
Que le jour recommence et que le jour finisse,
Sans que jamais Titus puisse voir Bérénice,
15 Sans que de tout le jour je puisse voir Titus !
Mais quelle est mon erreur, et que de soins³
                [perdus !
L'ingrat, de mon départ consolé par avance,
Daignera-t-il compter les jours de mon absence ?
Ces jours si longs pour moi lui sembleront trop
                [courts.

JEAN RACINE, *Bérénice*,
Acte IV, scène 5, 1670.

1. **Dispute** : *discuter, protester* – 2. **À mes yeux** : *devant moi* –
3. **Soins** : *Soucis, dévouements, attentions.*

ÉTUDIER LES PROCÉDÉS DE L'INSISTANCE ET DE L'INTERPELLATION

12 1. Recherchez et relevez deux procédés d'insis-
** tance dans le texte.

2. Quels sentiments de l'auteur mettent-ils en
valeur ?

    Une fois de plus, j'étais parti à pied vers les
villages abandonnés de l'Aragon. Là, dans les
sierras, sont les domaines du vent, les étendues
vastes, des forêts de pins pleines de crisse-
5 ments, et des abîmes quand on grimpe le long
des corniches rocheuses.
    C'est un autre temps, un temps à l'égal de ce-
lui des dieux, et peut-être trois saisons ou trois
siècles s'écouleront-ils dans le monde pendant
10 que je passerai dans les montagnes une poignée de jours et de nuits.

JEAN-PIERRE OTTE, *Histoires du plaisir d'exister*,
Éd. Julliard, 1997.

13 1. À qui le poète s'adresse-t-il ? Par quel pro-
** cédé ? Dans quelle intention ?

2. Repérez et étudiez les marques de la présence
de l'auteur dans son texte.

3. Expliquez comment ce poème s'inscrit dans
le registre lyrique.

Je ne dors pas Georgia
je lance des flèches dans la nuit Georgia
j'attends Georgia
je pense Georgia
5 Le feu est comme la neige Georgia
La nuit est ma voisine Georgia
j'écoute les bruits tous sans exception Georgia
je vois la fumée qui monte et qui fuit Georgia
je marche à pas de loup dans l'ombre Georgia
10 je cours voici la rue les faubourgs Georgia
Voici une ville qui est la même
et que je connais pas Georgia
je me hâte voici le vent Georgia
et le froid silence et la peur Georgia
15 je fuis Georgia
je cours Georgia
les nuages sont bas ils vont tomber Georgia
j'étends les bras Georgia
je ne ferme pas les yeux Georgia
20 j'appelle Georgia
je crie Georgia

PHILIPPE SOUPAULT, *Poésie*, Éd. Gallimard, 1926.

EXO-BAC

LECTURE

1. Quels thèmes communs les deux poèmes évoquent-ils ?

2. Repérez les procédés d'insistance utilisés par les auteurs. Montrez qu'ils participent au lyrisme des poèmes.

3. À travers quels pronoms la présence des auteurs s'affirme-t-elle dans chaque poème ?

ÉCRITURE

En vous appuyant sur des exemples relevés dans chaque poème, vous montrerez comment ces deux poèmes s'inscrivent dans le registre lyrique.

TEXTE A

MARIE

Vous y dansiez petite fille
Y danserez-vous mère-grand
C'est la maclotte[1] qui sautille
Toutes les cloches sonneront
5 Quand donc reviendrez-vous Marie

Les masques sont silencieux
Et la musique est si lointaine
Qu'elle semble venir des cieux
Oui je veux vous aimer mais
          [vous aimer à peine
10 Et mon mal est délicieux

Les brebis s'en vont dans la neige
Flocons de laine et ceux d'argent
Des soldats passent et que n'ai-je
Un cœur à moi ce cœur changeant
15 Changeant et puis encor que sais-je

Sais-je où s'en iront tes cheveux
Crépus[2] comme mer qui moutonne
Sais-je où s'en iront tes cheveux
Et tes mains feuilles de l'automne
20 Que jonchent aussi nos aveux

Je passais au bord de la Seine
Un livre ancien sous le bras
Le fleuve est pareil à ma peine
Il s'écoule et ne tarit pas
25 Quand donc finira la semaine

GUILLAUME APOLLINAIRE (1880-1918),
Alcools, 1913, Éd. Gallimard.

1. **Maclotte** : *danse ardennaise* – 2. **Crépus** : *naturellement frisés et très denses.*

TEXTE B

LE TREMBLAY[1]

Si tu reviens jamais danser
Chez Temporel, un jour ou l'autre,
Pense à ceux qui tous ont laissé
Leurs noms gravés auprès des nôtres.

5 Souviens-toi : quand tu l'as choisie
Pour tourner la valse en mineur,
La bonne chance enfin saisie,
Deux initiales dans un cœur.

Pense à ta jeunesse gâchée,
10 Sans t'en douter, au fil des jours,
Pense à l'image tant cherchée
Qui garderait son vrai contour.

Des robes aux couleurs de valse
Il n'est demeuré qu'un reflet
15 Sur le tain écaillé des glaces,
Des chansons – à peine un couplet.

Mais c'est assez pour que renaisse
Ce qu'alors nous avons aimé
Et pour que tu te reconnaisses
20 Dans ce petit bal mal famé

Avec d'autres qui sont partis
Vers le meilleur ou vers le pire,
Avec celle qui t'a souri
Et dit les mots qu'il fallait dire.

25 Oui, si tu retournes danser
Chez Temporel, un jour ou l'autre,
Pense aux bonheurs qui sont passés
Là, simplement, comme les nôtres.

ANDRÉ HARDELLET (1911-1974),
La Cité Montgol, Éd. Gallimard, 1952.

1. **Le Tremblay** : *localité des environs de Paris.*

Texte **A**

Une étape du Tour de France

Le registre épique traverse tous les modes d'expression. On l'utilise chaque fois qu'une situation exceptionnelle entraîne l'homme au-delà de lui-même, et le rend porteur des aspirations et des valeurs du groupe humain auquel il appartient. Qu'il s'agisse des coureurs cyclistes ou des guerriers romains, comment le journaliste et le poète retrouvent-ils des accents épiques pour célébrer l'exploit ?

Je dirai que cette journée fut nettement dantesque[1]. Il paraît que de plus terribles encore nous attendent plus loin. Mais tant pis, je ne suis pas de ceux qui ménagent leurs adjectifs pour ne pas les fatiguer, ou qui lésinent sur l'épithète[2] comme si le règlement du Tour en interdisait l'usage avant le Tourmalet[3]. Je ne mâcherai donc pas mes mots, et je dis que cette étape mérite qu'on l'appelle infernale. Si, plus tard, dans les Alpes ou dans les Pyrénées, nous avons pire, ce sera qu'il existe bien des degrés dans le genre infernal et que précisément chacun des fameux cercles de Dante passe par un des cols du Tour de France. Mais je n'ai pas besoin de vous l'apprendre.

Le clou de la journée fut, à mon avis, le passage du col d'Oderen. La route était une vieille route empierrée, une de ces routes à postillon[4], où l'allure des cavaliers soulevait une fine poussière, à l'échelle du paysage, juste ce qu'il fallait pour avertir au loin sœur Anne[5]. Mais la horde automobile qui s'engouffra soudain dans les tortueux virages y brassa une telle nuée de grès rose et torride, que nous dûmes y cheminer à l'aveu glette, sous la seule protection de nos bruits déchirants, comme dans une émanation volcanique, épaisse et desséchante, qui semblait envelopper la caravane pour la conduire dans quelque piège fabuleux. Les klaxons en avaient plein la gueule et râlaient d'affreux appels de bêtes affolées par les premiers souffles d'Apocalypse.

Le plus émouvant de la scène, le plus grandiose aussi étaient les cris que parfois lançait un coureur pour annoncer le passage d'un homme à travers le cortège des mécaniques affolées. L'un vocalisait de lugubres modulations, l'autre faisait entendre une interjection pathétique ou filait un long blasphème sur le ton aigu. Des âmes en peine cherchaient leur salut dans les interstices du chaos. Au sein fumant du toboggan d'automobiles, dans le grincement des freins et la stupide colère des avertisseurs gorgés de poussière, ils passaient comme ces ultimes détenteurs du verbe, les derniers vestiges de l'esprit errant dans une terre poudreuse déjà consumée par les ardeurs d'un cataclysme sidéral.

JACQUES PERRET, *L'Équipe*, 1952.
Repris dans *Articles de sport*,
Éd. Julliard, 1981.

1. Dantesque : *d'une horreur grandiose, digne des récits du poète italien Dante* — 2. Épithète : *qualification attribuée à quelqu'un ou à quelque chose* — 3. Tourmalet : *un des plus hauts cols du Tour* — 4. Postillon : *conducteur d'un attelage de quatre ou six chevaux* — 5. Sœur Anne : *allusion à l'un des personnages du conte* Barbe-Bleue : « *Sœur Anne, ne vois-tu rien venir ?* »

Texte **B**

Soir de bataille

Le choc avait été très rude. Les tribuns
Et les centurions, ralliant les cohortes[1],
Humaient encor dans l'air où vibraient leurs voix fortes
La chaleur du carnage et ses acres parfums.

5 D'un œil morne, comptant leurs compagnons défunts,
Les soldats regardaient, comme des feuilles mortes,
Au loin, tourbillonner les archers de Phraortes[2] ;
Et la sueur coulait de leurs visages bruns.

C'est alors qu'apparut, tout hérissé de flèches,
10 Rouge du flux vermeil de ses blessures fraîches,
Sous la pourpre flottante et l'airain[3] rutilant,

Au fracas des buccins[4] qui sonnaient leur fanfare,
Superbe, maîtrisant son cheval qui s'effare,
Sur le ciel enflammé, l'Imperator[5] sanglant.

JOSÉ-MARIA DE HEREDIA, *Les Trophées*, 1893.

1. Cohortes : *dans l'armée romaine, la cohorte équivalait à dix centuries, soit environ 400 hommes. Le centurion était l'équivalent d'un capitaine, le tribun d'un général* – 2. Phraortes : *les archers mèdes, réputés dans l'Antiquité* – 3. Airain : *métal* – 4. Buccin : *sorte de trompette* – 5. L'Imperator : *Antoine, lieutenant de César, puis proconsul de Rome et époux de la reine d'Égypte, Cléopâtre.*

---

1 LE CHANT ÉPIQUE

1 ▷ Retrouvez dans l'article de presse les marques de la présence du journaliste, narrateur de l'exploit.

2 LE COMBAT ÉPIQUE

2 ▷ Étudiez, dans l'article de presse, les adjectifs qui qualifient les circonstances de l'exploit.

3 ▷ Relevez dans le poème tous les termes qui appartiennent au champ lexical de la guerre. Comment les différentes sensations (l'ouïe, la vue, l'odorat, le toucher) traduisent-elles la violence du combat ?

3 LE HÉROS ÉPIQUE

4 ▷ Comment le poète met-il en valeur l'apparition du vainqueur dans la construction des deux tercets ?

4 LES PROCÉDÉS DU REGISTRE ÉPIQUE

5 ▷ Les comparaisons, les métaphores, les hyperboles mettent en valeur l'intensité de l'effort accompli : relevez et analysez dans chaque texte un exemple correspondant à chacun de ces procédés.

Le registre épique

Le registre épique met souvent en scène un combat, à travers un récit et des procédés qui valorisent le caractère exceptionnel du héros. L'épopée est le genre littéraire le plus ancien. Il consiste à l'origine en un long poème qui raconte les exploits des héros fondateurs de villes ou de nations.

1 LE CHANT ÉPIQUE

Le registre épique affirme, à travers le texte, la présence d'un narrateur, témoin ou acteur de l'événement, qui restitue par sa parole l'action héroïque et qui, de ce fait, entretient le souvenir de l'exploit.

■ 1. La présence du narrateur

Le narrateur redonne vie aux exploits des héros. Il exalte la mémoire des hauts faits d'armes. Il affirme pleinement sa présence au début de son récit :

> « Je chante les armes et le héros qui, premier entre tous, chassé par le destin des bords de Troie, vint en Italie. »
>
> *(Virgile, Énéide)*

Au Ier siècle avant J.-C., Virgile écrit l'épopée de la fondation de Rome par Énée. Il se met en scène, avec solennité et emphase, au moment d'entreprendre son récit.

■ 2. La dimension orale

Le registre épique restitue l'éloquence orale de celui qui fait entendre un récit formidable, qui développe des tableaux guerriers. Il s'agit d'une commémoration solennelle dont les marques sont présentes tout au long du texte : indices de l'énonciation, jugements de valeur, effets de reprise et d'amplification.

2 LE COMBAT ÉPIQUE

Le registre épique met en scène un combat, qu'il s'agisse de l'affrontement des hommes entre eux, ou de la lutte des hommes avec les éléments.

■ 1. L'affrontement des hommes

→L'épopée traditionnelle. Elle raconte le conflit entre des guerriers qui s'affrontent dans des combats acharnés. À travers le choc des armes, ce sont des valeurs qui s'opposent : le Bien contre le Mal, la Lumière contre la Force obscure, la Liberté contre les entraves de la Tyrannie.

→L'épopée moderne. Elle adapte l'ampleur et l'énergie de l'affrontement aux situations du monde moderne. Le registre épique met en valeur l'intensité du conflit, qu'il se situe sur le plan judiciaire, économique ou sportif :

> « Veillée d'armes dans la capitale. Paris s'apprête à affronter Marseille, sa rivale de toujours. »
>
> *(Le Figaro,* 12 octobre 1999)

■ 2. Le déchaînement du monde

→La lutte contre les éléments. Le registre épique souligne la violence du combat qui oppose les hommes aux éléments naturels : le feu, la terre, l'air et l'eau. Un volcan, une tempête, une inondation sont l'occasion de mettre en scène la lutte de l'humanité contre la menace du chaos.

→**L'esprit de conquête.** Le registre épique exalte toutes les entreprises menées par l'homme au nom du progrès. De la conquête guerrière, on passe alors aux défis qui animent la recherche scientifique, les innovations technologiques ou la conquête de l'espace.

3 LE HÉROS ÉPIQUE

Le registre épique souligne la dimension exceptionnelle du héros, placé au centre du récit. Il exalte son combat et les épreuves qui le mènent à la gloire.

■ 1. Un être exceptionnel

Le héros épique possède toutes les qualités qui font de lui un « guerrier ». Il n'accomplit pas seulement un destin individuel mais aussi un destin collectif. Le registre épique met en évidence sa force et sa résistance physiques, ses qualités morales (loyauté, générosité, bravoure), de même que sa compétence technique dans l'affrontement :

> « C'était un des Chouans les plus redoutables, l'effroi des Bleus, qu'il étonnait toujours en les épouvantant, quand, dans une affaire, il déployait tout à coup, à travers ses formes sveltes et élégantes, la force terrassante du taureau ! »
>
> *(Barbey d'Aurevilly*, Le Chevalier Des Touches*)*

■ 2. Les épreuves qualifiantes

Le héros épique s'affirme à travers une succession d'épreuves qui assurent son rayonnement. D'une origine souvent modeste, le héros manifeste sa dimension exceptionnelle à l'occasion d'un événement qui révèle publiquement son statut. Il multiplie alors les combats jusqu'à atteindre la gloire. Il peut arriver que sa mort, considérée comme un dernier sacrifice, réalise définitivement son destin.

■ 3. Un être collectif

La foule est une forme particulière de héros épique. Ce n'est plus alors l'individu qui compte mais la collectivité, unie dans le combat et les valeurs.

> « Les femmes avaient paru, près d'un millier de femmes, aux cheveux épars, dépeignées par la course, aux guenilles montrant la peau nue, des nudités de femelles lasses d'enfanter des meurt-de-faim. »
>
> *(Zola*, Germinal*)*

4 LE RÉCIT ÉPIQUE

Le registre épique présente une suite d'actions exceptionnelles qui font basculer de l'Histoire à la légende, du réel au merveilleux.

■ 1. Un récit légendaire

Le récit épique prend sa source dans les temps reculés, à l'origine du monde ou des civilisations. Il s'imprègne ainsi d'une atmosphère mythique et utilise des éléments du merveilleux tels que les signes, les rêves ou les présages :

> « Thogorma, le Voyant, fils d'Elam, fils de Thur,
> Eut ce rêve, couché dans les roseaux du fleuve,
> À l'heure où le soleil blanchit l'herbe et le mur. »
>
> *(Leconte de Lisle*, « Qaïn »*, Poèmes barbares*)*

Le registre épique

▪ 2. Le mouvement du récit

Le récit épique déroule une série d'actions, de péripéties, d'épisodes qui s'enchaînent. Au-delà des pauses et des relances qui rythment l'action, le récit épique donne le sentiment d'un mouvement ample et continu, d'un flux ininterrompu.

5 LES PROCÉDÉS DU REGISTRE ÉPIQUE

Le registre épique privilégie les procédés lexicaux, syntaxiques ou stylistiques, qui produisent un effet d'ampleur, de puissance et de profusion :

Le lexique	- des termes empruntés à l'Antiquité ou aux grandes épopées - des adverbes de temps qui soulignent et valorisent l'enchaînement des actions - un effet d'emphase et d'amplification qui correspond à la solennité du chant épique
La syntaxe	- des phrases longues et complexes qui amplifient l'action représentée - des effets de symétrie et de parallélisme qui manifestent l'opposition et l'affrontement - la modalité exclamative qui souligne les sentiments du narrateur
Les figures de style	- des comparaisons et des métaphores, qui ajoutent à l'impression de puissance ou de violence - des hyperboles, des chiffres qui contribuent à l'amplification - des accumulations et des énumérations, qui marquent la profusion

Les grandes dates de l'histoire littéraire

Le registre ÉPIQUE et l'épopée

À l'origine Toutes les civilisations, à leur naissance, ont produit des épopées : l'*Iliade* et l'*Odyssée* d'Homère, l'*Énéide* de Virgile, *La Chanson de Roland*. Ces longs poèmes en vers racontent l'affrontement du Bien et du Mal, l'arrachement du monde au chaos, la bravoure d'un héros qui rivalise avec les dieux : Ronsard avec *La Franciade*, Voltaire avec *La Henriade*, Hugo avec *La Légende des siècles*, poursuivent la tradition de l'épopée.

XIXᵉ siècle Le registre épique apparaît désormais dans le roman. Balzac, Hugo, Zola présentent, à la façon des mythes antiques, les grandes forces qui fondent la civilisation industrielle : la mine est un monstre dévorant, le capital est un dieu mauvais auquel s'oppose le peuple, héros collectif.

XXᵉ siècle Le registre épique résonne encore dans les romans de Céline ou Malraux. Le cinéma, à son tour, suscite des épopées nouvelles, du western aux guerres menées dans les étoiles. Aujourd'hui, le registre épique garde sa vigueur dans toutes les situations où l'homme est amené à se dépasser : le stade ou le ring sont désormais les lieux du combat héroïque.

REPÉRER LE NARRATEUR ET LA DIMENSION ORALE DU REGISTRE ÉPIQUE

1 *

1. Relevez les marques de la présence du narrateur.

2. Quels sont les termes et procédés qui donnent à cet extrait une dimension solennelle ?

Quelques hommes avant moi avaient parcouru la terre : Pythagore, Platon, une douzaine de sages, et bon nombre d'aventuriers. Pour la première fois, le voyageur était en même
5 temps le maître, pleinement libre de voir, de réformer, de créer. C'était ma chance, et je me rendais compte que des siècles peut-être passeraient avant que se reproduisit cet heureux accord d'une fonction, d'un tempérament,
10 d'un monde. (…) Il faut faire ici un aveu que je n'ai jamais fait à personne : je n'ai jamais eu le sentiment d'appartenir complètement à aucun lieu, pas même à mon Athènes bien-aimée, pas même à Rome. Étranger partout, je ne me sen-
15 tais particulièrement isolé nulle part.

MARGUERITE YOURCENAR, *Mémoires d'Hadrien*,
Éd. Gallimard, 1958.

2 **

1. Relevez dans le texte les détails qui présentent le soldat comme un vieil homme pauvre.

2. Par quelles indications le texte souligne-t-il que le personnage s'apprête à raconter un récit épique ?

3. Comment le fantassin est-il grandi par le chant épique qu'il entreprend ?

– Racontez-nous l'Empereur ! crièrent plusieurs personnes ensemble.

– Vous le voulez, répondit Goguelat. Eh ! Bien, vous verrez que ça ne signifie rien quand
5 c'est dit au pas de charge. J'aime mieux vous raconter toute une bataille. Voulez-vous Champ-Aubert[1], où il n'y avait plus de cartouches, et où l'on s'est astiqué tout de même à la baïonnette ?

– Non ! L'Empereur ! l'Empereur !
10 Le fantassin se leva de dessus sa botte de foin, promena sur l'assemblée ce regard noir tout chargé de misère, d'événements et de souffrances qui distingue les vieux soldats. Il prit sa veste par les deux basques de devant, les re-
15 leva comme s'il s'agissait de recharger le sac où jadis étaient ses hardes[2], ses souliers, toute sa fortune ; puis il s'appuya le corps sur la jambe gauche, avança la droite et céda de bonne grâce aux vœux de l'assemblée. Après avoir repoussé
20 ses cheveux gris d'un seul côté de son front

pour le découvrir, il porta la tête vers le ciel afin de se mettre à la hauteur de la gigantesque histoire qu'il allait dire.

HONORÉ DE BALZAC, *Le Médecin de campagne*, 1833.

1. **Champ-Aubert** : *Champaubert, près d'Épernay, lieu d'une victoire de Napoléon sur les Russes, en 1814* – 2. **Hardes** : *vieux vêtements.*

ANALYSER L'AFFRONTEMENT DES HOMMES

3 **

1. Par quels termes Victor Hugo souligne-t-il le caractère exceptionnel du combat ?

2. Repérez les images utilisées. En quoi participent-elles au registre épique ?

Ney tira son épée et prit la tête. Les escadrons énormes s'ébranlèrent.

Alors on vit un spectacle formidable.

Toute cette cavalerie, sabres levés, étendard
5 et trompettes au vent, formée en colonne par division, descendit, d'un même mouvement et comme un seul homme, avec la précision d'un bélier de bronze, qui ouvre un brèche, la colline de la Belle-Alliance, s'enfonça dans le
10 fond redoutable où tant d'hommes déjà étaient tombés, y disparut dans la fumée, puis, sortant de cette ombre, reparut de l'autre côté du vallon, toujours compacte et serrée, montant au grand trot, à travers un nuage de mitraille
15 crevant sur elle, l'épouvantable pente de boue du plateau de Mont-Saint-Jean. Ils montaient, graves, menaçants, imperturbables ; dans les intervalles de la mousqueterie et de l'artillerie, on entendait ce piétinement colossal. Étant
20 deux divisions, ils étaient deux colonnes ; la division Wathier avait la droite, la division Delords avait la gauche. On croyait voir de loin s'allonger vers la crête du plateau deux immenses couleuvres d'acier. Cela traversa la bataille
25 comme un prodige.

VICTOR HUGO, *Les Misérables*, 1862.

4 **

1. À travers quels termes l'intensité de l'affrontement des boursiers s'exprime-t-elle ?

2. Quelle est l'impression produite par ce vocabulaire ?

LA BOURSE

On croit y voir une âpre fièvre
Voler, de front en front, de lèvre en lèvre,
Et s'ameuter et éclater
Et crépiter sur les paliers
5 Et les marches des escaliers.
Une fureur réenflammée
Au mirage du moindre espoir

4 Le registre épique

Monte soudain de l'entonnoir
De bruit et de fumée
10 Où l'on se bat, à coups de vols, en bas[1].
Langues sèches, regards aigus, gestes inverses,
Et cervelles, qu'en tourbillons les millions
[traversent,
Échangent là leur peur et leur terreur.
La hâte y simule l'audace
15 Et les audaces se dépassent...

ÉMILE VERHAEREN, *Les Villes tentaculaires*, 1895.

1. **En bas** : *la corbeille, endroit où les transactions s'effectuent.*

ÉTUDIER LE DÉCHAÎNEMENT DU MONDE

5 **1. À travers quels termes le texte s'inscrit-il plei-
** ** nement dans le cadre de la nature ?

**2. Par quels moyens syntaxiques et lexicaux
Giono donne-t-il au lecteur l'impression de la
violence irrépressible de l'eau ?**

**3. Montrez comment la personnification de l'eau
participe au registre épique.**

L'eau a commencé par jaillir de toutes les fis-
sures sous le glacier. Elle s'est cherché des couloirs et des canalisations, passant par les rayu-
res les plus minces, dans des traces qui sont
5 l'emplacement de minuscules racines vieilles
de mille ans dans le creux du granit. Elle les
trouve, entre, passe, écarte, pousse, frappe,
recule, frappe, recule, comme le battement
du sang dans le poignet d'un homme, ébranle,
10 fend, écrase, passe, descend, remonte, se tord,
s'épanouit, s'élargit comme les rameaux d'un
chêne, se tord, se love, se rejoint, se noue, se
construit comme une ruche d'abeilles, crève
la muraille de Muzelliers, saute dans le vide
15 comme une arche de verre.

JEAN GIONO, *Batailles dans la montagne*,
Éd. Gallimard, 1937.

6 **1. Relevez le lexique du monde industriel. Quels
** ** sont les thèmes du monde moderne évoqués par
le texte ?

**2. En quoi le texte souligne-t-il l'esprit de
conquête de l'homme moderne ?**

Nous chanterons [...] les gares gloutonnes
avaleuses de serpents qui fument ; les usines
suspendues aux nuages par les ficelles de leurs
fumées ; les ponts aux bonds de gymnastes
5 lancés sur la coutellerie diabolique des fleuves
ensoleillés ; les locomotives aux grands poi-
trails, qui piaffent sur les rails, tels d'énormes

chevaux d'acier bridés de longs tuyaux, et le
vol glissant des aéroplanes, dont l'hélice a des
10 claquements de drapeau et des applaudisse-
ments de foule enthousiaste.

FILIPPO TOMMASO MARINETTI, *Manifeste du futurisme*,
in *Le Figaro*, 29 février 1909.

ANALYSER LES CARACTÉRISTIQUES DU HÉROS ÉPIQUE

7 **1. Par quels procédés le peintre grandit-il l'image
** * **de Bonaparte ?**

**2. Comment les éléments du décor contribuent-
ils à l'héroïsation du chef de guerre ?**

**3. Que symbolise la main ainsi tendue vers
l'horizon ?**

JACQUES-LOUIS DAVID, *Bonaparte franchissant
le Grand St-Bernard*, 1800.

8 **Dans ce texte, l'auteur évoque le sort de son ami
** ** Henri Guillaumet, dont l'avion s'est écrasé en
montagne. Quelles sont les épreuves traversées
par l'aviateur qui font de lui un héros épique ?**

Et je t'apercevais, au cours de ton récit nocturne, marchant, sans piolet, sans cordes, sans
vivres, escaladant des cols de quatre mille cinq
cents mètres, ou progressant le long de parois
5 verticales, saignant des pieds, des genoux et des
mains, par quarante degrés de froid. Vidé peu à
peu de ton sang, de tes forces, de ta raison, tu
avançais avec un entêtement de fourmi, revenant sur tes pas pour contourner l'obstacle, te

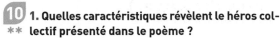

10 relevant après les chutes, ou remontant celles des pentes qui n'aboutissaient qu'à l'abîme, ne t'accordant enfin aucun repos, car tu ne te serais pas relevé du lit de neige.

ANTOINE DE SAINT-EXUPÉRY, *Terre des hommes*, Éd. Gallimard, 1939.

Vers l'oral

9
★★

1. Mortellement blessé à Roncevaux, Roland achève ainsi son destin. Quel détail du texte montre qu'il veut garder jusque dans la mort ses attributs guerriers?

2. En vous aidant de l'encadré, expliquez à quelles valeurs de la chevalerie du Moyen Âge Roland est attaché. Appuyez votre réponse sur des éléments précis du texte.

3. *Travail en binôme.* Présentez par oral la réponse argumentée à la question suivante : quelle image le héros épique veut-il laisser de lui-même ?

Roland sent que la mort le prend tout entier,
qu'elle lui descend de la tête sur le cœur.
Il est allé en courant sous un pin,
il s'est couché sur l'herbe verte, face contre
[terre,
5 il met sous lui son épée et son olifant[1],
il tourne la tête du côté de la gent[2] païenne ;
il a fait cela parce qu'il veut véritablement
que Charles[3] et tous les siens disent
qu'il est mort en vainqueur, le noble comte.
10 Il proclame ses fautes, se frappant la poitrine
[à petits coups répétés,
pour ses péchés. Il tend vers Dieu son gant.

La Chanson de Roland, XIIᵉ siècle,
traduction de G. Moignet, coll. Les petits classiques,
Éd. Bordas.

1. Olifant : *cor* - 2. Gent : *peuple* - 3. Charles : *Charlemagne*.

Pour étudier le texte

LE SOUFFLE ÉPIQUE DE LA CHEVALERIE

Les chansons de geste, c'est-à-dire les récits des « exploits accomplis », célèbrent les actions héroïques des chevaliers dans les combats, les guerres et les croisades menés contre les ennemis du royaume et de la chrétienté. Le noble témoigne de l'amour des armes et de la passion de l'art militaire. Il incarne les valeurs de la société féodale : il jure fidélité et se dévoue à son roi ; il consacre sa vie à défendre la religion. Le désir de gloire, le sentiment du devoir, le sens du sacrifice font ainsi du chevalier, à travers ses succès et ses épreuves, le modèle du héros épique.

10
★★

1. Quelles caractéristiques révèlent le héros collectif présenté dans le poème ?

2. Montrez que les forces en présence sont inégales. À travers quels termes cependant l'union et la détermination de la foule sont-elles mises en valeur ?

Alors tout se leva. – L'homme, l'enfant, la femme,
Quiconque avait un bras, quiconque avait une
[âme,
Tout vint, tout accourut. Et la ville à grand bruit
Sur les lourds bataillons se rua jour et nuit.
5 En vain boulets, obus, la balle et les mitrailles,
De la vieille cité déchiraient les entrailles ;
Pavés et pans de murs croulant sous mille efforts
Aux portes des maisons amoncelaient les morts ;
Les bouches des canons trouaient au loin la
[foule ;
10 Elle se refermait comme une mer qui roule,
Et de son râle affreux ameutant les faubourgs,
Le tocsin haletant bondissait dans les tours !

VICTOR HUGO, « Dicté après juillet 1830 »,
Les Chants du crépuscule, 1835.

ÉTUDIER LE MOUVEMENT DU RÉCIT ÉPIQUE

11
★★

1. Relevez les différentes étapes du combat dans le texte suivant.

2. Qu'est-ce qui fait de la chèvre de M. Seguin une héroïne épique ?

3. À travers quels signes, quels présages, le texte crée-t-il une atmosphère merveilleuse ?

Alors le monstre s'avança, et les petites cornes entrèrent en danse.

Ah ! la brave chevrette, comme elle y allait de bon cœur ! Plus de dix fois, je ne mens pas,
5 Gringoire[1], elle força le loup à reculer pour reprendre haleine. Pendant ces trêves d'une minute, la gourmande cueillait en hâte encore un brin de sa chère herbe ; puis elle retournait au combat, la bouche pleine... Cela dura toute la
10 nuit. De temps en temps la chèvre de M. Seguin regardait les étoiles danser dans le ciel clair, et elle se disait :

« Oh ! pourvu que je tienne jusqu'à l'aube... »

L'une après l'autre, les étoiles s'éteignirent.
15 Blanquette redoubla de coups de cornes, le loup de coups de dents... Une lueur pâle parut dans l'horizon... Le chant du coq enroué monta d'une métairie.

« Enfin ! » se dit la pauvre bête, qui n'at-
20 tendait plus que le jour pour mourir ; et elle

s'allongea par terre dans sa belle fourrure blanche toute tachée de sang...

Alors le loup se jeta sur la pauvre bête et la mangea.

ALPHONSE DAUDET, *Lettres de mon Moulin*, 1866.

1. Gringoire : *le destinataire à qui s'adresse le narrateur.*

12 **1. Relevez le champ lexical du mouvement dans
*** la scène suivante. Comment les actions s'enchaînent-elles ?**

2. Quelles sont les valeurs mises en évidence et défendues à travers ce passage ?

3. Analysez le rythme des phrases. Montrez qu'il participe à l'effet d'amplification.

4. Relevez la présence des images de la ligne 10 à la ligne 14. Montrez comment la scène s'amplifie de manière à atteindre une dimension épique.

À chaque relais, les nouveaux porteurs[1] abandonnaient leur marche rigide pour le geste prudent et affectueux par lequel ils prenaient les brancards, et repartaient avec le han ! du travail
5 quotidien, comme s'ils eussent voulu cacher aussitôt ce que leur geste venait de montrer de leur cœur. Obsédés par les pierres du sentier, ne pensant qu'à ne pas secouer les civières, ils avançaient au pas, d'un pas ordonné et ralenti
10 à chaque rampe ; et ce rythme accordé à la douleur sur un si long chemin semblait emplir cette gorge immense où criaient là-haut les derniers oiseaux, comme l'eût empli le battement solennel des tambours d'une marche funèbre.
15 Mais ce n'était pas la mort qui, en ce moment, s'accordait aux montagnes : c'était la volonté des hommes.

ANDRÉ MALRAUX, *L'Espoir*, Éd. Gallimard, 1937.

1. **Les nouveaux porteurs** : *des villageois se relaient pour descendre vers la vallée des soldats blessés lors de la guerre d'Espagne.*

REPÉRER ET ANALYSER LES PROCÉDÉS DU REGISTRE ÉPIQUE

13 **1. Relevez dans le poème l'ensemble des mots
*** qui appartiennent à l'univers antique. Recherchez leur définition. En quoi l'emploi de ces termes contribue-t-il à donner une dimension épique au poème ?**

2. Retrouvez et analysez les procédés du registre épique présents dans le texte.

LE COMBAT HOMÉRIQUE
De même qu'au soleil l'horrible essaim
[des mouches

Des taureaux égorgés couvre les cuirs velus,
Un tourbillon guerrier de peuples chevelus,
Hors des nefs, s'épaissit, plein de clameurs
[farouches.

5 Tout roule et se confond, souffle rauque des
[bouches,

Bruit des coups, les vivants et ceux qui ne sont
[plus,
Chars vides, étalons cabrés, flux et reflux
Des boucliers d'airain hérissés d'éclairs louches.

Les reptiles tordus au front, les yeux ardents,
10 L'aboyeuse Gorgô[1] vole et grince des dents
Par la plaine où le sang exhale ses buées.

Zeus[2], sur le Pavé d'or, se lève, furieux,
Et voici que la troupe héroïque des Dieux
Bondit dans le combat du faîte des nuées.

LECONTE DE LISLE, *Poèmes barbares*, 1872.

1. **Gorgô** : *la Gorgone, monstre à la chevelure de serpents -*
2. **Zeus** : *premier des dieux de l'Olympe.*

 Vers le commentaire

14 **Montrez que le texte suivant s'inscrit dans le
*** registre épique. Rédigez votre réponse dans un paragraphe de quinze lignes.**

Moi aussi, je regardais insatiablement cette mer, je la regardais avec haine. N'étant pas en danger réel, je n'en avais que davantage l'ennui et la désolation. Elle était laide, d'affreuse mine.
5 Rien ne rappelait les vains tableaux des poètes. Seulement, par un contraste étrange, moins je me sentais bien vivant, plus, elle, elle avait l'air de vivre. Toutes ces vagues électrisées par un si furieux mouvement avaient pris une ani-
10 mation, et comme une âme fantastique. Dans la fureur générale, chacune avait sa fureur. Dans l'uniformité totale (chose vraie quoique contradictoire), il y avait un diabolique fourmillement. Était-ce la faute de mes yeux et de
15 mon cerveau fatigué ? ou bien en était-il ainsi ? Elle me faisait l'effet d'un épouvantable *mob*[1], d'une horrible populace, non d'hommes, mais de chiens aboyants, un million, un milliard de dogues acharnés, ou plutôt fous... Mais que dis-
20 je ? des chiens, des dogues ? ce n'était pas cela encore. C'étaient des apparitions exécrables et innommées, des bêtes sans yeux ni oreilles, n'ayant que des gueules écumantes.

JULES MICHELET, *La Mer*, 1861.

1. **Mob** : *en anglais, foule, cohue.*

Vers le sujet d'invention

LECTURE

1. Montrez que le texte de Jean Rouaud s'inscrit dans le registre épique. Quelles différences percevez-vous avec le texte A, appartenant au registre réaliste ?

2. Expliquez le titre du tableau en vous appuyant sur des indices précis (couleurs, formes...). Inscrivez-vous ce tableau dans le registre épique ? Justifiez votre réponse.

ÉCRITURE

Transposez le récit d'Henri Barbusse dans le registre épique.

TEXTE A

... Voici fuser et se balancer sur la zone bombardée un lourd paquet d'ouate verte qui se délaie en tous sens. Cette touche de couleur nettement disparate[1] dans le tableau attire l'attention, et toutes nos faces de prisonniers encagés se tournent vers le hideux éclatement.

– C'est des gaz asphyxiants, probable. Préparons nos masques à figure[2] !

– Les cochons !

– Ça, c'est vraiment des moyens déloyaux, dit Farfadet.

– Des quoi ? dit Barque, goguenard[3].

– Ben oui, des moyens pas propres, quoi, des gaz...

HENRI BARBUSSE (1873-1935), *Le Feu*,
Éd. Flammarion, 1916.

1. **Disparate** : *déplacée* – 2. **Masques à figure** : *masques à gaz* –
3. **Goguenard** : *ironique*

TEXTE B

Le vent complice poussait la brume verte en direction des lignes françaises, pesamment plaquée au sol, grand corps mou épousant les moindres aspérités du terrain, s'engouffrant dans les cratères, avalant les bosses et les frises de barbelés, marée verticale comme celle en mer Rouge qui engloutit les chars de l'armée du pharaon.

L'officier ordonna d'ouvrir le feu. Il présumait que derrière ce leurre se cachait une attaque d'envergure. C'était sans doute la première fois qu'on cherchait à tuer le vent. La fusillade libéra les esprits sans freiner la progression de l'immense nappe bouillonnante, méthodique, inexorable. Et, maintenant qu'elle était proche à les toucher, levant devant leurs yeux effarés un bras dérisoire pour s'en protéger, les hommes se demandaient quelle nouvelle cruauté on avait inventée pour leur malheur.

JEAN ROUAUD (né en 1949), *Les Champs d'honneur*,
Éd. de Minuit, 1990.

FÉLIX VALLOTTON (1865-1925), *Verdun, tableau de guerre interprété,
projections colorées noires, bleues et rouges, terrains dévastés, nuées de gaz*, 1917.

Le registre fantastique

Texte **A**

L'apparition du diable

Je prononce l'évocation d'une voix claire et soutenue ; et, en grossissant le son, j'appelle, à trois reprises et à très courts intervalles, *Béelzébuth*[1].

Un frisson courait dans toutes mes veines, et mes cheveux se hérissaient sur ma tête.

5 À peine avais-je fini, une fenêtre s'ouvre à deux battants vis-à-vis de moi, au haut de la voûte : un torrent de lumière plus éblouissante que celle du jour fond par cette ouverture ; une tête de chameau horrible, autant par sa grosseur que par sa forme, se présente à la fenêtre ; surtout elle avait des oreilles démesurées. L'odieux fantôme ouvre la gueule, et, d'un ton assorti 10 au reste de l'apparition, me répond : *Che vuoi*[2] ?

Toutes les voûtes, tous les caveaux des environs retentissent à l'envi du terrible *Che vuoi* ?

Je ne saurais peindre ma situation ; je ne saurais dire qui soutint mon courage et m'empêcha de tomber en défaillance à l'aspect de ce tableau, 15 au bruit plus effrayant encore qui retentissait à mes oreilles. Je sentis la nécessité de rappeler mes forces ; une sueur froide allait les dissiper : je fis un effort sur moi. Il faut que notre âme soit bien vaste et ait un prodigieux ressort ; une multitude de sentiments, d'idées, de réflexions touchent mon cœur, passent dans mon esprit, et font leur impression toutes à la fois.

20 La révolution s'opère, je me rends maître de ma terreur. Je fixe hardiment le spectre.

« Que prétends-tu toi-même, téméraire, en te montrant sous cette forme hideuse ? »

Le fantôme balance un moment :

25 « Tu m'as demandé, dit-il d'un ton de voix plus bas...

– L'esclave, lui dis-je, cherche-t-il à effrayer son maître ? Si tu viens recevoir mes ordres, prends une forme convenable et un ton soumis.

– Maître, me dit le fantôme, sous quelle forme me présenterai-je pour vous être agréable ? »

30 La première idée qui me vint à la tête étant celle d'un chien :

« Viens, lui dis-je, sous la figure d'un épagneul. » À peine avais-je donné l'ordre, l'épouvantable chameau allonge le col de seize pieds de longueur, baisse la tête jusqu'au milieu du salon, et vomit un épagneul blanc à soies fines et brillantes, les oreilles traînantes jusqu'à terre.

35 La fenêtre s'est refermée, toute autre vision a disparu, et il ne reste sous la voûte, suffisamment éclairée, que le chien et moi.

Jacques Cazotte, *Le Diable amoureux*, 1772.

1. Béelzébuth : *le diable* – 2. Che vuoi ? : *Que veux-tu ?*

Texte **B**

Une intrusion fantastique

L'heure sonna, dehors, à l'église, dans le vent nocturne.
– Qui est là ? demandai-je, à voix basse.
La lueur s'éteignit : j'allais m'approcher...
Mais la porte s'ouvrit, largement, lentement, silencieusement.

5 En face de moi, dans le corridor, se tenait, debout, une forme haute et noire – un prêtre, le tricorne[1] sur la tête. La lune l'éclairait tout entier, à l'exception de la figure : je ne voyais que le feu de ses deux prunelles qui me considéraient avec une solennelle fixité.

Le souffle de l'autre monde enveloppait ce visiteur, son attitude 10 m'oppressait l'âme. Paralysé par une frayeur qui s'enfla instantanément jusqu'au paroxysme[2], je contemplai le désolant personnage, en silence.

Tout à coup, le prêtre éleva le bras, avec lenteur, vers moi. Il me présentait une chose lourde et vague. C'était un manteau. Un grand manteau noir, un manteau de voyage. Il me le tendait, comme pour me 15 l'offrir !...

Je fermai les yeux pour ne pas voir cela. Oh ! Je ne voulais pas voir cela ! Mais un oiseau de nuit, avec un cri affreux, passa entre nous, et le vent de ses ailes, m'effleurant les paupières, me les fit rouvrir. Je sentis qu'il voletait par la chambre.

20 Alors, – et avec un râle d'angoisse, car les forces me trahissaient pour crier, – je repoussai la porte de mes deux mains crispées et étendues et je donnai un violent tour de clef, frénétique et les cheveux dressés.

Chose singulière, il me sembla que tout cela ne faisait aucun bruit.

AUGUSTE VILLIERS DE L'ISLE-ADAM, *Contes cruels*, 1883.

1. Tricorne : *chapeau à trois bords repliés* – 2. Paroxysme : *extrême tension.*

1 L'UNIVERS FANTASTIQUE

1 ▷ Quel est l'événement qui, dans chacun des textes, fait basculer le récit dans l'étrange ?

2 ▷ La modalité des phrases souligne l'irruption du fantastique : relevez et commentez dans le texte 2 les phrases exclamatives.

2 L'EXPRESSION DU FANTASTIQUE

3 ▷ Les deux récits sont écrits à la première personne. Selon vous, pourquoi ?

4 ▷ À travers quels termes l'inquiétude et la peur du narrateur apparaissent-elles ?

3 LA RUPTURE AVEC LE RÉEL

5 ▷ Repérez, dans chaque récit, les étapes de l'intrigue. Quelles différences peut-on observer dans la progression de la peur ?

6 ▷ Les événements de chaque récit peuvent-ils s'expliquer de manière rationnelle ? Quelle explication logique peut-on donner aux événements survenus dans le second texte ?

5 Le registre fantastique

Le registre fantastique exploite le malaise qui survient parfois lorsque, dans l'univers quotidien, un ou plusieurs faits ne peuvent s'expliquer par les lois du monde familier. Ce malaise vient de ce qu'il est impossible au lecteur ou au spectateur de savoir si ces faits sont de l'ordre du réel ou de l'ordre du surnaturel.

 L'UNIVERS DU FANTASTIQUE

Contrairement au merveilleux, qui s'inscrit directement dans un monde surnaturel, le fantastique s'ancre dans un monde familier.

1. La découverte de l'inexplicable

Le registre fantastique cherche à faire participer le lecteur ou le spectateur au doute qui habite les personnages qu'il met en scène. Mais il exprime aussi l'effroi devant l'intrusion de l'inexplicable dans la vie quotidienne. La peur progresse au rythme d'une succession de signes étranges.

> « La lune l'éclairait tout entier, à l'exception de la figure : je ne voyais que le feu de ses deux prunelles qui me considéraient avec une solennelle fixité. Le souffle de l'autre monde enveloppait ce visiteur, son attitude m'oppressait l'âme. Paralysé par une frayeur qui s'enfla instantanément jusqu'au paroxysme, je contemplai le désolant personnage en silence. »

(Villiers de L'Isle-Adam)

> Le narrateur exprime la terreur qui l'envahit (« oppressait l'âme... paralysé... frayeur... ») face à l'apparition énigmatique (« Le souffle de l'autre monde »).

2. L'expression de l'inquiétude

→**Les sentiments.** La progression des impressions joue sur l'intensité des termes qui évoquent la peur :
– le réseau lexical de la panique et l'affolement des personnages ou du narrateur ;
– le réseau lexical de la terreur et la perte du contrôle de soi.

→**Les procédés.** Pour marquer l'emprise de la peur, la syntaxe habituelle des phrases est bouleversée :
– utilisation de phases brèves, de phrases nominales pour marquer la vivacité des sentiments ;
– utilisation de phrases exclamatives et interrogatives pour exprimer l'émotion et la force des sentiments, pour faire partager l'émotion du personnage.

> « De Jakels ? Je ne l'avais entendu ni sonner ni ouvrir. Comment s'était-il introduit dans mon appartement ? »

(Jean Lorrain)

3. Le maintien de l'ambiguïté

Souvent, le registre fantastique n'affirme pas le caractère surnaturel des événements, qui semblent être dus à des coïncidences étranges. Pour le lecteur ou le spectateur, ils peuvent être le fruit d'une hallucination ou d'un rêve.

> « Mais ce ne sont pas les profondeurs du passé que reflète le miroir, c'est un gouffre intérieur, perpétuelle voie d'invasion des formes et des substances, et qui n'y peuvent atteindre que par la croulée de votre raison. »

(Jean-Louis Bouquet)

2 L'EXPRESSION DU FANTASTIQUE

Dans le registre fantastique, les événements sont souvent racontés à la première personne. Ainsi, sous couvert d'une expérience vécue par le narrateur, les doutes et les inquiétudes sont partagés par le lecteur.

■ 1. Le témoignage du narrateur

Celui qui rend compte des événements et de ses réactions utilise la première personne du singulier comme s'il s'agissait d'un témoignage. Le lecteur ou le spectateur peut prendre connaissance des faits, mais il peut aussi s'identifier à la situation et être amené à s'interroger : le témoignage du narrateur est-il véridique ou reflète-t-il le délire d'une personnalité ?

■ 2. Les procédés du doute et de l'incertitude

Le narrateur utilise des mots (« peut-être »), des locutions (« sans doute ») ou des verbes qui expriment son incertitude : « Il me semblait que... », « Je crus... », « J'eus le sentiment... ». L'emploi du conditionnel renforce l'expression du doute. On ignore si les impressions sont réelles ou imaginaires.

■ 3. Les images

Le témoin d'un événement surnaturel se trouve confronté à la difficulté de parler d'un phénomène innommable car extraordinaire, inconnu. Il est amené à faire des rapprochements en utilisant des comparaisons et des métaphores.

> « Comme j'eus peur ! Puis voilà que tout à coup je commençai à m'apercevoir dans une brume, comme à travers une nappe d'eau ; et il me semblait que cette eau glissait de gauche à droite, lentement, rendant plus précise mon image de seconde en seconde. C'était comme la fin d'une éclipse. »
>
> *(Maupassant)*

> L'utilisation de comparaisons «comme à travers une nappe d'eau» ainsi que la métaphore «cette eau glissait» renforcent la description fantastique et stimulent l'imagination du lecteur.

■ 4. Les connotations

Des connotations thématiques permettent de développer un thème (la mort, la peur...) à travers un réseau lexical. Les connotations appréciatives suggèrent une impression en général négative en jouant sur le sens suggéré des mots et sur certaines figures de style comme l'antithèse.

> «Ces immenses clameurs de l'orage qui hurle, siffle et gémit au loin comme si tous les êtres invisibles se cherchaient et s'appelaient dans les ténèbres, tandis que les vivants se cachent et se blottissent dans un coin pour éviter leur funeste rencontre. »
>
> *(Erckmann-Chatrian)*

> La phrase développe le réseau lexical de la peur (« gémit... se cachent... se blottissent »). Elle s'appuie également sur les connotations des mots « ténèbres » (l'ange des ténèbres : le démon) et « funeste » (qui amène la mort).

3 LA RUPTURE AVEC L'ORDRE DU RÉEL

L'émergence du fantastique prend d'autant plus d'ampleur qu'elle s'insère dans un temps et un espace qui renvoient au monde réel.

1. L'irruption de l'insolite

→**La composition croissante et décroissante.** Le registre fantastique se construit en deux étapes. La première se développe, avec une intensité croissante, jusqu'à l'événement surnaturel ; la seconde expose les répercussions ou propose des explications rationnelles.

→**La composition en cascade.** Plusieurs interventions surnaturelles s'enchaînent, entraînant la folie ou la mort de celui qui s'y trouve confronté.

→**La composition progressive.** Après avoir disposé plusieurs indices, le récit se termine sur un point culminant où intervient l'événement inexplicable et qui demeure inexpliqué.

2. L'explication

Le registre fantastique envisage deux solutions pour expliquer l'insolite.

→**L'explication rationnelle.** Ou bien il s'agit d'une illusion des sens, d'un produit de l'imagination, et alors les lois du monde restent ce qu'elles sont. L'explication est de type rationnel.

→**L'absence d'explication.** Ou bien l'événement a véritablement eu lieu, il est partie intégrante de la réalité, mais alors cette réalité est régie par des lois inconnues. L'explication est de type irrationnel.

Les grandes dates de l'histoire littéraire

Le récit et l'univers du FANTASTIQUE

XVIIIᵉ siècle En Angleterre, à la fin XVIIIᵉ siècle, le roman gothique ouvre la voie au récit fantastique, avec ses châteaux hantés, ses sombres cimetières, ses moines inquiétants, ses apparitions surnaturelles.

XIXᵉ siècle Dans les années 1830, le mouvement romantique se passionne pour ces récits étranges qui repoussent les limites de la raison. Le succès de *Frankenstein* de Mary Shelley et celui des *Contes fantastiques* de l'écrivain allemand Hoffmann est considérable. L'usage du mot fantastique se répand alors. Il désigne cette réserve d'ombre et de mystère que garde toujours la vie quotidienne. Tout au long du XIXᵉ siècle, Nodier, Gautier, Mérimée, Maupassant, Stevenson montrent des personnages ébranlés qui s'avancent aux frontières de l'inconnu, au risque de la mort ou de la désintégration.

XXᵉ siècle Les écrivains poursuivent les mêmes thèmes. Jean Ray, Lovecraft, Bradbury, Sternberg s'affirment comme des maîtres du genre. La peur reste identique : celle qu'éprouvent les personnages confrontés à l'apparition du monstrueux, celle du lecteur qui partage délicieusement leurs frissons.

ÉTUDIER LA RUPTURE DANS L'ORDRE LOGIQUE

1 1. Quelles sont les manifestations étranges auxquelles se trouve confronté le personnage ? À quelle conclusion parvient-il ?

2. Au fur et à mesure que le lecteur avance dans son récit, l'inquiétude du personnage va croissant. De quelle façon cela apparaît-il dans le rythme du dialogue ?

Pour mieux lancer la balle dans une partie de jeu de paume, un jeune homme a passé son anneau au doigt d'une statue.

– Vous savez bien, mon anneau ? poursuivit-il après un silence.

– Eh bien ! on l'a pris ?

– Non.

5 – En ce cas, vous l'avez ?

– Non... je... je ne puis l'ôter du doigt de cette diable de Vénus.

– Bon ! vous n'avez pas tiré assez fort.

– Si fait... Mais la Vénus... elle a serré le doigt.

10 Il me regardait fixement d'un air hagard, s'appuyant à l'espagnolette pour ne pas tomber.

– Quel conte ! lui dis-je. Vous avez trop enfoncé l'anneau. Demain vous l'aurez avec des tenailles. Mais prenez garde de gâter la statue.

15 – Non, vous dis-je. Le doigt de la Vénus est retiré, reployé ; elle serre la main, m'entendez-vous ?... C'est ma femme, apparemment, puisque je lui ai donné mon anneau. Elle ne veut plus le rendre.

Prosper Mérimée, La Vénus d'Ille, 1837.

ANALYSER LE TÉMOIGNAGE DU NARRATEUR

2 1. Dans chacun des extraits suivants repérez les modalisateurs dans les propos du narrateur. Quelle est leur fonction dans le passage ?

2. Qu'indique ce contraste à propos de la situation dans laquelle se trouve le personnage ?

3. En vous référant à l'encadré, présentez sous la forme d'un paragraphe rédigé les moyens par lesquels chacun des deux auteurs suscite une atmosphère de mystère. Illustrez votre réponse au moyen d'exemples pris dans chacun des textes.

Le narrateur, qui se trouve dans un presbytère en Bretagne, est sur le point de s'endormir lorsqu'on frappe à la porte.

Comme je m'approchais de la porte, une tache de braise, partie du trou de la serrure, vint errer sur ma main et ma manche.

Il y avait quelqu'un derrière la porte : on avait
5 réellement frappé.

Cependant, à deux pas du loquet, je m'arrêtai court.

Une chose me paraissait surprenante : la nature de la tache qui courait sur ma main. C'était
10 une lueur glacée, sanglante, n'éclairant pas.
– D'autre part, comment se faisait-il que je ne voyais aucune ligne de lumière sous la porte, dans le corridor ? – Mais en vérité, ce qui sortait ainsi du trou de la serrure me causait l'impres-
15 sion du regard phosphorique d'un hibou !

Villiers de l'Isle-Adam, Contes cruels, 1883.

À la demande d'un ami, le narrateur va chercher des papiers dans le château abandonné depuis le décès de son épouse. Une femme lui apparaît.

Alors, pendant une heure, je me demandai anxieusement si je n'avais pas été le jouet d'une hallucination. Certes, j'avais eu un de ces incompréhensibles ébranlements nerveux, un de
5 ces affolements du cerveau qui enfantent les miracles, à qui le Surnaturel doit sa puissance.

Et j'allais croire à une vision, à une erreur de mes sens, quand je m'approchai de ma fenêtre. Mes yeux, par hasard, descendirent sur ma poi-
10 trine. Mon dolman[1] était plein de longs cheveux de femme qui s'étaient enroulés aux boutons ! Je les saisis un à un et je les jetai dehors avec des tremblements dans les doigts.

Guy de Maupassant, Apparition, 1883.

1. **Dolman :** *sorte de veste.*

Pour étudier le texte

LES MARQUES DE L'AMBIGUÏTÉ ET DU MYSTÈRE

Des auteurs du XIXe siècle comme Villiers de L'Isle-Adam, et plus encore Maupassant, ménagent habilement l'ambiguïté, laissant de nombreuses interrogations sans réponse.

Ils font du narrateur un témoin crédible si bien que la tension dramatique gagne en efficacité. En effet, le récit à la première personne permet d'hésiter entre la véracité d'un témoignage et le délire d'une personnalité. Par ailleurs, l'emploi du « je » sert à exprimer les hésitations du narrateur, sa perception et son interprétation des événements.

5   Le registre fantastique

3 1. Quelles sont les trois impressions successives ressenties par le narrateur ?

2. De quelle façon le narrateur réagit-il ? Quel est son sentiment final ?

Le narrateur accompagne ses amies qui le guident vers une maison où, dans une pièce close, repose un mort.

Où étais-je ? À quoi tout cela ressemblait-il ?... Je fis trois pas dans la direction du lit. Le bizarre de cette confrontation solitaire avec un mort inconnu ne m'apparaissait pas encore. Dans cette
5   chambre où je me souvenais d'avoir vécu sans me rappeler une seule époque de ma vie qui coïncidât avec ce souvenir, j'avançais, non mû par la curiosité mais par une force indépendante de ma volonté, littéralement attiré.
10   Heureusement, nul ne fut témoin de mon expression quand je vis la figure du mort ! Une indicible terreur s'était emparée de moi, j'entendais distinctement s'entrechoquer mes mâchoires tandis que mes yeux restaient rivés à cette face
15   immobile. Le mort de la chambre, c'était moi ! ce visage glacé, trait pour trait, était le mien.

Marcel Béalu, « Le mort de la chambre »,
L'Araignée d'eau, Éd. Phébus, Paris 1994.

ÉTUDIER LES IMAGES ET LES CONNOTATIONS

4 1. Relevez, dans les lignes 9 à 23, les mots et expressions qui marquent le caractère étrange du cadre du récit.

2. En quoi consiste l'événement insolite auquel le narrateur est confronté ?

3. Entre le début et la fin de l'extrait, le narrateur tente de trouver des réponses logiques à ses questions. Repérez-les.

4. Imaginez les deux explications entre lesquelles le lecteur pourrait hésiter : une explication logique, une explication fantastique.

Plus d'une heure s'écoula, puis survint un très vieux taxi semblable à ceux de la Marne, et je fis signe au chauffeur dont l'aspect s'accordait avec l'antique guimbarde. « À Paris, lui dis-je, place de
5   la Concorde. – Je sais », me répondit-il.

Comment pouvait-il le savoir ? Cette question ne me retint pas longtemps car j'eus bientôt d'autres raisons de m'étonner.

D'abord le taxi, malgré son apparence, roulait
10   singulièrement vite et sans ce bruit que produisent d'habitude les vieux tacots. Ensuite, le fait que nous ne rencontrions strictement personne sur la route, ni même à la traversée des petites villes.

En pareil cas, on tente le plus souvent de s'en
15   tirer par une coïncidence : en ce moment, il se trouvait que les gens avaient tous affaire ailleurs, et les choses allaient bientôt changer.

Elles ne changèrent pas.

Le chauffeur ne s'était pas trompé de route, et
20   je reconnaissais les endroits que nous traversions – tous vides – mais j'avais l'impression que le parcours s'effectuait à travers des décors minutieusement reconstitués, avant l'arrivée des acteurs.

André Hardellet, Lady Long solo,
© Pauvert, département des éditions Fayard,1971.

INTERPRÉTER L'INSOLITE

 Vers le commentaire

5 1. Lisez cette fin de récit fantastique. En quoi consiste l'événement insolite auquel le narrateur est confronté ?

2. Quelles sont les deux explications entre lesquelles le lecteur est amené à hésiter ? Laquelle vous paraît logique ? Laquelle vous paraît du domaine de l'irrationnel ? Pourquoi ? Rédigez votre analyse sous la forme de deux paragraphes.

Le narrateur, gendarme, est à la recherche des auteurs d'un crime. Il rencontre une jeune fille qui paraît égarée en plein milieu de la campagne.

J'appelai plusieurs fois dans le silence inhumain. Nul ne me répondit. C'était à s'arracher les cheveux. Je revins vers ma moto pour constater que la jeune fille avait disparu. Elle ne répondit pas à
5   mes appels. Pendant je ne sais combien de temps, je demeurai inerte, n'osant changer de place. Enfin, en poussant ma machine devant moi, je repris au jugé le chemin que je venais de suivre. Quand je sentis sous mes pieds le sol solide d'une
10   honnête route, je me remis en route et j'allai droit à la grâce de Dieu, n'importe où. Le brouillard se dissipait peu à peu. J'aperçus une petite ferme. Le maître se tenait dans la cour en admiration devant sa fosse à purin. Il écouta mon histoire en
15   hochant la tête. Quand j'eus terminé mon récit, il me répondit simplement que, depuis cinquante ans qu'il habitait le pays, il n'avait jamais entendu parler de la ferme de la Croix-du-Fau.

On ne retrouva jamais la gamine en blue-jeans
20   qui nous avait conduits, ni les corps du brigadier et du réserviste[1], ni la trace des assassins. L'affaire fut classée, particulièrement dans ma mémoire.

Pierre Mac Orlan, Sous la lumière froide,
Éd. Gallimard, 1961.

1. Réserviste : *gendarme de réserve.*

EXO-BAC

Vers le sujet d'invention

LECTURE

1. Montrez comment le texte de Nodier s'inscrit dans le registre fantastique.

2. Par quels moyens (traits, formes...) le dessin de Victor Hugo suggère-t-il une atmosphère identique à celle du texte ?

ÉCRITURE

Transformez le texte B en une description fantastique. Utilisez les procédés suivants : métaphore filée et personnification, gradation.

TEXTE A

Le ciel, obscurci dès le matin par une bruine rude et sifflante, mêlée de neige et de grêlons, ne se distinguait en rien depuis le coucher du soleil des horizons les plus sombres ; et comme
5 il se confondait par ses ténèbres avec les ténèbres de la terre, les bruits de la terre se mêlaient aussi avec les siens d'une manière horrible, qui faisait dresser les cheveux sur le front des voyageurs. L'ouragan, qui grossissait de minute en
10 minute, se traînait en gémissements comme la voix d'un enfant qui pleure ou d'un vieillard blessé à mort qui appelle du secours ; et l'on ne savait d'où provenaient le plus ces affreuses lamentations, des hauteurs de la nue[1] ou
15 des échos du précipice, car elles roulaient avec elles des plaintes parties des forêts, des mugissements venus des étables, l'aigre criaillement des feuilles sèches fouettées en tourbillons par le vent, et l'éclat des arbres morts que fra-
20 cassait la tempête ; cela était épouvantable à entendre.

CHARLES NODIER (1780-1844),
La Combe de l'homme mort, 1842.

1. La nue : *le ciel.*

TEXTE B

Entre la vallée de la Dordogne, au nord, celles du Lot et du Calé, au sud, c'est le plus important des causses du Quercy. Ce vaste plateau calcaire, haut de 350 m, offre de nombreuses curiosités
5 naturelles et des paysages inhabituels.
Deux magnifiques canyons entaillent les horizons monotones mais pleins de grandeur de cet énorme bloc de calcaire fissuré, large de 50 km : au nord, le canyon de l'Ouysse et de l'Alzou aux
10 falaises duquel s'accroche Rocamadour ; au sud, le canyon du Calé, beaucoup plus long. Entre les étroites coupures de l'Alzou et du Calé, s'étend la Braunhie (prononcer Broime), aride et sans eau ; cette curieuse région est criblée de gouffres et de
15 grottes : les ruisseaux disparaissent par infiltration et, après un cours souterrain, reviennent un jour par une résurgence.
Toute vie n'est pas absente sur le causse, mais l'activité y est singulièrement ralentie. Le pla-
20 teau offre l'aspect d'une succession de prés où ne pousse qu'une herbe rare, entourés de murs de pierres sèches où l'on rencontre parfois quelques troupeaux de moutons. Des chênes rabougris et des érables constituent la seule végétation.

© MICHELIN 2004, extrait du *Guide Périgord-Limousin*
1998. Autorisation n° 04002078.

VICTOR HUGO (1802-1885),
Paysage, 1847.

Le registre réaliste

Le registre réaliste exprime la volonté d'être au plus près de la réalité concrète et familière du lecteur. Il a pour préoccupation de représenter toutes les formes de la réalité, même les plus banales.

Il se retrouve dans tous les arts. Quelles caractéristiques du registre réaliste la confrontation d'un texte du XIIIe siècle et d'un récit du XIXe permet-elle d'identifier ?

Texte **A**

Le registre réaliste dans un fabliau du XIIIe siècle

Qu'on en ait colère ou dépit, je veux, sans prendre de répit, vous dire l'histoire d'un prêtre comme Garin nous la raconte. Il voulait aller au marché ; il fit donc seller sa jument qui était grande et bien nourrie et qu'il avait depuis deux ans. Elle n'avait ni soif ni faim, ne manquant
5 de son ni d'avoine.

Le prêtre à partir se prépare, se met en selle et se dirige vers le marché sur sa monture. Je me rappelle la saison : je sais que c'était en septembre où les mûres sont à foison. Le prêtre va, disant ses heures, ses matines et ses vigiles[1]. Mais presque à l'entrée de la ville, à distance
10 d'un jet de fronde, il y avait un chemin creux. Jetant les yeux sur un buisson, il y voit quantité de mûres et se dit alors que jamais il n'en rencontra d'aussi belles. Il en a grand-faim, grand désir ; il fait ralentir sa jument et puis l'arrête tout à fait. Mais il redoute les épines et les mûres les plus tentantes se trouvent en haut du buisson : il ne peut les attein-
15 dre assis. Aussitôt le prêtre se hisse ; sur la selle il monte à deux pieds et se penchant sur le roncier[2] il mange avec avidité les plus belles qu'il a choisies ; et la jument ne bronche pas. Quand il en eut assez mangé et qu'il se sentit rassasié, sans bouger il baissa les yeux et vit la jument qui restait immobile auprès du buisson. Debout, les deux pieds sur la
20 selle, le prêtre s'en réjouit fort. «Dieu, si l'on disait hue!» Il le pense et en même temps il le dit : la jument surprise fait un bond soudain et le prêtre va culbuter dans le buisson. Il est si bien pris dans les ronces que, pour cent onces[3] d'argent fin, il ne saurait s'en dégager. La jument va, traînant les rênes, la selle tournée de travers et court à la maison du
25 prêtre.

GARIN (XIIIe siècle), «Le prêtre qui mangea les mûres», in *Fabliaux*,
traduction de Gilbert Rouger, Éd. Gallimard, 1978.

1. Ses heures, ses matines, ses vigiles : *les prières des messes célébrées la nuit ou la veille des fêtes religieuses* – 2. Roncier : *buisson de ronces* – 3. Once : *mesure de poids.*

Texte **B**

Le registre réaliste
dans une nouvelle du XIXᵉ siècle

Mais le tramway arrivait à la station. Les deux compagnons descendirent, et M. Chenet offrit le vermout[1] au café du Globe, en face, où l'un et l'autre avaient leurs habitudes. Le patron, un ami, leur allongea deux doigts qu'ils serrèrent par-dessus les bouteilles du comptoir ; et ils
5 allèrent rejoindre trois amateurs de dominos, attablés là depuis midi. Des paroles cordiales furent échangées, avec le «Quoi de neuf ?» inévitable. Ensuite les joueurs se remirent à leur partie ; puis on leur souhaita le bonsoir. Ils tendirent leurs mains sans lever la tête ; et chacun rentra dîner.

10 Caravan habitait, auprès du rond-point de Courbevoie, une petite maison à deux étages dont le rez-de-chaussée était occupé par un coiffeur.

Deux chambres, une salle à manger et une cuisine où des sièges recollés erraient de pièce en pièce selon les besoins, formaient tout l'appartement que Mme Caravan passait son temps à nettoyer, tandis que
15 sa fille Marie-Louise, âgée de douze ans, et son fils Philippe-Auguste, âgé de neuf, galopinaient dans les ruisseaux de l'avenue, avec tous les polissons du quartier.

GUY DE MAUPASSANT, «En famille», *La Maison Tellier*, 1881.

1. Vermout : *vin blanc dans lequel on a fait infuser de l'absinthe.*

1 LA REPRÉSENTATION DU RÉEL

1 ▷ Quels sont les lieux évoqués par chaque texte ? Relevez ceux qui appartiennent à l'univers familier du lecteur de l'époque où le texte a été écrit.

2 ▷ Comment la présence du corps humain, avec ses appétits et ses désirs, apparaît-elle dans le fabliau ? En quoi cette représentation est-elle «réaliste» ?

2 LES PERSONNAGES DE L'UNIVERS RÉALISTE

3 ▷ Quelle est l'intention de Garin en prenant le prêtre pour personnage ? Comment le rend-il proche du lecteur ?

4 ▷ À quelles catégories sociales appartiennent les personnages mis en scène par Maupassant ? Montrez que ces personnages ancrent le roman dans la réalité sociale.

3 LES EFFETS DE RÉEL

5 ▷ À travers quels « petits détails vrais » chaque texte produit-il l'impression de la réalité ?

6 ▷ Quel est le niveau de langage utilisé dans ces deux textes ? Montrez qu'il contribue à entretenir une proximité avec le lecteur.

6 — Le registre réaliste

Le registre réaliste s'oppose à l'univers de la féerie et du merveilleux, ainsi qu'à toutes les formes d'idéalisation des différentes formes d'art. Il exprime au contraire un désir de faire vrai, le plaisir de retrouver dans le texte, sur le tableau, la scène ou l'écran, un univers et des personnages familiers.

1 LA REPRÉSENTATION DU RÉEL

En s'immergeant dans le réel, l'œuvre réaliste propose un pacte de lecture fondé sur le désir de montrer au lecteur ou au spectateur des situations concrètes et familières qui font écho à celles qu'il rencontre dans sa propre vie. Le pacte de lecture réaliste repose donc sur la représentation du monde réel, dans chacun des éléments qui le caractérisent.

■ 1. Les lieux du réel

Le registre réaliste récrée, tout au long des siècles, les décors de la vie quotidienne du lecteur.

→ **L'espace domestique.** L'auteur s'attache à représenter l'espace familier de la maison, qu'il s'agisse d'une ferme, d'une maison ouvrière ou d'une demeure bourgeoise.

> «Deux chambres, une salle à manger et une cuisine où des sièges recollés erraient de pièce en pièce selon les besoins, formaient tout l'appartement que Mme Caravan passait son temps à nettoyer.»
>
> *(Maupassant, «En famille»*, La Maison Tellier, *1881)*

→ **Les lieux du travail.** L'auteur montre ses personnages au travail, aux champs, à l'usine, au magasin ou au bureau.

→ **Les espaces de rencontre et de loisir.** La rue, le marché, le fiacre, la gare, le métro forment l'univers quotidien où les personnages se croisent. L'auberge, la foire, le café, le bal, le cinéma sont également des lieux de rencontre proches du lecteur.

■ 2. Le temps familier

Le registre réaliste oppose au temps de l'aventure et de l'épopée les rythmes du temps familier.

→ **Le temps du travail.** L'écrivain confronte ses personnages au temps quotidien et répétitif du travail, qui est aussi celui du lecteur.

→ **Le temps des événements familiaux.** Les naissances, les mariages, les enterrements, les réunions de famille qui ponctuent une vie sont autant d'événements auxquels tout lecteur peut s'identifier.

> «Jusqu'au soir, on mangea. Quand on était trop fatigué d'être assis, on allait se promener dans les cours ou jouer une partie de bouchon dans la grange ; puis on revenait à table. Quelques-uns, vers la fin, s'y endormirent et ronflèrent.»
>
> *(Flaubert*, Madame Bovary, *1857)*

→**Le temps des fêtes.** L'écrivain rythme le temps des personnages par le retour des fêtes, laïques ou religieuses, et celui des sorties au moment du repos hebdomadaire.

3. L'affirmation réaliste du corps

Dès son origine, le registre réaliste donne une place importante au corps, dans ses instincts et dans sa vie organique. C'est à travers sa présence que se construit le rapport de l'homme au monde, à la réalité.

→**Les appétits du corps.** La faim, la soif, le désir sont au centre du registre réaliste, qui exprime le monde des instincts et les pulsions vitales. L'écrivain, mais aussi le peintre ou le cinéaste, manifestent le rayonnement du corps, dans toute son énergie :

> «Bons vins ont, souvent embrochés,
> Sauces, brouets et gros poissons,
> Tartes, flans, œufs frits et pochés... »

(Villon, Le Testament, *1489)*

→**La dégradation du corps.** Les épreuves de la maladie et de la vieillesse sont des éléments majeurs du registre réaliste. Les images de la déchéance du corps préparent la présence de la mort :

> «Pies, corbeaux nous ont les yeux cavés,
> Et arraché la barbe et les sourcils.»

(Villon, La Ballade des pendus, *vers 1460)*

> Dans ses poèmes, François Villon évoque à la fois les moments heureux de son existence, marqués par les plaisirs de la nourriture et de l'amour, et en même temps les épreuves de la pauvreté, du temps qui passe et de la mort.

2 LES PERSONNAGES DE L'UNIVERS RÉALISTE

Aux héros hors du commun, le registre réaliste oppose des personnages-types, proches du lecteur, ancrés dans la réalité sociale ou aux marges de la société, dont les motivations sont simples et familières.

1. Les types de personnages

Les types de personnages qui peuplent l'univers réaliste incarnent la diversité des milieux sociaux : le marchand, le moine, le paysan dans le monde médiéval ; le valet et son maître au XVIIe siècle ; l'ouvrier, le bourgeois, l'employé de bureau de la société du XIXe siècle ; le salarié, le chômeur, le chef d'entreprise dans le monde contemporain.
Mais l'écrivain ou le peintre explorent aussi les marges de la société : le *picaro* (aventurier espagnol), le sans-abri, la prostituée, le voleur ou l'assassin reflètent une part importante de la réalité, aujourd'hui explorée également par le cinéma, lorsqu'il s'inscrit dans le registre réaliste.

2. Les motivations des personnages

Les motivations qui conduisent les personnages sont immédiates, liées à des réalités concrètes, à des satisfactions brutales et élémentaires. Le registre réaliste montre des personnages modestes qui aspirent à un bonheur simple. Mais il représente également des hommes et des femmes entraînés par l'avidité et la vanité sociale, qui témoignent de cruauté, de jalousie, de calcul ou de ruse.

Dans son roman *Thérèse Desqueyroux*, François Mauriac montre une héroïne qui, par lassitude, par dégoût, reste indifférente devant l'empoisonnement de son mari :

> «Il eût été pourtant facile, sans se compromettre, d'attirer l'attention du docteur sur l'arsenic que prenait Bernard.»
>
> *(François Mauriac*, Thérèse Desqueyroux, *1927)*

◼ 3. Les caractéristiques du héros réaliste

Le héros réaliste, souvent issu d'un milieu modeste, porte sur la société qui l'entoure un regard nouveau. Il dénonce l'hypocrisie des nantis et des puissants qu'il rencontre sur son chemin. Porté par un désir de réussite sociale, il déploie une énergie qui entraîne l'intérêt du lecteur.

> « Et une confiance immodérée en lui-même emplit son âme. Certes, il réussirait avec cette figure-là et son désir d'arriver, et la résolution qu'il se connaissait et l'indépendance de son esprit. »
>
> *(Maupassant*, Bel Ami, *1885)*

> Souvent, la quête du héros réaliste s'achève sur un échec, l'impossibilité d'atteindre l'objectif rêvé.

③ LES EFFETS DE RÉEL

Le registre réaliste s'affirme à travers la multiplication de détails empruntés à la réalité et l'usage d'une langue proche et familière. L'emploi de ces procédés produit aux yeux du lecteur un effet de réalité.

◼ 1. La présence du détail vrai

Le petit fait vrai témoigne d'un souci de précision qui contribue à créer aux yeux du lecteur l'illusion de la réalité.

➔ **L'effet d'ancrage historique et géographique.** Le registre réaliste nomme et utilise des lieux réels. Il met en scène des personnages historiques aux côtés des personnages de la fiction.

➔ **La description des objets.** Le registre réaliste donne à la présence des objets les plus simples, longuement et minutieusement décrits, une dimension déterminante qui recrée l'univers quotidien.

> « C'était une de ces coiffures d'ordre composite, où l'on retrouve les éléments du bonnet à poil, du chapska, du chapeau rond, de la casquette de loutre et du bonnet de coton, une de ces pauvres choses, enfin, dont la laideur muette a des profondeurs d'expression comme le visage d'un imbécile. »
>
> *(Flaubert*, Madame Bovary, *1857)*

➔ **La reproduction de documents réels.** Le registre réaliste utilise les lettres, des cartes de visite, des articles de presse ou des prospectus publicitaires, en imitant la forme réelle du document.

2. L'utilisation d'une langue familière

L'utilisation d'un langage proche de celui du lecteur ou du spectateur, ou celle d'un niveau de langage correspondant aux personnages évoqués, donne immédiatement une impression de réalité.

→**Le lexique spécialisé.** Le registre réaliste se caractérise par l'emploi du langage technique, argotique ou régional. Il peut également recourir aux jurons et aux injures.

> « Le patron, un ami, leur allongea deux doigts qu'ils serrèrent par-dessus les bouteilles du comptoir. »
>
> *(Maupassant, «En famille»*, La Maison Tellier, *1881)*

> « Allonger deux doigts » est une expression populaire qui signifie alors : tendre une main rapide. Utilisée dans la phrase, l'expression contribue à ancrer le texte dans le registre réaliste.

→**La syntaxe relâchée.** Le registre réaliste utilise des constructions incomplètes, en supprimant par exemple le « ne » dans la négation.
Il privilégie l'usage de l'impersonnel « on » au lieu de « nous ». Il multiplie les répétitions de mots et les mises en valeur expressives. Il reproduit les tics de langage des personnages de manière à les caractériser.

→**Les images familières.** Le registre réaliste produit les comparaisons et des métaphores empruntées à une réalité très concrète et familière qui ajoute à l'effet de vérité du texte.

Les grandes dates de l'histoire littéraire

Le registre RÉALISTE et la littérature

Moyen Âge Le registre réaliste s'affirme dès l'Antiquité contre toutes les formes d'idéalisation, en intégrant le quotidien dans la littérature. Il se nourrit au Moyen Âge de la culture populaire, avec ses fêtes et son langage. La farce, les fabliaux, Villon, Rabelais ou Montaigne montrent «l'humaine condition», liée aux soucis domestiques et aux plaisirs du corps.

XVIIᵉ siècle À leur tour, Molière ou Scarron représentent des personnages conduits par la vanité sociale ou l'appétit du gain.

XVIIIᵉ siècle Le monde du jeu et de la prostitution, les prisons, les boutiques et les rues de Paris apparaissent dans les romans de Prévost, Lesage, Marivaux ou Laclos.

XIXᵉ siècle De Balzac à Zola, de Flaubert à Maupassant, c'est dans ce siècle que s'affirme le triomphe du réalisme dans toute sa dimension sociale : le roman démonte les mécanismes sociaux qui conduisent les individus à la richesse ou à la misère, au triomphe ou à la déchéance.

XXᵉ siècle À l'image de Céline, de nombreux écrivains traduisent leur expérience de la réalité dans une langue populaire et argotique. Depuis, tous les arts, le cinéma, la photographie, la bande dessinée, mais aussi la poésie, avec Jacques Prévert, le roman policier, avec Georges Simenon, ou le roman de la fin du XXᵉ siècle, avec Michel Houellebecq, affirment la part dominante du registre réaliste dans la culture contemporaine.

Le registre réaliste

ÉTUDIER LES LIEUX ET LE TEMPS

1 Quel est le thème du texte suivant ? En quoi
* s'inscrit-il dans le registre réaliste ?

    Il était sérieux, c'est-à-dire, pour un ouvrier,
ni feignant, ni buveur, ni noceur. Le cinéma et le
charleston, mais pas le bistrot. Bien vu des chefs,
ni syndicat ni politique. Il s'était acheté un vélo,
5 il mettait chaque semaine de l'argent de côté.
Ma mère a dû apprécier tout cela quand elle l'a
rencontré à la corderie, après avoir travaillé dans
une fabrique de margarine. Il était grand, brun,
des yeux bleus, se tenait très droit, il se «croyait»
10 un peu. «Mon mari n'a jamais fait ouvrier.»

ANNIE ERNAUX, La Place, Éd. Gallimard, 1983.

2 1. Étudiez dans cet extrait d'une chanson de
** Brassens les termes qui renvoient aux lieux du
réel ou à un temps familier.

    2. À quelles réalités du quotidien le texte suivant
renvoie-t-il ?

    3. Pourquoi peut-on dire que ce texte inscrit la
chanson de Georges Brassens dans le registre
réaliste ?

Monsieur mon propriétaire
Comme je lui dévaste tout,
M'chasse de son toit, oui mais d'son toit, moi
[j'm'en fous,
J'ai rendez-vous avec vous.

5 La demeur' que je préfère
C'est votre robe à froufrous,
Tout le restant m'indiffère,
J'ai rendez-vous avec vous.

Madame ma gargotière[1]
10 Comme je lui dois trop de sous
M'chasse de sa table, oui mais d'sa table moi
[j'm'en fous,
J'ai rendez-vous avec vous.

Le menu que je préfère
C'est la chair de votre cou
15 Tout le restant m'indiffère
J'ai rendez-vous avec vous.

GEORGES BRASSENS, «J'ai rendez-vous avec vous»,
La Mauvaise Réputation, Éd. Denoël, 1954.

1. Gargotière : *celle qui tient une «gargote», un petit restaurant
à bas prix.*

3 Montrez que le lecteur de ce texte, parce que
* l'univers évoqué lui est familier, peut facilement
s'identifier au narrateur.

    Piaf[1], à cinquante ans, c'était une gloire natio-
nale, et quand elle est morte on lui a fait des ob-
sèques populaires. J'y étais. Il y avait un public
fou. Moi, à vingt-neuf ans, c'est fini. La poisse.
5 Mais je vais peut-être faire un disque, il en est
question. On serait plusieurs, pour essayer de
faire revivre l'époque, les années trente-cinq,
trente-huit, juste avant la guerre. Un truc rétro.
C'est difficile de repartir à mon âge, on ne peut
10 plus rien faire sans la pub, la télé, les photos, et
sur les photos, ça se voit. C'est à la radio que
j'aurais le plus de chance.

ROMAIN GARY (ÉMILE AJAR), L'Angoisse du roi Salomon,
Éd. Mercure de France, 1979.

1. Piaf : *Édith Piaf, chanteuse très populaire, a marqué son
époque en exprimant ses émotions dans le registre réaliste.*

ANALYSER L'AFFIRMATION RÉALISTE DU CORPS

4 1. À quelles réalités Gargantua est-il ici confronté ?
* 2. Comment Rabelais exprime-t-il chez Gargantua les manifestations de la peine et du bonheur ?

    3. Relevez la comparaison utilisée dans la der-
nière phrase. Montrez qu'elle s'inscrit dans le
registre réaliste.

    Quand Pantagruel fut né, qui fut bien ébahi
et perplexe ? Ce fut Gargantua son père. Car,
voyant d'un côté sa femme Badebec morte, et
de l'autre son fils Pantagruel si beau et si grand,
5 il ne savait que dire ni que faire, et ce qui trou-
blait son esprit, c'était de ne pas savoir s'il devait
pleurer de douleur à cause de sa femme, ou rire
de joie à cause de son fils. Des deux côtés, il
avait des arguments sophistiqués qui l'embar-
10 rassaient, car il les concevait bien et les énonçait
clairement, mais il ne pouvait en tirer de conclusion, et de ce fait, il se trouvait empêtré comme
une souris prise au piège ou un lapin au collet.

FRANÇOIS RABELAIS, Pantagruel, 1532,
traduction G. Demerson, Éd. du Seuil, 1996.

5 1. À quel lieu du réel est-il fait référence dans cet
** extrait ? Relevez le vocabulaire qui lui est lié.

    2. À travers quelles satisfactions des sens l'hé-
roïne compense-t-elle la dégradation de sa situation morale ? Étudiez dans le texte le réseau
lexical des sensations.

Emprisonnée, l'héroïne retombe peu à peu en enfance.

Dans la cordonnerie, Elisa commença à descendre, peu à peu, tous les échelons de l'humanité, qui mènent insensiblement une créature intelligente à l'animalité. De l'our-
5 lage des mouchoirs à carreaux, elle fut bientôt renvoyée au délissage[1] des chiffons ; enfin, reconnue incapable de tout travail, elle passa ses journées dans une contemplation hébétée et un ruminement grognonnant.
10 Alors en cette tête d'une femme de quarante ans, il y eut comme la rentrée d'une cervelle de petite fille. Les impressions contenues et maîtrisée d'une grande personne cessèrent d'être en son pouvoir. Le dédain pour les choses du bas âge,
15 elle ne l'eut plus. Chez elle se refirent, dans leur débordante effusion, les petits bonheurs d'une bambine de quatre ans. Son vieux madras[2] de tête avait-il été remplacé par un madras neuf ? On la voyait tout éjouie[3] passer sa main à plusieurs re-
20 prises sur la cotonnade ; on surprenait sa bouche formulant en un souffle qui s'enhardissait presque dans une parole : «Beau ça !» Quelque dame charitable de la ville, en une année d'abondance, avait-elle envoyé un panier de fruits pour le des-
25 sert des détenues ? Devant les quatre ou cinq prunes posées dans l'assiette creuse, les yeux allumés de gourmandise, les lèvres humides et appétantes[4], elle battait des mains !

Edmond et Jules de Goncourt, *La Fille Elisa*, 1876.

1. **Délissage** : *repassage* – 2. **Madras** : *mouchoir de couleurs vives* – 3. **Éjouie** : *réjouie* – 4. **Appétantes** : *désirantes*.

6 1. **Relevez et étudiez les différents sens sollicités**
** **dans le texte.**

2. **Quelles significations sociales le narrateur dégage-t-il de la situation évoquée ?**

D'abord on sert le bœuf au verjus[1], ensuite les autres plats, dès que le noble hôte en manifeste le désir... Quant au pauvre, il ne possède rien, on le prend pour de la crotte de bique : pour
5 lui, pas de place près du feu, pas de place à table, il doit manger sur ses genoux. Les chiens le harcèlent pour lui arracher le pain des mains. Aux pauvres, on ne donne qu'un coup à boire. Ils doivent se contenter d'une seule tournée, ils
10 doivent se contenter d'un seul plat. La valetaille[2] leur lance des os plus secs que des charbons ardents. Chacun serre son pain dans son poing. Sénéchal[3], cuisinier, sont faits sur le même modèle. Ces voleurs servent chichement[4] les sei-
15 gneurs pour se gaver. Ah ! S'ils pouvaient être brûlés et leurs cendres dispersées par le vent !

Le Roman de Renart, XIIe-XIVe siècles, trad. de J. Dufournet et A. Méline, Éd. Flammarion.

1. **Verjus** : *jus acide composé de raisins encore verts* –
2. **Valetaille** : *les valets* – 3. **Sénéchal** : *officier royal ayant des attributions diverses* – 4. **Chichement** : *avec mesquinerie.*

7 **Expliquez en quoi ce tableau s'inscrit dans le**
** **registre réaliste.**

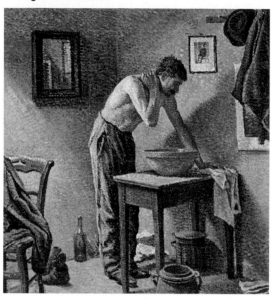

Maximilien Luce, *L'Homme à sa toilette*, 1886.

8 1. **En quoi la situation décrite par Saint-Simon,**
** **qui rend visite au Régent de France, s'inscrit-elle pleinement dans le registre réaliste ?**

2. **Expliquez les raisons de la surprise de Saint-Simon lorsqu'il affirme : «J'en fus effrayé.» Appuyez votre réponse sur des éléments précis du texte.**

Nous le trouvâmes qu'il allait s'habiller, et qu'il était encore dans son caveau[1], dont il avait fait sa garde-robe. Il y était sur sa chaise percée[2], parmi ses valets et deux ou trois de ses
5 premiers officiers. J'en fus effrayé. Je vis un homme la tête basse, d'un rouge pourpre, avec un air hébété, qui ne me vit seulement pas approcher. Ses gens le lui dirent. Il tourna la tête lentement vers moi, sans presque la lever, et me demanda
10 d'une langue épaisse ce qui m'amenait. Je le lui dis. J'étais entré là, pour le presser de venir dans le lieu où il s'habillait, pour ne pas faire attendre le duc d'Humières ; mais je demeurai si étonné que je restai court. Je pris Siniane, premier
15 gentilhomme de sa chambre, dans une fenêtre, à qui je témoignais ma surprise et ma crainte de l'état où je voyais M. le duc d'Orléans.

Saint-Simon, *Mémoires* (1739-1750).

1. **Caveau** : *surnom donné à la pièce où le Régent fait sa toilette* –
2. **Chaise percée** : *meuble qui sert aux besoins intimes.*

CARACTÉRISER LES PERSONNAGES ET LE HÉROS RÉALISTES

9 Relevez et classez les indications du portrait – traits physiques, vêtements, attitude, images... – qui relèvent d'une part de l'imaginaire merveilleux, de l'autre du registre réaliste.

Le personnage rencontré par le chevalier appartient à la fois au conte merveilleux et au registre réaliste.

Je vis alors, assis sur une souche, ayant une massue en main, un vilain[1] qui ressemblait fort à un Maure[2], laid et hideux à démesure.

Je m'approchai de ce vilain et vis qu'il avait
5 plus grosse tête que roncin[3] ou autre bête, cheveux mêlés en broussailles, front pelé de plus de deux empans[4] de large. [...] Il était appuyé sur sa massue, vêtu de très étrange façon. Ce n'était vêtement de toile ni de laine mais de deux cuirs
10 nouvellement écorchés, cuir de taureaux ou cuir de bœufs.

Le vilain se dressa sur ses pieds dès qu'il me vit approcher. Je ne savais s'il voulait me toucher mais je me fis prêt à me défendre et vis
15 alors qu'il demeurait tout coi[5] et sans bouger.

Il était juché sur un tronc qui avait bien sept pieds de long. Il me regardait, ne disant mot pas plus que ne ferait une bête. Et je croyais qu'il ne savait parler ou qu'il n'avait point de raison.
20 Toutefois tant m'enhardis que je lui dis :

«Va, dis-moi si tu es une bonne créature ou non ?»

Il me dit :

« Je suis un homme. »

CHRÉTIEN DE TROYES, *Yvain, le Chevalier au lion,*
XIIᵉ siècle, trad. de J.-P. Foucher,
Éd. Gallimard, 1970.

1. **Vilain** : *paysan* – 2. **Maure** : *habitant du Nord de l'Afrique* – 3. **Roncin** : *cheval de trait* – 4. **Empan** : *unité de mesure* – 5. **Coi** : *silencieux.*

10 1. Identifiez les types de personnages présents dans cet extrait.

2. Relevez, sous la forme d'un tableau, l'ensemble de leurs caractéristiques. Pourquoi peut-on dire de ces « héros » qu'ils sont réalistes ?

3. Repérez deux passages du texte qui montrent que Jean Echenoz joue avec les codes du roman réaliste.

Il était encore une fois deux hommes qui roulaient sur le boulevard périphérique extérieur dans une 504 bleu métallisé au son de la Marche consulaire à Marengo exécutée par la musique
5 de la Garde républicaine, que diffusaient deux haut-parleurs placés de part et d'autre de l'habitacle. Peu après la porte Champerret, la voiture se trouve coincée dans un embouteillage et l'homme qui la conduisait se mit à jurer. Il était
10 assez grand, ses épaules étaient larges, il portait un costume bleu et une cravate bleue. Ses cheveux étaient brun foncé, ses yeux étaient humides et son visage couperosé s'ornait d'un réseau de veinules écarlates, d'une densité comparable
15 à l'hydrographie de la Beauce. Il s'appelait Guilvinec, il était né à Bannalec, c'était écrit sur une carte barrée de tricolore qu'il détenait dans sa poche intérieure. Il représentait la loi. C'était sa profession.
20 L'homme assis à côté de Guilvinec était vêtu de gris. Ses yeux et ses cheveux étaient également gris. Il était mince et ramassé comme une flamme qui va s'éteindre, comme elle il était sans éclat, comme elle il tirait quand même l'œil. Il se
25 nommait Crémieux et il exerçait le même métier que Guilvinec.

JEAN ECHENOZ, *Cherokee*, Éditions de Minuit,1983.

11 Relevez et étudiez, dans le texte suivant, ce qui fait du personnage un type de héros réaliste.

Julien reprenait haleine un instant à l'ombre de ces grandes roches, et puis se remettait à monter. Bientôt par un étroit sentier à peine marqué et qui sert seulement aux gardiens des
5 chèvres, il se trouva debout sur un roc immense et bien sûr d'être séparé de tous les hommes. Cette position physique le fit sourire, elle lui peignait la position qu'il brûlait d'atteindre au moral. L'air pur de ces montagnes élevées com-
10 muniqua la sérénité et même la joie à son âme. Le maire de Verrières[1] était bien toujours, à ses yeux, le représentant de tous les riches et de tous les insolents de la terre ; mais Julien sentait que la haine qui venait de l'agiter, malgré
15 la violence de ses mouvements, n'avait rien de personnel. S'il eût cessé de voir M. de Rênal, en huit jours il l'eût oublié, lui, son château, ses chiens, ses enfants et toute sa famille.

STENDHAL, *Le Rouge et le Noir*, 1830.

1. **Le maire de Verrières** : *M. de Rênal, l'employeur de Julien.*

Vers l'oral

12 **1. Présentez les personnages sous forme de liste**
*** **avec, en face de chaque nom, le métier exercé.**

2. Repérez, dans cet extrait, les passages au discours indirect libre.

3. *Travail en binôme.* **En vous aidant de l'encadré, et après 15 minutes de préparation, expliquez pourquoi l'utilisation du discours indirect libre contribue à inscrire ce texte dans le registre réaliste.**

Mais la conversation devenait sérieuse. Chacun parlait de son métier. M. Madinier exaltait le cartonnage : il y avait de vrais artistes dans la partie ; ainsi, il citait des boîtes d'étrennes,
5 dont il connaissait les modèles, des merveilles de luxe. Lorilleux, pourtant, ricanait ; il était très vaniteux de travailler l'or, il en voyait comme un reflet sur ses doigts et sur sa personne. Enfin, disait-il souvent, les bijoutiers au temps jadis
10 portaient l'épée ; et il citait Bernard Palissy[1], sans savoir. Coupeau, lui, racontait une girouette, un chef-d'œuvre d'un de ses camarades ; ça se composait d'une colonne, puis d'un drapeau ; le tout, très bien reproduit, fait rien qu'avec des
15 morceaux de zinc découpés et soudés. Mme Lerat montrait à Bibi-la-grillade comment on tournait une queue de rose, en roulant le manche de son couteau entre ses doigts osseux. Cependant, les voix montaient, se croisaient ; on entendait,
20 dans le bruit, des mots lancés très haut par Mme Fauconnier, en train de se plaindre de ses ouvrières, d'un petit chausson[2] d'apprentie qui lui avait encore brûlé, la veille, une paire de draps.

ÉMILE ZOLA, *L'Assommoir*, 1877.

1. **Bernard Palissy** : *céramiste et savant du XVIᵉ siècle.* –
2. **Chausson** : *misérable.*

Pour étudier le texte

LE REGISTRE RÉALISTE
ET LE DISCOURS INDIRECT LIBRE

Le discours indirect libre rapporte les paroles ou les pensées des personnages, mais sans indiquer un changement de système d'énonciation. Il supprime les guillemets et les temps des verbes deviennent ceux du discours indirect, sans subordination.

Le discours indirect libre se signale par la présence de verbes de perception et de parole, par l'emploi d'un lexique familier ou spécialisé, qui reproduit les termes employés par les personnages, et par l'utilisation de l'imparfait, qui inscrit les paroles prononcées dans le système du récit.

Dans un texte narratif, le discours indirect libre, comme le discours direct, donne de la présence au personnage et le caractérise.

ANALYSER LES EFFETS DE RÉEL

13 **1. Relevez les indicateurs de temps et de lieu**
*** **dans l'extrait suivant. Quelle est leur fonction ? Quels sont les autres détails qui donnent l'impression de la réalité ?**

2. En quoi le titre du roman inscrit-il ce passage dans le registre réaliste ?

14 septembre
Aujourd'hui, 14 septembre, à trois heures de l'après-midi, par un temps doux, gris et pluvieux, je suis entrée dans ma nouvelle place. C'est la douzième en deux ans. Bien entendu, je ne parle
5 pas des places que j'ai faites durant l'année précédente. Il me serait impossible de les compter. Ah ! je puis me vanter que j'en ai vu, des intérieurs et des visages, et des sales âmes... Et ça n'est pas fini... À la façon, vraiment extraordinaire, vertigi-
10 neuse, dont j'ai roulé, ici et là, successivement, de maisons en bureaux et de bureaux en maisons, du Bois de Boulogne à la Bastille, de l'Observatoire à Montmartre, des Ternes aux Gobelins, partout, sans pouvoir jamais me fixer nulle part, faut-il
15 que les maîtres soient difficiles à servir maintenant !... C'est à ne pas croire.

L'affaire s'est traitée par l'intermédiaire des Petites Annonces du *Figaro* et sans que je voie Madame. Nous nous sommes écrit des lettres, ç'a été
20 tout : moyen chanceux où l'on a souvent, de part et d'autre, des surprises. Les lettres de Madame sont bien écrites, ça c'est vrai. Mais elles révèlent un caractère tatillon et méticuleux...

OCTAVE MIRBEAU,
Le Journal d'une femme de chambre, 1900.

14 **1. Quel est le document reproduit dans le**
* **texte qui suit ?**

2. Quels sont les effets recherchés par l'auteur ?

Quand il eut l'enveloppe entre les mains, et en vit l'en-tête, *Maître Lebeau, notaire,* c'est avec fièvre qu'il la fit sauter, déchirant le bord de la lettre. Et il lut :
5 *Monsieur,*
Pour affaire nouvelle concernant la succession de Mme la Comtesse de Coantré, je vous prie de bien vouloir passer à l'étude, si vous le pouvez, le vendredi 22 courant, vers trois heures.
10 *Recevez, etc.*
C'était cette lettre-là qu'il attendait depuis toujours, et maintenant elle était venue.

HENRY DE MONTHERLANT,
Les Célibataires, Éd. Gallimard, 1954.

6 Le registre réaliste

15 ** **1. Relevez l'ensemble des éléments du décor qui voudraient créer une atmosphère antique dans la salle de bal évoquée par le texte.**

2. Comment la description évoque-t-elle, malgré le décor, un univers réaliste ?

3. Relevez l'ensemble des termes qui participent à cet effet de réel et analysez leurs connotations.

Un peu au-dessus de moi, à droite, s'étageait l'orchestre ; à gauche, surplombant un bassin d'eau morte, se hérissaient les rocailles d'une fausse grotte où trois statues de plâtre rose se
5 dressaient dans des péplums[1] écornés contre un mur sur lequel était peinte une vallée suisse. Le bal de la brasserie Européenne était divisé en deux parties que coupait une balustrade : la première, formant un large couloir étayé par des
10 colonnes de fonte, parquetée d'asphalte, garnie de tables et de chaises, plafonnée de toiles jadis vertes et maintenant pourries par les feux du gaz et les suintements de l'eau ; la seconde, s'étendant, ainsi qu'une grande halle, également
15 soutenue par des piliers et coiffée d'un toit vitré, en dos d'âne.

JORIS-KARL HUYSMANS, *Croquis parisiens*, 1880.

1. **Péplum** : *tunique de femme.*

16 ** **1. Relevez et classez sous forme de tableau l'ensemble des sensations évoquées par le texte : termes suggérant l'ouïe, le goût, le toucher, l'odorat ou la vue. Expliquez en quoi l'expression des sensations crée un effet de réel.**

2. Le texte met en scène des personnages déguisés : pourquoi, cependant, ceux-ci conservent-ils un aspect réaliste ?

«Un moment, dit Couturat, je vais vous présenter.»

Et il entra dans un grand salon du restaurant en marchant sur les mains.
5 Toutes les tables étaient pleines. La chaleur du gaz, les bouffées des cigares, l'odeur des sauces, les fumées des vins, les détonations du champagne, le choc des verres, le tumulte des rires, la course des assiettes, les voix éraillées, les
10 chansons commencées, les poses abandonnées et repues, les gestes débraillés, les corsets éclatants, les yeux émerillonnés[1], les paupières battantes, les tutoiements, les voisinages, les teints échauffés et martelés par le masque, les toasts
15 enjambant les tables, les costumes éreintés,

les rosettes aplaties, les chemises chiffonnées toute une nuit, les pierrots débarbouillés d'un côté, les ours à demi rhabillés en hommes, les bergères des Alpes en pantalon noir, un mon-
20 sieur tombé le nez dans son verre, un solo de pastourelle exécuté sur une nappe par un auditeur au conseil d'État, et l'histoire du ministère Martignac racontée au garçon par un sauvage tatoué – tout disait l'heure : il était cinq heures
25 du matin.

EDMOND et JULES DE GONCOURT, *Charles Demailly*, 1860.

1. **Émerillonné** : *vif, éveillé.*

17 *** *** **1. Relevez et étudiez les procédés employés par l'auteur dans le dialogue pour contribuer à recréer le sentiment de la réalité.**

2. Montrez, en vous appuyant sur la situation et les réactions des personnages, que le réalisme de la scène contribue à la rendre émouvante.

Rose, qui était servante, s'est mariée avec son maître, un riche fermier. Ils n'ont pas pu avoir d'enfant. Un jour, Rose avoue qu'elle est la mère d'un garçon, caché et mis en nourrice.

– Quel âge qu'il a, ton petiot ?
Elle murmura :
– V'là qu'il va avoir six ans.
Il demanda encore :
5 – Pourquoi que tu me l'as pas dit ?
– Est-ce que je pouvais !
Il restait debout, immobile.
– Allons, lève-toi, dit-il.
Elle se redressa péniblement ; puis, quand
10 elle se fut mise sur ses pieds, appuyée au mur, il se prit à rire soudain de son gros rire des bons jours ; et comme elle demeurait bouleversée, il ajouta :
– Eh bien, on ira le chercher, c't'fant, puisque
15 nous n'en avons pas ensemble.
Elle eut un tel effarement que si la force ne lui eût pas manqué, elle se serait assurément enfuie. Mais le fermier se frottait les mains et murmurait :
20 – Je voulais en adopter un, le v'là trouvé. J'avais demandé au curé un orphelin.
Puis, riant toujours, il embrassa sur les deux joues sa femme éplorée et stupide, et il cria, comme si elle ne l'entendait pas :
25 – Allons, la mère, allons voir s'il y a encore de la soupe ; moi j'en mangerai bien une potée.

GUY DE MAUPASSANT, « Histoire d'une fille de ferme », *La Maison Tellier*, 1881.

EXO-BAC

Vers le sujet de commentaire

LECTURE

1. Quelles caractéristiques de l'œuvre (thème, situation, effets du réel...) permettent d'inscrire la peinture dans le registre réaliste ?

2. Relevez dans le texte le vocabulaire technique, le lexique du temps, les images familières. Quelle impression leur utilisation produit-elle ?

ÉCRITURE

Dans deux paragraphes, montrez que le tableau et l'extrait du roman s'inscrivent dans le registre réaliste en s'appuyant sur des procédés identiques.

Les cuves étaient sous le toit, à quinze mètres du sol. On y accédait par des échelles de fer, pour descendre par un trou d'homme, tout au bout. Le circuit arrêté depuis trois jours, la tôle passait encore les trente-cinq degrés. La cuve principale faisait douze mètres de long, trois de diamètre. On a touché nos deux meuleuses, grimpé là-haut nos arrivées d'air, et descendu une
5 baladeuse. Une couche rouge de rouille faisait sur la paroi des agrégats spongieux, qu'on enlevait centimètre par centimètre en raclant avec le disque hurlant d'amiante.

C'était travailler dans un tambour, la tôle criait jusqu'à en trembler sous les pieds. On a mis trois jours, à dix heures par jour, deux bonshommes, sortant toutes les deux heures pour respirer par le trou d'homme comme des phoques en sueur, ou juste accroupis de temps en temps
10 au fond. La meuleuse pesait dans les bras, le pied glissait sur la paroi ronde, et la baladeuse en remuant là-bas sur son fil nous faisait des ombres de fantôme : il y a de la beauté à ces situations étranges, que l'effort physique poussé jusqu'à la fatigue extrême rend plus intimement proche, là-haut à quinze mètres dans le tunnel de tôle étanche et surchauffé, où nos disques à air comprimé détachaient des étincelles violentes, des gerbes d'éclats. Il a fallu travailler à bout
15 de bras pour faire aussi le haut.

FRANÇOIS BON, *Temps machine*, Éd. Verdier, 1993.

BORIS MALYUEV, *Ouvriers du bâtiment*, 1950.

Le registre polémique

Le registre
polémique
lié à une situation
de conflit permet
de s'attaquer
aux mœurs
du temps ou
de porter un
jugement sur
les productions
artistiques.
Traversant
toutes les formes
littéraires, il
s'affirme aussi
dans l'article
de presse ou la
caricature.
Ces deux articles
furent publiés à
la sortie d'un film
de Jean-Paul
Rappeneau.
Pourquoi
s'inscrivent-ils
dans le registre
polémique ?

Texte **A**

Le Hussard sur le toit, poutres apparentes

Le film de Rappeneau est un nouvel avatar du cinéma « qualité française ».

Le Hussard sur le toit est un film bien intéressant. C'est objectivement une très grosse affaire de production et de promotion (à part la présentation de la météo, on ne voit pas ce que Juliette Binoche a évité). C'est également un de ces fleurons ouvragés comme le cinéma français se plaît à en démouler chaque année, entre plus-value culturelle et patrimoine national : après l'année *Germinal*, l'année *Hussard*. C'est aussi, en ces temps de rentrée des classes, un film qui a raison de compter sur les « scolaires », puisqu'il n'oublie jamais de l'être, scolaire. C'est enfin un film qui, à l'arrivée, ressemble tellement à ce qu'on savait au départ que sa critique n'a pas d'objet.

Alors, que faire ? Où situer la chose ? À quoi la rapporter ? Est-ce de l'art, du bizness ? À qui s'en prendre ? Au chef déco, aux acteurs, à la script, aux cantiniers, aux cigales, au réalisateur ? À Giono ? Le pire, c'est qu'il n'y a probablement personne à qui s'adresser. Chacun fait son petit boulot et le « machin » s'en ressent.

ACTEURS STUDIEUX

Le saviez-vous ? C'est Juliette Binoche qui fait Pauline. Pour juger de son jeu, réduit ici à l'unique expression d'un sourire tout plein de mystérieuses énigmes secrètes, nous attendrons de la voir prochainement dans *Un divan à New York* de Chantal Ackerman. Quant au jeune Olivier Martinez, il remplit gentiment la mission tous publics qui lui a été assignée : à la fois rêve de jeune fille et de vieille fille, cet Angelo ne gênera personne.

Devine qui vient de tourner ce soir ? En apparition fugace dans le rôle d'un commissaire de police : Gérard Depardieu. Il ne fait que passer, pub de lui-même, à peine recoiffé de *Cyrano*, encore tout chiffonné de *Chabert*, et, qui sait ? en route pour Jean Valjean. Dans le cinéma américain, on appelle ça une guest-star, dans le *Hussard*, il s'agirait plutôt d'un pique-assiette surprise qui se dépêche de bouffer le maximum de pellicule en un minimum de films.

L'ADAPTATION LITTÉRAIRE

Le film a au moins un premier mérite : celui d'éluder le débat sur l'adaptation-trahison. Il ne reste tellement rien de ce qui fait le cœur battant du roman original, qu'il aurait été plus juste de préciser que le travail de Jean-Paul Rappeneau et de ses deux coscénaristes (Nina Companeez et Jean-Claude Carrière) est tellement « d'après... », que d'après en après, il est plutôt tout proche du brouillon filmé d'une parodie littéraire qui reste à écrire : *Zorro contre le choléra, Hardi Hussard !* ou *Angelo, marquis aux anges*.

Le film a au moins un deuxième mérite : celui de susciter l'envie de lire ou de relire le livre. Histoire d'oublier.

GÉRARD LEFORT et OLIVIER SÉGURET,
Libération, 20 septembre 1995.

Texte **B**

Le Hussard sur le toit

Il fallait le faire, au double sens du terme. Depuis la sortie du roman, en 1951, un des plus lyriques et sensuels chefs-d'œuvre de la langue française, les meilleures volontés s'étaient essayé à son adaptation, de René Clément à Buñuel en passant par Giono lui-même, et tous s'y étaient cassé les dents. Jean-Paul Rappeneau et son producteur René Cleitman resteront dans l'histoire du cinéma comme ceux qui auront relevé ce défi.

La rencontre aux chandelles d'Angelo et de Pauline de Théus dans une maison déserte est une des plus belles scènes qui se puissent imaginer entre un homme et une femme. Juliette Binoche, vigilante, inquiète, douce et téméraire, atteint la perfection dans le rôle de Pauline. Jamais sa voix, ses yeux, sa force, son intelligence n'ont été aussi bien mis en valeur. Et ses éclats de rire, au milieu des pires catastrophes, dévoilent un aspect de sa personnalité jusqu'à présent négligé par les réalisateurs.

On repense à ce film longtemps après l'avoir quitté, à ses images fulgurantes et envoûtantes, à ses grands charniers sous la lune, à ce joueur de flûte de l'opéra de Marseille donnant la sérénade à une foule en quarantaine, à ces mains de soigneurs flambées à l'alcool, aux regards non moins antiseptiques des deux héros... Et s'il est vrai que nous sommes une foule sentimentale avec soif d'idéal, nous devrions faire un triomphe à l'un des rares films contemporains soucieux d'exalter les grandes vertus et capables de les transformer en grand spectacle.

SOPHIE CHÉRER, *Première*,
octobre 1995.

1 LA SITUATION POLÉMIQUE

1 ▷ Que révèle la lecture de ces deux textes sur la réception du film par la critique ?
Pourquoi, selon vous, peut-on parler de situation polémique ?

2 LES VALEURS INVOQUÉES

2 ▷ Le registre polémique fait appel à un certain nombre de valeurs (le beau, le bien, l'authenticité). Les valeurs sont des repères sur lesquels s'appuie l'émetteur. Sur quelle valeur s'appuie le paragraphe « L'adaptation littéraire » de *Libération* ? Sur quelles valeurs s'appuie le dernier paragraphe de *Première* ?

3 LES STRATÉGIES DE LA POLÉMIQUE

3 ▷ L'article de *Libération* attaque le film de Jean-Paul Rappeneau et le tourne en dérision. Relevez les exemples des procédés suivants : le vocabulaire péjoratif, la caricature, l'ironie.

4 ▷ L'article de *Première* prend au contraire la défense du film. Relevez les exemples des procédés utilisés : l'hyperbole, le vocabulaire mélioratif, les louanges.

Le registre polémique

Le registre polémique est utilisé pour attaquer ou prendre la défense d'un comportement, d'un mode de vie, d'une institution ou d'une œuvre. Il s'exprime à travers des supports très divers : l'article de presse, l'émission télévisée, le livre, le dessin ou la publicité.

1 LA SITUATION POLÉMIQUE

L'évolution des mœurs, les événements politiques, la création artistique suscitent régulièrement des prises de position polémiques.

1. L'objet de la polémique

La situation polémique se construit autour d'un objet de désaccord qui appartient à un domaine précis.

→Le comportement social. La polémique porte sur les mœurs des contemporains, sur les défauts et les ridicules de l'époque.

→L'objet de consommation. La polémique porte sur l'apparition d'un nouveau produit qui heurte les habitudes sociales, engendre des craintes ou des espoirs techniques, scientifiques ou économiques.

→Le produit culturel. La polémique porte sur une production culturelle : un livre, un film, une œuvre musicale.

→L'Institution. La polémique porte sur une institution politique ou morale, ou sur l'un de ses représentants : l'Armée, l'Église, la Justice.

2. Les acteurs de la polémique

	Intentions	Indices à relever
L'implication de l'émetteur	Le polémiste s'engage dans le débat et témoigne dans le texte de son implication	Pronoms personnels (« je », « nous »), pronoms et adjectifs possessifs, vocabulaire affectif et évaluatif, modalisateurs de certitude
L'implication du destinataire	Le polémiste sollicite le jugement et la raison de celui à qui il s'adresse, il le prend à témoin en l'impliquant dans le discours	Pronoms personnels (« tu », « vous »), apostrophes, fausses questions

2 LES VALEURS INVOQUÉES

Le polémiste invoque les valeurs partagées par la société. C'est au nom de ces valeurs qu'il engage le débat et qu'il combat les préjugés.

1. Les valeurs sociales

Le polémiste invoque les valeurs qui fondent la société comme la liberté, la justice, la paix, le droit au savoir, l'égalité.

> « Des hommes, des **bienfaiteurs**, des savants usent leur existence à **travailler**, à chercher ce qui peut **aider**, ce qui peut **secourir**, ce qui peut **soulager** leurs frères.

Ils vont, acharnés à leur besogne utile, entassant les découvertes, agrandissant l'esprit humain, élargissant la science, donnant chaque jour à l'intelligence une somme de savoirs nouveaux, donnant chaque jour à leur patrie du bien-être, de l'aisance, de la force... La guerre arrive. En six mois les généraux ont détruit vingt ans d'effort, de patience, de travail et de génie. »

(Maupassant, « La guerre », Gil Blas, *1883)*

Pour l'auteur, la société s'appuie sur un certain nombre de valeurs (la fraternité, le travail, la connaissance) que révèle le lexique du texte.

2. Les valeurs morales

Le polémiste invoque les valeurs morales comme la compassion, la vertu, l'honnêteté ou le courage.

« Il y a des misères sur la terre qui saisissent le cœur. Il manque à quelques-uns jusqu'aux aliments ; ils redoutent l'hiver, ils appréhendent de vivre. »

(La Bruyère, Les Caractères, *1688)*

3. Les valeurs esthétiques

Le polémiste invoque son sentiment du beau et se réclame des valeurs de l'art pour contester et renouveler l'état de la sensibilité et du goût :

« Il y a des mots, grands et terribles, qui traversent incessamment la polémique littéraire : l'art, le beau, l'utile, la morale. »

(Baudelaire, « Les drames et les romans honnêtes », La Semaine théâtrale, *1851)*

LES STRATÉGIES DE LA POLÉMIQUE

3

1. L'attaque et la défense

Le registre polémique multiplie les procédés de la dévalorisation ou de la valorisation qui mettent en cause directement l'objet du débat.
Les procédés utilisés sont le vocabulaire péjoratif, l'interpellation de l'adversaire, les termes injurieux et sarcastiques, le faux apitoiement, la caricature dans le cadre de l'attaque polémique ; le vocabulaire mélioratif, les adresses au lecteur, la louange et l'hyperbole dans le cadre de la défense.

« Et voilà pourquoi monsieur Barbey d'Aurevilly est un critique aussi tumultueux qu'impuissant. »

(Zola, « Un bourgeois », article paru en 1880)

Dans cette attaque, la formule « Et voilà » introduit comme une évidence simple. Le mot « tumultueux » suggère l'agitation bruyante et « impuissant » la stérilité de la critique et la faiblesse de Barbey d'Aurevilly.

2. L'indignation

Le polémiste fait de l'objet du débat un sujet de scandale. Il veut faire partager au lecteur les sentiments qu'il éprouve.
Les procédés utilisés sont les apostrophes au lecteur, les exclamations, les fausses questions (questions oratoires), l'amplification, les superlatifs, les hyperboles et les anaphores.

« Quoi ! une constitution a été faite par le suffrage universel, et vous voulez la faire défaire par le suffrage restreint ! »

(Victor Hugo, « Discours à l'Assemblée contre la révision de la Constitution », 1851)

7

■ 3. L'ironie

Le registre polémique fait très souvent appel à l'ironie, qui tourne l'adversaire en dérision. L'ironie crée une complicité avec le lecteur en dénonçant au second degré ce qui est jugé inacceptable. Les procédés de l'ironie sont :

- l'antiphrase : elle consiste à dire le contraire de ce que l'on veut faire comprendre au lecteur ; c'est le contexte qui permet alors à celui-ci de comprendre l'intention ironique ;

– la périphrase satirique : elle consiste à remplacer un mot d'un niveau de langage élevé, aux connotations valorisantes, par un groupe de mots familiers ;

– le faux rapport logique : il consiste à supposer un rapport de causalité ou de conséquence entre deux événements totalement distincts l'un de l'autre, sans lien logique ;

– le rapprochement satirique : il consiste à rapprocher dans la même phrase des mots et des situations appartenant à des domaines tout à fait différents ou opposés.

■ 4. La provocation

Par la provocation, le polémiste prend le contre-pied des opinions et des valeurs communément admises. Il provoque pour faire réagir et réfléchir.
Les procédés utilisés sont le paradoxe, l'antithèse, le jeu de mots, l'exagération, l'apostrophe.

> « La propriété, c'est le vol. »
>
> *(Proudhon, Qu'est-ce que la propriété ?, 1840)*

> À travers ce paradoxe, Proudhon provoque son lecteur en remettant en cause l'une des valeurs fondamentales de la société moderne.

Les grandes dates de l'histoire littéraire

La POLÉMIQUE et l'arme de l'ironie

Antiquité À Athènes comme à Rome, les orateurs qui s'affrontent ont recours à l'ironie pour dévaloriser l'adversaire ou l'opinion contraire qu'ils veulent combattre. La rhétorique, c'est-à-dire l'art de convaincre ou de persuader, fait ainsi de l'ironie la figure majeure de l'art oratoire. On la retrouve chez les écrivains qui tournent en dérision une personne, une idée ou un point de vue auxquels ils s'opposent.

XVIIIe siècle Il systématise l'usage de l'ironie dans le discours polémique. Les philosophes des Lumières, et Voltaire tout particulièrement, utilisent l'ironie dans leur combat contre les préjugés, l'intolérance et le fanatisme, en s'appuyant sur la complicité du lecteur.

XIXe siècle Le développement de la société industrielle et l'essor de la presse suscitent des prises de positions violentes et des débats passionnés. Victor Hugo dénonce le coup d'État de Louis Napoléon Bonaparte dans son pamphlet *Napoléon le petit* qui vise ironiquement le nouvel empereur.

XXe-XXIe siècles C'est le siècle des grands affrontements idéologiques qui divisent en deux blocs les opinions et les États de la planète. Au début du XXIe siècle, les progrès de la science et des technologies créent de nouveaux sujets de polémique autour de la génétique, de l'écologie ou de la mondialisation. Écrivains, philosophes, essayistes, tous ceux qui interviennent dans le débat public, ont recours à l'ironie pour obtenir la complicité de l'opinion.

ÉTUDIER L'OBJET ET LES ACTEURS

1 Quel est l'objet de la polémique dans le texte qui
* suit ? Quel est l'effet produit par l'emploi des
pronoms ?

C'est nous les pauvres gens
Les pauvres contribuables
Obligés de subir jusqu'à la fin des temps
Le sort auquel imper
5 Auquel imperturbables
Nous condamnent nos gou
Nos gouvernements.

BORIS VIAN, *Textes et chansons*, Éd. Julliard, 1956.

2 En quoi cette œuvre s'inscrit-elle dans le registre
** polémique ? Justifiez votre réponse.

CÉSAR, *Compression de boîtes de Coca*, 1989.

IDENTIFIER LES VALEURS INVOQUÉES

3 1. Relevez et classez les termes qui renvoient
** aux valeurs invoquées par l'auteur : valeurs sociales, morales ou artistiques.

2. Quel mot l'auteur invente-t-il pour désigner
l'attachement de l'homme à certaines valeurs ?
Quelle définition peut-on donner à ce mot ?

Leur capacité à s'émouvoir, les hommes l'ont
utilisée pour forger d'étranges concepts, ainsi
la beauté ou l'amour. Nous nous émerveillons
devant un ciel d'été, mais il n'est beau que
5 parce que nous le regardons. Dans cet univers
qui ne sait qu'être, nous avons apporté l'émerveillement devant ce qui est.

Leur capacité à prendre conscience d'eux-
mêmes, les hommes l'ont imaginée pour ima-
10 giner des exigences, ainsi l'égalité, la dignité,
la justice. Quelles étranges inventions ! Rien
dans la nature ne nous enseigne l'égalité, ni
la dignité, ni la justice. Mais nous avons, sans
que l'inspiration n'en vienne d'ailleurs que de
15 nous, déclaré un jour que nous voulions réaliser l'égalité en droit de tous les hommes.

L'humanitude, c'est ce trésor de compréhension, d'émotions et surtout d'exigences, qui n'a
d'existence que grâce à nous et sera perdu si
20 nous disparaissons.

Les hommes n'ont d'autre tâche que de profiter du trésor d'humanitude déjà accumulé et
de continuer à l'enrichir. Force est de constater
qu'ils se consacrent à de tout autres objectifs.

ALBERT JACQUART, *Cinq Milliards d'hommes dans un
vaisseau*, coll. «Point-virgule», Éd. du Seuil, 1987.

ANALYSER LES STRATÉGIES DU REGISTRE POLÉMIQUE

4 1. Relevez tous les indices du texte qui montrent
** l'implication de l'auteur.

2. Analysez les procédés de l'attaque utilisés.

Le sport n'est qu'un des pires mauvais moments à passer parmi d'autres. Je n'en sais
pas grand-chose, sinon que je l'abomine
allégrement. Tous les sports en vrac, et depuis
5 toujours, du foot au saut à l'élastique et de la
planche à voile aux courses automobiles. C'est
une sorte de répugnance instinctive, chez moi,
qui remonte à loin. Il y a peu de choses dont
je me détourne depuis plus longtemps et avec
10 une telle assiduité. « Sportif » a été très tôt, à
mes yeux, une espèce d'insulte. Une journée
de lycée qui commençait par la gymnastique
ne pouvait pas se terminer bien.

Évidemment, depuis, j'ai dû me rendre à l'évi-
15 dence : il n'en allait pas ainsi pour tout le monde.
Si les métaphores sportives ont aujourd'hui
tout envahi, c'est que le sport est devenu la métaphore même de la société sans Histoire dans
laquelle nous nous enfonçons. Ce qui reste de
20 civilisation est en train de se transformer en
un gigantesque club ridicule de musculation.
L'époque a les héros qu'elle mérite. L'humanité
s'achève en survêtement avec Adidas.

PHILIPPE MURAY, *Désaccord parfait*,
Éd. Gallimard, 2000.

Vers l'oral

5 **1. Quel est l'objet de la polémique dans ce**
★★ **texte ?**

2. Quelle est la valeur invoquée par l'auteur ?

3. *Travail en binôme.* En vous aidant de l'encadré, analysez et expliquez à l'oral les procédés de la caricature utilisés par l'auteur.

Assurément, il y a autre chose que de la charcuterie et des charcutiers dans le livre de M. Zola, dans ce *Ventre de Paris* qui est la Halle[1], sans métaphore. Tous les genres de comestibles,
5 toutes les choses du ventre, légumes, poissons, volailles, viandes de boucherie, fruits et fromages, y sont traités à fond et peints avec un détail infini et une passion qu'on dirait famélique, tant elle est intense ! mais, il faut bien le reconnaître,
10 c'est la charcuterie, cette spécialité de la charcuterie, qui trône sur toutes les autres mangeailles étalées ici avec un luxe de couleurs qui fait venir vraiment par trop d'eau à la bouche... Mais pour monsieur Zola, toute cette cochonnaille, qu'il
15 nous étale et dont il nous repaît, et dont il finit par nous donner le mal au cœur, c'est de l'art.

Il croit dire le dernier mot de l'art en faisant du boudin, monsieur Zola !

> Jules Barbey d'Aurevilly, critique du *Ventre de Paris* publiée dans *Le Constitutionnel* du 14 juillet 1873.

1. La Halle : *marché ouvert au cœur de Paris.*

Pour étudier le texte

LES PROCÉDÉS DE LA CARICATURE

La caricature schématise à l'extrême l'objet de la polémique. Elle s'attarde sur un détail particulier qui apparaît alors comme un défaut exagérément grossi. Elle modifie les proportions jusqu'à la transposition comme le fait le dessinateur Charles Philipon caricaturant le roi Louis-Philippe sous la forme d'une poire, ou Balzac lorsqu'il décrit certains personnages avec les traits de l'animalité.

6 **1. Quel est l'objet de la polémique dans le texte**
★★ **suivant ? Comment s'exprime-t-elle ?**

2. Relevez et classez les procédés de l'attaque, de l'indignation ou de l'ironie.

J'en connais qui évitent soigneusement les plages désertes, les contrées sauvages, les paysages exceptionnels. Ils en ont peur. Ils me l'ont avoué, ils ne peuvent pas supporter un seul jour
5 de confrontation avec la nature telle qu'elle est. Ils ne sont à leur aise (et insolents) que dans la foule, que dans le commun, le banal, le vulgaire. C'est bruyant : tant mieux, ça sent mauvais : bravo ! On s'y bouscule ! à merveille ! surtout
10 que rien de particulier ne leur soit proposé ! Telle ravine, telle forêt, telle montagne, telle haute vallée déserte sont gratuitement à leur disposition en vain, ils ne peuvent pas en profiter ; ils ne savent ni voir, ni entendre, ni goûter, ni sur-
15 tout se tailler une part personnelle de joies. Ils ne savent rire que tous ensemble, que dormir tous ensemble, que se soulager tous ensemble. Entendre ronfler le voisin sous sa tente de toile, quel délice ! rencontrer le voisin à l'abreuvoir, quelle
20 joie ! respirer ce que le voisin vient d'expirer, voilà la vie ! hors du troupeau, point de salut.

> Jean Giono, « Une école »,
> *Le Dauphiné libéré*, Éd. Quatuor, 1995.

7 **1. Comment l'auteur utilise-t-il les faux rapports**
★★★ **logiques ?**

2. Montrez, dans un paragraphe rédigé, que ce texte s'inscrit dans le registre polémique.

Prendre l'avion aujourd'hui, quelle que soit la compagnie, quelle que soit la destination, équivaut à être traité comme une merde pendant toute la durée du vol. Recroquevillé dans un espace in-
5 suffisant et même ridicule, dont il sera impossible de se lever sans déranger l'ensemble de ses voisins de rangée, on est d'emblée accueilli par une série d'interdictions énoncées par des hôtesses arborant un sourire faux. Une fois à bord, leur premier
10 geste est de s'emparer de vos affaires personnelles afin de les enfermer dans les coffres à bagages - auxquels vous n'aurez plus jamais accès, sous aucun prétexte, jusqu'à l'atterrissage. Pendant toute la durée du voyage, elles s'ingénient ensuite
15 à multiplier les brimades, tout en vous rendant impossible tout déplacement, et plus générale-ment toute action, hormis celles appartenant à un catalogue restreint : dégustation de sodas, vidéos américaines, achat de produits duty-free.
20 La sensation constante de danger, alimentée par des images mentales de crashs aériens, l'immobi-lité forcée dans un espace limité provoquent un stress si violent qu'on a parfois observé des décès de passagers par crise cardiaque sur certains vols
25 long-courriers. Ce stress, l'équipage s'ingénie à le porter à son plus haut niveau en vous interdisant de le combattre par les moyens usuels. Privé de cigarettes et de lecture, on est également, de plus en plus souvent, privé d'alcool.

> Michel Houellebecq, *Plateforme*,
> Éd. Flammarion, 2001.

EXO-BAC

Vers le sujet d'invention

LECTURE

1. Étudiez les procédés (métaphore dévalorisante, termes péjoratifs, fausses questions...) utilisés par Maupassant pour attaquer la fête du carnaval.

2. Analysez ce tableau en décrivant avec précision les éléments qui la constituent (sujets, couleurs, composition...). Quel point de vue sur le carnaval le peintre représente-t-il ?

ÉCRITURE

Sous la forme d'une lettre ouverte, dans le registre polémique, prenez la défense du carnaval en répondant aux questions oratoires (ou fausses questions) posées par Maupassant. Vous pourrez étayer votre argumentation à l'aide du texte B et de l'illustration.

TEXTE A

Voici venus les jours du carnaval, les jours où le bétail humain s'amuse par masses, par troupeaux, montrant bien sa bestiale sottise [...].
Quel bonheur stupide peuvent trouver ces
5 gens à aveugler les passants avec du plâtre ? Quelle joie à heurter des coudes, à bousculer ses voisins, à s'agiter, à courir, à crier ainsi sans aucun résultat pour ces fatigues, sans aucune récompense après ces mouvements inutiles et
10 violents ?
Quels plaisirs éprouve-t-on à se réunir si c'est uniquement pour se jeter des saletés à la face ? Pourquoi cette foule est-elle délirante de joie, alors qu'aucune jouissance ne l'attend ?
15 Pourquoi parle-t-on longtemps d'avance de ce jour, et le regrette-t-on lorsqu'il est passé ? Uniquement parce qu'on déchaîne la bête, ce jour-là ! On lui donne liberté comme à un chien que la chaîne des usages, de la politesse, de la
20 civilisation et de la loi tiendrait attaché toute l'année.
La bête humaine est libre ! Elle se soulage et s'amuse selon sa nature de brute.

GUY DE MAUPASSANT (1850-1893),
« Causerie triste », *Le Gaulois*, 1884.

TEXTE B

À certains moments de l'année, tout est bon pour bouger et se rassembler. Peu importe l'occasion (Journées mondiales de la jeunesse, Mondial de foot, Techno Parade, Gay Pride, Ar-
5 mada des voiliers). La théâtralité de ces rassemblements instaure et conforte la communauté. Dans la masse, on se croise, se frôle, se touche, des interactions s'établissent, des cristallisations s'opèrent et des groupes se forment. Cu-
10 rieusement, au cœur de ces bouillonnements, l'affirmation de la personnalité s'enracine dans le mimétisme[1].
Pendant plusieurs siècles, les individus ont cherché à se distinguer les uns des autres.
15 Aujourd'hui, ils veulent se rassembler pour se ressembler, suivre les lois de l'imitation qui privilégient la tribu.

«La vogue des rassemblements. Entretien avec Michel Maffesoli, sociologue. De l'imaginaire dans l'air.»
de JEAN-CLAUDE RASPIENGEAS paru dans *Télérama*
n° 2587 du 14 août 1999.

1. Mimétisme : *reproduction machinale d'attitudes.*

JAMES ENSOR, *L'Intrigue*,
(huile sur toile), 1911.

L'analyse de l'image

Document iconographique A

GUSTAVE CAILLEBOTTE, *L'Homme au balcon, Boulevard Hausmann*, 1880.

L'analyse de l'image s'est, pendant des siècles, limitée à l'étude de la peinture. C'est à travers cette dernière que s'est forgé le rapport de la civilisation occidentale à l'image. Si l'image s'est d'abord imposée comme la représentation fidèle du réel ou de l'imaginaire, le développement de la photographie a bouleversé ce rapport. Quel rapprochement peut-on faire entre ces deux tableaux ?

Le nombre d'or   Les lignes de fuite   Les lignes de force

Document iconographique **B**

PIERRE BONNARD, *Fenêtre ouverte sur la mer*, 1919.

1 **LA CONSTRUCTION DE L'IMAGE**

1 ▷ Observez le point de fuite dans le tableau de Gustave Caillebotte. Quelle impression cherche-t-il à produire ?

2 ▷ Dans le tableau de Pierre Bonnard, quelles lignes dominent : les verticales, les horizontales ou les courbes ? Quel est l'effet produit par ce choix ?

3 ▷ Où se situe le nombre d'or dans chaque tableau ?

2 **L'INTERPRÉTATION DE L'IMAGE**

4 ▷ Quelle impression dominante chaque tableau cherche-t-il à produire ?

5 ▷ Quels points communs (construction, thème) permettent d'associer ces peintures ?

3 **LE REGISTRE DE L'IMAGE**

6 ▷ Quels éléments du tableau de Gustave Caillebotte l'inscrivent dans le registre réaliste ?

7 ▷ De quel registre vous semble relever la peinture de Pierre Bonnard ? Justifiez votre réponse.

L'analyse de l'image, comme celle d'un texte, met au jour sa construction. L'image transmet un message, raconte une histoire, fait partager une émotion. Toutefois, chaque lecteur peut, devant une image, en proposer une interprétation personnelle.

1   LA CONSTRUCTION DE L'IMAGE

▪ 1. Les lignes de force et les points forts

→ **Les lignes de force.** Ce sont les lignes que l'œil repère immédiatement.

– Les horizontales : un mur, un chemin, une séparation peuvent suggérer l'immobilité, le calme, approfondir l'image en traçant l'horizon.

– Les verticales : elles sont esquissées par un arbre, un personnage, un poteau, l'arête d'un mur. Elles suggèrent la hauteur, elles ralentissent le regard.

– Les courbes : elles introduisent un effet de douceur, de calme, et créent, associées à des droites, une impression d'harmonie.

– Les obliques et les diagonales : elles créent une impression de dynamisme.

→ **Les points forts.** Ce sont les zones qui attirent plus particulièrement le regard. Il peut s'agir de taches claires ou foncées, de contrastes de couleurs, d'éléments à l'intersection de lignes de force. Ces points forts retiennent l'attention, orientent le regard et provoquent l'interprétation du lecteur.

Dans le tableau de Pierre Bonnard, *Fenêtre ouverte sur la mer* :
————— Les lignes de force
Le point fort de l'image : une zone claire
/// met en valeur le bleu de la mer.

▪ 2. Les lignes de fuite et le point de fuite

Certains segments de droite suivent la même orientation. Ces droites, appelées « lignes de fuite », se rejoignent en un point situé dans l'image ou hors de l'image, le point de fuite. Le ou les points de fuite assurent un effet de perspective et créent une impression de profondeur, du premier plan à l'horizon.

————— Les lignes de fuite
Le point de fuite placé à l'extérieur du tableau amplifie l'impression d'arrivée sur la fenêtre grande ouverte sur la mer.

3. Les effets d'harmonie

L'harmonie d'une image repose sur une impression d'équilibre ressentie par le lecteur. Cette harmonie s'appuie sur la construction de l'œuvre.

➔**La division en deux.** Dans une construction symétrique, l'image se décompose en deux parties de chaque côté d'un axe horizontal, vertical ou oblique.

➔**La division en trois.** Dans une composition au tiers, l'image se découpe en trois parties, et rompt ainsi avec la monotonie de la symétrie.

➔**Le nombre d'or.** L'harmonie d'une image repose aussi sur l'utilisation du nombre d'or. Le nombre, utilisé en peinture, comme en architecture, est situé à l'intersection d'une horizontale et d'une verticale placée à 1/3 (ou 2/3) du bord horizontal ou vertical.
La formule exacte étant : $\frac{1+\sqrt{5}}{2}$ = nombre d'or.

Tout élément important placé sur le nombre d'or contribue à l'effet d'équilibre et d'harmonie de l'image.

2 L'INTERPRÉTATION DE L'IMAGE

1. La polysémie de l'image

L'image est polysémique car elle peut donner lieu à des interprétations différentes. Cette polysémie peut dépendre :

– de l'organisation et de la composition de l'image qui oriente, plus ou moins, l'interprétation mais peut aussi suggérer des significations différentes ;

– du lecteur, de sa sensibilité, de ses connaissances, en effet, chacun regarde une image en fonction de ses savoirs, son expérience, son passé ;

– des codes collectifs de la société. Certains objets, certains gestes sont interprétés en fonction de l'histoire ou des codes sociaux et culturels d'une communauté.

2. La dénotation et la connotation

➔**La dénotation.** Le lecteur repère d'abord ce que représente l'image : le lieu, les personnages, les situations. Cette reconnaissance neutre et objective de l'image s'appelle la dénotation.

➔**La connotation.** À la dénotation s'ajoutent des sens seconds, des suggestions, des interprétations : les connotations. Ces connotations s'appuient sur l'imaginaire et le système de valeurs du spectateur de l'image.

3. Les codes symboliques

L'image utilise souvent un ensemble de symboles et de codes. Le lecteur réagit en étant plus ou moins fortement sollicité par la présence de ces codes.

➔**Le code chromatique.** Les couleurs peuvent être porteuses de symboles. Elles provoquent des associations qui participent à la connotation de l'image. Le blanc peut suggérer la pureté et l'innocence ; le noir est souvent associé aux ténèbres, à l'angoisse ; le rouge représente la passion, incite à l'action. Des expériences ont montré que les couleurs chaudes (jaune, orangé, rouge) et les couleurs froides (bleu, vert) agissaient différemment sur les centres nerveux. Le contraste des couleurs permet aux formes et aux volumes de se détacher : on peut par exemple valoriser un sujet principal en bleu, sur la couleur complémentaire orange.

→**Le code des formes géométriques.** Les formes élémentaires comme le rond, le triangle, le carré constituent les éléments d'une grammaire de l'image. La recherche de ces formes, de leur répétition, révèle aussi un rythme à l'intérieur de l'image.

→**Le code culturel.** Un vêtement peut évoquer une appartenance sociale, un monument suggérer un lieu, un objet une activité professionnelle. Les mouvements du corps, les gestes peuvent traduire un sentiment ou faire référence à un comportement social.

3 LE REGISTRE DE L'IMAGE

Registre	Visée	Caractéristiques
Comique	Provoquer le rire par des rapprochements inattendus.	- Détournement d'une image connue. - Simplification des traits physiques caractéristiques d'une personne. - Collage et rapprochement d'éléments de natures différentes. Dessin de Geluck.
Tragique et pathétique	Susciter l'inquiétude et la fascination ou la tristesse et la pitié.	- Composition très rigoureuse. - Palette de couleurs sombres - Nature morte évoquant le caractère éphémère de la vie à l'aide de crânes, sabliers, bougies... (les vanités). - Scènes mythologiques ou drames historiques. - Scènes de catastrophes et conflits (presse). Paul Cézanne, *Crâne et Chandelier*, 1866.
Lyrique	Faire partager des émotions et des sentiments intimes.	- Utilisation de couleurs pures. - Juxtaposition de couleurs par touches fragmentées. - Représentation subjective des paysages ou de l'autoportrait. Berthe Morisot, *Le Berceau*, 1872.
Épique	Mettre en valeur le caractère exceptionnel d'une situation qui entraîne l'homme au-delà de lui-même.	- Présentation de la scène en contre-plongée. - Utilisation de grands formats. - Déformation des corps pour les amplifier et les magnifier. Théodore Géricault, *Course de chevaux libres à Rome*, 1816.

Registre	Visée	Caractéristiques
Fantastique	Faire basculer dans un univers étrange.	- Recours aux illusions d'optiques : perspectives faussées ou couleurs mêlées. - Palette réduite de couleurs sombres (gris, noir, marron...). - Paysages tourmentés. Jérôme Bosch, peinture, *La vision de Tondale*, 1508.
Réaliste	Coller à la réalité jusque dans la plus banale.	- Scènes de genre représentant le travail et les occupations quotidiennes (photographies de presse). - Scènes familiales (photographies instantanées). - Couleurs froides ou chaudes. - Lumière crue. Henri Ivry, photographie, *Famille nombreuse*, 1947.
Polémique	S'opposer à des idées ou des personnes.	- Caricature par exagération délibérée des caractéristiques physiques d'une personne ou d'une situation. - Thèmes qui peuvent choquer ou faire réagir (pouvoir, sexualité, mort...). - Relecture de l'actualité en jouant sur les contrastes et les rapprochements inattendus (dessin de presse). Érich Schilling, caricature : *Les mains tachées de sang de Mussolini*, 1926.

4 L'IMAGE ET SON TEXTE

■ 1. La légende de l'image

La légende fournit les références de l'image et glisse parfois jusqu'à une interprétation. Elle peut être fidèle aux intentions de l'auteur de l'image. Elle peut aussi proposer une orientation nouvelle, ou encore être délibérément mensongère.

→**La légende référentielle.** Elle situe dans le réel ce qu'on voit sur l'image : lieu, objets, noms des personnages.

> « Berlin, décembre 1989, ouverture du Mur.»

→**La légende explicative.** Elle définit les informations de l'image.

> « Construit en 1961, dans le contexte de la guerre froide, le mur de Berlin est abattu par la population allemande en liesse. »

→**La légende interprétative.** Elle propose un sens en interprétant l'image.

> « Cette image d'une grande intensité symbolise la réunification entre les deux parties d'une Allemagne longtemps meurtrie. »

D'une manière générale, la présence d'un texte réduit la polysémie d'une image et oriente l'interprétation. C'est le cas des commentaires des tableaux dans les musées. Mais un texte indépendant de l'image peut aussi agir sur l'interprétation de l'image parce qu'il est mis à proximité de cette image. C'est un phénomène qu'on observe, par exemple, à la Une des journaux.

2. Le commentaire de l'image

Le commentaire développe une explication et une interprétation qui débouche sur une conclusion personnelle. Il suit en général une progression en trois temps :

– il fournit les références et procède à une description dénotative de l'image ;

– il propose une interprétation en s'appuyant sur la construction et le thème ;

– il élargit l'interprétation en cherchant les intentions possibles de l'auteur et en confrontant l'image à d'autres images.

3. Le développement personnel

L'image peut aussi être une source d'inspiration. Le texte exprime alors un point de vue personnel, il traduit une émotion en utilisant toutes les ressources de la langue : le vocabulaire et ses connotations, les figures de style et en particulier les comparaisons et les métaphores, les formes d'insistance. L'auteur s'appuie sur trois démarches :

Le rapprochement	Le texte associe entre eux plusieurs détails de l'image et donne un sens à ce rapprochement.
L'opposition	Deux détails de l'image, au moins, semblent s'opposer. Le texte identifie cette antithèse et cherche à lui donner une signification. Il l'exprime à travers le même procédé de l'antithèse dans son texte.
Les correspondances	Le texte établit des correspondances entre l'image et d'autres scènes extérieures à l'image, appartenant à d'autres réalités ou aux souvenirs personnels de l'auteur.

Les grandes dates de l'histoire de l'image

L'évolution de L'IMAGE

Moyen Âge Depuis les dessins dans les grottes de Lascaux, c'est à travers la peinture que s'est forgé le rapport de la civilisation occidentale à l'image. En effet, pendant des siècles, la peinture a été reconnue comme l'image par excellence. Mais, au Moyen-âge, chaque individu entretient avec elle un rapport sacré, car elle représente essentiellement les épisodes de la vie religieuse.

XVe - XVIe siècles À la Renaissance, l'évolution de la société et le développement des techniques permettent aux peintres de représenter des sujets profanes, au moment où le tableau succède au bois peint et à la fresque murale.

XIXe - XXe siècles L'apparition de la photographie, puis celle du cinéma, bouleversent le rapport à l'image. À ses débuts, la photographie semble simplement reproduire le réel. Mais très vite, de nombreux photographes et cinéastes ont montré que leur art était une autre façon de comprendre et de questionner le monde.

XXIe siècle Aujourd'hui, l'image est multiple et omniprésente : photographies de presse, affiches publicitaires, bandes dessinées, cinéma, télévision, jeux vidéo ou Internet. Rien n'arrête l'extension de l'image.

ÉTUDIER LA CONSTRUCTION DE L'IMAGE

1

1. Repérez les lignes de force dans l'image. Avec quels éléments coïncident-elles ?

2. Quelle atmosphère contribuent-elles à créer ?

3. Analysez la composition de l'image. Où se situe le nombre d'or ?

EMMANUEL DE WITTE, *Intérieur de la Nieuwe kerk de Delft*, peinture, 1653.

2

1. Analysez les lignes de force de cette image.

2. Sur quelles oppositions de couleurs ce tableau est-il construit ?

3. Quels éléments contribuent à l'équilibre de l'image ?

EDGAR DEGAS, *Danseuses en bleu*, peinture, 1897.

3

1. Quelles lignes de force traversent le tableau ? Quel effet produisent-elles ?

2. Repérez les lignes de fuite. Où se situe le point de fuite ? Pourquoi ?

3. Comment l'idée de rivalité est-elle présente dans le tableau ?

ROBERT DELAUNAY, *Les Coureurs*, huile sur toile, 1924.

INTERPRÉTER UNE IMAGE

4 1. Recherchez les différents codes présents dans cette image : codes chromatique, géométrique et culturel. Comment les analysez-vous ?

2. Quelles interprétations le titre donné par le photographe suggère-t-il ?

WILLIAM EGGLESTON, *Spirit of Dunkerque*, photographie, Biro éditeur, 2006.

5 1. Quels sont les points forts de l'image mis en évidence par la construction de ce tableau ?

2. Recherchez l'emplacement du nombre d'or.

3. Quel élément est mis en évidence ? Dans quelle intention ?

4. Identifiez les codes culturels présents dans l'image. Quelles significations et quelles interprétations suggèrent-ils ?

IDENTIFIER LE REGISTRE D'UNE IMAGE

6 1. Observez l'image. Que représente-t-elle en dénotation ?

2. Étudiez son thème. Quelles interprétations différentes suggère-t-elle ?

3. Dans quel registre l'image s'inscrit-elle ?

JEAN SIMÉON CHARDIN, *Le Château de cartes*, huile sur toile, 1737.

EDWARD RUSCHA, *Felix*, huile sur toile, 1960.

7 **1. Analysez la construction de ces deux tableaux (lignes de force, points forts et lignes de fuite). Quelles lignes dominent : les verticales, les horizontales ou les courbes ? Quelle est l'impression ainsi créée ?**

2. Recherchez les codes symboliques (chromatique, géométrique, culturel) présents dans chaque représentation. Comment les interprétez-vous ?

3. Les deux tableaux s'inscrivent-ils dans le même registre ? Justifiez votre réponse.

4. Montrez que le tableau de Van Gogh est un hommage à celui de Millet.

Jean-François Millet, *La Méridienne*, huile sur toile, 1866.

Vincent Van Gogh, *La Sieste*, huile sur toile, 1889-1890.

8 — L'analyse de l'image

8 ***
1. Classez les textes accompagnant les dessins selon leur fonction.

2. Pourquoi, selon vous, les auteurs associent-ils le dessin et la photographie ?

3. Dans quel registre cette bande dessinée s'inscrit-elle ?

Cette bande dessinée raconte le voyage en Afghanistan d'un photographe qui accompagne une équipe de Médecins Sans frontières.

Pour étudier l'image

LA NARRATION DANS L'IMAGE FIXE

Une image seule peut suggérer une histoire parce qu'elle montre un instant précis en associant différents détails et permet au lecteur de reconstituer le fil des événements. Par exemple, ce qui est situé à l'arrière-plan peut être plus éloigné dans le temps. Il en est de même de la construction de gauche à droite, où ce qui est à gauche s'est déroulé avant ce qui est à droite. Par ailleurs, à l'intérieur même d'une image, une autre image peut, comme un abîme, ouvrir sur une autre histoire.

GUIBERT, LEFÈVRE, LEMERCIER, *Le Photographe*, tome 2, Éd. Dupuis, 2004.

9

1. Quelles formes et quelles couleurs se répètent dans ces cases ? Comment Joann Sfar suggère-t-il l'harmonie entre les danseurs et les musiciens ?

2. Dans quel registre cette suite d'images s'inscrit-elle : lyrique ou réaliste ?

JOANN SFAR, *Klezmer*, tome 1, Éd. Gallimard, 2005.

10

1. Décrivez la peinture de Vernet. Pourquoi peut-on parler d'une image narrative ?

2. Repérez, dans le commentaire de Diderot, le lexique qui valorise cette toile.

3. Justifiez son jugement : « tout est harmonieux. »

4. Expliquez la dernière phrase du commentaire : « Ici le fond est privé de lumière et le devant éclairé. »

TEXTE

Si vous voyiez le bel ensemble de ce morceau ; comme tout y est harmonieux ; comme les effets s'y enchaînent ; comme tout se fait valoir sans effort et sans apprêt ; comme ces montagnes de
5 la droite sont aporeuses ; comme ces rochers et les édifices surimposés sont beaux ; comme cet arbre est pittoresque ; comme cette terrasse est éclairée ; comme la lumière s'y dégrade ; comme ces figures sont disposées, vraies, agissantes,
10 naturelles, vivantes ; comme elles intéressent ; la force dont elles sont peintes ; la pureté dont elles sont dessinées ; comme elles se détachent du fond ; l'énorme étendue de cet espace ; la vérité de ces eaux ; ces nuées, ce ciel, cet hori-
15 zon ! Ici le fond est privé de lumière et le devant éclairé, au contraire du technique commun.

DENIS DIDEROT, *Regrets sur ma vieille robe de chambre ou avis à ceux qui ont plus de goût que de fortune*, 1772.

DOCUMENT ICONOGRAPHIQUE

VERNET, *La Tempête*, huile sur toile, 1745-1789, Paris, musée de la Marine.

L'analyse de l'image

11
✱✱✱
1. Reproduisez le schéma et complétez le dessin des lignes de force de l'image. Quelle impression suggèrent-elles ?

2. Quels points forts orientent l'attention du lecteur ?

3. Recherchez les lignes de fuite. Que révèle leur emplacement ?

4. Identifiez les différents codes (chromatiques, géométriques et culturels) présents dans l'œuvre. Quelles interprétations suggère chaque détail ?

5. Dans quel registre le thème du tableau s'inscrit-il ? Expliquez votre réponse.

Anonyme, *L'enfant prodigue*, peinture. Musée Carnavalet, Paris.

12
✱✱
1. À quel détournement se livre le peintre ?

2. Comment crée-t-il un effet de rythme à l'intérieur de son tableau ?

3. Analysez comment l'œuvre joue sur différents codes culturels. À votre avis, dans quelle intention ?

4. Dans quel registre cette peinture s'inscrit-elle ?

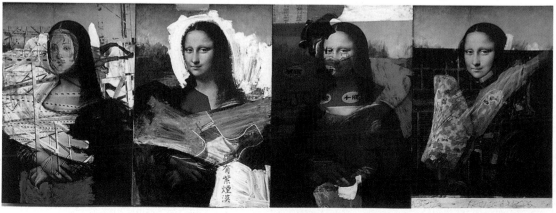

Robert Rauschenberg, *Pneumonie Lisa*, peinture, 1982.

RÉDIGER UNE LÉGENDE OU UN COMMENTAIRE

Vers le commentaire

13 **1. Observez le tableau de Samuel Van Hoogstra-**
★★★ ten. Que représente-t-il en dénotation ?

2. Étudiez sa construction.

3. Retrouvez, dans le commentaire de Daniel Arasse, les trois parties : la dénotation, la construction, l'interprétation.

4. Sur le même modèle, rédigez le commentaire du tableau de Louis Valtat.

Le tableau intitulé *Les Pantoufles* (1654) et attribué à Samuel Van Hoogstraten (Louvre) est ostensiblement construit sur une multiple découpe intérieure du champ pictural qui, lui-
5 même, représente une vue d'intérieur.

Ce choix décidé et presque démonstratif est comme affiché sur la marge droite de l'image où est représentée, en extrême raccourci, une porte ouverte, seulement identifiable en tant que telle
10 par son loquet aperçu à contre-jour. Aucune présence humaine par ailleurs, si ce n'est la figure peinte dans le tableau accroché au mur du fond. Par la vue qui lui est proposée sur cet intérieur incomplet, habité et momentanément
15 désert, celui qui regarde le tableau est invité à contempler, par une série de portes ouvertes, un pur exercice de la vue, de la peinture et de la vue sur la peinture.

Or, à l'aplomb presque exact de la figure
20 peinte, le peintre a accroché un trousseau de

SAMUEL VAN HOOGSTRATEN, *Les Pantoufles*, 1654. Huile sur toile, Paris, musée du Louvre.

clefs à la dernière porte ouverte. Lumineuse-
ment mis en valeur par le fond clair, ce trous-
seau redouble le loquet du premier plan ; il n'a d'autre fonction apparente que de signaler et de rythmer l'ouverture des trois portes qui 25 rend possible et structure cette vue d'intérieur. Par là même, ce trousseau de clefs dévoile l'intimité d'une vue d'intérieur aux espaces multiples et arti- 30 culés, mettant ainsi leur spec- tateur en position de voyeur. Dans le tableau du Louvre, les clefs transposent cette position en œuvre de peinture ; exacte- 35 ment situées en une place cal- culée pour assurer un effet dis- cret, elles sont, dans le tableau, l'emblème du processus qui préside à la représentation. 40 Mieux que *Les Pantoufles*, le tableau du Louvre devrait être intitulé *Les Clefs*.

DANIEL ARASSE, *Le Détail*, Éd. Flammarion, 1992.

LOUIS VALTAT, *Femme au cabaret* ou *L'Estaminet*, 1896. Huile sur toile, Paris, musée d'Orsay.

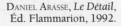

ÉCRIRE UN DÉVELOPPEMENT PERSONNEL

14 1. Quelles sont les intentions de l'affiche ?

** 2. Identifiez tous les codes présents dans l'image.

3. Rédigez un texte d'une quinzaine de lignes qui pourrait accompagner l'affiche, en reprenant son thème et son argumentation.

Affiche de Maviyane-Davies Chaz, *Personne ne doit être assujeti à l'esclavage*, 1997, Zimbabwe.

Document iconographique

15 1. Dans le texte, relevez les détails qui renvoient à la solitude de la jeune femme.

** 2. Dans le tableau, identifiez tous les indices sur lesquels le texte s'appuie et qui permettent un développement personnel.

3. Rédigez un second paragraphe de développement personnel sur le modèle de Claude Esteban. La première phrase de votre rédaction sera : « On dirait qu'elle attend quelque chose, elle ne sait pas quoi. »

Texte

Elle s'ennuie. Elle a eu tout le temps de s'arrêter pour prendre une tasse de café qu'elle s'est servie elle-même à l'une de ces machines automatiques, blanches ou nickelées, que l'on
5 trouve maintenant dans les grandes villes. Elle a le temps. Elle est très jeune, mais elle s'applique à se vieillir, pour les convenances, parce qu'une jeune fille ne doit pas se trouver seule dans un lieu public pour boire une tasse de café entre
10 deux métros, deux rendez-vous. Elle semble un peu lasse, ou peut-être s'ennuie-t-elle, tout simplement. Elle a dix-huit ans, vingt ans au plus. C'est une femme assez grande. Sous la table qui dissimule une partie de sa silhouette, on
15 aperçoit ses jambes, légèrement inclinées sur la droite, des jambes très fines, dans des bas clairs. On dirait qu'elle boit sa tasse de café sans plaisir, juste pour attendre. Autour d'elle, il n'y a personne. Elle est assise à une grande table ronde,
20 une table de bois noir avec un revêtement de marbre qui brille dans la lumière du bar. Mais sans doute n'est-ce pas un bar, plutôt un genre de salon pour dames, avec des distributeurs automatiques, comme on en trouve
25 maintenant. Dans le fond, contre la grande baie de verre, apparaît un bouquet de roses, mais en y regardant
30 de plus près, cette forme ne ressemble pas du tout à un bouquet, il s'agit plutôt d'un compotier avec des fruits roses, des pêches ou des
35 oranges sanguines. Elle leur tourne le dos, elle ne les voit pas.

Claude Esteban, « Distributeur de café », *Soleil dans une pièce vide*, Éd. Flammarion, 1991.

Edward Hopper, *Automat*, huile sur toile, 1927, Iowa, Des Moines Art center.

EXO-BAC

Vers le sujet d'invention

LECTURE
Identifiez les trois parties du texte : l'explication technique, le commentaire théma-tique, le jugement personnel. Pourquoi, selon Raymond Depardon, la photographie de cet instant saisi par Marion Poussier est-elle intemporelle ?

ÉCRITURE
À la manière de Raymond Depardon, rédigez en trois paragraphes le commentaire de la photographie d'Alex Majoli. Terminez par une conclusion qui effectue un rap-prochement avec la photographie de Marion Poussier.

Cette photo de Marion Poussier est parfaite. Par son format carré, elle s'éloigne du reportage, de la photo à la Cartier-Bresson. Ce n'est pas un instant décisif, pas une photo volée. La jeune photogra-
5 phe est là, un peu en retrait, pudique, mais on sent qu'elle connaît les garçons et les filles. Elle attend, elle prend son temps avant d'appuyer sur le déclen-cheur. Il y a deux filles et toujours la même histoire de séduction entre les ados : "Viens avec moi, je
10 ne veux pas y aller toute seule." Les garçons ne se lèvent pas. On s'observe. Une des filles parle plus que l'autre. Elles ne regardent pas les garçons dans les yeux. Cette brume rend la scène intemporelle. Marion Poussier, qui est à peine plus âgée que ses
15 protagonistes, réalise là un travail extraordinaire, un des plus beaux que j'ai vus sur le sujet très dif-ficile de l'adolescence. En Bretagne, sur la plage de Saint-Jean-du-Doigt. Pas besoin de courir le monde, comme on le pensait dans ma génération. On peut
20 réaliser de grandes photos à côté de chez soi. »

« Rencontre avec un photographe hors normes.
Sous l'œil de RAYMOND DEPARDON », de LUC DESBENOIT
Télérama n° 2946, 1ᵉʳ juillet 2006.

MARION POUSSIER, *Sans titre*, colonie de vacances, Saint-Jean-du-Doigt, été 2003.

ALEX MAJOLI, *Dans un magasin*, 2001.

La construction d'un film

La construction d'un film associe cinq formes d'expression : les paroles, les indications écrites, la musique, les bruits et l'image animée. Le film est à la fois un spectacle visuel, comme le théâtre, et une œuvre définitive et figée, comme une photographie. Quelles modifications apporte la transformation d'un texte en scénario de film ?

L'extrait du roman

Mathilde vient d'apprendre que son fiancé Manech a été condamné à mort pour automutilation avec quatre autres soldats durant la Première Guerre mondiale. Le sergent Esperanza, qui commandait Manech, lui a remis des lettres et cartes postales des cinq hommes disparus.

Dans l'auto, de retour vers Cap-Breton, Mathilde voit bien que Sylvain s'inquiète pour elle, qu'il voudrait qu'elle épanche sa peine. Elle n'a pas envie de parler, pas envie de larmoyer, elle a envie de se retrouver seule dans sa chambre. Heureusement, le bruit du moteur ne facilite
5 pas la conversation.

Quand elle est seule dans sa chambre, devant sa table, entourée par les photographies de son fiancé, elle ouvre le petit paquet de Daniel Esperanza.

La première chose qu'elle regarde, c'est aussi une photo, format
10 carte postale, couleur sépia comme on en fait, qui a été prise dans une tranchée semblable à des dizaines qu'elle a vues dans *Le Miroir* ou *L'Illustration*. Il y a sept hommes en tout sur l'image : cinq assis, la tête nue et les bras dans le dos, un debout sous son casque, l'air plutôt fier de lui, et un dernier en profil perdu, à l'avant-plan, qui fume sa pipe.

15 Elle voit Manech tout de suite. Il est un peu à l'écart, sur la gauche, il regarde dans le vague. Il sourit, mais d'un sourire qu'elle ne lui connaît pas. Les traits, l'allure du corps, même s'il est amaigri, elle les reconnaît. Il est sale. Ils sont tous sales, les vêtements informes et couverts de terre, mais ce qui est le plus étrange, ce sont leurs yeux brillants.

SÉBASTIEN JAPRISOT, *Un long dimanche de fiançailles*, Éd. Denoël, 1991.

L'adaptation filmique

31 A/1 Séq. 31 Route de campagne

Sylvain : Mathilde, si t'arrives pas à pleurer, tu peux parler… si t'arrives pas à parler, ne dis rien, mais… tu sais, parfois on commence à parler et c'est là qu'on se met à pleurer… et en pleurant, on en dit plus que ce qu'on aurait dit en parlant, tu vois ce que je veux dire ?... sinon tu peux aussi continuer à faire la tête de pioche.
Mathilde ne peut s'empêcher de sourire.

32/1 Séq. 32 Int. Soir – Chambre de Mathilde

Mathilde ouvre la première enveloppe avec un coupe-papier. Elle en extrait la photo des cinq, prise par l'un des soldats d'Esperanza, tandis que Santini soigne les condamnés.

32/2

Elle étudie chaque visage…

32/3

… mais c'est surtout l'expression de Manech qui capte son attention.

32/4

Elle déballe ensuite une carte postale des inondations de 1910. On y voit, pris de loin, deux hommes secourant une femme, au beau milieu d'un boulevard parisien transformé en rivière.

Suite

Elle retourne la carte. Il y a un mot griffonné au dos.
Voix off de Bastoche : *P'tit Louis, dis à Véro que je penserai toujours à elle et que c'est bien malheureux qu'elle veut plus me parler…*

32/5

…J'ai revu Biscotte et on s'est réconcilié. Adieu, mon ami. Bastoche.

32/6

Elle sort ensuite une petite boîte métallique d'aiguilles de gramophone « Bismark ».

32/7

À l'intérieur, une pochette de papier contenant une rustine de vélo. Au dos de la pochette : « À ma petite reine à moi, son Six sous pour la vie. »

La version dessinée du scénario, le story-board d'*Un long dimanche de fiançailles*, film et adaptation de Jean-Pierre Jeunet (2004). Dessins : Luc Desportes

---

1 L'ÉCRITURE DU FILM

1 ▷ Relevez, dans le texte du roman, les termes qui indiquent les états d'esprit de Mathilde et de Sylvain. Comment l'adaptation du cinéaste en rend-elle compte ?

2 LES IMAGES DU FILM

2 ▷ Confrontez l'évocation de la photographie des sept hommes dans le roman et dans son adaptation cinématographique. Quelles informations supplémentaires apporte le film ?

3 LE POINT DE VUE

3 ▷ Montrez que le point de vue adopté dans l'extrait de roman est celui de Mathilde.

4 ▷ Comment le cinéaste suggère-t-il que l'action est perçue du point de vue de la jeune femme ?

4 LE RYTHME DE LA NARRATION

5 ▷ À quelle ligne du roman l'auteur recourt-il à une ellipse temporelle ? Comment le cinéaste la traduit-il ?

La construction d'un film ne se borne pas à la simple transposition en images d'un récit ou d'un scénario écrit. Chaque film possède un rythme, transmet une émotion, exprime un point de vue. Ces caractéristiques reposent sur l'ordre et la succession des plans, la longueur respective des séquences, le cadrage et les mouvements de caméra, ainsi que le montage final.

1 L'ÉCRITURE DU FILM

Pour bâtir une histoire, le scénariste écrit un récit qui développe l'action du film, les portraits des personnages. Il contient les dialogues et indique les effets sonores recherchés.

■ 1. Le découpage en séquences

Chaque séquence forme une unité narrative, de durée variable, délimitée par un changement de lieu, d'action ou de temps.
Le découpage technique précise le décor, les costumes, les accessoires. Il se présente en général sous la forme d'une grille qui indique, plan par plan, toutes les techniques qui servent au tournage.

■ 2. Le découpage en plans

Une séquence est découpée en plans. Le plan constitue l'unité de base du film. Numéroté, chaque plan précise l'action, le dialogue, les effets sonores, le cadrage et le mouvement des caméras.
Lors du montage, le metteur en scène décide de l'ordre de succession des plans et, au moyen des coupes, de leur durée définitive.

2 LES IMAGES DU FILM

■ 1. Le cadrage

Cadrage	Ce que l'on voit à l'écran	Effet recherché
Le plan général	Il montre tout un paysage ou un lieu (ex : une vallée).	Situer les lieux et le décor de l'action.
Le plan d'ensemble	Il cadre l'ensemble du décor (ex : le salon d'une maison).	Montrer le personnage dans son milieu.
Le plan moyen	Il cadre le personnage en entier, de la tête aux pieds.	Mettre en valeur le personnage.
Le plan américain	Il cadre le personnage de la tête aux cuisses.	Mettre en valeur les gestes du personnage.
Le plan rapproché	Il cadre la tête et la poitrine du personnage.	Faire un portrait.
Le gros plan	Il cadre seulement la tête.	Suggérer les pensées du personnage.
L'insert	Il détaille un objet, une partie du corps ou un geste précis.	Montrer un détail essentiel.

2. Le champ et le hors-champ

Le champ représente l'image visible sur l'écran. Le hors-champ comprend ce que regarde ou écoute un personnage et que le spectateur ne voit pas. Il amène à participer à l'action en imaginant ce qu'on ne lui montre pas. Il crée ainsi un effet de suspens.

3. Les mouvements de l'image

→ **Le panoramique.** Il donne l'impression d'observer en tournant la tête. La caméra pivote horizontalement ou verticalement.

→ **Le travelling avant ou arrière.** Il attire l'attention sur quelque chose ou accompagne une action. La caméra se déplace vers l'avant ou vers l'arrière.

ALFRED HITCHCOCK, *La Mort aux trousses*, 1959.

→ **Le travelling latéral.** Il décrit ou suit un personnage. La caméra adopte un mouvement horizontal, de droite à gauche ou de gauche à droite.

4. Les angles de vue

→ **La visée horizontale.** La caméra est à hauteur d'homme. Le spectateur a l'impression d'avoir une vision réaliste de la scène.

→ **La plongée.** La caméra est située au-dessus du personnage. Elle peut produire un effet d'écrasement.

→ **La contre-plongée.** La caméra est située en contrebas du sujet filmé. Elle peut produire un effet de valorisation.

 ◀ visée horizontale

plongée ▶

◀ contre-plongée

3 LE POINT DE VUE

1. La caméra objective et subjective

→ **La caméra objective.** L'action est vue par un observateur étranger à l'action. Le spectateur est témoin des faits et gestes des personnages comme s'il était cet observateur.

→ **La caméra subjective.** L'action est vue à travers le regard d'un personnage. La caméra épouse ce regard, le spectateur n'est plus témoin de l'action mais impliqué dans celle-ci, comme s'il était ce personnage.

2. L'alternance des points de vue

Un film alterne les prises de vue en caméra objective et subjective. C'est à travers l'alternance des points de vue choisis par le metteur en scène que s'opère l'identification du spectateur aux personnages du film.

4   LE RYTHME DE LA NARRATION FILMIQUE

C'est le montage, c'est-à-dire la mise bout à bout de l'ensemble des prises de vue, qui donne son rythme au film et organise le récit.

1. L'organisation du récit filmique

Organisation du montage	Description	Effet recherché
Le montage chronologique	L'action suit un déroulement linéaire.	Montrer le déroulement d'une action, une succession d'événements.
Le montage alterné	Plusieurs actions se déroulent en même temps dans des lieux différents.	Montrer comment deux actions progressent au même moment (simultanéité). Créer une tension, un suspens dans certains cas.
Le montage par retour en arrière	L'action est interrompue par des images du passé. C'est un retour en arrière ou flash-back.	Éclairer un personnage ou l'action. Créer une tension entre le présent et le passé.
Le montage symbolique	Un plan est suivi d'un autre plan qui, dans la logique du récit, n'a rien à voir avec lui.	Effectuer un rapprochement, une association d'idées, une comparaison ou une opposition.

2. Le rythme du récit filmique

→**L'ellipse.** Elle fait franchir une étape dans le temps ou dans l'espace. Ce temps entre deux actions, qui n'est pas montré à l'écran, peut représenter quelques secondes, quelques heures ou plusieurs années.

→**L'accélération et le ralentissement.** L'accélération est une succession de plans de plus en plus courts qui donne l'impression que l'action devient plus rapide. Le ralentissement est la succession de plans de plus en plus longs.

3. Le rythme de la série télévisée

→**Les deux niveaux du récit.** Une série développe un double récit. D'une part, une intrigue longue (appelée l'« arc ») traverse tous les épisodes. D'autre part, des péripéties limitées à un seul épisode le rendent compréhensible pour tous, même pour un spectateur qui ne suivrait pas la série.

→**Les contraintes de la narration.** La série se développe autour d'un lieu unique (commissariat, entreprise, hôpital, localité...) et d'un groupe de personnages très codifiés et souvent caricaturaux. Un document parfois de plusieurs centaines de pages, appelé la «bible», fixe les principes absolus de la scène. Il sert de référence au scénariste, parfois sur plusieurs années. Il décrit le cadre général, les éléments dramatiques, les lieux, les personnages, leurs rapports, leur passé, leur psychologie, leur famille, même si elle n'apparaît pas à l'écran.

Chaque épisode d'une série reprend de manière récurrente des éléments qui l'apparentent immédiatement à cette série (voix off prenant en charge le récit, écran découpé en plusieurs parties...). La plupart des épisodes s'achèvent à la fin d'une péripétie, mais au milieu d'une action qui maintient le suspense.

5 LA CONSTRUCTION DU FILM DOCUMENTAIRE

À la différence du film de fiction, le reportage et le documentaire montrent un aspect particulier de la réalité. Même s'ils utilisent les mêmes techniques, ces deux genres ne se confondent pas.

■ 1. Les principes du reportage

→Un genre journalistique. Le reportage est un film de courte durée. Il a une visée essentiellement informative et se présente comme étant objectif. Il est accompagné d'un commentaire qui donne une interprétation aux images.

→Une traduction du réel. Le reportage, comme la presse écrite, est lié à l'actualité. Par le biais des images, il cherche à donner au spectateur l'impression de vivre l'événement. L'interview des témoins accentue l'effet du réel.

■ 2. La logique du documentaire

→Un genre cinématographique. Le documentaire partage avec le cinéma des choix esthétiques (travail de la lumière et de l'image) et des méthodes similaires (écriture d'un scénario, préparation du tournage, montage...). Contrairement aux reportages liés à une actualité périssable, le documentaire est destiné à durer.

→Une réflexion sur le réel. Le documentaire se présente comme la réflexion d'un réalisateur sur un sujet. Il est explicitement subjectif. L'auteur part d'une idée, d'une problématique ; l'objectif du film est la vérification de ce point de départ. Le contenu du film évolue en fonction de ce que le documentariste découvre. Le montage du film est construit comme une argumentation autour d'un point de vue..

> *Bowling for Columbine* (2002) de Michael Moore réfléchit sur les causes possibles de la violence de la société américaine. Dans *Être et avoir* (2002), Nicolas Philibert fait partager la vie d'une petite école de montagne en France.

Les grandes dates de l'histoire de l'image

L'évolution du CINÉMA

Première moitié du XXe siècle Le film de fiction rencontre un vaste public. Griffith, Eisenstein, Chaplin, Keaton réalisent des chefs-d'œuvre. Hollywood devient la capitale du cinéma mondial. En 1941, *Citizen Kane* d'Orson Welles bouleverse le langage cinématographique, tandis que la collaboration de Marcel Carné et de Jacques Prévert développe en France le réalisme politique.

Deuxième moitié du XXe siècle Les superproductions bénéficient du passage à la couleur. De *Ben Hur* à *Star Wars*, le cinéma multiplie les effets spéciaux. Le film policier, le western, le film d'horreur connaissent de grands succès. Cependant certains cinéastes s'imposent comme des artistes qui créent un univers original, comme Godard, Truffaut, Fellini, Woody Allen, Scorsese ou Kurosawa.

XXIe siècle Concurrencé par la télévision, le cinéma mise sur les effets spectaculaires et le rayonnement des stars. Les films s'accompagnent de produits dérivés et de DVD. Le cinéma de qualité résiste aux contraintes économiques et arrive à imposer son originalité.

ÉTUDIER LE DÉCOUPAGE EN SÉQUENCES

1 *

1. Le découpage du récit peut apparaître dès le scénario. Observez cette séquence et dégagez la chronologie des événements.

2. Proposez un découpage de cette séquence en plusieurs plans. Numérotez chaque plan et résumez son contenu.

3. À quel passage correspond ce photogramme du film ? Justifiez votre réponse.

4. Si vous le pouvez, confrontez votre découpage avec la séquence dans le film *À bout de souffle***.**

On enchaîne sur Lucien allant au « New York Herald ». Il entre dans le hall, s'adresse à la jeune fille en maillot jaune, derrière le guichet des renseignements, et demande si une demoiselle
5 Patricia Franchini travaille bien ici. On lui dit qu'elle doit être sur les Champs-Élysées en train de vendre le journal. Lucien ressort et descend les Champs-Élysées.

Il avise une fille en maillot jaune. Elle lui dit
10 que Patricia est sur le trottoir d'en face, à la hauteur du Pam-Pam.

Lucien traverse les Champs-Élysées. Il écarte une étudiante qui vend des brochures en demandant : « Vous n'avez rien contre la jeunesse ? »
15 Lucien la rembarre en disant que, justement, il déteste la jeunesse et aime beaucoup les vieux. Lucien voit Patricia qui marche dix mètres devant lui. Il la suit un moment. Sentant qu'elle est suivie, elle se retourne. Elle porte un maillot
20 jaune avec les initiales du *N.-Y. Herald* sur la poitrine. Elle a également un béret de marin américain incliné sur le front.

Elle est en blue-jeans. Lucien lui achète un numéro du journal. Elle ouvre de grands yeux :
25 qu'est-ce que Lucien est venu faire à Paris ? Elle le croyait à Nice.

Scénario original du film *À bout de souffle*, écrit par
FRANÇOIS TRUFFAUT et réalisé par JEAN-LUC GODARD.
Cité dans *À bout de souffle*, Michel Marie, Éd. Nathan,
coll. « Synopsis », 1999.

JEAN-LUC GODARD, *À bout de souffle*, 1959.

2 **

1. Quelles indications fournit cet extrait de scénario sur le décor, les accessoires, les personnages et la musique qui doivent figurer dans la séquence ?

2. Relevez les informations apportées sur les personnages : âge, profession, caractère, passé, relations...

3. Quels cadrages choisiriez-vous pour tourner cette séquence ? Pourquoi ?

INTÉRIEUR CLUB DE JAZZ – SOIR

Un établissement confortable à la lumière tamisée. La CLIENTÈLE, *disparate, plutôt BCBG, finit d'applaudir un groupe qui laisse sa place à un autre sur la petite scène.*

5 VAUDIEU *(commissaire de retour dans son service après avoir vaincu son alcoolisme) et* CLERMONT *(le juge) sont assis dans un coin, éclairés par un photophore.* CLERMONT *boit un verre de vin blanc.* VAUDIEU *est au Perrier.*

10 CLERMONT. – J'ai dû signer 1 000 commissions rogatoires. Ça fait vingt ans que je reçois des voyous et des avocats tous les jours, et l'idée de devoir faire ça pendant encore dix ans me fout la trouille.

15 VAUDIEU. – Ah… C'est pas marrant de vieillir.
CLERMONT *(ironique)*. – T'es encore pas mal pourtant.
VAUDIEU. – Je parlais pour toi, imbécile.
Ils trinquent.

20 CLERMONT. – Ça a été dur d'arrêter ?
VAUDIEU. – Ça l'est toujours. Surtout à cette heure-là dans les endroits comme ça. Alors je ne sors plus beaucoup.
CLERMONT. – Ne me dis pas que tu restes toute
25 seule chez toi.
VAUDIEU. – Si. C'est fini ça… passer des nuits à discuter de n'importe quoi… avec des abrutis dont tu connais même pas le prénom… et se lever le matin sans se souvenir de rien… sauf ce
30 que tu cherches à oublier.
CLERMONT. – Tu y penses tout le temps ?
VAUDIEU. – J'imagine souvent les choses que j'aurais pu faire avec lui. Il aurait l'âge de mon petit lieutenant. Tu te rends compte.

XAVIER BEAUVOIS, GUILLAUME BRÉAUD et JEAN-ÉRIC TROUBAT,
scénario de *Le Petit Lieutenant*, 2005,
Why not Production.

ANALYSEZ LE CADRAGE ET LE POINT DE VUE

3
* 1. Étudiez le cadrage adopté pour ces deux images.

2. À quel changement dans l'angle de vue le cinéaste Wim Wenders a-t-il procédé par rapport au tableau d'Edward Hopper ?

3. Quelle impression Wim Wenders a-t-il voulu produire en s'inspirant d'un tableau d'Edward Hopper ?

WIM WENDERS, *The end of violence*, film, 1997.

EDWARD HOPPER, *Nighthawks*, peinture, 1942

ANALYSER LES MOUVEMENTS DE L'IMAGE

4
* 1. Quels sont les points communs entre la nouvelle et son adaptation ? Quelle version apporte le plus d'informations sur le personnage ? Pourquoi ?

2. Quels sont les procédés utilisés par l'écrivain pour créer une atmosphère inquiétante ? Comment les choix du cinéaste contribuent-ils à rendre la même atmosphère ?

La nouvelle

Pendant toute une journée d'automne, journée fuligineuse, sombre et muette, où les nuages pesaient lourds et bas dans le ciel, j'avais traversé seul et à cheval une étendue de pays singulière-
5 ment lugubre, et enfin, comme les ombres du soir approchaient, je me trouvais en vue de la mélancolique maison Usher. Je ne sais comment cela se fit – mais, au premier coup d'œil que je

jetai sur le bâtiment, un sentiment d'insuppor-
10 table tristesse pénétra mon âme.

EDGAR POE, *La Chute de la Maison Usher*,
trad. Charles Baudelaire, 1839.

L'adaptation
CAMPAGNE – EXTÉRIEUR JOUR

1. Ouverture en fondu : plan de demi-ensemble. Des arbres dénudés, des herbes folles. Au loin un homme approche, un sac de voyage dans chaque main, une ample pèlerine sombre sur les
5 épaules. Il s'immobilise et regarde autour de lui.
2. Plan rapproché : l'homme en légère plongée ; sa tête est coupée, mais on voit ses pieds, il patauge dans les fondrières et fait des efforts pour conserver son équilibre. Il s'arrête de nouveau.
10 *3. Plan de demi-ensemble* : un lac. Des eaux mortes et tranquilles. À droite, des arbres.
4. Plan rapproché : l'homme pose ses sacs à terre et se frotte les mains.
5. Insert : sur les mains gantées de l'homme qui
15 fait jouer ses doigts. On voit le bas de son visage, qui émerge d'une écharpe. Il arrête de remuer les doigts et lève un peu la tête.
6. Plan d'ensemble : au loin derrière les arbustes dénudés, on distingue une maison.

JEAN EPSTEIN, *La Chute de la maison Usher*, 1920,
© L'Avant Scène Cinéma n° 313-314, octobre 1983.

5
*** 1. Décrivez ce que représente le champ de ces deux images qui se succèdent dans le film.

2. En quoi le hors-champ de la première image crée-t-il une tension pour le spectateur ?

ALFRED HITCHCOCK, *Les Oiseaux*, 1963.

La construction d'un film

ÉTUDIER LE RYTHME DE LA NARRATION FILMIQUE

6 *
1. Quel type de montage a choisi Anthony Mann ?

2. Quelles sont les intentions du réalisateur dans cette séquence qui ouvre le film ? Justifiez votre réponse en analysant les cadrages, angles de vue et montage choisis.

ANTHONY MANN, *L'Homme de la plaine*, film, 1955.

7 **
1. Analysez le déroulement de cette scène. En quoi peut-on parler d'une scène d'exposition ?

2. Quel cadrage et quel angle de vue choisir pour l'image ?

3. Quel point de vue sur l'action adopter : caméra objective ou caméra subjective ?

(Dans le film L'Auberge espagnole, Xavier, un étudiant français, cherche un appartement à Barcelone. Il répond à une annonce et rencontre ses futurs colocataires, plusieurs jeunes venus de toute l'Europe. C'est en anglais qu'ils dialoguent.)

PLAN 59. L'AUBERGE ESPAGNOLE – INTÉRIEUR JOUR

Quatre personnes sont attablées et regardent Xavier, qui sourit largement. Il fait beau, les volets sont entrebâillés, et il y a une sorte de pénombre caractéristique des pays chauds.

5 WENDY. – On est vraiment désolés, ce n'est pas un procès ou quoi que ce soit de ce genre. On ne savait pas qu'il y aurait tant de personnes à répondre à notre ann…
Soledad amène un verre d'eau à Xavier.

10 TOBIAS. – On a décidé de voir tout le monde et de décider tous ensemble. Parce qu'on veut que la vie ensemble soit cool. On veut qu'il y ait de « bonnes ondes » entre les gens.

XAVIER. – Bien sûr… c'est cool, pas de problème,
15 je comprends…

ALESSANDRO. – Je ne sais pas, mais il va peut-être y avoir un problème avec toi parce que tu es français et nous sommes déjà de tellement de pays différents. Je suis italien, Tobias est alle-
20 mand, Wendy est anglaise, Lars est danois et Soledad est espagnole, c'est la seule à être d'ici.

SOLEDAD. – De Tarragone…

LARS. – Et alors, c'est quoi le problème ? On n'a jamais dit que la nationalité serait un…

25 ALESSANDRO. – Non, mais c'est évident que, un Italien ou un Espagnol, ce sera plus facile pour tout le monde de s'entendre ici.

SOLEDAD. – Si c'est un Italien, ce n'est pas plus facile pour moi…

30 ALESSANDRO. – Non, ok, ok… mais… Non ok, ok… Je ne suis pas d'accord mais ok…

TOBIAS. – Hey Alessandro, gardons les bonnes ondes, ok ?

CÉDRIC KLAPISCH, dialogues du film *L'Auberge espagnole*, 2002. Éd. Ce qui me ment, Motion picture.

8 **
1. Étudiez le jeu des points de vue dans cette séquence. Quel effet produit leur alternance ?

2. Analysez le rythme de la narration. À quel moment la scène s'accélère-t-elle ?

3. Combien de plans différents le cinéaste utilise-t-il ? Quel type de plan domine ? Dans quel registre contribue-t-il à inscrire la scène ?

43-1
On suit ses pieds en travelling.
Elle ralentit et s'immobilise.

43-2
Près d'un photomaton, le garçon déjà entrevu est occupé à ramasser de petits morceaux de papier…

qu'il récolte méticuleuse-ment.

Brusquement, il regarde dans sa direction.

Amélie reste paralysée.

On voit en surimpression son cœur qui bat.

Amélie n'a pas bougé.

43-4
Nino se préci-pite vers elle. Travelling arrêté.

43-5
Demi-tour de la caméra. Nino fonce vers Amélie.

Il court derriè-re un homme qui sort de la gare.

Amélie sort de sa torpeur…

Le Fabuleux Destin d'Amélie Poulain, 2001. Scénario et dialogues de Jean-Pierre Jeunet et Guillaume Laurent. Story-board de Luc Desportes et Jean-Pierre Jeunet.

9 **1. Racontez le déroulement de la séquence. Dans quel registre cette scène s'inscrit-elle ?**

*** **2. Certains plans reviennent à plusieurs repri-ses. Citez lesquels et expliquez leur rôle.**

3. Distinguez les plans qui sont perçus du point de vue d'Antoine et ceux qui le sont du point de vue de sa mère. Quel est l'effet produit par leur alternance ?

4. Comment François Truffaut révèle-t-il les émotions des personnages ?

5. En vous aidant de vos réponses aux questions précédentes, analysez en une dizaine de lignes les procédés utilisés par le cinéaste pour traduire l'intensité dramatique de cette rencontre.

Tandis qu'il fait l'école buissonnière dans les rues de Paris avec un ami, le jeune Antoine Doisnel surprend sa mère en train d'embrasser son amant.

1    8

2    9

3    10

4    11

5    12

6    13

7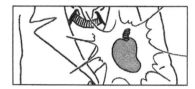

François Truffaut, *Les 400 Coups*, 1959.

La construction d'un film

ANALYSER UN REPORTAGE OU UN DOCUMENTAIRE

10 **1. À quelle actualité est lié ce reportage diffusé dans l'émission *Envoyé spécial* ?**

2. Retrouvez dans cette présentation quelques-unes des caractéristiques du reportage.

LES AVENTURIERS DU PAIN PERDU, reportage de Sébastien Legay et Mathieu Dreujou

Sécheresse, moissons décevantes, blé plus cher : le prix de la baguette pourrait augmenter cet automne, au moment où la baisse de la consommation du pain, continuelle depuis un
5 siècle, semblait enfin enrayée. Le bon pain est-il vraiment de retour dans les fournils des artisans boulangers ? Des pains spéciaux fleurissent un peu partout. Une inventivité soutenue par les meuniers qui ont intérêt à ce que la consomma-
10 tion reprenne pour pouvoir vendre leurs mélanges de farine.

En suivant Frédéric Lalos, meilleur ouvrier de France, Éric Kayser, inventeur et homme d'af-
15 faires, et Steven Kaplan, spécialiste américain du pain français, les reporters d'*Envoyé spécial* montrent un artisanat qui surfe sur la vague de la nostalgie tout en renouvelant ses méthodes de travail.

http://envoye-special. france2.fr 21 septembre 2006

11 **1. Quel thème aborde Agnès Varda ?**

2. Analysez les marques de subjectivité dans cet extrait. Quel point de vue sur cette réalité défend le documentaire ?

3. Distinguez les diverses manières dont le son est utilisé à l'appui des intentions de la réalisatrice.

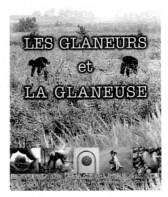

N° Plan	Cadrage	Image	Son
1	Plan américain	Un glaneur ramasse les produits restés au sol après la récolte et met des pommes de terre dans le coffre de sa voiture.	Voix du glaneur : « Là j'en ai ramassé 150 kg à peu près… »
2	Plan moyen	Le glaneur qui montre comment il trie.	« … on en trouve des très grosses. Il y en a même en forme de cœur. »
3	Plan rapproché	La main de la réalisatrice apparaît dans le cadrage.	Voix d'Agnès Varda : « Le cœur, le cœur. Je le veux. »
4 et 4 bis	Gros plan	Agnès Varda filme dans le champ. Zoom sur sa main ramassant des pommes de terre en forme de cœur.	Voix off : « Je les ai filmées de près et j'ai filmé d'une main mon autre main qui glanait des patates en forme de cœur… »
5	Plan rapproché	Agnès Varda, chez elle, vide le sac de pommes de terre.	« … Puis je les ai ramenées à la maison, je les ai encore regardées, encore filmées. »
6	Gros plan	Plan sur les pommes de terre.	Musique douce…
7	Plan d'ensemble	Une camionnette des Restos du cœur qui collecte de la nourriture.	Voix off : « Une idée m'est passée par la tête. Pourquoi ne pas organiser une récolte des patates rejetées ? »

AGNÈS VARDA, découpage du documentaire *Les Glaneurs et la glaneuse*, 2000.

EXO-BAC

Vers le sujet d'invention

LECTURE

1. Le roman contient des indications sur le décor, l'attitude et le mouvement des personnages. Analysez comment ces indications sont éliminées ou reprises dans le scénario.

2. En confrontant les intentions du réalisateur au scénario, vous répondrez à la question suivante : Claude Chabrol a-t-il, d'après vous, atteint ses objectifs ?

ÉCRITURE

Rédigez la suite du scénario en adaptant les lignes 7 à 15.

Texte A

Selon la mode de la campagne, elle lui proposa de boire quelque chose. Il refusa, elle insista, et enfin lui offrit, en riant, de prendre un verre de liqueur avec elle. Elle alla donc chercher dans l'armoire une bouteille de curaçao[1], atteignit deux petits verres, emplit l'un jusqu'au bord, versa à peine dans l'autre et, après avoir trinqué, le porta à sa bouche. Comme il était presque vide, elle se renversait pour boire et, la
5 tête en arrière, les lèvres avancées, le cou tendu, elle riait de ne rien sentir, tandis que le bout de sa langue, passant entre ses dents fines, léchait à petits coups le fond du verre.

Elle se rassit et elle reprit son ouvrage, qui était un bas de coton blanc où elle faisait des reprises ; elle travaillait le front baissé ; elle ne parlait pas. Charles non plus. L'air, passant par le dessous de la porte, poussait un peu de poussière sur les dalles ; il la regardait se traîner, et il entendait seulement le battement
10 intérieur de sa tête, avec le cri d'une poule, au loin, qui pondait dans les cours. Emma, de temps à autre, se rafraîchissait les joues en y appliquant la paume de ses mains, qu'elle refroidissait après cela sur la pomme de fer des grands chenets[2].

Elle se plaignait d'éprouver, depuis le commencement de la saison, des étourdissements ; elle demanda si les bains de mer lui seraient utiles ; elle se mit à causer du couvent, Charles de son collège, les phrases
15 leur vinrent.

GUSTAVE FLAUBERT (1821-1880), *Madame Bovary*, 1857.

1. **Curaçao** : *liqueur faite avec de l'eau-de-vie* – 2. **Chenets** : *pièces métalliques sur lesquelles on dispose les bûches dans une cheminée.*

Texte B

Rez-de-chaussée maison Rouault – Intérieur jour

EMMA. – Oh ! Bonjour, Monsieur Charles ! C'est gentil de venir nous voir. Papa est aux champs. Il trotte comme un lapin grâce à vous. Vous allez bien boire quelque chose ?
CHARLES. – Non, Mademoiselle, merci. Sans façon.
5 EMMA. – Mais si. Nous allons trinquer. J'ai soif.

Elle va chercher dans l'armoire une bouteille de curaçao et deux verres. Elle en emplit un jusqu'au bord, en verse à peine dans l'autre.

CHARLES. – Je vous dérange...

10 *Elle rit. Ils trinquent. Emma, comme son verre est presque vide, se renverse pour boire et, la tête en arrière, les lèvres avancées, le cou tendu, elle tend le bout de sa langue pour lécher à petits coups le fond du verre. Charles, debout, boit à petites gorgées, ne quittant pas Emma des yeux.*

Adaptation filmique de CLAUDE CHABROL, *Autour d'Emma*, Éd. Hatier, 1991.

Texte C

C'est le roman le plus réussi que je connaisse. Flaubert y a atteint, dans une forme que je trouve idéale, tout simplement la vé-
5 rité. En l'adaptant, j'ai essayé de retrouver la sensation de perfection formelle que j'avais eue en le lisant. La perfection du livre rend d'ailleurs son adaptation au ciné-
10 ma impossible. Dans le film, j'ai fini par me poser autant de problèmes de forme que Flaubert. J'ai essayé d'être le plus fidèle possible. J'ai tout pris dans le ro-
15 man. Pas une phrase qui ne soit pas de Flaubert.

Propos de CLAUDE CHABROL recueillis par ANNE BRUNSWIC, *Les Écrivains du bac*, Éditions Lire/Gallimard, 1993.

Le travail de l'écriture

L'étude des carnets et des brouillons met en évidence la genèse d'une œuvre, c'est-à-dire les étapes de sa création. L'analyse des ratures, des corrections et des rajouts sur les manuscrits permet ainsi d'entrer dans l'atelier d'écriture de l'auteur. Qu'y découvre-t-on ?

Texte **A**

Le manuscrit

En 1886, Maupassant écrit une première version du Horla. *Un an plus tard, il récrit une seconde version de ce texte, cette fois à la première personne, sous la forme d'un journal.*

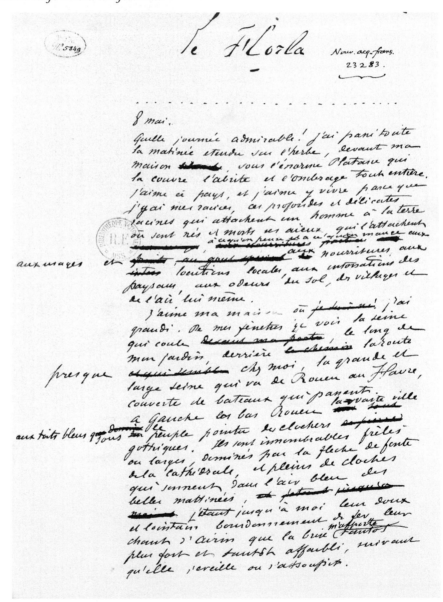

GUY DE MAUPASSANT, *Le Horla*, manuscrit publié par les Éd. Zulma, 1993.

Texte **B**

Les corrections de l'écrivain

Ce texte reproduit, dans la même disposition, le manuscrit, avec les ratures, modifications et ajouts effectués par l'auteur.

8 mai.

Quelle journée admirable ! J'ai passé toute la matinée étendu sur l'herbe, devant ma maison ~~blanche~~, sous l'énorme Platane qui ~~la couvre~~ l'abrite et l'ombrage tout entière. J'aime ce pays, et j'aime y vivre parce que j'a/y ai mes racines, ces profondes et délicates racines qui attachent un homme à la terre où sont nés et morts ses aïeux, qui l'attachent à ce qu'on pense et à ce qu'on mange aux

aux usages et ~~aux usages, aux nourritures particu aux fruits, au goût spécial de~~ nourritures[1], aux ~~inton~~ locutions locales, aux intonations des paysans, aux odeurs du sol, des villages et de l'air lui-même.

J'aime ma maison où ~~je suis né~~. j'ai grandi. De mes fenêtres je vois la Seine qui coule ~~devant ma porte~~, le long de mon jardin, derrière ~~le chemin~~ la route

presque ~~et qui semble~~ chez moi, la grande et large Seine qui va de Rouen au Havre, couverte de bateaux qui passent.

la {fllis.} vaste ville

A gauche là-bas Rouen ~~aux sous~~

aux toits bleus ~~que domine~~ le

sous ~~son~~ peuple pointu des clochers ~~en pierre~~ gothiques. Ils sont innombrables frêles ou larges, dominés par la flèche de fonte de la cathédrale, et pleins de cloches qui sonnent dans l'air bleu des belles mattinées, ~~et jetant jusqu'à moi~~ et jetant jusqu'à moi leur doux et lointain bourdonnement de fer leur

m'apporte

chant d'airin que la brise tantôt plus fort et tantôt affaibli[2], suivant qu'elle s'éveille ou s'assoupit.

1. aux usages comme aux nourriture — 2. tantôt plus affaibli

GUY DE MAUPASSANT, *Le Horla*, manuscrit publié par les Éd. Zulma, 1993.

1 LA NAISSANCE DU PROJET

1 ▷ Maupassant est né et a grandi en Normandie. Repérez ce qui relève des souvenirs personnels de l'écrivain.

2 L'ÉTABLISSEMENT DU PLAN

2 ▷ Dans une première version de la nouvelle, le témoignage du narrateur commence ainsi : « Messieurs, je sais pourquoi on vous a réunis ici et je suis prêt à vous raconter mon histoire, comme m'en a prié mon ami le docteur Marrande. Pendant longtemps il m'a cru fou. » Repérez les changements intervenus dans l'organisation du récit, cité sur cette double page.

3 LA RÉDACTION DES BROUILLONS

3 ▷ Observez les corrections apportées par Maupassant. Classez-les en fonction de leur rôle : suppression de termes inutiles, substitution de termes pour améliorer le style, ajout de termes qui facilitent la compréhension du texte.

Du projet initial à la publication du livre, le texte passe, tout au long de son écriture, par les étapes successives de la création. S'arrêter à chacune de ces étapes permet de comprendre la genèse de l'œuvre, en suivant pas à pas le travail de l'écrivain.

1 LA NAISSANCE DU PROJET

Avant la rédaction de son brouillon, l'écrivain fixe dans une ébauche les grandes lignes de l'œuvre à venir. Il réalise ensuite, à travers ses carnets, un dossier préparatoire.

1. L'ébauche

Le projet se développe à partir d'une esquisse initiale qui répond à cinq contraintes : le cadre, le thème, l'histoire, les rôles, le registre.

→**Définir un cadre.** L'écrivain fixe l'époque, le contexte social, le lieu géographique, les éléments du décor qui constitueront le cadre de l'œuvre.

→**Déterminer un thème.** L'écrivain détermine l'idée générale, le sujet, la matière de l'œuvre à développer.

→**Construire une histoire.** Un scénario indique les principales étapes de l'action du roman ou de la pièce de théâtre.

→**Répartir les rôles.** Les rôles des personnages se répartissent en fonction de l'histoire : héros, auxiliaires ou opposants.

→**S'inscrire dans un registre.** Le registre dominant est défini en fonction de l'atmosphère à créer : polémique, lyrique, réaliste, épique, fantastique, comique, tragique ou pathétique.

> Par exemple, dans son ébauche d'*Une page d'amour*, Zola fixe à Paris, dans un quartier bourgeois, le cadre de son roman. Le thème est celui d'« un amour naissant et grandissant » confronté à la maladie. Il définit ainsi le registre à employer : « sans mensonge de poète, sans parti pris réaliste ».

2. Le dossier documentaire

La rédaction d'une œuvre s'appuie sur des observations, des réflexions, des recherches préalables. L'écrivain accumule dans ses carnets les matériaux qui lui sont nécessaires.

→**Les choses vues.** Le souvenir de paysages et de personnes, les impressions personnelles forment les données de base dont se sert l'écrivain. Elles peuvent être complétées par une enquête, un reportage sur les lieux où l'œuvre est située, des plans, des croquis, des dessins.

→**Les notes de lecture.** Les carnets servent aussi à recueillir les informations d'ouvrages spécialisés : atlas, encyclopédies, archives historiques, documents professionnels relatifs à la vie des métiers.

> Par exemple, pour écrire son roman *Quatre-Vingt-Treize*, Victor Hugo se documente et prend des notes en lisant *La Révolution* de Quinet, *L'Histoire de la Révolution française* de Louis Blanc, les *Lettres sur l'origine de la chouannerie* de Duchemin-Descepeaux.

2 L'ÉTABLISSEMENT DU PLAN

L'écrivain fixe l'architecture de l'œuvre qu'il divise en chapitres pour un roman, en actes pour une pièce de théâtre, en parties pour un recueil de poèmes. Il établit des fiches pour chacun de ses personnages. Il cherche le titre du livre.

■ 1. La construction du plan

Le plan fixe la composition de l'œuvre. Il détermine la chronologie de l'action, distingue le contenu et le cadre des différents chapitres, scènes ou parties. Il en établit ainsi le sommaire détaillé.

■ 2. Les fiches d'identité des personnages

L'écrivain prépare une fiche d'identité pour chacun de ses personnages. Il leur attribue un état civil, des traits physiques, un caractère et un rôle précis à jouer dans l'action, et surtout un nom propre qui restera dans la mémoire du lecteur : le Tartuffe de Molière, le Candide de Voltaire, Zazie de Queneau sont des personnages dont les noms désormais familiers se sont imposés à chacun.

■ 3. Les listes de titres

Le titre doit représenter un résumé de l'œuvre, mais il faut aussi qu'il accroche le lecteur et lui donne envie de lire. Le titre peut faire l'objet de nombreuses modifications avant d'être définitivement retenu.

> Par exemple, Guillaume Apollinaire intitule d'abord son recueil de poèmes *Le Vent du Rhin*, puis *Eau de vie*, avant de choisir *Alcools*. Certains écrivains établissent de vraies listes, comme Zola qui aligne 133 titres possibles avant d'intituler son roman : *La Bête humaine*.

3 LA RÉDACTION DES BROUILLONS

Les brouillons successifs témoignent des reprises, des corrections, des ratures qui conduisent à la version définitive du texte. Le travail de l'écrivain se manifeste des trois manières suivantes, à travers les ratures et les ajouts qu'il porte sur le manuscrit.

■ 1. La suppression de termes

L'écrivain améliore la lisibilité et le style de la phrase en supprimant ce qui paraît inutile, comme les informations redondantes, les répétitions de mots et les maladresses stylistiques.

PREMIER BROUILLON	BROUILLON CORRIGÉ
« Je n'avais encore vu la beauté que dans ma famille : je restai dans une sorte d'étonnement inexplicable en l'apercevant sur le visage d'une femme étrangère. Chaque pas que je faisais maintenant dans la vie m'ouvrait une nouvelle perspective. »	« Je n'avais encore vu la beauté que dans ma famille : je restai confondu en l'apercevant sur le visage d'une femme étrangère. Chaque pas dans la vie m'ouvrait une nouvelle perspective. » *(Chateaubriand, Mémoires d'outre-tombe)*

2. La substitution de termes

L'écrivain remplace certains mots répétés par des synonymes, afin de supprimer les répétitions. Il recherche la précision par l'usage de termes techniques. Mais il peut aussi vouloir produire un effet poétique en créant des images :

PREMIER BROUILLON

« Des bracelets à médaillon bordaient les corsages, scintillaient aux poitrines, remuaient sur les bras nus. »

BROUILLON CORRIGÉ

« Des bracelets à médaillon frissonnaient aux corsages, scintillaient aux poitrines, bruissaient sur les bras nus. »

(Flaubert, Salammbô)

3. L'introduction de nouveaux termes

L'écrivain amplifie l'effet du texte en ajoutant des éléments nouveaux, nécessaires à sa compréhension ou à sa richesse stylistique.

PREMIER BROUILLON

« Un renard tombé dans la fange,
Et de mouches presque mangé

[...]. »

*(La Fontaine,
« Le Renard et les Mouches »)*

BROUILLON CORRIGÉ

«Aux traces de son sang, un vieux
[hôte des bois,
Renard fin, subtil et matois,
Blessé par des chasseurs et tombé
[dans la fange,
Autrefois attira ce parasite ailé
Que nous avons mouche appelé.»

*(La Fontaine, « Le Renard, les Mouches
et le Hérisson »)*

Les grandes dates de l'histoire littéraire

Les MANUSCRITS

Jusqu'au XVIII⁰siècle Pendant toute l'époque médiévale, les scribes apportent eux-mêmes des corrections, des variantes importantes aux textes qu'ils recopient, au point qu'on ne sait plus quelle en est la première version. À l'époque classique et jusqu'au XVIIIᵉ siècle, on ne connaît pas les manuscrits des auteurs : l'œuvre circule à travers les copies qui en sont faites.

XIXᵉ siècle Depuis le début du XIXᵉ siècle, un intérêt nouveau pour les manuscrits apparaît. Le manuscrit – c'est-à-dire le texte écrit, corrigé, mis au net, de la main même de l'auteur – est désormais la trace matérielle, la trace personnelle d'une création : c'est avec émotion que l'on découvre les carnets et les brouillons que l'écrivain a laissés, après sa mort. Les collectionneurs, les musées, les bibliothèques recherchent les manuscrits, qui apportent des renseignements précieux sur l'élaboration de l'œuvre.

XXᵉ siècle Aragon fait, de son vivant, la donation de ses manuscrits aux chercheurs. Plus encore, Francis Ponge publie lui-même les brouillons de ses poèmes, révélant ainsi le processus de la création, en « mettant sur la table », comme il le dit, les états successifs de son travail d'écriture.

ÉTUDIER L'ÉBAUCHE D'UNE ŒUVRE

1 ✱ Recopiez le tableau suivant et portez-y les indications fournies par Zola sur le cadre, la thématique, l'histoire, les rôles et les registres du roman qu'il ébauche.

cadre	thèmes	histoire	rôles	registres

Je veux dans *Au Bonheur des Dames* faire le poème de l'activité moderne [...]. Comme intrigue d'argent, j'ai mon idée première d'un grand magasin absorbant, écrasant tout le petit
5 commerce d'un quartier. Je prendrai les parents de Mme Hédouin[1], un mercier, une lingère, un bonnetier, et je les montrerai ruinés, conduits à la faillite. Mais je ne pleurerai pas sur eux, au contraire : car je veux montrer le triomphe
10 de l'activité moderne ; ils ne sont plus de leur temps, tant pis ! ils sont écrasés par le colosse. Trouver une figure grande d'homme ou plutôt de femme, dans lequel je personnifierai le petit commerce agonisant. Une boutique qui
15 ira en agonisant, absorbée par le grand magasin ; même je puis mettre cette boutique dans le pâté de maisons et la faire absorber ; ce qui donnerait le drame d'un immeuble longtemps convoité et enfin conquis : une histoire de bail,
20 qui m'est absolument nécessaire, dans le développement de mon colosse.

ÉMILE ZOLA, Ébauche du roman *Au Bonheur des Dames*,
Éd. Gallimard, 1964.

1. **Mme Hédouin** : *personnage apparu dans le précédent roman de Zola. Elle sera la patronne du grand magasin « Au Bonheur des Dames ».*

2 ✱ **1. Relevez dans le texte suivant les caractéristiques de la rédaction de l'ébauche : temps et mode employés, abréviations, répétitions, corrections.**

2. Quel est le thème suggéré par cette ébauche ?

Il serait debout en train de peindre et il y aurait ds un coin de sa chambre une petite araignée au dos gris filant sa toile scintillante et il y aurait tt autour de lui tous les
5 objets familiers de son / sa vie tout entière pos / rassemblés sur la toile comme dans un souvenir ultime.

GEORGES PEREC, *Cahier des charges de « La Vie mode d'emploi »*, Éd. Zulma.

3 ✱✱ **1. Confrontez l'ébauche des *Mémoires d'Hadrien* avec le résumé et la première page du roman. Quelle « vie connue, achevée, fixée » Marguerite Yourcenar choisit-elle pour son roman ? En quoi ce choix correspond-il aux souhaits émis dans l'ébauche ?**

2. Quelles solutions Marguerite Yourcenar a-t-elle imaginées pour « faire en sorte [que son personnage] se trouve dans sa propre vie dans la même position que nous » ?

L'ébauche : Prendre une vie connue, achevée, fixée (autant qu'elles peuvent jamais l'être) par l'Histoire, de façon à embrasser d'un seul coup la courbe tout entière ; bien plus, choisir le
5 moment où l'homme qui vécut cette existence la soupèse, l'examine, soit pour un instant capable de la juger. Faire en sorte qu'il se trouve devant sa propre vie dans la même position que nous.

MARGUERITE YOURCENAR, *Carnet de notes de « Mémoires d'Hadrien »*, Éd. Gallimard.

Le résumé de l'œuvre : *Dans une lettre adressée à Marc-Aurèle, son petit-fils adoptif, Hadrien dresse le récit de sa vie dans le but de se « mieux connaître avant de mourir ». Son accession au pouvoir, l'apogée de son règne et l'évocation de sa maladie permettent une méditation sur la recherche de la vérité.*

HENRI MITTERAND, *Dictionnaire des grandes œuvres de la littérature française*, Dictionnaire Le Robert, 1992.

La première page du roman :

Mon cher Marc,

Je suis descendu ce matin chez mon médecin Hermogène, qui vient de rentrer à la Villa après un assez long voyage en Asie. L'examen devait se faire à jeun : nous avions pris rendez-vous
5 pour les premières heures de la matinée. Je me suis couché sur un lit après m'être dépouillé de mon manteau et de ma tunique. Je t'épargne des détails qui te seraient aussi désagréables qu'à moi-même, et la description du cœur d'un
10 homme qui avance en âge et s'apprête à mourir d'une hydropisie du cœur. Disons seulement que j'ai toussé, respiré, et retenu mon souffle selon les indications d'Hermogène, alarmé malgré lui par les progrès rapides du mal, et prêt
15 à en rejeter le blâme sur le jeune Iollas qui m'a soigné en son absence. Il est difficile de rester empereur en présence d'un médecin, et difficile aussi de garder sa qualité d'homme.

MARGUERITE YOURCENAR,
Mémoires d'Hadrien, Éd. Gallimard, 1951.

OBSERVER LE DOSSIER DOCUMENTAIRE

 1. Le texte suivant est extrait des *Carnets* de Flaubert qui, avant d'écrire *Bouvard et Pécuchet*, entreprend un voyage de cinq jours afin de trouver le lieu où se déroulerait l'action de son roman.

Relevez les termes qui permettent à Flaubert d'organiser le repérage minutieux des lieux.

2. Quelle est en général la forme des phrases ?

3. Pourquoi, selon vous, l'auteur a-t-il besoin de relever tous ces détails ? Sous quelle forme retrouvera-t-on ces notes dans le roman ?

Plateau de Mutrécy. Ayant Caen à gauche, un village à l'extrême gauche ; en face, au-delà de l'Orne, le terrain monte légèrement, petit bois, prés, avec des arbres çà et là. Juste en face, le
5 chemin vicinal qui vient de la route de Caen. À droite, toits d'ardoise du village. On ne voit pas la rivière. Au premier plan, deux (grands) frênes seuls.

Roches (presque) à fleur de terre sous l'ar-
10 gile, grès rouge vineux. Ils[1] seront à une lieue derrière moi.

GUSTAVE FLAUBERT, *Carnets de travail*,
publiés par P.-M. de Biasi, Éd. Balland, 1988.

1. Ils : *Bouvard et Pécuchet, les personnages.*

5 **1.** Confrontez les deux textes qui suivent. Pour quelles raisons Balzac estime-t-il important de se documenter ?

2. Quel est le réseau lexical dominant du premier texte ? Dans quel registre ce réseau lexical inscrit-il l'œuvre ?

TEXTE A

« Ainsi l'air, l'eau distillée, la fleur de soufre, et les substances que donne l'analyse du cresson, c'est-à-dire la potasse, la chaux, la magnésie, l'alumine, etc., auraient un prin-
5 cipe commun errant dans l'atmosphère telle que l'a faite le soleil. De cette irrécusable expérience, s'écria-t-il, j'ai déduit l'existence de l'Absolu ! »

HONORÉ DE BALZAC, *La Recherche de l'Absolu*, 1836.

TEXTE B

Deux membres de l'Académie des Sciences m'ont appris la chimie pour laisser le livre vrai scientifiquement. Ils m'ont fait remanier mes épreuves jusqu'à dix ou douze fois. Il a fallu lire
5 Berzélius, travailler à se tenir dans la science, et travailler son style, ne pas ennuyer de chimie les froids lecteurs de France en faisant un livre dont l'intérêt se base sur la chimie...

HONORÉ DE BALZAC,
Lettre à Mme Hanska, 18 octobre 1834.

ÉTUDIER UN PLAN

6 **1.** Jean Giono, avant de rédiger un chapitre, en établit des plans très détaillés. Comment l'auteur signale-t-il les éléments importants du récit ? À quel type de passage chaque partie du second plan renvoie-t-elle : descriptif, narratif ou dialogue ?

2. Relevez et commentez, dans les plans successifs du chapitre II de son roman *Le Hussard sur le toit*, les modifications apportées.

3. Quelles transformations le récit subit-il ? Quelles préoccupations de l'auteur ces transformations mettent-elles en évidence ?

PLAN 1

Le petit garçon descendu d'une ferme, puis meurt. Ils le soignent. C'est après sa mort que le médecin et Angelo se tutoient.
Les pillards.
Les paniques.
exploitation politique
attentats
barrages
s'éloigner des fleuves
des vallées

PLAN 2

1. Le petit garçon.
2. Au moment où ils vont partir pour la ferme.
3. Le petit garçon malade ; le soignent[1] toute la nuit.
4. Mort.
5. Aube.
6. Le jeune homme[2] malade.
7. Angelo le soigne tout le jour suivant ses indications.
8. Puis toute la nuit.
9. Le jeune homme meurt.
10. Arrivée des soldats.
11. Dispute avec le capitaine.
12. Départ d'Angelo.

1. **Le soignent** : *Angelo et le médecin* – 2. **Le jeune homme** : *le médecin.*

ÉTUDIER LE NOM ET LA FONCTION DES PERSONNAGES

7 **1.** Le romancier peut reprendre l'un de ses personnages, déjà présent dans un roman antérieur. C'est le cas du docteur Pascal, de Zola, qui apparaît une première fois dans *La Faute de l'abbé Mouret* en 1875, puis devient le héros du roman qui porte son nom, en 1893. Quelles caractéristiques le personnage présente-t-il lors de sa première apparition ? (Texte A)

2. Quelles sont les indications nouvelles apportées par Zola dans les fiches préparatoires à la rédaction du *Docteur Pascal* ? (Texte B)

3. Comment le personnage a-t-il évolué d'un roman à l'autre ?

TEXTE A

Le personnage dans La Faute de l'abbé Mouret

Le cabriolet s'était arrêté, un homme se penchait. Alors, le jeune prêtre reconnut un de ses oncles, le docteur Pascal Rougon, que le peuple de Plassans, où il soignait les pauvres
5 gens pour rien, nommait « Monsieur Pascal » tout court. Bien qu'ayant à peine dépassé la cinquantaine, il était déjà d'un blanc de neige, avec une grande barbe, de grands cheveux, au milieu desquels sa belle figure régulière prenait
10 une finesse pleine de bonté.

ÉMILE ZOLA, La Faute de l'abbé Mouret, 1875.

TEXTE B

Le dossier préparatoire du Docteur Pascal

Toujours vêtu d'une redingote boutonnée étroitement. Un chapeau de forme basse. Une grosse canne. Les mains nues. – Et très fort, très vigoureux encore, avec l'allure d'aplomb,
5 vive. Pourtant il paraît son âge. Il a gardé ses dents, très bonnes. Pas de soins de toilettes excessifs. Des soins de propreté : c'est, dit-il, une simple politesse. Même un peu à l'abandon, en dehors des grands lavages. Un peu de
10 laisser-aller, de révolte, dans les cheveux et la barbe, et dans la mise. [...] Pascal, aimant la vie, aimant ce qui est par admiration des forces vitales : clairvoyant, mais bon, juste et gai (pas de justice dans la nature, pourtant). La bonté
15 et la gaieté venant, non de la santé – puisque malade – mais venant de la passion même de la vie.

ÉMILE ZOLA, « Le Docteur Pascal »,
Dossier préparatoire, Éd. Gallimard.

CARACTÉRISER LE TITRE

 Vers l'oral

8 **1.** Roger Martin du Gard a écrit un roman-fleuve qui retrace l'aventure de deux frères séparés par la Première Guerre mondiale. Voici les quatre titres qu'il a imaginés. Quelle thématique ces titres évoquent-ils ?

2. En vous aidant de l'encadré, indiquez quelle est la fonction des titres envisagés.

• Le Bien et le Mal
• Ombre
• Deux frères
• Les Thibault

3. *Travail en binôme.* Répondez oralement à la question suivante : quelle ambition le dernier titre – celui qui sera retenu – met-il en évidence ?

Pour étudier le titre

LA FONCTION DU TITRE

Le titre peut avoir plusieurs fonctions.

Il peut chercher à informer le lecteur sur le contenu, le thème, l'époque, le lieu ou encore le personnage principal de l'œuvre : *La Vie inestimable de Gargantua, père de Pantagruel* (Rabelais).

Le titre peut également chercher à séduire le lecteur, à le provoquer ou à l'émouvoir : *Fureur et Mystère* (René Char), *Le Soulier de satin* (Paul Claudel), *Belle du Seigneur* (Albert Cohen).

Enfin, le titre peut désigner le genre auquel l'œuvre appartient : *Le Roman de Renart*, *Lettres persanes* (Montesquieu), *Mémoires d'outre-tombe* (Chateaubriand), *Les Contes de la bécasse* (Maupassant).

9 **1.** Les trois titres suivants ont été successivement envisagés par Umberto Eco pour l'un de ses romans. Quelle est la fonction de chaque titre ?

2. Pourquoi l'auteur a-t-il à votre avis finalement retenu le dernier ?

TITRE 1
• Adso de Melck

TITRE 2
• L'Abbaye du crime

TITRE 3
• Le Nom de la Rose

Le travail de l'écriture

10 Les titres qui suivent désignent les romans ou
** les recueils (chansons, chroniques, poèmes...) de
Boris Vian. En vous aidant de l'encadré, étudiez
la construction de chaque titre.

- L'Automne à Pékin
- L'Écume des jours
- Elles se rendent pas compte
- Les Fourmis
- En avant la zizique
- Trouble dans les Andains
- J'irai cracher sur vos tombes
- Textes et chansons
- L'Arrache-cœur
- L'Herbe rouge
- Et on tuera tous les affreux
- Le Loup-garou
- Chroniques de jazz

Pour étudier le titre

LA CONSTRUCTION DU TITRE

Le titre peut se présenter sous la forme d'un nom
propre : il porte le nom du héros ou du lieu de l'action :
Horace (Corneille), *La Route des Flandres* (Claude
Simon). Il peut alors être accompagné d'un sous-
titre qui l'explicite : *Dom Juan ou le Festin de pierre*
(Molière).

Le titre peut également prendre la forme d'un groupe
nominal : dans ce cas, il comporte un seul mot ou
un groupe nominal (nom + adjectif, complément
circonstanciel, complément du nom ou proposition
relative) : *L'Étranger* (Camus), *Les Enfants terribles*
(Cocteau), *Le Hussard sur le toit* (Giono), *La Guerre du
feu* (Rosny), *L'Homme qui rit* (Hugo). Enfin, le titre peut
prendre la forme d'une phrase verbale : *À quoi rêvent
les jeunes filles* (Musset), *Dehors la nuit est gouvernée*
(René Char), *La neige était sale* (Simenon).

ÉTUDIER LES CORRECTIONS

11 Repérez les modifications apportées. De quel
* type de corrections s'agit-il ?

1ʳᵉ VERSION	2ᵉ VERSION
1. Il y avait au nord du château une lande se-mée de grosses pierres ; j'allais m'asseoir sur une de ces pierres au soleil couchant.	Au nord du château s'étendait une lande se-mée de pierres druidi-ques ; j'allais m'asseoir sur une de ces pierres au soleil couchant.

CHATEAUBRIAND, *Mémoires d'outre-tombe.*

1ᴿᴱ VERSION	2ᴱ VERSION
2. Ce corps immense est vide ; l'esprit l'a quitté.	Ce corps immense est vide ; c'est un squelette ; l'esprit l'a quitté, on en voit la place et voilà tout.

HUGO, *Notre-Dame de Paris.*

1ᴿᴱ VERSION	2ᴱ VERSION
3. Si Marie-Noire a vingt-quatre ans lorsque commence cette his-toire, pour comprendre ce qui lui arrive, il faut bien parfois qu'elle se retourne vers le temps où n'y avait que des voi-tures à chevaux.	Marie-Noire a vingt-quatre ans en 1965, quand commence cette histoire. Pour compren-dre ce qui lui arrive, il lui faut parfois se re-tourner vers le temps où il n'y avait que des voitures à chevaux.

ARAGON, *Blanche ou l'Oubli.*

12 Confrontez ces deux versions. Quelle est la fonc-
** tion des corrections ?

LE BROUILLON

Autrefois j'écrivais mes poèmes avec une
        [plume sergent-major
maintenant je les écris le plus souvent avec
        [une pointe Bic
je me suis servi aussi quelquefois d'une
        [machine à écrire
je ne sais de quelle façon le résultat est le
        [meilleur ou le pire
5 je ne sais comment
on trouve bien difficile de répondre à cette
        [question technologique
quoi qu'il en soit j'ai écrit des poèmes
le plus simple est de se mettre au boulot et
        [d'écrire encor

LA VERSION DÉFINITIVE

Autrefois le poète utilisait la plume d'oie
puis il se servit de la sergent-major
ensuite il en vint au stylo
et maintenant il se partage entre la pointe bic
5 et la machine à écrire
on ne sait de quelle façon le résultat est le
        [meilleur ou le pire
combien difficile de répondre à cette question
        [technologique
le plus simple : on continue et on écrit encore
cependant que l'oie gardant ses plumes
10 les gastronomes l'égorgent pour son confit et
        [pour son foie

RAYMOND QUENEAU, « L'oie traquée »,
in *Battre la campagne*, Éd. Gallimard, 1968.

13 Pour chacune des corrections apportées sur ces manuscrits, indiquez s'il s'agit de ratures, de substitutions
*** ou d'introductions de nouveaux termes. Qu'apportent les corrections au texte ainsi modifié ?

TEXTE 1

Une fois, emportant avec lui son pain pour plusieurs jours, il s'aventura jusqu'à la forêt d'Hauthuist.
Ces ~~grands~~ bois étaient le reste des ~~forêts~~ grandes futaies du temps païen : d'étranges conseils tombaient
de ~~ses~~ leurs feuilles. La tête levée, contemplant d'en bas ces épaisseurs de verdures et d'aiguilles, Zénon se
rengageait dans les ~~antiques~~ spéculations alchimiques abordées à l'école, ou en dépit de l'école.

MARGUERITE YOURCENAR, *L'Œuvre au noir*, 1968. Manuscrit dactylographié, corrigé par l'auteur.

TEXTE 2

C'était une nuit extraordinaire. Il y avait eu du vent, il avait cessé, et les étoiles avaient éclaté comme
de l'herbe. Elles étaient en touffe avec des racines d'or, ~~enfoncées dans les ténèbres et qui soulevaient
des mottes luisantes de nuit~~. Il y en avait qui étaient comme des bêtes cernées avec du sang de lumière
giclé tout autour.

JEAN GIONO, *Que ma joie demeure*, 1935. Manuscrit autographe.

TEXTE 3

Il sifflait, entre ses dents, un air de bravoure italien. Les deux chevaux battaient la terre en cadence, la
voiture oscillait & bercé par ce mouvement, ~~les paupières entrecloses, le regard perdu dans les nuages~~,
humant le vent du soir, les paupières entrecloses, il s'abandonnait à une joie rêveuse & infinie.

GUSTAVE FLAUBERT, *L'Éducation sentimentale*, 1869. Manuscrit autographe.

10 Le travail de l'écriture

14 En vous aidant du manuscrit des *Immémoriaux* de Victor Segalen, ainsi que des autres reproductions de
✱✱✱ manuscrits présentes dans le chapitre, rédigez un paragraphe montrant l'importance, dans le travail de
l'écrivain, des corrections effectuées sur les brouillons.

Victor Segalen, Manuscrit autographe des *Immémoriaux*, 1903.

> **Vers le sujet d'invention**

LECTURE

1. Repérez dans les textes l'ensemble des caractéristiques d'écriture du carnet de notes : tournures nominales, mots et phrases juxtaposés, énumération, etc.

2. Quel est le thème du roman que prépare Zola ? Dans quel registre l'écrivain veut-il l'inscrire ? Justifiez votre réponse à travers l'analyse des textes.

ÉCRITURE

Rédigez, à partir de l'ensemble du dossier documentaire, une scène dans laquelle le personnage, un artiste peintre, découvre les réactions du public devant son premier tableau exposé au Salon.

LA SALLE D'EXPOSITION

La galerie autour, on y expose l'architecture, les dessins. Miroitement de vitres, taches des aquarelles. [...] En face, le trou noir du buffet, avec les consommateurs. L'horloge au-dessus.
5 Grouillement de la foule. Les gens debout, ceux qui marchent. Les dames assises. Les bancs très verts, neufs ; les chaises très jaunes, neuves.

LE PUBLIC

Un coup de pluie dehors, et le public qui entre sent le chien mouillé. L'odeur spéciale, poussière, vernis vague, l'humanité. Froid et humide le matin, avec le courant d'air des
5 portes sur la galerie, et peu à peu étouffé, très chaud l'après-midi, avec l'odeur de la foule et de la poussière soulevée. Ce qui éclate dans la foule des têtes, ce sont les fleurs des chapeaux des femmes, parmi les chapeaux noirs
10 des hommes. Les tableaux éteignant les toilettes, la nature d'autre part tuant les tableaux. Les hommes ont des cannes, des paletots sur le bras. La tache du catalogue à la main. Des familles, la mère, les filles. Des curés, des sol-
15 dats. Le sourd bruit des voix, mais dominé par le roulement des pieds.

LES MOTS ENTENDUS

« Très bien, mon cher, ton tableau. Oh ! le mien ne compte pas.
– Épatant ! Idiot.
– Vous avez vu ma machine ? – Non, où est-
5 elle ? – Là-bas. – Bon ! – Et vous ? – Oh ! une bêtise.
– Je ne comprends pas très bien !
– Oh ! cette horreur. »

CLAUDE LANTIER

Avec Claude Lantier, je veux peindre la lutte de l'artiste contre la nature, l'effort de la création dans l'œuvre d'art, effort de sang et de larmes pour donner sa chair, faire de la vie : tou-
5 jours en bataille avec le vrai, et toujours vaincu, la lutte contre l'ange... Je grandirai le sujet par le drame, par Claude qui ne se contente jamais, qui s'exaspère de ne pouvoir accoucher de son génie... C'est une scène, toute la bourgeoisie se
10 tordant, devant une toile vivante...

ÉMILE ZOLA, *Dossier documentaire de « L'Œuvre »*, Éd. Gallimard, 1966.

HENRI GERVEX (1852-1929), *Une séance du jury de peinture au Salon des artistes français.*

Écrire, publier, lire

Chaque œuvre s'inscrit dans les contextes historique et culturel de son temps, et entretient une relation avec la vie de l'écrivain. C'est pourquoi, il est important d'analyser les conditions dans lesquelles le texte a été écrit et publié ainsi que les réactions du public auquel il s'adresse. Comment les contextes dans lesquels s'inscrit l'œuvre d'Apollinaire éclairent-ils ses poèmes ?

Texte **A**

Engagé volontaire, Guillaume Apollinaire rejoint le front en 1915. C'est là, dans les tranchées, qu'il écrit la plupart des poèmes qui composeront le recueil intitulé Calligrammes.

Fête

Feu d'artifice en acier
Qu'il est charmant cet éclairage
Artifice d'artificier
Mêler quelque grâce au courage

5   Deux fusants[1]
Rose éclatement
Comme deux seins que l'on dégrafe
Tendent leurs bouts insolemment
Il sut aimer
10   quelle épitaphe[2]

Un poète dans la forêt
Regarde avec indifférence
Son revolver au cran d'arrêt
Des roses mourir d'espérance

15   Il songe aux roses de Saadi[3]
Et soudain sa tête se penche
Car une rose lui redit
La molle courbe d'une hanche

L'air est plein d'un terrible alcool
20   Filtré des étoiles mi-closes
Les obus caressent le sol
Parfum nocturne où tu reposes
Mortification des roses

GUILLAUME APOLLINAIRE, *Calligrammes*, Éd. Gallimard, 1918.

1. Fusants : *obus qui éclate en plein vol* – 2. Épitaphe : *inscription sur un tombeau* – 3. « Les Roses de Saadi » : *poème de Marceline Desbordes-Valmore, qui, à travers l'évocation du poète persan Saadi, reprend les thèmes traditionnels de l'amour et du temps qui passe.*

Texte **B**

Mon petit Lou,

Tu sais que nous avons remporté une grande victoire à laquelle notre batterie a grandement coopéré [...]. Je suis bien fatigué et la perspective de dormir cette nuit à la belle étoile sous la pluie ne me sourit pas, quoi-
5 que je sois bien portant, joyeux et presque ivre de cette longue bataille de sept jours déjà.

Lettre d'Appolinaire à Lou, le 28 septembre 1915 (extrait).

« En Champagne, des combats opiniâtres se sont poursuivis sur tout le front. Nos troupes ont
5 pénétré dans les lignes allemandes sur un front de 25 kilomètres et sur une profondeur variant de 1 à 4 kilomètres. »

Communiqué militaire du 26 septembre, 1915.

DOCUMENT ICONOGRAPHIQUE

Une du journal *Le Matin*, octobre 1915.

Texte **C**

Mon cher André,

J'ai mis longtemps à t'écrire pour te remercier du sensible et fin article que tu as écrit sur *Calligrammes*. [...] Le reproche d'être un des-
tructeur, je le repousse formellement, car je n'ai jamais détruit, mais au
5 contraire, essayé de construire. Le vers classique était battu en brèche
avant moi qui m'en suis souvent servi, si souvent que j'ai donné une
nouvelle vie aux vers de huit pieds, par exemple. Dans les arts, je n'ai
rien détruit non plus, tentant de faire vivre les écoles nouvelles, mais
non au détriment des écoles passées. Je n'ai combattu, ni le symbo-
10 lisme, ni l'impressionnisme.

Guillaume Apollinaire.

Lettre à André Billy, 1918.

1 LE CONTEXTE HISTORIQUE, SOCIAL ET CULTUREL

1 ▷ Quels aspects du contexte historique se retrouvent dans le poème d'Apollinaire ? Confrontez ce poème avec le texte B.

2 LE CONTEXTE BIOGRAPHIQUE

2 ▷ Relevez et étudiez dans le poème la progression des sentiments exprimés par le poète confronté à la guerre.

3 L'HORIZON D'ATTENTE DU LECTEUR

3 ▷ En quoi le poème d'Apollinaire révèle-t-il la naissance d'une poésie moderne ?

4 ▷ D'après le texte C, dites quels reproches la critique adresse à *Calligrammes*.

Écrire, publier, lire une œuvre littéraire : ces trois moments de la vie du livre sont influencés par différents contextes. L'étude d'une œuvre met ainsi en évidence l'importance de l'Histoire, de la société, des mouvements artistiques et littéraires, de la vie de l'auteur. La réception d'une œuvre littéraire est également liée au contexte de sa publication, ainsi qu'aux attentes des lecteurs.

1 LE CONTEXTE HISTORIQUE, SOCIAL ET CULTUREL

Chaque œuvre naît à une époque particulière, c'est-à-dire dans une période historique, sociale et culturelle formant le cadre dans lequel l'écrivain la conçoit.

1. L'influence de l'Histoire

Se documenter sur le cadre historique, c'est éclairer le texte par le contexte politique de l'époque : personnalités historiques, régimes politiques, conflits idéologiques et religieux, guerres, révolutions.

> En 1853, exilé à Jersey, Victor Hugo écrit *Les Châtiments.* Il y condamne avec virulence le coup d'État de Napoléon III, qui a renversé la IIe République pour installer le second Empire.

2. Les contraintes de la censure

Jusqu'à la Révolution française, les écrivains sont obligés de soumettre leurs œuvres au jugement d'un censeur qui peut accepter ou refuser leur publication. Par la suite, la littérature se libère progressivement de ces contraintes pour revendiquer aujourd'hui une totale liberté.

> Au XVIIIe siècle, Voltaire, Diderot ou Rousseau publient le plus souvent leurs œuvres critiques de manière clandestine, quelquefois sous un pseudonyme. Ces livres sont alors recherchés par la police pour être détruits.

3. L'état de la société

Connaître le fonctionnement d'une société – c'est-à-dire l'état des rapports sociaux, les mentalités, les valeurs dominantes – permet de mieux comprendre les thèmes et les problématiques qui traversent le texte.

> Au XIXe siècle, l'essor de la société industrielle conduit Balzac ou Stendhal à écrire des romans réalistes, dans lesquels l'argent et l'ascension sociale occupent une position déterminante.

4. L'influence des mouvements littéraires

Identifier le mouvement culturel auquel appartient un auteur permet de mettre son œuvre en relation avec les autres arts. En effet, à l'intérieur de ce mouvement, la peinture, la musique, l'architecture et la littérature partagent un cadre esthétique général, les mêmes principes, les mêmes thèmes, des techniques analogues.

> Au XVIIe siècle, les principes d'ordre, de raison et d'équilibre qui définissent le classicisme se retrouvent dans les tragédies de Corneille et de Racine, les tableaux de Nicolas Poussin ou l'architecture du château de Versailles.

2 LE CONTEXTE BIOGRAPHIQUE

Toute œuvre contient des traces de la vie de son auteur. Connaître la biographie d'un écrivain permet de distinguer les événements relevant de l'enfance de ceux relevant du souvenir de l'adulte.

■ 1. La scène familiale

Le contexte familial dans lequel naît l'écrivain, le milieu social auquel il appartient, les paysages familiers de sa jeunesse exercent une influence déterminante. Les rapports avec ses parents, ses rêves, ses angoisses forment la mémoire profonde de l'auteur, qui, à travers son œuvre, revient sur les premières impressions de l'enfance.

> « Longtemps, je me suis couché de bonne heure. Parfois, à peine ma bougie éteinte, mes yeux se fermaient si vite que je n'avais pas le temps de me dire : "Je m'endors." »
>
> *(Marcel Proust, « Du côté de chez Swann »*, À la recherche du temps perdu, *1913)*

■ 2. L'expérience du réel

L'engagement de l'écrivain dans la vie professionnelle, ses voyages, ses rencontres, ses deuils, ses liaisons amoureuses, sa participation à la vie littéraire ou à la vie publique marquent profondément son œuvre.

> En 1768, à l'âge de 31 ans, Bernardin de Saint-Pierre arrive sur l'île de France (île Maurice), où il séjourne jusqu'en 1770. La beauté des paysages exotiques inspire son roman *Paul et Virginie*, qu'il publiera seize ans plus tard.

3 LE CONTEXTE TECHNIQUE DE LA PUBLICATION

L'histoire du livre est marquée par le passage de techniques artisanales à des techniques industrielles développant peu à peu une production de masse.

→**Le copiste.** Au Moyen Âge, les copistes reproduisent écrits religieux, textes de l'Antiquité ou romans de chevalerie. Chaque ouvrage se caractérise ainsi par sa rareté et la qualité des enluminures qui le décorent.

> Le papier n'existe pas. Le support de la copie est constitué d'une peau de veau traitée, le *vélin*, ou d'une peau d'âne, le *chagrin*.

→**L'imprimeur.** L'invention de l'imprimerie par Gutenberg, en 1440, permet la diffusion du livre. Dès lors, dans toute l'Europe, à Amsterdam, Anvers ou Milan, de grandes imprimeries multiplient les progrès techniques qui favorisent l'essor des publications.

→**L'éditeur.** L'évolution des rapports entre l'écrivain et l'éditeur qui publie son œuvre est marquée par la transformation du statut de l'écrivain et par le bouleversement des techniques de l'édition.
Le XIXᵉ siècle voit la naissance de maisons d'édition qui traitent directement avec les auteurs. Les tirages ne cessent d'augmenter. Avec l'apparition des collections de poche en 1950 et la multiplication des best-sellers, certains tirages dépassent plusieurs millions d'exemplaires.

4 ⟩ L'HORIZON D'ATTENTE DU LECTEUR

Les habitudes de lecture et les jugements de la critique déterminent l'horizon d'attente du lecteur, c'est-à-dire ce qu'il attend d'une œuvre au moment où elle est publiée.

■ 1. Les goûts du lecteur

Certaines œuvres rencontrent le succès en se conformant au goût dominant de leur époque, pour être parfois rapidement oubliées. D'autres, qui proposent une esthétique nouvelle, peuvent être acceptées d'emblée par les lecteurs, dont elles modifient alors le goût, ou, au contraire, doivent patienter avant d'être reconnues.

> En 1877, en adoptant la langue du peuple et en introduisant dans le roman une nouvelle image du monde ouvrier, *L'Assommoir* d'Émile Zola connaît un succès considérable.

■ 2. Le rôle de la critique

Jusqu'au XVIIIᵉ siècle, ce sont les écrivains le plus souvent qui font la critique des œuvres littéraires. Au XIXᵉ siècle apparaissent des critiques professionnels, comme Sainte-Beuve, qui s'emploient à faire partager leur jugement au lecteur. Aujourd'hui, les prix littéraires comme par exemple le Goncourt, les émissions télévisées, la publicité assurent la promotion et la reconnaissance des auteurs et de leurs œuvres.

De nombreuses revues littéraires ont marqué leur époque, comme *Le Mercure de France* au XVIIIᵉ siècle, *La Revue des deux mondes* au XIXᵉ siècle, *La Nouvelle Revue française* ou *Tel Quel* au XXᵉ siècle.

Les grandes dates de l'histoire littéraire

L'ÉCRIVAIN et la censure

XVIIᵉ siècle ⟩ Sous l'Ancien Régime, les écrivains peuvent être emprisonnés, comme Théophile de Viau en 1623. Certains sont condamnés à être brûlés, comme Claude Le Petit en 1662, pour avoir publié des œuvres portant atteinte au roi ou à la religion. Ils doivent souvent s'exiler aux Pays-Bas ou en Angleterre, ou publier leurs œuvres de manière anonyme.

XVIIIᵉ siècle ⟩ Avant d'être imprimés, les textes sont soumis à un censeur. Les livres publiés sans autorisation sont détruits et leurs auteurs poursuivis. C'est ainsi que les *Lettres philoso-* *phiques* de Voltaire, les *Pensées philosophiques* de Diderot ou l'*Émile* de Rousseau sont déchirés et brûlés solennellement par le bourreau de Paris.

XIXᵉ siècle ⟩ La censure préalable est supprimée à la Révolution. Cependant, après leur publication, des œuvres peuvent être accusées de porter atteinte à la morale publique. En 1857, par exemple, *Madame Bovary* de Flaubert et *Les Fleurs du mal* de Baudelaire sont poursuivis par la justice. Aujourd'hui, les écrivains disposent d'une liberté presque totale.

CONNAÎTRE LE CONTEXTE HISTORIQUE, SOCIAL ET CULTUREL

1
*

1. Quel type de contexte faut-il étudier pour éclairer la tirade suivante ?

2. Qu'est-ce qui justifie le sentiment de révolte qui anime le personnage ?

FIGARO

Parce que vous êtes un grand seigneur, vous vous croyez un grand génie !... Noblesse, fortune, un rang, des places, tout cela rend si fier ! Qu'avez-vous fait pour tant de biens ? Vous vous
5 êtes donné la peine de naître, et rien de plus : du reste, homme assez ordinaire ! Tandis que moi, morbleu ! perdu dans la foule obscure, il m'a fallu déployer plus de science et de calcul pour subsister seulement qu'on n'en a mis depuis
10 cent ans à gouverner toutes les Espagnes...

BEAUMARCHAIS, *Le Mariage de Figaro*,
Acte V, scène 3, 1784.

2
**

1. Quelles informations le monologue suivant apporte-t-il sur le contexte social et moral de la bourgeoisie de la seconde moitié du XIXe siècle ?

2. Quelle est l'intention de l'auteur ?

CHATEAUGREDIN, *seul*

Voilà deux mois que ma femme est à prendre les bains de mer, à Trouville, sous l'égide de son oncle Hérissart. Je n'ai pas de conseils à donner aux dames... mais, franchement, laisser
5 son mari... seul... à Paris... pendant deux mois... juillet et août encore ! dame !... c'est bien épineux ! mon désir le plus vif était d'accompagner ma femme... Je ne ris pas ! je le voulais !... mais j'ai été forcé de rester pour recueillir la
10 succession de ma tante Lognon... Une tante de Seine-et-Marne... qui m'a laissé dix mille francs, trois bouteilles de cassis et soixante-neuf pots de confiture !... J'allais partir pour Trouville... – Hein ?... – Ma parole d'honneur !... lorsque
15 le portier de ma maison... J'ai une maison, là en face, numéro 12... Lorsque mon portier vint me dire : – Monsieur, la dame du second, c'est une pas-grand-chose ! – Comment ? – Elle doit trois termes[1] et elle veut qu'on lui remette des
20 papiers ! – Sapristi !... D'un bond je traverse la rue, et je monte avec l'intention formelle de houspiller cette dame !... Je sonne, on ouvre... et je me trouve en face d'une vieille... soixante-dix ans, chapeau orange et une verrue sur le nez !...
25 J'allais lui chanter ma gamme... lorsque apparaît sa fille, Anaïs, née de Ripincel... une femme d'un très grand air et très belle !... Elle était vêtue d'un léger peignoir bleu ciel, à peine noué par

une ceinture souci... que vous dirai-je ?... Nous
30 étions au 15 juillet... en pleine canicule !...

EUGÈNE LABICHE, *Je croque ma tante*, 1858.

1. **Termes** : *loyers trimestriels.*

ÉTUDIER LE CONTEXTE BIOGRAPHIQUE

3
***

1. Confrontez la Préface et le sommaire établis par Victor Hugo pour son recueil des *Contemplations*. À quels termes de la Préface chacun des « livres » du recueil renvoie-t-il ?

2. Recherchez quel est le drame qui justifie la séparation du recueil en deux grandes parties.

3. Quelle est, en définitive, l'ambition du poète ?

LA PRÉFACE DES *CONTEMPLATIONS*

Qu'est-ce que les *Contemplations* ? C'est ce qu'on pourrait appeler, si le mot n'avait quelque prétention, *Les Mémoires d'une âme*.

Ce sont, en effet, toutes les impressions, tous
5 les pouvoirs, toutes les réalités, tous les fantômes vagues, riants ou funèbres, que peut contenir une conscience, revenus et rappelés, rayon à rayon, soupir à soupir, et mêlés dans la même nuée sombre. C'est l'existence humaine sortant
10 de l'énigme du berceau et aboutissant à l'énigme du cercueil ; c'est un esprit qui marche de lueur en lueur en laissant derrière lui la jeunesse, l'amour, l'illusion, le combat, le désespoir, et qui s'arrête éperdu « au bord de l'infini ». Cela com-
15 mence par un sourire, continue par un sanglot, et finit par un bruit du clairon de l'abîme.

VICTOR HUGO, *Les Contemplations*, 1855.

LE SOMMAIRE DES *CONTEMPLATIONS*

AUTREFOIS
(1830-1843)

LIVRE PREMIER
AURORE

LIVRE DEUXIÈME
L'ÂME EN FLEUR

LIVRE TROISIÈME
LES LUTTES ET LES RÊVES

AUJOURD'HUI
(1843-1855)

LIVRE QUATRIÈME
PAUCA MEAE[1]

LIVRE CINQUIÈME
EN MARCHE

LIVRE SIXIÈME
AU BORD DE L'INFINI

1. **Pauca Meae** : *quelques vers pour ma fille.*

ÉTUDIER LE CONTEXTE DE LA PUBLICATION ET L'ATTENTE DU LECTEUR

4 **1. Quels comportements l'auteur dénonce-t-il ?**
2. Quelles contraintes concernant la culture le peintre Jean Dubuffet dénonce-t-il ? Rédigez votre réponse sous la forme d'un paragraphe.

Il est extrêmement rare de rencontrer une personne avouant qu'elle porte peu de considération à une tragédie de Racine ou à un tableau de Raphaël. Aussi bien parmi les intellectuels
5 que parmi les autres. Il est même remarquable que c'est plutôt parmi les autres, ceux qui n'ont jamais lu un vers de Racine ni vu un tableau de Raphaël, que se trouvent les plus militants défenseurs de ces valeurs mythiques. Les intellec-
10 tuels seraient dans certains cas plus prêts à les mettre en question, mais ils n'osent, craignant que leur autorité ne puisse se maintenir une fois tombé le prestige des mythes. Ils se font imposteurs, trichent avec eux-mêmes et cherchent à
15 se persuader qu'ils prennent grande émotion à telles œuvres désuètes classiques – dont ils font pourtant peu d'usage.

JEAN DUBUFFET, *Asphyxiante Culture*,
Éd. de Minuit, 1986.

5 **1. Dans quelle phrase l'auteur affirme-t-il que l'attente de ses contemporains a changé ?**
2. Sur quelle opposition l'auteur construit-il son développement ? Quelles sont les aspirations nouvelles des lecteurs ?

Autrefois, les romans n'étaient qu'un amas d'aventures tragiques qui enlevaient l'imagination, et déchiraient le cœur. On les lisait avec plaisir ; mais on ne retirait d'autre profit de leur
5 lecture que de se nourrir l'esprit de chimères[1], qui souvent devenaient nuisibles. Les jeunes gens avalaient à longs traits toutes les idées vagues et gigantesques de ces Héros inventés : et les génies habitués à des imaginations outrées ne goûtaient
10 plus le vraisemblable. Depuis quelques temps, on a changé cette façon de penser : le bon goût est revenu : au lieu du surnaturel on veut du raisonnable ; et à la place d'un nombre d'incidents qui surchargeaient les moindres faits, on demande
15 une narration simple, vive et soutenue par des portraits qui nous présentent l'agréable et l'utile.

J.-B. DE BOYER D'ARGENS, *Lettres juives*, 1738.

1. **Chimères** : *rêves, illusions.*

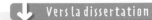
Vers la dissertation

6 **1. Quelles sont les ambitions de l'auteur en publiant son premier roman ?**
2. Que révèle ce texte sur le statut de l'écrivain aujourd'hui ?
3. Comparez les représentations du lecteur que se font l'éditrice et l'auteur. Rédigez votre réponse sous la forme d'un paragraphe.

La romancière raconte comment son premier livre a été publié aux éditions Grasset.

Sur moi, elle[1] avait tous les droits, y compris d'aînesse : « On coupe cette scène miteuse vers la fin. On rajoute trois, quatre chevilles, pas plus, pour préciser la nature de la relation en-
5 tre Louise et Vincent. » La scène miteuse vers la fin, d'accord, elle a raison. Les chevilles, j'étais contre. C'est mon vice, l'ellipse, l'allusif. « Si, si, croyez-moi, le lecteur lambda est un animal paresseux. Si vous le lâchez deux secondes,
10 vous le perdrez. » Alors va pour les chevilles et les précisions. [...] Je suis sortie de son bureau pour me mettre au travail. Mes doigts giclaient sur le clavier. Chaque touche enfoncée me rapprochait du bonheur. Je coupais, chevillais, liais
15 mes petits morceaux. Deux jours plus tard, le paquet était reconstitué. Elle n'aimait pas le mot Mémère. C'était pourtant comme ça que Vincent appelait sa grand-mère. J'acceptais d'ajouter que ce n'est pas un joli mot pour tout le monde, ce
20 qui me parut bête. Je voulais en début des chapitres qu'on dût lire quelques lignes avant de savoir qui est « il » ou « elle ». Un peu de mystère (que diable !) pour envelopper le lecteur, susciter sa curiosité. « Vous vous trompez, c'est
25 la fin de son attention, me dit-elle. – D'accord, on explicitera. » [...] Ah Grasset, quel joli nom. C'est gracieux, c'est grassouillet, c'est plein, c'est dodu, c'est gentil. On sent bien que c'est aux petits soins. Ça sait s'y prendre avec les ju-
30 rys et les prix. En gros, que pouvait-il m'arriver de mieux ? Ce livre m'ouvrirait des portes. Je pourrais aider mon mari à gagner notre vie. Je pourrais lire des manuscrits pour un éditeur, écrire des papiers dans un journal. Pauvre
35 vieille laitière. Mes *Natures mortes* étaient mon pot au lait.

MARIE-ODILE BEAUVAIS, *Discrétion assurée*,
extrait reproduit avec l'aimable autorisation des Éditions
Leo Scheer et des Éditions Melville, 2003.

1. **Elle** : *il s'agit de l'éditrice.*

Vers le sujet d'invention

LECTURE

1. Sensible à la transformation du monde de l'édition dans la première moitié du XIXe siècle, Balzac raconte dans *Illusions perdues* les difficultés que rencontre son héros pour se faire éditer. Quelle image de l'écrivain cet extrait transmet-il au lecteur à travers le personnage de Lucien de Rubempré ?

2. Quelle est, pour chacun des protagonistes de l'extrait, la fonction essentielle du livre ?

ÉCRITURE

Imaginez la lettre indignée que Lucien de Rubempré écrit à l'un de ses amis pour lui faire part de cette mésaventure. Développez à travers un texte en trois paragraphes votre propre conception de la fonction du livre et du rôle de l'éditeur.

Messieurs, dit-il[1] aux deux associés, j'ai l'honneur de vous saluer.

Les libraires le saluèrent à peine.

– Je suis auteur d'un roman sur l'histoire de France, à la manière de Walter Scott et qui a pour titre *L'Archer de Charles IX* ; je vous propose d'en faire l'acquisition ?

5 Porchon jeta sur Lucien un regard sans chaleur en posant sa plume sur son pupitre. Vidal, lui, regarda l'auteur d'un air brutal et lui répondit :

– Monsieur, nous ne sommes pas libraires-éditeurs[2], nous sommes libraires-commissionnaires. Quand nous faisons des livres pour notre compte, ils constituent des opérations que nous entreprenons alors avec des *noms* faits. Nous n'achetons d'ailleurs que des livres sérieux,
10 des histoires, des résumés.

– Mais mon livre est très sérieux, il s'agit de peindre sous son vrai jour la lutte des catholiques qui tenaient pour le gouvernement absolu, et des protestants qui voulaient établir la république.

– Monsieur Vidal, cria un commis.

15 Vidal s'esquiva.

– Je ne vous dis pas, monsieur, que votre livre ne soit pas un chef-d'œuvre, reprit Porchon en faisant un geste assez impoli, mais nous ne nous occupons que des livres fabriqués. Allez voir ceux qui achètent des manuscrits, le père Doguereau, rue du Coq, auprès du Louvre, il est un de ceux qui font le roman. Si vous aviez parlé plus tôt, vous venez de voir Pollet, le
20 concurrent de Doguereau, et des libraires des Galeries-de-Bois.

– Monsieur, j'ai un recueil de poésie...

– Monsieur Porchon ! cria-t-on.

– De la poésie, s'écria Porchon en colère. Et pour qui me prenez-vous ? ajouta-t-il en lui riant au nez et disparaissant dans son arrière-boutique.

25 Lucien traversa le Pont-Neuf en proie à mille réflexions. Ce qu'il avait compris de cet argot commercial lui fit deviner que, pour ces libraires, les livres étaient comme des bonnets de coton pour les bonnetiers, une marchandise à vendre cher, à acheter bon marché.

– Je me suis trompé, se dit-il, frappé néanmoins du brutal et matériel aspect que prenait la littérature.

HONORÉ DE BALZAC, *Illusions perdues*, 1842.

1. **Il** : *Lucien de Rubempré, le héros du roman* – 2. **Libraires-éditeurs** : *les éditeurs étaient alors le plus souvent également libraires et imprimeurs.*

Les mouvements littéraires et culturels aux XIXᵉ et XXᵉ siècles

La succession des mouvements littéraires et culturels aux XIXᵉ et XXᵉ siècles marque l'histoire de la littérature de ces deux siècles. En effet, chaque mouvement revendique une liberté nouvelle, en rupture avec les artistes qui l'ont précédé, et défend une conception originale de l'art et de la littérature. Émile Zola, chef de file du mouvement naturaliste, développe ainsi une certaine vision du monde et du roman. Laquelle ?

Texte **A**

Le roman naturaliste

Clémence achevait de plisser au fer sa trente-cinquième chemise d'homme. L'ouvrage débordait ; on avait calculé qu'il faudrait veiller jusqu'à onze heures, en se dépêchant. Tout l'atelier, maintenant, n'ayant plus de distraction, bûchait ferme, tapait dur. Les bras nus allaient, ve-
5   naient, éclairaient de leurs taches roses la blancheur des linges. On avait encore empli de coke¹ la mécanique, et comme le soleil, glissant entre les draps, frappait en plein sur le fourneau, on voyait la grosse chaleur monter dans le rayon, une flamme invisible dont le frisson secouait l'air. L'étouffement devenait tel, sous les jupes et les nappes séchant au
10 plafond, que ce louchon d'Augustine, à bout de salive, laissait passer un coin de langue au bord des lèvres. Ça sentait la fonte surchauffée, l'eau d'amidon aigrie, le roussi des fers, une fadeur tiède de baignoire où les quatre ouvrières, se démanchant les épaules, mettaient l'odeur plus rude de leurs chignons et de leurs nuques trempées.

ÉMILE ZOLA, *L'Assommoir*, 1877.

1. Coke : *charbon.*

Document **B**

Les principes du naturalisme

• « C'est une œuvre de vérité, le premier roman sur le peuple qui ne mente pas et qui ait l'odeur du peuple. » (Zola, Préface de *L'Assommoir*, 1877)
• « Au rancart, la flamme divine, les amours éternelles, les orphelines ingénues, au rancart tous les vieux clichés ! Vive le naturel, les ouvriers et les bourgeois tels qu'ils sont ! L'écrivain naturaliste, c'est celui qui peint des choses et des faits conformes aux lois de la nature, à la raison, à l'usage commun. » (Harry Allis, *La Revue Moderne et Naturaliste*, 14 décembre 1878)
• « C'est là ce qui constitue le roman expérimental¹ : posséder le mécanisme des phénomènes chez l'homme, montrer les rouages des manifestations intellectuelles et sensuelles telles que la physiologie² nous les expliquera, sous les influences de l'hérédité et des circonstances ambiantes, puis

montrer l'homme vivant dans le milieu social qu'il a produit lui-même, qu'il modifie tous les jours, et au sein duquel il éprouve à son tour une transformation continue. » (Zola, *Le Roman expérimental*, 1879)

1. Expérimental : *naturaliste* – 2. Physiologie : *science qui étudie les fonctions et les propriétés des organes des êtres vivants.*

Document iconographique

Edgar Degas, *Repasseuse à contre-jour*, 1876.

1 LA VOLONTÉ DE RUPTURE

1 ▷ En quoi l'extrait de *L'Assommoir* (texte A) répond-il aux principes affirmés par Zola dans sa Préface (document B) ?

2 ▷ À quelles traditions littéraires s'opposent les naturalistes (document B) ?

2 L'AFFIRMATION DU RENOUVEAU

3 ▷ Quelles libertés nouvelles les naturalistes revendiquent-ils (document B) ?

4 ▷ Relevez le lexique scientifique dans l'extrait du *Roman expérimental* (document B). Quelle conception de l'écrivain Zola semble-t-il proposer ?

3 L'ORGANISATION DU MOUVEMENT

5 ▷ Quelles sont les connotations du terme « naturalisme » ?

6 ▷ Quel rôle une revue comme la *Revue Moderne et Naturaliste* (document B) peut-elle jouer au sein d'un mouvement littéraire ?

7 ▷ Quels aspects du mouvement naturaliste sont mis en évidence dans le tableau ?

Les mouvements littéraires et culturels se succèdent du début du XIXe siècle jusqu'à la seconde moitié du XXe, exprimant une volonté de rupture par rapport au passé. Ils dominent ainsi la vie culturelle à travers des manifestes et des combats qui passionnent le public.

1 LA VOLONTÉ DE RUPTURE

Les mouvements littéraires et culturels veulent rompre avec le passé. En même temps, ils s'appuient sur des précurseurs dont ils soulignent l'importance.

■ 1. La contestation et le rejet des valeurs artistiques dominantes

Tout mouvement apparaît d'abord comme un refus et prend pour cible les écrivains, les œuvres et les valeurs des générations qui l'ont précédé.

> Ainsi, le mouvement romantique rejette le culte de la raison des Lumières. Le mouvement réaliste rejette l'émotion et la sentimentalité liées au romantisme. Le symbolisme refuse l'objectivité du réalisme, etc.

■ 2. La reconnaissance de précurseurs

Tout mouvement littéraire s'appuie sur des écrivains considérés comme des précurseurs. Ces auteurs ont amorcé un renouveau en défendant des principes esthétiques jusqu'alors inconnus.

> Par exemple, au début du XIXe siècle, les romantiques voient dans Jean-Jacques Rousseau un précurseur parce qu'il a montré l'importance des passions et l'amour de la nature dans son œuvre.

2 L'AFFIRMATION DU RENOUVEAU

Au-delà de la contestation du passé, un mouvement littéraire repose sur l'affirmation d'une vision nouvelle de l'homme et du monde, dont doit témoigner la littérature.

■ 1. Une nouvelle vision de l'homme et du monde

Chaque mouvement exprime les transformations de l'homme et de la société. Il témoigne de l'influence des événements historiques et scientifiques. Le mouvement rassemble ainsi ceux qui partagent une même vision de l'homme et du monde.

> Marqués par la Première Guerre mondiale, les surréalistes contestent les valeurs d'une société incapable d'éviter la guerre. Ils réclament à sa place un univers où règnent le hasard, la liberté, le rêve et l'amour fou.

■ 2. Une conception nouvelle de l'art et de la littérature

Chaque mouvement attribue une fonction nouvelle à l'expression artistique, et notamment à la littérature. Les écrivains font de la création littéraire une clé de l'explication du monde et de la société. Ils développent de nouveaux thèmes et mettent en œuvre de nouveaux principes esthétiques.

> Les poètes symbolistes cherchent à exercer un pouvoir suggestif sur l'imaginaire des lecteurs. Ils privilégient pour cela la multiplication des symboles et des images poétiques.

3. L'ORGANISATION DU MOUVEMENT

Pour faire partager leur vision du monde, les mouvements littéraires s'organisent à travers l'existence d'un groupe. Fédérés autour d'un chef de file, d'un programme et d'un nom, leurs membres partagent les mêmes succès et les mêmes épreuves.

■ 1. Un chef de file et un manifeste

Le développement d'un mouvement repose le plus souvent sur la personnalité et l'ambition d'un chef de file qui s'affirme parfois comme le porte-parole du groupe. Celui-ci rédige un manifeste fondateur qui présente les principes esthétiques du mouvement et sa conception de la littérature.

> André Breton rédige ainsi le *Manifeste du surréalisme*.

■ 2. Un nom emblématique

Chaque mouvement littéraire s'appuie sur un nom qui résume ses principes esthétiques et ses valeurs. S'interroger sur le nom d'un mouvement permet de retrouver ses objectifs essentiels.

> Par exemple, le terme « réalisme » exprime la volonté de représenter la réalité telle qu'elle est, même dans ses aspects les plus brutaux.

■ 3. Un groupe d'artistes réunis à travers des combats

La vitalité du mouvement est marquée par des événements littéraires et culturels : campagnes de presse, création d'une revue, expositions, premières d'une représentation théâtrale sont l'occasion de « batailles » qui opposent membres et adversaires du groupe.

> Lors de la première représentation de la pièce de Victor Hugo *Hernani*, le 27 février 1830, une « bataille » restée célèbre oppose les jeunes écrivains romantiques aux partisans du théâtre classique.

Les grandes dates de l'histoire littéraire

Les mouvements littéraires aux XIXᵉ et XXᵉ siècles

Le romantisme À partir des années 1820, une génération de jeunes auteurs entraînés par la personnalité de Victor Hugo revendique une sensibilité nouvelle à laquelle ils donnent le nom de « romantisme ». S'opposant à la tradition classique, ils partagent l'exaltation du « moi », de la liberté et de la nature.

Le réalisme et le naturalisme La génération suivante, au contraire, réclame de l'art et de la littérature qu'ils montrent la réalité du monde social telle qu'elle est : c'est le réalisme, auquel succède le naturalisme.

Le symbolisme À la fin du XIXᵉ siècle, le symbolisme prend le contre-pied du mouvement précédent. L'écrivain, le musicien, le peintre se donnent pour mission d'évoquer le monde mystérieux des impressions fugitives et des états d'âme.

Le surréalisme Après la Première Guerre mondiale, les surréalistes, une nouvelle génération de poètes et d'artistes réunie autour d'André Breton, créent un langage poétique original, libéré des contraintes de la tradition. Ils explorent l'univers du rêve, du désir et de l'amour fou.

Le théâtre de l'absurde Dans la seconde moitié du XXᵉ siècle, les écrivains de l'absurde, comme Ionesco ou Beckett, expriment leur angoisse devant la condition tragique de l'homme, voué à la solitude.

Le Nouveau Roman Le Nouveau Roman cherche, avec Alain Robbe-Grillet, à restituer la complexité du monde en refusant les conventions de l'intrigue et de la psychologie attachées au roman traditionnel. Chaque mouvement maintient ainsi la vitalité littéraire et artistique, à travers un renouveau permanent de l'art.

12 | Les mouvements littéraires et culturels aux XIXe et XXe siècles

ÉTUDIER LA VOLONTÉ DE RUPTURE D'UN MOUVEMENT LITTÉRAIRE

1 *

1. Relevez dans le poème ce que Victor Hugo rejette dans la tradition classique.

2. Dans le poème, quelle image Hugo donne-t-il de lui-même ?

3. Observez l'image. Montrez comment Victor Hugo y est représenté comme le chef de file d'un mouvement littéraire.

TEXTE

Et sur l'Académie, aïeule et douairière[1],
Cachant sous ses jupons les tropes[2] effarés,
Et sur les bataillons d'alexandrins carrés,
Je fis souffler un vent révolutionnaire.
5 Je mis un bonnet rouge au vieux dictionnaire.
Plus de mot sénateur ! plus de mot roturier[3] !
Je fis une tempête au fond de l'encrier,
Et je mêlai, parmi les ombres débordées,
Au peuple noir des mots l'essaim blanc des
                                    [idées.

VICTOR HUGO, « Aurore », *Les Contemplations*, 1856.

1. **Douairière** : *vieille dame de la haute société, hautaine et sévère* – 2. **Tropes** : *figures de style* – 3. **Roturier** : *du peuple.*

DOCUMENT ICONOGRAPHIQUE

BENJAMIN ROUBAUD, *Le Panthéon charivarique*, caricature de Victor Hugo, 1841.

2 **

1. Confrontez les textes suivants en mettant en évidence leurs deux thèmes communs : celui de la nature et celui du moi souffrant et solitaire, thèmes privilégiés du romantisme.

2. Pourquoi peut-on dire que Rousseau constitue un précurseur aux yeux des écrivains du mouvement romantique ?

TEXTE A

La campagne encore verte et riante, mais défeuillée en partie et déjà presque déserte, offrait partout l'image de la solitude et des approches de l'hiver. Il résultait de son aspect un mélange
5 d'impressions douces et tristes, trop analogue à mon âge et à mon sort pour que je n'en fisse pas l'application. Je me voyais au déclin d'une vie innocente et infortunée, l'âme encore pleine de sentiments vivaces et l'esprit encore orné de
10 quelques fleurs, mais déjà flétries par la tristesse et desséchées par les ennuis[1]. Seul et délaissé, je sentais venir le froid des premières glaces et mon imagination tarissante ne peuplait plus ma solitude d'êtres formés selon mon cœur. Je me
15 disais en soupirant : Qu'ai-je fait ici-bas ? J'étais fait pour vivre et je meurs sans avoir vécu.

JEAN-JACQUES ROUSSEAU, *Les Rêveries du promeneur solitaire*, 1782 (posth.).

1. **Ennuis** : *tourments.*

TEXTE B

Le jour je m'égarais sur de grandes bruyères terminées par des forêts. Qu'il fallait peu de choses à ma rêverie : une feuille séchée que le vent chassait devant moi, une cabane dont la fu-
5 mée s'élevait dans la cime dépouillée des arbres, la mousse qui tremblait au souffle du nord sur le tronc d'un chêne, une roche écartée, un étang désert où le jonc flétri murmurait ! Le clocher du hameau, s'élevant au loin dans la vallée, a
10 souvent attiré mes regards ; souvent j'ai suivi des yeux les oiseaux de passage qui volaient au-dessus de ma tête. Je me figurais les bords ignorés, les climats lointains où ils se rendent ; j'aurais voulu être sur leurs ailes. Un secret ins-
15 tinct me tourmentait ; je sentais que je n'étais moi-même qu'un voyageur ; mais une voix du ciel semblait me dire : « Homme, la saison de ta migration n'est pas encore venue ; attends que le vent de la mort se lève, alors tu déploieras
20 ton vol vers ces régions inconnues que ton cœur demande. »

FRANÇOIS-RENÉ DE CHATEAUBRIAND, *René*, 1802.

ANALYSER L'AFFIRMATION DU RENOUVEAU D'UN MOUVEMENT LITTÉRAIRE

3 **1. Sur quelle idée essentielle repose le projet de l'œuvre de Balzac ? En quoi s'agit-il d'une nouvelle vision de l'homme et du monde ?**

2. Quel rôle l'auteur assigne-t-il à l'écrivain ?

3. En quoi le dessin correspond-il à cette ambition de l'écrivain réaliste ?

L'idée première de la *Comédie humaine* fut d'abord chez moi comme un rêve, comme un de ces projets impossibles que l'on caresse et qu'on laisse s'envoler ; une chimère[1] qui sourit,
5 qui montre son visage de femme et qui déploie aussitôt ses ailes en remontant dans un ciel fantastique. Mais la chimère, comme beaucoup de chimères, se change en réalité, elle a ses commandements et sa tyrannie auxquels il faut
10 céder.

Cette idée vint d'une comparaison entre l'Humanité et l'Animalité. [...] La société ne fait-elle pas de l'homme, suivant les milieux où son action se déploie, autant d'hommes différents qu'il
15 y a de variétés en zoologie ? Les différences entre un soldat, un ouvrier, un administrateur, un avocat, un oisif, un savant, un homme d'État, un commerçant, un marin, un poète, un pauvre, un prêtre, sont, quoique plus difficiles à saisir,
20 aussi considérables que celles qui distinguent le loup, le lion, l'âne, le corbeau, le requin, le veau marin, la brebis, etc. Il a donc existé, il existera donc de tout temps des Espèces Sociales comme il y a des Espèces Zoologiques.

BALZAC, Avant-propos de *La Comédie humaine*, 1842.

1. **Chimère** : *monstre fabuleux, rêve, illusion.*

LOUIS BOILLY, *Les Gueux*, 1823.

4 **1. Relevez l'ensemble des éléments qui participent à la description de la casquette (l. 10-25). Quel est l'effet produit par la comparaison de la ligne 16 ?**

2. Montrez que l'univers mis en place est réaliste.

Nous avions l'habitude, en entrant en classe, de jeter nos casquettes par terre, afin d'avoir ensuite nos mains plus libres ; il fallait, dès le seuil de la porte, les lancer sous le banc, de façon à
5 frapper contre la muraille en faisant beaucoup de poussière ; c'était là le *genre*.

Mais, soit qu'il n'eût pas remarqué cette manœuvre ou qu'il n'eût osé s'y soumettre, la prière était finie que le *nouveau* tenait encore sa
10 casquette sur ses deux genoux. C'était une de ces coiffures d'ordre composite, où l'on retrouve les éléments du bonnet à poil, du chapska, du chapeau rond, de la casquette de loutre et du bonnet de coton, une de ces pauvres choses, enfin, dont
15 la laideur muette a des profondeurs d'expression comme le visage d'un imbécile. Ovoïde et renflée de baleines, elle commençait par trois boudins circulaires ; puis, s'alternaient, séparés par une bande rouge, des losanges de velours et de poils
20 de lapin ; venait ensuite une façon de sac qui se terminait par un polygone cartonné, couvert d'une broderie en soutache compliquée, et d'où pendait, au bout d'un long cordon trop mince, un petit croisillon de fils d'or, en manière de
25 gland. Elle était neuve ; la visière brillait.

– Levez-vous, dit le professeur.

Il se leva : sa casquette tomba. Toute la classe se mit à rire.

GUSTAVE FLAUBERT, *Madame Bovary*, 1857.

5 **1. Que conteste Maupassant ? Quelle ambition nouvelle assigne-t-il aux écrivains ?**

2. Montrez que la dernière phrase du texte peut s'appliquer au texte de l'exercice précédent.

En se plaçant au point de vue même de ces artistes réalistes, on doit discuter et contester leur théorie qui semble pouvoir être résumée par ces mots : « Rien que la vérité et toute la vérité. »
5 Leur intention étant de dégager la philosophie de certains faits constants et courants, ils devront souvent corriger les événements au profit de la vraisemblance et au détriment de la vérité, car

Le vrai peut quelquefois n'être
10 *pas vraisemblable[1].*

Le réaliste, s'il est un artiste, cherchera, non pas à nous montrer la photographie banale de la vie, mais à nous en donner la vision plus complète, plus saisissante, plus probante que la réa-
15 lité même.

GUY DE MAUPASSANT, « Le roman »,
Préface de Pierre et Jean, 1888.

1. *Citation de Boileau.*

6 Montrez que cette image explore l'un des
** thèmes privilégiés du symbolisme : le rêve.
Quelles interprétations pouvez-vous donner à
ce tableau ?

PUVIS DE CHAVANNES, *Le Rêve*, peinture, 1883.

7 1. Expliquez, à partir des textes suivants, quelles
** sont les conceptions novatrices défendues par
les poètes symbolistes.

2. En quoi le poème apparaît-il comme l'application des principes défendus par Mallarmé ?

Nommer un objet, c'est supprimer les trois
quarts de la jouissance du poème qui est faite
de deviner peu à peu : le *suggérer*, voilà le rêve.
C'est le parfait usage de ce mystère qui constitue
5 le symbole : évoquer petit à petit un objet pour
montrer un état d'âme, ou inversement, choisir
un objet et en dégager un état d'âme, par une
série de déchiffrements.

STÉPHANE MALLARMÉ, réponse à une enquête
de Jules Huret sur l'évolution de la vie littéraire, 1891.

De la musique avant toute chose,
Et pour cela préfère l'Impair
Plus vague et plus soluble dans l'air,
Sans rien en lui qui pèse ou qui pose.

5 Il faut aussi que tu n'ailles point
Choisir tes mots sans quelque méprise :
Rien de plus cher que la chanson grise
Où l'Indécis au Précis se joint [...].

PAUL VERLAINE, « Art poétique », *Jadis et naguère*, 1888.

COMPRENDRE L'ORGANISATION D'UN MOUVEMENT LITTÉRAIRE

8 1. En vous aidant de la définition (texte A), re-
* cherchez quelles connotations André Breton
associe au terme « surréalisme ».

2. Recherchez, dans le poème en prose (texte
B), des exemples d'écriture automatique, dictée
par la pensée, « en l'absence de tout contrôle de
la raison ».

3. Quelles informations complémentaires apporte le texte C ?

TEXTE **A**

SURRRÉALISME, n. m. Automatisme psychique pur
par lequel on se propose d'exprimer, soit ver-
balement, soit par écrit, soit de toute autre manière, le fonctionnement réel de la pensée. Dic-
5 tée de la pensée, en l'absence de tout contrôle
exercé par la raison, en dehors de toute préoccupation esthétique ou morale.

ANDRÉ BRETON, *Manifeste du surréalisme*, 1924.

TEXTE **B**

Quelquefois le vent nous entoure de ses grandes mains froides et nous attache aux arbres
découpés par le soleil. Tous, nous rions, nous
chantons, mais personne ne sent plus son cœur
5 battre. La fièvre nous abandonne.

Les gares merveilleuses ne nous abritent plus
jamais : les longs couloirs nous effraient. Il faut
donc étouffer pour vivre ces minutes plates, ces
siècles en lambeaux. Nous aimions autrefois les
10 soleils de fin d'année, les plaines étroites où nos
regards coulaient comme ces plaines impétueu-
ses de notre enfance.

ANDRÉ BRETON et PHILIPPE SOUPAULT,
Les Champs magnétiques, 1920.

TEXTE **C**

Le surréalisme, niant les contraintes qui font
l'œuvre individuelle, est un mouvement collectif et une société quasi anonyme plutôt qu'une
association d'écrivains et d'artistes à la façon de
5 la Pléiade ou du Cénacle romantique. C'est un
groupe qui manœuvre au moins autant qu'il
écrit, c'est une bande survoltée toujours à la recherche de coups et qui s'incarne dans un homme qui cumule assez étrangement le génie de la
10 liberté et le goût du pouvoir : André Breton.

JEAN D'ORMESSON, *Une autre histoire de la littérature
française*, NiL Édition, 1997.

9
*

1. Lisez la définition proposée dans le texte A. Quelles sont les caractéristiques attribuées au théâtre de l'absurde ?

2. Quels reproches Ionesco adresse-t-il au théâtre traditionnel (texte B) ? Quelle dimension nouvelle veut-il donner au genre théâtral ?

3. En quoi son projet s'inscrit-il dans la définition de l'Absurde (texte A) ?

TEXTE A

« Absurde » est un terme philosophique apparu au XXᵉ siècle dans les œuvres d'Albert Camus (*Le Mythe de Sisyphe*, 1942) et Jean-Paul Sartre (*L'Être et le Néant*, 1943), où il désigne l'absence
5 de sens logique de la condition humaine. Dans le domaine dramaturgique, on a appelé Théâtre de l'absurde une forme d'écriture théâtrale, née après la Seconde Guerre mondiale, qui met en scène l'aspect dérisoire de la condition humaine
10 et bouscule les conventions et les principes du théâtre bourgeois.

PAUL ARON, DENIS SAINT-JACQUES, ALAIN VIALA,
Le Dictionnaire du littéraire, Éd. PUF,
coll. « Quadrige », 2004.

TEXTE B

Le théâtre est prisonnier non pas de systèmes, mais de conventions, de tabous, d'habitudes mentales sclérosées, de fixations. Alors que le théâtre peut être le lieu de la plus grande
5 liberté, de l'imagination la plus folle, il est devenu celui de la contrainte la plus grande, d'un système de conventions, appelé réaliste ou pas, figé. On a peur de trop d'humour (l'humour, c'est la liberté). On a peur de la liberté
10 de penser, peur aussi d'une œuvre trop tragique ou désespérée. L'optimisme, l'espoir, sont obligatoires sous peine de mort. Et on appelle quelquefois *l'absurde* ce qui n'est que la dénonciation du caractère dérisoire d'un langage vidé
15 de sa substance, stérile, fait de clichés et de slo-

gans ; d'une action théâtrale connue d'avance. Mais je veux, moi, faire paraître sur scène une tortue, la transformer en chapeau, en chanson, en cuirassier, en eau de source. On peut tout
20 oser au théâtre, c'est le lieu où l'on ose le moins.

EUGÈNE IONESCO, « Discours sur l'avant-garde »,
Notes et Contre-Notes, Éd. Gallimard, 1962.

⬇ **Vers le commentaire**

10
***

1. En quoi ce passage répond-il à la définition du théâtre de l'absurde (voir texte A de l'exercice 9) ? Rédigez votre réponse sous la forme d'un paragraphe.

2. Comment la mise en scène renforce-t-elle les caractéristiques du théâtre de l'absurde ?

Intérieur sans meubles.

Lumière grisâtre.

Aux murs de droite et de gauche, vers le fond, deux petites fenêtres haut perchées, rideaux fer-
5 *més.*

Porte à l'avant-scène à droite. Accroché aux murs, près de la porte, un tableau retourné.

À l'avant-scène à gauche, recouverte d'un vieux drap, deux poubelles l'une contre l'autre.
10 *Au centre, recouvert d'un vieux drap, assis dans un fauteuil à roulettes, Hamm.*

HAMM. – Va chercher la burette.

CLOV. – Pour quoi faire ?

HAMM. – Pour graisser les roulettes.
15 CLOV. – Je les ai graissées hier.

HAMM. – Hier ! Qu'est-ce que ça veut dire, hier !

CLOV (*avec violence*). – Ça veut dire il y a un foutu bout de misère. J'emploie les mots que tu
20 m'as appris. S'ils ne veulent plus rien dire apprends-m'en d'autres. Ou laisse-moi me taire.

SAMUEL BECKETT, *Fin de partie*, Éd. de Minuit, 1957.

Fin de partie dans une mise en scène de Bernard Levy au théâtre de l'Athénée à Paris, en 2006.
Thierry Bosc joue Hamm, Gilles Arbone est Clov.

11 **1. Analysez le texte de Nathalie Sarraute** ✱✱✱ **(texte A) de manière à montrer quel reproche principal les écrivains du Nouveau Roman adressent au roman traditionnel.**

2. Pourquoi peut-on dire du texte de Nathalie Sarraute qu'il s'agit d'un manifeste littéraire ?

3. En quoi l'extrait de Claude Simon (texte B) et celui de Robbe-Grillet (texte C) illustrent-ils les caractéristiques du Nouveau Roman évoqués dans le dernier paragraphe du texte A ?

TEXTE A

Et, selon toute apparence, non seulement le romancier ne croit plus guère à ses personnages, mais le lecteur, de son côté, n'arrive plus à y croire. Aussi voit-on le personnage de ro-
5 man, privé de ce double soutien, la foi en lui du romancier et du lecteur, qui le faisait tenir debout, solidement d'aplomb, portant sur ses larges épaules tout le poids de l'histoire, vaciller et se défaire.
10 Depuis les temps heureux d'*Eugénie Grandet*[1] où, parvenu au faîte de sa puissance, il trônait entre le lecteur et le romancier, objet de leur ferveur commune, tel les Saints des tableaux primitifs entre les donateurs, il n'a cessé de perdre
15 successivement tous ses attributs et prérogatives.

[Le personnage] était très richement pourvu, comblé de biens de toute sorte, entouré de soins minutieux ; rien ne lui manquait, depuis les
20 boucles d'argent de sa culotte jusqu'à la loupe veinée au bout de son nez. Il a, peu à peu, tout perdu : ses ancêtres, sa maison soigneusement bâtie, bourrée de la cave au grenier d'objets de toute espèce, jusqu'au plus menu colifichet, ses
25 propriétés et ses titres de rente, ses vêtements, son corps, son visage, et, surtout, ce bien précieux entre tous, son caractère, qui n'appartenait qu'à lui, et souvent jusqu'à son nom.

NATHALIE SARRAUTE, *L'Ère du soupçon*,
Éd. Gallimard, 1966.

1. *Eugénie Grandet* : roman de Balzac paru en 1833.

TEXTE B

Il introduit une pièce, compose le même numéro, entend la sonnerie, puis le déclic, puis la même voix lointaine de femme qui dit Oui ? Il se tait. La femme dit de nouveau Oui ? Il dit très
5 vite C'est moi. Écoute. Je… Puis encore une fois il reste là, attendant, épiant la respiration plus rapide à l'autre bout du fil, le halètement ténu, incroyable, qui lui parvient à travers le dédale souterrain des câbles, des relais, des tunnels
10 par-dessous les millions de tonnes de pierres, de fer et de briques entassant là-haut leurs centaines d'étages percés de milliers de fenêtres, leurs sommets invisibles disparaissant dans la brume blanchâtre de chaleur, puis la voix qui dit Ce
15 doit être une erreur. Pourtant elle ne raccroche pas. Et, un moment, ils se tiennent de nouveau là tous deux, respirant, s'écoutant respirer, une rame express traversant la station, le bruit de catastrophe furieux, dément iel, envahissant
20 la cabine, puis cessant, coupé net, jusqu'à ce qu'elle dise : Je vous dis que c'est une erreur, et raccroche.

CLAUDE SIMON, *Les Corps conducteurs*,
Éd. de Minuit, 1971.

TEXTE C

Arrivé devant le dernier distributeur, Wallas ne s'est pas encore décidé. Son choix est d'ailleurs de faible importance, car les divers mets proposés ne diffèrent que de l'arrangement
5 des articles sur l'assiette ; l'élément de base est le hareng mariné.

Dans la vitre de celui-ci Wallas aperçoit, l'un au-dessus de l'autre, six exemplaires de la composition suivante : sur un lit de pain de mie,
10 beurré de margarine, s'étale un large filet de hareng à la peau bleu argenté ; à droite cinq quartiers de tomate, à gauche trois rondelles d'œuf dur ; posées par-dessus, en des points calculés, trois olives noires. Chaque plateau supporte en
15 outre une fourchette et un couteau. Les disques de pain sont certainement fabriqués sur mesure.

Wallas introduit son jeton dans la fente et appuie sur un bouton. Avec un ronronnement agréable de moteur électrique, toute la colonne
20 d'assiettes se met à descendre ; dans la case vide située à la partie inférieure apparaît, puis s'immobilise, celle dont il s'est rendu acquéreur. Il la saisit, ainsi que le couvert qui l'accompagne, et pose le tout sur une table libre. Après avoir
25 opéré de la même façon pour une tranche du même pain, garni cette fois de fromage, et enfin pour un verre de bière, il commence à couper son repas en petits cubes.

ALAIN ROBBE-GRILLET, *Les Gommes*, Éd. de Minuit, 1953.

Vers le sujet de dissertation

LECTURE

1. Relevez les éléments du tableau de Salvador Dali qui correspondent au titre donné par le peintre.

2. Analysez les images qui, dans le poème d'Eluard, contribuent à créer un univers onirique, c'est-à-dire proche du rêve.

ÉCRITURE

Rédigez la réponse à la question suivante : « Le mouvement surréaliste vous paraît-il renouveler la peinture et la poésie dans la première moitié du XXᵉ siècle ? »

Vous évoquerez dans un paragraphe la création d'un univers original, fondé, entre autres, sur l'amour fou et le rêve.

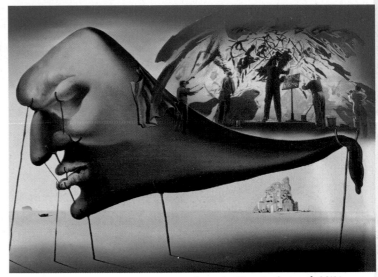

SALVADOR DALI, *Le Sommeil*, 1974.

ELLE EST DEBOUT
SUR MES PAUPIÈRES

Elle est debout sur mes paupières
Et ses cheveux sont dans les miens,
Elle a la forme de mes mains,
Elle a la couleur de mes yeux,
5 Elle s'engloutit dans mon ombre
Comme une pierre sur le ciel.
Elle a toujours les yeux ouverts
Et ne me laisse pas dormir.
Ses rêves en pleine lumière
10 Font s'évaporer les soleils,
Me font rire, pleurer et rire,
Parler sans avoir rien à dire.

PAUL ELUARD, *Mourir de ne pas mourir*, Éd. Gallimard, 1924.

La puissance du récit

Texte A

Au début du roman, apparaît pour la première fois le forçat Jean Valjean, le héros des Misérables.

Dans les premiers jours du mois d'octobre 1815, une heure environ avant le coucher du soleil, un homme qui voyageait à pied entrait dans la petite ville de Digne. Les rares habitants qui se trouvaient en ce moment à leurs fenêtres ou sur le seuil de leurs maisons regardaient
5 ce voyageur avec une sorte d'inquiétude. Il était difficile de rencontrer un passant d'un aspect plus misérable. C'était un homme de moyenne taille, trapu et robuste, dans la force de l'âge. Il pouvait avoir quarante-six ou quarante-huit ans. Une casquette à visière de cuir rabattue cachait en partie son visage brûlé par le soleil et le hâle et ruisselant de
10 sueur. Sa chemise de grosse toile jaune, rattachée au col par une petite ancre d'argent, laissait voir sa poitrine velue.

Texte B

Jean Valjean a promis à Fantine, mourante, de s'occuper de sa fille, placée en pension chez le couple Thénardier. Il fait la rencontre de Cosette, qu'il prend sous sa protection.

Cosette, nous l'avons dit, n'avait pas eu peur. L'homme[1] lui adressa la parole. Il parlait d'une voix grave et presque basse.
— Mon enfant, c'est bien lourd pour vous ce que vous portez là.
Cosette leva la tête et répondit :
5 — Oui, monsieur.
— Donnez, reprit l'homme. Je vais vous le porter.
Cosette lâcha le seau. L'homme se mit à cheminer près d'elle.
— C'est très lourd en effet, dit-il entre ses dents. Puis il ajouta :
— Petite, quel âge as-tu ?
10 — Huit ans, monsieur.
— Et viens-tu de loin comme cela ?
— De la source qui est dans le bois.
— Et est-ce loin où tu vas ?
— À un bon quart d'heure d'ici.
15 L'homme resta un moment sans parler, puis il dit brusquement :
— Tu n'as donc pas de mère ?
— Je ne sais pas, répondit l'enfant.
Avant que l'homme eût eu le temps de reprendre la parole, elle ajouta :
— Je ne crois pas. Les autres en ont. Moi, je n'en ai pas.

1. L'homme : *Jean Valjean.*

À travers le roman et la nouvelle, l'écrivain varie les choix narratifs, joue avec les lieux et les époques. Il captive le lecteur grâce au développement d'une intrigue et au rythme de l'action. Il imagine et donne vie à des personnages, dont il raconte l'existence, rapporte les paroles et les pensées. Quelles caractéristiques du roman ces trois extraits présentent-ils ?

Texte C

Les années ont passé. Recherché par la police, Jean Valjean, caché sous un faux nom, est désormais riche et respecté. L'ancien forçat voit alors l'accomplissement de son destin avec le mariage de Cosette, pleinement heureuse.

La salle à manger était une fournaise de choses gaies. Au centre, au-dessus de la table blanche et éclatante, un lustre de Venise à lames plates, avec toutes sortes d'oiseaux de couleur, bleus, violets, rouges, verts, perchés au milieu des bougies ; autour du lustre des girandoles[1], sur
5 le mur des miroirs-appliques à triples et quintuples branches ; glaces, cristaux, verreries, vaisselles, porcelaines, faïences, poteries, orfèvreries, argenteries, tout étincelait et se réjouissait. Les vides entre les candélabres étaient comblés par les bouquets, en sorte que, là où il n'y avait pas une lumière, il y avait une fleur. Dans l'antichambre trois violons et une
10 flûte jouaient en sourdine des quatuors de Haydn.

Jean Valjean s'était assis sur une chaise dans le salon, derrière la porte, dont le battant se repliait sur lui de façon à le cacher presque. Quelques instants avant qu'on se mît à table, Cosette vint, comme par coup de tête, lui faire une grande révérence en étalant de ses deux mains
15 sa toilette de mariée, et, avec un regard tendrement espiègle, elle lui demanda :

— Père, êtes-vous content ?

— Oui, dit Jean Valjean, je suis content.

— Eh bien, riez alors.
20 Jean Valjean se mit à rire.

VICTOR HUGO, *Les Misérables*, 1862.

1. Girandoles : *pendeloques de cristal.*

---

1 LES MODES DE NARRATION

1 ▷ Selon vous, celui qui raconte l'histoire est-il un personnage du récit ou un narrateur extérieur au récit ?

2 L'ÉCOULEMENT DU TEMPS

2 ▷ Quelles indications permettent de fixer précisément l'époque de l'histoire racontée ?

3 ▷ Sur combien d'années l'histoire racontée se déroule-t-elle approximativement ?

4 ▷ Relevez dans le texte C les indicateurs qui organisent l'espace. Quelle est l'atmosphère de cette scène ?

3 LE PERSONNAGE

5 ▷ Quels sont les personnages du récit ? Relevez leurs caractéristiques.

13 Le roman

Le roman et la nouvelle racontent une histoire par l'intermédiaire d'un narrateur. Celle-ci se déroule à une époque donnée, selon un ordre et un rythme particuliers. Elle met en scène des personnages et rapporte leurs paroles. Mais si, d'un côté, le roman développe une intrigue complexe dans un cadre spatio-temporel riche et varié, de l'autre, la nouvelle repose sur une intrigue concentrée en quelques pages.

1 LES MODES DE NARRATION

L'écrivain choisit, pour raconter son histoire, un mode de narration particulier. Il peut faire raconter l'histoire par l'un de ses personnages ou par un narrateur anonyme.

■ 1. Le narrateur personnage

De nombreux récits sont pris en charge par un personnage qui utilise la première personne du singulier.

→**Le narrateur héros de son propre récit.** Le personnage principal raconte ses aventures passées, ou celles qui lui arrivent au fur et à mesure de leur déroulement.

> « J'étais si rêveuse, que je n'entendis pas le bruit d'un carrosse qui venait derrière moi, et qui allait me renverser, et dont le cocher s'enrouait à me crier : "Gare" ! »
> *(Pierre de Marivaux,* La Vie de Marianne, *1731-1741)*

→**Le narrateur témoin de l'histoire.** Un personnage secondaire raconte les aventures vécues par le héros, dont il a été le témoin ou le confident.

> « Je dois avertir le lecteur que j'écrivis son histoire presque aussitôt après l'avoir entendue, et qu'on peut s'assurer, par conséquent, que rien n'est plus exact et plus fidèle que cette narration. »
> *(Antoine-François Prévost,* Manon Lescaut, *1834)*

■ 2. Le narrateur anonyme

Dans les récits à la troisième personne, le narrateur se confond avec une voix anonyme. Il rapporte les événements en choisissant un point de vue particulier.

→**Le point de vue omniscient.** Le narrateur a une vision d'ensemble et peut décrire des événements qui se déroulent au même moment dans des endroits différents. Il sait tout des personnages et de leurs pensées, n'hésitant pas à commenter l'action ou à porter un jugement. Comme le récit ne se limite pas à un seul point de vue, on parle dans ce cas de point de vue omniscient ou de focalisation zéro.

> « Dans les premiers jours du mois d'octobre 1815, une heure environ avant le coucher du soleil, un homme qui voyageait à pied entrait dans la petite ville de Digne. Les rares habitants qui se trouvaient en ce moment à leurs fenêtres ou sur le seuil de leurs maisons regardaient ce voyageur avec une sorte d'inquiétude. »
> *(Victor Hugo,* Les Misérables, *1862)*

→**Le point de vue externe.** Le narrateur, placé en position d'observateur, rapporte les gestes et les paroles des personnages avec un regard impartial. Il n'évoque ni leurs sentiments ni leurs pensées. Comme le récit se limite à ce regard extérieur, on parle dans ce cas de point de vue ou de focalisation externe.

> « Deux hommes parurent. L'un venait de la Bastille, l'autre du Jardin des Plantes. Le plus grand, vêtu de toile, marchait le chapeau en arrière, le gilet déboutonné et sa cravate à la main. »
> *(Gustave Flaubert,* Bouvard et Pécuchet, *1874)*

→**Le point de vue interne.** Le narrateur fait percevoir au lecteur les lieux, les êtres, les événements du récit à travers les impressions et les pensées d'un personnage précis, ou de plusieurs personnages successifs. Comme le récit se développe par l'intermédiaire du regard d'un personnage, on parle dans ce cas de point de vue ou de focalisation interne.

> « Il entendit un cri sec auprès de lui ; c'étaient deux hussards qui tombaient atteints par des boulets ; et, lorsqu'il les regarda ils étaient déjà à vingt pas de l'escorte. »
>
> *(Stendhal*, La Chartreuse de Parme, *1839)*

2 L'ÉCOULEMENT DU TEMPS ROMANESQUE

L'écoulement du temps est signalé par l'alternance des temps verbaux. Il repose aussi sur l'ordre et le rythme du récit.

1. Le rôle des temps verbaux

Les temps verbaux organisent la chronologie des événements. Ils soulignent par leurs différents emplois la succession, la répétition ou la durée des faits.

→**Le passé simple.** Il est le temps privilégié du récit. Il permet au narrateur de rapporter les faits qui se sont déroulés dans le passé et de les situer les uns par rapport aux autres. Il sert à raconter l'action car il met en valeur le caractère accompli des événements racontés.

→**L'imparfait.** Il est utilisé pour évoquer l'arrière-plan sur lequel se détachent les événements, racontés au passé simple. Il souligne la durée de l'action ou son caractère répétitif. L'imparfait sert aussi à la représentation du décor et à la description des lieux, des objets et des personnages.

→**Le présent.** Plus rarement utilisé, le présent de narration dans un récit au passé crée un effet de rapprochement avec le lecteur, en rendant l'événement plus vivant, plus actuel.

2. L'ordre du récit

Le narrateur raconte le plus souvent les événements dans l'**ordre chronologique** de leur déroulement, qui correspond à celui de la réalité. Mais il peut également effectuer des **retours en arrière** pour apporter des explications ou rompre la monotonie du récit. De même, il peut procéder à des **anticipations** afin d'annoncer par avance un événement à venir.

> Dans *Thérèse Desqueyroux*, le narrateur rapporte aux premières pages du roman le non-lieu qui conclut le procès de l'héroïne, accusée d'avoir empoisonné son mari. Le narrateur revient ensuite, par un long retour en arrière, sur les événements qui ont conduit au procès.

3. Le rythme du récit

Dans un roman comme dans une nouvelle, le narrateur peut accélérer ou ralentir le rythme du récit.

→**Le temps de la fiction et le temps de la narration.** Le temps de la fiction correspond au temps de l'histoire vécue par les personnages. Il se compte en jours, mois ou années. Le temps de la narration se compte en paragraphes, pages ou chapitres. Les rapports entre le temps de la fiction et le temps de la narration permettent de varier le rythme du récit, de le rendre plus vivant.

> Dans *Les Misérables*, Victor Hugo raconte la vie de Jean Valjean depuis son évasion du bagne, en 1815, jusqu'à sa mort, dix-huit ans plus tard (temps de la fiction). Chacune des cinq parties du roman (temps de la narration) explore des périodes plus ou moins longues de la vie des personnages.

→ **Les ralentissements et les accélérations du récit.** Quatre procédés permettent au narrateur de moduler le rythme du récit.

– **La scène :** le temps de la fiction et le temps de la narration se confondent. Le narrateur rapporte toutes les actions des personnages et toutes les paroles qu'ils prononcent.

– **La pause :** un commentaire interrompt le récit. Il s'agit de remarques sur l'histoire racontée, d'une description des lieux ou des personnages.

– **Le sommaire :** le récit s'accélère. Les événements sont résumés par le narrateur.

> « Jeanne passa deux jours dans un trouble de pensée qui la rendait incapable de réfléchir. »
>
> *(Guy de Maupassant*, Une vie, *1883)*

– **L'ellipse :** c'est un saut dans le temps de la fiction. L'ellipse passe sous silence des événements sans importance pour le déroulement de l'intrigue.

> « Quelques jours après, madame de Commercy invita Lucien à dîner. »
>
> *(Stendhal*, Lucien Leuwen, *1835)*

3 LA DESCRIPTION DES LIEUX

La description fait voir au lecteur les lieux, les personnages et les objets évoqués. Elle se caractérise par un certain nombre de procédés qui contribuent à sa cohérence.

▬ 1. Le lexique de la perception

Les verbes de perception (« entendre », « voir », « sentir », etc.) signalent le passage de la narration à la description. Ils informent sur le foyer de la perception, c'est-à-dire celui qui perçoit la scène pour le lecteur.

Le lexique des cinq sens (vue, ouïe, goût, toucher, odorat) apporte des précisions indispensables sur ce qui est décrit.

> « Il était grand, la peau blanche, la barbe soignée ; et il avait des yeux couleur de vieil or, d'une douceur de velours... »
>
> *(Émile Zola*, Au Bonheur des dames, *1883)*

▬ 2. Les indicateurs spatiaux

La description s'organise comme un tableau. L'espace représenté est découpé en différents plans, mis en évidence au moyen d'adverbes de lieu (« plus loin ») et de prépositions (« au-dessus »).

▬ 3. Les réseaux lexicaux

La description s'organise autour d'un thème dominant (un paysage rural, la façade d'un immeuble) en développant les réseaux lexicaux qui lui correspondent.

4. Les verbes et les temps

La description utilise des verbes d'état (« être », « sembler », « paraître », etc.) et des présentatifs (« c'était », « il y avait »), qui soulignent l'absence d'action. De même, la description utilise l'imparfait descriptif (« il faisait ») ou le présent (« il fait »).

> « Au centre, au-dessus de la table blanche et éclatante, un lustre de Venise à lames plates, avec toutes sortes d'oiseaux de couleur, bleus, violets, rouges, verts, perchés au milieu des bougies ; autour du lustre des girandoles, sur le mur des miroirs-appliques à triples et quintuples branches ; glaces, cristaux, verreries, vaisselles, porcelaines, faïences, poteries, orfèvreries, argenteries, tout étincelait et se réjouissait. Les vides entre les candélabres étaient comblés par les bouquets, en sorte que, là où il n'y avait pas une lumière, il y avait une fleur. »

La description s'appuie à la fois sur des **indicateurs spatiaux** et des **présentatifs** « il y avait ». Le réseau lexical des objets est présent dans le texte.

4 LE PERSONNAGE

Le personnage de roman est un être fictif doté des caractéristiques d'une personne réelle. L'auteur fait son portrait et lui attribue une fonction dans le déroulement de l'intrigue.

1. Le portrait

Après lui avoir donné une identité (nom, milieu familial, âge, situation professionnelle, etc.), l'auteur utilise les procédés de la description pour faire le portrait d'un personnage.

→**Le portrait physique.** Il met en place la représentation du visage et du corps, mais aussi les attitudes et l'apparence vestimentaire.

→**Le portrait moral.** Il développe les caractéristiques psychologiques : tempérament, sentiments, émotions. La mise en relation des traits physiques et des traits psychologiques renforce la cohérence du portrait.

2. La fonction des personnages

Chaque personnage joue un rôle dans le déroulement de l'intrigue. On peut définir leurs fonctions en envisageant le récit comme une quête à travers laquelle le héros poursuit un objectif :

Fonctions des personnages	Explication
Sujet de la quête	Le héros cherche à atteindre un but qui constitue l'objet de sa quête. Confronté à une série d'épreuves, il peut triompher ou échouer au terme d'un parcours qui l'a transformé.
Objet de la quête	Ce peut être une personne (l'être aimé, un parent disparu, un ennemi...), un idéal (l'amour, l'amitié, la vengeance...) ou un objet (un trésor, une lettre perdue...).
Adjuvant de la quête	Les adjuvants sont les personnages qui aident le héros, volontairement ou non. On peut aussi considérer comme adjuvants des qualités physiques et psychologiques, ou des objets.
Opposant de la quête	Les opposants sont les personnages, les traits de caractère ou les objets qui font obstacle au héros. Dans l'intrigue, un opposant peut devenir adjuvant et réciproquement.

5 LES PAROLES ET LES PENSÉES DES PERSONNAGES

Le dialogue et les autres formes de paroles rapportées, comme le monologue intérieur, occupent une place importante dans le récit, où ils obéissent à plusieurs intentions.

■ 1. Les discours rapportés

→**Le discours direct.** Signalé par des guillemets ou des tirets, il rapporte les paroles telles qu'elles ont été prononcées par les personnages.

> « Quelle chaleur ! On croirait rentrer dans un four ! » s'exclama Gervaise en pénétrant dans la boutique.

→**Le discours indirect.** Il rapporte les paroles au moyen d'un verbe introducteur (« dire », « penser », « affirmer », etc.) suivi d'une proposition subordonnée.

> Au moment où elle entra dans la boutique, elle s'exclama qu'il y régnait une chaleur semblable à celle d'un four.

→**Le discours indirect libre.** Il reprend les modifications de temps et de personne du discours indirect, en gardant certaines marques du discours direct.

> Elle s'exclamait sur la grosse chaleur de la boutique : vrai, on aurait cru entrer dans un four.

(Émile Zola, L'Assommoir, 1878)

→**Le monologue intérieur.** Il reproduit les pensées des personnages telles qu'elles se forment dans son esprit, de manière libre et spontanée, sans souci de cohérence logique.

> Gervaise entra dans la boutique. Quelle chaleur... Vraiment, c'est comme entrer dans un four... Elle fit part de ses pensées aux clientes qui attendaient.

■ 2. Les fonctions du dialogue

Le dialogue s'impose comme un élément important du récit. Il occupe plusieurs fonctions.

→**Il rend le récit plus vivant.** Le dialogue constitue une pause dans la narration. Grâce à lui, le lecteur découvre le niveau de langage des personnages et leur manière de s'exprimer. Le dialogue révèle ainsi des traits de caractère et permet aux personnages d'exprimer leurs émotions.

→**Il fait avancer l'action.** Les paroles prononcées par les personnages peuvent avoir des conséquences immédiates sur l'intrigue, modifiant les rapports des personnages entre eux, ou déclenchant une série de péripéties. Le dialogue participe alors directement à l'action comme le font, par exemple, un ordre ou un souhait.

→**Il apporte des informations.** Le dialogue informe le lecteur sur les événements passés, présents ou à venir. Il dévoile les intentions des personnages, l'évolution de leurs préoccupations et des rapports qu'ils entretiennent.

LE RÉCIT : LE ROMAN ET LA NOUVELLE (OBJET D'ÉTUDE SECONDE)

Depuis le Moyen Âge, le roman adopte des formes foisonnantes et variées. Héritière des fabliaux, la nouvelle s'impose comme une forme majeure de récit bref.

▪ 1. L'opposition du roman et de la nouvelle

Contrairement au roman, dont la narration s'étale sur plusieurs chapitres ou plusieurs livres, la nouvelle n'occupe que quelques pages de manière à présenter une intrigue resserrée.

	Structure	Espace	Temps	Fin
Le roman	Divisée en chapitres, l'intrigue est complexe et comporte de nombreux personnages.	Le récit explore une grande diversité de lieux, paysages, décors, objets, qui peuvent être décrits avec minutie.	L'action se déroule sur un temps long, propice aux rebondissements de l'intrigue.	La fin du roman s'étend sur plusieurs pages, faisant le bilan des événements survenus.
La nouvelle	Limitée à quelques pages, l'intrigue se concentre sur une action unique, vécue par deux ou trois personnages.	Le récit se resserre autour de quelques lieux, rapidement évoqués : lieux symboliques, espaces clos, etc.	L'action s'inscrit dans un temps limité, correspondant à un événement majeur.	La fin de la nouvelle, en quelques lignes, produit un effet de surprise qui achève le récit.

▪ 2. Le cadre spatio-temporel du roman et de la nouvelle

Le narrateur fixe les lieux et l'époque où se déroule l'action au moyen du lexique et des outils grammaticaux.

	Lexique	Mots-outils
Cadre spatial	- toponymes (noms de villes ou de pays) ; - indications de distances (« trois kilomètres ») ; - informations sur les décors et les paysages (« la plaine », « l'océan »).	- prépositions (« dans », « vers ») ; - adverbes de lieu et de locutions adverbiales (« ici », « plus loin »).
Cadre temporel	- termes indiquant l'époque (« le 17 avril 1814 ») ou le moment (« à la tombée du jour ») ; - termes signalant la durée (« une seconde », « huit jours ») ; - objets permettant de mesurer l'écoulement du temps (« un clocher »).	- adverbes de durée (« longtemps »), de succession (« hier », « le lendemain »), ou de fréquence (« parfois ») ; - conjonctions introduisant des subordonnées circonstancielles (« quand », « chaque fois que »).

3. L'action dans le roman et la nouvelle

L'intrigue correspond à l'enchaînement des actions de l'histoire racontée.

→**L'intrigue simple.** C'est le schéma classique de la nouvelle qui repose sur la perturbation d'un équilibre initial et entraîne une série d'actions jusqu'à la résolution finale.

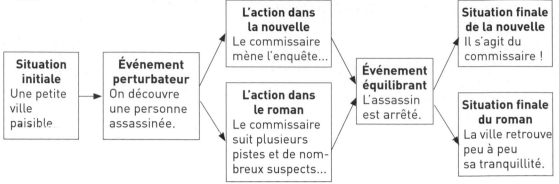

→**L'intrigue complexe.** C'est le schéma classique du roman : des séquences narratives, qui constituent chacune un épisode, se combinent entre elles.

– **L'enchaînement chronologique des séquences narratives** fait se succéder les épisodes l'un après l'autre, en suivant leur ordre d'apparition.

> Dans *Madame Bovary* de Gustave Flaubert, on découvre successivement les différents épisodes qui constituent la vie d'Emma Bovary.

– **Le développement parallèle des séquences narratives** épouse simultanément plusieurs intrigues qui se croisent puis se rejoignent.

> Dans *Regain* de Jean Giono, la vie des trois derniers habitants d'un village est racontée parallèlement à celle d'un couple de marchands ambulants, jusqu'au moment où leurs destins se croisent.

Les grandes dates de l'histoire littéraire

L'évolution du ROMAN

Moyen Âge Le mot « roman » désigne un texte écrit en langue romane. Le genre prend son essor au XIIe siècle avec le cycle des romans de la Table ronde. Plus tard, à la Renaissance, Rabelais donne une image vivante et truculente de son époque.

XVIIe siècle *La Princesse de Clèves* de Madame de La Fayette est le premier grand roman psychologique qui analyse les sentiments amoureux.

XVIIIe siècle Les formes romanesques se diversifient : romans picaresques de Lesage, romans épistolaires de Rousseau ou de Laclos, romans exotiques de Bernardin de Saint-Pierre...

XIXe siècle Le genre romanesque triomphe. Les écrivains réalistes, comme Balzac, Flaubert, Zola, Maupassant, explorent tous les aspects de la société. D'autres, comme Alexandre Dumas ou Jules Verne, choisissent le roman d'aventures.

XXe siècle Il est dominé par l'œuvre de deux grands romanciers : Marcel Proust et Louis-Ferdinand Céline. Par ailleurs, André Malraux, Jean-Paul Sartre ou Albert Camus invitent le lecteur à s'engager dans l'action. Après la Seconde Guerre mondiale, les romanciers choisissent des voies diverses et originales pour exprimer leur vision d'une société en mutation.

IDENTIFIER LE NARRATEUR

1 *
1. Dans quel extrait le narrateur est-il le héros du roman ? Dans quel extrait n'est-il qu'un témoin de l'histoire racontée ? Justifiez votre réponse en apportant des indices précis.

2. Dans quel texte le narrateur se confond-il avec une voix anonyme, comme s'il était absent de l'histoire ?

TEXTE A

Après un peu de temps, une petite sonnerie a résonné dans la pièce. Ils m'ont alors ôté les menottes. Ils ont ouvert la porte et m'ont fait entrer dans le box des accusés. La salle était
5 pleine à craquer. Malgré les stores, le soleil s'infiltrait par endroits et l'air était déjà étouffant. On avait laissé les vitres closes. Je me suis assis et les gendarmes m'ont encadré. C'est à ce moment que j'ai aperçu une rangée de visages
10 devant moi. Tous me regardaient : j'ai compris que c'était les jurés.

ALBERT CAMUS, *L'Étranger*, Éd. Gallimard, 1942.

TEXTE B

M. Leuwen père, l'un des associés de la célèbre maison Van Peters, Leuwen et compagnie, ne redoutait au monde que deux choses : les ennuyeux et l'air humide. Il n'avait point
5 d'humeur, ne prenait jamais le ton sérieux avec son fils et lui avait proposé à la sortie de l'École, de travailler au comptoir un seul jour de la semaine, le jeudi, jour du grand courrier de Hollande. Pour chaque jeudi de travail, le
10 caissier comptait à Lucien deux cents francs, et de temps à autre payait aussi quelques petites dettes, sur quoi M. Leuwen disait :
– Un fils est un créancier donné par la nature.

STENDHAL, *Lucien Leuwen*, 1834.

TEXTE C

Il marchait entre un vieux monsieur distingué, un physicien, je crois, et un religieux vêtu d'une soutane blanche.
Moi, je suivais en trottant. Je voyais les mains
5 de mon père, qu'il tenait dans son dos. L'une d'elles jouait avec une balle de tennis qu'il avait ramassée au détour d'une allée. Les échanges d'idées, le bruit de leur causerie que je ne comprenais pas tombaient vers moi comme cailloux
10 blancs chers au Petit Poucet. Je suivais, ignorant, inconscient de mon âge et des choses alentour comme de celles du lendemain.

PASCAL JARDIN, *Le Nain jaune*, Éd. Julliard, 1978.

2 **
1. Quel est le mode de narration commun aux deux extraits ? Quel est l'intérêt pour le lecteur du changement de narrateur ?

2. Que révèle chaque extrait sur le caractère des deux personnages ?

Oliver est amoureux de Gillian, la femme de son ami Stuart.

TEXTE A. Version d'Oliver

Voici donc ce qui s'est produit. J'ai sonné à la porte en étalant mes fleurs sur mes deux avant-bras largement écartés. Je ne voulais pas, vous comprenez, avoir l'air d'un livreur. J'étais plu-
5 tôt un simple, un fragile solliciteur, assisté par la seule déesse Flora. Gillian a ouvert la porte. C'était l'instant, c'était l'instant !
« Je t'aime », lui ai-je dit.
Elle m'a regardé et une alarme a pris la mer
10 dans le havre de ses yeux. Pour l'apaiser je lui ai remis mon bouquet en répétant calmement : « Je t'aime. » Et, là-dessus, je suis reparti.
Ça y est. C'est fait, c'est fait. J'en perds la tête de bonheur. Je suis aux anges, j'ai peur, j'ai une
15 trouille du diable. Je suis dans le trente-sixième dessous.

TEXTE B. Version de Gillian

Je suis donc descendue pour aller ouvrir, un peu irritée je l'avoue, et qu'est-ce que je vois ? Un énorme bouquet de fleurs bleues et blanches enveloppées dans de la cellophane !
5 « Stuart », ai-je pensé – enfin, je veux dire que j'ai pensé que c'était Stuart qui me les offrait. Et quand je me suis aperçue que c'était Oliver qui les tenait, j'ai continué à imaginer que c'était l'explication la plus plausible : Stuart avait dû
10 demander à Oliver de m'apporter ces fleurs.
« Oliver ! ai-je dit. Quelle surprise. Mais entre donc ! »
Seulement voilà, il est resté planté sur le seuil de la porte, essayant en vain de s'expri-
15 mer. Blanc comme un linge et tenant ses deux bras à l'horizontale et aussi raides qu'un dessus d'étagère. Ses lèvres s'agitaient et il en sortait un vague murmure mais je ne parvenais pas à en saisir le sens. [...]
20 « Oliver, ai-je dit, qu'est-ce qui se passe ? Tu ne veux vraiment pas entrer ? »
Il restait immobile, les bras toujours en avant, comme un maître d'hôtel robot ayant oublié son plateau. Et puis, subitement et presque à
25 tue-tête, il a dit :
« Je t'aime. »
Aussi sec. Naturellement, j'ai éclaté de rire.

JULIAN BARNES, *Love, etc.*,
trad. R. Las Vernias, Éd. Denoël, 1992.

↓ Vers l'écrit d'invention

3 **1. À quels indices peut-on reconnaître la focalisation externe dans l'extrait suivant ?**

2. Récrivez ce passage en adoptant le point de vue du barman (focalisation interne).

La porte du restaurant Henry s'ouvrit et deux hommes entrèrent. Ils s'assirent devant le comptoir.

— Qu'est-ce que ce sera ? leur demanda le
5 barman.

— J'sais pas, dit l'un des deux hommes. Qu'est-ce que tu veux bouffer, Al ?

— J'sais pas, fit Al. J'sais pas ce que je veux bouffer.

10 Dehors il commençait à faire sombre. La lueur du réverbère s'alluma derrière la vitre. Les deux hommes assis au comptoir consultèrent le menu.

ERNEST HEMINGWAY, « Les Tueurs »,
Hommes sans femmes, trad. V. Liona, 1927.

4 **1. À partir de quel moment précis du texte le lecteur perçoit-il la scène à travers les yeux du personnage ? Comment appelle-t-on ce type de focalisation ?**

2. Que nous apprend la description sur le caractère et les ambitions de Saccard ? Relevez le réseau lexical dominant du passage.

Ce spectacle des toits de Paris égaya Saccard. Au dessert, il fit apporter une bouteille de bourgogne. Il souriait à l'espace, il était d'une galanterie inusitée. Et ses regards, amoureusement,
5 redescendaient toujours sur cette mer vivante et pullulante, d'où sortait la voix profonde des foules. On était à l'automne ; la ville, sous le grand ciel pâle, s'alanguissait d'un gris doux et tendre, piqué çà et là de verdures sombres qui
10 ressemblaient à de larges feuilles de nénuphars nageant sur un lac ; le soleil se couchait dans un nuage rouge, et, tandis que les fonds s'emplissaient d'une brume légère, une poussière d'or, une rosée d'or tombait sur la rive droite de
15 la ville, du côté de la Madeleine et des Tuileries. C'était comme le coin enchanté d'une cité des *Mille et Une Nuits*, aux arbres d'émeraude, aux toits de saphir, aux girouettes de rubis. Il vint un moment où le rayon qui glissait entre deux
20 nuages fut si resplendissant, que les maisons semblèrent flamber et se fondre comme un lingot d'or dans un creuset.

« Oh ! vois, dit Saccard, avec un rire d'enfant, il pleut des pièces de vingt francs dans
25 Paris ! »

ÉMILE ZOLA, *La Curée*, 1871.

5 **1. Relevez l'ensemble des informations apportées sur le personnage par le narrateur.**

2. Quel est le point de vue utilisé ?

Il y avait à Montmartre, au troisième étage du 75 bis de la rue d'Orchampt, un excellent homme nommé Dutilleul qui possédait le don singulier de passer à travers les murs sans en
5 être incommodé.

Il portait un binocle, une petite barbiche noire et il était employé de troisième classe au ministère de l'Enregistrement. En hiver, il se rendait à son bureau par l'autobus et, à la belle
10 saison, il faisait le trajet à pied, sous son chapeau melon.

Dutilleul venait d'entrer dans sa quarante-troisième année lorsqu'il eut la révélation de son pouvoir. Un soir, une courte panne d'électricité l'ayant surpris dans le vestibule de son
15 petit appartement de célibataire, il tâtonna un moment dans les ténèbres et, le courant revenu, se trouva sur le palier du troisième étage. Comme sa porte d'entrée était fermée à clef de
20 l'intérieur, l'incident lui donna à réfléchir et, malgré les remontrances de sa raison, il se décida à rentrer chez lui comme il en était sorti, en passant à travers la muraille.

MARCEL AYMÉ, *Le Passe-Muraille*, Éd. Gallimard, 1943.

ÉTUDIER LES TEMPS VERBAUX ET L'ORDRE DU RÉCIT

6 **1. Après avoir repéré l'ensemble des verbes conjugués, identifiez leur temps et leur valeur d'aspect en complétant le tableau.**

2. Justifiez cette alternance des temps verbaux dans cet extrait de roman.

Le lendemain matin, de très bonne heure, Ugolin alla faire une visite à ses pièges du vallon. Il y trouva une fort belle perdrix, et décida d'aller l'offrir à Aimée, pour voir la suite des
5 événements.

En approchant des Romarins, il entendit tinter une pioche, puis il vit le bossu au travail.

Au milieu du champ, enfoncé jusqu'aux genoux dans un trou rond, il maniait un pic de
10 mineur.

Près de lui, sa femme et sa fille étaient assises sur un petit volcan de déblais. Auprès d'elles, un « couffin » de sparterie[1] et une bouteille de vin coiffée d'un verre. Il avait commencé le
15 puits.

Ugolin s'avança, souriant, et salua la douce Aimée en lui tendant la perdrix rouge tandis que le mineur sortait de son trou.

MARCEL PAGNOL, *Jean de Florette*, Éd. B. de Fallois, 1963.

1. **Sparterie** : *de corde tressée.*

Tableau des temps verbaux

Temps verbaux	Verbes conjugués	Valeur d'aspect
Passé simple	« alla » ...	Action accomplie ...
Imparfait	...	...
Plus-que-parfait	...	...

7 1. **Relevez les repères temporels. Pourquoi, selon vous, l'auteur a-t-il choisi d'employer le présent de narration ?**

2. **Repérez le retour en arrière et l'anticipation. Quels sont les temps verbaux utilisés pour les introduire ? Justifiez leur emploi.**

Le 16 juillet 1907, R., s'extasiant sur les alignements impeccables du livre des comptes, voit les colonnes de chiffres onduler ; en même temps qu'il s'étonne de cette fantasmagorie, il
5 meurt. Il est le seul à le savoir. Personne n'y croit. On avait l'habitude de le voir vivre, et il est déjà chez Pluton qu'on lui tapote encore les joues et qu'on le secoue pour le réveiller. Il faudra « l'odeur délétère », et encore : dix ans
10 après, il viendra encore au magasin des gens de la campagne qui demanderont à le voir.

JEAN GIONO, *Cœurs, Passions, Caractères*, Éd. Gallimard, 1961.

8 **Repérez le retour en arrière effectué dans les deux extraits. Quelle est leur fonction ?**

TEXTE A

Ma mère avait fait cinq heures de taxi pour venir me dire adieu à la mobilisation, à Salon-de-Provence, où j'étais alors sergent instructeur à l'École de l'Air.
5 Le taxi était une vieille Renault délabrée : nous avions détenu, pendant quelque temps, une participation de cinquante, puis de vingt-cinq pour cent, dans l'exploitation commerciale du véhicule.

ROMAIN GARY, *La Promesse de l'aube*, Éd. Gallimard, 1960.

TEXTE B

Mon père s'était méfié de moi et m'avait déshérité lorsque j'avais quitté la ferme. En la mettant au nom d'Évelyne, il savait ce qu'il faisait. C'était un vieux sentimental, attaché au sol sur
5 lequel il avait passé sa vie et en cela, ma sœur lui ressemblait. Déjà, lorsque nous étions enfants, il nous attrapait sur ses genoux et nous faisait jurer que nous ne vendrions jamais.

PHILIPPE DJIAN, *Crocodiles*, Éd. Barrault, 1989.

ANALYSER LE RYTHME DU RÉCIT

9 **Relevez les repères temporels qui marquent l'écoulement du temps. Comment peut-on qualifier le rythme du récit ? Pourquoi ?**

Des années s'écoulèrent, toutes pareilles et sans autres épisodes que le retour des grandes fêtes : Pâques, l'Assomption, la Toussaint. Des événements intérieurs faisaient une date,
5 où l'on se reportait plus tard. Ainsi, en 1825, deux vitriers badigeonnèrent le vestibule ; en 1827, une portion du toit, tombant dans la cour, faillit tuer un homme. L'été de 1828, ce fut à madame d'offrir le pain bénit ; Bourais,
10 vers cette époque, s'absenta mystérieusement ; et les anciennes connaissances peu à peu s'en allèrent : Guyot, Liébard, Mme Lechaptois, Robelin, l'oncle Gremanville, paralysé depuis longtemps.
15 Une nuit, le conducteur de la malle-poste annonça dans Pont-l'Évêque la Révolution de Juillet. Un sous-préfet nouveau, peu de jours après, fut nommé : le baron de Larsonnière.

GUSTAVE FLAUBERT, « Un cœur simple », *Trois contes*, 1877.

10 1. Analysez le rythme de cet extrait de nouvelle
** en repérant accélérations et ralentissements de
la narration. Quels sont les procédés utilisés par
Michel Tournier ?

2. Quels effets l'écrivain cherche-t-il à produire ?

Sa jeune femme, qui possédait l'intelligence
du cœur, fut la première à deviner son étrange
et mortel chagrin.

– Tu t'ennuies, je le vois bien. Allons, avoue
5 que tu la regrettes !

– Moi ? Tu es folle ! je regrette qui, quoi ?

– Ton île déserte, bien sûr ! Et je sais ce qui te
retient de partir dès demain, je le sais, va ! C'est
moi !

10 Il protestait à grands cris, mais plus il criait
fort, plus elle était sûre d'avoir raison.
Elle l'aimait tendrement et n'avait jamais rien
su lui refuser. Elle mourut. Aussitôt il vendit sa
maison et son champ, et fréta un voilier pour
15 les Caraïbes.

Des années passèrent encore. On recommença à l'oublier. Mais quand il revint de nouveau,
il parut plus changé encore qu'après son premier voyage.

Michel Tournier, « La fin de Robinson Crusoé »,
Le Coq de bruyère, Éd. Gallimard, 1978.

ÉTUDIER LE LEXIQUE ET LES TEMPS DE LA DESCRIPTION

11 1. Quels sont les sens dominants (ouïe, vue,
* odorat, toucher, goût) utilisés pour décrire ce
paysage ?

2. Relevez et classez les termes qui renvoient à
chacun d'eux.

La fraîcheur embaumée des brises d'automne,
la forte senteur des forêts, s'élevaient comme un
nuage d'encens et enivraient les admirateurs de
ce beau pays, qui contemplaient avec ravisse
5 ment ses fleurs inconnues, sa végétation vigoureuse, sa verdure rivale de celle d'Angleterre, sa
voisine dont le nom est commun aux deux pays.
Quelques bestiaux animaient cette scène déjà si
dramatique. Les oiseaux chantaient, et faisaient
10 ainsi rendre à la vallée une suave, une sourde
mélodie qui frémissait dans les airs.

Honoré de Balzac, Les Chouans, 1829.

12 1. Relevez dans la description suivante : a) le
* réseau lexical dominant ; b) les indicateurs spatiaux ; c) la nature des verbes utilisés.

2. Caractérisez en une phrase le type de paysage
décrit dans ce début de roman.

Argelouse est réellement une extrémité de la
terre, un de ces lieux au-delà desquels il est impossible d'avancer, ce qu'on appelle ici un quartier : quelques métairies, sans église ni mairie,
5 ni cimetière, disséminées autour d'un champ
de seigle, à dix kilomètres du bourg de Saint-
Clair auquel les relie une seule route défoncée.
Ce chemin plein d'ornières et de trous se mue,
au-delà d'Argelouse, en sentiers sablonneux ;
10 et jusqu'à l'Océan il n'y a plus rien que quatre-
vingts kilomètres de marécages, de lagunes, de
pins grêles, de landes où, à la fin de l'hiver, les
brebis ont la couleur de la cendre.

François Mauriac, Thérèse Desqueyroux,
Éd. Grasset, 1927.

13 1. Retrouvez les procédés de la description pré
*** sents dans le texte en complétant ce tableau :

Lexique de la perception	Indicateurs spatiaux	Réseaux lexicaux dominants	Emploi des verbes

2. Justifiez l'emploi du passé simple dans le
second paragraphe.

3. Quels éléments du lexique utilisé par la description révèlent la mélancolie du personnage ?

La journée était ardente, l'horizon fumeux,
et les vallées vaporeuses. L'éclat des glaces remplissait l'atmosphère inférieure de leurs reflets
lumineux ; mais une pureté inconnue semblait
5 essentielle à l'air que je respirais. À cette hauteur, nulle exhalaison des lieux bas, nul accident de lumière ne troublaient, ne divisaient
la vague et sombre profondeur des cieux. Leur
couleur apparente n'était plus ce bleu pâle et
10 éclairé, doux revêtement des plaines, agréable
et délicat mélange qui forme à la terre habitée
une enceinte visible où l'œil se repose et s'arrête. Là l'éther indiscernable laissait la vue se
perdre dans l'immensité sans bornes ; au mi
15 lieu de l'éclat du soleil et des glaciers, chercher
d'autres mondes et d'autres soleils comme sous
le vaste ciel des nuits ; et par-dessus l'atmosphère embrasée des feux du jour, pénétrer un
univers nocturne.

20 Insensiblement les vapeurs s'élevèrent des glaciers et formèrent des nuages sous mes pieds. L'éclat des neiges ne fatigua plus mes yeux, et le ciel devint plus sombre encore et plus profond. Un brouillard couvrit les Alpes ;
25 quelques pics isolés sortaient seuls de cet océan de vapeurs ; des filets de neige éclatante, retenus dans les fentes de leurs aspérités, rendaient le granit plus noir et plus sévère. Le dôme neigeux du Mont Blanc élevait sa masse
30 inébranlable sur cette mer grise et mobile, sur ces brumes amoncelées que le vent creusait et soulevait en ondes immenses. Un point noir parut dans leurs abîmes ; il s'éleva rapidement, il vint droit à moi ; c'était le puissant aigle des
35 Alpes, ses ailes étaient humides et son œil farouche ; il cherchait une proie, mais à la vue d'un homme il se mit à fuir avec un cri sinistre, il disparut en se précipitant dans les nuages.

SENANCOUR, *Oberman*, 1804.

ANALYSER LE PORTRAIT
DU PERSONNAGE DE ROMAN

Vers le commentaire

14 1. Quelles indications sur l'identité du personnage le texte fournit-il ? Quelles caractéristiques souligne-t-il ?

2. Relevez et classez les caractéristiques physiques et psychologiques du personnage. Dans un paragraphe, expliquez comment les portraits physique et psychologique entrent en relation.

Âgée, à la même époque, de trente-cinq ans, madame mère avait dix ans de moins que son mari et deux centimètres de plus. Née Pluvignec, je vous le rappelle, de cette riche, mais
5 récente maison Pluvignec, elle était devenue totalement Rezeau et ne manquait pas d'allure. On m'a dit cent fois qu'elle avait été belle. Je vous autorise à le croire, malgré ses grandes oreilles, ses cheveux secs, sa bouche serrée et
10 ce bas de visage agressif qui faisait dire à Frédie, toujours fertile en mots : « Dès qu'elle ouvre la bouche, j'ai l'impression de recevoir un coup de pied au cul. Ce n'est pas étonnant, avec ce menton en galoche. » Outre notre éducation,
15 Mme Rezeau aura une grande passion : les timbres. Outre ses enfants, je ne lui connaîtrai que deux ennemis : les mites et les épinards. Je ne crois rien pouvoir ajouter à ce tableau, sinon qu'elle avait de larges mains et de larges pieds,
20 dont elle savait se servir.

HERVÉ BAZIN, *Vipère au poing*, Éd. Grasset, 1948.

15 1. Relevez l'ensemble des caractéristiques physiques attribuées au personnage dans ce portrait.

2. Quelles indications sur la psychologie du personnage ce portrait apporte-t-il ? Caractérisez le personnage au moyen de trois adjectifs.

À l'adolescence, les jeunes filles font un compte lucide et presque impitoyable de leurs qualités physiques. Catherine s'était accordé de jolis bras mais jusqu'aux mains qu'elle avait un
5 peu carrées, des jambes très moyennes, grasses aux genoux, défaut encore imperceptible mais dont sa mère offrait la triste prémonition, des cheveux d'un blond distingué quoique paraissant artificiel et qui ondulaient d'eux-mêmes.
10 Elle sut tôt que, toute sa vie, elle aurait l'air d'avoir apprêté sa coiffure quand elle la laisserait libre et qu'elle devrait passer des heures à lui donner, pour un moment, l'air spontané. Elle se voyait un visage acceptable bien que peu
15 marquant, un nez moyen, des yeux marron, une bouche sans expression particulière. Elle ne savait ni bien sourire ni marquer la tristesse. Le seul élément saillant était, lui, exagéré : elle avait un menton proéminent et de trop lourdes
20 proportions. Un joli menton, comme d'élégantes chaussures, est celui qui ne se remarque pas. Pour dissimuler ce défaut, elle avait étudié un port de tête un peu incliné et, dans sa main ouverte, faisait reposer – donc disparaître – la
25 fâcheuse proéminence. Cette pose pensive lui était devenue naturelle.

Elle avait quarante-six ans, mais ce premier bilan gardait sa pertinence. Rien n'avait vraiment changé depuis sa jeunesse sinon que des
30 rides étroites et profondes avaient entrepris leurs fines œuvres sur son visage.

JEAN-CHRISTOPHE RUFIN, *La Salamandre*,
Éd. Gallimard, 2005.

DÉFINIR LA FONCTION
DES PERSONNAGES DANS UN RÉCIT

16 Lisez ce résumé du roman de Gustrave Flaubert, *L'Éducation sentimentale*. Dressez la liste des personnages. Indiquez la ou les fonctions qu'ils occupent dans l'intrigue.

En 1840, à Paris, Frédéric Moreau, jeune bachelier aux ambitions mondaines, littéraires et politiques vagues, entreprend des études de droit en compagnie de Deslauriers, un ami
5 qu'attire la politique. Il fréquente le salon des Dambreuse, retrouve un certain Jacques Arnoux, et tombe amoureux de sa femme. Mais,

déçu par la froideur de Mme Arnoux, Frédéric se lie avec une coquette mondaine, Rosanette
10 Bron. Désormais il est tiraillé entre les séductions d'une vie facile, les tentations du grand monde et l'amour qu'il ressent pour Mme Arnoux. Celle-ci lui avoue enfin ses sentiments ; mais à la suite d'un rendez-vous man-
15 qué, Frédéric devient l'amant de Rosanette. Lorsqu'éclatent les journées de 1848, il s'éloigne et file le parfait amour avec sa maîtresse à Fontainebleau. Puis il rompt avec elle, connaît une brève liaison avec Mme Dambreuse de-
20 venue veuve et perd la trace de Mme Arnoux, qu'il ne revoie qu'en 1867. Deux ans plus tard, dans une conversation, Deslauriers et Frédéric reconnaissent, dans une conversation, qu'ils ont, comme leurs amis, tout raté, sauf leurs
25 souvenirs.

Dictionnaire des grandes œuvres de la littérature française,
Coll. Les Usuels du Robert, Le Robert.

ÉTUDIER LES FORMES DU DISCOURS RAPPORTÉ

↓ Vers l'écrit d'invention

17 **1. Repérez le discours indirect dans le texte**
★★ **suivant.**

2. Récrivez-le au discours direct sous la forme d'un dialogue entre les deux personnages.

Le prince de Clèves vient de demander à mademoiselle de Chartres de l'épouser.

Elle rendit compte à sa mère de cette conversation, et madame de Chartres lui dit qu'il y avait tant de grandeur et de bonnes qualités dans M. de Clèves et qu'il faisait paraître tant de sa-
5 gesse pour son âge que, si elle sentait son inclination portée à l'épouser, elle y consentirait avec joie. Mademoiselle de Chartres répondit qu'elle lui remarquait les mêmes bonnes qualités ; qu'elle l'épouserait même avec moins de répu-
10 gnance qu'un autre, mais qu'elle n'avait aucune inclination particulière pour sa personne.

MADAME DE LA FAYETTE, *La Princesse de Clèves*, 1678.

18 **1. Étudiez l'alternance du récit et du discours**
★★ **direct en complétant le tableau suivant :**

	Récit	Discours direct
Temps verbaux		
Pronoms personnels		
Indicateurs de temps et de lieu		

2. Étudiez les fonctions du dialogue.

« Ils sont cinq, dit Athos à demi-voix, et nous ne sommes que trois ; nous serons encore battus, et il nous faudra mourir ici, car je le déclare, je ne reparais pas vaincu devant le
5 capitaine. »

Alors Porthos et Aramis se rapprochèrent à l'instant les uns des autres, pendant que Jussac alignait ses soldats.

Ce seul moment suffit à d'Artagnan pour
10 prendre son parti : c'était là un de ces événements qui décident de la vie d'un homme, c'était un choix à faire entre le roi et le cardinal ; ce choix fait, il allait y persévérer. Se battre, c'est-à-dire désobéir à la loi[1], c'est-à-dire
15 risquer sa tête, c'est-à-dire se faire d'un seul coup l'ennemi d'un ministre plus puissant que le roi lui-même : voilà ce qu'entrevit le jeune homme, et, disons-le à sa louange, il n'hésita point une seconde. Se tournant donc vers
20 Athos et ses amis :

« Messieurs, dit-il, je reprendrai, s'il vous plaît, quelque chose à vos paroles. Vous avez dit que vous n'étiez que trois, mais il me semble, à moi, que nous sommes quatre.

25 — Mais vous n'êtes pas des nôtres, dit Porthos.

— C'est vrai, répondit d'Artagnan ; je n'ai pas l'habit, mais j'ai l'âme. Mon cœur est mousquetaire, je le sens bien, monsieur, et cela m'en-
30 traîne. »

ALEXANDRE DUMAS, *Les Trois Mousquetaires*, 1844.

1. La loi : *l'édit du cardinal de Richelieu qui interdit les duels.*

Vers le sujet de dissertation

LECTURE

1. Ces deux passages constituent le début et la fin d'une nouvelle. Résumez l'intrigue de ce récit en quelques lignes.

2. Combien de personnages la nouvelle met-elle en scène ? Relevez leurs caractéristiques psychologiques.

3. Sur quoi repose l'originalité du cadre spatio-temporel de ce récit ? Recherchez en quoi il correspond à celui d'une nouvelle.

ÉCRITURE

La nouvelle est l'art du récit bref. Montrez, en vous appuyant sur l'analyse des extraits, que la chute constitue un événement fondamental. Vous rédigerez votre réponse sous la forme de deux paragraphes argumentés.

TEXTE **A** - Le début de la nouvelle

Vous savez, vous, ce que vous faisiez le 17 juillet 1994 entre 22 et 23 heures ? Non ? Moi non plus. Personne ne le sait.

— Il m'a fallu des années pour remonter jus-
5 qu'à toi, c'est dire si j'ai de la patience à re-
vendre. Je n'en suis plus à une nuit près et je ne sortirai de ce bureau qu'avec tes aveux si-
gnés !

Pas la peine de hausser le ton, inspecteur.
10 Cela fait partie de vos méthodes et de vos pri-
vilèges, je sais, mais ça m'empêche de réfléchir. Si vous aboyez, comment voulez-vous que je fouille dans mes souvenirs ? Seul le coupable sait ce qu'il faisait le 17 juillet 1994 entre 22
15 et 23 heures. L'innocent l'a oublié depuis long-
temps. Surtout si on lui pose la question.

— On y mettra le temps qu'il faudra mais tu parleras.

Si le soir du 17 juillet 1994 j'avais tué un
20 type, je m'en souviendrais. Ces choses-là mar-
quent. Le 17 juillet 1994 entre 22 et 23 heures, je n'ai tué personne. De nos jours, l'erreur judiciaire a quelque chose de désuet. De honteux, presque. L'innocent que je suis pensait que la
25 police avait fait des progrès, depuis le temps. Comme la médecine. À l'heure où l'on guérit deux cancers sur trois, on est en droit d'espérer que la police est capable de dépister deux innocents sur trois suspects. Le problème, c'est que
30 pour l'instant votre seul suspect, c'est moi.

TEXTE **B** - La fin de la nouvelle

— Puisque tu ne veux rien dire sur ton alibi, on va parler mobile. Pourquoi en voulais-tu à ce type ?

Je n'ai pas tué cet homme et c'est tant pis.
5 Après tout, il le méritait peut-être puisque quelqu'un a pris la peine de le truffer de plomb. Si j'écope de vingt années incompressibles, je passerai mon temps à regretter d'être innocent, de ne pas l'avoir tué ce soir-là entre 22 et
10 23 heures. Et le reste de mon existence, je serai en retard d'un meurtre.

— Parle, nom de Dieu ! Tout te désigne.

Mais non, inspecteur, ceux qui n'ont rien à avouer ont tous des têtes de conspirateurs. Si
15 j'avais assassiné cet homme, je serais sûrement un autre aujourd'hui. Je serais passé du côté des parias et des têtes brûlées. Dans ce camp-là, on m'aurait sans doute laissé une place. J'aurais gagné mes galons dans l'infamie. L'horreur
20 m'aurait peut-être grandi. Et là, oui, je com-
prendrais que vous vous acharniez sur moi.

Les premiers rayons du soleil viennent ré-
veiller mes paupières. L'inspecteur quitte la pièce. Ma vue se brouille à nouveau. Le som-
25 meil, sans doute.

Je ferme les yeux.

J'irai peut-être en prison pendant les vingt années à venir si *cette heure-là* ne me revient pas en mémoire.
30 Ça me laissera le temps d'y réfléchir.

TONINO BENACQUISTA, « Le 17 juillet 1994 entre 22 et 23 heures », *Tout à l'ego*, Éd. Gallimard, 1999.

Le poème
se construit
à travers le retour
régulier de la rime
et du vers.
Il utilise toutes
les ressources
du langage
en jouant avec
les mots,
les images et
la mise en espace
du texte.
À chaque époque,
la poésie adopte
des formes
nouvelles, jusqu'à
l'abandon
des contraintes
de la versification.
Quels points
communs,
quelles
différences la
confrontation
de ces deux
poèmes met-elle
en évidence ?

Texte **A**

Initium[1]

Les violons mêlaient leur rire au chant des flûtes
Et le bal tournoyait quand je la vis passer
Avec ses cheveux blonds jouant sur les volutes
De son oreille où mon Désir comme un baiser
5 S'élançait et voulait lui parler, sans oser.

Cependant elle allait, et la mazurque[2] lente
La portait dans son rythme indolent comme un vers,
– Rime mélodieuse, image étincelante, –
Et son âme d'enfant rayonnait à travers
10 La sensuelle ampleur de ses yeux gris et verts.

Et depuis, ma Pensée – immobile – contemple
Sa Splendeur évoquée, en adoration,
Et dans son Souvenir, ainsi que dans un temple,
Mon Amour entre, plein de superstition.

15 Et je crois que voici venir la Passion.

1. Initium :
en latin,
commencement -
2. Mazurque :
mis pour
mazurka,
danse à trois
temps d'origine
polonaise.

PAUL VERLAINE, *Poèmes
saturniens*, 1866.

GEORGES SEURAT,
Le cirque, 1891.

Texte **B**

Académie Médrano[1]

A Conrad Moricand.

Danse avec ta langue, Poète, fais un entrechat
Un tour de piste
                sur un tout petit basset
                         noir ou haquenée
Mesure les beaux vers mesurés et fixe les formes fixes
Que sont **LES BELLES LETTRES** apprises
Regarde :
        Les Affiches se fichent de toi te
              mordent avec leurs dents
              en couleur entre les doigts
              de pied
La fille du directeur a des lumières électriques
Les jongleurs sont aussi les trapézistes
                   xuellirép tuaS
          teuof ed puoC
aç-emirpxE
Le clown est dans le tonneau malaxé
               passe à la caisse
Il faut que ta langue   les soirs où
               fasse l'orchestre
Les **Billets de faveur** sont supprimés.

Novembre 1916.

Blaise Cendrars, *Du monde entier*, Éd. Denoël, 1947.

1. Académie Médrano : *nom d'un cirque célèbre au début du siècle. Le poème se présente comme une affiche qui annoncerait une représentation.*

---

1 ▶ **LES RÈGLES DE LA VERSIFICATION**

1 ▷ Observez le texte de Verlaine. Pourquoi peut-on dire qu'il s'agit d'un poème ?

2 ▷ Quelles différences de présentation remarquez-vous pour le texte de Cendrars ? Pourquoi peut-on dire qu'il s'agit aussi d'un poème ?

2 **LE RYTHME ET LES EFFETS SONORES**

3 ▷ Dans le poème de Verlaine, repérez l'ensemble des effets de répétition qui participent à la dimension musicale du texte.

3 **LES RÉPÉTITIONS LEXICALES ET SYNTAXIQUES**

4 ▷ Repérez dans le poème de Cendrars les répétitions de mêmes constructions syntaxiques.

4 **LA PUISSANCE DU LANGAGE POÉTIQUE**

5 ▷ Repérez les comparaisons et métaphores présentes dans le poème de Verlaine. Analysez l'image contenue dans les vers 7 et 8.

6 ▷ Comment Blaise Cendrars joue-t-il avec les mots ? Relevez quelques exemples de procédés originaux présents dans le poème.

Pour enchanter et charmer le lecteur, la poésie s'appuie sur les règles de la versification, qui définissent l'arrangement des vers entre eux. Elle s'affirme à travers des effets de répétitions sonores, rythmiques, lexicales et syntaxiques. Elle entraîne l'élaboration d'un nouveau langage, à travers la puissance et l'originalité de l'image poétique.

1 LES RÈGLES DE LA VERSIFICATION

La versification recouvre l'ensemble des règles et des techniques qui concernent l'écriture du texte en vers.

1. La métrique

Pour mesurer la longueur du vers, on compte le nombre de syllabes prononcées – le mètre – en tenant compte de trois particularités :

→ Le e muet. Le e muet se prononce quand la syllabe ou le mot suivant commencent par une consonne :

> « Sa grande aile l'entraîne ainsi qu'un lent navire. »
>
> *(Sully Prudhomme)*

→La diérèse. Elle permet de prononcer séparément deux sons habituellement groupés, pour respecter le mètre du poème (*mi-lli-on* pour mi-llion).

→La synérèse. Elle permet au contraire de prononcer en une seule syllabe deux sons habituellement prononcés de manière séparée (*lion* pour li-on).

2. Le vers

→La désignation des vers. La désignation de la plupart des vers provient du décompte des syllabes : l'hexamètre (six syllabes), l'octosyllabe (huit syllabes), le décasyllabe (dix syllabes) ou l'alexandrin (douze syllabes). Ces vers ont un mètre pair et sont les plus fréquents. Mais il arrive parfois que les poètes utilisent le vers impair, comme le pentasyllabe (cinq syllabes).

→L'alternance des vers. Les vers de deux, quatre ou six syllabes, très courts, sont utilisés pour contraster avec des vers plus longs et créer ainsi des effets de surprise.

→Le choix des vers. Les vers les plus fréquents sont ceux qu'on peut diviser en deux moitiés, en deux hémistiches (vers de dix ou douze syllabes).

3. La rime

Le poème répète le même son à la fin du vers : c'est la rime. Elle marque le rythme du poème et associe le sens des mots et leurs sonorités.

→Le genre de la rime. La versification impose l'alternance de la rime féminine, qui se termine par un e muet (*aile/éternelle* ou *joues/loue*) et de la rime masculine (toutes les autres rimes : *îlot/flots*).

→La qualité de la rime. Elle dépend du nombre de sons communs. On distingue la rime pauvre (un seul son commun comme *remplit/infini*), la rime suffisante (deux sons communs comme *fermé/parfumé*), la rime riche (plus de deux sons communs comme *fort/coffre-fort*).

→**La disposition des rimes.** Elle est déterminée par le type de combinaison dans la succession des vers :

	Schéma	Exemple
Rimes plates ou suivies	A A B B	sève/rêve/voix/bois
Rimes croisées	A B A B	moqueur/rose/cœur/morose
Rimes embrassées	A B B A	lui/livre/givre/fui

4. La strophe

Le poème classique se développe à partir du retour régulier de la strophe. Celle-ci présente à la fois une unité syntaxique et une unité thématique.

Nombre de vers	Nom de la strophe	Schéma des rimes	Nombre de vers	Nom de la strophe	Schéma des rimes
2	distique	a a / b b / c c...	6	sizain	1 distique + 1 quatrain
3	tercet	a b a / b c b...	8	huitain	2 quatrains
4	quatrain	a b a b, ou a b b a, ou a a b b	9	neuvain	1 quatrain + 1 quintil
5	quintil	a a b b a, ou a b a a b, ou a b b a b	10	dizain	1 quatrain croisé + 1 quatrain embrassé unis par un distique

2 LE RYTHME DE LA POÉSIE

Le rythme se définit par le retour de syllabes accentuées. En poésie, il varie en fonction de la place et du nombre des accents dans le vers.

1. Les accents, les coupes et le rythme du vers

→**Les accents.** Les accents rythmiques se caractérisent par une augmentation de l'intensité de la voix sur une syllabe. L'accent porte sur la dernière syllabe d'un mot ou d'un groupe de mots.

→**Les coupes.** Le vers comporte des pauses, appelées coupes. La coupe se situe après chaque syllabe accentuée. Le vers long comporte plusieurs coupes : la plus importante, placée au milieu du vers, est appelée césure. Dans la poésie classique, la césure coupe l'alexandrin ou le décasyllabe en deux parties égales, appelées hémistiches.

> « Il dort dans le soleil, // la main sur sa poitrine »

(Rimbaud)

→**Le rythme.** Le rythme du vers peut varier, à travers un grand nombre de combinaisons. Le rythme ternaire, par exemple, sans pause à la césure, comporte trois accents (4/4/4). Le rythme est croissant lorsque les mesures sont de plus en plus longues, ou décroissant quand elles sont de plus en plus courtes.

2. L'enjambement

La fin d'un vers coïncide habituellement avec la fin d'un groupe syntaxique. Mais lorsque celui-ci déborde des limites du vers, il y a enjambement.

→ **Le rejet.** Quand une phrase ou une proposition s'achève, non à la rime, mais au début du vers suivant, il y a rejet. Les mots rejetés sont mis en relief.

→ **Le contre-rejet.** Quand une phrase ou une proposition grammaticale commence à la fin d'un vers pour se prolonger au vers suivant, on parle de contre-rejet. C'est dans ce cas le début de la proposition qui est mis en relief.

> «Fleur grasse et riche, autour de toi ne flotte aucun
> Arôme, et la beauté sereine de ton corps
> Déroule, mate, ses impeccables accords. »

(Verlaine)

3 LES EFFETS SONORES

→ **Les allitérations et les assonances.** L'allitération est la répétition insistante d'un même son-consonne. Elle rythme la phrase et constitue la trame sonore du vers. L'assonance est la répétition insistante d'un même son-voyelle. Elle instaure des échos et des correspondances entre les mots :

> « C'est l'arbre toujours touffu de toutes les prières. »

(Apollinaire)

→ **L'harmonie imitative.** Certains sons, par leur répétition, imitent le bruit de ce qui est évoqué dans le vers. On parle alors d'harmonie imitative :

> « Pour qui sont ces serpents qui sifflent sur vos têtes ? »

(Racine)

→ **L'harmonie suggestive.** D'autres sons semblent suggérer un sentiment ou une sensation, comme, dans l'exemple suivant, la souffrance du poète :

> « Fuir ! Là-bas fuir ! Je sens que les oiseaux sont ivres
> D'être parmi l'écume inconnue et les cieux ! »

(Mallarmé)

4 LES RÉPÉTITIONS LEXICALES ET SYNTAXIQUES

À l'origine, la poésie et le chant se confondent. Le poète utilise les répétitions pour exprimer ses sentiments et inscrire son poème dans la mémoire.

→ **Les répétitions de mots.** Souvent, le même mot se répète à l'intérieur du poème, créant des effets de musique et d'expressivité. L'anaphore, c'est-à-dire la reprise du même mot en tête de vers ou de phrase, crée un rythme obsédant tout en exposant et en diffusant le motif du poème.

→ **Les reprises de construction.** Le parallélisme, c'est-à-dire la reprise d'une même construction syntaxique, structure le poème. La syntaxe souligne le sens du vers et lui donne un rythme régulier :

> «Mon âme a plus de feu que vous n'avez de cendre !
> Mon cœur a plus d'amour que vous n'avez d'oubli ! »

(Hugo)

5 LA PUISSANCE DU LANGAGE POÉTIQUE

Qu'il s'agisse de termes rares ou familiers, le texte poétique charge les mots d'une valeur nouvelle, qui suscite de nombreuses connotations dans l'esprit du lecteur. Il donne ainsi aux mots une dimension symbolique ou personnelle qui enrichit leur sens.

■ 1. Les réseaux lexicaux

Le poème se développe à travers le croisement de différents réseaux de sens. L'univers de l'auteur est traversé par la présence de réseaux lexicaux, comme celui des éléments naturels, des sensations, de l'expression des sentiments, du corps, ou de l'échange entre l'abstrait et le concret.

■ 2. Le jeu sur les mots

En créant un univers original, le poète n'hésite pas à mêler des niveaux de langage et à faire des jeux portant sur les lettres ou sur le sens des mots. Il invente parfois des néologismes et des mots-valises par la fusion de deux mots existants. Il peut jouer sur le calembour :

> « Mon verre s'est brisé comme un éclat de rire. »

(Apollinaire)

■ 3. La puissance des images

La poésie emploie des images pour restituer dans toute sa force une émotion, une impression que le langage ordinaire ne peut exprimer. La comparaison et la métaphore (chapitre 38), essentielles au texte poétique, permettent ainsi de traduire la vision originale du monde proposée par le poète.

Les grandes dates de l'histoire littéraire

La POÉSIE et la versification

Antiquité Poésie vient du mot grec « *poiein* » qui signifie faire, créer. Le monde antique concevait la poésie comme l'art de créer un langage élevé, différent du langage courant.

Moyen Âge On utilise des vers réguliers et on invente la rime. Ainsi, dans la chanson de geste, le rythme a une double fonction : il crée un effet d'harmonie et permet de mémoriser des textes très longs, souvent accompagnés de musique et de danse.

XVIIe siècle Les traités d'*Art poétique* imposent les règles strictes de la versification : mesure du vers, disposition des rimes, composition du texte. Ces règles sont scrupuleusement respectées par les classiques.

XIXe siècle Les règles sont remises en question. Rimbaud abandonne ainsi progressivement toute forme versifiée. L'invention du poème en prose et du vers libre préserve cependant la dimension musicale du langage poétique.

XXe siècle Les poètes, comme René Char, et les surréalistes maintiennent les effets rythmiques et sonores dans les formes ouvertes et éclatées qu'adopte le texte, désormais affranchi des règles de la versification.

ÉTUDIER LA MÉTRIQUE

1 Comptez le nombre de syllabes des vers suivants. De quel type de vers s'agit-il ?

• Il vécut au soleil sans se douter des lois.

ALFRED DE MUSSET

• L'alouette au matin, lasse, n'a pas chanté.

PAUL VERLAINE

• Mon amour, à moi, n'aime pas qu'on l'aime.

TRISTAN CORBIÈRE

• L'air et l'eau coulent dans nos mains
Comme verdure en notre cœur.

PAUL ÉLUARD

2 **1.** Repérez le nombre de syllabes de chaque vers, en faisant attention au e muet.

2. Indiquez, à chaque fois, le type des vers.

Je suis donc arrivée au douloureux moment
Où je vois par mon crime expirer mon amant.
N'était-ce pas assez, cruelle destinée,
Qu'à lui survivre, hélas ! je fusse condamnée ?
⁵ Et fallait-il encor que pour comble d'horreurs,
Je ne pusse imputer sa mort qu'à mes fureurs ?

JEAN RACINE, *Bajazet*, 1672.

Elle buvait mes petits mots
Qui bâtissaient une œuvre étrange ;
Son œil, parfois, perdait un ange
Pour revenir à mes rameaux.

PAUL VALÉRY, *Charmes*, 1922.

3 **1.** Observez le nombre de syllabes des vers suivants afin de les identifier.

2. Après avoir repéré la diérèse, indiquez quel effet elle produit.

Une froideur secrètement brûlante
Brûle mon corps, mon esprit, ma raison,
Comme la poix[1] anime le tison
Par une ardeur lentement violente.

JOACHIM DU BELLAY, *L'Olive*, 1550.

1. **Poix :** *résine du pin.*

4 Identifiez les vers choisis. Expliquez quel est l'effet produit par le changement de mètre.

À moi tes bras d'ivoire, à moi ta gorge blanche,
À moi tes flancs polis avec ta belle hanche
À l'ondoyant contour,
À moi tes petits pieds, ta main douce et ta
[bouche,
⁵ Et ce premier baiser que ta pudeur farouche
Refusait à l'amour.

THÉOPHILE GAUTIER, *La Comédie de la mort*, 1838.

 Vers le commentaire

5 **1.** Ce poème est un poème en vers libres. En vous aidant de l'encadré, expliquez pourquoi.

2. L'auteur recherche les effets de surprise, en jouant à la fois sur la longueur des vers et le sens du poème. Repérez et commentez ces effets.

3. Toutes les règles de la versification sont-elles rejetées par Apollinaire ? Selon vous, pourquoi ?

J'ai vu ce matin une jolie rue dont j'ai oublié
[le nom
Neuve et propre du soleil elle était le clairon[1]
Les directeurs les ouvriers et les belles sténo-
[dactylographes
Du lundi matin au samedi soir quatre fois par
[jour y passent
⁵ Le matin par trois fois la sirène y gémit
Une cloche rageuse y aboie vers midi
Les inscriptions des enseignes et des murailles
Les plaques les avis à la façon des perroquets
[criaillent
J'aime la grâce de cette rue industrielle
¹⁰ Située à Paris entre la rue Aumont-Thiéville et
[l'avenue des Ternes

GUILLAUME APOLLINAIRE, « Zone », *Alcools*,
Éd. Gallimard, 1913.

1. **Clairon :** *instrument de musique.*

Pour étudier le texte

LE VERS LIBRE

Dans la seconde moitié du XIXᵉ siècle, les poètes symbolistes cherchent à créer des formes poétiques nouvelles. Ils refusent la rime et la mesure des vers.

Pour l'étude d'un poème en vers libre, il est donc difficile d'appliquer les règles de la poésie classique. En effet, le poème en vers libre se caractérise par son irrégularité : strophes de longueur variable, vers de mesure différente, rimes irrégulières, remplacées par des assonances en fin de vers, vers non rimés appelés vers blancs... L'abandon des contraintes de la versification offre plus de liberté au poète et donne à la poésie un rythme plus naturel.

Guillaume Apollinaire et Blaise Cendrars, puis l'ensemble des poètes du XXᵉ siècle, reprennent le vers libre pour exalter le rythme du monde moderne.

ÉTUDIER LA RIME

6 Déterminez, pour l'extrait suivant, la qualité,
* le genre et la disposition des rimes.

PHILINTE

Je le trouve honnête homme, et d'un air assez sage.

CÉLIMÈNE

Oui ; mais il veut avoir trop d'esprit, dont j'enrage ;
Il est guindé[1] sans cesse ; et dans tous ses propos,
On voit qu'il se travaille à dire des bons mots.
5 Depuis que dans la tête il s'est mis d'être habile,
Rien ne touche son goût, tant il est difficile ;
Il veut voir des défauts à tout ce qu'on écrit
Et pense que louer n'est pas d'un bel esprit,
Que c'est être savant que trouver à redire,
10 Qu'il n'appartient qu'aux sots d'admirer et de rire.

MOLIÈRE, Le Misanthrope, Acte II, scène 4, 1666.

1. **Guindé** : *faux, contraint.*

7 1. Le sonnet est un poème de forme fixe obéis-
*** sant à des règles de versification très strictes.
Quelles sont ces règles, rappelées par Tristan
Corbière ? Sont-elles respectées ?

2. Observez, dans les deux quatrains, les mots situés à la rime : quels reproches le poète adresse-
t-il aux règles de la versification ?

3. En vous aidant du précis de notions situé à la
fin du manuel, définissez les termes appartenant
au lexique de la poésie.

1 SONNET

AVEC LA MANIÈRE DE S'EN SERVIR

Réglons notre papier et formons bien nos
lettres :

Vers filés à la main et d'un pied uniforme,
Emboîtant bien le pas, par quatre en peloton ;
Qu'en marquant la césure, un des quatre
[s'endorme…
Ça peut dormir debout comme soldats de
[plomb.

5 Sur le *railway*[1] du Pinde[2] est la ligne la forme ;
Aux fils du télégraphe ; – on en suit quatre, en
[long ;
À chaque pieu, la rime – exemple : *chloroforme.*
– Chaque vers est un fil, et la rime un jalon.

– Télégramme sacré – 20 mots. – Vite à mon
[aide…
10 (Sonnet – c'est un sonnet –) ô muse
[d'Archimède[3] !
– La preuve d'un sonnet est par l'addition :

– Je pose 4 et 4 = 8 ! Alors je procède,
En posant 3 et 3 ! – Tenons Pégase[4] raide :
«Ô lyre ! Ô délire ! Ô… » – Sonnet – Attention !

TRISTAN CORBIÈRE, Les Amours jaunes, 1873.

1. **Railway** : *voie de chemin de fer* – 2. **Pinde** : *montagne de la Grèce, consacrée au dieu de la poésie, Apollon* – 3. **Archimède** : *mathématicien grec* – 4. **Pégase** : *cheval ailé, symbole de l'inspiration poétique.*

8 1. Étudiez la qualité, le genre et la disposition
** des rimes dans les quatrains suivants.

2. Commentez l'effet produit par l'association
des termes ainsi rapprochés.

Morne l'après-midi des dimanches, l'hiver,
Dans l'assoupissement des villes de province,
Où quelque girouette inconsolable grince
Seule, au sommet des toits, comme un oiseau
[de fer !

5 Il flotte dans le vent on ne sait quelle angoisse !
De très rares passants s'en vont sur les trottoirs,
Prêtres, femmes du peuple en grands capuchons
[noirs,
Béguines[1] revenant des saluts de paroisse.

GEORGES RODENBACH, La Jeunesse blanche, 1886.

1. **Béguines** : *religieuses.*

ANALYSER L'UNITÉ DE LA STROPHE

9 1. Déterminez la mesure des vers contenus dans
* le poème suivant.

2. Identifiez le type des strophes et déterminez
le schéma de leurs rimes.

Déjà les beaux jours, la poussière,
Un ciel d'azur et de lumière
Les murs enflammés, les longs soirs !…
Et rien de vert : à peine encore
5 Un reflet rougeâtre décore
Les grands arbres aux rameaux noirs !

Ce beau temps me pèse et m'ennuie ;
Ce n'est qu'après les jours de pluie
Que doit surgir, en un tableau,
10 Le printemps verdissant et rose :
Comme une nymphe[1] fraîche éclose
Qui, souriante, sort de l'eau !

GÉRARD DE NERVAL,
«Le vingt-cinq mars», Odelettes, 1832.

1. **Nymphe** : *jeune fille.*

14 L'écriture du poème

10 **1. Relevez et étudiez le schéma des rimes dans
** le poème suivant. Repérez les rimes intérieures
et indiquez quel est l'effet recherché.**

**2. Pourquoi peut-on dire de chaque strophe qu'elle
possède une unité syntaxique et thématique ?**

Par les soirs bleus d'été, j'irai par les sentiers,
Picoté par les blés, fouler l'herbe menue :
Rêveur, j'en sentirai la fraîcheur à mes pieds.
Je laisserai le vent baigner ma tête nue.

5 Je ne parlerai pas, je ne penserai rien :
Mais l'amour infini me montera dans l'âme,
Et j'irai loin, bien loin, comme un bohémien,
Par la Nature, – heureux comme avec une
                                    [femme.

ARTHUR RIMBAUD, « Sensation », *Poésies*, 1870.

REPÉRER LES ACCENTS
ET LES COUPES D'UN POÈME

11 **1. Les accents de ces vers sont placés de manière
** à donner un rythme régulier. Indiquez sur quelles syllabes ils portent. Placez les césures.**

**2. En quoi le thème des quatrains est-il souligné
par la régularité du rythme ?**

Te regardant assise auprès de ta cousine
Belle comme une Aurore, et toi comme un
                                    [Soleil,
Je pensais voir deux fleurs d'un même teint
                                    [pareil,
Croissantes en beauté, l'une à l'autre voisine.

5 La chaste, sainte, belle et unique Angevine,
Vite comme un éclair, sur moi jeta son œil :
Toi comme paresseuse, et pleine de sommeil
D'un seul petit regard tu ne m'estimas digne.

RONSARD, *Sonnets pour Hélène*, 1578.

12 **Les accents de ces vers sont placés à intervalles
** variables. Marquez ces accents et indiquez quel
est l'effet produit.**

Saisir, saisir le soir, la pomme et la statue,
Saisir l'ombre et le mur et le bout de la rue.
Saisir le pied, le cou de la femme couchée
Et puis ouvrir les mains. Combien d'oiseaux
                                    [lâchés,
5 Combien d'oiseaux perdus qui deviennent la rue,
L'ombre, le mur, le soir, la pomme et la statue !

JULES SUPERVIELLE, *Le Forçat innocent*,
Éd. Gallimard, 1930.

REPÉRER ET ÉTUDIER
LES ENJAMBEMENTS

13 **Repérez les enjambements dans les vers sui-
** vants. Quels mots sont ainsi mis en valeur ? Dans
quel but ?**

Muet. Le lien des mots commence à se défaire
aussi. Il sort des mots.
Frontière. Pour un peu de temps
nous le voyons encore.
5 Il n'entend presque plus.
Hélerons-nous cet étranger s'il a oublié
notre langue ? s'il ne s'arrête plus pour écouter ?
Il a affaire ailleurs.
Il n'a plus affaire à rien.
10 Même tourné vers nous,
c'est comme si on ne voyait plus que son dos.

Dos qui se voûte
pour passer sous quoi ?

PHILIPPE JACCOTTET, *Leçons*, Éd. Gallimard,1969.

14 **1. Comptez le nombre de syllabes de chaque vers.**

**2. Placez les accents et les coupes. Quel est le
rythme de la strophe ?**

**3. Repérez et observez l'enjambement. Quel mot
met-il en valeur ?**

**4. Lisez le poème à haute voix puis commentez-
le en associant son contenu avec les choix stylistiques opérés par l'auteur.**

Il aimait à la voir, avec ses jupes blanches,
Courir tout au travers du feuillage et des
                                    [branches,
Gauche et pleine de grâce, alors qu'elle cachait
Sa jambe, si la robe aux buissons s'accrochait.

CHARLES BAUDELAIRE, *Poème de jeunesse*,
publié en 1872.

ANALYSER LE RYTHME D'UN POÈME

15 **1. Placez les coupes des vers suivants.**

2. Indiquez si le rythme est binaire ou ternaire.

**3. Quel est, pour chaque changement de rythme,
l'effet produit ?**

La foule hait cet homme et proscrit cette
                                    [femme ;
Ils sont maudits. Quel est leur crime ? Ils ont
                                    [aimé.

VICTOR HUGO, *Les Contemplations*, 1856.

De ces baisers puissants comme un dictame[1],
De ces transports plus vifs que des rayons,
Que reste-t-il ? C'est affreux, ô mon âme !
Rien qu'un dessin fort pâle, aux trois crayons.

CHARLES BAUDELAIRE, *Les Fleurs du mal*, 1857.

1. Dictame : *plante aromatique.*

ÉTUDIER LES SONORITÉS D'UN POÈME

 1. Relevez les allitérations et les assonances contenues dans les citations suivantes.

2. Quelle interprétation peut-on leur donner ?

Un frais parfum sortait des touffes d'asphodèles[1].
Les souffles de la nuit flottaient sur Galgala.

HUGO

1. Asphodèles : *fleurs blanches.*

Vous avez jusqu'ici
Contre leurs coups épouvantables
Résisté sans courber le dos.

LA FONTAINE

Dans les étables lamentables
Les lucarnes rapiécées
Ballottent leurs loques falotes.

VERHAEREN

Dans ce val solitaire et sombre,
Le cerf qui brame au bruit de l'eau,
Penchant ses yeux dans un ruisseau,
S'amuse à regarder son ombre.

DE VIAU

 Vers l'oral

 1. La poésie s'appuie sur le retour de sonorités * identiques à la rime mais aussi à l'intérieur des vers. Repérez ces répétitions.**

2. Quelle est l'allitération dominante ? Pourquoi peut-on parler d'harmonie imitative ?

3. Quels sentiments les assonances suggèrent-elles ? Relevez et analysez-les.

4. Entraînez-vous à la lecture à voix haute : lisez ce poème de façon expressive.

Il pleure dans mon cœur
Comme il pleut sur la ville ;
Quelle est cette langueur
Qui pénètre mon cœur ?

5 Ô bruit doux de la pluie
Par terre et sur les toits !
Pour un cœur qui s'ennuie
Ô le chant de la pluie !

Il pleure sans raison
10 Dans ce cœur qui s'écœure.
Quoi ? nulle trahison ?...
Ce deuil est sans raison.

C'est bien la pire peine
De ne savoir pourquoi
15 Sans amour et sans haine
Mon cœur a tant de peine !

PAUL VERLAINE, *Romances sans paroles*, 1874.

ÉTUDIER LES RÉPÉTITIONS LEXICALES ET SYNTAXIQUES

18 Relevez et étudiez l'anaphore dans ce poème.

COUVRE-FEU

Que voulez-vous la porte était gardée
Que voulez-vous nous étions enfermés
Que voulez-vous la rue était barrée
Que voulez-vous la ville était matée
5 Que voulez-vous elle était affamée
Que voulez-vous nous étions désarmés
Que voulez-vous la nuit était tombée

Que voulez-vous nous nous sommes aimés.

PAUL ÉLUARD, *Au rendez-vous allemand*,
Éd. de Minuit, 1945.

19 1. Relevez et identifiez les répétitions lexicales ** et syntaxiques dans la chanson suivante.

2. Quel est le champ lexical dominant du texte ?

3. Analysez les jeux sur les mots utilisés.

4. En vous aidant de vos réponses aux questions précédentes, proposez votre interprétation.

AUCUN EXPRESS

Aucun express ne m'emmènera
Vers la félicité
Aucun tacot n'y accostera
Aucun Concorde n'aura ton envergure
5 Aucun navire n'y va
Sinon toi

Aucun trolley ne me tiendra
Si haut perché
Aucun vapeur ne me fera fondre
10 Des escalators au chariot ailé
J'ai tout essayé
J'ai tout essayé

(Refrain)
J'ai longé ton corps
Épousé ses méandres
15 Je me suis emporté
Transporté

Par delà les abysses
Par dessus les vergers
Délaissant les grands axes
20 J'ai pris la contre-allée
Je me suis emporté
Transporté

Aucun landau ne me laissera
Bouche bée
25 Aucun Walhalla ne vaut le détour
Aucun astronef ne s'y attarde
Aucun navire n'y va
Sinon toi

(Refrain)

Aucun express ne m'emmènera vers
30 la félicité
Aucun tacot n'y accostera
Aucun Concorde n'aura ton envergure
Aucun navire n'y va
Aucun

(Refrain)

ALAIN BASHUNG – JEAN FAUQUE / ALAIN BASHUNG
Fantaisie militaire, avec l'aimable autorisation de
Universal Music Publishing SAS/CHATERTON, 1998.

ÉTUDIER LES CARACTÉRISTIQUES DU LANGAGE POÉTIQUE

 20
** **1. Sur quelles répétitions sonores, syntaxiques et lexicales le rythme du poème suivant repose-t-il ?**

2. Quels sens différents peut-on donner au terme «harmonie» ? Quelle dimension symbolique le mot «nuit» prend-il dans le poème ?

Elle a passé, la jeune fille,
Vive et preste comme un oiseau ;
À la main une fleur qui brille,
À la bouche un refrain nouveau.

5 C'est peut-être la seule au monde
Dont le cœur au mien répondrait ;
Qui, venant dans ma nuit profonde,
D'un seul regard l'éclairerait !...

Mais non, – ma jeunesse est finie...
10 Adieu, doux rayon qui m'a lui, –
Parfum, jeune fille, harmonie...
Le bonheur passait, – il a fui !

GÉRARD DE NERVAL, « *Une allée du Luxembourg* »,
Odelettes, 1832.

 21
** **1. Relevez les réseaux lexicaux développés par le poème suivant. Quelles sont les images associées à ces réseaux lexicaux ?**

2. Analysez la progression du poème : construction, rimes, thèmes.

Le temps a laissé son manteau
De vent, de froidure et de pluie,
Et s'est vêtu de broderie,
De soleil luisant, clair et beau.
5 Il n'y a ni bête, ni oiseau

Qu'en son jargon[1] ne chante ou crie :
Le temps a laissé son manteau
De vent, de froidure et de pluie.

Rivière, fontaine et ruisseau
10 Portent, en livrée jolie,
Gouttes d'argent d'orfèvrerie,
Chacun s'habille de nouveau
Le temps a laissé son manteau.

CHARLES D'ORLÉANS, *Rondeaux*, 1462.

1. **Jargon** : *langage.*

 22
** **1. Quel est le réseau lexical dominant du poème ? Relevez les termes qui le constituent.**

2. Étudiez le jeu de mots sonore proposé par le vers «Démons et merveilles». Comment peut-on l'interpréter ?

3. Quel sens donnez-vous au titre du poème ?

SABLES MOUVANTS

Démons et merveilles
Vents et marées
Au loin déjà la mer s'est retirée
Et toi
5 Comme une algue doucement caressée
[par le vent
Dans les sables du lit tu remues en rêvant
Démons et merveilles
Vents et marées
Au loin déjà la mer s'est retirée
10 Mais dans tes yeux entrouverts
Deux petites vagues sont restées
Démons et merveilles
Vents et marées
Deux petites vagues pour me noyer.

JACQUES PRÉVERT, *Paroles*, Éd. Gallimard, 1949.

EXO-BAC

Vers le sujet de commentaire

LECTURE
1. Retrouvez, dans le texte A, l'ensemble des caractéristiques du sonnet.
2. Quels thèmes, quels réseaux lexicaux, quelles images du sonnet retrouve-t-on dans le poème en prose ?

ÉCRITURE
Montrez comment, à travers son écriture poétique, Baudelaire utilise les ressources du vers et de la prose pour créer un univers harmonieux et sensuel. Présentez votre réponse sous la forme d'un développement structuré en deux paragraphes.

Texte A

Quand, les deux yeux fermés, en un soir
        [chaud d'automne,
Je respire l'odeur de ton sein chaleureux,
Je vois se dérouler des rivages heureux
Qu'éblouissent les feux d'un soleil monotone ;

5 Une île paresseuse où la nature donne
Des arbres singuliers et des fruits savoureux ;
Des hommes dont le corps est mince
        [et vigoureux,
Et des femmes dont l'œil par la franchise
        [étonne.

Guidé par ton odeur vers de charmants
        [climats,
10 Je vois un port rempli de voiles et de mâts
Encor tout fatigués par la vague marine,

Pendant que le parfum des verts tamariniers[1],
Qui circule dans l'air et m'enfle la narine,
Se mêle dans mon âme au chant des mariniers.

CHARLES BAUDELAIRE (1821-1867),
« Parfum exotique », *Les Fleurs du mal*, 1857.

1. **Tamariniers** : *grand arbre exotique, aux feuilles et aux fruits comestibles.*

Texte B

« Un hémisphère dans une chevelure » est un poème en prose qui s'inspire de deux pièces des Fleurs du mal *: « La chevelure » et « Parfum exotique ». On y retrouve les mêmes thèmes, que Baudelaire a toutefois choisi d'explorer sans les contraintes de la versification.*

Laisse-moi respirer longtemps, longtemps, l'odeur de tes cheveux, y plonger tout mon visage, comme un homme altéré, dans l'eau d'une source, et les agiter avec ma main comme
5 un mouchoir odorant, pour secouer des souvenirs dans l'air.

Si tu pouvais savoir tout ce que je vois ! tout ce que je sens ! tout ce que j'entends dans tes cheveux ! Mon âme voyage sur le parfum comme
10 l'âme des autres hommes sur la musique.

Tes cheveux contiennent tout un rêve, plein de voilures et de mâtures ; ils contiennent de grandes mers dont les moussons[1] me portent vers de charmants climats, où l'espace est plus
15 bleu et plus profond, où l'atmosphère est parfumée par les fruits, par les feuilles et par la peau humaine.

Dans l'océan de ta chevelure, j'entrevois un port fourmillant de chants mélancoliques, d'hommes
20 vigoureux de toutes nations et de navires de toutes formes découpant leurs architectures fines et compliquées sur un ciel immense où se prélasse l'éternelle chaleur.

Dans les caresses de ta chevelure, je retrouve
25 les langueurs des longues heures passées sur un divan, dans la chambre d'un beau navire, bercées par le roulis imperceptible du port, entre les pots de fleurs et les gargoulettes[2] rafraîchissantes.

30 Dans l'ardent foyer de ta chevelure, je respire l'odeur du tabac mêlée à l'opium et au sucre ; dans la nuit de ta chevelure, je vois resplendir l'infini de l'azur tropical ; sur les rivages duvetés de ta chevelure, je m'enivre des odeurs
35 combinées du goudron, du musc[3] et de l'huile de coco.

Laisse-moi mordre longtemps tes tresses lourdes et noires. Quand je mordille tes cheveux élastiques et rebelles, il me semble que je mange
40 des souvenirs.

CHARLES BAUDELAIRE (1821-1867),
« Un hémisphère dans une chevelure »,
Le Spleen de Paris, 1862.

1. **Moussons** : *vents qui soufflent dans l'Asie du Sud-Est* –
2. **Gargoulettes** : *récipient où un liquide se rafraîchit* –
3. **Musc** : *substance odorante.*

Le théâtre se distingue de tous les arts du spectacle – danse, mime, cirque – par le fait qu'il se fonde sur l'exercice de la parole. Cette caractéristique en fait un genre pleinement littéraire. Par sa façon de faire parler les personnages, le théâtre provoque les émotions les plus diverses : le rire, l'angoisse, la pitié ou la peur. Comment y parvient-il ?

Texte **A**

Un dialogue de tragédie

(La princesse arménienne Eurydice doit épouser le prince héritier du royaume de Parthe, Pacorus. Désespérée, elle se confie à sa suivante, Ormène.)

EURIDYCE

Ne me parle plus tant de joie, et d'hyménée[1],
Tu ne sais pas les maux où je suis condamnée,
Ormène, c'est ici que doit s'exécuter
Ce traité qu'à deux rois il a plu d'arrêter,
5 Et l'on a préféré cette superbe ville,
Ces murs de Séleucie[2], aux murs d'Hécatompyle[3] :
La reine et la princesse en quittent le séjour,
Pour rendre en ces beaux lieux tout son lustre à la Cour ;
Le roi les mande exprès, le prince n'attend qu'elles,
10 Et jamais ces climats n'ont vu pompes[4] si belles.
Mais que servent pour moi tous ces préparatifs,
Si mon cœur est esclave, et tous ces vœux captifs ;
Si de tous ces efforts de publique allégresse
Il se fait des sujets de trouble, et de tristesse ?
15 J'aime ailleurs.

ORMÈNE

Vous, Madame ?

EURIDYCE

Ormène, je l'ai tu,

Tant que j'ai pu me rendre[5] à toute ma vertu.
N'espérant jamais voir l'amant qui m'a charmée,
Ma flamme dans mon cœur se tenait renfermée,
L'absence et la raison semblaient la dissiper,
20 Le manque d'espoir même aidait à me tromper,
Je crus ce cœur tranquille, et mon devoir sévère
Le préparait sans peine aux lois du roi mon père,
Au choix qui lui plairait, mais ô Dieux, quel tourment,
S'il faut prendre un époux aux yeux de cet amant !

ORMÈNE

25 Aux yeux de votre amant !

PIERRE CORNEILLE, *Suréna*, Acte I, scène 1, 1675.

1. Hyménée : *mariage* – 2. Séleucie : *grande cité conquise par Suréna, le héros de la pièce* – 3. Hécatompyle : *au sud de la mer Caspienne, capitale résidence habituelle de la Cour* – 4. Pompes : *cérémonies* – 5. Me rendre à : *retrouver toute ma vertu.*

Texte **B**

Un dialogue de comédie

(Au début de la pièce, Angélique confie à la servante Toinette qu'elle est amoureuse de Cléante.)

ANGÉLIQUE, *la regardant d'un œil languissant, lui dit confidemment.* – Toinette.

TOINETTE. – Quoi ?

ANGÉLIQUE. – Regarde-moi un peu.

5 TOINETTE. – Hé bien ! je vous regarde.

ANGÉLIQUE. – Toinette.

TOINETTE. – Hé bien quoi, Toinette ?

ANGÉLIQUE. – Ne devines-tu point de quoi je veux parler ?

TOINETTE. – Je m'en doute assez, de notre jeune amant ; car c'est sur
10 lui, depuis six jours, que roulent tous nos entretiens ; et vous n'êtes point bien si vous n'en parlez à toute heure.

ANGÉLIQUE. – Puisque tu connais cela, que n'es-tu donc la première à m'en entretenir, et que ne m'épargnes-tu la peine de te jeter sur ce discours ?

15 TOINETTE. – Vous ne m'en donnez pas le temps et vous avez des soins là-dessus qu'il est difficile de prévenir[1].

ANGÉLIQUE. – Je t'avoue que je ne saurais me lasser de te parler de lui, et que mon cœur profite avec chaleur de tous les moments de s'ouvrir à toi. Mais dis-moi, condamnes-tu, Toinette, les sentiments que j'ai pour lui ?

20 TOINETTE. – Je n'ai garde.

ANGÉLIQUE. – Ai-je tort de m'abandonner à ces douces impressions ?

TOINETTE. – Je ne dis pas cela.

ANGÉLIQUE. – Et voudrais-tu que je fusse insensible aux tendres protestations de cette passion ardente qu'il témoigne pour moi ?

25 TOINETTE. – À Dieu ne plaise !

ANGÉLIQUE. – Dis-moi un peu, ne trouves-tu pas, comme moi, quelque chose du Ciel, quelque effet du destin, dans l'aventure inopinée de notre connaissance ?

TOINETTE. – Oui.

MOLIÈRE, *Le Malade imaginaire*, Acte I, scène 4, 1673.

1. Prévenir : *devancer.*

---

1 LE DIALOGUE THÉÂTRAL

1 ▷ Que signalent les différences de caractères d'imprimerie dans le texte de théâtre ?

2 ▷ Comment le lecteur sait-il qui sont les personnages qui parlent ?

2 L'ACTION, LE LIEU ET LE TEMPS

3 ▷ Dans quelle situation se trouvent les personnages en scène ?

4 ▷ À quel moment et dans quels lieux se déroulent ces échanges ?

3 LES PERSONNAGES

5 ▷ Quels traits caractéristiques de chaque personnage ces passages font-ils saisir au spectateur ?

4 LE GENRE ET LE REGISTRE

6 ▷ Comment s'exprime la différence de condition sociale entre les personnages créés par Molière et ceux créés par Corneille ?

15 | Le théâtre

Le théâtre, en jouant à sa façon de toutes les formes de dialogue, recrée des univers, fait vivre des personnages et suscite les émotions les plus variées, provoquant tour à tour le rire et les pleurs, la réflexion et le rêve.

1 LE DIALOGUE THÉÂTRAL

1. Une énonciation complexe

Au théâtre, l'auteur s'adresse au public par l'intermédiaire des paroles échangées entre les acteurs. En marge du dialogue, les didascalies décrivent le décor, précisent les déplacements voire les intonations des personnages. Elles sont autant de consignes pour tous ceux qui prennent en charge la représentation théâtrale.

Schéma de la communication théâtrale

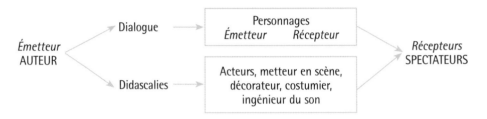

2. Les formes du dialogue théâtral

Pour assurer à la fois le dialogue entre les personnages ainsi que l'échange entre la scène et la salle, le théâtre recourt à des artifices éloignés des dialogues de la vie ordinaire.

	Définition	Effet recherché	Exemples
La tirade	Long discours qui souligne un fait important.	– Raconter. – S'expliquer, se défendre, dénoncer ou accuser.	– Théramène raconte la mort d'Hippolyte. – Don Juan fait l'éloge de l'infidélité.
Le monologue	Un personnage parle seul en scène, parfois longuement. Il s'agit par convention d'une forme de dialogue.	– Donner des informations. – Délibérer pour agir. – Exprimer son émotion.	– Rodrigue se demande s'il doit venger son père. – Figaro se croit trahi par sa fiancée.
La repartie	Réplique brève, parfois maxime mémorable.	– Souligner la vivacité de l'affrontement. – Formuler une vérité. – Révéler un personnage.	« Le Comte. – Qui t'a donné une philosophie aussi gaie ? Figaro. – L'habitude du malheur. »
L'aparté	Parole adressée au public mais non à l'interlocuteur, pourtant en scène.	– Montrer la difficulté de l'échange. – Créer une complicité avec le public.	« Le Comte *(à part)*. – Voici du neuf. Figaro *(à part)*. – À mon tour maintenant. »

2 **L'ACTION, LE LIEU ET LE TEMPS**

L'action désigne l'événement principal sur lequel repose la pièce. La succession des épisodes qui composent l'intrigue détermine le rythme de l'œuvre, en prolongeant les attentes ou en multipliant les coups de théâtre.

1. Le développement de l'action

→**L'exposition.** Le début de la pièce peut remplir trois fonctions : situer l'action, peindre les personnages, mettre en place les forces qui entrent en conflit.

→**Les péripéties.** Les changements de situation marquent le développement du conflit. Les coups de théâtre surprennent et tiennent le spectateur en suspens.

→**Le dénouement.** La fin, idéalement rapide, complète et logique dans le théâtre classique, amène la résolution du conflit, installe une nouvelle situation, éclaire les personnages et oriente la compréhension de l'œuvre.

2. Le lieu de l'action

Le lieu de l'action, parfois décrit dans les didascalies, est également évoqué par les dialogues. Pour le spectateur, il est aussi représenté à travers les décors.

→**Le lieu unique.** L'action se concentre dans un lieu identifiable où tous les personnages se rencontrent : salle de palais, place d'une ville, pièce d'une maison, etc.

→**Les lieux multiples.** L'action se déplace d'un acte à l'autre ou à l'intérieur d'un même acte : l'œuvre y gagne en variété et en souplesse.

3. Le temps de l'action

→**La durée.** L'action évoquée, limitée à une journée dans le théâtre classique, peut s'étendre sur plusieurs mois, voire plusieurs années. Mais au théâtre, on assiste toujours en direct à ce qui se dit et se fait sur scène.

→**La succession des actions.** Pour assurer la vraisemblance, le théâtre classique impose la liaison des scènes : un personnage est présent d'une scène à l'autre. Mais les séquences peuvent être juxtaposées sans souci de la chronologie.

3 **LES PERSONNAGES**

Le personnage de théâtre se définit par ce qu'il dit, ce qu'on dit de lui et par ce qu'il fait. Il peut combiner un type traditionnel et des caractérisations plus individuelles.

1. Le personnage type

Défini par quelques traits fortement marqués, il est facilement reconnu par le public : valet rusé comme Sganarelle, père tyrannique comme Harpagon.

2. Le personnage mythique

Tiré de récits légendaires, le personnage mythique, comme Oreste, Antigone, Don Juan ou Faust, suscite la fascination du public en soulevant sur l'homme et le monde des questions fondamentales que chaque auteur de théâtre réactualise.

3. Le personnage individualisé

Grâce à des caractéristiques sociales, psychologiques, historiques, le personnage se rapproche des personnes humaines. Ainsi, Figaro se distingue du valet-type Scapin parce qu'il a un passé, un amour, un avenir.

4 **LE THÉÂTRE : GENRES ET REGISTRES (LE COMIQUE ET LE TRAGIQUE) (OBJET D'ÉTUDE SECONDE)**

1. Les genres théâtraux

→**La tragédie, la comédie, le drame.** Dès l'Antiquité Aristote oppose la tragédie, qui représente « les belles actions et celles des caractères nobles », à la comédie, qui montre des « hommes de caractère inférieur ».

	Tragédie classique (XVIIe siècle)	Comédie classique (XVIIe – XVIIIe siècles)	Drame romantique (XIXe siècle)
Les personnages	Héros légendaires ou historiques : rois, princes	Bourgeois, paysans, parfois quelques nobles	Historiques ou fictifs, de tous les milieux
L'époque	Éloignée : Antiquité, époque biblique	Contemporaine de l'auteur et du public	De la Renaissance aux Temps modernes
Le lieu	Lieu éloigné : Rome, Grèce, pièce d'un palais	Lieu familier, intérieur bourgeois, ville, maison	Lieux multiples : palais, chambres, jardin...
La durée de l'action	Vingt-quatre heures maximum	Vingt-quatre heures maximum	Durées variées, d'une journée à plusieurs mois
La forme du texte	Cinq actes en alexandrins: style noble	Trois ou cinq actes en prose ou en vers, langue soutenue ou familière	Cinq actes en prose ou en vers, registres mêlés : pathétique, comique ou réaliste
L'effet recherché	Inspirer la terreur et la pitié, et provoquer ainsi la purification des passions (catharsis)	Par le rire ou le sourire, critiquer des ridicules ou certains aspects de la société	En mélangeant les genres, veut représenter tous les aspects de la réalité sociale et historique
Le dénouement	Malheureux	Heureux	Malheureux
Le thème	L'homme face à ses passions, ses ambitions, son destin	L'homme et les conventions sociales, ses ridicules	L'homme et ses passions face à la société
Les auteurs	Corneille, Racine	Molière, Beaumarchais	Hugo, Vigny, Musset
Les genres voisins	Tragi-comédie, comédie héroïque, drame, mystère	Farce, comédie-ballet, vaudeville, pastorale	Mélodrame, Grand-Guignol, mystère

→**La fin des distinctions.** Au XXe siècle, ces cadres trop rigides paraissent sans pertinence : chez Ionesco ou Beckett, c'est par le comique le plus dérisoire qu'on atteint le tragique le plus sombre. Les créateurs, auteurs, metteurs en scène, acteurs cherchent à échapper à des définitions qui limiteraient leur liberté créatrice.

→**Les formes actuelles de la théâtralité.** Seul le théâtre permet le contact direct du public et des acteurs. La représentation reste si indispensable que, dans certains spectacles télévisés, on fait entendre les réactions d'un public imaginaire. Le théâtre actuel est d'une grande diversité :
– des metteurs en scène renouvellent notre vision des œuvres du passé ;
– des auteurs, comme Nathalie Sarraute, Michel Vinaver, Olivier Py, proposent de nouvelles formes d'écriture théâtrale ;
– des sketches d'artistes originaux, Raymond Devos, Sylvie Joly, Zouc ou Philippe Caubère, font rire et réfléchir.

■ 2. Les registres : le comique et le tragique

La diversité des registres dans lesquels peut s'inscrire l'œuvre théâtrale montre la diversité d'un genre qui peut rivaliser avec le roman, la poésie et les discours les plus éloquents. La façon dont le conflit est mis en scène définit différents registres.

→**Les registres de la tragédie.** En montrant des personnages victimes d'un destin auquel ils ne peuvent échapper, les tragédies suscitent la pitié ou la crainte et éclairent les faiblesses propres à la condition humaine. L'accumulation de coïncidences malheureuses provoque la compassion propre au registre pathétique qu'on retrouve fréquemment dans le mélodrame. Entre le registre tragique et le registre pathétique, certains critiques situent le registre dramatique : l'exploit du héros qui surmonte une difficulté soulève l'admiration.

→**Les registres de la comédie.** De la farce à la comédie de mœurs, de la tendresse, de l'humour à la violence de la satire, les comédies suscitent toutes les sortes de rire. Tantôt la comédie crée un climat d'euphorie qui donne le plaisir d'un divertissement et l'on est dans le pur registre comique ; tantôt le rire permet de dénoncer le ridicule d'un personnage ou les abus d'une classe sociale et l'on retrouve alors l'âpreté du registre satirique.

Les grandes dates de l'histoire littéraire

L'histoire du THÉÂTRE en France

x-xvie siècles Les mystères religieux, les moralités profanes et les farces se jouent sur les places publiques à l'occasion de fêtes qui rassemblent toute la collectivité.

xviie siècle À partir de 1630 apparaît un théâtre novateur, fondé sur le respect des bienséances et des unités d'action, de lieu et de temps. La floraison des chefs-d'œuvre de Corneille, Molière et Racine fait la gloire du théâtre classique.

xviiie siècle Marivaux, avec *Le Jeu de l'amour et du hasard*, puis Beaumarchais, avec *Le Mariage de Figaro*, renouvellent chacun à leur manière la comédie.

xixe siècle En 1830, la bataille d'*Hernani* de Victor Hugo impose le drame romantique. En refusant les unités de temps et de lieu, en mêlant le grotesque et le sublime, le drame romantique ouvre la voie au théâtre moderne.

xxe siècle Au début du siècle, le vaudeville fait les beaux jours du théâtre de boulevard, tandis que Paul Claudel crée une somme d'une fraîcheur toujours intacte : *Le Soulier de satin*. Entre les deux guerres, Cocteau, Giraudoux, Camus, Sartre, Anouilh s'inspirent des mythes antiques pour mieux affronter les tragédies du siècle. À partir de 1950, Ionesco, Beckett, Adamov s'interrogent sur les limites du langage et remettent en cause les certitudes du discours et de la logique.

Aujourd'hui Le théâtre doit répondre à la concurrence du cinéma et de nouvelles formes de spectacle. Bernard-Marie Koltès, Jean-Claude Grumberg, Michel Vinaver, Valère Novarina renouvellent et enrichissent le répertoire de la scène.

ANALYSER L'ÉNONCIATION THÉÂTRALE

1 Les didascalies donnent des indications que le
dialogue ne fournit pas. Quels comportements,
quels traits de caractères des personnages ré-
vèlent-elles dans les extraits suivants ?

TEXTE A

LADY HURE. – Vous ne comprenez donc pas qu'il
l'a séduite, la fera voler ou faire le trottoir.

LORD EDGARD, *qui ne comprend pas.* – Le trottoir ? *(Il comprend soudain.)* Le trottoir ! *(Il*
5 *s'écroule.)*

> JEAN ANOUILH, *Le Bal des voleurs,*
> Éd. de la Table ronde, 1938.

TEXTE B

GIORGIO. – Alors, c'est non ?

LAURA, *se laissant tomber sur un siège, désespérée,
comme parlant pour elle-même.* – Mon Dieu !,
Mon Dieu ! Cela n'a donc servi à rien ?

5 GIORGIO, *la regarde un moment, comme abasour-
di.* – Qu'est-ce qui n'a servi à rien ? Qu'est-ce
que tu dis ? Je veux que tu me répondes.

LAURA. – Alors tu ne te souviens que d'une seule
chose ? Tu oublies tout ?

> LUIGI PIRANDELLO, *La Greffe,*
> Trad. Claude Perrus, Éd. Gallimard, 1919.

2 **1. Dans cette scène, lequel des deux personnages est moins renseigné que le spectateur ?**

**2. Quel accessoire rend plus vraisemblable le
surprenant quiproquo ?**

*(Monsieur Damis, en domino[1], est caché dans
une pièce obscure ; il veut ainsi apprendre qui est
l'amoureux d'Angélique, celle qu'il aime.)*

ÉRASTE. – Je ne saurais douter qu'Angélique ne
m'aime ; mais sa timidité m'inquiète, et je crains
de ne pouvoir l'enhardir à dédire sa mère[2].

MONSIEUR DAMIS, *à part.* – Est-ce que je me
5 trompe ? c'est la voix de mon fils, écoutons.

ÉRASTE. – Tâchons de ne pas faire de bruit. *Il
marche en tâtonnant.*

MONSIEUR DAMIS. – Je crois qu'il vient à moi ;
changeons de place.

10 ÉRASTE. – J'entends remuer du taffetas ; est-ce
vous, Angélique, est-ce vous ? *En disant cela, il
attrape Monsieur Damis par le domino.*

MONSIEUR DAMIS, *retenu.* – Doucement !…

ÉRASTE. – Ah ! c'est vous-même.

15 MONSIEUR DAMIS, *à part.* – C'est mon fils.

ÉRASTE. – Eh bien, Angélique, me condamne-
rez-vous à mourir de douleur ?

> MARIVAUX, *L'École des mères,* scène 16, 1732.

1. **Domino** : *costume de bal masqué que Monsieur Damis avait
enfilé pour se dissimuler* – 2. **L'enhardir à dédire sa mère** : *lui
donner le courage de résister à sa mère.*

▼ **Vers l'écrit d'invention**

3 **1. Quelles didascalies indiquent un geste, un
mouvement, un état d'esprit ?**
**Lesquelles semblent indispensables pour com-
prendre la scène ?**

**2. Comment la complicité entre l'auteur et le
public s'établit-elle ?**

**3. Un témoin de cette scène la raconte à un ami.
En transposant toutes les indications données
par les didascalies, vous rédigerez son récit.
Veillez pour cela à utiliser les temps du passé.**

*(M. Follavoine se plaint à son épouse Julie de
n'avoir pas trouvé le mot « Hébrides » dans son
dictionnaire.)*

JULIE. – C'est dans les Z que tu cherches ça ?

FOLLAVOINE, *un peu interloqué.* – Hein ?…
mais… oui…

JULIE, *haussant les épaules avec pitié.* – Dans les
5 Z, les Hébrides ? Ah ! bien je te crois que tu
n'as pas pu trouver.

FOLLAVOINE. – Quoi ? C'est pas dans les Z ?
Il contourne la table et remonte près de Julie.

JULIE, *tout en feuilletant rapidement le diction-*
10 *naire.* – Il demande si c'est pas dans les Z !

FOLLAVOINE. – C'est dans quoi, alors ?

JULIE, *s'arrêtant à une page de dictionnaire.* – Ah !
porcelainier, va !… Tiens tu vas voir comme
c'est dans les Z. *(Parcourant la colonne des*
15 *mots.)* Euh !… « Ébraser, Èbre, Ébrécher… »
C'est dans les E, voyons ! « Ébriété, ébroïcien,
ébro… » *(Interloquée)* Tiens ! Comment ça se
fait ?

FOLLAVOINE. – Quoi ?

20 JULIE. – Ça n'y est pas !

FOLLAVOINE, *dégageant vers la gauche et sur un
ton triomphant.* – Ah ! ah ! Je ne suis pas fâ-
ché !… Toi qui veux toujours en savoir plus
que les autres !…

25 JULIE, *décontenancée.* – Je ne comprends pas :
ça devrait être entre « ébrécher » et « ébriété ».

FOLLAVOINE, *sur un ton rageur.* – Quand je te dis
qu'on ne trouve rien dans ce dictionnaire !

> GEORGES FEYDEAU, *On purge bébé !,* 1910.

4 Le spectateur, lorsqu'il entend Thésée condamner son fils, connaît l'innocence d'Hippolyte. En quoi la double énonciation contribue-t-elle au tragique du passage ?

(Thésée croit à tort qu'en son absence, son fils Hippolyte a tenté de séduire son épouse Phèdre. Il demande au redoutable Neptune, dieu des Mers, d'« exécuter » son fils.)

THÉSÉE, *seul*.

Misérable, tu cours à ta perte infaillible.
Neptune, par le fleuve[1] aux Dieux mêmes
                  [terrible,
M'a donné sa parole et va l'exécuter.
Un Dieu vengeur te suit, tu ne peux l'éviter.
5 Je t'aimais ; et je sens que malgré ton offense,
Mes entrailles pour toi se troublent par
                  [avance.
Mais à te condamner tu m'as trop engagé.
Jamais père en effet fut-il plus outragé ?
Justes Dieux, qui voyez la douleur qui
                  [m'accable,
10 Ai-je pu mettre au jour un enfant si coupable ?

RACINE, *Phèdre*, Acte IV, scène 3, 1677.

1. **Le fleuve** : *le Styx, fleuve des enfers.*

ÉTUDIER LES FORMES DU DIALOGUE

5 1. Distinguez les divers moments de la tirade de Camille.

2. Quels reproches Camille adresse-t-elle à son cousin ?

3. La tirade de Camille montre-t-elle qu'elle est « une orgueilleuse » ?

4. La dernière réplique de Perdican donne-t-elle raison à Camille ?

5. Quelles indications donneriez-vous aux deux interprètes de ce passage ?

(Le jeune Perdican essaie de retenir sa cousine Camille qui veut renoncer au monde et se faire religieuse.)

PERDICAN. – Tu es une orgueilleuse ; prends garde à toi.
CAMILLE. – Pourquoi ?
PERDICAN. – Tu as dix-huit ans, et tu ne crois pas
5 à l'amour ?
CAMILLE. – Y croyez-vous, vous qui parlez ?
Vous voilà courbé près de moi avec des genoux qui se sont usés sur les tapis de vos maîtresses, et vous n'en savez plus le nom. Vous avez pleuré
10 des larmes de joie et des larmes de désespoir ; mais vous saviez que l'eau des sources est plus constante que vos larmes, et qu'elle serait toujours là pour laver vos paupières gonflées. Vous faites votre métier de jeune homme, et vous sou-
15 riez quand on vous parle de femmes désolées ; vous ne croyez pas qu'on puisse mourir d'amour, vous qui vivez et qui avez aimé. Qu'est-ce donc que le monde ? Il me semble que vous devez cordialement mépriser les femmes qui vous
20 prennent tel que vous êtes, et qui chassent leur dernier amant pour vous attirer dans leurs bras avec les baisers d'un autre sur les lèvres. Je vous demandais tout à l'heure si vous aviez aimé ; vous m'avez répondu comme un voyageur à qui
25 l'on demanderait s'il a été en Italie ou en Allemagne, et qui dirait : « Oui, j'y ai été » ; puis qui penserait à aller en Suisse, ou dans le premier pays venu. Est-ce donc une monnaie que votre amour, pour qu'il puisse passer ainsi de mains en
30 mains jusqu'à la mort ? Non, ce n'est pas même une monnaie ; car la plus mince pièce d'or vaut mieux que vous, et, dans quelques mains qu'elle passe, elle garde son effigie.
PERDICAN. – Que tu es belle, Camille, lorsque
35 tes yeux s'animent !

ALFRED DE MUSSET, *On ne badine pas avec l'amour*,
Acte II, scène 5, 1834.

6 1. À l'aide des didascalies, délimitez la progression du passage.

2. Qu'est-ce qui justifie le recours au monologue ? Quelles informations donne-t-il au lecteur ?

3. Monologue et aparté jouent-ils le même rôle ?

4. D'où vient l'humour du passage ?

FLORINDO, *seul*. – Le voici cet adorable balcon auquel s'accoude ma bien-aimée. Si elle y venait maintenant, il me semble que j'oserais lui dire quelques mots. Je lui dirais par exemple…
5 *(Ottavio arrive du côté opposé au balcon et s'immobilise pour observer Florindo.)* Oui, je lui dirais : « Madame, je vous aime tendrement ; sans vous je ne puis vivre ; vous êtes mon âme, ma vie. Oh, mon cher ange, je vous en supplie,
10 ayez pitié de moi ! » *(Il se retourne et voit Ottavio. À part :)* Ciel ! je ne voudrais pas qu'il m'ait vu. *(À Ottavio :)* Cher ami, que dites-vous de la belle architecture de ce balcon ?

CARLO GOLDONI, *Le Menteur*, Acte I, scène 7, 1753,
trad. Michel Arnaud, Bibliothèque de la Pléiade,
Éd. Gallimard.

7 **1. Dans quel passage ce monologue prend-il la forme d'un dialogue ? Pourquoi ?**

2. Relevez les verbes à l'impératif. Que décide Agamemnon ?

3. Que nous révèle ce monologue sur le caractère et les motivations d'Agamemnon ?

(Achille vient d'annoncer qu'il s'opposera à Agamemnon si ce dernier livre sa fille Iphigénie en sacrifice aux Dieux.)

AGAMEMNON, *seul.*

Et voilà ce qui rend sa perte[1] inévitable.
Ma fille toute seule était plus redoutable.
Ton insolent amour, qui croit m'épouvanter,
Vient de hâter le coup que tu veux arrêter.
5 Ne délibérons plus. Bravons sa violence[2].
Ma gloire intéressée emporte la balance.
Achille menaçant détermine mon cœur :
Ma pitié semblerait un effet de ma peur.
Holà, gardes, à moi !

JEAN RACINE, *Iphigénie*, Acte IV, scène 7, 1674.

1. **Sa perte** : *celle d'Iphigénie dont les dieux demandent la mort* – 2. **Sa violence** : *celle d'Achille qui s'oppose aux chefs grecs qui veulent sacrifier Iphigénie.*

8 **1. Relevez les parallélismes qui donnent de la vivacité à ces deux dialogues.**

2. Montrez que ces reparties mettent en valeur l'entente des deux amoureux et le conflit du maître et du valet.

3. Quelle repartie se rapproche d'une maxime ? Pourquoi ?

TEXTE **A**

(Suzanne et Figaro veulent se marier mais le Comte leur maître voudrait les en empêcher.)

FIGARO. – Pour m'ouvrir l'esprit, donne un petit baiser.

SUZANNE. – À mon amant d'aujourd'hui, je t'en souhaite ! Et qu'en dirait demain mon mari ?
5 *(Figaro l'embrasse.)*

SUZANNE. – Hé bien ! Hé bien !

FIGARO. – C'est que tu n'as pas l'idée de mon amour.

SUZANNE, *se défripant.* – Quand cesserez-vous,
10 importun, de m'en parler du matin au soir ?

FIGARO, *mystérieusement.* – Quand je pourrai te le prouver du soir jusqu'au matin. *(On sonne une seconde fois.)*

SUZANNE, *de loin, les doigts sur sa bouche.* – Voilà
15 votre baiser, Monsieur ; je n'ai plus rien à vous.

FIGARO *court après elle.* – Oh ! mais ce n'est pas ainsi que vous l'avez reçu…

BEAUMARCHAIS, *Le Mariage de Figaro*, Acte I, scène 1, 1784.

TEXTE **B**

(Le Comte a appelé son domestique Figaro mais celui-ci a pris son temps.)

LE COMTE *se promène.* – […] Je voudrais bien savoir quelle affaire peut arrêter Monsieur, quand je le fais appeler ?

FIGARO, *feignant d'ajuster son habillement.* – Je
5 m'étais sali sur ces couches en tombant[1] ; je me changeais.

LE COMTE. – Faut-il une heure ?

FIGARO. – Il faut le temps.

LE COMTE. – Les domestiques ici… sont plus
10 longs à s'habiller que les maîtres !

FIGARO. – C'est qu'ils n'ont point de valet pour les y aider.

BEAUMARCHAIS, *Le Mariage de Figaro*, Acte III, scène 5, 1784.

1. *Dans l'acte précédent, Figaro a prétendu avoir sauté sur les tas de terreau dans le jardin ; cette allusion ne peut qu'irriter le Comte.*

9 **1. Montrez que l'aparté accuse le contraste entre ce qui est dit et ce qui est pensé.**

2. D'où vient le comique du passage ?

(Étienne a été longtemps absent. À son retour, il croit que sa maîtresse Amélie l'a trompé avec Marcel, son meilleur ami. La scène rassemble Amélie, Étienne, Marcel et deux autres personnages.)

AMÉLIE, *s'élançant dans ses bras.* – Ah ! mon Étienne !

ÉTIENNE. – Ma petite Amélie ! *(Baisers, puis, à part.)* Petite traînée !… *(À Marcel.)* Ce bon
5 Marcel !

MARCEL. – Et ça va bien ?

ÉTIENNE. – Si ça va ! Ah !

MARCEL, *lui serrant la main avec exagération.* – Ah ! je suis bien content !
10 ÉTIENNE. – Et moi donc !… *(Entre ses dents.)* Salaud, va !…

POCHET. – Vous êtes heureux de vous revoir ?

ÉTIENNE. – Moi ? Aux anges !

MARCEL, *comme un éclair, bas à Van Putzeboum.*
15 – Surtout, à lui, pas un mot ! pas un mot de ce que vous savez !

VAN PUTZEBOUM, *bas.* – Hein ? Ah ! là, mais oui, voyons… Est-ce que ça est même à dire ces choses-là ?
20 MARCEL, *bas.* – Oh ! oui, hein ?

VAN PUTZEBOUM, *bas.* – Est-ce que tu me crois assez bête pour aller lui raconter… !

MARCEL, *bas.* – Ah, est-ce qu'on sait jamais ! (*À part.*) Ouf, ça me tranquillise !

GEORGES FEYDEAU, *Occupe-toi d'Amélie*,
Acte II, scène 14, 1908.

10 1. **Expliquez pourquoi Hugo recourt ici à l'aparté.**

** 2. **Ces apartés font-ils avancer l'action ?**

3. **En quoi ces apartés contribuent-ils à la tension dramatique ?**

(*La reine commence à deviner que Ruy Blas, le jeune messager qui lui a porté une lettre du roi, est l'auteur de la déclaration d'amour reçue trois jours plus tôt.*)

LA REINE, *à Ruy Blas.*
Vous venez d'Aranjuez ?

RUY BLAS, *s'inclinant.*
Oui, Madame.

5   LA REINE.
Le roi

Se porte bien ?

(*Ruy Blas s'incline. Elle montre la lettre royale.*)

10   Il a dicté ceci pour moi ?
RUY BLAS

Il était à cheval, il a dicté la lettre… (*Il hésite un moment.*)
À l'un des assistants.

15   LA REINE, *à part, regardant Ruy Blas.*
Son regard me pénètre.
Je n'ose demander à qui. (*Haut.*)
C'est bien, allez.
– Ah ! – (*Ruy Blas qui avait fait quelques pas*
20 *pour sortir revient vers la reine.*)
Beaucoup de seigneurs étaient là rassemblés ?
(*À part.*)
Pourquoi donc suis-je émue en voyant ce jeune
[homme ?

(*Ruy Blas s'incline, elle reprend.*)
25 Lesquels ?

RUY BLAS

Je ne sais point les noms dont on les nomme.
Je n'ai passé là-bas que des instants fort
[courts.
Voilà trois jours que j'ai quitté Madrid.

30   LA REINE, *à part.*
Trois jours !

(*Elle fixe un regard plein de trouble sur Ruy Blas.*)

RUY BLAS, *à part.*
35 C'est la femme d'un autre ! ô jalousie affreuse !
– Et de qui ! – Dans mon cœur un abîme se
[creuse.

VICTOR HUGO, *Ruy Blas*,
Acte II, scène 3, 1838.

ÉTUDIER LE DÉVELOPPEMENT DE L'ACTION

11 1. **Comment le spectateur peut-il savoir qui sont**

* **les personnages en scène ?**

2. **Quelles indications sur le lieu et le moment apporte le dialogue ? Quel événement provoque la stupeur de Pollux ?**

3. **De quelle façon Jason répond-il ? Quelles indications ses répliques fournissent-elles sur le personnage ?**

4. **Pourquoi Jason doit-il donner des explications à Pollux ? Cela rend-il l'exposition plus naturelle ?**

POLLUX

Que je sens à la fois de surprise et de joie !
Se peut-il faire, ami, qu'ici je vous revoie,
Que Pollux dans Corinthe ait rencontré Jason ?

JASON

Vous n'y pourriez venir en meilleure saison,
5 Et pour vous rendre encor[e] l'âme plus étonnée
Préparez-vous à voir dans peu mon hyménée[1].

POLLUX

Quoi, Médée est donc morte à ce compte ?

JASON

Elle vit,
Mais un objet[2] nouveau la chasse de mon lit.

POLLUX

10 Dieux ! et que fera-t-elle ?

JASON

Et que fit Hypsipile[3]
Que former dans son cœur un regret inutile,
Jeter les cris en l'air, me nommer inconstant ?
Si bon semble à Médée, elle en peut faire
[autant.

PIERRE CORNEILLE, *Médée*,
Acte I, scène 1, 1634.

1. **Hyménée :** *mariage* – 2. **Objet :** *être aimé* – 3. **Hypsipile :** *reine de Lemnos, abandonnée par Jason.*

12 **1. Dans ces premières répliques de la pièce, reconnaît-on le dialogue caractéristique d'une exposition ? Justifiez votre réponse.**

2. Quelles informations les didascalies et le dialogue fournissent-ils sur le caractère des personnages ?

LUI. – C'est beau, tu ne trouves pas ?
ELLE, *hésitante*. – Oui…
LUI. – Tu ne trouves pas que c'est beau ?
ELLE, *comme à contrecœur*. – Si… Si…
5 LUI. – Mais qu'est-ce que tu as ?
ELLE. – Mais rien. Qu'est-ce que tu veux ? Tu me demandes… Je te réponds oui…
LUI. – Mais d'un tel air… Tellement du bout des lèvres… Comme si c'était une telle concession.
10 (*Inquiet :*) Tu n'aimes pas ça ?
ELLE. – Mais si, j'aime, je te l'ai dit… Mais juste maintenant… tu ne veux donc pas comprendre…
LUI. – Non, en effet, je ne comprends pas …
15 LE FILS. – Oh écoute, pourquoi faire semblant ? Tu sais bien que tu n'obtiendras rien de plus que ça, que du bout des lèvres… que d'une voix blanche… rien de plus… Rien, tu sais bien… Puisque je suis là…

NATHALIE SARRAUTE, *C'est beau*, 1972,
Éd. Gallimard, 1975.

13 **1. Que souligne le recours au monologue ?**

**2. Comparez Jason à ce qu'il était dans la première scène (voir l'exercice 11).
Comment justifie-t-il son suicide ? Que regrette-t-il ?**

3. Pourquoi ce dénouement correspond-il à ce qu'on attend d'une tragédie ?

(*Médée a puni la trahison de Jason en tuant sa rivale Créuse et les deux enfants dont elle était la mère. Elle échappe à Jason en s'envolant dans les airs. Dans la fin du monologue qui termine la tragédie, il reconnaît son impuissance et renonce à se venger.*)

JASON

Tourne avec plus d'effet sur toi-même ton [bras,
Et punis-toi, Jason de ne la punir pas,
Vains transports où sans fruit mon désespoir [s'amuse,
Cessez de m'empêcher de rejoindre Créuse,
5 Ma reine, ta belle-âme, en partant de ces lieux,
M'a laissé ta vengeance, et je la laisse aux dieux,
Eux seuls, dont le pouvoir égale la justice
Peuvent de la sorcière achever le supplice,

Trouve-le bon, chère ombre, et pardonne à mes [feux
10 Si je te vais revoir plus tôt que tu ne veux.
(*Il se tue.*)

PIERRE CORNEILLE, *Médée*, Acte V, scène 6, 1639.

14 **1. En quoi peut-on parler d'un dénouement ? Les rapports de force entre les personnages ont-ils évolué depuis la scène d'exposition (voir l'exercice 12) ?**

2. Comment peut-on interpréter la réplique finale ?

LE FILS, *très calme et un peu condescendant*. – […] Ce n'est pas tout ça, mais tout à l'heure, M. Bertrand a appelé. C'est moi qui ai répondu… Il va rappeler…
5 LUI, *soulagé*. – À quelle heure ?
LE FILS. – J'ai dit que tu serais là à partir de huit heures.
LUI. – Oh, pourquoi huit heures ?… Quand j'avais dit que je serais là au plus tard…
10 LE FILS. – Excuse-moi, tu ne l'as pas dit à moi…
ELLE. – Non, c'est à moi que tu l'as dit.
LUI. – Non, à lui.
ELLE. – Non, à moi.
15 LE FILS. – Tu vois bien.
LUI. – Pour te défendre, ta mère dirait n'importe quoi…
LE FILS. – Non, tu sais bien qu'elle ne ment jamais.
20 LUI. – Tu me donnes des leçons à présent ? Et puis de qui parles-tu ? Qui « elle » ?

NATHALIE SARRAUTE, *C'est beau*, 1972,
Éd. Gallimard, 1975.

ANALYSER LE LIEU ET LE TEMPS DE L'ACTION

15 **1. Dans les extraits suivants, qu'apprend-on sur l'action en cours ?**

2. Quel conflit est ainsi mis en jeu ?

TEXTE A

LA FLÈCHE. – Le seigneur Harpagon est de tous les humains l'humain le moins humain, le mortel de tous les mortels le plus dur et le plus serré[1]. Il n'est point de service qui pousse
5 sa reconnaissance jusqu'à lui faire ouvrir les mains. De la louange, de l'estime, de la bienveillance en paroles, ou de l'amitié tant qu'il vous plaira ; mais de l'argent, point d'affaires.

Il n'est rien de plus sec et de plus aride que ses
10 bonnes grâces et ses caresses ; et, donner est
un mot pour qui il a tant d'aversion[1] qu'il ne
dit jamais : « Je vous donne » mais « Je vous
prête le bonjour ».

MOLIÈRE, *L'Avare*, Acte II, scène 4, 1667.

1. **Serré** : *avare* – 2. **Aversion** : *haine, antipathie.*

TEXTE B

LE MARQUIS, *à part*. – Je parie que je ne trouve-
rai point encore ici le chevalier.
M. TURCARET, *à part*. – Ah ! morbleu ! c'est le
marquis de la Thibaudière... La fâcheuse ren-
5 contre !
LE MARQUIS, *à part*. – Il y a près de deux jours
que je le cherche. *(Apercevant M. Turcaret.)* Eh !
que vois-je ?... Oui... non... pardonnez-moi...
justement... c'est lui-même, M. Turcaret. *(À la*
10 *baronne.)* Que faites-vous de cet homme-là,
madame ? Vous le connaissez ? Vous emprun-
tez sur gage ? Palsambleu ! Il vous ruinera.
LA BARONNE. – Monsieur le marquis...
LE MARQUIS, *l'interrompant*. – Il vous pillera, il
15 vous écorchera ; je vous en avertis. [...] il vend
son argent au poids de l'or.
M. TURCARET, *à part*. – J'aurais mieux fait de
m'en aller.
LA BARONNE, *au marquis*. – Vous vous méprenez,
20 monsieur le marquis ; M. Turcaret passe dans le
monde pour un homme de bien et d'honneur.

LESAGE, *Turcaret*, Acte III, scène 4, 1720.

 16 Voici l'intrigue de deux œuvres célèbres du théâ-
** tre contemporain. Peut-on y repérer exposition,
obstacle, dénouement ?

TEXTE A

ACTE 1.

Au bord d'une route, deux vagabonds, Estragon
et Vladimir, attendent Godot. Ils ignorent s'il viendra, qui il est et ce qu'ils attendent exactement
de lui. Surviennent deux étranges personnages :
5 Pozzo tient en laisse Lucky qui doit lui obéir
aveuglément. Pozzo et Lucky partent. Un garçon
annonce que Godot ne viendra pas ce soir mais
« sûrement demain ». La nuit tombe.

ACTE 2.

Le lendemain, les deux vagabonds se retrouvent
au même endroit : ils essayent de passer le temps.
Repassent Pozzo, devenu aveugle, et Lucky,
devenu silencieux. Après leur départ, le garçon
5 de l'acte 1 annonce Godot pour le lendemain,
« sûrement ». Ils décident de partir mais restent
sur place.

SAMUEL BECKETT, *En attendant Godot*,
Éd. de Minuit, 1952.

TEXTE B

M. et Mme Smith, Anglais, échangent dans leur
salon anglais des banalités parfois incohérentes.
Ils reçoivent M. et Mme Martin et la conversation
multiplie banalités et illogismes. Le capitaine des
5 pompiers, qui cherche des incendies, retrouve la
bonne dont il est amoureux. Des récits absurdes
sont suivis par des formules qui ont de moins en
moins de sens. Puis la pièce recommence avec les
Martin dans le rôle tenu au début par les Smith.

EUGÈNE IONESCO, *La Cantatrice chauve*,
Éd. Gallimard, 1950.

17 **1. Comment l'auteur a-t-il donné une réalité à**
* **ce que ne voient pas les spectateurs ?**

**2. En quoi cela donne-t-il plus de réalité à l'es-
pace représenté sur scène ?**

*(Seule dans sa chambre avec sa servante Suzanne,
la Comtesse se désole des infidélités de son mari,
Monseigneur le Comte.)*

LA COMTESSE, *se servant de l'éventail*. – Ouvre un
peu la croisée sur le jardin. Il fait une chaleur
ici !...
SUZANNE. – C'est que Madame parle et marche
5 avec action. *(Elle va ouvrir la croisée du fond.)*
LA COMTESSE, *rêvant longtemps*. – Sans cette
constance à me fuir... Les hommes sont bien
coupables !
SUZANNE *crie à la fenêtre*. – Ah ! voilà Monsei-
10 gneur qui traverse à cheval le grand potager,
suivi de Pédrille, avec deux, trois, quatre lé-
vriers.
LA COMTESSE. – Nous avons du temps devant
nous. *(Elle s'assied.)* On frappe, Suzon ?
15 SUZANNE *court ouvrir en chantant*. – Ah ! c'est
mon Figaro ! ah ! c'est mon Figaro !

BEAUMARCHAIS, *Le Mariage de Figaro*,
Acte II, scène 1, 1784.

 18 **1. Comment Ionesco rend-il sensible le passage**
** **du temps ?**

**2. Pourquoi peut-on dire que cette œuvre
qui s'achève par la mort du roi respecte la règle
classique de l'unité de temps ?**

**3. Quels sens prennent dans le contexte les mots
« distraire » et « programme » ?**

*(Le roi Bérenger 1er est entouré de la Reine Mar-
guerite, la première épouse, et de la Reine Marie,
la deuxième épouse.)*

MARGUERITE, *au roi*. – Tu vas mourir dans une
heure vingt-cinq minutes.
LE MÉDECIN. – Oui, Sire. Dans une heure vingt-
quatre minutes cinquante secondes.
5 LE ROI, *à Marie*. – Marie !

MARGUERITE. – Dans une heure vingt-quatre minutes quarante et une secondes. *(Au roi :)* Prépare-toi.

MARIE. – Ne cède pas.

10 MARGUERITE, *à Marie.* – N'essaye plus de le distraire. Ne lui tends pas les bras. Il est déjà sur la pente, tu ne peux plus le retenir. Le programme sera exécuté point par point.

LE GARDE, *annonçant.* – La cérémonie com-
15 mence !

> EUGÈNE IONESCO, *Le roi se meurt*,
> Éd. Gallimard, 1962.

ÉTUDIER LES PERSONNAGES

19 **1. Quels sont les deux personnages-
★★ types de la comédie traditionnelle que l'on reconnaît ici ? En quoi s'opposent-ils ? En quoi prêtent-ils à rire ?**

2. Qu'est-ce qui rend le passage amusant ? Montrez que le comique de la scène repose sur le caractère des deux personnages.

3. Étudiez dans chacune des mises en scène les costumes des personnages. Comment soulignent-ils l'opposition entre Scapin et Géronte ?

4. Quels accessoires portent dans chaque mise en scène le personnage de Géronte ? Quelles significations suggèrent-ils ?

(Scapin fait croire à Géronte que son fils a été enlevé par un Turc. Celui-ci exige une rançon de cinq cents écus pour rendre son fils à Géronte.)

GÉRONTE. – Comment, diantre, cinq cents écus ?

SCAPIN. – Oui, Monsieur ; et de plus, il ne m'a donné pour cela que deux
5 heures.

GÉRONTE. – Ah ! le pendard de Turc, m'assassiner de la façon !

SCAPIN. – C'est à vous, Monsieur, d'aviser promptement aux moyens
10 de sauver des fers un fils que vous aimez avec tant de tendresse.

GÉRONTE. – Que diable allait-il faire dans cette galère ?

SCAPIN. – Il ne songeait pas à ce qui
15 est arrivé.

GÉRONTE. – Va-t-en, Scapin, va-t-en vite dire à ce Turc que je vais envoyer la justice après lui.

SCAPIN. – La justice en pleine mer ! Vous moquez-vous des gens ?

20 GÉRONTE. – Que diable allait-il faire dans cette galère ?

SCAPIN. – Une méchante destinée conduit quelquefois les personnes.

GÉRONTE. – Il faut, Scapin, il faut que tu fasses
25 ici l'action d'un serviteur fidèle.

SCAPIN. – Quoi, Monsieur ?

GÉRONTE. – Que tu ailles dire à ce Turc qu'il me renvoie mon fils, et que tu te mets à sa place jusqu'à ce que j'aie amassé la somme qu'il de-
30 mande.

> MOLIÈRE, *Les Fourberies de Scapin*,
> Acte II, scène 7, 1671.

Malick Faraoun dans le rôle de Géronte et Philippe Torreton dans celui de Scapin, à la Comédie française, en 1997. Mise en scène de Jean-Louis Benoît, costumes d'Alain Chambon.

Arnaud Denis dans le rôle de Scapin et Jean-Pierre Leroux dans celui de Géronte, au théâtre du Lucernaire, à Paris, en 2006. Mise en scène d'Arnaud Denis.

↓ Vers le commentaire

20
★★★

1. Comparez les arguments du fils, Hémon, dans la pièce de Sophocle et dans celle d'Anouilh.

2. De la même façon, comparez les arguments de Créon, son père, dans les deux passages.

3. Quel aspect du face à face entre Créon et Hémon la mise en scène (costumes, gestes, expression...) souligne-t-elle ?

4. Si un conflit tragique est un conflit insoluble, quelle scène semble la plus tragique ?

5. À partir des réponses précédentes, rédigez un développement où vous comparerez la façon dont Sophocle et Anouilh ont opposé le père à son fils.

(Antigone, par fidélité à l'un de ses frères, a désobéi aux ordres de Créon, le roi de Thèbes. Elle a été condamnée à mort. Hémon, le fils de Créon, le fiancé d'Antigone, vient demander à son père d'épargner la jeune fille.)

TEXTE A

CRÉON. — Est-ce une conduite à tenir que de s'incliner devant des rebelles ?

HÉMON. — Je ne demande nullement qu'on ait des égards pour des traîtres.

5 CRÉON. — N'est-ce pas là pourtant le mal qui la possède ?

HÉMON. — Ce n'est pas ce que dit tout le peuple de Thèbes.

CRÉON. — Thèbes aurait donc à me dicter mes
10 ordres ?

HÉMON. — Tu le vois, tu réponds tout à fait en enfant.

CRÉON. — Ce serait pour un autre que je devrais gouverner ce pays ?

15 HÉMON. — Il n'est point de cité qui soit le bien d'un seul.

CRÉON. — Une cité n'est plus alors la chose de son chef ?

HÉMON. — Ah ! tu serais bien fait pour com-
20 mander tout seul dans une cité vide !

SOPHOCLE, *Antigone*, 442 av. J.-C., trad. P. Mazon,
Éd. Les Belles Lettres, 1964.

TEXTE B

HÉMON. — Père, la foule n'est rien ! Tu es le maître.

CRÉON. — Je suis le maître avant la loi. Plus après.

5 HÉMON. — Père, je suis ton fils, tu ne peux pas me la laisser prendre !

CRÉON. — Si, Hémon. Si, mon petit. Du courage. Antigone ne peut plus vivre. Antigone nous a déjà quittés tous.

10 HÉMON. — Crois-tu que je pourrai vivre, moi, sans elle ? Crois-tu que je l'accepterai, votre vie ? Et tous les jours, depuis le matin jusqu'au soir, sans elle ! Et votre agitation, votre bavardage, votre vide, sans elle.

15 CRÉON. — Il faudra bien que tu acceptes, Hémon. Chacun de nous a un jour, plus ou moins triste, plus ou moins lointain, où il doit enfin accepter d'être un homme. Pour toi, c'est aujourd'hui... Et te voilà devant moi, avec ces larmes au bord
20 de tes yeux et ton cœur qui te fait mal, mon petit garçon, pour la dernière fois... Quand tu te seras détourné, quand tu auras franchi ce seuil tout à l'heure, ce sera fini.

HÉMON, *recule un peu et dit doucement* — C'est
25 déjà fini.

JEAN ANOUILH, *Antigone*,
Éd. de la Table ronde, 1946.

Robert Hossein dans le rôle de Créon et Julien Mulot dans le rôle de Hémon, au théâtre de Marigny, en 2004. Mise en scène de Nicolas Briançon.

IDENTIFIER LES GENRES ET LES REGISTRES

21 **Le titre de ces œuvres du XVIIᵉ siècle annonce-t-il une comédie ou une tragédie ?**

- *Le Pédant joué*
  (Cyrano de Bergerac, 1645)

- *La Mort de Sénèque*
  (Tristan l'Hermite, 1636)

- *La Veuve à la mode*
  (Donneau de Visé, 1667)

- *La Bague de l'oubli*
  (Jean Rotrou, 1635)

- *La Force du sang*
  (Alexandre Hardy, 1625)

22 **D'après leur nom, ces personnages apparaissent-ils, selon vous, dans une comédie ou dans une tragédie ? Justifiez votre réponse.**

- Lisette
- Antiochus
- Albin
- Angélique
- Durillon
- Thésée

23 **Ces vers relèvent-ils d'une tragédie ou d'une comédie ? Quels indices appuient votre réponse ?**

Ciel voilà les malheurs que tu m'avais prédits.
Ah père infortuné ! Mais plus malheureux fils !
Que vas-tu devenir et que pourras-tu faire ?
                                         (Pradon)

Parlez. Qui vous offense ? et qui dois-je haïr ?
Par quelles mains le sort a-t-il pu vous trahir ?
Contre qui faudra-t-il que ma vengeance éclate ?
                                         (Campistron)

Valère n'est point fait pour être votre époux ;
Il ressent pour le jeu des fureurs nonpareilles,
Et cet homme perdra quelque jour ses oreilles.
                                         (Regnard)

Ne puis-je point de face ou du moins de profil
Vous guigner un moment, ô charmante Isabelle ?
De grâce, Dom Fernand, que l'on m'approche
                                         [d'elle,
Ou du moins qu'on m'en montre ou jambe,
                                  [ou bras, ou main.
                                         (Scarron)

24 **1. À quel genre théâtral cette scène appartient-elle selon vous ?**

2. En quoi cette situation de la vie courante convient-elle au genre théâtral ?

3. Dans quel registre ce passage s'inscrit-il ? Quel objet est essentiel ? Comment contribue-t-il à inscrire la scène dans le registre choisi ?

4. Distinguez les répliques de Mortez qui trahissent ses sentiments et celles destinées à rassurer Thérèse. Pourquoi ce contraste fait-il rire ?

THÉRÈSE. — Joyeux Noël, Pierre !
Elle lui donne un paquet et l'embrasse.
MORTEZ. — Oh, merci, merci, Thérèse…
THÉRÈSE. — J'espère que c'est bien ce que vous
5 vouliez…
MORTEZ. — Oh, Thérèse, merci beaucoup.
THÉRÈSE. — Oh, et c'est difficile de vous faire
plaisir, hein, vous avez tout.
MORTEZ. — Oh, mais Thérèse, mais rien que
10 d'avoir pensé que c'était Noël, c'est formidable.
THÉRÈSE. — Regardez d'abord, hein…
MORTEZ. — Oh… de l'extérieur, c'est déjà magnifique, Thérèse, oh… oh… *(Il déballe le pa-*
15 *quet et découvre un tricot plus long d'un côté que de l'autre et qui ressemble fortement à une serpillère.)* Oh… oh… eh bien écoutez Thérèse, une serpillère c'est formidable, c'est superbe, quelle idée !
20 THÉRÈSE. — C'est un gilet.
MORTEZ. — Oui, bien sûr, bien sûr, il y a des trous plus grands pour les bras, bien sûr, c'est superbe, c'est amusant, je suis ravi.
THÉRÈSE. — J'avais d'abord pensé à un joli ca-
25 maïeu[1] de bleu marine comme je sais que vous aimez bien, puis je me suis dit, dans ces tons-là, ça changera.
Il l'enfile à moitié.
MORTEZ. — Mais vous avez tout à fait raison. Re-
30 gardez comme le gris et le bordeaux ça met toujours une touche de gaieté.
THÉRÈSE. — C'est très distingué.
Il l'enfile complètement.
MORTEZ. — Je suis ravi, Thérèse, je suis ravi,
35 c'est formidable, j'ai toutes sortes de pull-over, mais comme ça jamais, je suis ravi, je suis ravi, Thérèse…
THÉRÈSE. — Vous savez, c'est une chose qui n'est pas courante et que vous ne verrez pas sur tout
40 le monde…
MORTEZ. — Mais j'espère bien Thérèse… En plus, je me suis toujours dit qu'il me manquait quelque chose à enfiler à la va-vite pour descendre les poubelles. Je suis ravi.
45 THÉRÈSE. — Je suis contente que ça vous plaise. Vous savez je l'ai fait de tête… Je me demande s'il ne serait pas un petit peu court ?
MORTEZ. — Sur la gauche un petit peu, peut-être.

50 THÉRÈSE. – Remarquez, ça se rattrape au lavage, en tirant dessus, on n'y verra que du feu.

MORTEZ. – Il n'y a pas de mal. Écoutez, Thérèse, vous m'excuserez, je vais peut-être pas le boutonner tout de suite, parce que pour l'instant,
55 j'aurais peur de mettre mardi avec mercredi, n'est-ce pas…

THÉRÈSE. – C'est le modèle qui veut ça…

MORTEZ. – C'est amusant Thérèse, n'est-ce pas… parce que moi aussi mon cadeau, je l'ai
60 fait de tête, c'est une toile que j'ai peinte pour vous.

THÉRÈSE. – Je m'en doutais.

MORTEZ. – Mais là, je vous le dis tout de suite, il se peut que vous soyez surprise, alors, n'y
65 voyez surtout pas le fantasme[2] de l'homme mais plutôt si vous voulez, la recherche créative, le délire de l'artiste, n'est-ce pas.

THÉRÈSE. – On sait ce que c'est, hein…

MORTEZ. – Asseyez-vous quand même.

70 THÉRÈSE (*s'asseyant sur le canapé*). – Je ferme les yeux.

> Josiane Balasko, Marie-Anne Chazel, Christian Clavier,
> Gérard Jugnot, Thierry Lhermitte, Bruno Moynot,
> *Le Père Noël est une ordure*, © Actes Sud-Papiers, 1986.

1. **Camaïeu** : *dégradé de couleurs* – 2. **Fantasme** : *produit de l'imagination.*

25
*** **1. Expliquez les mots « idolâtrie », « fixés » et « conformisme ».**

2. Donnez trois titres d'œuvres considérées comme actuelles et trois titres de chefs-d'œuvre du passé.

3. Que faut-il entendre par le pronom « nous » ? Donnez des exemples de « façons de sentir actuelles ».

4. Rédigez un paragraphe dans lequel vous expliquerez pour quelles raisons un chef-d'œuvre théâtral, que vous avez vu ou lu, vous a paru démodé voire ennuyeux.

5. Rédigez un paragraphe où vous défendrez l'opinion suivante : un chef-d'œuvre, par définition, intéresse plusieurs époques et plusieurs générations de spectateurs.

Dans un essai composé en 1933, Antonin Artaud condamne « cette idolâtrie des chefs-d'œuvre fixés qui est un des aspects du conformisme bourgeois. ». Il affirme : « Les chefs-
5 d'œuvre du passé sont bons pour le passé : ils ne sont pas bons pour nous. Nous avons le droit de dire ce qui a été dit et même ce qui n'a pas été dit d'une façon qui nous appartienne, qui soit immédiate, directe, réponde aux fa
10 çons de sentir actuelles, et que tout le monde comprendra. »

 Vers le commentaire

26
** **1. Comment se marque l'opposition entre les deux personnages ? Appuyez-vous sur le sens et la modalité des phrases, ainsi que sur la longueur des répliques.**

2. Comment doit-on comprendre les didascalies « riant », « baissant la tête » ?

3. À quels indices peut-on reconnaître une scène anodine de la vie quotidienne ? Quelles répliques l'inscrivent pourtant dans un registre tragique ?

4. Rédigez un paragraphe où vous expliquerez comment ce passage remplit les fonctions de l'exposition : présenter des personnages, créer un climat qui annonce le registre de l'œuvre.

LE FIANCÉ. – Mère !

LA MÈRE. – Quoi ?

LE FIANCÉ. – Je m'en vais.

LA MÈRE. – Où ça ?

5 LE FIANCÉ. – À la vigne. *Il va sortir.*

LA MÈRE. – Attends.

LE FIANCÉ. – Quoi donc ?

LA MÈRE. – Ton déjeuner.

LE FIANCÉ. – Laisse, je mangerai du raisin.
10 Donne-moi mon couteau.

LA MÈRE. – Pour quoi faire ?

LE FIANCÉ, *riant.* – Pour couper les grappes.

LA MÈRE, *elle cherche le couteau et dit entre ses dents.* – Le couteau ! le couteau ! Maudits soient-
15 ils tous, et maudit celui qui les a inventés !

LE FIANCÉ. – Parlons d'autre chose.

LA MÈRE. – Et maudits les fusils, les pistolets, la plus petite des lames, et maudites même les bêches et les fourches !
20 LE FIANCÉ. – Ça va !

LA MÈRE. – Tout ce qui peut fendre le corps de l'homme : un bel homme, la fleur à la bouche, qui se rend à sa vigne ou à son olivaie, dont il est propriétaire, par droit d'héritage.
25 LE FIANCÉ, *baissant la tête.* – Taisez-vous.

> Federico Garcia Lorca, *Noces de sang,*
> Acte I, scène 1, trad. Marcelle Auclair et Jean Prévost,
> Éd. Gallimard.

27
** **1. Comment progresse le récit de l'accident ?**

2. Comment le sauveteur réagit-il à la formule « c'est vous » ?

3. Quelle réplique provoque le rire ? Montrez que le comique repose sur le quiproquo.

4. Le caractère dramatique de la scène nuit-il au registre comique ? Pourquoi ?

LE PÈRE. – Dites donc ! Dites donc ! C'est vous qui avez sauvé mon fils de la noyade ?

LE SAUVETEUR. – Oui, c'est moi. Quoi, je n'ai fait que mon devoir !

5 LE PÈRE. – Ah, c'est vous ?

LE SAUVETEUR. – Oui. Il se promenait sur les bords de la Seine, sur la rambarde, et puis il a glissé, il est tombé à l'eau. Alors j'ai fait ni une ni deux, j'ai plongé, et puis c'est tout, quoi !

10 LE PÈRE. – Ah ! C'est vous qui avez sauvé mon fils de la noyade…

LE SAUVETEUR. – Oui. C'est moi. Il y avait des tourbillons, je l'ai attrapé par les cheveux, je l'ai ramené sur la berge, j'ai nagé entre deux

15 eaux… On a fait la respiration artificielle et puis on l'a sauvé !

LE PÈRE. – Ah, c'est vous ?

LE SAUVETEUR. – Oui, c'est moi…

LE PÈRE. – Et son béret, hein ? Son béret qu'est-

20 ce que vous en avez fait ?

FERNAND RAYNAUD, « Le béret », *Heureux !*,
Éd. de la Table ronde, 1975.

 Vers l'oral

28 **1. Clov aurait pu donner une description suivie de ce qu'il voit. Quel effet produit le recours au dialogue ?**

2. Relevez les mots qui ont une valeur négative. Dans quel registre inscrivent-ils le passage ?

3. *Travail en binôme*. Formulez oralement la réponse à la question suivante : En quoi ce dialogue s'inscrit-il dans le registre tragique ?

(Dans un intérieur sans meubles, Hamm, aveugle, est assis dans un fauteuil à roulettes tandis que Clov, son serviteur, installé sous la fenêtre a braqué une lunette vers le dehors.)

HAMM. – Et maintenant ?

CLOV, *regardant toujours*. – Plus rien.

HAMM. – Pas de mouettes ?

CLOV, *de même*. – Mouettes !

5 HAMM. – Et l'horizon ? Rien à l'horizon ?

CLOV, *baissant la lunette, se tournant vers Hamm, exaspéré*. – Mais que veux-tu qu'il y ait à l'horizon ?

Un temps.

10 HAMM. – Les flots, comment sont les flots ?

CLOV. – Les flots ? *(Il braque la lunette.)* Du plomb.

HAMM. – Et le soleil ?

CLOV, *regardant toujours*. – Néant.

SAMUEL BECKETT, *Fin de partie*,
Éd. de Minuit, 1957.

29 **1. De quelle façon les didascalies éclairent-elles les relations entre les personnages ? Par quels procédés la danse de la mère est-elle célébrée ?**

2. En analysant l'émotion suscitée par cette tirade, précisez dans quel registre elle s'inscrit.

(La Mère, pieds nus pour ne pas salir ses souliers, accompagne son fils Saïd qui va se marier.)

SAÏD *(très dur)*. – Enfilez vos souliers. *(Il lui tend les souliers, l'un blanc, l'autre rouge. La Mère, sans un mot, les chausse.)*

SAÏD *(cependant que la Mère se relève, il la re-*

5 *garde)*. – Vous êtes belle, là-dessus. Gardez-les. Et dansez ! Dansez ! *(Elle fait deux ou trois pas comme un mannequin et montre en effet beaucoup d'élégance.)* Dansez encore, madame. Et vous, palmiers, relevez vos cheveux, baissez vos tê-

10 tes – ou fronts, comme on dit – pour regarder ma vieille. Et pour une seconde, le vent qu'il s'arrête pile, qu'il regarde, la fête est là ! *(À la mère.)* Dansez, la vieille, sur vos pattes incassables, dansez ! *(Il se baisse et parle aux cailloux.)*

15 Et vous aussi, cailloux, regardez donc ce qui se passe au-dessus de vous. Que ma vieille vous piétine comme une révolution le pavé des rois… Hourrah !... Boum ! Boum ! *(Il imite le canon.)* Boum ! Zim ! Boum ! *(Il rit aux éclats.)*

20 LA MÈRE *(en écho, tout en dansant)*. – Et boum !... Et pan !... Vlan ! Zim ! Boum !... boum !... sur le pavé des rois... *(À Saïd)* Vas-y, toi, fais l'éclair !

JEAN GENET, *Les Paravents*,
Éd. Gallimard, 1961.

EXO-BAC

LECTURE
1. Quels sont les procédés stylistiques qui inscrivent ces textes dans le registre tragique ? Le costume dessiné correspond-il à ce registre ?

2. Montrez comment les deux tirades suggèrent un changement de situation.

3. Quelles sont les caractéristiques d'Agrippine que le dessin met en valeur ?

ÉCRITURE
En vous fondant sur une analyse précise des deux passages, vous expliquerez comment Racine peint les relations qui unissent et opposent les deux personnages.

TEXTE A

(Agrippine a tout fait pour que son fils Néron devienne empereur de Rome. Au début de la tragédie de Racine, Agrippine se plaint à sa suivante Albine de l'ingratitude de son fils.)

ALBINE. – Néron devant sa mère a permis le premier
Qu'on portât les faisceaux couronnés de lauriers[1].
Quels effets voulez-vous de sa reconnaissance ?
AGRIPPINE. – Un peu moins de respect, et plus de confiance.
5   Tous ces présents, Albine, irritent mon dépit :
Je vois mes honneurs croître, et tomber mon crédit.
Non, non, le temps n'est plus que Néron, jeune encore,
Me renvoyait les vœux d'une cour qui l'adore,
Lorsqu'il se reposait sur moi de tout l'État,
10   Que mon ordre au palais assemblait le Sénat,
Et que derrière un voile, invisible et présente,
J'étais de ce grand corps[2] l'âme toute-puissante.
Des volontés de Rome alors mal assuré,
Néron de sa grandeur n'était point enivré.

> JEAN RACINE (1639-1699), *Britannicus*, 1669,
> Acte I, scène 1, v. 85-98.

1. Faisceaux et lauriers : *insignes de pouvoirs réservés jusque-là aux empereurs et aux plus hauts magistrats de Rome –* **2. Grand corps** : *le Sénat.*

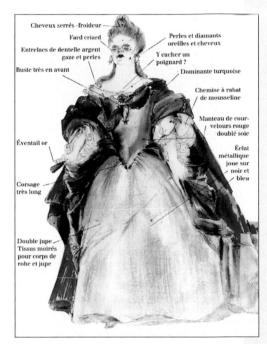

Agrippine, mère de l'empereur Néron.
Croquis préparatoire de Françoise Chevalier,
pour les costumes de la pièce *Britannicus*
mise en scène par Gildas Bourdet en 1979.

TEXTE B

(Face à son confident Narcisse qui lui demande s'il craint sa mère Agrippine, le jeune Néron avoue des sentiments complexes.)

NÉRON. – Éloigné de ses yeux, j'ordonne,
[je menace,
J'écoute vos conseils, j'ose les approuver ;
Je m'excite contre elle, et tâche à la braver.
Mais (je t'expose ici mon âme toute nue)
5   Sitôt que mon malheur me ramène à sa vue,
Soit que je n'ose encor démentir le pouvoir
De ces yeux où j'ai lu si longtemps mon devoir ;
Soit qu'à tant de bienfaits ma mémoire fidèle
Lui soumette en secret tout ce que je tiens d'elle,
10   Mais enfin mes efforts ne me servent de rien ;
Mon génie[1] étonné[2] tremble devant le sien.
Et c'est pour m'affranchir de cette dépendance,
Que je la fuis partout, que même je l'offense,
Et que de temps en temps j'irrite ses ennuis[3],
15   Afin qu'elle m'évite autant que je la fuis.

> JEAN RACINE (1639-1699), *Britannicus*, 1669,
> Acte II, scène 2, v. 496-510.

1. Génie : *tendances innées du caractère –* **2. Étonné** : *frappé de stupeur, foudroyé –* **3. Ennuis** : *douleurs, graves inquiétudes.*

Texte **A**

L'éloge

C'est tout simple et génial. L'enfance de l'art ou l'art de l'enfance. En vérité, n'importe qui est Prévert à son insu, n'importe qui peut le devenir. Lui-même n'a rien fait d'autre toute sa vie. Une casquette, un mégot, le tour est joué. Le reste est fourni par la rue : nuits blan-
5 ches, copains, chats, gouttières, œufs durs, filles au bord du suicide, ouvriers, enfants pas sages, mauvais en français, mauvais en tout genre ? Pour ce champion du monde à l'envers, un oiseau c'est un poisson, « la mer est un mouvement perpétuel » et le mot, quel qu'il soit, un premier pas vers la poésie.
10 D'un recueil à l'autre – *Paroles, Des Bêtes, Spectacle, Grand Bal du printemps, Charme de Londres, Histoires* et d'autres histoires –, l'art poé- tique de Prévert semble n'évoluer que peu. La simplicité mène le jeu des mots et des rythmes. L'homme reste un enfant perdu chez les grands. Pourquoi renoncer au meilleur de soi-même ? Prévert en-
15 chante… l'art de rien.

YANN QUEFFELEC, « La poésie est l'un des surnoms de la vie »,
Télérama, hors-série n° 74, 2000.

Le discours argumentatif met en relation un émetteur et un destinataire. L'émetteur s'appuie sur la logique du raisonnement pour convaincre ou sur l'appel aux émotions pour persuader. À travers l'affrontement des idées, il fait l'éloge ou le blâme d'une œuvre, d'une personne ou d'une institution. En quoi la confrontation de ces deux textes permet- elle d'éclairer les enjeux et les formes de l'argumentation ?

Texte **B**

Le blâme

Pourquoi la poésie de Jacques Prévert est-elle si médiocre, à tel point qu'on éprouve parfois une sorte de honte à la lire ? L'explication classique (parce que son écriture « manque de rigueur ») est tout à fait fausse ; à travers ses jeux de mots, son rythme léger et limpide, Prévert
5 exprime en réalité parfaitement sa conception du monde. La forme est cohérente avec le fond, ce qui est bien le maximum qu'on puisse exiger d'une forme. D'ailleurs quand un poète s'immerge à ce point dans la vie, dans la vie réelle de son époque, ce serait lui faire injure que de le juger suivant des critères purement stylistiques. Si Prévert écrit, c'est qu'il a
10 quelque chose à dire : c'est tout à son honneur. Malheureusement, ce qu'il a à dire est d'une stupidité sans bornes ; on en a parfois la nausée. Il y a de jolies filles nues, des bourgeois qui saignent comme des cochons quand on les égorge. Les enfants sont d'une immoralité sympathique, les voyous sont séduisants et virils, les jolies filles nues donnent
15 leurs corps aux voyous ; les bourgeois sont vieux, obèses, impuissants, décorés de la Légion d'honneur et leurs femmes sont frigides ; les curés sont de répugnantes vieilles chenilles qui ont inventé le péché pour nous empêcher de vivre. On connaît tout cela ; on peut préférer Baudelaire.

L'intelligence n'aide en rien à écrire de bons poèmes ; elle peut ce-
20 pendant éviter d'en écrire de mauvais. Si Jacques Prévert est un mauvais poète, c'est avant tout parce que sa vision du monde est plate, superficielle et fausse. Elle était déjà fausse de son temps ; aujourd'hui sa nullité apparaît avec éclat, à tel point que l'œuvre entière semble le développement d'un gigantesque cliché.

MICHEL HOUELLEBECQ, « Jacques Prévert est un con »,
Interventions, Éd. Flammarion, 1998.

1 LES CONDITIONS DE L'ARGUMENTATION

1 ▷ Identifiez l'émetteur et l'objet de l'argumentation mise en place dans les textes A et B. Quels peuvent être les destinataires de ces deux discours argumentatifs ?

2 LA CONSTRUCTION D'UNE ARGUMENTATION

2 ▷ Quelle est l'opinion, la thèse défendue par Yann Queffelec (texte A) et par Michel Houellebecq (texte B) sur la poésie de Jacques Prévert ?

3 ▷ De quel auteur vous sentez-vous le plus proche ? Justifiez votre réponse.

3 LES STRATÉGIES DE L'ARGUMENTATION

4 ▷ Par quels procédés Yann Queffelec met-il en valeur la poésie de Prévert (vocabulaire, humour, valeurs défendues...) ?

5 ▷ Par quels procédés Michel Houellebecq attaque-t-il la poésie de Prévert (vocabulaire, ironie, valeurs défendues...) ?

Une situation d'argumentation met en jeu un émetteur qui cherche à emporter l'adhésion d'un destinataire en lui faisant partager le point de vue qu'il défend. Pour cela, l'émetteur développe une thèse et utilise des procédés qui lui permettent de convaincre et de persuader son interlocuteur.

1 LES CONDITIONS DE L'ARGUMENTATION

Pour analyser une situation d'argumentation, il faut d'abord identifier l'émetteur et le destinataire du discours, ainsi que l'enjeu du débat.

■ 1. L'émetteur et le destinataire

L'argumentation met en relation un émetteur qui cherche à faire partager un point de vue, et un destinataire qu'il s'agit de convaincre. Le destinataire peut être un individu ou un groupe. L'émetteur, qui s'appuie sur les centres d'intérêt et la personnalité du destinataire, choisit un support adapté à la thèse qu'il veut développer : texte de presse, discours oral, conte philosophique, lettre, tract, affiche, etc.

■ 2. L'enjeu de l'argumentation

L'argumentation porte sur un thème précis comme la peine de mort, le rôle éducatif de la télévision, l'indépendance de la presse, etc. L'enjeu de l'argumentation est, pour l'émetteur, de faire partager son opinion en s'appuyant sur des valeurs reconnues par le destinataire.

2 LA CONSTRUCTION DE L'ARGUMENTATION

Dans une situation d'argumentation, l'émetteur développe une thèse. Il doit aussi tenir compte des divergences et des oppositions qu'il lui faut combattre.

■ 1. Le développement de la thèse défendue

Le discours argumentatif s'organise en fonction d'une thèse défendue par l'émetteur auprès d'un destinataire.

→**La thèse.** L'émetteur expose d'abord la thèse qu'il défend. Cette opinion, ce point de vue personnel structure l'ensemble de son discours.

> « [Prévert], c'est tout simple et génial. L'enfance de l'art ou l'art de l'enfance. »
>
> *(Yann Queffelec)*

→**Les arguments.** L'émetteur développe ensuite l'ensemble des arguments étayant la thèse défendue.

> « **La simplicité mène le jeu des mots et des rythmes. L'homme reste un enfant perdu chez les grands.** »
>
> *(Yann Queffelec)*

→**Les exemples et les illustrations.** Chaque argument peut être illustré par des exemples, qui leur donnent un caractère concret. Les exemples doivent être adaptés à la personnalité et à la culture de l'émetteur et du destinataire.

> « **Pour ce champion du monde à l'envers, un oiseau c'est un poisson, "la mer est un mouvement perpétuel" et le mot, quel qu'il soit, un premier pas vers la poésie.** »
>
> *(Yann Queffelec)*

■ 2. La réfutation de la thèse adverse

La construction de l'argumentation doit tenir compte d'un ou de plusieurs points de vue contraires. L'émetteur peut donc être amené à combattre une thèse adverse.

→**La thèse réfutée.** L'émetteur évoque la thèse qu'il combat pour lui opposer son propre point de vue. Il peut le faire de manière explicite ou implicite, c'est-à-dire en y faisant allusion sans la formuler réellement.

> **La thèse réfutée par Queffelec :** Prévert fait de la poésie facile et banale.

> **La thèse réfutée par Houellebecq :** Prévert est un grand poète.

→**Les contre-arguments.** Afin de combattre la thèse adverse, l'émetteur oppose point par point des contre-arguments aux arguments de son adversaire. Les contre-arguments structurent le discours et amènent progressivement la réfutation du point dc vue combattu.

> **L'argument de Queffelec :** « La simplicité mène le jeu des mots et des rythmes. »

> **Le contre-argument de Houellebecq :** « Si Prévert écrit, c'est qu'il a quelque chose à dire. Malheureusement, ce qu'il a à dire est d'une stupidité sans bornes. »

→**Les contre-exemples.** De même, l'émetteur peut opposer systématiquement aux exemples développés par la thèse adverse des contre-exemples qui montrent leur faiblesse ou leur caractère erroné.

3 LES STRATÉGIES DE L'ARGUMENTATION

L'émetteur peut mettre en place différentes stratégies, en fonction de l'objectif qu'il cherche à atteindre et du destinataire auquel il s'adresse.

Stratégie argumentative	Objectif	Procédés utilisés
Le discours logique	Convaincre le destinataire en s'appuyant sur la réflexion et le raisonnement.	Les formes de l'impartialité et de l'objectivité, la précision du lexique, le recours aux faits, les connecteurs logiques.
L'attaque	Combattre la thèse adverse ou son partisan en dénonçant ses faiblesses ou ses défauts.	Les formes de l'ironie et de la satire, la caricature, les termes dévalorisants, l'exagération, l'apostrophe.
L'appel aux sentiments	Persuader en cherchant à émouvoir le destinataire, à toucher sa sensibilité.	Le vocabulaire affectif, les marques de la subjectivité, l'implication dans le discours, l'interpellation du destinataire.
L'humour	Rechercher la complicité du destinataire en faisant preuve d'humour, de comique, de distance par rapport à la réalité.	Le jeu sur le sens et les sonorités des mots, la répétition, le paradoxe, l'allusion.
L'éloquence	Séduire le destinataire par l'art et la beauté du discours.	L'amplification et le rythme de la phrase, les figures de style (la métaphore, l'hyperbole, la personnification, etc).

Méthode

Les genres argumentatifs

4 DÉMONTRER, CONVAINCRE ET PERSUADER (OBJET D'ETUDE SECONDE)

Alors que la démonstration établit de manière logique une vérité indiscutable, admise par tous, l'art de convaincre s'adresse à la raison, tandis que l'art de persuader s'adresse au cœur et aux émotions.

■ 1. La logique de la démonstration

La démonstration s'apparente à la démarche du raisonnement scientifique. Elle conduit à établir une vérité vérifiable et reconnue par tous. La démonstration utilise deux types de raisonnement.

→Le raisonnement déductif. Il consiste à partir d'une loi générale, d'une vérité incontestable, pour en tirer les conséquences qui en découlent logiquement.

> *Tous les hommes sont mortels, or Socrate est un homme. Donc Socrate est mortel.*
>
> Le raisonnement part d'une vérité reconnue pour en déduire une conséquence indiscutable.

→Le raisonnement inductif. Il consiste à s'appuyer sur un fait établi pour aboutir à une règle, une loi ou un principe certain. Il généralise ainsi une observation, réalisée à partir d'un ou de plusieurs cas particuliers.

> *Socrate et, par ailleurs, tous les hommes que je connais sont mortels. Donc, tous les hommes sont mortels.*
>
> Le raisonnement part d'un constat reconnu et admis pour en induire une vérité qui s'impose comme certaine et ne saurait être contestée.

■ 2. L'art de convaincre

L'art de convaincre s'appuie sur la raison. Il vise à faire admettre une thèse dans des domaines où il n'y a pas de certitudes scientifiquement démontrables. Il repose essentiellement sur la force des arguments qui s'appuient sur la raison :

Types d'arguments	Définition	Exemple
Le recours aux faits	L'utilisation d'un fait précis, d'un témoignage, d'un cas particulier.	« Le nombre de décès sur les routes est en constante diminution depuis la multiplication des radars fixes. »
L'argument d'autorité	La référence à un ouvrage célèbre, à un proverbe, à une personnalité reconnue, à des statistiques.	« *Dura lex, sed lex* : la loi est dure, mais c'est la loi, et les automobilistes doivent la respecter. »
L'appui sur les valeurs	L'appel à des valeurs généralement partagées (la justice, la tolérance, la solidarité, etc.)	« Le respect des autres passe par la restriction de certaines libertés individuelles. »

■ 3. L'art de persuader

L'art de persuader repose sur le recours à la séduction par le discours. L'argumentation vise à persuader le destinataire lorsqu'elle fait appel à ses sentiments et à ses émotions. Pour cela, l'émetteur utilise toutes les ressources de l'éloquence.

→ **L'implication par les pronoms.** L'émetteur établit une relation étroite avec le destinataire au moyen des pronoms personnels. Les pronoms de la première personne du singulier (« je », « me », « moi », « mon ») impliquent fortement l'émetteur dans l'énoncé, ceux de la première personne du pluriel (« nous », « nos ») créent un lien entre l'émetteur et le destinataire. Les pronoms de la deuxième personne (« tu », « vous », « ton », « vos ») donnent au destinataire le sentiment d'être directement sollicité et impliqué.

> « Tenez, monsieur l'avocat général, je vous le dis sans amertume, vous ne défendez pas une bonne cause. Vous avez beau faire, vous engagez une lutte inégale avec l'esprit de civilisation, avec les mœurs adoucies, avec le progrès. »
>
> *(Victor Hugo)*

> Les pronoms « je » et « vous » impliquent à la fois l'émetteur et le destinataire dans le discours.

Remarque : le pronom indéfini « on » sert soit à inclure le destinataire dans l'énoncé, soit à désigner les partisans de la thèse adverse. Il s'oppose alors aux pronoms de la première personne.

→ **L'interpellation du destinataire.** En interpellant directement son destinataire, l'émetteur le pousse à réfléchir ou à agir. Les procédés rhétoriques utilisés sont l'exclamation, qui traduit une émotion (« Jeunesse, jeunesse ! sois toujours avec la justice. », Zola) ; la question oratoire, fausse question qui contient implicitement la réponse attendue (« Tu es venu ; nous sommes-nous jetés sur ta personne ? avons-nous pillé ton vaisseau ? », Diderot) ; ou encore l'apostrophe, qui exprime une prière, un ordre pressant, sur le mode impératif (« Riches, portez le fardeau du pauvre ; soulagez sa nécessité. », Bossuet).

→ **Le lexique, le rythme de la phrase et les figures de style.** Le choix du vocabulaire (voir pages 406 et 468), la maîtrise de la syntaxe (voir pages 414 et 440) et l'inventivité des figures de style (voir pages 424 et 428), contribuent à l'éloquence du discours argumentatif, et donc à sa force de persuasion.

> « Nous sommes trop **vêtus de villes et de murs**. Nous avons trop l'habitude de nous voir sous notre forme antinaturelle. Nous avons construit des murs partout pour l'équilibre, pour l'ordre, pour la mesure. Nous ne savons plus que nous sommes des animaux libres. Mais si l'on dit : fleuve ! ah ! nous voyons : le ruissellement sur les montagnes, l'effort des **épaules d'eau** à travers les forêts, l'arrachement des arbres, les **îles chantantes**... »
>
> *(Jean Giono)*

> Le pronom « nous » permet d'associer l'auteur et le lecteur, et sa répétition en début de phrase crée une anaphore. L'argumentation est mise en valeur par l'utilisation d'**images poétiques** (« îles chantantes »...).

5 L'ÉLOGE ET LE BLÂME (OBJET D'ÉTUDE SECONDE)

L'objectif de l'éloge et du blâme est d'émettre un jugement pour le faire partager. Il s'agit pour l'éloge de célébrer les qualités et de vanter les mérites d'une personne, d'une institution ou d'une réalisation, tandis que le blâme condamne les défauts et adresse des reproches.

■ 1. Les fonctions de l'éloge et du blâme

→**Faire partager un jugement positif ou négatif.** L'éloge comme le blâme conduisent à émettre un point de vue personnel et tranché. L'émetteur s'implique dans l'argumentation en soulignant avec force ses convictions. Il interpelle le destinataire en s'adressant directement à lui.

Procédés utilisés : implication par les pronoms de la première et de la deuxième personnes, utilisation des modalisateurs de certitude (« certainement », « sans aucun doute », « assurément »), des termes affectifs (« détesté », « adoré ») ou évaluatifs (« le meilleur », « le pire »).

> **Éloge de l'agriculture**
> « Et qu'aurais-je à faire messieurs, de vous démontrer ici l'utilité de l'agriculture ? Qui donc pourvoit à nos besoins ? Qui donc fournit à notre subsistance ? N'est-ce pas l'agriculture ? L'agriculteur, messieurs, qui ensemençant d'une main laborieuse les sillons féconds des campagnes, fait naître le blé, lequel broyé, est mis en poudre au moyen d'ingénieux appareils, en sort sous le nom de farine.
>
> *(Gustave Flaubert,* Madame Bovary, *1857)*

> L'orateur implique son public par les pronoms « vous » et « notre » et par le jeu des questions. Il utilise des termes évaluatifs comme « laborieuses », « féconds », « ingénieux ».

→**Invoquer et transmettre des valeurs.** L'éloge et le blâme reposent sur des valeurs partagées par l'émetteur et le destinataire. L'émetteur invoque ainsi les grands principes fondamentaux de la société à laquelle il appartient. Il met à profit l'éloge ou le blâme pour les rappeler et les transmettre.

Valeurs de référence : l'éloge valorise la personne, l'action ou l'œuvre qui a illustré ou servi de grands principes (le bien, le beau, le juste, le vrai, etc.). Le blâme condamne ce qui illustre le contraire de ces valeurs (le mal, le laid, l'injuste, le faux, etc.).

> **Blâme de Thiers**
> Homme politique nul, qui pouvait tout faire et qui n'a rien fait ; littérateur nul, malgré ses quarante volumes, critique d'art nul, âme nulle ! Pour toutes ces raisons, ministre, académicien et grand homme ! La nullité française s'adore dans ce parleur qui ne finit jamais.
>
> *(Jules Barbey d'Aurevilly,* Les quarante médaillons de l'Académie, *1864)*

> Dans son blâme, Barbey d'Aurevilly s'appuie sur des valeurs (le génie, le beau, l'éloquence) pour montrer que Thiers (1797-1877), ministre et académicien, en est dépourvu (« littérateur nul », « critique d'art nul », « parleur qui ne finit jamais »).

→**Évoquer une personne, une action ou une œuvre.** L'objet du discours est fortement qualifié, de manière positive pour l'éloge et de manière négative pour le blâme.

Procédés utilisés : utilisation des pronoms de la troisième personne (« il », « elle », « ceux-ci »), périphrases laudatives (« le plus courageux d'entre nous ») ou péjoratives (« la plus terne des œuvres cinématographiques »), multiplication des adjectifs qualificatifs (« beau », « laid »).

■ 2. Les formes de l'éloge

Héritées de l'Antiquité, les formes de l'éloge se sont diversifiées et se retrouvent aujourd'hui dans de nombreux domaines de la société.

Nom	Définition	Objectif	Émetteur	Destinataire
Le plaidoyer	- Au tribunal, défense d'une personne accusée. - Au sens large, défense d'une personne, d'une cause ou d'une œuvre (synonyme d'apologie).	- Réfuter des accusations. - Faire partager une opinion positive.	- L'avocat de la défense. - Toute personne prenant la défense d'une cause.	- Le jury ou le juge. - L'opinion publique.
L'oraison funèbre	Évocation admirative d'une personne après sa mort.	Faire le portrait d'un défunt en insistant sur ses qualités et son rôle littéraire ou social.	Le représentant d'une institution civile ou religieuse, un proche ou un ami du défunt.	L'entourage du défunt, l'auditoire.
Le discours officiel	Louange publique d'une personne ou d'une institution à l'occasion d'une cérémonie.	Souligner le rayonnement d'une personne, d'une institution ou d'une œuvre.	Le représentant d'une grande institution (chef d'État, académicien, recteur...).	Les membres de l'institution concernée, l'ensemble de la société.
La critique laudative	Compte rendu élogieux d'une œuvre d'art.	Mettre en évidence des qualités esthétiques.	Les critiques littéraires, cinématographiques, gastronomiques...	Les lecteurs d'un journal, d'un magazine ou d'un essai.

> Éloge du travail bien fait
> Ces ouvriers ne servaient pas. Ils travaillaient. Ils avaient un honneur, absolu, comme c'est le propre d'un honneur. Il fallait qu'un bâton de chaise fût bien fait. C'était entendu. C'était un primat. Il ne fallait pas qu'il fût bien fait pour le patron ni pour les connaisseurs ni pour les clients du patron. Il fallait qu'il fût bien fait lui-même, en lui-même, pour lui-même, dans son être même. Une tradition, venue, montée du plus profond de la race, une histoire, un absolu, un honneur voulait que le bâton de chaise fût bien fait. Toute partie, dans la chaise, qui ne se voyait pas, était exactement aussi parfaitement faite que ce qu'on voyait. C'est le principe même des cathédrales.
>
> *(Charles Péguy,* L'Argent, *1913, Éd. Gallimard, 1957)*

> L'objet de l'éloge est le travail bien fait. Péguy s'appuie sur des valeurs de référence (« honneur absolu », « tradition », « histoire »). Ces grands principes reprennent ceux des bâtisseurs de « cathédrales ».

3. Les formes du blâme

Le blâme prend des formes différentes en fonction de la situation dans laquelle un émetteur est amené à émettre un jugement négatif.

Nom	Définition	Objectif	Émetteur	Destinataire
Le réquisitoire	– Au tribunal, le discours de l'accusation. – Au sens large, attaque d'une personne, d'une action ou d'une œuvre.	– Démontrer la culpabilité d'un accusé. – Faire partager une opinion négative.	– Le procureur. – Celui qui prend position contre un individu, un comportement ou un point de vue.	– Le jury ou le juge. – L'opinion publique.
La satire	Écrit qui se moque de quelqu'un ou de quelque chose.	Dénoncer des vices et des défauts en les ridiculisant.	Un écrivain, un moraliste, un humoriste.	Les lecteurs ou les personnes visées par la satire.
Le pamphlet	Écrit court et violent qui prend pour cible une institution ou une personnalité.	S'élever contre des faiblesses ou des attitudes jugées indignes.	Un homme politique, un écrivain, un citoyen.	L'opinion publique, l'institution ou la personne visée.
La critique polémique	Compte rendu négatif d'une œuvre d'art.	Souligner les défauts et les insuffisances.	Les critiques littéraires, cinématographiques, gastronomiques…	Les lecteurs d'un journal, d'un magazine ou d'un essai.

Les grandes dates de l'histoire littéraire

L'histoire de l'ARGUMENTATION

Antiquité La Grèce et Rome voient naître l'échange des points de vue, les débats d'idées, les conflits d'opinion. Aristote définit les règles de la rhétorique, c'est-à-dire l'art du discours.

Moyen Âge La rhétorique constitue, pendant plusieurs siècles, la partie la plus importante de l'enseignement, assuré par les clercs. L'art oratoire se met au service des puissants et de l'Église.

XVIIᵉ-XVIIIᵉ siècles La Fontaine, Boileau, Voltaire inventent de nouvelles formes d'argumentation qui s'opposent aux valeurs et aux discours officiels de la Monarchie. La satire, le pamphlet, la fable, l'essai, le conte philosophique défendent la liberté et la tolérance contre le despotisme et les préjugés. L'ironie devient ainsi une arme redoutable mise au service de la liberté, qui aboutit à la Révolution française.

XIXᵉ-XXᵉ siècles Le développement de la démocratie, l'essor de la presse, la multiplication des conflits et des guerres créent des circonstances nouvelles de polémiques, de débats, d'échanges d'opinions contraires. Hugo, Zola, Sartre, Camus marquent leur époque en s'engageant pour la justice et l'égalité.

Aujourd'hui L'évolution de la société de consommation entraîne des situations argumentatives inédites : tandis que les techniques de l'éloge sont récupérées par la publicité, la radio ou la télévision, les groupes de discussion sur Internet donnent à chacun l'occasion d'exprimer son opinion, mais aussi d'écouter ou de réfuter celle des autres.

ANALYSER LA SITUATION D'ARGUMENTATION

1
*

1. Identifiez dans le discours argumentatif suivant : l'émetteur, le destinataire et l'enjeu de l'argumentation.

2. Sur quel thème l'argumentation porte-t-elle ? Quelles valeurs Lamartine cherche-t-il à faire partager à ceux auxquels il s'adresse ?

Le 25 février 1848, les insurgés chassent le roi et proclament la République. Ils projettent de remplacer le drapeau tricolore par le drapeau rouge. Lamartine, au milieu des menaces et des coups de fusil, s'adresse à la foule hostile…

Vous ne me ferez pas reculer, vous ne me ferez pas taire tant que j'aurai un souffle de vie sur les lèvres. J'aime l'ordre, j'y dévoue, comme vous voyez, ma vie ; j'exècre l'anarchie, parce
5 qu'elle est le démembrement de la société civilisée ; j'abhorre[1] la démagogie parce qu'elle est la honte du peuple et le scandale de la liberté ; mais quoique né dans une région sociale plus favorisée, plus heureuse que vous, mes amis,
10 que dis-je ? précisément parce que j'y suis né, parce que j'ai moins travaillé, moins souffert que vous, parce qu'il m'est resté plus de loisir et de réflexion pour contempler vos détresses et pour y compatir de plus haut, ayez confiance
15 dans mes conseils, repoussez ce drapeau de sang ! Abolissez la peine de mort et relevez le drapeau de l'ordre, de la victoire et de l'humanité.

ALPHONSE DE LAMARTINE, *Contre le drapeau rouge*, 1848.

1. **J'abhorre** : *je déteste au plus au point.*

ANALYSER LA THÈSE DÉVELOPPÉE

2
*

Repérez, dans le texte suivant, la thèse défendue et les arguments apportés.

Aucun homme n'a reçu de la nature le droit de commander aux autres. La liberté est un présent du ciel, et chaque individu de la même espèce a le droit d'en jouir aussitôt qu'il jouit de
5 la raison. Si la nature a établi quelque *autorité*, c'est la puissance paternelle ; mais la puissance paternelle a ses bornes, et dans l'état de nature, elle finirait aussitôt que les enfants seraient en état de se conduire. Toute autre *autorité* vient
10 d'une autre origine que la nature.

DENIS DIDEROT, « Autorité politique », article de l'*Encyclopédie*, 1751.

3
**

1. Quelle est la thèse défendue par l'auteur dans le texte suivant ?

2. Repérez les arguments apportés. Quels sont les exemples qui illustrent ces arguments ?

Aujourd'hui, plus que jamais, la civilisation est urbaine. Elle l'est jusqu'à l'asphyxie. Dans les fourmilières où se pressent, se gênent, s'écrasent des multitudes accrues, l'homme
5 finit par être privé de l'espace et de l'indépendance nécessaire à la moindre joie. Les aménagements qui rendent la vie plus sûre, plus commode et plus agréable deviennent de plus en plus nombreux et complexes, c'est-à-dire
10 moins sûrs, moins commodes et plus impérieux[1]. Une panne d'ascenseur rend un gratte-ciel inutilisable. Une centrale électrique est-elle accidentée, c'est la catastrophe pour une métropole entière : paralysie, obscurité et affo-
15 lement.

ROGER CAILLOIS, *Cases d'un échiquier*, Éd. Gallimard, 1970.

1. **Impérieux** : *créateurs d'obligations.*

4
**

1. Quelle est la thèse réfutée dans le texte ?

2. Repérez l'argument apporté à l'appui de la réfutation. Quels sont les exemples qui l'illustrent ?

Depuis quelques années, on fait beaucoup de reproches aux scientifiques. On les accuse d'être sans cœur et sans conscience, de ne pas s'intéresser au reste de l'humanité ; et même
5 d'être des individus dangereux qui n'hésitent pas à découvrir des moyens de destruction et de coercition[1] terribles et à s'en servir. C'est leur faire beaucoup d'honneur. La proportion d'imbéciles et de malfaisants est une constante
10 qu'on retrouve dans tous les échantillons d'une population, chez les scientifiques comme chez les agents d'assurances, chez les écrivains comme chez les paysans, chez les prêtres comme chez les hommes politiques. Et malgré le
15 Dr Frankenstein[2] et le Dr Folamour[3], les catastrophes de l'histoire sont moins le fait des scientifiques que des prêtres et des hommes politiques.

FRANÇOIS JACOB, *Le Jeu des possibles*, Librairie Arthème Fayard, 1981.

1. **Coercition** : *pouvoir de contraindre quelqu'un* – 2. **Dr Frankenstein** : *héros du roman de Mary Shelley, qui crée un monstre* – 3. **Dr Folamour** : *héros du film de Stanley Kubrick, qui crée une bombe.*

16 Les genres argumentatifs

ÉTUDIER LES STRATÉGIES D'UNE ARGUMENTATION

5 **1. Identifiez, pour les deux passages suivants,
✶ extraits de l'article « Guerre » du *Dictionnaire
philosophique* de Voltaire, la stratégie argumentative mise en œuvre.**

**2. En vous aidant de l'encadré « Pour étudier le
texte », identifiez et commentez les procédés de
l'ironie utilisés dans le texte A.**

**3. En quoi les procédés utilisés dans le texte B
apparaissent-ils comme différents ?**

TEXTE A

Le merveilleux de cette entreprise infernale,
c'est que chaque chef des meurtriers fait bénir ses drapeaux et invoque Dieu solennellement avant d'aller exterminer son prochain. Si
5 un chef n'a eu que le bonheur de faire égorger
deux ou trois mille hommes, il n'en remercie
point Dieu ; mais lorsqu'il y en a eu environ
dix mille d'exterminés par le feu et par le fer,
et que, pour comble de grâce, quelque ville a
10 été détruite de fond en comble, alors on chante
à quatre parties[1] une chanson assez longue,
composée dans une langue inconnue à tous
ceux qui ont combattu, et de plus toute farcie
de barbarismes[2]. La même chanson sert pour
15 les naissances et les mariages : ce qui n'est pas
pardonnable, surtout dans la nation la plus renommée pour les chansons nouvelles.

VOLTAIRE, « Guerre »,
Dictionnaire philosophique, 1764.

1. À quatre parties : *le Te Deum est un cantique latin à
quatre voix qu'on chantait après une grande victoire militaire* –
2. Farcie de barbarismes : *remplie de fautes de langue.*

TEXTE B

Que deviennent et que m'importent l'humanité, la bienfaisance, la tempérance, la douceur,
la sagesse, la pitié, tandis qu'une demi-livre
de plomb tirée de six cents pas me fracasse
5 le corps, et que je meurs à vingt ans dans des
tourments inexprimables, au milieu de cinq
ou six mille mourants, tandis que mes yeux,
qui s'ouvrent pour la dernière fois, voient la
ville où je suis né détruite par le fer et par la
10 flamme, et que les derniers sons qu'entendent
mes oreilles sont les cris des femmes et des enfants expirant sous des ruines, le tout pour les
prétendus intérêts d'un homme que nous ne
connaissons pas ?

VOLTAIRE, « Guerre »,
Dictionnaire philosophique, 1764.

Pour étudier le texte

LES PROCÉDÉS DE L'IRONIE

L'ironie permet de tourner l'adversaire en dérision en s'appuyant sur la complicité du lecteur.
Elle utilise trois procédés principaux :
L'antiphrase, qui consiste à dire le contraire de
ce que l'on veut faire comprendre : « C'est sans
doute un très bel art que celui qui désole les
campagnes et détruit les habitations ». (VOLTAIRE)
Le rapprochement de mots ou de situations appartenant à des domaines opposés : « Chacun
marche gaiement au crime sous la bannière de
son saint. » (VOLTAIRE)
La périphrase satirique, qui consiste à remplacer un mot aux connotations valorisantes par
un groupe nominal aux connotations dévalorisantes : « Un général trouve un grand nombre
d'hommes qui n'ont rien à perdre ; il les habille *d'un
gros drap bleu à cent dix sous l'aune.* » (VOLTAIRE)

6 **1. Identifiez la stratégie argumentative mise en
✶✶ place dans chacun des textes suivants.**

**2. Repérez et analysez, pour chaque texte, trois
procédés utilisés.**

TEXTE A

NON AUX CIRQUES AVEC ANIMAUX !
Les cirques animaliers génèrent un grand
lot de **souffrances**. Les personnes qui utilisent les animaux dans des numéros pour
amuser, impressionner ou émouvoir leur
5 public se servent d'eux dans un **but commercial**. Les animaux sauvages (perroquets, dauphins, singes, ours, lions, orques,
panthères, éléphants…) sont capturés et
arrachés à leur milieu d'origine, d'autres
10 subissent le commerce de la reproduction,
d'autres encore sont vendus aux cirques par
les zoos.
Nous refusons de cautionner et de participer à l'exploitation animale, c'est pourquoi
15 **nous appelons au boycott des cirques utilisant des animaux.**
Cette situation n'est pas irréversible et c'est
par nos choix quotidiens que **nous pouvons mettre un terme à l'exploitation et à
20 la souffrance.**
Le cirque c'est rigolo,
mais pas pour tout le monde !

Tract diffusé sur Internet par le Collectif Borta.org,
pour la défense des animaux, août 2006.

TEXTE B

La liberté, pour emprunter à Saint-Exupéry, ce n'est pas d'errer dans le vide, mais de pouvoir choisir soi-même, parmi ceux disponibles, le chemin que l'on veut suivre, sans que puisse
5 l'interdire aucun pouvoir extérieur, même (surtout ?) celui d'un État.

La liberté, loin d'exclure les limites, les impose au contraire. Pour la sécurité de tous, je dois respecter le Code de la route et le gendarme
10 y veille, mais moi seul décide où je veux aller, quand, avec qui. Selon l'article 4 de la Déclaration de 1789, « la liberté consiste à pouvoir faire tout ce qui ne nuit pas à autrui ». Elle se révèle alors indissociable de l'égalité : c'est
15 parce que les autres ont des droits égaux aux miens, que ma liberté est limitée par le respect de la leur et leur liberté limitée par le respect de la mienne. En même temps que complémentaires, pourtant, liberté et égalité sont contra-
20 dictoires : la liberté absolue, c'est la loi du plus fort ; l'égalité absolue, c'est la négation de la liberté. Le défi de la civilisation est donc dans la juste mesure, hors d'atteinte mais toujours recherchée, sans jamais sacrifier complètement
25 l'une à l'autre.

GUY CARCASSONNE, *Le guide républicain*,
Éd. Delagrave, 2004.

TEXTE C

Il est certain que la RATP fonctionnerait bien mieux sans les usagers, qui encombrent les quais, les couloirs et les voitures, qui mettent en danger la sécurité des conducteurs de rames
5 et obligent l'administration à payer un grand nombre de fonctionnaires, déambulant par trois et appelés contrôleurs, chargés de trier cette introuvable population. On connaît bien le tagger fou, le voleur à la tire, le clochard,
10 le marchand à la sauvette, le resquilleur. Des colloques les ont définis, des sociologues les ont approchés. Mais l'usager ? L'usager est l'inconnu du métropolitain.

À quoi servent les usagers ? À contrarier le
15 bon usage des services. Il faudrait supprimer les usagers. Ils sont la plaie de la fonction publique. Voyez les chemins de fer. À quoi servent les voyageurs ? À ternir l'image des chemins de fer chaque fois que se produisent une
20 panne de caténaire, une grève, un accident. Et le téléphone ? À quoi servent les abonnés ? À se plaindre du téléphone. Quant aux postes, hélas, la question ne se pose même plus : les postes sont faites pour les chiens – qui mordent
25 les facteurs, lesquels s'en vont conséquemment grossir les rangs des usagers budgétivores de la Sécurité sociale. Les crises de la télévision du service public sont à l'avenant. À quoi servent les téléspectateurs de France 2 et de France 3 ?
30 À regarder TF1.

JEAN-LOUIS EZINE, *Du train où vont les jours*,
Coll. « Humour », Éd. du Seuil, 1994.

COMPRENDRE LA LOGIQUE DE LA DÉMONSTRATION

 1. Quelle est la thèse explicitement défendue par Sépulvéda ? Quels arguments apporte-t-il ?

2. Sur quel argument et sur quelle illustration Las Casa s'appuie-t-il pour réfuter la thèse de Sépulvéda ?

3. Expliquez pourquoi le raisonnement de Sépulvéda ne peut s'apparenter à une démonstration.

Au XVIᵉ siècle, la découverte du Nouveau Monde suscite une controverse sur la nature humaine des Indiens d'Amérique. Deux hommes s'affrontent, Bartholomé de Las Casas et le chanoine Sépulvéda.

– Éminence, les habitants du Nouveau Monde sont des esclaves par nature. En tout point conformes à la description d'Aristote.

– Cette affirmation demande des preuves, dit
5 doucement le prélat[1].

Sépulvéda n'en disconvient pas. D'ailleurs, sachant cette question inévitable, il a préparé tout un dossier. Il en saisit le premier feuillet.

– D'abord, dit-il, les premiers qui ont été dé-
10 couverts se sont montrés incapables de toute initiative, de toute invention. En revanche, on les voyait habiles à copier les gestes et les attitudes des Espagnols, leurs supérieurs. Pour faire quelque chose, il leur suffisait de regarder
15 un autre l'accomplir. Cette tendance à copier, qui s'accompagne d'ailleurs d'une réelle ingéniosité dans l'imitation, est le caractère même de l'âme esclave. Âme d'artisan, âme manuelle pour ainsi dire.
20 – Mais on nous chante une vieille chanson ! s'écrie Las Casas. De tout temps, les envahisseurs, pour se justifier de leur mainmise, ont déclaré les peuples conquis indolents, dépourvus, mais très capables d'imiter ! César racontait
25 la même chose des Gaulois qu'il asservissait ! Ils montraient, disait-il, une étonnante habileté pour copier les techniques romaines ! Nous ne pouvons pas retenir ici cet argument !

JEAN-CLAUDE CARRIÈRE, *La Controverse de Valladolid*,
Éd. Belfond.

1. **Le prélat** : *le cardinal envoyé par le Pape.*

ÉTUDIER L'ART DE CONVAINCRE

8
** 1. Repérez la thèse défendue par Condorcet.

2. Quels sont les arguments apportés ? Sur quelles valeurs s'appuient-ils ?

3. À quelle conclusion le philosophe parvient-il ? Commentez la comparaison contenue dans la dernière phrase du texte.

Cette justice inflexible[1], à laquelle les rois et les nations sont assujettis comme les citoyens, exige la destruction de l'esclavage.

Nous avons montré que cette destruction ne
5 nuirait ni au commerce, ni à la richesse de chaque nation, puisqu'il n'en résulterait aucune diminution dans la culture.

Nous avons montré que le maître n'avait aucun droit sur son esclave ; que l'action de
10 le retenir en servitude n'est pas la jouissance d'une propriété mais un crime ; qu'en affranchissant l'esclave, la loi n'attaque pas la propriété, mais cessa de tolérer une action qu'elle aurait dû punir par une peine capitale. Le sou-
15 verain ne doit donc aucun dédommagement au maître des esclaves, de même qu'il n'en doit pas à un voleur qu'un jugement a privé de la possession d'une chose volée.

CONDORCET, *Réflexions sur l'esclavage des Nègres*, 1781.

1. **Cette justice inflexible** : *les principes de la morale.*

⬇ Vers l'invention

9
** 1. Repérez, dans le texte suivant, la thèse défendue, les arguments et les illustrations apportés.

2. Rédigez une réponse à Sganarelle dans laquelle vous réfuterez la thèse qu'il défend en apportant des contre-arguments.

SGANARELLE, *tenant une tabatière.* – Quoi que puisse dire Aristote et toute la Philosophie, il n'est rien d'égal au tabac : c'est la passion des honnêtes gens, et qui vit sans tabac n'est pas di-
5 gne de vivre. Non seulement il réjouit et purge les cerveaux humains, mais encore il instruit les âmes à la vertu, et l'on apprend avec lui à devenir honnête homme. Ne voyez-vous pas bien, dès qu'on en prend, de quelle manière obligean-
10 te on en use avec tout le monde, et comme on est ravi d'en donner à droite et à gauche, partout où l'on se trouve ? On n'attend pas même qu'on

en demande, et l'on court au-devant du souhait des gens : tant il est vrai que le tabac inspire des
15 sentiments d'honneur et de vertu à tous ceux qui en prennent. Mais c'est assez de cette matière. Reprenons un peu notre discours.

MOLIÈRE, *Dom Juan*, Acte I, scène 1, 1665.

ANALYSER LES PROCÉDÉS DE LA PERSUASION

10
** Relevez et analysez les procédés de la persuasion mis en œuvre dans l'image et le texte du tract suivant.

Image de l'association CASSEURS DE PUB, 2003.

11
** 1. Repérez la thèse et les valeurs défendues par l'auteur. Quels sentiments cherche-t-il à faire partager au destinataire ?

2. Étudiez les procédés sur lesquels il s'appuie pour le persuader : vocabulaire dépréciatif, implication par les pronoms.

J'admire certes le grand peuple américain ; mais ce peuple, par bien des aspects de son génie, m'est plus étranger qu'aucun autre. Je ne l'ai jamais visité. À quoi bon ? Lui, il a
5 fait beaucoup plus que nous visiter : il nous

a transformés. Le rythme de notre vie quotidienne est accordé au sien. Sa musique orchestre nos journées par des millions de disques. Des milliers de films, sur tous les écrans de
10 Paris et de la province, nous imposent en toute matière son idée : un certain type de femme stéréotypé, la star interchangeable, mais par-dessus tout le culte, l'idolâtrie de la technique, de toutes les techniques inventées par l'homme
15 et auxquelles l'homme s'asservit, la folie de la vitesse, ce tournis qui affecte tous les moutons de l'Occident, une trépidation à laquelle aucun de nous n'échappe : une démesure en toutes choses, qui est la chose la moins conforme du
20 monde à notre génie.

FRANÇOIS MAURIAC, *Dernier bloc-notes*, 1968-1970,
Éd. Flammarion, 1971.

↓ vers le commentaire

12 **1. Quelle est l'opinion développée par l'auteur**
*** **dans ce texte ? Reformulez-la en une phrase.**

2. L'argumentation cherche-t-elle d'abord à convaincre ou à persuader ? Justifiez votre réponse.

3. Dans un paragraphe rédigé et illustré d'exemples, étudiez la stratégie argumentative mise en œuvre par l'auteur.
Appuyez votre réponse sur les procédés de la persuasion utilisés : emploi des pronoms, vocabulaire dévalorisant, figures de style, rythme des phrases.

Que d'expositions de peinture ! que de ventes de peinture ! À peine si une finit que l'autre commence. Chaque jour, chaque heure, chaque minute fournissent les leurs. Dominant nos
5 querelles et nos chansons, on n'entend que le coup de marteau d'ivoire qui adjuge. De toutes parts le flot de peinture arrive, vomi on ne sait d'où, roulant on ne sait quoi. Et cela monte, s'enfle, déborde, déferle tumultueusement.
10 Nous nageons dans l'huile diluvienne ; nous nous noyons dans des vagues de cadmium[1], nous nous précipitons dans des cataractes d'outre-mer[2], nous tournoyons emportés dans des maelströms[3] de laque garance[4]. Où donc
15 est l'arche[5] qui nous recueillera et nous sauvera de ce cataclysme ?

OCTAVE MIRBEAU, « Être peintre ! »,
Écho de Paris, 17 mai 1892.

1. **Cadmium** : *pigment pour la peinture* – 2. **Outre-mer** : *bleu* – 3. **Maelströms** : *tourbillons* – 4. **Garance** : *rouge vif* – 5. **L'arche** : *allusion à l'arche de Noé.*

ÉTUDIER L'ÉLOGE ET LE BLÂME

13 **1. De quoi l'auteur fait-il le plaidoyer dans le**
** **texte suivant ? De quelle catégorie d'individus fait-il le réquisitoire ?**

2. Quelle opinion veut-il faire partager ?

3. Quelles valeurs, quels droits invoque-t-il dans son éloge pour convaincre ?

4. Donnez un titre au texte dans lequel vous emploierez le mot « éloge ».

Faut-il dormir ? Dormir beaucoup ? C'est une question idiote mais qui devient centrale. Il est devenu ringard de dormir. Dormir comme tout le monde, vous n'y pensez pas ! De nos jours,
5 on revendique ses nuits courtes. Vous dormez vraiment la nuit ? Un sourire moqueur se dessine sur les lèvres de votre interlocuteur. Vous êtes définitivement un *has been*[1]…

Dormir, cela ne se fait plus du tout.
10 Aujourd'hui, on consent tout juste à s'allonger trois ou quatre heures sur un lit de camp, vers minuit, avant de resurgir, les nerfs à vif, à l'heure où les moines trottent sur les dalles froides de leurs monastères. Ou bien l'on s'endort vers
15 trois heures du matin, épuisé, devant la télé. Le froid vient alors vous réveiller au petit matin, quand il est temps d'aller se déshabiller pour prendre une douche et partir travailler. Dormir, c'est perdre son temps, accepter d'interrompre
20 le fil de la vie.

Ah ! qui dira le plaisir du courriel expédié dans l'espace Internet à 3 h 56… Effet garanti (entre stupéfaction et admiration). Cet homme, cette femme-là ne dort donc jamais. Il ou elle
25 nous renvoie à notre destin de cloporte. Que faisions-nous à 3 h 56, pauvre hère[2] que nous sommes ? Nous dormions ! Nous dormions ordinairement, bêtement, grassement, du sommeil du juste. Enfin…
30 Jadis, l'insomnie était vécue comme une torture, une angoisse que l'on taisait. L'insomniaque se désolait de ne pouvoir dompter le sommeil. Il rêvait au moins de parvenir à dormir les yeux ouverts, tel le légendaire Endymion[3]. Mais
35 même ce luxe se dérobait à lui. Désormais, l'insomnie est un étendard, une fierté. Elle s'exhibe. Et les gros dormeurs se cachent, honteux.

LAURENT GREILSAMER, *Le Monde*,
28 novembre 2006.

1. **Un has been** : *un perdant, un raté* – 2. **Pauvre hère** : *homme misérable* – 3. **Endymion** : *berger qui obtint de Zeus le droit de conserver sa beauté dans un sommeil éternel.*

14 **1. Identifiez la forme de cet éloge.**

★★ **2. Comment Vallès s'implique-t-il pour faire partager son jugement ? Sur quels procédés s'appuie-t-il ?**

3. Quelles valeurs son éloge invoque-t-il ?

Éloge de Courbet par Jules Vallès

Homme de paix, lancé dans la lutte, il cherchera quel coup il peut frapper sans arme. Tout en prenant sa part du péril, il voudra faire haïr la guerre, la guerre que représente dans son
5 horreur glorieuse l'empereur dont le buste est là-haut… Fils de paysan, ayant vu le jour du tirage pleurer des conscrits, il voudra frapper la divinité à la tête, et déraciner l'arbre du coup. Voilà comment de peintre on devient membre
10 de la Commune, comment on glisse du vermillon dans le sang, comment un chapeau de paille se change en bonnet de prison. Simplement parce qu'on est un homme libre, honnête, et qu'on suit le chemin où sont les souffrants
15 et les pauvres.

Qui a peint la *Fileuse*, les *Casseurs de pierre*, l'*Enterrement d'Ornans*, doit être inévitablement – le jour où il faut choisir – du côté où il y a le travail, la misère et les pavés.

> Hommage prononcé par JULES VALLÈS
> à la mort du peintre Gustave Courbet en 1878.

15 **1. Identifiez la forme de blâme développée dans** ★★ **le texte suivant.**

2. Quel jugement l'auteur veut-il faire partager ? À travers quels procédés interpelle-t-il le lecteur ?

3. Relevez le vocabulaire qui caractérise « les hommes de guerre ». Au nom de quelles valeurs Maupassant prend-il position ?

Nous l'avons vue, la guerre. Nous avons vu les hommes redevenus des brutes, affolés, tuer par plaisir, par terreur, par bravade, par ostentation[1]. Alors que le droit n'existe plus,
5 que la loi est morte, que toute notion du juste disparaît, nous avons vu des innocents trouvés sur une route et devenus suspects parce qu'ils avaient peur. Nous avons vu tuer des chiens enchaînés devant la porte de leur maître pour
10 essayer des revolvers neufs, nous avons vu mitrailler par plaisir des vaches couchées dans un champ, sans aucune raison, pour tirer des coups de fusils, histoire de rire. […] Qu'ont-ils fait pour prouver même un peu
15 d'intelligence, les hommes de guerre ? Rien.

Qu'ont-ils inventé ? Des canons et des fusils. Voilà tout.

> GUY DE MAUPASSANT, « La guerre »,
> *Gil Blas*, 11 décembre 1883.

1. Ostentation : *envie de se montrer, de faire valoir ses qualités.*

16 **1. Définissez, pour le réquisitoire suivant, l'émet-** ★★ **teur, le destinataire et l'objectif poursuivi.**

2. Quels sont les procédés mis en œuvre par La Bruyère pour convaincre et persuader son lecteur ?

Mille gens se ruinent au jeu, et vous disent froidement qu'ils ne sauraient se passer de jouer : quelle excuse ! Y a-t-il une passion, quelque violente ou honteuse qu'elle soit, qui
5 ne pût tenir ce même langage ? Serait-on reçu à dire qu'on ne peut se passer de voler, d'assassiner, de se précipiter[1] ? Un jeu effroyable, continuel, sans retenue, sans bornes, où l'on n'a en vue que la ruine totale de son adver-
10 saire, où l'on est transporté du désir du gain, désespéré sur la perte, consumé par l'avarice, où l'on expose sur une carte ou à la fortune du dé la sienne propre, celle de sa femme et de ses enfants, est-ce une chose qui soit permise
15 ou dont l'on doive se passer ? Ne faut-il pas quelquefois se faire une plus grande violence, lorsque, poussé par le jeu jusqu'à une déroute universelle, il faut même que l'on se passe d'habits et de nourriture, et de les fournir à sa
20 famille ?

> LA BRUYÈRE, *Caractères*, 1688.

1. Se précipiter : *mettre fin à ses jours.*

↓ vers la dissertation

17 **« Sans la liberté de blâmer, il n'est pas d'éloge** ★★★ **flatteur », écrit Beaumarchais dans *Le Mariage de Figaro*, revendiquant la liberté de tout dire pour les écrivains.**

Pensez-vous que la critique est une fonction importante de la littérature ? Vous répondrez sous la forme de deux paragraphes rédigés et illustrés d'exemples :

– le premier défendra ce point de vue ;

– le second le nuancera en évoquant d'autres fonctions de la littérature.

EXO-BAC

Vers le sujet de commentaire

LECTURE

1. Quel est le thème de l'argumentation mise en place dans ce poème par Victor Hugo ? Relevez les deux réseaux lexicaux à travers lesquels ce thème est développé.

2. En quoi ce texte est-il un réquisitoire ? Au nom de quelles valeurs est-il prononcé ?

3. Étudiez les principaux procédés de la persuasion utilisés par le poète.

ÉCRITURE

Montrez comment Victor Hugo suscite l'émotion du lecteur à travers la progression de l'argumentation d'une part et les formes de l'éloquence d'autre part.

MELANCHOLIA

Où vont tous ces enfants dont pas un seul ne rit ?
Ces doux êtres pensifs que la fièvre maigrit ?
Ces filles de huit ans qu'on voit cheminer seules ?
Ils s'en vont travailler quinze heures sous des meules[1] ;
5 Ils vont, de l'aube au soir, faire éternellement
Dans la même prison le même mouvement.
Accroupis sous les dents d'une machine sombre,
Monstre hideux qui mâche on ne sait quoi dans l'ombre,
Innocents dans un bagne, anges dans un enfer,
10 Ils travaillent. Tout est d'airain[2], tout est de fer.
Jamais on ne s'arrête et jamais on ne joue.
Aussi quelle pâleur ! La cendre est sur leur joue.
Il fait à peine jour, ils sont déjà bien las.
Ils ne comprennent rien à leur destin, hélas !
15 Ils semblent dire à Dieu : « Petits comme nous sommes,
Notre père, voyez ce que nous font les hommes ! »
Ô servitude[3] infâme imposée à l'enfant !
Rachitisme[4] ! travail dont le souffle étouffant
Défait ce qu'a fait Dieu ; qui tue, œuvre insensée,
20 La beauté sur les fronts, dans les cœurs la pensée,
Et qui ferait – c'est là son fruit le plus certain –
D'Apollon un bossu, de Voltaire un crétin !
Travail mauvais qui prend l'âge tendre en sa serre,
Qui produit la richesse en créant la misère,
25 Qui se sert d'un enfant ainsi que d'un outil.
Progrès dont on demande : « Où va-t-il ? que veut-il ? »
Qui brise la jeunesse en fleur ! qui donne, en somme,
Une âme à la machine et la retire à l'homme !
Que ce travail, haï des mères, soit maudit !
30 Maudit comme le vice où l'on s'abâtardit,
Maudit comme l'opprobre et comme le blasphème !
Ô Dieu ! qu'il soit maudit au nom du travail même,
Au nom du vrai travail, sain, fécond, généreux,
Qui fait le peuple libre et qui rend l'homme heureux !

VICTOR HUGO, Les Contemplations, 1856.

1. Meules : *roues d'acier* – **2. Airain :** *alliage de métane* – **3. Servitude :** *esclavage* – **4. Rachitisme :** *maigreur extrême, retard de croissance.*

Le roman et ses personnages : visions de l'homme et du monde

Chaque roman est l'occasion pour l'écrivain d'offrir au lecteur une vision originale de l'homme et du monde. En créant un héros auquel il donne vie, en lui faisant traverser de multiples situations, il propose au lecteur une réflexion sur le monde et la place de l'individu au sein de la société. Quelle vision de l'homme et du monde présentent ces premières pages d'un roman ?

Texte **A**

La mise en place de l'univers romanesque

Le 15 septembre 1840, vers six heures du matin, la *Ville-de-Montereau*, près de partir, fumait à gros tourbillons devant le quai Saint-Bernard.

Des gens arrivaient hors d'haleine ; des barriques, des câbles, des
5 corbeilles de linge gênaient la circulation ; les matelots ne répondaient à personne ; on se heurtait ; les colis montaient entre les deux tambours, et le tapage s'absorbait dans le bruissement de la vapeur, qui, s'échappant par des plaques de tôle, enveloppait tout d'une nuée blanchâtre, tandis que la cloche, à l'avant, tintait sans discontinuer.

10 Enfin le navire partit ; et les deux berges, peuplées de magasins, de chantiers et d'usines, filèrent comme deux larges rubans que l'on déroule.

Un jeune homme de dix-huit ans, à longs cheveux et qui tenait un album sous son bras, restait auprès du gouvernail, immobile. À travers
15 le brouillard, il contemplait des clochers, des édifices dont il ne savait pas les noms ; puis il embrassa, dans un dernier coup d'œil, l'île Saint-Louis, la Cité, Notre-Dame ; et bientôt, Paris disparaissant, il poussa un grand soupir.

M. Frédéric Moreau, nouvellement reçu bachelier, s'en retournait à
20 Nogent-sur-Seine, où il devait languir pendant deux mois, avant d'aller faire son droit. Sa mère, avec la somme indispensable, l'avait envoyé au Havre voir un oncle, dont elle espérait, pour lui, l'héritage ; il en était revenu la veille seulement ; et il se dédommageait de ne pouvoir séjourner dans la capitale, en regagnant sa province par la route la plus longue.

GUSTAVE FLAUBERT, *L'Éducation sentimentale*, 1869.

Texte **B**

La mise en place des personnages

Frédéric pensait à la chambre qu'il occuperait là-bas, au plan d'un drame, à des sujets de tableaux, à des passions futures. Il trouvait que le bonheur mérité par l'excellence de son âme tardait à venir. Il se déclama des vers mélancoliques ; il marchait sur le pont à pas rapides ; il
5 s'avança jusqu'au bout, du côté de la cloche ; – et, dans un cercle de passagers et de matelots, il vit un monsieur qui contait des galanteries à une paysanne, tout en lui maniant la croix d'or qu'elle portait sur la poitrine. C'était un gaillard d'une quarantaine d'années, à cheveux crépus. Sa taille robuste emplissait une jaquette de velours noir, deux
10 émeraudes brillaient à sa chemise de batiste, et son large pantalon blanc tombait sur d'étranges bottes rouges, en cuir de Russie, rehaussées de dessins bleus.

La présence de Frédéric ne le dérangea pas. Il se tourna vers lui plusieurs fois, en l'interpellant par des clins d'œil ; ensuite il offrit des
15 cigares à tous ceux qui l'entouraient. Mais, ennuyé de cette compagnie, sans doute, il alla se mettre plus loin. Frédéric le suivit.

GUSTAVE FLAUBERT, *L'Éducation sentimentale*, 1869.

1 LA REPRÉSENTATION DU MONDE : L'UNIVERS ROMANESQUE

1 ▷ Dans le texte A, relevez l'ensemble des indications données sur l'époque et le lieu de la fiction.

2 ▷ Comment la première phrase du roman contribue-t-elle à créer l'illusion de la réalité ?

2 LE PERSONNAGE DE ROMAN : UNE VISION DE L'HOMME

3 ▷ Combien de personnages apparaissent dans les deux textes ? Classez les personnages par ordre d'importance.

3 LA CONSTRUCTION LITTÉRAIRE DU PERSONNAGE

4 ▷ Relevez l'ensemble des caractéristiques physiques et morales de Frédéric Moreau, le héros.

5 ▷ Dans le texte B, repérez les caractéristiques du personnage secondaire.

Tout roman constitue une forme privilégiée de représentation de l'homme et du monde. Il se construit autour d'une fiction qui met en place les aventures d'un héros. Œuvre littéraire, le roman repose sur le talent de l'écrivain qui utilise et renouvelle les techniques de la narration. L'univers romanesque et les personnages représentés traduisent les mutations de la société et offrent une réflexion sur l'homme.

1 LA REPRÉSENTATION DU MONDE : L'UNIVERS ROMANESQUE

La création romanesque repose sur la représentation d'un univers original, qui prend sa cohérence à travers le choix d'une époque, d'un lieu et de personnages.

1. Le choix d'une époque

Le romancier peut choisir d'ancrer l'action du récit dans le passé (*Les Trois Mousquetaires*, d'Alexandre Dumas), à l'époque contemporaine du moment où il est écrit (*La Comédie humaine* de Balzac) ou dans le futur (*La Planète des singes* de Pierre Boulle).

> « Le 15 septembre 1840, vers six heures du matin, la *Ville-de-Montereau*, près de partir, fumait à gros tourbillons devant le quai Saint-Bernard. »
>
> (*Gustave Flaubert*, L'Éducation sentimentale, *1869*)

2. Le choix d'un lieu

Le romancier imagine le lieu dans lequel se déroule l'action du récit. Il peut s'agir d'un lieu réel (la ville d'Oran dans *La Peste* d'Albert Camus) ou imaginaire (les entrailles du monde dans le *Voyage au centre de la Terre* de Jules Verne). Il peut s'agir d'un espace limité (un compartiment de train dans *La Modification* de Michel Butor) ou au contraire d'un espace ouvert et diversifié (les paysages de la Provence dans *Le Hussard sur le toit* de Jean Giono).

> « [...] il embrassa, dans un dernier coup d'œil, l'île Saint-Louis, la Cité, Notre-Dame ; et bientôt, Paris disparaissant... »
>
> (*Gustave Flaubert*, L'Éducation sentimentale, *1869*)

3. Le choix des personnages

Le romancier peuple son récit de personnages auxquels il donne une apparence réelle. Ils peuvent se présenter comme des êtres ordinaires (Bardamu dans le *Voyage au bout de la nuit* de Céline) ou possédant des qualités exceptionnelles (Jean Valjean dans les *Misérables* de Victor Hugo). Ils peuvent aussi apparaître comme des créatures totalement nées de l'imagination du romancier (le géant *Gargantua* de Rabelais).

2 LE PERSONNAGE DE ROMAN : UNE VISION DE L'HOMME

Le personnage de roman est un « être de papier », créé à l'aide de mots et de phrases. Il apparaît cependant au lecteur comme une personne réelle et lui propose une certaine vision de l'homme. Autour du héros, l'univers du roman est peuplé d'une multitude de personnages qui participent directement à l'action ou contribuent à créer l'atmosphère ou le décor du récit.

1. Le héros du roman

Le héros est le personnage principal du roman, le moteur du récit et le centre de l'univers mis en place par l'écrivain. Il peut prendre des formes très diverses et transformer, par son action, le monde qui l'entoure.

→**Le héros positif, porteur de valeurs.** Traditionnellement, le roman met en scène un personnage qui se distingue par des qualités exceptionnelles, physiques ou morales. C'est à lui que le lecteur s'identifie, du début jusqu'à la fin du récit.

> Exemples : Saint-Preux dans *La Nouvelle Héloïse* de Rousseau ; Julien Sorel dans *Le Rouge et le Noir* de Stendhal ; le commissaire Maigret dans les romans de Georges Simenon.

→**Le héros négatif, personnage déconcertant.** Parfois, le romancier choisit comme héros un personnage dépourvu de qualités morales, qui peut faire preuve de violence ou de cruauté. Sans s'identifier à lui, le lecteur subit la fascination d'un être qui agit à l'encontre de la morale.

> Exemples : Madame de Merteuil, dans *Les Liaisons dangereuses* de Laclos ; Fantômas dans le roman-feuilleton de Marcel Allain et Pierre Souvestre ; Moravagine dans le roman du même nom de Blaise Cendrars.

→**L'anti-héros, personnage banal et ordinaire.** Le roman peut aussi s'attacher à raconter l'histoire d'un personnage dépourvu de qualités particulières, évoluant dans un monde qui le dépasse ou dans un univers quotidien sans relief. Le lecteur est ainsi amené à réfléchir sur la société dans laquelle il vit et sur sa propre condition.

> Exemples : Candide dans le roman de Voltaire ; Bouvard et Pécuchet dans celui de Flaubert ; Meursault dans *L'Étranger* de Camus.

→**Le héros collectif, personnage épique.** Au-delà des personnages qui peuplent le récit, une collectivité s'impose parfois comme le véritable héros du roman. Il peut s'agir d'un groupe d'individus unis par le destin, d'une communauté ou d'une foule révoltée, d'un peuple en lutte. Le lecteur s'identifie alors aux valeurs incarnées par le groupe.

> Exemples : les mousquetaires du roi dans *Les Trois Mousquetaires* d'Alexandre Dumas ; les mineurs en grève dans *Germinal* de Zola ; les Républicains espagnols dans *L'Espoir* de Malraux.

2. Les personnages secondaires

Le héros de roman est entouré de personnages qui interviennent de manière régulière dans le récit : ses amis et ses ennemis, les membres de sa famille, ses relations de loisirs ou de travail, etc. Ils contribuent à le caractériser et à le rapprocher d'un être réel.

> Dans *Bel-Ami* de Maupassant, Madeleine, l'épouse du héros, l'aide à faire carrière dans le journalisme. Elle s'efface ensuite après leur divorce.

3. Les personnages d'arrière-plan

Certains autres personnages, même s'ils sont caractérisés avec précision, n'apparaissent que de manière ponctuelle. Comme dans la vie réelle, ils sont liés à un lieu ou à une situation vécue par le héros, qui ne les retrouvera plus dans la suite du récit. L'univers du roman est également peuplé de personnages anonymes ou fugitifs que croise le héros. Ils contribuent à l'animation de l'espace romanesque.

③ LA CONSTRUCTION LITTÉRAIRE DU PERSONNAGE

Les personnages de roman se construisent de manière progressive à travers les techniques d'écriture utilisées par le romancier. L'insertion du personnage dans l'univers romanesque apparaît ainsi comme une façon de représenter l'homme et le monde.

■ 1. L'identité du personnage

Le romancier dote ses personnages d'une identité en leur attribuant un état civil : il leur donne un nom, un âge, une situation de famille, un métier… Il les fait évoluer à travers les rencontres, les voyages, les mariages, les deuils qui surviennent au fil du récit. Les personnages peuvent ainsi se transformer, en changeant de situation sociale ou en vieillissant sous les yeux du lecteur.

> Dans *Vendredi ou les limbes du Pacifique* de Michel Tournier, Robinson Crusoé, après vingt-huit ans passés sur une île déserte, est complètement transformé par l'épreuve de la solitude et sa rencontre avec le personnage de Vendredi.

■ 2. La caractérisation du personnage

Le romancier fournit des informations sur les traits physiques et psychologiques de ses personnages de deux manières.

→**La caractérisation directe.** Elle consiste à faire le portrait du personnage, en soulignant explicitement ses caractéristiques physiques et morales.

> « Un jeune homme de dix-huit ans, à longs cheveux et qui tenait un album sous son bras, restait auprès du gouvernail, immobile. »
>
> *(Gustave Flaubert,* L'Éducation sentimentale, *1869)*

→**La caractérisation indirecte.** Elle consiste à inscrire dans le texte des détails liés au comportement, aux paroles, aux actions, qui conduisent le lecteur à déduire de ces indices les traits physiques ou psychologiques du personnage.

> « Il la regardait obstinément, malgré lui. Gênée par cette contemplation, elle rougit. Il s'en aperçut et voulut détourner les yeux ; mais il les ramenait à tout moment sur elle… »
>
> *(Guy de Maupassant,* « Le père », Gil Blas, *1883)*

■ 3. La construction du portrait

Le portrait utilise les mêmes procédés que la description (voir chapitre 13). Il est créé à la manière d'une peinture, à laquelle s'ajoute une dimension psychologique.

→**L'insertion dans un décor.** Le personnage apparaît dans un lieu qui constitue l'arrière-plan sur lequel il se détache : paysage, foule anonyme, lieu public ou espace privé… À travers ses connotations, ce décor contribue à caractériser le personnage. Le romancier effectue un cadrage qui met en valeur le personnage et l'isole au milieu des objets ou des autres personnages qui l'entourent. Il le représente souvent au centre d'une fenêtre ou d'une porte.

> « Lucien […] vit la persienne vert perroquet s'entrouvrir un peu ; c'était une jeune femme blonde qui avait des cheveux magnifiques et l'air dédaigneux. »
>
> *(Stendhal,* Lucien Leuwen, *1835)*

→**L'association des traits physiques et des traits psychologiques.** À la manière d'un moraliste, le romancier fait correspondre les traits physiques des personnages avec leurs caractéristiques psychologiques. Il rappelle leur passé familial, explore leur milieu social afin d'expliquer leur situation présente. Traits physiques et traits de caractère soulignent les qualités ou les défauts, les vertus ou les vices du personnage représenté.

■ 4. L'évolution du personnage

Tout roman se présente comme un cheminement qui conduit le héros à se transformer. Sa vision du monde change à travers l'apprentissage de la vie, la découverte de nouveaux univers, le basculement vers de nouvelles valeurs. Le roman fait ainsi partager au lecteur le regard que le héros porte sur le monde.

> À la fin du *Père Goriot*, le héros de Balzac, Eugène de Rastignac, éprouve pleinement le sens de son existence. Il lance alors un défi grandiose en regardant Paris : « À nous deux maintenant ! », signifiant qu'il est devenu un autre homme.

4 LES ENJEUX DU ROMAN : LA REPRÉSENTATION DE L'HOMME ET DU MONDE

Depuis ses origines, le roman propose au lecteur une réflexion sur le monde et la place de l'individu au sein de la société. En fonction des époques et des mouvements littéraires, l'écrivain choisit des formes romanesques différentes qui correspondent à des enjeux variés.

■ 1. Le roman et la représentation du monde

Enjeu dominant	Explication	Genres romanesques
L'apprentissage de la vie	Le roman met en scène l'entrée dans la vie d'un jeune héros qui fait les expériences successives de la famille, de l'amour, du milieu professionnel. Il offre au lecteur un exemple d'apprentissage de la vie.	Le roman picaresque, le roman de formation, la fresque familiale, le roman autobiographique.
L'analyse des sentiments	Le roman analyse les passions humaines, et en particulier la passion amoureuse. Il explore la dimension psychologique des personnages, permettant au lecteur de retrouver et de comprendre ses propres émotions.	Le roman de chevalerie, le roman d'analyse, le roman épistolaire, le roman sentimental.
L'exploration d'univers inconnus	Le roman multiplie les péripéties d'un héros qui passionnent le lecteur. Il constitue une porte ouverte sur des mondes différents de son univers quotidien et favorise le jeu de l'imagination.	Le roman d'aventures, le roman historique, le roman policier, le roman de science-fiction.
La critique de la société	Le roman dénonce les travers et les préjugés de l'homme et de la société, avec humour, dérision ou violence. Il invite le lecteur à exercer son esprit critique devant les violences et les injustices des individus et des institutions.	Le roman satirique, le roman comique, le conte philosophique, le roman de la dénonciation.
La réflexion sur l'homme et sa place dans le monde	Le roman mène une réflexion sur la condition humaine à travers les situations auxquelles les personnages se trouvent confrontés. Il s'interroge sur la place de l'homme dans le monde, sur le sens de l'Histoire et sur les rapports des hommes entre eux.	L'utopie, le roman engagé, le roman social, le roman de l'absurde, le Nouveau Roman.

■ 2. Le personnage et la représentation de l'homme

En créant ses personnages, le romancier exprime sa propre vision de l'homme. Il peut donner une image idéalisée de lui-même, s'en servir comme un moyen de critiquer ses semblables, ou encore représenter à travers eux la diversité des êtres humains.

→ **Le personnage, double idéal du romancier.** Le héros du roman est souvent une représentation idéale du romancier, qui traduit à travers lui ses rêves, ses valeurs et ses aspirations. Il apparaît comme celui ou celle qu'il aurait voulu être, son porte-parole et son double.

> Fabrice Del Dongo, le héros de *La Chartreuse de Parme* de Stendhal, D'Arthez, dans *La Comédie humaine* de Balzac, le docteur Rieux dans *La Peste* de Camus apparaissent comme des projections idéalisées de leurs créateurs.

→ **Le personnage, incarnation du mal.** Le romancier crée des personnages qui lui permettent de dénoncer ce qui le révolte dans les comportements humains. Il fait le portrait d'êtres vaniteux, hypocrites, stupides, féroces ou violents, de manière à provoquer la réflexion du lecteur.

> Le couple Thénardier des *Misérables* de Victor Hugo, Folcoche, la mère indigne de *Vipère au poing* d'Hervé Bazin, ou encore Lucien Fleurier, le défenseur du fascisme, héros de *L'Enfance d'un chef* de Jean-Paul Sartre incarnent la multitude des travers de l'humanité.

→ **Le personnage, figure de l'homme ordinaire.** La plupart des personnages de roman illustrent la diversité des caractères de l'homme. Leurs comportements reflètent les réactions humaines devant les situations, ordinaires ou extraordinaires, auxquelles ils sont confrontés.

> Les deux frères du roman de Maupassant, *Pierre et Jean*, Arsule, l'héroïne de *Regain* de Jean Giono, les personnages que croise Maigret dans les romans de Simenon montrent, avec leurs qualités et leurs faiblesses, un visage profondément humain.

Les grandes dates de l'histoire littéraire

L'importance du PERSONNAGE

Moyen Âge Les romans de chevalerie reposent sur la quête héroïque menée par des personnages dotés de qualités exceptionnelles.

Jusqu'au XVIIIe siècle La dimension exceptionnelle du personnage se manifeste à travers ses rencontres, ses choix, ses réussites ou ses échecs. De la princesse de Clèves à Manon Lescaut, de Gargantua à Gil Blas, le lecteur découvre dans le roman des destins particuliers, des passions absolues, des caractères hors du commun.

XIXe siècle Le réalisme de *La Comédie humaine* met en évidence la dépendance liant les individus à leur milieu social. Balzac fait « concurrence à l'état civil » en créant des milliers de personnages qui apparaissent comme autant de types sociaux ou psychologiques, habités par une passion dominante qui conduit leur destin.

XXe siècle Dans *À la recherche du temps perdu*, Marcel Proust explore les jeux de la mémoire en développant la conscience intime, subjective, d'un narrateur hanté par ses souvenirs d'enfance. Louis-Ferdinand Céline fait parler un antihéros perdu, malmené, ballotté au sein d'une société hypocrite et brutale. Albert Camus illustre l'absurdité d'un monde auquel l'homme se sent « étranger ». Après la Seconde Guerre mondiale, les écrivains du Nouveau Roman remettent en cause l'importance traditionnellement accordée aux personnages.

Aujourd'hui Avec les romans de Le Clézio, Tournier ou Houellebecq, le développement du roman se confond de nouveau avec le destin d'un personnage clairement identifié, mais partageant les angoisses et les incertitudes du monde moderne.

DÉCOUVRIR L'ÉPOQUE, LE LIEU ET LES PERSONNAGES

1 *
1. Relevez et classez l'ensemble des informations données sur le lieu et l'époque mis en place par le roman.

2. Quels indices, dans cet espace clos, préparent la mise en place de l'intrigue ?

Lorsqu'il découvre la maison héritée de son oncle, le héros du roman, Jonathan Wells, ignore que dans la cave existe un monde parallèle, peuplé de fourmis…

– Vous verrez, ce n'est pas du tout ce à quoi vous vous attendez.

Le notaire expliqua que l'immeuble était classé monument historique et que des vieux
5 sages de la Renaissance l'avaient habité, il ne se rappelait plus qui.

Ils prirent l'escalier, débouchèrent sur un couloir sombre où le notaire tâtonna longuement, actionna en vain un bouton, avant de lâcher :
10 – Ah zut ! Ça ne marche pas.

Ils s'enfoncèrent dans les ténèbres, palpant les murs à grand bruit. Lorsque le notaire eut enfin trouvé la porte, l'eut ouverte et eut appuyé, cette fois avec succès, sur l'interrupteur électrique, il
15 vit que son client avait une mine décomposée.

– Ça ne va pas, monsieur Wells ?
– Une sorte de phobie. Ce n'est rien.
– La peur du noir ?
– C'est cela. Mais ça va déjà mieux.
20 Ils visitèrent les lieux. C'était un sous-sol de deux cents mètres carrés. Bien qu'il n'ouvrît sur l'extérieur que par de rares soupiraux, étroits et situés au ras du plafond, l'appartement plut à Jonathan. Tous les murs étaient tapissés d'un
25 gris uniforme, et il y avait de la poussière partout… Mais il n'allait pas faire le difficile.

Bernard Werber, *Les Fourmis*, Éd. Albin Michel, 1991.

2 **
1. Dans quel lieu et à quelle époque l'action du roman est-elle située ? Montrez que ce choix contribue à créer l'illusion de la réalité.

2. Étudiez les caractéristiques de l'univers mis en place par la description du premier paragraphe.

Tout avait commencé par un coup de canon. C'était la guerre en Espagne. Mais Tanguy ne gardait de ces années que quelques souvenirs confus. Il se rappelait avoir vu de longues
5 queues immobiles devant les boutiques, des maisons décharnées et noircies par la fumée, des cadavres dans les rues, des miliciennes fusil à l'épaule qui arrêtaient les passants pour leur demander leurs papiers : il se souvenait d'avoir
10 dû se coucher sans rien avoir mangé, d'avoir

été réveillé par le triste hululement des sirènes, d'avoir pleuré de peur en entendant les « miliciens » frapper à la porte aux premières heures du matin…
15 Le soir, il écoutait sa mère qui parlait à la radio. Elle disait que « le bonheur qui prive autrui de son propre bonheur est un bonheur injuste », et il la croyait, car elle ne mentait jamais. Il pleurait souvent en l'entendant. Il ne
20 comprenait pas ce qu'elle disait, mais il savait qu'elle avait raison, car elle était sa mère.

Il allait souvent au Retiro[1]. Il s'y rendait avec sa nurse. Il lui fallait s'arrêter dans les rues et lever le poing[2] au passage des enterrements.

Michel del Castillo, *Tanguy*, Éd. Gallimard, 1957.

1. Retiro : *jardin public de Madrid* – **2. Lever le poing :** *signe de ralliement des républicains espagnols.*

3 ***
1. Étudiez les indications apportées dans le texte B sur l'époque, le lieu et les personnages du récit.

2. Montrez que le texte A contribue à donner une existence réelle au personnage du texte B.

3. Expliquez les procédés utilisés par Mirbeau pour introduire son lecteur dans un univers réaliste.

Texte A

Ce livre que je publie sous ce titre : *Le Journal d'une femme de chambre* a été véritablement écrit par Mlle Célestine R…, femme de chambre. Une première fois, je fus prié de revoir le
5 manuscrit, de le corriger, d'en récrire quelques parties. Je refusai d'abord, jugeant non sans raison que, tel quel, dans son débraillé, ce journal avait une originalité, une saveur particulière, et que je ne pouvais que le banaliser en « y mettant
10 du mien ». Mais Mlle Célestine R… était fort jolie… Elle insista. Je finis par céder, car je suis homme, après tout…

Octave Mirbeau, exergue du *Journal d'une femme de chambre*, 1900.

Texte B

14 septembre.
Aujourd'hui, 14 septembre, à trois heures de l'après-midi, par un temps doux, gris et pluvieux, je suis entrée dans ma nouvelle place. C'est la douzième en deux ans. Bien entendu, je
5 ne parle pas des places que j'ai faites durant les années précédentes. Il me serait impossible de les compter. Ah ! je puis me vanter que j'en ai vu des intérieurs et des visages, et de sales âmes…

Et ça n'est pas fini… À la façon, vraiment extra-
10 ordinaire, vertigineuse, dont j'ai roulé, ici et là, successivement, de maisons en bureaux et de bureaux en maisons, du Bois de Boulogne à la Bastille, de l'Observatoire à Montmartre, des Ternes aux Gobelins, partout, sans jamais pou-
15 voir me fixer nulle part, faut-il que les maîtres soient difficiles à servir maintenant !... C'est à ne pas croire.

L'affaire s'est traitée par l'intermédiaire des Petites Annonces du *Figaro* et sans que je voie
20 Madame. Nous nous sommes écrit des lettres, ça a été tout : moyen chanceux où l'on a souvent, de part et d'autre, des surprises.

Octave Mirbeau, *Le Journal d'une femme de chambre*, 1900.

ÉTUDIER LE HÉROS DE ROMAN

4
**
1. Dans quel texte le personnage apparaît-il comme un héros positif ? Relevez et étudiez ses caractéristiques physiques et morales. Quelles valeurs incarne-t-il ?

2. Dans quel texte le personnage apparaît-il comme un héros négatif ? Justifiez votre réponse.

3. Dans quel texte le personnage apparaît-il comme un anti-héros ? Quelles indications font de lui un personnage ordinaire plongé dans un univers sans relief ?

Texte A

Tel était Gilliatt.

Les filles le trouvaient laid.

Il n'était pas laid. Il était beau peut-être. Il avait dans le profil quelque chose d'un barbare
5 antique. Au repos, il ressemblait à un Dace de la colonne trajane[1]. Son oreille était petite, déli-
cate, sans lambeau, et d'une admirable forme acoustique. Il avait entre les yeux cette fière ride verticale de l'homme hardi et persévérant.
10 Les deux coins de sa bouche tombaient, ce qui est amer ; son front était d'une courbe noble et sereine, sa prunelle franche regardait bien, quoique troublée par ce clignement que donne aux pêcheurs la réverbération des vagues.
15 Son rire était puéril et charmant. Pas de plus

pur ivoire que ses dents. Mais le hâle l'avait fait presque nègre. On ne se mêle pas impu-
nément à l'océan, à la tempête et à la nuit ; à trente ans, il en paraissait quarante-cinq. Il
20 avait le sombre masque du vent et de la mer.

On l'avait surnommé Gilliatt le Malin.

Victor Hugo, *Les Travailleurs de la mer*, 1866.

1. Un Dace de la colonne trajane : *monument édifié à Rome en souvenir des victoires de l'empereur Trajan contre les Daces (actuels Roumains).*

Texte B

Les pieds gelés, comprimés dans des bottines racornies par l'ondée[1] et par les flaques, le crâne chauffé à blanc par le bec de gaz[2] qui sifflait au-dessus de sa tête, M. Folantin avait à peine
5 mangé et maintenant la guigne[3] ne le lâchait point ; son feu hésitait, sa lampe charbonnait, son tabac était humide et s'éteignait, mouillant le papier à cigarette de jus jaune.

Un grand découragement le poigna : le vide
10 de sa vie murée lui apparut, et, tout en tison-
nant le coke de son poker[4], M. Folantin, penché en avant sur son fauteuil, le front sur le rebord de la cheminée, se mit à parcourir le chemin de croix de ses quarante ans, s'arrêtant, désespéré,
15 à chaque station.

Joris-Karl Huysmans, *À vau-l'eau*, 1882.

1. L'ondée : *la pluie* – **2. Bec de gaz** : *lampadaire à gaz* – **3. La guigne** : *la malchance* – **4. Poker** : *feu à charbon.*

Texte C

Le matin de ce même jour, la femme qui avait scellé le destin de Jean-Claude Kastner s'éveillait peu avant neuf heures. Elle avait ouvert un œil sur le plafond grisâtre puis, l'ayant reconnu,
5 s'était levée pour enfiler un informe peignoir vert molletonné. Mais aussitôt après, dans le miroir de la salle de bains, c'est son visage qu'elle reconnaissait moins.

Précipiter un homme dans le vide étant de
10 ces choses qui vous feraient oublier de vous démaquiller, c'est un masque rétréci qui lui était apparu dans la glace, pétrifié par la sueur et suf-
foquant sous le plâtre du fard. Elle avait ravalé son image sans égards, eau froide et savon de
15 Marseille, aussi délicatement qu'on traite une façade au jet sous pression.

Jean Echenoz, *Les Grandes blondes*, Éd. de Minuit, 1995.

↓ Vers l'écrit d'invention

5 1. Identifiez et étudiez les différents groupes de
*** personnages qui constituent la foule.

2. Quels sont les termes qui soulignent la fusion des manifestants dans un seul groupe ?

3. Quelle vision des personnages les répliques donnent-elles au lecteur ?

4. Transposez le texte de Zola de manière à rédiger la description d'une foule contemporaine se rendant à une manifestation sportive.

« Prenez vos flacons, la sueur du peuple qui passe ! » murmura Négrel, qui, malgré ses convictions républicaines, aimait à plaisanter la canaille avec les dames.

5 Mais son mot spirituel fut emporté dans l'ouragan des gestes et des cris. Les femmes avaient paru, près d'un millier de femmes, aux cheveux épars, dépeignées par la course, aux guenilles[1] montrant la peau nue, des nudités de
10 femelles lasses d'enfanter des meurt-de-faim. Quelques-unes tenaient leur petit entre les bras, le soulevaient, l'agitaient, ainsi qu'un drapeau de deuil et de vengeance. D'autres, plus jeunes, avec des gorges gonflées de guerrières, brandis-
15 saient des bâtons ; tandis que les vieilles, affreuses, hurlaient si fort que les cordes de leur cou décharné semblaient se rompre. Et les hommes déboulèrent ensuite, deux mille furieux, des galibots, des haveurs, des raccommodeurs[2],
20 une masse compacte qui roulait d'un seul bloc, serrée, confondue, au point qu'on ne distinguait ni les culottes déteintes, ni les tricots de laine en loques, effacés dans la même uniformité terreuse. Les yeux brûlaient, on voyait seulement
25 les trous des bouches noires, chantant *La Marseillaise*, dont les strophes se perdaient en un mugissement confus, accompagné par le claquement des sabots sur la terre dure. Au-dessus des têtes, parmi le hérissement des barres de fer,
30 une hache passa, portée toute droite ; et cette hache unique, qui était comme l'étendard de la bande, avait, dans le ciel clair, le profil aigu d'un couperet[3] de guillotine.

« Quels visages atroces ! » balbutia Mme Hen-
35 nebeau.

ÉMILE ZOLA, *Germinal*, 1885.

1. **Guenilles** : *vêtements déchirés et sales* – 2. **Galibots, haveurs, raccommodeurs** : *métiers de la mine* – 3. **Un couperet** : *une lame.*

ÉTUDIER LES PERSONNAGES SECONDAIRES

6 1. Pourquoi peut-on dire de Fantômas qu'il est
* un héros négatif ?

2. Classez les différents personnages qui apparaissent autour du héros.

Fantômas est le premier roman d'une série de 45 volumes écrits par Marcel Allain et Pierre Souvestre entre 1911 et 1914.

Qui est Fantômas, l'ennemi numéro 1 de la police ? Personnage mystérieux, véritable génie du crime, il surgit là où on ne l'attend plus, excelle à se grimer et possède tant de visages
5 qu'il est impossible de lui assigner une véritable identité. Tout commence, pour ce héros d'une longue série, avec le meurtre de Lord Beltham. L'enquête, menée par l'inspecteur Juve, piétine et s'égare dans des hypothèses douteuses ; les
10 morts s'accumulent et le mystère s'épaissit. Les soupçons se portent d'abord sur le jeune Étienne Rambert, puis sur Gurn, l'amant de Lady Beltham. Pour Juve, cela ne fait aucun doute : Fantômas est Rambert, et Rambert et Gurn ne font
15 qu'un ! L'odieux Fantômas est jugé et condamné à mort, mais c'est un autre homme, grimé et drogué, qui est envoyé à la décapitation…

Dictionnaire des grandes œuvres de la littérature française,
coll. Les Usuels du Robert, Le Robert.

7 1. Identifiez les différents personnages secondai-
* res évoqués dans cet extrait.

2. Quelles relations ces personnages entretiennent-ils avec l'héroïne ? Comment contribuent-ils à la faire apparaître comme un être réel ?

Au début du roman, le mari de la narratrice a subitement disparu, sans lui laisser d'explications…

La visite de Jacqueline, comme j'étais enfouie dans mon canapé à me demander, seconde par seconde, comment j'allais pouvoir survivre au néant de la soirée, la visite de Jacqueline eut
5 quelque chose d'irréel. Ma mère l'avait appelée (le réseau complice des femmes autour de moi commençait à tendre ses filets, à me retenir parmi elles, à m'épauler comme les baleines franches poussent de leur bosse-museau, pour
10 les maintenir à flot, les baleines plus faibles qui se laisseraient glisser dans les spirales des profondeurs), ma mère l'avait appelée, inquiète, lui disant que quelque chose ne tournait pas rond, ma mère m'envoyait ma meilleure amie. Qu'est-
15 ce que c'est que cette histoire, me disait Jacqueline, ton mari a disparu ?

MARIE DARRIEUSSECQ, *Naissance des fantômes*,
Éd. P.O.L, 1998.

Le roman et ses personnages : visions de l'homme et du monde

8 **1. Quels sont les deux héros du récit ?**

** **2. Relevez et identifiez l'ensemble des personnages d'arrière-plan qui apparaissent dans ce passage.**

3. Quelle atmosphère les personnages d'arrière-plan contribuent-ils à mettre en place ? Que révèlent-ils sur la personnalité des deux héros ?

Ils traversaient une contrée peu sûre en tout temps, et qui l'était bien moins encore alors que la mauvaise administration et la misère avaient multiplié sans fin le nombre des malfaiteurs. Ils
5 s'arrêtèrent dans la plus misérable des auberges. On leur dressa deux lits de sangle dans une chambre fermée de cloisons entr'ouvertes de tous les côtés. Ils demandèrent à souper. On leur apporta de l'eau de mare, du pain noir et du vin
10 tourné. L'hôte, l'hôtesse, les enfants, les valets, tout avait l'air sinistre. Ils entendaient à côté d'eux les ris[1] immodérés et la joie tumultueuse d'une douzaine de brigands qui les avaient précédés et qui s'étaient emparés de toutes les pro-
15 visions. Jacques était assez tranquille ; il s'en fallait beaucoup que son maître le fût autant. Celui-ci promenait son souci en long et en large, tandis que son valet dévorait quelques morceaux de pain noir, et avalait en grimaçant quelques
20 verres de mauvais vin. Ils en étaient là, lorsqu'ils entendirent frapper à leur porte ; c'était un valet que ces insolents et dangereux voisins avaient contraint d'apporter à nos deux voyageurs, sur une de leurs assiettes, tous les os d'une volaille
25 qu'ils avaient mangée. Jacques, indigné, prend les pistolets de son maître.

« Où vas-tu ?

– Laissez-moi faire.

– Où vas-tu ? te dis-je.
30 – Mettre à la raison cette canaille.

– Sais-tu qu'ils sont une douzaine ?

– Fussent-ils cent, le nombre n'y fait rien, s'il est écrit là-haut qu'ils ne sont pas assez.

– Que le diable t'emporte avec ton imperti-
35 nent dicton !... »

DENIS DIDEROT, *Jacques le fataliste et son maître*, 1778.

1. **Les ris** : *les rires.*

Vers l'oral

9 **1. Étudiez l'ensemble des caractéristiques physiques et psychologiques du cavalier croisé par le héros.**
***

2. *Travail en binôme.* Répondez à l'oral aux deux questions suivantes :
– Pourquoi peut-on qualifier le personnage rencontré par le héros de personnage d'arrière-plan ?
– Comment son apparition se justifie-t-elle ?

Dans Le Hussard sur le toit, *le héros, Angelo Pardi, poursuivi par des espions autrichiens, traverse la Provence, ravagée par une épidémie de choléra.*

Enfin, Angelo entendit un cheval qui venait au trot. Il mit la main à sa poche et il tira un de ses pistolets.

Bientôt, il put voir le cavalier qui arrivait.
5 C'était un homme corpulent qui pilait du poivre[1]. Quand il fut à trois pas, Angelo sauta à la bride, arrêta le cheval et braqua son arme.

– Descend, dit-il.

Le gros homme montrait toutes les marques
10 de la terreur la plus abjecte. Ses lèvres tremblaient ; il faisait le bruit d'un homme mal élevé qui aspire sa soupe. En mettant pied à terre, il tomba à genoux.

Angelo déboucla le portemanteau[2].
15 – Le cheval seulement, dit-il.

Il prit ensuite longuement le temps de serrer la sous-ventrière[3] et de raccourcir les étriers. Il avait mis le pistolet dans sa poche. Il éprouvait une très grande sympathie pour le gros homme
20 qui s'époussetait les genoux et le regardait d'un air sournois et horrifié.

– Mettez-vous à l'ombre, dit gentiment Angelo en sautant en selle.

Il fit tourner bride et commença par un temps
25 de galop. Le cheval qui apprécia tout de suite les nouvelles jambes jouait le jeu d'une façon parfaite. Malgré la chaleur qui sans éclat brûlait la peau et embarrassait l'air, Angelo se sentit envahi par une sorte de plaisir. Il s'aperçut qu'il
30 n'avait pas fumé depuis longtemps. Il alluma un de ses petits cigares.

JEAN GIONO, *Le Hussard sur le toit*, Éd. Gallimard, 1951.

1. **Pilait du poivre** : *avançait avec précaution, comme s'il souffrait* – 2. **Le portemanteau** : *sac placé derrière la selle* – 3. **La sous-ventrière** : *courroie qui passe sous le ventre du cheval.*

ÉTUDIER L'IDENTITÉ ET LA CARACTÉRISATION D'UN PERSONNAGE

10 **1.** Relevez les informations données sur l'identité du personnage en vous aidant du tableau suivant :

Nom	
Âge	
Professions successives	
Situation de famille	
ascendants	

2. Relevez et classez les traits physiques et psychologiques du personnage.

3. Quelles indications sont fournies de manière indirecte ?

Pierrotin, homme de quarante ans, était déjà père de famille. Sorti de la cavalerie à l'époque du licenciement de 1815[1], ce brave garçon avait succédé à son père, qui menait de L'Isle-Adam
5 à Paris un coucou[2] d'allure assez capricieuse. Après avoir épousé la fille d'un petit aubergiste, il donna de l'extension au service de L'Isle-Adam, le régularisa, se fit remarquer par son intelligence et par son exactitude militaire. Leste, décidé,
10 Pierrotin (ce nom devait être un surnom) imprimait, par la mobilité de sa physionomie, à sa figure rougeaude et faite aux intempéries, une expression narquoise qui ressemblait à un air spirituel. Il ne manquait d'ailleurs pas de cette
15 facilité de parler qui s'acquiert à force de voir le monde et différents pays. Sa voix, par l'habitude de s'adresser à des chevaux et de crier gare, avait contracté de la rudesse ; mais il prenait un ton doux avec les bourgeois. Son costume, comme
20 celui des messagers du second ordre[3], consistait en de bonnes grosses bottes pesantes de clous, faites à L'Isle-Adam, et un pantalon de gros velours vert bouteille, et une veste de semblable étoffe, mais par-dessus laquelle, pendant l'exer-
25 cice de ses fonctions, il portait une blouse bleue, ornée au col, aux épaules et aux poignets de broderies multicolores. Une casquette à visière lui couvrait la tête. L'état militaire avait laissé dans les mœurs de Pierrotin un grand respect pour
30 les supériorités sociales, et l'habitude de l'obéissance aux gens des hautes classes ; mais s'il se familiarisait volontiers avec les petits bourgeois, il respectait toujours les femmes, à quelque classe sociale qu'elles appartinssent. Néanmoins, à
35 force de *brouetter le monde*, pour employer une de ses expressions, il avait fini par regarder ses voyageurs comme des paquets qui marchaient,

et qui dès lors exigeaient moins de soins que les autres, l'objet essentiel de la messagerie.

HONORÉ DE BALZAC, *Un début dans la vie*, 1841.

1. **1815** : *année qui marque la fin de l'Empire et de l'armée napoléonienne* – 2. **Coucou** : *petite voiture publique caractéristique des environs de Paris* – 3. **Du second ordre** : *les conducteurs travaillant sur de courts trajets.*

ANALYSER LA CONSTRUCTION D'UN PORTRAIT

11 **1.** Relevez et classez les caractéristiques physiques et psychologiques des personnages qui apparaissent dans ce double portrait.

2. Quel point commun unit le père et sa fille cadette ? Relevez le champ lexical à travers lequel le narrateur souligne cette proximité. Commentez les effets comiques ainsi produits.

Madame Amédée Fleurissoire, née Péterat, sœur cadette de Véronique Armand-Dubois et de Marguerite de Baraglioul, répondait au nom baroque[1] d'Arnica.
5 Philibert Péterat, botaniste assez célèbre sous le Second Empire, par ses malheurs conjugaux, avait, dès sa jeunesse, promis des noms de fleurs aux enfants qu'il pourrait avoir. Certains amis trouvèrent un peu particulier le nom de Véroni-
10 que dont il baptisa le premier ; mais, lorsque au nom de Marguerite, il entendit insinuer qu'il en rabattait[2], cédait à l'opinion, rejoignait le banal, il résolut, brusquement rebiffé, de gratifier son troisième produit[3] d'un nom si délibérément
15 botanique qu'il fermerait le bec à tous les médisants.
Peu après la naissance d'Arnica, Philibert, dont le caractère s'était aigri, se sépara d'avec sa femme, quitta la capitale, et s'alla fixer à
20 Pau. [...] La petite Arnica, inconsidérée par ses sœurs et par sa mère, un peu niaise, il est vrai, et plus touchante que jolie, demeurait, été comme hiver, près du père.
La plus grande joie de l'enfant était d'aller her-
25 boriser avec son père dans la campagne ; mais souvent le maniaque, cédant à son humeur chagrine, la plantait là, partait tout seul pour une énorme randonnée, rentrait fourbu et, sitôt après le repas, se fourrait au lit sans faire à sa
30 fille l'aumône d'un sourire ou d'un mot. Il jouait de la flûte à ses heures de poésie, rabâchant insatiablement les mêmes airs. Le reste du temps, il dessinait de minutieux portraits de fleurs.

ANDRÉ GIDE, *Les Caves du Vatican*, Éd. Gallimard, 1914.

1. **Baroque** : *original* – 2. **En rabattait** : *faisait marche arrière* – 3. **Produit** : *enfant.*

↓ Vers le commentaire

12 **1. Montrez comment le décor contribue à caractériser le personnage de Mme Verdurin.**

2. Comment l'auteur associe-t-il les caractéristiques physiques et morales du personnage ?

3. Analysez la dernière phrase du passage. Rédigez votre réponse sous la forme d'un paragraphe.

Elle tenait à garder en évidence les cadeaux que les fidèles avaient l'habitude de lui faire de temps en temps, afin que les donateurs eussent le plaisir de les reconnaître quand ils venaient.
5 Aussi tâchait-elle de persuader qu'on s'en tînt aux fleurs et aux bonbons qui du moins se détruisent ; mais elle n'y réussissait pas et c'était chez elle une collection de chauffe-pieds, de coussins, de pendules, de paravents, de baro-
10 mètres, de potiches, dans une accumulation de redites et un disparate d'étrennes.

De ce poste élevé, elle participait avec entrain à la conversation des fidèles et s'égayait de leurs « fumisteries », mais depuis l'accident qui était
15 arrivé à sa mâchoire, elle avait renoncé à prendre la peine de pouffer effectivement et se livrait à la place à une mimique conventionnelle qui signifiait, sans fatigue ni risques pour elle, qu'elle riait aux larmes. Au moindre mot que lâchait
20 un habitué contre un ennuyeux ou contre un ancien habitué rejeté au camp des ennuyeux – et pour le plus grand désespoir de M. Verdurin qui avait eu longtemps la prétention d'être aussi aimable que sa femme, mais qui riant
25 pour de bon s'essoufflait vite et avait été distancé et vaincu par cette ruse d'une incessante et fictive hilarité – elle poussait un petit cri, fermait entièrement ses yeux d'oiseau qu'une taie[1] commençait à voiler, et brusquement, comme
30 si elle n'eût eu que le temps de cacher un spectacle indécent ou de parer à un accès mortel, plongeant sa figure dans ses mains qui la recouvraient et n'en laissaient plus rien voir, elle avait l'air de s'efforcer de réprimer, d'anéantir un rire
35 qui, si elle s'y fût abandonnée, l'eût conduite à l'évanouissement. Telle, étourdie par la gaieté des fidèles, ivre de camaraderie, de médisance et d'anéantissement, Mme Verdurin, juchée sur son perchoir, pareille à un oiseau dont on eût
40 trempé le colifichet[2] dans du vin chaud, sanglotait d'amabilité.

MARCEL PROUST, *Du côté de chez Swann*, 1913.

1. **Taie** : *tache sur l'œil* – 2. **Le colifichet** : *biscuit léger pour oiseau.*

13 **1. Relevez les éléments du décor dans lequel apparaît le personnage.**

2. À travers quels cadrages successifs le romancier met-il en valeur l'héroïne ?

3. Relevez les réseaux lexicaux de l'ombre et de la lumière. Quelle est leur fonction dans la construction du portrait ?

4. Indiquez les différents plans qui organisent le portrait. Sur quelles caractéristiques du personnage les gros plans insistent-ils ?

5. Quel est le trait psychologique dominant du personnage souligné par le portrait ?

Lalla Hawa, descendante d'une tribu nomade du Sahara, s'installe en France. Remarquée pour sa beauté, elle devient un mannequin célèbre. Lorsqu'elle se met à danser dans une discothèque, tous les regards convergent sur elle.

Elle danse comme elle a appris autrefois, seule au milieu des gens, pour cacher sa peur, parce qu'il y a trop de bruit, trop de lumière. Le photographe reste assis sur la marche, sans bouger,
5 sans même penser à la photographier. Au début, les gens ne font pas attention à Hawa, parce que la lumière les aveugle. Puis, c'est comme s'ils sentaient que quelque chose d'extraordinaire était arrivé, sans qu'ils s'en doutent. Ils s'écar-
10 tent, ils s'arrêtent de danser, les uns après les autres, pour regarder Lalla Hawa. Elle est toute seule dans le cercle de lumière, elle ne voit personne. Elle danse sur le rythme lent de la musique électronique, et c'est comme si la musique
15 était à l'intérieur de son corps. La lumière brille sur le tissu noir de sa robe, sur sa peau couleur de cuivre, sur ses cheveux. On ne voit pas ses yeux à cause de l'ombre, mais son regard passe sur les gens, emplit la salle, de toute sa force,
20 de toute sa beauté. Hawa danse pieds nus sur le sol lisse, ses pieds longs et plats frappent au rythme des tambours, ou plutôt, c'est elle qui semble dicter avec la plante de ses pieds et ses talons le rythme de la musique. Son corps sou-
25 ple ondoie, ses hanches, ses épaules et ses bras sont légèrement écartés comme des ailes. La lumière des projecteurs rebondit sur elle, l'enveloppe, crée des tourbillons autour de ses pas. Elle est absolument seule dans la grande salle,
30 seule comme au milieu d'une esplanade, seule comme au milieu d'un plateau de pierres, et la musique électrique joue pour elle seule, de son rythme lent et lourd.

J.-M. G. LE CLÉZIO, *Désert*, Éd. Gallimard, 1980.

ANALYSER L'ÉVOLUTION D'UN PERSONNAGE

14 **1. Confrontez les textes A et B. Quelles sont les caractéristiques du personnage représenté ?**

2. Comment le personnage a-t-il évolué ? Quelle vision de la société Balzac donne-t-il au lecteur à travers lui ?

TEXTE A

Au début du roman, Eugène de Rastignac, jeune provincial venu étudier à Paris, cherche à pénétrer dans la société aristocratique qu'il admire.

Il se crotta, il fut forcé de faire cirer ses bottes et brosser son pantalon au Palais-Royal. « Si j'étais riche, se dit-il en changeant une pièce de trente sous qu'il avait prise en cas de malheur,
5 je serais allé en voiture, j'aurais pu penser à mon aise. » Enfin il arriva rue de Helder et demanda la comtesse de Restaud. Avec la rage froide d'un homme sûr de triompher un jour, il reçut le coup d'œil méprisant des gens qui l'avaient vu
10 traversant la cour à pied, sans avoir entendu le bruit d'une voiture à la porte. Ce coup d'œil lui fut d'autant plus sensible qu'il avait déjà compris son infériorité en entrant dans cette cour, où piaffait un beau cheval richement attelé
15 à l'un de ces cabriolets pimpants qui affichent le luxe d'une existence dissipatrice.

HONORÉ DE BALZAC, *Le Père Goriot*, 1834-1835.

TEXTE B

À la fin du roman, après la mort du père Goriot, Eugène de Rastignac perd ses dernières illusions sur le monde.

Le jour tombait, un humide crépuscule agaçait les nerfs, il regarda la tombe[1] et y ensevelit sa dernière larme de jeune homme, cette larme arrachée par les saintes émotions d'un cœur
5 pur, une de ces larmes qui, de la terre où elles tombent, rejaillissent jusque dans les cieux. Il se croisa les bras, contempla les nuages et, le voyant ainsi, Christophe[2] le quitta.
Rastignac, resté seul, fit quelques pas vers le
10 haut du cimetière et vit Paris tortueusement couché le long des deux rives de la Seine où commençaient à briller les lumières. Ses yeux s'attachèrent presque avidement entre la colonne de la place Vendôme et le dôme des Invalides, là
15 où vivait ce beau monde dans lequel il avait voulu pénétrer. Il lança sur cette ruche bourdonnante un regard qui semblait par avance en pomper le

miel, et dit ces mots grandioses : « À nous deux maintenant ! »
20 Et pour premier acte de défi qu'il portait à la Société, Rastignac alla dîner chez Mme de Nucingen.

HONORÉ DE BALZAC, *Le Père Goriot*, 1834-1835.

1. **La tombe** : *celle où est enterré le père Goriot* – 2. **Christophe** : *employé de la modeste pension où vit Rastignac.*

ÉTUDIER LA REPRÉSENTATION DE L'HOMME ET DU MONDE

 Vers la dissertation

15 **1. Identifiez l'enjeu dominant du roman dans l'extrait suivant.**

2. Retrouvez, dans le texte, les caractéristiques du roman d'analyse.

3. Rédigez un paragraphe dans lequel vous indiquerez quelle vision du monde *La Princesse de Clèves* propose aux lecteurs.

Peu après le mariage de sa fille avec le prince de Clèves, Mme de Chartres tombe brusquement malade.

Pendant la maladie de Mme de Chartres, ce prince[1] trouva le moyen de voir plusieurs fois Mme de Clèves en faisant semblant de chercher son mari ou de le venir prendre pour le mener
5 promener. Il le cherchait même à des heures où il savait bien qu'il n'y était pas et, sous le prétexte de l'attendre, il demeurait dans l'antichambre de Mme de Chartres où il y avait toujours plusieurs personnes de qualité. Mme de Clèves y venait
10 souvent et, pour être affligée, elle n'en paraissait pas moins belle à M. de Nemours. Il lui faisait voir combien il prenait d'intérêt à son affliction[2] et il lui en parlait avec un air si doux et si soumis qu'il la persuadait aisément que ce n'était pas de
15 Mme la Dauphine qu'il était amoureux.
Elle ne pouvait s'empêcher d'être troublée de sa vue, et d'avoir pourtant du plaisir à le voir ; mais quand elle ne le voyait plus et qu'elle pensait que ce charme qu'elle trouvait dans sa
20 vue était le commencement des passions, il s'en fallait peu qu'elle ne crût le haïr par la douleur que lui donnait cette pensée.

MADAME DE LAFAYETTE, *La Princesse de Clèves*, 1678.

1. **Ce prince** : *le prince de Nemours* – 2. **Affliction** : *chagrin.*

Le roman et ses personnages : visions de l'homme et du monde

16 **1. Identifiez l'enjeu du roman dans chacun des**
✳✳✳ extraits suivants. Justifiez votre réponse.

2. Identifiez le genre romanesque de chaque extrait parmi les genres romanesques suivants : roman de formation, roman engagé, roman de science-fiction, roman satirique.

3. Montrez, en vous appuyant sur les extraits suivants, que tout roman propose au lecteur une vision du monde originale. Rédigez votre réponse en deux ou trois paragraphes.

TEXTE A

« Va faire ton paquet, et je te mènerai chez M. de Rênal, où tu seras précepteur[1] des enfants.

– Qu'aurai-je pour cela ?

– La nourriture, l'habillement et trois cents
5 francs de gages[2].

– Je ne veux pas être domestique.

– Animal, qui te parle d'être domestique, est-ce que je voudrais que mon fils fût domestique ?

10 – Mais avec qui mangerai-je ? »

Cette demande déconcerta le vieux Sorel, il sentit qu'en parlant, il pourrait commettre quelque imprudence ; il s'emporta contre Julien, qu'il accabla d'injures, en l'accusant de gour-
15 mandise, et le quitta pour aller consulter ses autres fils.
Julien les vit bientôt après, chacun appuyé sur sa hache et tenant conseil. Après les avoir long-temps regardés, Julien ne pouvant rien deviner,
20 alla se placer de l'autre côté de la scie, pour éviter d'être surpris. Il voulait penser mûrement à cette annonce imprévue qui changeait son sort, mais il se sentit incapable de prudence ; son imagination était tout entière à se figurer ce qu'il
25 verrait dans la belle maison de M. de Rênal.

Il faut renoncer à tout cela, se dit-il, plutôt que de se laisser réduire à manger avec les domestiques. Mon père voudra m'y forcer ; plutôt mourir.

STENDHAL, *Le Rouge et le Noir*, 1830.

1. **Précepteur** : *professeur particulier* – 2. **Gages** : *salaire*.

TEXTE B

Pas un souffle dans les poitrines ! Les cœurs n'osaient plus battre. Tous les regards effarés fixaient la gueule béante de la Columbiad[1].

Murchison suivait de l'œil l'aiguille de son
5 chronomètre. Il s'en fallait à peine de quarante secondes que l'instant du départ ne sonnât, et chacune d'elles durait un siècle.

À la vingtième, il y eut un frémissement universel, et il vint à la pensée de cette foule que

10 les audacieux voyageurs enfermés dans le projectile comptaient aussi ces terribles secondes ! Des cris isolés s'échappèrent : « Trente-cinq ! – trente-six ! – trente-sept ! – trente-huit ! – trente-neuf ! – quarante ! Feu !!! »

JULES VERNE, *De la Terre à la Lune*, 1865.

1. **La Columbiad** : *nom donné à la fusée.*

TEXTE C

« C'est vrai, t'as raison en somme, que j'ai convenu, conciliant, mais enfin on est tous assis sur une grande galère, on rame tous à tour de bras, tu peux pas venir me dire le contraire !...
5 Assis sur des clous même à tirer tout nous autres ! Et qu'est-ce qu'on en a ? Rien ! Des coups de trique seulement, des misères, des bobards et puis des vacheries encore. On travaille ! qu'ils disent. C'est ça encore qu'est plus
10 infect que tout le reste, leur travail. On est en bas dans les cales à souffler de la gueule, puants, suintant des rouspignolles, et puis voilà ! En haut sur le pont, au frais, il y a les maîtres et qui s'en font pas, avec des belles femmes roses et
15 gonflées de parfums sur les genoux. »

LOUIS-FERDINAND CÉLINE, *Voyage au bout de la nuit*,
Éd. Gallimard, 1932.

TEXTE D

Dans La Condition humaine, *André Malraux raconte les combats menés par les révolutionnaires chinois en 1927.*

Il[1] lui prit la main : « Vous connaissez la phrase : "Il faut neuf mois pour faire un homme, et un seul jour pour le tuer." Nous l'avons su autant qu'on peut le savoir l'un et l'autre…
5 May[2], écoutez : il ne faut pas neuf mois, il faut soixante ans pour faire un homme, soixante ans de sacrifices, de volonté, de… de tant de choses ! Et quand cet homme est fait, quand il n'y a plus rien en lui de l'enfance, ni de l'adolescence,
10 quand, vraiment, il est un homme, il n'est plus bon qu'à mourir. »

Elle le regardait, atterrée ; lui regardait de nouveau les nuages : « J'ai aimé Kyo comme peu d'hommes aiment leurs enfants, vous
15 savez… »

Il tenait toujours sa main : il l'amena à lui, la prit entre les siennes : « Écoutez-moi : il faut aimer les vivants et non les morts. »

ANDRÉ MALRAUX, *La Condition humaine*,
Éd. Gallimard, 1933.

1. **Il** : *Gisors, le père du héros, Kyo, mort dans les combats de la révolution chinoise de 1927* – 2. **May** : *la femme de Kyo.*

Vers le sujet de commentaire

LECTURE

1. Étudiez, dans les deux premiers paragraphes, par quels procédés l'apparition de l'héroïne est mise en valeur.

2. À travers quels plans successifs le portrait se développe-t-il ? À quelle couleur chaque plan est-il associé ?

3. Quelles sont les indications qui soulignent la beauté du personnage ? Quelles sont celles qui signalent, de manière directe ou indirecte, sa fragilité ?

ÉCRITURE

En vous aidant des réponses apportées, analysez, en deux parties, la construction de ce portrait.

– Vous montrerez, dans un premier temps, tout ce qui met en valeur l'apparition de la jeune femme et la séduction mystérieuse qu'elle exerce.

– Dans un second temps, vous mettrez en évidence le caractère énigmatique et inquiétant du personnage.

En Sologne, le narrateur du Grand Meaulnes *fait pour la première fois la rencontre d'Yvonne de Galais, dont le charme mystérieux imprègne tout le roman.*

Accoudés sur le comptoir ou assis les deux mains à plat sur le bois ciré, nous nous racontions mutuellement ce que nous savions de la mystérieuse jeune fille – et cela se réduisait à fort peu de choses – lorsqu'un bruit de roues nous fit tourner la tête.

« La voici, c'est elle », dirent-ils à voix basse.

5 Quelques secondes après, devant la porte vitrée, s'arrêtait l'étrange équipage. Une vieille voiture de ferme, aux panneaux arrondis, avec de petites galeries moulées, comme nous n'en avions jamais vu dans cette contrée ; un vieux cheval blanc qui semblait toujours vouloir brouter quelque herbe sur la route, tant il baissait la tête pour marcher ; et sur le siège – je le dis dans la simplicité de mon cœur, mais sachant bien ce que je dis – la jeune fille la plus belle qu'il y ait 10 peut-être jamais eu au monde.

Jamais je ne vis tant de grâce s'unir à tant de gravité. Son costume lui faisait la taille si mince qu'elle semblait fragile. Un grand manteau marron, qu'elle enleva en entrant, était jeté sur ses épaules. C'était la plus grave des jeunes filles, la plus frêle des femmes. Une lourde chevelure blonde pesait sur son front et sur son visage délicatement dessiné, finement modelé. Sur son 15 teint très pur, l'été avait posé deux taches de rousseur… Je ne remarquai qu'un défaut à tant de beauté : aux moments de tristesse, de découragement ou seulement de réflexion profonde, ce visage si pur se marbrait légèrement de rouge, comme il arrive chez certains malades gravement atteints sans qu'on le sache. Alors toute l'admiration de celui qui la regardait faisait place à une sorte de pitié d'autant plus déchirante qu'elle surprenait davantage.

20 Voilà du moins ce que je découvrais, tandis qu'elle descendait lentement de voiture et qu'enfin Marie-Louise[1], me présentant avec aisance à la jeune fille, m'engageait à lui parler.

ALAIN-FOURNIER, *Le Grand Meaulnes*, 1913.

1. **Marie-Louise** : *la cousine du narrateur.*

SÉRIES TECHNOLOGIQUES

TEXTES DU CORPUS

Texte A : début du roman d'Albert Camus, *La Peste*, 1947.

Texte B : extrait du roman d'Albert Camus, *La Peste*, 1947.

Texte C : fin du roman d'Albert Camus, *La Peste*, 1947.

OBJET D'ÉTUDE

✤ **Le roman et ses personnages : visions de l'homme et du monde**

Texte A

Le matin du 16 avril, le docteur Bernard Rieux sortit de son cabinet et buta sur un rat mort, au milieu du palier. Sur le moment, il écarta la bête sans y prendre garde et descendit l'escalier. Mais, arrivé dans la rue, la pensée lui vint que ce rat n'était pas à sa place et il retourna sur ses pas pour avertir le
5 concierge. Devant la réaction du vieux M. Michel, il sentit mieux ce que sa découverte avait d'insolite. La présence de ce rat mort lui avait paru seulement bizarre tandis que, pour le concierge, elle constituait un scandale. La position de ce dernier était d'ailleurs catégorique : il n'y avait pas de rats dans la maison. Le docteur eut beau l'assurer qu'il y en avait un sur le palier du premier
10 étage, et probablement mort, la conviction de M. Michel restait entière. Il n'y avait pas de rats dans la maison, il fallait donc qu'on eût apporté celui-ci du dehors. Bref, il s'agissait d'une farce.

Le soir même, Bernard Rieux, debout dans le couloir de l'immeuble, cherchait ses clefs avant de monter chez lui, lorsqu'il vit surgir, du fond obscur du
15 corridor, un gros rat à la démarche incertaine et au pelage mouillé. La bête s'arrêta, sembla chercher un équilibre, prit sa course vers le docteur, s'arrêta encore, tourna sur elle-même avec un petit cri et tomba enfin en rejetant du sang par les babines entrouvertes. Le docteur la contempla un moment et remonta chez lui.
20 Ce n'était pas au rat qu'il pensait.

Texte B

— Avez-vous jamais entendu une femme crier : « Jamais ! » au moment de mourir ? Moi, oui. Et je me suis aperçu alors que je ne pouvais pas m'y habituer. J'étais jeune et mon dégoût croyait s'adresser à l'ordre même du monde. Depuis, je suis devenu plus modeste. Simplement, je ne suis toujours pas
5 habitué à voir mourir. Je ne sais rien de plus. Mais après tout…

Rieux se tut et se rassit. Il se sentait la bouche sèche.

— Après tout ? dit doucement Tarrou.

— Après tout…, reprit le docteur, et il hésita encore, regardant Tarrou avec attention, c'est une chose qu'un homme comme vous peut comprendre, n'est-
10 ce pas, mais puisque l'ordre du monde est réglé par la mort, peut-être vaut-il mieux pour Dieu qu'on ne croie pas en lui et qu'on lutte de toutes ses forces contre la mort, sans lever les yeux vers le ciel où il se tait.

— Oui, approuva Tarrou, je peux comprendre. Mais vos victoires seront toujours provisoires, voilà tout.
15 Rieux parut s'assombrir.

— Toujours, je le sais. Ce n'est pas une raison pour cesser de lutter.

– Non, ce n'est pas une raison. Mais j'imagine alors ce que doit être cette peste pour vous.

– Oui, dit Rieux. Une interminable défaite.

Texte C

Le docteur Rieux décida alors de rédiger le récit qui s'achève ici, pour ne pas être de ceux qui se taisent, pour témoigner en faveur de ces pestiférés, pour laisser du moins un souvenir de l'injustice et de la violence qui leur avaient été faites et pour dire simplement ce qu'on apprend au milieu des fléaux, qu'il y a
5 dans les hommes plus de choses à admirer que de choses à mépriser.

Mais il savait cependant que cette chronique ne pouvait pas être celle de la victoire définitive. Elle ne pouvait être que le témoignage de ce qu'il avait fallu accomplir et que, sans doute, devraient accomplir encore, contre la terreur et son arme inlassable, malgré leurs déchirements personnels, tous les hommes
10 qui, ne pouvant être des saints et refusant d'admettre les fléaux, s'efforcent cependant d'être des médecins.

Écoutant, en effet, les cris d'allégresse qui montaient de la ville, Rieux se souvenait que cette allégresse était toujours menacée. Car il savait ce que cette foule en joie ignorait, et qu'on peut lire dans les livres, que le bacille de la peste
15 ne meurt ni ne disparaît jamais, qu'il peut rester pendant des dizaines d'années endormi dans les meubles et le linge, qu'il attend patiemment dans les chambres, les caves, les malles, les mouchoirs et les paperasses, et que, peut-être, le jour viendrait où, pour le malheur et l'enseignement des hommes, la peste éveillerait ses rats et les enverrait mourir dans une cité heureuse.

ÉCRITURE

4 points ➤ **I. Vous répondrez d'abord aux questions suivantes :**

1. Quelles caractéristiques du genre romanesque retrouve-t-on dans les textes du corpus ? Illustrez votre réponse au moyen d'exemples.

2. Pourquoi peut-on considérer que le docteur Bernard Rieux est le héros du roman d'Albert Camus ?

16 points ➤ **II. Vous traiterez ensuite un de ces trois sujets :**

1. Commentaire
Vous ferez le commentaire du texte A en montrant comment :
– cette page de roman installe le cadre du récit.
– sont mis en place les éléments de l'intrigue.

2. Dissertation
« Il savait ce que cette foule en joie ignorait, et qu'on peut lire dans les livres... » Pensez-vous que le roman puisse être un moyen de mieux connaître les hommes et le monde ? Vous répondrez en vous appuyant sur le corpus mais aussi les œuvres lues ou étudiées pendant l'année.

3. Invention
Vous avez aimé le roman de Camus, *La Peste*. Vous écrivez à un ami qui lit peu pour le convaincre d'entreprendre la lecture de celui-ci, en insistant sur le plaisir et l'enseignement que vous en avez tirés.

La poésie
est un travail
sur les mots
qui explore toutes
les ressources
du langage.
Après le sonnet,
l'ode, la ballade
et les formes
fixes, la poésie
contemporaine
rompt avec
la tradition.
Le poète se libère
des contraintes
et cherche dans
les images, dans
le rythme du texte,
dans sa mise
en espace, à
créer une forme
originale.
Comment
la confrontation
de ces quatre
textes met-elle
en évidence
l'évolution de la
poésie ?

Texte **A**

Le sonnet

Marie, qui voudrait votre beau nom tourner,
Il trouverait Aimer : aimez-moi donc, Marie,
Faites cela vers[1] moi dont votre nom vous prie,
Votre amour ne se peut en meilleur lieu donner :

5 S'il vous plaît pour jamais un plaisir demener[2],
Aimez-moi, nous prendrons les plaisirs de la vie,
Pendus l'un l'autre au col[3], et jamais nulle envie
D'aimer en autre lieu ne nous pourra mener.

Si[4] faut-il bien aimer au monde quelque chose :
10 Celui qui n'aime point, celui-là se propose
Une vie d'un Scyte[5], et ses jours veut passer

Sans goûter la douceur des douceurs la meilleure.
Hé, qu'est-il rien de doux sans Vénus[6] ? las ! à l'heure
Que je n'aimerai point puissé-je trépasser !

PIERRE DE RONSARD, « Amours de Marie »,
Continuation des Amours, 1555.

1. Vers : *envers* - 2. Demener : *pratiquer* - 3. Col : *cou* - 4. Si : *pourtant* - 5. Scyte : *barbare* -
6. Vénus : *déesse de l'amour*.

Texte **B**

Le poème en prose

D'un gradin d'or, – parmi les cordons de soie, les gazes grises,
les velours verts et les disques de cristal qui noircissent comme du
bronze au soleil, – je vois la digitale s'ouvrir sur un tapis de filigranes
d'argent, d'yeux et de chevelures.

5 Des pièces d'or jaune semées sur l'agate, des piliers d'acajou sup-
portant un dôme d'émeraudes, des bouquets de satin blanc et de fines
verges de rubis entourent la rose d'eau.

Tel qu'un dieu aux énormes yeux bleus et aux formes de neige,
la mer et le ciel attirent aux terrasses de marbre la foule de jeunes et
10 fortes roses.

ARTHUR RIMBAUD, « Fleurs », *Illuminations*, 1886.

Texte **C**

Le poème en vers libres

Mon amour à la robe de phare bleu,
je baise la fièvre de ton visage
où couche la lumière qui jouit en secret.

J'aime et je sanglote. Je suis vivant
5   et c'est ton cœur cette Étoile du Matin
à la durée victorieuse qui rougit avant
de rompre le combat des Constellations.

Hors de toi, que ma chair devienne la voile
qui répugne au vent.

RENÉ CHAR, in *Le poème pulvérisé* recueilli
dans *Fureur et mystère*, Éd. Gallimard, 1962.

Texte **D**

Le poème ouvert

La porte qui ne s'ouvre pas
La main qui passe
Au loin un verre qui se casse
La lampe fume
5   Les étincelles qui s'allument
Le ciel est plus noir
Sur les toits

Quelques animaux
Sans leur ombre

10   Un regard
Une tache sombre
La maison où l'on n'entre pas

PIERRE REVERDY, « Nomade »,
Plupart du temps (1915-1922), Éd. Flammarion, 1945.

1 LE POÈME DE FORME FIXE

1 ▷ Observez, dans le poème de Ronsard, le nombre de syllabes de chaque vers et le nombre de vers de chaque strophe. Quelle conclusion pouvez-vous en tirer ?

2 ▷ Étudiez le schéma des rimes du poème. Quelles sont ses caractéristiques ?

2 LE POÈME EN PROSE

3 ▷ Le texte de Rimbaud a-t-il pour vous la forme d'un poème ? Pourquoi, selon vous, peut-on le qualifier de poème en prose ?

3 LE POÈME EN VERS LIBRES

4 ▷ Confrontez le poème de Char à celui de Ronsard. Pourquoi peut-on parler, pour le second, de poème de forme libre ?

4 LE POÈME OUVERT

5 ▷ Observez la disposition des vers du poème de Pierre Reverdy. En quoi cette disposition vous paraît-elle originale ?

Dans l'Antiquité, comme à l'époque classique, la poésie s'affirme à travers le respect d'un certain nombre de règles. Ces règles définissent les poèmes de forme régulière et de forme fixe. Mais le XIXᵉ siècle multiplie les ruptures. Le poème en prose et le vers libre invitent la création poétique à explorer des voies originales, délivrées de toute contrainte.

1 LES POÈMES DE FORMES RÉGULIÈRES ET DE FORMES FIXES

Dès le Moyen Âge apparaissent des formes fixes, tandis que les poèmes aux formes régulières gardent une certaine liberté de construction.

▪ 1. Les formes fixes

Certaines formes poétiques sont définitivement fixées, c'est-à-dire codifiées par des contraintes strictes de construction qui les rendent immédiatement identifiables, quel que soit le thème développé par le poème.

	Caractéristiques	Évolution
Le rondeau	Il est composé de trois strophes en octosyllabes, de cinq, trois puis cinq vers. Les deux dernières strophes sont suivies d'un refrain.	• Le rondeau médiéval de Marot repris par Musset. • Le rondel symboliste de Mallarmé.
La ballade	Liée à la danse (« baller » signifie danser), elle est composée de trois strophes et d'un envoi au dédicataire. Le nombre de vers de chaque strophe est égal au nombre de syllabes de chaque vers. Le dernier vers de chaque strophe constitue le refrain.	• La ballade médiévale comme *La Ballade des pendus* de Villon. • La ballade romantique comme les *Odes et Ballades* de Hugo .
Le sonnet	Il est composé de quatorze décasyllabes ou alexandrins répartis en deux quatrains et deux tercets. Le dernier vers crée un effet de surprise.	• Les sonnets réguliers de Ronsard et Du Bellay. • Les sonnets de Baudelaire et de Rimbaud.

▪ 2. Les formes régulières

Certaines formes poétiques correspondent à des thèmes définis précisément, qui laissent toutefois au poète une grande liberté de construction.

→**L'épopée.** Issue de l'Antiquité, elle célèbre avec éclat l'héroïsme et le courage. Le plus souvent composée en octosyllabes ou en décasyllabes, l'épopée se distingue par son importante longueur (*La Chanson de Roland*, chanson de geste).

→**L'ode.** L'ode est un poème lyrique, composé de plusieurs strophes semblables par le nombre et la mesure des vers (les *Odes* de Ronsard).

→**La fable.** Elle raconte une petite histoire, souvent à travers des animaux, avec une portée morale. De longueur variable, elle autorise le changement de la mesure du vers pour animer le récit (voir chapitre 20, page 257).

2   LE POÈME EN PROSE

Rompant avec la tradition, le poème en prose bouleverse l'histoire de la poésie. Aloysius Bertrand, dans *Gaspard de la nuit* (1842), Baudelaire dans ses *Petits Poèmes en prose*, Rimbaud dans ses *Illuminations* substituent aux formes versifiées des textes en prose. La poésie moderne en systématise l'usage, avec Paul Claudel, Henri Michaux, les écrivains surréalistes, René Char, Francis Ponge ou Philippe Jaccottet.

3   LE POÈME EN VERS LIBRES

À la fin du XIXᵉ siècle, le vers libre conteste à son tour les règles de la versification. Les poètes symbolistes abandonnent la strophe et la rime. Ils font se succéder des vers de longueurs différentes. Le vers libre s'affirme alors dans la poésie du XXᵉ siècle. Apollinaire et Cendrars abandonnent l'usage de la ponctuation, le poème se reconnaît uniquement par le retour à la ligne.

4   LE POÈME OUVERT

Aujourd'hui, la poésie se veut une forme ouverte qui permet à chaque poète d'affirmer une écriture personnelle.

→**Le poème graphique.** Il joue avec la taille, la forme, la disposition ou la couleur des lettres et des mots.

→**Le poème déconstruit.** Il abandonne la disposition des vers en colonne et introduit des blancs qui mettent chaque mot en valeur.

> « Les étincelles qui s'allument
> Le ciel est plus noir
> Sur les toits »
>
> *(Pierre Reverdy)*

→**Le poème concentré.** Il prend l'apparence d'un fragment, qui transcrit une impression ou une idée fugitives. Il peut se rapprocher du poème japonais, le haïku, qui décrit un paysage en trois vers.

Les grandes dates de l'histoire littéraire

L'évolution des GENRES POÉTIQUES

À partir du Moyen Âge   Les textes poétiques ont été peu à peu classés en quatre genres qui imposent chacun leurs règles d'écriture.

La poésie épique célèbre le destin du héros glorieux au combat, fondateur de cités et de nations.

La poésie lyrique, qu'on appelle aussi légère ou fugitive, rassemble les ballades, les chansons, les sonnets ou les odes qui expriment les sentiments personnels du poète.

La poésie didactique est au contraire chargée d'enseignement : la fable ou la satire illustrent une morale, offrent une connaissance nouvelle du monde, portent un regard critique sur les mœurs de l'époque.

La poésie dramatique, enfin, recouvre toutes les pièces de théâtre, tragédies ou comédies, écrites en vers.

DE LA RENAISSANCE AU XIXᵉ siècle   L'évolution de la poésie, au cours des siècles, a renversé cette hiérarchie. Avec le sonnet, la poésie lyrique s'est en effet imposée comme le principal genre poétique.

XXᵉ siècle   Les créateurs ont complètement abandonné la distinction des genres poétiques. Ils ont ainsi ouvert la voie à l'explosion de formes et de thèmes nouveaux.

IDENTIFIER ET ÉTUDIER
UN POÈME DE FORME FIXE

1
*

1. Relevez, dans le rondeau suivant, l'ensemble des indications données sur cette forme poétique. Récapitulez l'ensemble de ces règles. Comment l'auteur en fait-il un jeu ?

2. Quelle préoccupation du poète ce rondeau met-il en évidence ?

MA FOI, C'EST FAIT de moi ; car Isabeau
M'a conjuré de lui faire un rondeau :
Cela me met en une peine extrême.
Quoi ! treize vers, huit en EAU, cinq en ÈME !
5   Je lui ferai aussitôt un bateau.

En voilà cinq pourtant en un monceau.
Faisons-en sept en invoquant Brodeau[1],
Et puis mettons par quelque stratagème
        MA FOI, C'EST FAIT.

10 Si je pouvais encor de mon cerveau
Tirer cinq vers, l'ouvrage serait beau.
Mais cependant me voilà dans l'onzième,
Et si[2] je crois que je fais le douzième,
En voilà treize ajustés de niveau.
15   MA FOI, C'EST FAIT.

VINCENT VOITURE, *Œuvres*, 1650.

1. **Victor Brodeau** : *poète du XVIᵉ siècle, disciple de Marot* –
2. **Si** : *pourtant.*

2
**

1. Quel est le poème de forme fixe improvisé par Cyrano de Bergerac ? Vérifiez s'il en respecte les règles de construction.

2. Relevez et étudiez les différentes images utilisées par Cyrano pour désigner son épée.

(Cyrano de Bergerac provoque un vicomte en duel. Il décide d'improviser un poème, tout en combattant...)
CYRANO, *fermant une seconde les yeux.*
Attendez !... je choisis mes rimes... Là, j'y suis.
            Il fait ce qu'il dit, à mesure.
Je jette avec grâce mon feutre,
Je fais lentement l'abandon
5   Du grand manteau qui me calfeutre,
Et je tire mon espadon ;
Élégant comme Céladon,
Agile comme Scaramouche,
Je vous préviens, cher Mirmidon,
10 Qu'à la fin de l'envoi je touche !
            Premiers engagements de fer.
Vous auriez bien dû rester neutre ;
Où vais-je vous larder, dindon ?...
Dans le flanc, sous votre maheutre ?...

15 Au cœur, sous votre bleu cordon ?...
– Les coquilles tintent, ding-don !
Ma pointe voltige, une mouche !
Décidément, c'est au bedon,
Qu'à la fin de l'envoi, je touche.

20 Il me manque une rime en eutre...
Vous rompez, plus blanc qu'amidon ?
C'est pour me fournir le mot pleutre !
– Tac ! je gare la pointe dont
Vous espériez me faire don ; –
25 J'ouvre la ligne, – je la bouche...
Tiens bien la broche, Laridon !
À la fin de l'envoi, je touche.
Il annonce solennellement :
            ENVOI

30 Prince, demande à Dieu pardon !
Je quarte du pied, j'escarmouche,
Je coupe, je feinte...

                Se fendant.

Hé ! là, donc,

35   *Le vicomte chancelle : Cyrano salue.*
À la fin de l'envoi, je touche.

EDMOND ROSTAND, *Cyrano de Bergerac*,
Acte I, scène 4, 1897.

3
**

1. Relevez l'ensemble des caractéristiques du sonnet suivant.

2. Chaque strophe développe un aspect du thème. Lequel ? Que suggère la chute du dernier vers ?

3. Quelle image le poète donne-t-il de lui-même ? Étudiez la métaphore du vers 4.

Il doit être minuit. Minuit moins cinq. On dort.
Chacun cueille sa fleur au vert jardin des rêves,
Et moi, las de subir mes vieux remords sans
                    [trêves,
Je tords mon cœur pour qu'il s'égoutte en rimes
                    [d'or.

5   Et voilà qu'à songer, me revient un accord,
Un air bête d'antan, et sans bruit tu te lèves
Ô menuet, toujours plus gai, des heures brèves
Où j'étais simple et pur, et doux, croyant encor.

Et j'ai posé ma plume. Et je fouille ma vie
10 D'innocence et d'amour pour jamais défleurie,
Et je reste longtemps, sur ma page accoudé,

Perdu dans le pourquoi des choses de la terre,
Écoutant vaguement dans la nuit solitaire
Le roulement impur d'un vieux fiacre attardé.

JULES LAFORGUE, « Veillée d'avril », 1880.

ÉTUDIER LA FORME DU POÈME

 Vers l'oral

4 *Travail en binôme.* **Répondez par oral aux deux**
*** questions suivantes après une préparation de
20 minutes.

1. En vous aidant de l'encadré, expliquez la forme
du sonnet suivant de manière à mettre en évi-
dence les écarts qu'il propose par rapport aux
normes de cette forme poétique.

2. En quoi les derniers vers respectent-ils
la tradition du sonnet ?

LE SYLPHE[1]

Ni vu ni connu
Je suis le parfum
Vivant et défunt
Dans le vent venu !

5 Ni vu ni connu,
Hasard ou génie ?
À peine venu
La tâche est finie !

Ni lu ni compris ?
10 Aux meilleurs esprits
Que d'erreurs promises !

Ni vu ni connu,
Le temps d'un sein nu
Entre deux chemises !

PAUL VALÉRY, « Le Sylphe », *Charmes*, recueilli
dans *Poésies*, Éd. Gallimard, 1922.

1. *Sylphe* : *génie masculin de l'air qui revient fréquem-*
ment dans les contes du XVIIIe *siècle.*

L'ÉVOLUTION DU SONNET

Le sonnet, d'origine italienne, a été introduit en
France au début du XVIe siècle par Clément Marot.
Les règles en sont rapidement fixées et stimulent
la création poétique. Ronsard impose l'alternance
de rimes féminines et masculines. Le dernier vers
du sonnet comporte un effet de chute, de surprise.
C'est la « pointe finale ». De Du Bellay à Baudelaire,
de Ronsard à Mallarmé, le sonnet brille avec éclat
comme une forme idéale que les poètes reprennent
tour à tour.

Mais le désir d'enfreindre les règles s'est fait sentir au
fil du temps. Pour créer divers effets, on tente l'octosyllabe, le vers impair, qui peut amplifier la musique du
vers. On abandonne l'identité des rimes entre les deux
quatrains. Ces jeux sur la forme révèlent la vitalité du
sonnet tout au long de l'histoire de la poésie.

5 1. Étudiez la métaphore filée du poème.
*** 2. Montrez que l'harmonie du poème repose
essentiellement sur les sonorités.

3. Dans un paragraphe rédigé, montrez le rôle
et l'importance des images dans ce poème en
prose. Dans un second paragraphe, confrontez
le poème à l'illustration que Henri Michaux lui
a associée.

La maladie que j'ai me condamne à l'immobilité absolue au lit. Quand mon ennui prend
des proportions excessives et qui vont me dé-
séquilibrer si l'on n'intervient pas, voici ce que
5 je fais : j'écrase mon crâne et l'étale devant moi
aussi loin que possible et quand c'est bien plat,
je sors ma cavalerie. Les sabots tapent l'air sur
ce sol ferme et jaunâtre. Les escadrons prennent
immédiatement le trot, et ça piaffe et ça rue. Et
10 ce bruit, ce rythme net et multiple, cette ardeur
qui respire le combat et la Victoire, enchantent
l'âme de celui qui est cloué au lit et ne peut faire
un mouvement.

HENRI MICHAUX, « Au lit », *Mes Propriétés*
recueilli dans *La nuit remue*,
Éd. Gallimard, 1929.

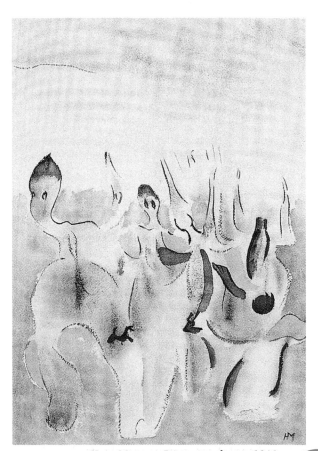

HENRI MICHAUX, *Peintures et dessins*, 1946

18 La poésie

CARACTÉRISER ET ÉTUDIER LE VERS LIBRE

6 1. Quel est l'effet recherché par la suppression
** de la ponctuation ?

2. Étudiez les répétitions qui rythment le poème.

3. D'après vous, pourquoi le vers 6 est-il si long ?

Les anges les anges dans le ciel
L'un est vêtu en officier
L'un est vêtu en cuisinier
Et les autres chantent

5 Bel officier couleur du ciel
Le doux printemps longtemps après Noël
Te médaillera d'un beau soleil
D'un beau soleil

Le cuisinier plume les oies
10 Ah ! tombe neige
Tombe et que n'ai-je
Ma bien-aimée entre mes bras

GUILLAUME APOLLINAIRE, « La blanche neige », *Alcools*,
Éd. Gallimard, 1913.

7 1. Quelles remarques peut-on faire sur la
*** forme de ce poème ? Quelle est la fonction
de l'anaphore ?

2. Analysez le lexique à partir de l'étude
des sensations et des éléments naturels évoqués.

3. Relevez et analysez les images poétiques.
Comment peut-on les qualifier ?

RIEN QUE CETTE LUMIÈRE

Rien que cette lumière que sèment tes mains
rien que cette flamme et tes yeux
ces champs cette moisson sur ta peau
rien que cette chaleur de ta voix
5 rien que cet incendie
rien que toi

Car tu es l'eau qui rêve
et qui persévère
l'eau qui creuse et qui éclaire
10 l'eau douce comme l'air
l'eau qui chante
celle de tes larmes et de ta joie

Solitaire que les chansons poursuivent
heureux du ciel et de la terre
15 forte et secrète vivante
ressuscitée
Voici enfin ton heure tes saisons
tes années

PHILIPPE SOUPAULT, *Poèmes et poésies*,
Éd. Grasset, 1973.

DÉCOUVRIR LA POÉSIE OUVERTE

8 1. Pourquoi peut-on dire de ce poème qu'il joue
* avec les formes classiques tout en affirmant une
écriture moderne ?

2. À travers quels mots le poète exprime-t-il
le caractère fugitif du thème traité ?

OISEAUX

Flammes sans cesse changeant d'aire
qu'à peine on voit quand elles passent

Cris en mouvement dans l'espace

Peu ont la vision assez claire
5 pour chanter même dans la nuit

PHILIPPE GUILLEVIC, *Airs*, Éd. Gallimard, 1967.

9 À quelle forme de poésie ouverte peut-on
* rattacher le poème suivant ?

Le jour va revenir
Qui giflera la ville

Quand l'aube aura craché
La ville dans le jour.

PHILIPPE JACCOTTET, *Ville*, Éd. Gallimard, 1969.

10 1. Quels sont les mots mis en valeur par la dis-
*** position des vers ?

2. Déterminez le thème dominant du poème
et proposez une interprétation. Quelle est,
en définitive, l'ambition du poète ?

Le clou est là
    Retient la pente
Le lambeau clair au vent soulevé c'est un souffle
                    et celui qui comprend
5   Tout le chemin est nu
les pavés les trottoirs le parapet sont blancs
            Pas de goutte de pluie
            Pas une feuille d'arbre
            Ni l'ombre d'un habit
10   J'attends
                    la gare est loin
Pourtant le fleuve coule des quais en remontant
    la terre se dessèche
        tout est nu et blanc
15 Avec le seul mouvement déréglé de l'horloge
            le bruit du train passé
                J'attends

PIERRE REVERDY, *Plupart du temps* (1915-1922),
Éd. Flammarion, 1945.

Vers le sujet de commentaire

LECTURE

1. Retrouvez dans le texte A toutes les caractéristiques du sonnet.

2. En quoi le poème de Blaise Cendrars illustre-t-il l'usage du vers libre ?

3. Quelle forme de poésie préférez-vous ? Justifiez votre réponse.

ÉCRITURE

Montrez comment, à travers l'éclatement des formes du poème, la poésie garde sa puissance de création et de travail sur le langage. Vous vous appuierez sur les poèmes du corpus et rédigerez un texte structuré en deux paragraphes.

TEXTE **A**

À UNE DAME CRÉOLE

Au pays parfumé que le soleil caresse,
J'ai connu, sous un dais[1] d'arbres tout empourprés
Et de palmiers d'où pleut sur les yeux la paresse,
Une dame créole aux charmes ignorés.

5 Son teint est pâle et chaud ; la brune enchanteresse
A dans le cou des airs noblement maniérés ;
Grande et svelte en marchant comme une chasseresse,
Son sourire est tranquille et ses yeux assurés.

Si vous alliez, Madame, au vrai pays de gloire,
10 Sur les bords de la Seine ou de la verte Loire,
Belle digne d'orner les antiques manoirs,

Vous feriez, à l'abri des ombreuses retraites
Germer mille sonnets dans le cœur des poètes,
Que vos grands yeux rendraient plus soumis que vos noirs[2].

CHARLES BAUDELAIRE (1821-1867),
Les Fleurs du mal, 1857.

1. Dais : *voûte de verdure* – **2. Vos noirs** : *vos esclaves.*

TEXTE **B**

Froissis de femmes
Et le sifflement de la vapeur
Et le bruit éternel des roues en folie dans les ornières du ciel
Les vitres sont givrées
5 Pas de nature !
Et derrière, les plaines sibériennes le ciel bas et les grandes ombres des
Taciturnes qui montent et qui descendent
Je suis couché dans un plaid
Bariolé
10 Comme ma vie
Et ma vie ne me tient pas plus chaud que ce châle
Écossais
Et l'Europe tout entière aperçue au coupe-vent d'un express à toute vapeur
N'est pas plus riche que ma vie
15 Ma pauvre vie
Ce châle
Effiloché sur des coffres remplis d'or
Avec lesquels je roule
Que je rêve
20 Que je fume
Et la seule flamme de l'univers
Est une pauvre pensée…

BLAISE CENDRARS (1887-1961),
*La Prose du Transsibérien et
de la Petite Jehanne de France*,
(extrait), Éd. Denoël, 1913.

Sujet du BAC

SÉRIES GÉNÉRALES

TEXTE DU CORPUS
Texte : Charles Baudelaire, « L'invitation au voyage », *Les Fleurs du mal*, 1857.

 OBJET D'ÉTUDE
✿ **La poésie**

Texte

L'INVITATION AU VOYAGE

Mon enfant, ma sœur,
Songe à la douceur
D'aller là-bas vivre ensemble !
Aimer à loisir,
5   Aimer et mourir
Au pays qui te ressemble !
Les soleils mouillés
De ces ciels brouillés
Pour mon esprit ont les charmes
10   Si mystérieux
De tes traîtres yeux,
Brillants à travers leurs larmes.

Là, tout n'est qu'ordre et beauté,
Luxe, calme et volupté.

15   Des meubles luisants,
Polis par les ans,
Décoreraient notre chambre ;
Les plus rares fleurs
Mêlant leurs odeurs
20 Aux vagues senteurs de l'ambre,
Les riches plafonds,
Les miroirs profonds,
La splendeur orientale,
Tout y parlerait
25   À l'âme en secret
Sa douce langue natale.

Là, tout n'est qu'ordre et beauté,
Luxe, calme et volupté.

Vois sur ces canaux[1]
30   Dormir ces vaisseaux
Dont l'humeur est vagabonde ;
C'est pour assouvir
Ton moindre désir
Qu'ils viennent du bout du monde.
35   – Les soleils couchants
Revêtent les champs,
Les canaux, la ville entière,
D'hyacinthes et d'or ;
Le monde s'endort
40   Dans une chaude lumière.

Là, tout n'est qu'ordre et beauté,
Luxe, calme et volupté.

CHARLES BAUDELAIRE, « L'invitation au voyage », *Les Fleurs du mal*, 1857.

1. **Ces canaux** : *en écrivant ces vers, Baudelaire songe aux Pays-Bas.*

ÉCRITURE

4 points

I. Après avoir pris connaissance du texte, vous répondrez aux questions suivantes :

1. À qui le poète s'adresse-t-il ? Quel lien instaure-t-il avec le lecteur ?

2. Quel est le registre dominant du poème ? Justifiez votre réponse.

16 points

II. Vous traiterez ensuite un de ces trois sujets :

1. Commentaire
En vous aidant du parcours de lecture suivant :
- le développement du sentiment amoureux,
- le rôle du décor et du paysage,
vous rédigerez un commentaire du poème de Charles Baudelaire.

2. Dissertation
De nombreux poètes ont puisé leur inspiration dans le thème du voyage. Pensez-vous que le genre poétique soit, parmi les genres littéraires, le genre privilégié pour évoquer ce thème ? Vous vous appuierez, pour répondre à cette question, sur ce poème, sur ceux que vous avez lus, mais aussi sur les textes issus d'autres genres littéraires que vous connaissez.

3. Invention
Vous avez rassemblé un certain nombre de poèmes consacrés au voyage que vous envoyez à un éditeur dans le but de faire publier ce recueil. Rédigez la lettre dans laquelle vous défendez votre projet.

Le théâtre : texte et représentation

Le texte de théâtre
ne prend vraiment
vie que lorsque
des acteurs lui
prêtent leur corps,
leurs gestes,
leur voix, pour le
jouer. Conduits
par le metteur en
scène, comme
les musiciens
le sont par le
chef d'orchestre,
les comédiens
cherchent, en
faisant vivre le
texte, à lui donner
tout son sens.
Quel chemin
mène du texte à la
représentation ?

Le texte de théâtre

Intérieur bourgeois anglais, avec des fauteuils anglais. Soirée anglaise. M. Smith, Anglais, dans son fauteuil et ses pantoufles anglais, fume sa pipe anglaise et lit un journal anglais, près d'un feu anglais. Il a des lunettes anglaises, une petite moustache grise, anglaise. À côté de lui, dans un autre fauteuil anglais, Mme Smith, Anglaise, raccommode des chaussettes anglaises. Un long moment de silence anglais. La pendule anglaise frappe dix-sept coups anglais.

M. SMITH, *aux époux Martin.* – Vous qui voyagez beaucoup, vous devriez pourtant avoir des choses intéressantes à nous raconter.
M. MARTIN, *à sa femme.* – Dis, chérie, qu'est-ce que tu as vu aujourd'hui ?
MME MARTIN. – Ce n'est pas la peine, on ne me croirait pas.
5 M. SMITH. – Nous n'allons pas mettre en doute votre bonne foi !
MME SMITH. – Vous nous offenseriez si vous le pensiez.
M. MARTIN, *à sa femme.* – Tu les offenserais, chérie, si tu le pensais…
MME MARTIN, *gracieuse.* – Eh bien, j'ai assisté aujourd'hui à une chose extraordinaire. Une chose incroyable.
10 M. MARTIN. – Dis vite, chérie.
M. SMITH. – Ah, on va s'amuser.
MME SMITH. – Enfin.
MME MARTIN. – Eh bien, aujourd'hui, en allant au marché pour acheter des légumes qui sont de plus en plus chers…
15 MME SMITH. – Qu'est ce que cela va devenir !
M. SMITH. – Il ne faut pas interrompre, chérie, vilaine.
MME MARTIN. – J'ai vu, dans la rue, à côté d'un café, un monsieur, convenablement vêtu, âgé d'une cinquantaine d'années, même pas, qui…
M. SMITH. – Qui, quoi ?
20 MME SMITH. – Qui, quoi ?
M. SMITH, *à sa femme.* – Faut pas interrompre, chérie, tu es dégoûtante.
MME SMITH. – Chéri, c'est toi qui a interrompu le premier, mufle.
M. MARTIN. – Chut (*À sa femme*) Qu'est-ce qu'il faisait le monsieur ?
MME MARTIN. – Eh bien, vous allez dire que j'invente, il avait mis un
25 genou à terre et se tenait penché.
M. MARTIN, M. SMITH, MME SMITH. – Oh !
MME MARTIN. – Oui, penché.

EUGÈNE IONESCO, *La Cantatrice chauve*, scène 7, Éd. Gallimard, 1950.

La représentation

Mise en scène de *La Cantatrice chauve*
par Jean-Luc Lagarce, théâtre de Montbéliard, novembre 1991.

Mise en scène de *La Cantatrice chauve* par Gabor Tompa,
Théâtre de l'Union, Centre dramatique national du Limousin, novembre 1996.

1 **UN TEXTE ÉCRIT POUR LA REPRÉSENTATION**

1 ▷ À qui s'adressent les formules en italiques : au lecteur, au costumier, au décorateur, aux acteurs, au metteur en scène ?

2 **LES CARACTÉRISTIQUES DE LA REPRÉSENTATION**

2 ▷ Décrivez les deux décors. Lequel vous semble correspondre le mieux à la description donnée par l'auteur ?

3 ▷ Comparez les divers costumes : en quoi sont-ils différents ? Lesquels sont les plus surprenants ? Ces costumes répondent-ils aux intentions du texte ?

3 **LES ENJEUX DE LA MISE EN SCÈNE**

4 ▷ Quel lien peut-on établir entre le décor, les costumes et l'attitude des acteurs ?

5 ▷ De quoi Ionesco cherche-t-il à nous faire rire dans ce passage ? Comment chaque mise en scène met-elle en valeur cette orientation ?

Le théâtre : texte et représentation

À la différence du roman ou de la poésie, le texte de théâtre est conçu en vue d'un spectacle qui requiert l'intervention des interprètes et la présence de spectateurs. On peut certes prendre plaisir à lire une œuvre théâtrale, mais en la lisant, on doit imaginer ce qui se produit sur la scène.

1 UN TEXTE ÉCRIT POUR LA REPRÉSENTATION

Comme l'indique l'étymologie du mot « théâtre » – lieu d'où l'on voit – le théâtre ne raconte pas, il fait voir : il ne chante pas les exploits du héros, mais représente le héros en pleine action. Conçu en vue de la représentation, le texte théâtral comporte, d'une part, le texte que prononcent les acteurs et, d'autre part, les didascalies qui spécifient comment l'auteur veut que le texte soit représenté.

1. La contrainte des didascalies

Le texte de théâtre n'indique pas seulement ce que doivent dire les acteurs : il précise de quelle façon ces paroles doivent être prononcées. D'un mot grec qui signifie « enseigner, renseigner », les didascalies sont autant d'indications que l'auteur donne à tous ceux qui participent à la représentation.

→**Les didascalies autonomes.** Écrites en capitales ou en italique, elles nomment les personnages, décrivent les costumes, le décor, indiquent les déplacements, les intonations, les gestes des acteurs.

→**Les didascalies internes.** Elles sont placées à l'intérieur des dialogues, parfois entre parenthèses, à l'intérieur même d'une réplique. Elles portent le plus souvent sur les intonations des acteurs. On ne peut les négliger sans affaiblir la cohérence du dialogue.

> *Le théâtre représente une rue de Séville, où toutes les croisées sont grillées.* [1]
>
> #### Scène première
>
> Le Comte [2], *seul, en grand manteau brun et chapeau rabattu* [3]. *Il tire sa montre en se promenant.* [4] – **Le jour est moins avancé que je ne croyais.** [5] L'heure à laquelle elle a coutume de se montrer derrière sa jalousie est encore éloignée. N'importe ; il vaut mieux arriver trop tôt que de manquer l'instant de la voir.
>
> *(Beaumarchais,* Le Barbier de Séville, *Acte I, scène 1, 1775)*

Didascalies autonomes : 1. Consigne pour le décorateur – 2. Nom du personnage – 3. Consigne pour le costumier – 4. Consigne pour le comédien.

Didascalie interne : 5. Consigne pour l'éclairagiste.

2. La liberté des interprètes

Les indications scéniques, même lorsqu'elles se veulent très précises, ne peuvent être exhaustives : il reste toujours une part de liberté dans la réalisation des décors, des costumes, dans la façon de jouer, dans le rythme, dans le ton. C'est en cela que les interprètes participent de façon essentielle à la représentation qui donne tout son sens au texte conçu par l'écrivain.

> Mme Smith. – Hm, hm. *Silence.*

> Rien n'indique dans le texte ni la façon de réaliser l'onomatopée ni la durée du silence. À l'acteur de jouer !

2 LES CARACTÉRISTIQUES DE LA REPRÉSENTATION

Le décor, les costumes, les éclairages, la musique ou les bruitages jouent un rôle dans toute représentation en contribuant à faire vivre le texte.

■ 1. Les éléments du spectacle

Les changements de décor, les costumes, l'accompagnement sonore ou musical sont des éléments essentiels de la représentation.

➜**Le lieu.** Le lieu de la représentation influe sur la façon dont le texte est reçu. Amphithéâtres grecs qui rassemblent les citoyens, places où le peuple du Moyen Âge participe aux mystères chrétiens, théâtre à l'italienne où s'observent les courtisans, chaque lieu instaure une relation particulière avec le public qui se sent plus ou moins proche de la scène. Pour susciter de nouvelles émotions, les créateurs d'aujourd'hui modifient la disposition des lieux traditionnels ou investissent des lieux surprenants, salles désaffectées, hangars, maisons privées.

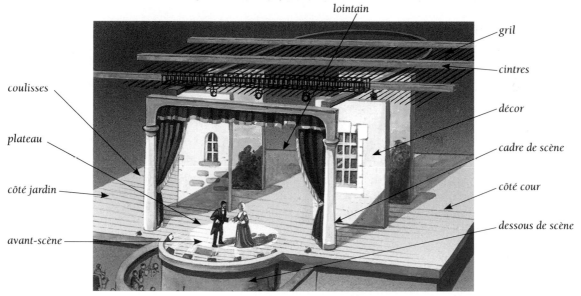

Le théâtre et son organisation

La scène du théâtre traditionnel reproduit un espace que le public peut facilement identifier.

➜**Le décor.** Essentiel à toute représentation, le décor est ce que voit le spectateur et ce qui lui permet d'imaginer où se passe l'action représentée. On peut distinguer :
– le décor réaliste, qui cherche à donner l'illusion d'un lieu réel ;
– le décor symbolique, qui crée un espace imaginaire développant un thème de l'œuvre ou soulignant le caractère intemporel de l'action.
Des jeux d'éclairage mettent en valeur un moment, un personnage, une réplique. Ils contribuent au climat de la scène. De même, la musique, voire les bruitages, composent ce qu'on peut appeler un véritable « décor sonore ».

➜**Les costumes.** On appelle « costume » tout ce qui aide le déguisement de l'acteur : vêtements, perruques, postiches, masques. Le costume type identifie un personnage traditionnel : Arlequin, le valet, la jeune première. Le costume réaliste situe le rang, l'âge du personnage qui apparaît comme réel. Le costume symbolique souligne un trait du personnage et peut lui donner une dimension mythique. Lié au maquillage, le costume contribue à la présence et à l'intelligibilité du personnage.

2. Le jeu des acteurs

La présence de l'acteur, l'utilisation qu'il fait de sa voix ou de son corps, son jeu sont des éléments irremplaçables dans toute représentation théâtrale.

→**La maîtrise de la parole.** Le texte de théâtre est fait pour être dit par des acteurs qui font semblant de l'inventer. Une même réplique peut être déclamée, prononcée avec ironie, criée ou chuchotée ; un même texte peut être entrecoupé de rires ou de larmes. La même phrase change de sens selon la façon dont elle est prononcée.

> Dans *Cinna,* la tragédie de Corneille, la réplique « Soyons amis, Cinna » montre la générosité d'Auguste. Au xixe siècle, l'acteur Monvel la prononçait sur un ton plein de ruse : le public comprenait alors que le pardon généreux n'était qu'une manœuvre politicienne.

→ **L'art du geste.** Toute parole s'accompagne de gestes qui en orientent la compréhension. Un sourire, un soupir, un haussement de sourcils, chaque mouvement fait signe, souligne ce que disent les mots, révèle l'intention secrète du discours.

→**Le style de jeu.** Les différentes façons de parler et de se déplacer donnent un style particulier à la représentation. À l'époque classique, on a privilégié tantôt la déclamation, où l'acteur se rapproche du chanteur, tantôt la gestuelle, où il se rapproche du mime ou du danseur. Dans le jeu réaliste, au xixe siècle, l'acteur s'identifie au personnage qu'il incarne pour mieux faire partager ses émotions. Aujourd'hui, on insiste sur l'inventivité de l'acteur qui joue librement avec son corps, sa voix et les accessoires.

La tristesse «majestueuse» de Sarah Bernhardt interprétant Phèdre en

3. Le rôle du metteur en scène

Le metteur en scène est à la fois chargé de diriger une troupe de théâtre et de donner sa propre interprétation du texte joué sur scène.

→**Diriger une troupe.** La représentation est une tâche collective qui demande la participation inventive du décorateur, du costumier, des accessoiristes, des musiciens et des comédiens. C'est au metteur en scène qu'il revient de distribuer les rôles, de diriger les acteurs, de concevoir décors, costumes, ambiances sonores et d'assurer, par la rigueur et la cohérence de ses choix, la qualité de la représentation.

→**Interpréter le texte de théâtre.** Le metteur en scène procède à une analyse du texte qu'il va faire jouer. Il en a une vision personnelle, qu'il affine au cours des répétitions. Il renouvelle le sens de l'œuvre qu'il met en scène. Il fait comprendre et sentir au public ce que, selon lui, l'auteur voulait dire.

3 LES ENJEUX DE LA MISE EN SCÈNE

La représentation a ses exigences propres : les relations entre le texte et sa mise en scène, l'auteur et ses interprètes participent à l'originalité et au renouvellement du théâtre.

■ 1. La fidélité au texte de l'auteur

En écrivant une pièce de théâtre, en montrant un conflit, l'auteur a un objectif qui peut être esthétique, politique ou social. Il peut vouloir faire rire ou faire réfléchir, évoquer le présent ou le passé. Ces intentions sont perceptibles dans toute représentation.

> Molière crée *Tartuffe* à Versailles en 1667, à la cour de Louis XIV. Il s'attaque à l'hypocrisie des dévots et dénonce publiquement ceux qui s'opposent à l'évolution des mœurs au nom de la religion. La pièce est interdite. Molière explique ainsi ses intentions : « L'emploi de la comédie est de corriger les vices des hommes. »

■ 2. L'actualisation du texte

Lorsque le texte est rejoué, parfois plusieurs siècles après sa création, la représentation veut montrer son actualité. Ce qui est présenté sur la scène doit alors faire écho aux questions que se pose le public dans la salle.

> En assistant à Moscou, au xxe siècle, à la représentation de la comédie de Molière, le public rit sans retenue. Il voit en effet dans le personnage de Tartuffe une incarnation de l'hypocrisie du bureaucrate soviétique.

■ 3. Le partage d'une émotion

On est seul quand on lit un texte mais on est ensemble quand on est au théâtre. Chaque représentation est un événement collectif : de là les scandales et les batailles qui ponctuent l'histoire du théâtre. Que l'on y rit, que l'on y pleure ou que l'on y réfléchisse, c'est toujours ensemble. C'est à la qualité de la relation qui s'établit entre les spectateurs et les interprètes qu'on mesure la qualité de la représentation. Le théâtre fait circuler des signes, des mots, des gestes, pour le bonheur de ceux qu'il a un instant réunis.

Les grandes dates de l'histoire littéraire

L'évolution de la MISE EN SCÈNE

Jusqu'au xixe siècle Le plus souvent, c'est le directeur de la troupe qui prend en charge les tâches du régisseur (distribuer les rôles, régler les entrées, gérer les accessoires) et qui assure la conduite de la représentation. L'expression « metteur en scène » n'apparaît qu'au xixe siècle.

xixe siècle À la fin du xixe siècle, le Français Antoine, le Russe Stanislavski ou l'Anglais Craig imposent le metteur en scène comme un créateur à part entière.

xxe siècle Diverses conceptions s'affrontent au xxe siècle. Les uns, comme Louis Jouvet ou Jean Vilar, veulent se mettre au service du texte : « Le créateur au théâtre, écrit ce dernier, c'est l'auteur. » Les autres, à la suite d'Antonin Artaud, veulent se libérer du texte et font de la représentation une cérémonie bouleversante dont le metteur en scène est « une sorte d'ordonnateur magique ». Un troisième courant, influencé par les théories de Bertolt Brecht, veut, par la distanciation, inciter le spectateur à réfléchir et à réagir.

Aujourd'hui Toutes ces conceptions inspirent librement les metteurs en scène dont le rôle est pleinement reconnu : ils sont parfois plus célèbres que les auteurs qu'ils interprètent.

ANALYSER LES DIDASCALIES

1 1. Distinguez les destinataires des diverses di-
* dascalies : décorateur, costumier, accessoiriste,
éclairagiste, comédien.

2. Quelles indications le metteur en scène pour-
rait-il donner à ses comédiens pour jouer la dernière réplique du passage ?

*Un jardin. À droite, la maison d'habitation. À
gauche, un petit bâtiment servant d'orangerie. Un
jeu de tonneau au fond. Chaises, bancs et tables
de jardin.*

5 *Au lever du rideau, les trois personnages sont au
fond et jouent au tonneau.*

POMADOUR, *achevant de lancer son dernier palet.*
– C'est incroyable… je ne peux pas mettre dans
le mille… Toujours dans le dix…

10 COURTIN, *écrivant sur une petite ardoise.* – Je
vais faire ton compte… Nous disons : Pomadour dix… trente… dix… dix… ça t'en fait
soixante.

POMADOUR. – Pas plus ? C'est à Piget à jouer.

15 PIGET. – Ce n'est pas pour me vanter… mais il
fait joliment chaud aujourd'hui.

EUGÈNE LABICHE, *29 degrés à l'ombre*, scène 1, 1873.

2 1. Les didascalies ont été retirées du texte.
* Aux emplacements indiqués par le symbole ◇,
insérez la didascalie qui convient : « à part »,
« à Georgette et à Alain », « à Georgette », « à
Alain », « tombant aux genoux d'Arnolphe »,
« Alain et Georgette se lèvent, et veulent encore
s'enfuir » (la même didascalie peut être utilisée
plusieurs fois).

2. Quel comportement d'Arnolphe évoquent les
vers 6 et 7 ?

3. Imaginez aux vers 11, 12 et 13 quelle peut être
l'attitude de Georgette et d'Alain.

*(Arnolphe est fou de colère contre Alain et
Georgette, ses domestiques, qui ne lui ont pas
obéi : ils auraient dû interdire à tous l'entrée de la
maison.)*

ARNOLPHE

Paix. Venez çà tous deux.
Passez là, passez là. Venez là, venez, dis-je.

GEORGETTE

Ah ! vous me faites peur et tout mon sang se
[fige.

ARNOLPHE

C'est donc ainsi qu'absent vous m'avez obéi ?

5 Et tous deux de concert vous m'avez donc trahi ?

GEORGETTE ◇
Eh ! ne me mangez pas, Monsieur, je vous en
[conjure.

ALAIN ◇
Quelque chien enragé l'a mordu, je m'assure.

ARNOLPHE ◇
Ouf ! Je ne puis parler, tant je suis prévenu[1] :
Je suffoque, et voudrais me pouvoir mettre nu.

10 ◇ Vous avez donc souffert[2], ô canaille
[maudite,
Qu'un homme soit venu ?… ◇ Tu veux prendre
[la fuite !
Il faut que sur-le-champ… ◇ Si tu bouges… Je
[veux
Que vous me disiez… Euh ! oui je veux que
[tous deux…
◇ Quiconque remuera, par la mort ! je
[l'assomme.

MOLIÈRE, *L'École des femmes*, Acte II, scène 2, 1662.

1. **Prévenu** : *soucieux* – 2. **Souffert** : *toléré*.

↓ Vers l'oral

3 1. Décrivez le décor nécessaire à la représen-
* tation de ce passage : disposition, accessoires,
éclairage.

2. Précisez comment doivent se comporter les
acteurs : déplacements, gestes, intonations.

3. *Travail en groupe.* Entraînez-vous à lire ce
passage de façon vivante. Tenez compte des modalités des phrases. Quelle progression faut-il
ménager du début à la fin de l'intervention de
Maître André ?

MAÎTRE ANDRÉ – Holà ! ma femme ! hé ! Jacqueline ! hé ! holà ! Jacqueline, ma femme ! La
peste soit de l'endormie ! Hé, hé ! ma femme,
éveillez-vous ! Holà ! holà ! levez-vous, Jacque-
5 line. Comme elle dort ! Holà, holà !, hé, hé, hé !
ma femme, ma femme, ma femme ! c'est moi,
André, votre mari, qui ai à vous parler de choses sérieuses. Hé, hé, pstt, pstt ! hem ! brum !
frum ! pstt ! Jacqueline, êtes-vous morte ? Si
10 vous ne vous éveillez tout à l'heure[1], je vous
coiffe du pot à l'eau.

JACQUELINE. – Qu'est-ce que c'est, mon bon
ami ?

MAÎTRE ANDRÉ. – Vertu de ma vie ! ce n'est pas
15 malheureux. Finirez-vous de vous tirer les
bras[2] ?

ALFRED DE MUSSET, *Le Chandelier*, Acte I, scène 1, 1835.

1. **Tout à l'heure** : *tout de suite* – 2. **Tirer les bras** : *s'étirer*.

ÉTUDIER LES ÉLÉMENTS DU SPECTACLE ET LE JEU DES ACTEURS

4
**

1. Quel décor cherche à reproduire un lieu réel ? De quelle façon le décorateur a-t-il précisé le lieu et l'époque de l'action ?

2. Quel décor s'éloigne de la reproduction de la réalité ? Sur quel contraste attire-t-il l'attention du spectateur ?

3. Dans les deux décors, relevez et comparez les indices qui situent le milieu social où évoluent les personnages.

4. Quelle impression d'ensemble donne chaque décor ? À quel registre chacun semble-t-il le mieux convenir : comique, dramatique, tragique ?

Décor réalisé en 1956 par Paul Haferung, pour la pièce de Bertolt Brecht, *Maître Puntila et son valet Matti*.

Décor réalisé en 1937 par André Barsacq pour la pièce de Marcel Achard, *Jean de la lune*.

5 **1. Décrivez les divers costumes de Don Juan et
de Sganarelle. Comment se marque la différence
sociale entre le maître et son valet ?**

**2. Quel costume correspond le mieux à l'évocation
que le valet de Don Juan, Sganarelle, donne de son
maître ? Peut-on parler d'un costume réaliste ?**

**3. Dans chaque cas, quel aspect du personnage le
costumier a-t-il cherché à mettre en valeur ?**

*(Au début de l'œuvre, Sganarelle évoque Don Juan,
ce « grand seigneur méchant homme ».)*

« Pensez-vous que pour être de qualité, pour
avoir une perruque blonde et bien frisée, des
plumes à votre chapeau, un habit bien doré et
des rubans couleur de feu (ce n'est pas à vous
5 que je parle, c'est à l'autre), pensez-vous, dis-je,
que vous en soyez plus habile homme, que tout
vous soit permis et qu'on n'ose vous dire vos
vérités ? »

MOLIÈRE, *Dom Juan*, Acte I, scène 2, 1665.

Carlo Brandt (Sganarelle) et Philippe Avron
(Don Juan) dans la mise en scène de Benno Besson
à la Maison des Arts de Créteil en 1987.

Christian Hecq (Sganarelle) et Daniel Mesguich
(Don Juan) dans une mise en scène de 2002.

ÉTUDIER LE RÔLE DU METTEUR EN SCÈNE

6 **1. Par quelles indications le metteur en scène
cherche-t-il à rendre la scène vivante ?**

**2. Quel effet produisent les pauses introduites
par le metteur en scène ?**

**3. Comment le metteur en scène procède-t-il
pour différencier les personnages ?**

TEXTE A

*(Les Turcs menacent de reprendre Chypre aux
Vénitiens. Montano et deux gentilshommes observent la mer : ils attendent Othello et son armée qui
viennent pour faire barrage aux Turcs.)*
*Un port de mer en Chypre. Une place près du
quai.* (1)

MONTANO. – Que pouvez-vous distinguer en
mer, de la pointe du cap ?

5 PREMIER GENTILHOMME. – (2) Rien du tout (3)
tant les vagues sont élevées ! (4) Entre le ciel et
l'eau, je ne puis découvrir une voile.

MONTANO. – (5) Il me semble qu'à terre le vent a
parlé bien haut ; jamais plus rudes rafales n'ont
10 ébranlé nos créneaux. S'il a fait même sabbat[1]
sur mer, quels flancs de chêne ont pu résister
à l'assaut des masses liquides ? Après tout cela
qu'allons-nous apprendre ?

DEUXIÈME GENTILHOMME. – (6) La dispersion de
15 la flotte turque.

WILLIAM SHAKESPEARE, *Othello*, Acte II, scène 1, 1604.

1. Sabbat : *grand bruit avec désordre.*

TEXTE B

Notes pour la mise en scène
1. Sifflement du vent, fracas des vagues (traîner
de longues et lourdes bâches sous la scène…).
Ajouter le bruit des chaînes au loin et le crissement des mâts secoués, le claquement des voi-
5 les, etc. Montano arrive en courant par l'escalier,
il monte sur la tour basse pour regarder la mer
dans la direction de la salle.
2. Les deux gentilshommes, ayant baissé leurs
lanternes et protégeant leurs yeux de la lumière,
10 scrutent l'obscurité de la salle de spectacle puis :
« rien du tout ».
3. Pause, réplique nerveuse.
4. Nouvelle petite pause et regards dans le noir.
5. Nouvelle pause. […] Il faut que les acteurs
15 comprennent qu'ils sont dehors, dans le vent,
dans le froid.
6. Le deuxième gentilhomme s'approche et s'arrête, lui aussi. Il parle avec assurance.

CONSTANTIN STANISLAVSKI, *Othello* (mise en scène),
coll. « Mise en scènes », Éd. du Seuil, 1948.

7 ✶✶ **Phèdre** est une pièce de théâtre écrite au XVIIᵉ siècle par Jean Racine. Cette tragédie, qui se déroule dans l'Antiquité, oppose Phèdre à son mari Thésée. Le metteur en scène Anne Delbée, pour une production de la Comédie française, en 1995, a fait appel au couturier Christian Lacroix. Celui-ci a imaginé des costumes spectaculaires.

1. Quels éléments du costume rappellent l'antiquité grecque ? Lesquels évoquent le siècle de Louis XIV ?

2. De quelle façon le costume dessiné par Christian Lacroix rapproche-t-il le personnage de notre époque ?

3. Comprenez-vous l'admiration du critique Michel Cournot ?

4. La beauté spectaculaire des costumes ne risque-t-elle pas de détourner le spectateur du texte ?

DOCUMENT ICONOGRAPHIQUE

Thésée, le personnage de Jean Racine, imaginé par Christian Lacroix.

TEXTE

Pourquoi sommes-nous sidérés par la beauté des costumes de Christian Lacroix ?
Christian Lacroix a créé des costumes d'un art stupéfiant. Parlons d'abord des matières. Ce sont
5 des sculptures d'êtres imaginaires, taillés dans des étoffes, des métaux, des couleurs, d'un prodigieux éclat. De plus, la force de ces costumes est qu'ils prennent des formes changées, plus belles les unes que les autres, sous toutes leurs faces, et
10 qui se métamorphosent aussi dès que l'acteur fait un geste, un pas, un mouvement de l'épaule.
Enfin, ces statues-costumes vivants sont encore plus belles et plus saisissantes lorsqu'elles forment à deux ou à plusieurs une sculpture d'en-
15 semble.

MICHEL COURNOT, *Le Monde,* 16 décembre 1995.

19   Le théâtre : texte et représentation

8   **1. Quel accessoire introduit le metteur en scène ?**
À quoi sert-il dans cette scène ?

2. Autour de quel élément du décor se joue l'affrontement entre Agrippine et Burrhus ? Comment cet élément est-il mis en valeur ?

3. De quelle façon le metteur en scène accentue-t-il le conflit entre les deux personnages ?

4. Analysez le déplacement des acteurs, leurs gestes et le ton qu'ils doivent donner aux répliques.

(Dans la première scène de la tragédie de Racine, la mère de l'empereur, Agrippine, attend devant la porte fermée des appartements de son fils. Enfin, la porte s'entrouvre, laissant passer Burrhus, le sage conseiller de son fils.).

BRITANNICUS. – ACTE PREMIER. Scène II
AGRIPPINE, BURRHUS, ALBINE.

Burrhus mis en scène face à Agrippine

BURRHUS
Madame,
Au nom de l'Empereur j'allais vous informer
D'un ordre qui d'abord a pu vous alarmer,
Mais qui n'est que l'effet d'une sage conduite
5 Dont César a voulu que vous soyez instruite.

Burrhus est surpris de la trouver là !
/Salue
laisse la porte ouverte – – très agité – très rapide – il est très très pressé.

AGRIPPINE
Puisqu'il le veut, entrons : il m'en instruira mieux.

Elle se dirige vers la porte
Comme une bombe – Burrhus l'arrête –

BURRHUS
César pour quelque temps s'est soustrait à nos yeux.
Déjà, par une porte au public moins connue,
L'un et l'autre consul vous avaient prévenue,
10 Madame. Mais souffrez que je retourne exprès...

Coupde canne "Non" ! réponse criée à "souffrez"
salue
Geste à Albine ✗
→ Allez ouvrir les volets

tente de sortir

AGRIPPINE *oh ! là là*
Non, je ne trouble point ses augustes secrets.
Cependant voulez-vous qu'avec moins de contrainte
L'un et l'autre une fois/nous nous parlions sans feinte ?

– de dos sans le regarder
– Burrhus réamorce une sortie à peine
– se tourne le regarde

BURRHUS
Burrhus pour le mensonge eut toujours trop d'horreur...

Racine, *Britannic...*

Agrippine d'un geste de la canne lui désigne la cheminé Burrus ferme la porte

V. 10 Auguste : dérisoire chose importante

JEAN RACINE, *Britannicus*, Acte I, scène 2, 1669. Notes et mise en scène de Gildas Bourdet, 1979.

9
★★

1. Comment chaque décor évoque-t-il la rue de Naples ?

2. Comparez les costumes des acteurs. Situent-ils les personnages dans une époque et dans un lieu ? Révèlent-ils un aspect de leur caractère ?

3. À quel mot du texte le décor du théâtre Mouffetard fait-il écho ?

4. Comparez la façon dont les personnages sont éclairés. En quoi cet éclairage correspond-il au thème de la scène ?

(L'action des Caprices de Marianne *est située à Naples. La première scène se déroule dans une rue devant la maison de Marianne. Coelio, amoureux*

transi de Marianne, se confie à son ami Octave, charmant débauché.)

COELIO. – Que tu es heureux d'être fou !

OCTAVE. – Que tu es fou de n'être pas heureux ! Dis-moi un peu, toi, qu'est-ce qui te manque ?

COELIO. – Il me manque le repos, la douce
5 insouciance qui fait de la vie un miroir où tous les objets se peignent un instant et sur lequel tout glisse. Une dette pour moi est un remords. L'amour, dont vous autres faites un passe-temps, trouble ma vie entière. Ô mon ami, tu ignoreras
10 toujours ce que c'est qu'aimer comme moi !

ALFRED DE MUSSET, *Les Caprices de Marianne,*
Acte 1, scène 1, 1833.

Octave et Coelio (debout). *Les Caprices de Marianne,*
mis en scène au théâtre Mouffetard, à Paris, par Anne Saint Mor en 1994.

Octave (Lambert Wilson) et Coelio (Fabrice Michel, debout). *Les Caprices de Marianne,*
mis en scène au théâtre des Bouffes, à Paris, par Lambert Wilson en 1994.

↓ **Vers l'écrit d'invention**

10 **1. Quel est l'enjeu de cette scène ? Quel affrontement révèle-t-elle ?**

★★★

2. De quelle façon la mise en scène pourrait-elle mettre en lumière le parallélisme des deux phrases exclamatives qui encadrent ce passage ?

3. Quel décor accentuerait le tragique et la solitude de Galilée ?

4. L'ambassadeur de Florence, qui comprend la position de Galilée, évoque cette scène dans une lettre qu'il envoie à un disciple de Galilée. Rédigez cette lettre.

SCHÉMA DE LA MISE EN SCÈNE

```
┌─────────────────────────────────────┐
│                                      │
│              Lointain                │
│              ● Galilée               │
│                                      │
│    ● Andrea                          │
│        ● Federzoni                   │
│                                      │
│              Avant-scène             │
└─────────────────────────────────────┘
```

(Lors de son procès, menacé, Galilée se rétracte : alors qu'il avait prouvé que la Terre tourne autour du Soleil, il affirme s'être trompé. Andrea, Federzoni, ses collaborateurs sont déçus. Ils pensaient que Galilée résisterait aux pressions du pouvoir. Dans cette scène, après son procès, Galilée revient du Tribunal.)

ANDREA, *à voix haute.* – Malheureux le pays qui n'a pas de héros !

Galilée est entré, totalement changé, rendu presque méconnaissable par le procès. Il a entendu la
5 *phrase d'Andrea. Pendant quelques instants, il se tient sur le seuil dans l'attente d'un accueil. Comme rien ne vient, car les disciples reculent devant lui, il s'avance, lentement et d'un pas incertain à cause de sa mauvaise vue, vers le devant du théâtre*
10 *où il trouve un tabouret ; il s'assied.*

ANDREA. – Je ne peux pas le regarder. Qu'il parte.

FEDERZONI. – Calme-toi.

ANDREA, *hurlant à l'adresse de Galilée.* – Sac à
15 vin ! Bouffeur d'escargots ! Tu l'as sauvée, ta peau bien-aimée ? *Il s'assied.* Je me sens mal.

GALILÉE, *calmement.* – Donnez-lui un verre d'eau !
ANDREA. – Je vais pouvoir de nouveau marcher si vous m'aidez un peu.
20 GALILÉE. – Non. Malheureux le pays qui a besoin de héros !

BERTOLT BRECHT, *La Vie de Galilée*,
Tableau 13, 1955, Trad. Eloi Recoing, Éd. L'Arche, 1990.

11 **1. En analysant le registre du passage, peut-on préciser le genre de l'œuvre ?**

★★

2. Quels conseils donneriez-vous aux comédiens pour que la scène paraisse tragique ?

3. Quels conseils donneriez-vous pour qu'elle paraisse comique ?

(La pièce se présente comme une suite de douze dialogues entre Hélène et Philippe, son fils.)

PHILIPPE. – C'était Simon ?
HÉLÈNE. – Tes copains ne disent pas leur nom ils entrent et ils sortent ils ne me disent pas bonjour non plus
5 PHILIPPE. – C'était qui alors ?
HÉLÈNE. – Je leur ouvre ils ne me voient pas
PHILIPPE. – Tu n'es pas exactement accueillante avec eux
HÉLÈNE. – Je t'ai dit ce que je pense de leur façon
10 d'être on existe
PHILIPPE. – Il a dit que je pouvais passer chez Simon et c'est tout ?
HÉLÈNE. – Je ne comprends pas ce que tu leur trouves à ces garçons
15 PHILIPPE. – Arrête
HÉLÈNE. – Il a dit chez Simon ou si Simon n'est pas là chez Patricia
PHILIPPE. – Patricia ?
HÉLÈNE. – Je crois qu'il a dit Patricia et il a dit
20 avant midi
PHILIPPE. – J'y vais
HÉLÈNE. – Non Philippe d'abord tu vas déjeuner nous allons déjeuner je t'attendais tu sais regarde et avant de te mettre à table écoute
25 PHILIPPE. – Quoi ?
HÉLÈNE. – Enlève ta canadienne tes gants tes mains tu peux les laver
PHILIPPE. – J'ai surtout envie de dormir
HÉLÈNE. – Alors tu n'iras pas ?

MICHEL VINAVER, *Dissident, il va sans dire*,
L'Arche Éditions, 1978.

Vers le sujet d'invention

LECTURE

1. Repérez les indices qui font de cette scène une scène de comédie. De quelle façon les notes du dramaturge Alain Milianti nuancent-elles cette impression ?

2. Quelle interprétation, à travers ses notes, le dramaturge donne-t-il du personnage de Madame Champbaudet ?

3. Le costume conçu par Françoise Chevalier vous semble-t-il correspondre au genre de l'œuvre et au caractère du personnage ?

ÉCRITURE

Arsène rencontre Justine dans la rue. Il lui raconte la scène. Imaginez leur dialogue.

TEXTE A

Scène 1

Madame Champbaudet (1) puis Arsène

MADAME CHAMPBAUDET (*debout et se regardant dans une petite glace à main*) (2). – Je ne veux pas me flatter...(3) non !... mais il y a des matins...(4) quand le ciel est pur et que ma toilette est terminée (5) où je me donnerais tout au
5 plus trente ans... tout au plus trente ans. (*Minaudant.*) (6) Mon petit bonnet rose me coiffe comme un bijou... J'ai l'air d'une petite fleur (7) ; mais il ne tient pas... Sonnons ma femme de chambre.
Elle se rassied devant sa toilette et sonne.
10 ARSÈNE (*paraissant par la porte du pan coupé de gauche*). – Madame a sonné ?
MADAME CHAMPBAUDET. – Pas vous, mon garçon... Justine.
ARSÈNE. – Justine ? Elle n'est plus ici... Madame l'a renvoyée hier pour inconduite.
15 MADAME CHAMPBAUDET. – Ah ! c'est juste. Mon Dieu, que faire ?... Il va venir. (*À Arsène.*) Sauriez-vous attacher une épingle ?
ARSÈNE. – Des fois.
MADAME CHAMPBAUDET. – Eh ! bien... tenez... placez-moi
20 celle-ci... là, à gauche... et prenez garde de me piquer...
ARSÈNE (*à lui-même*). – J'étais en train de faire les lampes... mais ça ne fait rien. (*Il s'essuie les mains avec son tablier et coiffe Madame Champbaudet en lui disant :*) Madame !... un malheur... le robinet de la fontaine s'a cassé... C'est celui à
25 l'eau filtrée... et je guette le fontainier... quand il passera avec sa petite trompette. Je l'entends tous les jours vers une heure...
MADAME CHAMPBAUDET. – Aïe ! vous me piquez !
ARSÈNE. – C'est pas moi... c'est l'épingle... Pour lors,
30 Madame m'autorise à acheter un autre robinet ?
MADAME CHAMPBAUDET (*se levant*). – Mais oui... vous m'ennuyez avec votre fontaine !... Le coiffeur n'a rien apporté pour moi ?
ARSÈNE. – Non, Madame...

EUGÈNE LABICHE, *La Station Champbaudet*, 1862.

La Station Champbaudet, d'Eugène Labiche, mise en scène de la Salamandre et Gildas Bourdet, costumes de Françoise Chevalier.

TEXTE B

Les notes du dramaturge

(1) *Scène d'ouverture de rideau. Mme Champbaudet est une femme mûre (45 ans) en chemise, bras nus : sensualité un peu lourde, rire plus cruel. Il y a, dans*
5 *le vaudeville, l'ombre portée de la tragédie d'une femme qui ne veut pas vieillir, qui veut être aimée pour ne pas mourir.*
(2) *Que voit-on vraiment dans une petite glace à main ? Rien.*
10 (3) *Le rythme est assez vif, mais avec rupture de temps et hésitation. Elle est joyeuse mais inquiète.*
(4) *Prendre un temps. Elle n'en est pas si sûre que ça de ne pas se flatter.*
15 (5) *Elle est vraiment achevée ? Décisif pour la scène entre elle et Arsène.*
(6) *Hésitation. Comment minaude une femme qui a 45 ans ?*
(7) *La cruauté est dans l'écart entre ce*
20 *que nous voyons et ce qu'elle dit.*

Notes de ALAIN MILIANTI, dramaturge, directeur du Théâtre du Havre (texte inédit, 1987).

SÉRIES TECHNOLOGIQUES

TEXTES DU CORPUS

Texte A : Albert Camus, *Caligula*, Acte IV, scène 14, 1944.
Texte B : Bernard-Marie Koltès, *Roberto Zucco*, scène 15, 1990.
Texte C : Aristote, *Poétique*, vers 344 av. J.-C.

↓ OBJET D'ÉTUDE

✳ **Le théâtre : texte et représentation**

Texte A

(L'empereur romain Caligula, personnage central de la pièce de Camus, cherche par de folles cruautés à provoquer la révolte des hommes. Dans cette dernière scène, Caligula sait qu'il va être tué par ceux qui se sont enfin révoltés contre lui. Il est seul jusqu'à l'arrivée de son esclave Hélicon.)

Scène 14

Il tourne sur lui-même, hagard, va vers le miroir.

CALIGULA

Caligula ! Toi aussi, toi aussi, tu es coupable. Alors, n'est-ce pas, un peu plus, un peu moins ! Mais qui oserait me condamner dans ce monde sans juge, où personne n'est innocent ! *(Avec tout l'accent de la détresse, se pressant contre le miroir.)* Tu le vois bien, Hélicon[1] n'est pas venu. Je n'aurai pas la lune. Mais
5 qu'il est amer d'avoir raison et de devoir aller jusqu'à la consommation. Car j'ai peur de la consommation. Des bruits d'armes ! C'est l'innocence qui prépare son triomphe. Que ne suis-je à leur place ! J'ai peur. Quel dégoût, après avoir méprisé les autres, de se sentir la même lâcheté dans l'âme. Mais cela ne fait rien. La peur non plus ne dure pas. Je vais retrouver le grand vide où le
10 cœur s'apaise.

Il recule un peu, revient vers le miroir. Il semble plus calme. Il recommence à parler, mais d'une voix plus basse et plus concentrée.

Tout a l'air si compliqué. Tout est si simple pourtant. Si j'avais la lune, si l'amour suffisait, tout serait changé. Mais où étancher cette soif ? Quel cœur,
15 quel dieu auraient pour moi la profondeur d'un lac ? *(s'agenouillant et pleurant)*. Rien dans ce monde ni dans l'autre, qui soit à ma mesure. je sais pourtant, et tu le sais aussi *(il tend les mains vers le miroir en pleurant)*, qu'il suffirait que l'impossible soit. L'impossible ! Je l'ai cherché aux limites du monde, aux confins de moi-même. J'ai tendu mes mains *(criant)*, je tends mes mains et
20 c'est toi que je rencontre toujours en face de moi, et je suis pour toi plein de haine. Je n'ai pas pris la voie qu'il fallait, je n'aboutis à rien. Ma liberté n'est pas la bonne. Hélicon ! Hélicon ! Rien ! rien encore. Oh cette nuit est lourde ! Hélicon ne viendra pas : nous serons coupables à jamais ! Cette nuit est lourde comme la douleur humaine.

25 *Des bruits d'armes et des chuchotements s'entendent en coulisse.*

HÉLICON, *surgissant au fond.*

Garde-toi, Caïus ! Garde-toi !

Une main invisible poignarde Hélicon.

Caligula se relève, prend un siège bas dans la main et approche du miroir en soufflant. Il s'observe, simule un bond en avant et, devant le mouvement symétrique
30 *de son double dans le miroir, lance son siège à toute volée en hurlant :*

CALIGULA

À l'histoire, Caligula, à l'histoire.

Le miroir se brise et, dans le même moment, par toutes les issues, entrent les conjurés en armes. Caligula leur fait face, avec un rire fou. Le vieux patricien le frappe dans le dos, Cherea[2] en pleine figure. Le rire de Caligula se transforme en
35 *hoquets. Tous frappent. Dans un dernier hoquet, Caligula riant et râlant, hurle :*

Je suis encore vivant !

ALBERT CAMUS, *Caligula*, Acte IV, scène 14, 1944.

1. Hélicon : *esclave affranchi, fidèle à Caligula* – 2. Cherea : *citoyen romain, chef des insurgés.*

Texte B

(La pièce Roberto Zucco *retrace les derniers moments d'un redoutable tueur en série. Dans la dernière scène de l'œuvre, l'auteur évoque le moment où Roberto Zucco est monté sur les toits de la prison où on avait fini par l'enfermer.)*

Le sommet des toits de la prison, à midi. On ne voit personne, pendant toute la scène, sauf Zucco quand il grimpe au sommet du toit. Voix de gardiens et de prisonniers mêlés.

UNE VOIX. – Roberto Zucco s'est échappé.

UNE VOIX. – Encore une fois.

UNE VOIX. – Mais qui le gardait ?

UNE VOIX. – Qui en avait la charge ?

5 UNE VOIX. – On a l'air de cons.

UNE VOIX. – Vous avez l'air de cons, oui. *(Rires)*

UNE VOIX. – Silence.

UNE VOIX. – Il a des complices.

UNE VOIX. – Non ; c'est parce qu'il n'a pas de complices qu'il parvient toujours
10 à s'échapper.

UNE VOIX. – Tout seul.

UNE VOIX. – Tout seul, comme les héros.

UNE VOIX. – Il faut chercher dans les recoins de couloir.

UNE VOIX. – Il doit être planqué quelque part.

15 UNE VOIX. – Il doit être recroquevillé dans un cagibi, et il tremble.

UNE VOIX. – Pourtant ce n'est pas vous qui le faites trembler.

UNE VOIX. – Zucco n'est pas en train de trembler mais de se foutre de votre gueule.

UNE VOIX. – Zucco se fout de la gueule de tout le monde.

20 UNE VOIX. – Il n'ira pas loin.

UNE VOIX. – C'est une prison moderne. On ne peut pas s'en échapper.

UNE VOIX. – C'est impossible.

UNE VOIX. – Strictement impossible.

UNE VOIX. – Zucco est fichu.

25 UNE VOIX. – Zucco est peut-être fichu, mais pour l'instant, il est en train de grimper sur le toit et de se foutre de votre gueule. (*Zucco, torse et pieds nus, arrive au sommet du toit.*)

UNE VOIX. – Que faites-vous là ?

UNE VOIX. – Descendez immédiatement. (*Rires*)

30 UNE VOIX. – Zucco, vous êtes fichu. (*Rires*)

UNE VOIX. – Zucco, Zucco, dis-nous comment tu fais pour ne pas rester une heure en prison ?

UNE VOIX. – Comment tu fais ?

UNE VOIX. – Par où tu as filé ? Donne-nous la filière.

35 ZUCCO. – Par le haut. Il ne faut pas chercher à traverser les murs, parce que, au-delà des murs, il y a d'autres murs, il y a toujours la prison. Il faut s'échapper par les toits, vers le soleil. On ne mettra jamais un mur entre le soleil et la terre.

UNE VOIX. – Et les gardiens ?

40 ZUCCO. – Les gardiens n'existent pas. Il suffit de ne pas les voir. De toute façon, je pourrais en prendre cinq dans une seule main et les écraser d'un coup.

UNE VOIX. – D'où te vient ta force, Zucco, d'où te vient ta force ?

ZUCCO. – Quand j'avance, je fonce, je ne vois pas les obstacles, et, comme je ne les ai pas regardés, ils tombent tout seuls devant moi. Je suis solitaire et fort,

45 je suis un rhinocéros.

UNE VOIX. – Mais ton père, et ta mère, Zucco. Il ne faut pas toucher à ses parents.

ZUCCO. – Il est normal de tuer ses parents.

UNE VOIX. – Mais un enfant, Zucco : on ne tue pas un enfant. On tue ses enne-

50 mis, on tue des gens capables de se défendre. Mais pas un enfant.

ZUCCO. – Je n'ai pas d'ennemi et je n'attaque pas.

BERNARD-MARIE KOLTÈS, *Roberto Zucco*, XV, Éd. de Minuit, 1990.

Texte C

L'origine de la poésie dans son ensemble semble bien tenir à deux causes, toutes deux naturelles. En effet, imiter est naturel aux hommes, dès leur enfance ; ils diffèrent des autres animaux en ce qu'ils sont très enclins à l'imitation et qu'ils acquièrent leurs premières connaissances par l'imitation, et tous
5 ils trouvent plaisir aux imitations.

On en trouve la preuve dans ce fait : nous prenons plaisir à contempler la représentation la plus précise de choses dont la vue nous est pénible dans la réalité, comme les formes des animaux les plus hideux et des cadavres.

L'autre raison est qu'apprendre est très agréable, non seulement aux phi-
10 losophes, mais également aux autres hommes même s'ils diffèrent en degré sur ce point. On se plaît à regarder des images parce qu'en les regardant on peut apprendre et raisonner, par exemple déduire de cette figure qu'elle représente telle personne.

ARISTOTE, Poétique, IV, vers 344 av. J.-C.

ÉCRITURE

4 points ➤ I. Vous répondrez d'abord aux questions suivantes.

1. Comparez dans les deux passages (textes A et B) l'usage des accessoires et des bruitages. En quoi contribuent-ils à dramatiser chaque scène ?

2. De quelle façon les caractéristiques des personnages de Caligula et de Roberto Zucco sont-elles mises en lumière ?

16 points ➤ II. Vous traiterez ensuite un de ces sujets au choix.

1. Commentaire
Vous ferez le commentaire du texte de Bernard-Marie Koltès en vous appuyant sur le parcours suivant.
– Vous étudierez la fonction des voix dans cette scène ;
– Vous vous demanderez si la scène idéalise le personnage de Roberto Zucco.

2. Dissertation
« On se plaît à regarder des images, parce qu'en les regardant, on peut apprendre et raisonner », explique Aristote. En quoi le théâtre répond-il à cette définition ?
Vous répondrez à cette question en vous appuyant sur les textes du corpus et les œuvres que vous avez vues au théâtre ou étudiées en classe.

3. Invention
Deux amis discutent des spectacles qui prennent pour héros un tyran sanguinaire, un assassin. L'un souligne les dangers de cette idéalisation, l'autre en montre la nécessité. Rédigez le dialogue théâtral qui met en scène leur affrontement et leurs arguments.

Pour convaincre
ou persuader,
l'écrivain s'appuie
sur des stratégies
différentes. L'essai
lui permet de
prendre position
sur un sujet
qui provoque
le débat ; la
fable invite le
lecteur à tirer un
enseignement
d'un récit ;
le conte
philosophique
engage une
réflexion sur
l'homme.
Chaque fois, la
confrontation
des arguments
conduit le lecteur
à délibérer et à
prendre lui-même
position.

Texte A

L'argumentation et la fable

Chaque fable est pour La Fontaine l'occasion de porter un regard critique sur la société et le comportement des hommes. C'est ainsi qu'il s'interroge dans ce poème sur les justifications éventuelles de la guerre.

LES LOUPS ET LES BREBIS
Après mille ans et plus de guerre déclarée
Les Loups firent la paix avecque[1] les Brebis.
C'était apparemment le bien des deux partis :
Car, si les Loups mangeaient mainte bête égarée,
5 Les Bergers de leur peau se faisaient maints habits.
Jamais de liberté, ni pour les pâturages,
      Ni d'autre part pour les carnages :
Ils ne pouvaient jouir, qu'en tremblant, de leurs biens.
La paix se conclut donc ; on donne des otages :
10 Les Loups leurs Louveteaux, et les Brebis leurs Chiens.
L'échange en étant fait aux formes ordinaires,
      Et réglé par des commissaires,
Au bout de quelque temps que Messieurs les Louvats[2]
Se virent Loups parfaits et friands de tuerie,
15 Ils vous prennent le temps que dans la bergerie
      Messieurs les Bergers n'étaient pas,
Étranglent la moitié des Agneaux les plus gras,
Les emportent aux dents, dans les bois se retirent.
Ils avaient averti leurs gens secrètement.
20 Les Chiens qui, sur leur foi, reposaient sûrement[3],
      Furent étranglés en dormant :
Cela fut sitôt fait qu'à peine ils le sentirent.
Tout fut mis en morceaux ; un seul[4] n'en échappa.
      Nous pouvons conclure de là
25 Qu'il faut faire aux méchants guerre continuelle.
      La paix est fort bonne de soi[5] :
      J'en conviens ; mais de quoi sert-elle
      Avec des ennemis sans foi ?

JEAN DE LA FONTAINE, *Fables*, III, 13, 1668.

1. Avecque : *avec* – 2. Louvats : *jeunes loups* – 3. Sûrement : *en sécurité* – 4. Un seul : *pas un seul* –
5. De soi : *en elle-même.*

Texte **B**

L'argumentation et le conte

Voltaire crée le conte philosophique pour inciter ses lecteurs à réfléchir sur les grands problèmes de son temps. Dans Micromégas, *il imagine les voyages de deux géants venus d'autres planètes qui, visitant la Terre, découvrent avec étonnement les mœurs des humains, que leur décrit un groupe de philosophes rencontré en chemin.*

« Savez-vous bien, par exemple, qu'à l'heure où je vous parle il y a cent mille fous de notre espèce, couverts de chapeaux, qui tuent cent mille autres animaux couverts d'un turban, ou qui sont massacrés par eux, et que, presque par toute la terre, c'est ainsi qu'on en use de temps
5 immémorial ? » Le Sirien[1] frémit, et demanda quel pouvait être le sujet de ces horribles querelles entre de si chétifs animaux. « Il s'agit, dit le philosophe, de quelque tas de boue grand comme votre talon. Ce n'est pas qu'aucun de ces millions d'hommes qui se font égorger prétende un fétu[2] sur ce tas de boue. Il ne s'agit que de savoir s'il appartiendra à
10 un certain homme qu'on nomme *Sultan* ou à un autre qu'on nomme, je ne sais pourquoi, *César*. Ni l'un ni l'autre n'a jamais vu ni ne verra jamais le petit coin de terre dont il s'agit ; et presque aucun de ces animaux, qui s'égorgent mutuellement, n'a jamais vu l'animal pour lequel ils s'égorgent.
15 — Ah ! malheureux ! s'écria le Sirien avec indignation, peut-on concevoir cet excès de rage forcenée ! Il me prend envie de faire trois pas, et d'écraser de trois coups de pied toute cette fourmilière d'assassins ridicules. — Ne vous en donnez pas la peine, lui répondit-on ; ils travaillent assez à leur ruine. Sachez qu'au bout de dix ans, il ne reste
20 jamais la centième partie de ces misérables ; sachez que, quand même ils n'auraient pas tiré l'épée, la faim, la fatigue ou l'intempérance[3], les emportent presque tous. D'ailleurs, ce n'est pas eux qu'il faut punir, ce sont ces barbares sédentaires qui du fond de leur cabinet ordonnent, dans le temps de leur digestion, le massacre d'un million d'hommes,
25 et qui ensuite en font remercier Dieu solennellement. » Le voyageur se sentait ému de pitié pour la petite race humaine, dans laquelle il découvrait de si étonnants contrastes.

VOLTAIRE, *Micromégas*, 1752.

1. Le Sirien : *Micromégas, le héros du conte* – 2. Prétende un fétu : *revendique une petite part* –
3. L'intempérance : *les abus.*

---

1 **LES ENJEUX DE L'ARGUMENTATION**

1 ▷ Quel est le thème de réflexion commun proposé par les deux textes ?

2 ▷ À quelle conclusion aboutissent-ils l'un et l'autre ? De quel raisonnement vous sentez-vous le plus proche ?

2 **LA FABLE**

3 ▷ Quelles sont les différentes étapes du récit raconté par la fable ?

4 ▷ Expliquez l'emploi du pronom « nous » au vers 24.

3 **LE CONTE PHILOSOPHIQUE**

5 ▷ Quelles sont les cibles attaquées par le philosophe ?

6 ▷ Relevez les sentiments successifs exprimés par Micromégas. Montrez qu'ils correspondent aux sentiments que Voltaire veut faire partager au lecteur.

L'argumentation : convaincre, persuader et délibérer

Le texte argumentatif permet à l'écrivain d'affirmer un point de vue personnel. Il peut le faire de manière directe, à travers l'essai, en exprimant son opinion sur de grands problèmes de société. Il peut aussi le faire de manière indirecte, à travers la fable ou le conte philosophique, en invitant le lecteur à tirer un enseignement moral du récit. Le texte confronte des arguments contradictoires et conduit le lecteur à se forger son propre jugement.

1 LES ENJEUX DE L'ARGUMENTATION

Le texte argumentatif repose sur le développement d'arguments rationnels qui visent à convaincre le destinataire. Il s'appuie également sur la force des émotions qui cherchent à le persuader. Il provoque la réflexion du lecteur en le conduisant à délibérer, à peser le pour et le contre.

■ 1. Argumenter pour convaincre

Pour convaincre le destinataire, le texte argumentatif fait appel à sa raison. La défense de la thèse s'appuie sur la force et la diversité des arguments et des exemples. Les idées s'enchaînent de manière logique et invoquent des valeurs fondamentales. Cette exigence de rigueur et cette force logique conduisent le lecteur à adhérer au point de vue défendu par l'auteur.

> « **Nous pouvons conclure** de là
> Qu'il faut faire aux méchants guerre continuelle. »
>
> *(Jean de la Fontaine, « Les Loups et les Brebis »*, Fables, III, *1668)*

■ 2. Argumenter pour persuader

Pour persuader le destinataire, le texte argumentatif fait appel aux sentiments. Il met en œuvre des procédés et des techniques qui provoquent l'émotion : implication par les pronoms personnels, utilisation de termes affectifs ou évaluatifs, usage de l'exclamation, de l'apostrophe et de la fausse question. L'auteur ajoute ainsi à la logique des idées défendues une émotion qui entraîne l'adhésion du lecteur.

> « D'ailleurs, ce n'est pas eux qu'il faut punir, ce sont ces <u>barbares sédentaires</u> qui du fond de leur cabinet ordonnent, dans le temps de leur digestion, le <u>massacre</u> d'un million d'hommes, et qui ensuite en font remercier Dieu solennellement. » <u>Le voyageur se sentait ému</u> de pitié pour la petite race humaine.
>
> *(Voltaire*, Micromégas, *1752)*

> Dans ce passage, Voltaire utilise des termes évaluatifs pour persuader son lecteur. Il décrit également la réaction d'un personnage, ce qui est une façon d'amener son lecteur à réagir de façon similaire.

Le texte argumentatif, lorsqu'il ne repose que sur les sentiments, peut conduire à manipuler le destinataire : c'est notamment le cas du discours publicitaire, de la propagande, du tract ou du pamphlet politique.

■ 3. Argumenter pour délibérer

Pour provoquer la délibération du destinataire, le texte argumentatif expose des idées différentes, voire opposées. Il développe ainsi le pour et le contre, il recherche le débat ou la polémique à travers la confrontation des thèses en présence. L'auteur invite le lecteur à prendre le temps de réfléchir de manière à se forger une opinion personnelle. La délibération repose ainsi sur l'examen de la validité d'arguments opposés.

> L'essai, la fable, le conte philosophique, en examinant des points de vue contradictoires, apparaissent comme les formes privilégiées de la délibération.

2 L'ESSAI

En permettant de développer librement une opinion, l'essai est pour son auteur l'instrument privilégié pour exprimer directement son point de vue personnel.

→**Définition.** L'essai permet à un écrivain, mais aussi à un sociologue ou à un journaliste, de prendre position sur un sujet qui provoque la polémique ou le débat : sujet de société, considérations philosophiques, réflexions sérieuses ou amusées.

→**Construction.** Dans un essai, l'auteur expose les différents points de vue développés autour de la question qu'il aborde et dresse le bilan d'une situation. Il réfute ensuite l'ensemble des arguments en présence, avant d'affirmer sa propre thèse en l'étayant par des arguments nouveaux. L'essai permet à l'auteur de faire preuve d'humour ou d'ironie, de séduire le lecteur ou de le scandaliser, en manifestant une opinion originale.

> Exemples : Érasme, *Essai sur le libre arbitre* (1524) ; Chateaubriand, *Essai sur les révolutions* (1793-1797) ; Camus, *L'Homme révolté* (1951) ; Bernard-Henri Lévy, *Réflexions sur la guerre, le mal et la fin de l'histoire* (2001).

3 LA FABLE

La fable est une argumentation indirecte qui, à travers le plaisir du récit, permet de délivrer un enseignement au lecteur.

→**Définition.** La fable est une forme d'apologue, c'est-à-dire un récit de fiction ayant une visée argumentative. Généralement écrite en vers, elle met souvent en scène des animaux qui lui servent à illustrer les travers de la société humaine. Elle dénonce les inégalités sociales, les défauts et les vices des individus, pour donner une leçon de sagesse et de tolérance.

> **« La paix est fort bonne de soi**
> **J'en conviens ; mais de quoi sert-elle**
> **Avec des ennemis sans foi ? »**

(Jean de la Fontaine, « Les Loups et les Brebis », Fables, III, 1668)

→**Construction.** La fable se présente comme un récit court et plaisant, qui repose sur une structure simple et met en jeu deux ou trois personnages (animaux, hommes, éléments naturels, dieux...) aux caractères immédiatement identifiables. À travers les situations et les dialogues développés par le récit, le fabuliste dégage une morale qui a pour but d'instruire le lecteur.

> Exemples : Ésope, *Fables* (vie siècle av. J.-C.) ; La Fontaine, *Fables* (1668-1693) ; Florian, *Fables* (1792).

4 LE CONTE PHILOSOPHIQUE

Sous l'apparence d'un récit vif et léger, le conte philosophique expose indirectement un point de vue sur le monde, sur la morale et la religion, sur le pouvoir politique et la liberté des hommes.

→**Définition.** Le conte philosophique raconte les épreuves d'un personnage confronté à la découverte du monde. Chaque étape de son histoire est l'occasion de mener une réflexion sur un problème de société : l'éducation, la guerre, les rapports humains, l'existence de Dieu, la justice, les vertus et les vices... L'écrivain invite ainsi le lecteur à combattre les préjugés et à défendre avec lui des valeurs nouvelles.

→**Construction.** Le conte philosophique met en scène un héros naïf et vertueux, entraîné malgré lui dans une suite de péripéties : voyages, rencontres, catastrophes naturelles, conflits... À chaque fois, il mesure la violence d'un monde gouverné par des règles absurdes. L'ironie est alors l'arme privilégiée de l'écrivain pour critiquer l'intolérance, le fanatisme et l'injustice.

> Exemples : Voltaire, *Micromégas* (1752), *Candide* (1759) ; Anatole France, *Thaïs* (1890) ; Saint-Exupéry, *Le Petit Prince* (1943).

Les grandes dates de l'histoire littéraire

L'histoire de la RHÉTORIQUE

ve-ive siècles av. J.-C. Née en Sicile à l'occasion de débats judiciaires, la rhétorique, c'est-à-dire l'art du discours, se perfectionne au contact des institutions démocratiques à Athènes.

Moyen-Âge Les techniques du discours sont enseignées par les clercs. L'art oratoire se met au service des puissants et de l'Église, multipliant les formes de l'éloge.

xviiie siècle Les écrivains, et tout particulièrement les philosophes des Lumières, renouvellent les formes de la contestation et du débat : l'ironie, la dérision, l'attaque deviennent des armes au service de la raison. Voltaire, Rousseau ou Diderot systématisent le recours au conte philosophique, à l'essai et au dialogue argumentatif.

xixe-xxe siècles L'intensification des affrontements politiques, les stratégies de la publicité et la médiatisation des débats provoquent un regain d'intérêt pour les formes de la rhétorique issue de l'Antiquité.

COMPRENDRE LES ENJEUX DE L'ARGUMENTATION

1 **1. Identifiez l'émetteur et le destinataire de l'argumentation contenue dans chacun des documents suivants.**

2. Définissez l'enjeu de chaque argumentation : s'agit-il de convaincre, de persuader ou de délibérer ?

TEXTE A

Contre la publicité L'oppression D'un faux bonheur

5 On dit que la publicité est synonyme de liberté. C'est faux. Le système publicitaire est impérialiste. Il s'impose partout par la force de l'argent (affiches, boîtes aux lettres, revues, spots, etc.). Il pénètre
10 par effraction dans nos cerveaux (coupures de films). Il étend son empire sur la presse, puisqu'elle dépend de la publicité pour survivre. La publicité est aussi le moyen, pour les grandes firmes, d'étouffer les petites : les cam-
15 pagnes des mauvais films à « gros budget » font ignorer l'existence des bons films aux moyens modestes. La publicité est une arme, dont le public est la victime.

On dit que la publicité « informe ». c'est
20 faux. Au sens propre, le mot « publicité » a bien ce sens : faire connaître ce qui est de l'intérêt du public. Mais voyez la réalité : comparez l'énorme volume occupé par les « pubs » dans les médias et le peu d'infor-
25 mations objectives que vous en tirez sur les produits ! La publicité ne cherche pas à informer, mais à vendre.

FRANÇOIS BRUNE, *Un pavé dans la gueule de la pub*, Éd. Paragon, L'aventurine, 2004.

TEXTE B

Le rôle de la télévision dans la diffusion et la démocratisation de la culture devient indiscutable lorsqu'elle retransmet – du moins lorsqu'elle le fait bien – des concerts, des opéras, des pièces
5 de théâtre. Grâce à elle, ce ne sont plus seulement quelques centaines de Parisiens, ou de provinciaux de passage, qui peuvent assister aux représentations de la capitale ; ce sont des

millions et des millions de spectateurs, même
10 dans les villages les plus reculés. Voilà l'un des contrepoids les plus efficaces à l'inéluctable centralisation dont souffre la culture française.

JEAN CLUZEL, *La Télévision*, Éd. Flammarion, 1996.

TEXTE C

LE COMTE, *seul, en grand manteau brun et chapeau rabattu. Il tire sa montre en se promenant.* – Si quelque aimable de la cour pouvait me deviner à cent lieues de Madrid, arrêté tous
5 les matins sous les fenêtres d'une femme à qui je n'ai jamais parlé, il me prendrait pour un Espagnol du temps d'Isabelle[1]. – Pourquoi non ? Chacun court après le bonheur. Il est pour moi dans le cœur de Rosine. – Mais quoi ! suivre une
10 femme à Séville, quand Madrid et la cour offrent de toutes parts des plaisirs si faciles ? Et c'est cela même que je fuis. Je suis las des conquêtes que l'intérêt, la convenance ou la vanité nous présentent sans cesse. Il est si doux d'être aimé
15 pour soi-même.

BEAUMARCHAIS, *Le Barbier de Séville*, 1775.

1. **Un Espagnol du temps d'Isabelle** : *un homme d'un autre temps.*

2 **1. Identifiez l'auteur et le destinataire du texte suivant. Quelle est la thèse défendue par l'auteur ?**

2. En vous aidant des termes d'articulation logique, retrouvez l'ensemble des arguments mis en œuvre pour convaincre.

De nos jours, le téléphone surmonte l'obstacle de la distance et transmet la parole à travers les pays ou les continents. On continue pourtant de s'écrire, et pas seulement par économie.
5 Plusieurs même, et j'en suis, préfèrent recevoir une lettre plutôt qu'un coup de fil. Pour quelle raison ? Parce que le téléphone est importun[1], indiscret, bavard. Aussi, surtout, parce que des choses ne peuvent être dites que par l'écriture.
10 L'écriture naît de l'impossibilité de la parole, de sa difficulté, de ses limites, de son échec. De ce qu'on ne peut dire, ou qu'on n'ose pas, ou qu'on ne sait pas. Cet impossible qu'on porte en soi. Cet impossible qui est soi. Il y a les lettres
15 qui remplacent la parole, comme un ersatz, un substitut. Puis, celles qui la dépassent, qui touchent par là au silence. Celles-là ne remplacent rien, et sont irremplaçables. Ce dont on ne peut parler, il faut l'écrire.

ANDRÉ COMTE-SPONVILLE, « La correspondance », *Impromptus*, Éd. PUF, 1996.

1. **Importun** : *gênant.*

3 **1. Quel est le thème commun aux documents suivants ? Identifiez à chaque fois l'émetteur, le destinataire et le contexte.**

2. Relevez les arguments utilisés et les valeurs invoquées par chaque auteur pour convaincre.

3. Quels sont, dans chaque texte, les procédés employés pour persuader ?

Texte A

Le monde est ce qu'il est, c'est-à-dire peu de choses. C'est ce que chacun sait depuis hier grâce au formidable concert que la radio, les journaux et les agences d'informations vien-
5 nent de déclencher au sujet de la bombe ato-mique. On nous apprend, en effet, au milieu d'une foule de commentaires enthousiastes, que n'importe quelle ville d'importance moyenne peut être totalement rasée par une bombe de la
10 grosseur d'un ballon de football. Des journaux américains, anglais et français se répandent en dissertations élégantes sur l'avenir, le passé, les inventeurs, le coût, la vocation pacifique et les effets guerriers, les conséquences politiques et
15 même le caractère indépendant de la bombe ato-mique. Nous nous résumerons en une phrase : la civilisation mécanique vient de parvenir à son dernier degré de sauvagerie. Il va falloir choisir, dans un avenir plus ou moins proche, entre le
20 suicide collectif et l'utilisation intelligente des conquêtes scientifiques.

ALBERT CAMUS, article paru dans *Combat*, 8 août 1945.

Texte B

Monsieur le Président
Je vous fais une lettre
Que vous lirez peut-être
Si vous avez le temps

5 Je viens de recevoir
Mes papiers militaires
Pour partir à la guerre
Avant mercredi soir

Monsieur le Président
10 Je ne veux pas la faire
Je ne suis pas sur terre
Pour tuer des pauvres gens

C'est pas pour vous fâcher
Il faut que je vous dise
15 Ma décision est prise
Je m'en vais déserter

Depuis que je suis né
J'ai vu mourir mon père
J'ai vu partir mes frères
20 Et pleurer mes enfants [...]

Si vous me poursuivez
Prévenez vos gendarmes
Que je n'aurai pas d'armes
Et qu'ils pourront tirer

BORIS VIAN, *Le Déserteur*, Éd. Musicales DJANIK, 1954.

4 **1. Sur quel phénomène de société les auteurs invitent-il le lecteur à délibérer ?**

2. Quels points de vue défend chacun des auteurs ?

3. Quels points de vue s'affrontent dans le tex-te A ? Relevez les arguments qui appuient cha-cun de ces points de vue.

Texte A

Les automobilistes aiment à conduire vite et sont tout disposés à croire qu'il s'agit là d'un plaisir innocent. Les constructeurs, relayés par les différentes associations et l'ensemble de la
5 presse spécialisée, ne manquent pas d'argumen-ter contre cette « intolérable brimade[1] ». Mais leurs plaidoyers résistent mal à l'évidence des faits. Comment contester que l'apparition des li-mitations de vitesse a brutalement fait baisser le
10 nombre des morts et que, par conséquent, leur suppression le ferait de nouveau augmenter ? C'est alors que les chantres[2] du 200 kilomètres à l'heure jettent dans la balance l'argument dé-cisif : l'atteinte à la liberté individuelle.

FRANÇOIS DE CLOSETS, *La Grande Manip*, Éd. du Seuil, coll. Points, 1992.

1. Brimade : *punition* – **2. Chantres** : *partisans*.

Texte B

Comment dire ce plaisir géométrique dans un virage où nous passons sur la ligne, l'exacte ligne au-delà de laquelle la voiture deviendrait incontrôlable ? Et comment le sentons-nous, ce
5 point limite d'équilibre de la voiture, de cette voiture précisément à cet endroit précis, si ce n'est par notre corps, qui sent au-dedans la mas-se de la voiture à l'entour ? Et puis, les vitesses qu'on a rétrogradées en vue du virage, pour en-
10 suite les égrener en sens inverse, faire monter le régime, doser au pied la poussée de puissance qu'on sent au dos. Puis la route droite, et l'im-pression de voir, de voir tout, partout, même derrière ce bois le chemin où pourrait débou-

cher l'imprévu et où on prévoit que cette fois-là
il va déboucher, et il débouche en effet.

JEAN-PHILIPPE DOMECQ, *Ce que nous dit la vitesse*,
Éd. Pocket, 1994.

5 **1. Identifiez les interlocuteurs qui apparaissent
✶✶ dans le texte suivant. Quelles sont les thèses en
présence et les valeurs défendues par chaque
personnage ?**

**2. Comment l'opposition des points de vue se
traduit-elle dans le vocabulaire ? Étudiez les
procédés de la persuasion employés.**

HENRIETTE

Et qu'est-ce qu'à mon âge on a de mieux à faire
Que d'attacher à soi, par le titre d'époux,
Un homme qui vous aime et soit aimé de vous,
Et de cette union, de tendresse suivie,
5   Se faire les douceurs d'une innocente vie ?
Ce nœud, bien assorti, n'a-t-il pas des appas ?

ARMANDE

Mon Dieu, que votre esprit est d'un étage bas !
Que vous jouez au monde un petit personnage,
De vous claquemurer aux choses du ménage,
10   Et de n'entrevoir point de plaisirs plus touchants
Qu'une idole d'époux et des marmots d'enfants !
Laissez aux gens grossiers, aux personnes
                                            [vulgaires,
Les bas amusements de ces sortes d'affaires ;
À de plus hauts objets élevez vos désirs,
15   Songez à prendre un goût des plus nobles plaisirs,
Et traitant de mépris les sens et la matière,
À l'esprit, comme nous, donnez-vous tout entière.

MOLIÈRE, *Les Femmes savantes*, Acte I, scène 1, 1672.

ÉTUDIER LES FORMES DE L'ESSAI

6 **1. Résumez le jugement porté par l'auteur du
✶✶ texte suivant sur le roman de Raymond Queneau.
Quels sont ses principaux arguments ?**

**2. Repérez dans le texte les principes de l'es-
sai : implication de l'émetteur, liberté de ton,
humour, complicité avec le lecteur.**

Zazie dans le métro peut être considéré comme
une version « ado » du *Voyage au bout de la nuit*[1],
puisque l'argot, le français parlé, l'orthographe
bousculée, les calembours et abréviations pho-
5   nétiques ne sont pas ses seules armes. La narration réaliste aussi est remise en cause : comme
chez son ami Boris Vian, les personnages de
Queneau semblent sortis d'un rêve, accomplis-
sent des besognes absurdes et ne respectent
10   rien, pas même la crédibilité du récit. Pour faire
genre, on pourrait dire que Queneau est naturaliste dans la forme et antinaturaliste sur le fond,

ce qui peut surprendre de la part d'un membre
éminent de l'Académie Goncourt[2]. [...]
15   Souvent, les grands livres roulent des mécaniques, on a l'impression qu'ils friment en klaxon-
nant : « Attention : chef-d'œuvre ! », alors qu'à
la lecture de *Zazie dans le métro*, tout semble
facile ; l'humour, la tendresse, l'irrespect, le je-
20   m'en-foutisme montrent que parfois un génie
doit savoir cacher son génie pour être un vrai
génie. Il ne s'agit pas de fausse modestie mais de
vraie élégance, car comme dit Queneau : « C'est
en lisant qu'on devient liseron. » Le principal
25   exploit de ce livre ne serait-il pas de prouver
une fois pour toutes qu'on peut très bien concilier l'avant-gardisme avec la rigolade ?

FRÉDÉRIC BEIGBEDER, « Zazie dans le métro de Raymond
Queneau (1959) », *Dernier inventaire avant liquidation*,
Éd. Grasset, 2001.

1. *Voyage au bout de la nuit* : *roman de Louis-Ferdinand Céline* –
2. **Académie Goncourt** : *jury littéraire fondé par Edmond de
Goncourt, écrivain appartenant au mouvement naturaliste.*

7 **1. Relevez les marques de l'essai dans le texte sui-
✶✶ vant : implication de l'émetteur, complicité avec
le lecteur, défense d'un point de vue personnel.**

**2. Comment Montaigne apparaît-il à travers cet
extrait ? Montrez qu'il fait de lui le portrait d'un
homme ordinaire.**

Je ne cherche dans les livres qu'à me donner
du plaisir par un honnête divertissement ; ou, si
j'étudie, je ne cherche que la science qui traite
de la connaissance de moi-même et qui m'ins-
5   truise à bien mourir et à bien vivre.

Has meus ad metas sudet oportet equus[1].

Les difficultés que je rencontre en lisant, je ne
m'en ronge pas les ongles, je les laisse de côté
après leur avoir infligé une ou deux charges.
10   Si j'y prenais racine, j'y perdrais et mon temps
et moi-même : car mon esprit est primesautier[2].
Ce que je ne comprends pas à la première attaque, je le comprends encore moins en m'obs-
tinant. Je ne fais rien sans gaieté ; continuer et
15   persévérer aveuglent mon jugement, l'attristent
et le lassent. Ma vue se brouille et se dissipe. Il
faut que je retire mon attention et l'y remette par
saccades comme, pour juger du lustre d'un drap
d'écarlate[3], on nous invite à y poser les yeux à
20   plusieurs reprises, en le parcourant chaque fois
sous des angles différents.
Si un livre me déplaît, j'en prends un autre ;
et je n'y reviens qu'au moment où l'ennui commence à s'emparer de moi.

MONTAIGNE, « Des livres », *Essais*, 1580,
trad. M. Bresson, Éd. Actes Sud, 1998.

1. *« Voici vers quel but doit courir mon cheval en sueur »
(vers du poète latin Properce)* – 2. **Primesautier** : *vif, léger* –
3. **Écarlate** : *étoffe.*

ANALYSER UNE FABLE

 Vers l'oral

8 1. Retrouvez les différentes étapes du récit dans cette fable.

2. Comment les deux protagonistes apparaissent-ils au lecteur ? Caractérisez-les au moyen de trois adjectifs.

3. La morale de cette fable est implicite. Formulez-la en une phrase.

4. *Travail en groupe.* Présentez oralement l'analyse de cette fable en 10 minutes.

LA JEUNE POULE ET LE VIEUX RENARD

Une poulette, jeune et sans expérience,
    En trottant, cloquetant, grattant,
    Se trouva, je ne sais comment,
Fort loin du poulailler, berceau de son enfance.
5 Elle s'en aperçut qu'il était déjà tard.
Comme elle y retournait, voici qu'un vieux renard
    À ses yeux troublés se présente.
    La pauvre poulette tremblante
    Recommanda son âme à Dieu.
10   Mais le renard, s'approchant d'elle
    Lui dit : « Hélas ! mademoiselle,
    Votre frayeur m'étonne peu ;
    C'est la faute de mes confrères,
Gens de sac et de corde, infâmes ravisseurs,
15   Dont les appétits sanguinaires
    Ont rempli la terre d'horreurs.
Je ne puis les changer, mais du moins je travaille
    À préserver par mes conseils
    L'innocente faible volaille
20   Des attentats de mes pareils.
Je ne me trouve heureux qu'en me rendant utile ;
Et j'allais de ce pas jusques dans votre asile
Pour avertir vos sœurs qu'il court un mauvais bruit,
C'est qu'un renard méchant autant qu'habile
25   Doit vous attaquer cette nuit.
Je viens veiller pour vous. » La crédule innocente
    Vers le poulailler le conduit ;
    À peine est-il dans ce réduit
Qu'il tue, étrangle, égorge, et sa griffe sanglante
30 Entasse les mourants sur la terre étendus,
Comme fit Diomède[1] au quartier de Rhésus.
    Il croqua tout, grandes, petites,
Coqs, poulets et chapons, tout périt sous ses dents.

JEAN-BAPTISTE FLORIAN, *Fables*, 1792.

1. **Diomède** : *héros de la guerre de Troie qui s'empara des chevaux de Rhésus.*

9 1. Associez à chaque récit (liste 1) la moralité qui lui correspond (liste 2).

2. Reformulez en prose chacune des moralités de manière à les actualiser en les adressant à un lecteur contemporain.

Dans Le Labyrinthe de Versailles, *Charles Perrault fait suivre les fables d'Ésope, écrivain de l'Antiquité, d'une moralité en vers qu'il attribue au dieu Amour. Dans les listes qui suivent, les récits d'Ésope sont séparés des moralités imaginées par Perrault.*

LISTE 1 : Les fables d'Ésope

• Un Lièvre s'étant moqué de la lenteur d'une Tortue, de dépit elle le défia à la course. Le Lièvre la voit partir et la laisse si bien avancer, que quelques efforts qu'il fit ensuite, elle toucha le but avant lui.

• Un Paon se plaignait à Junon de n'avoir pas le chant agréable comme le rossignol. Junon lui dit : « Les dieux partagent ainsi leurs dons, il te surpasse en la douceur du chant, tu le surpasses en la beauté du plumage. »

• Un Renard ne pouvant atteindre aux Raisins d'une treille, dit qu'ils n'étaient pas mûrs, et qu'il n'en voulait point.

• Un Loup voulait persuader à un Porc-Épic de se défaire de ses piquants, et qu'il en serait bien plus beau. « Je le crois, dit le Porc-Épic, mais ces piquants servent à me défendre. »

LISTE 2 : Les moralités ajoutées par Perrault

• L'un est bien fait, l'autre est galant
Chacun pour plaire a son talent.

• Jeunes beautés, chacun vous étourdit,
À force de prôner que vous seriez plus belles,
Si vous cessiez d'être cruelles.
Il est vrai, mais souvent c'est un Loup qui le dit.

• Quand d'une charmante beauté,
Un galant fait le dégoûté,
Il a beau dire, il a beau feindre,
C'est qu'il n'y peut atteindre.

• Trop croire en son mérite est manquer de cervelle,
Et pour s'y fier trop maint amant s'est perdu.
    Pour gagner le cœur d'une Belle,
    Rien n'est tel que d'être assidu.

CHARLES PERRAULT, *Le Labyrinthe de Versailles*, 1697.

↓ Vers le commentaire

10 **1. Retrouvez et étudiez l'ensemble des carac-
*** téristiques de la fable dans le texte suivant : un
récit versifié, des personnages allégoriques, une
moralité.**

**2. Rédigez votre réponse sous la forme d'un pa-
ragraphe.**

LE TORRENT ET LA RIVIÈRE

Avec grand bruit et grand fracas
Un Torrent tombait des montagnes :
Tout fuyait devant lui ; l'horreur suivait ses pas ;
    Il faisait trembler les campagnes.
5   Nul voyageur n'osait passer
    Une barrière si puissante :
Un seul vit des voleurs, et se sentant presser,
Il mit entre eux et lui cette onde menaçante.
Ce n'était que menace, et bruit, sans profondeur ;
10   Notre homme enfin n'eut que la peur.
        Ce succès lui donnant courage,
Et les mêmes voleurs le poursuivant toujours,
        Il rencontra sur son passage
        Une Rivière dont le cours,
15 Image d'un sommeil doux, paisible et tranquille
Lui fit croire d'abord ce trajet fort facile.
Point de bords escarpés, un sable pur et net.
        Il entre, et son cheval le met
À couvert des voleurs, mais non de l'onde noire :
20 Tous deux au Styx[1] allèrent boire ;
    Tous deux, à nager malheureux,
Allèrent traverser, au séjour ténébreux,
    Bien d'autres fleuves que les nôtres.
    Les gens sans bruit sont dangereux ;
25 Il n'en est pas ainsi des autres.

JEAN DE LA FONTAINE, *Fables*, 1678.

1. **Styx** : *fleuve des Enfers.*

ÉTUDIER LE CONTE PHILOSOPHIQUE

11 **1. Analysez ces deux textes en montrant qu'ils
*** constituent le début et la fin d'un conte philosophique. Étudiez :**
– le nom des personnages et le titre du conte ;
– la construction du récit ;
– l'ironie de Voltaire ;
**– la réflexion sur le monde et les valeurs de la
société.**

**2. Montrez que le conte philosophique est une
forme d'argumentation indirecte qui permet la
diffusion d'idées nouvelles. Rédigez votre réponse en utilisant le plan suivant :**
– le récit de la formation d'un personnage ;
– une satire de la société.

TEXTE A - LE DÉBUT DU CONTE PHILOSOPHIQUE

Il y avait en Westphalie, dans le château de
M. le baron de Thunder-ten-tronckh, un jeune
garçon à qui la nature avait donné les mœurs
les plus douces. Sa physionomie annonçait son
5 âme. Il avait le jugement assez droit, avec l'esprit
le plus simple ; c'est, je crois, pour cette raison
qu'on le nommait Candide. Les anciens domestiques de la maison soupçonnaient qu'il était fils
de la sœur de monsieur le baron et d'un bon et
10 honnête gentilhomme du voisinage, que cette
demoiselle ne voulut jamais épouser parce qu'il
n'avait pu prouver que soixante et onze quartiers[1], et que le reste de son arbre généalogique
avait été perdu par l'injure du temps.

15   Monsieur le baron était un des plus puissants
seigneurs de la Westphalie, car son château avait
une porte et des fenêtres. Sa grande salle même
était ornée d'une tapisserie. Tous les chiens de
ses basses-cours composaient une meute dans
20 le besoin ; ses palefreniers étaient ses piqueurs ;
le vicaire du village était son grand aumônier.
Ils l'appelaient tous monseigneur, et ils riaient
quand il faisait des contes.

    Madame la baronne, qui pesait environ trois
25 cent cinquante livres, s'attirait par là une très
grande considération, et faisait les honneurs de
la maison avec une dignité qui la rendait encore plus respectable. Sa fille Cunégonde, âgée
de dix-sept ans, était haute en couleur, fraîche,
30 grasse, appétissante. Le fils du baron paraissait
en tout digne de son père. Le précepteur Pangloss était l'oracle de la maison, et le petit Candide écoutait ses leçons avec toute la bonne foi
de son âge et de son caractère.

35   Pangloss enseignait la métaphysico-théologo-
cosmolonigologie. Il prouvait admirablement
qu'il n'y a point d'effet sans cause, et que, dans
ce meilleur des mondes possibles, le château
de monseigneur le baron était le plus beau des
40 châteaux et madame la meilleure des baronnes
possibles.

    « Il est démontré, disait-il, que les choses ne
peuvent être autrement : car, tout étant fait pour
une fin, tout est nécessairement pour la meilleure
45 fin. Remarquez bien que les nez ont été faits
pour porter des lunettes, aussi avons-nous des
lunettes. Les jambes sont visiblement instituées
pour être chaussées, et nous avons des chausses.
Les pierres ont été formées pour être taillées, et
50 pour en faire des châteaux, aussi monseigneur a
un très beau château ; le plus grand baron de la
province doit être le mieux logé ; et, les cochons
étant faits pour être mangés, nous mangeons du
porc toute l'année : par conséquent, ceux qui

55 ont avancé que tout est bien ont dit une sottise ;
il fallait dire que tout est au mieux. »

Candide écoutait attentivement, et croyait
innocemment ; car il trouvait Mlle Cunégonde
extrêmement belle, quoiqu'il ne prît jamais
60 la hardiesse de le lui dire. Il concluait qu'après
le bonheur d'être né baron de Thunder-ten-
tronckh, le second degré de bonheur était d'être
Mlle Cunégonde ; le troisième, de la voir tous
les jours ; et le quatrième, d'entendre maître
65 Pangloss, le plus grand philosophe de la province, et par conséquent de toute la terre.

Un jour, Cunégonde, en se promenant auprès
du château, dans le petit bois qu'on appelait
parc, vit entre des broussailles le docteur Pan-
70 gloss qui donnait une leçon de physique expé-
rimentale à la femme de chambre de sa mère,
petite brune très jolie et très docile. Comme
Mlle Cunégonde avait beaucoup de dispositions
pour les sciences, elle observa, sans souffler, les
75 expériences réitérées dont elle fut témoin ; elle
vit clairement la raison suffisante du docteur,
les effets et les causes, et s'en retourna tout agi-
tée, toute pensive, toute remplie du désir d'être
savante, songeant qu'elle pourrait bien être la
80 raison suffisante du jeune Candide, qui pouvait
aussi être la sienne.

Elle rencontra Candide en revenant au château, et rougit ; Candide rougit aussi ; elle lui
dit bonjour d'une voix entrecoupée, et Candide
85 lui parla sans savoir ce qu'il disait. Le lendemain après le dîner, comme on sortait de table,
Cunégonde et Candide se trouvèrent derrière
un paravent ; Cunégonde laissa tomber son
mouchoir, Candide le ramassa, elle lui prit
90 innocemment la main, le jeune homme baisa
innocemment la main de la jeune demoiselle
avec une vivacité, une sensibilité, une grâce toute
particulière ; leurs bouches se rencontrèrent,
leurs yeux s'enflammèrent, leurs genoux trem-
95 blèrent, leurs mains s'égarèrent. M. le baron de
Thunder-ten-tronckh passa auprès du paravent,
et voyant cette cause et cet effet, chassa Candide
du château à grands coups de pied dans le derrière ; Cunégonde s'évanouit ; elle fut soufflétée
100 par madame la baronne dès qu'elle fut revenue
à elle-même ; et tout fut consterné dans le plus
beau et le plus agréable des châteaux possibles.

VOLTAIRE, *Candide ou l'optimisme*, 1759.

1. **Quartiers** : *degrés de descendance dans une famille noble.*

Candide chassé du château par le baron
de Thunder-ten-tronckh.

TEXTE B - LA FIN DU CONTE PHILOSOPHIQUE

– Travaillons sans raisonner, dit Martin ; c'est
le seul moyen de rendre la vie supportable.

Toute la petite société entra dans ce louable
dessein ; chacun se mit à exercer ses talents. La
5 petite terre rapporta beaucoup. Cunégonde était
à la vérité bien laide[1] ; mais elle devint une ex-
cellente pâtissière ; Paquette broda ; la vieille
eut soin du linge. Il n'y eut pas jusqu'à frère Gi-
roflée qui ne rendît service ; il fut un très bon
10 menuisier, et même devint honnête homme ; et
Pangloss disait quelquefois à Candide : « Tous
les événements sont enchaînés dans le meilleur
des mondes possibles ; car enfin, si vous n'aviez
pas été chassé d'un beau château à grands coups
15 de pied dans le derrière pour l'amour de Mlle
Cunégonde, si vous n'aviez pas été mis à l'In-
quisition, si vous n'aviez pas couru l'Amérique
à pied, si vous n'aviez pas donné un bon coup
d'épée au baron, si vous n'aviez pas perdu tous
20 vos moutons du bon pays d'Eldorado, vous ne
mangeriez pas ici des cédrats confits et des pis-
taches. – Cela est bien dit, répondit Candide,
mais il faut cultiver notre jardin. »

VOLTAIRE, *Candide ou l'optimisme*, 1759.

1. **Bien laide** : *Cunégonde a perdu sa beauté au cours de ses
nombreuses mésaventures.*

Vers le sujet d'invention

LECTURE
1. Quel est l'enjeu de cette argumentation : convaincre, persuader ou délibérer ?
2. Robinson oppose deux thèses. Reformulez-les.
3. Quelle est la fonction du dernier paragraphe ?

ÉCRITURE
Sur le modèle du texte de Daniel Defoe, vous établissez un bilan délibératif sur le thème de la télévision, ses qualités et ses défauts.

Comme ma raison commençait alors à me rendre maître de mon découragement, j'essayais de me consoler moi-même du mieux que je pouvais, en confrontant mes biens et mes maux, afin que je puisse bien me convaincre que mon sort n'était pas le pire ; et, comme débiteur et créancier, j'établis, ainsi qu'il suit, un compte très fidèle de mes jouissances en regard des misères que je souffrais :

LE MAL	LE BIEN
– Je suis jeté sur une île horrible et désolée, sans aucun espoir de délivrance.	– Mais je suis vivant ; mais je n'ai pas été noyé comme l'ont été tous mes compagnons de voyage.
– Je suis écarté et séparé, en quelque sorte, du monde entier pour être misérable.	– Mais j'ai été séparé du reste de l'équipage pour être préservé de la mort ; et Celui[1] qui m'a miraculeusement sauvé de la mort peut aussi me délivrer de cette condition.
– Je suis retranché du nombre des hommes ; je suis un solitaire, un banni de la société humaine.	– Mais je ne suis point mourant de faim et expirant sur une terre stérile qui ne produise pas de nourriture.
– Je n'ai point de vêtements pour me couvrir. – Je suis sans aucune défense, et sans moyen de résister à aucune attaque d'hommes ou de bêtes.	– Mais je suis dans un climat chaud, où, si j'avais des vêtements, je pourrais à peine les porter. – Mais j'ai échoué sur une île où je ne vois nulle bête féroce qui puisse me nuire, comme j'en ai vu sur la côte d'Afrique et que serais-je si j'y avais naufragé ?
– Je n'ai pas une seule âme à qui parler, ou qui puisse me consoler.	– Mais Dieu, par un prodige, a envoyé le vaisseau assez près du rivage pour que je puisse en tirer tout ce qui m'est nécessaire pour suppléer à mes besoins ou me rendre capable d'y suppléer moi-même autant que je vivrai.

En somme, il en résultait ce témoignage indiscutable, que, dans le monde, il n'est point de condition si misérable où il n'y ait quelque chose de positif ou de négatif dont on doive être reconnaissant. Que ceci demeure donc comme une leçon tirée de la plus affreuse de toutes les conditions humaines, qu'il est toujours en notre pouvoir de trouver quelques consolations qui peuvent être placées dans notre bilan des biens et des maux au crédit de ce compte.

DANIEL DEFOE, *Robinson Crusoé*, trad. de P. Borel, 1719.

1. **Celui** : *Dieu.*

SÉRIES GÉNÉRALES

TEXTES DU CORPUS

Texte A : Jean-Jacques Rousseau, *Émile ou De l'éducation*, 1762.
Texte B : Daniel Pennac, *Comme un roman*, Éd. Gallimard, 1992.
Texte C : Philippe Delerm (contemporain), *La Première Gorgée de bière et autres plaisirs minuscules*, Éd. Gallimard, 1997.

OBJET D'ÉTUDE

✦ **L'argumentation : convaincre, persuader et délibérer**

Texte A

Je hais les livres ; ils n'apprennent qu'à parler de ce qu'on ne sait pas. On dit qu'Hermès[1] grava sur des colonnes les éléments des sciences, pour mettre ses découvertes à l'abri d'un déluge. S'il les eût bien imprimées dans la tête des hommes, elles s'y seraient conservées par tradition. Des cerveaux bien
5 préparés sont les monuments où se gravent le plus sûrement les connaissances humaines. N'y aurait-il point moyen de rapprocher tant de leçons éparses dans tant de livres, de les réunir sous un objet commun qui pût être facile à voir, intéressant à suivre, et qui pût servir de stimulant, même à cet âge[2] ? Si l'on peut inventer une situation où tous les besoins naturels de l'homme se
10 montrent d'une manière sensible à l'esprit d'un enfant, et où les moyens de pourvoir à ces mêmes besoins se développent successivement avec la même facilité, c'est par la peinture vive et naïve de cet état qu'il faut donner le premier exercice à son imagination.

JEAN-JACQUES ROUSSEAU, *Émile ou De l'éducation*, 1762.

1. Hermès : *dieu de l'Éloquence dans l'Antiquité grecque* – 2. À cet âge : *Émile est un jeune enfant.*

Texte B

Nous sommes entourés de quantité de personnes tout à fait respectables, quelquefois diplômées, parfois « éminentes » – dont certaines possèdent même de fort jolies bibliothèques – mais qui ne lisent pas, ou si peu que l'idée ne nous viendrait jamais de leur offrir un livre. Elles ne lisent pas. Soit qu'elles n'en
5 éprouvent pas le besoin, soit qu'elles aient trop à faire par ailleurs (mais cela revient au même, c'est que cet ailleurs-là les comble ou les obnubile), soit qu'elles nourrissent un autre amour et le vivent d'une façon totalement exclusive. Bref, ces gens-là *n'aiment pas* lire. Ils n'en sont pas moins fréquentables, voire délicieux à fréquenter. (Du moins ne nous demandent-ils pas à tout bout de champ
10 notre opinion sur le dernier bouquin que nous avons lu, nous épargnent-ils leurs réserves ironiques sur notre romancier préféré et ne nous considèrent-ils pas comme des demeurés pour ne pas nous être précipités sur le dernier Untel, qui vient de sortir chez Machin et dont le critique Duchmole a dit le plus grand bien). Ils sont tout aussi « humains » que nous, parfaitement sensibles aux mal-
15 heurs du monde, soucieux des « droits de l'Homme » et attachés à les respecter dans leur sphère d'influence personnelle, ce qui est déjà beaucoup – mais voilà, ils ne lisent pas. Libre à eux.

DANIEL PENNAC, *Comme un roman*, Éd. Gallimard, 1992.

Texte C

Pas si facile, de lire sur la plage. Allongé sur le dos, c'est presque impossible. Le soleil éblouit, il faut tenir à bout de bras le livre au-dessus du visage. C'est bon quelques minutes, et puis on se retourne. Sur le côté, appuyé sur un coude, la main posée contre la tempe, l'autre main tenant le livre ouvert et tournant les pa-
5 ges, c'est assez inconfortable aussi. Alors on finit sur le ventre, les deux bras repliés devant soi. Au ras du sol, il y a toujours un peu de vent. Les petits cristaux micacés s'insinuent dans la reliure. Sur le papier grisâtre et léger des livres de poche, les grains de sable s'amassent, perdent leur éclat, se font oublier – c'est juste un poids supplémentaire qu'on disperse négligemment au bout de quelques pages. Mais sur
10 le papier lourd, grenu et blanc des éditions d'origine, le sable s'insinue. Il se diffuse sur les aspérités crémeuses, et brille çà et là. C'est une ponctuation supplémentaire, un autre espace ouvert.

Le sujet du livre compte aussi. On tire de belles satisfactions à jouer sur le contraste. Lire un passage du *Journal* de Léautaud où il vilipende précisément les
15 corps amassés sur les plages de Bretagne. Lire *À l'ombre des jeunes filles en fleurs*, et renouer avec un monde balnéaire de canotiers, d'ombrelles, et de saluts distillés à l'ancienne. Plonger sous le soleil dans le malheur pluvieux d'Olivier Twist. Chevaucher à la d'Artagnan dans l'immobilité pesante de juillet.

Mais travailler « dans la couleur » est bon aussi : étirer à l'infini *Le Désert* de
20 Le Clézio dans son propre désert ; et dans les pages alors le sable dispersé prend des secrets de Touareg, des ombres lentes et bleues.

À lire trop longtemps les bras étalés devant soi, le menton s'enfonce, la bouche boit la plage, alors on se redresse, bras croisés contre la poitrine, une seule main glissée à intervalles pour tourner les pages et les marquer. C'est une position
25 adolescente, pourquoi ? Elle tire la lecture vers une ampleur un rien mélancolique. Toutes ces positions successives, ces essais, ces lassitudes, ces voluptés irrégulières, c'est la lecture sur la plage. On a la sensation de lire avec le corps.

PHILIPPE DELERM, *La Première Gorgée de bière et autres plaisirs minuscules*,
Éd. Gallimard, 1997.

ÉCRITURE

4 points → **I. Vous répondrez d'abord à la question suivante.**

Quelle conception du livre et de la lecture chacun des auteurs de ces trois textes défend-il ?

16 points → **II. Vous traiterez ensuite un de ces sujets au choix.**

1. Commentaire
Vous ferez le commentaire du texte de Philippe Delerm (texte C).

2. Dissertation
« Je hais les livres ; ils n'apprennent qu'à parler de ce qu'on ne sait pas », écrit Jean-Jacques Rousseau dans son essai sur l'éducation, l'*Émile*. Vous discuterez ce point de vue en prenant appui sur les textes du corpus, sur les livres que vous avez lus et sur votre conception de la lecture.

3. Invention
Dans un article publié sur le site Internet de votre lycée, vous défendez l'importance de la lecture, en évoquant les œuvres qui vous ont marqué.

Un mouvement littéraire et culturel français et européen du XVIᵉ au XVIIIᵉ siècle

À chaque époque se développe un mouvement qui renouvelle les conceptions de l'homme, de l'art et de la société. Il regroupe des artistes et des écrivains qui partagent les mêmes valeurs. Leurs œuvres répondent ainsi à des règles et des principes partagés. Comment l'humanisme s'impose-t-il comme un véritable mouvement littéraire et culturel ?

Document iconographique

La renaissance de l'homme

JACOPO DE BARBARI (1440-1515), *Portrait de Juca Pacioli*, moine mathématicien italien proche de Léonard de Vinci, 1495.

Texte **A**

Les plaisirs de l'esprit et du corps

$\mathbf{A}$u début du repas, on lisait quelque plaisante histoire des gestes[1] anciennes, jusqu'à ce qu'il eût pris son vin.

Alors, si on le jugeait bon, on poursuivait la lecture, ou ils commençaient à deviser[2] ensemble, joyeusement, parlant pendant les pre-
5 miers mois des vertus et propriétés, de l'efficacité et de la nature, de tout ce qui leur était servi à table : du pain, du vin, de l'eau, du sel, des viandes, des poissons, des fruits, des herbes, des racines et de leur préparation. (…) Gargantua retint si bien et si intégralement les propos tenus qu'il n'y avait pas alors un seul médecin qui sût la moitié de ce
10 qu'il avait retenu.

Après, ils parlaient des leçons lues dans la matinée et, terminant le repas par quelque confiture de coings, il se curait les dents avec un brin

de lentisque[3], se lavait les mains et les yeux de belle eau fraîche, et tous rendaient grâce à Dieu par quelques beaux cantiques à la louange de la
15 munificence[4] et de la bonté divines. Sur ce, on apportait des cartes, non pas pour jouer, mais pour apprendre mille petits amusements et inventions nouvelles qui relevaient tous de l'arithmétique.

FRANÇOIS RABELAIS, *Garguantua*, 1534, trad. de G. Demerson, Éd. du Seuil, 1995.

1. Histoire des gestes : *prouesses de chevaleries* – 2. Deviser : *bavarder, discuter* – 3. Lentisque : *arbuste de Provence ou d'Italie* – 4. Munificence : *grandeur*.

Texte **B**

Le rayonnement de l'humanisme

Ces humanistes connaissent une double joie en réalité : celle de découvrir, de comprendre, d'accumuler, mais aussi de partager les découvertes, en publiant, en offrant aux amis un Polybe ou un Tacite[1]. Les savants qui entouraient Charles V et accueillaient Pétrarque n'ont
5 pu connaître les mêmes accents triomphants, que nous comprenons si bien en parcourant la très longue liste des éditions, des rééditions, que ces érudits, maîtres du Collège de France, et ces libraires actifs que sont les Gryphe et les Estienne[2] ne cessent d'offrir à leurs compagnons, et à ce public plus large de robins[3], d'évêques et de moines, qui se
10 rassemblent ici et là, à Meaux et à Fontenay-le-Comte, à Lyon surtout autour de Champier, pour lire, confronter, commenter : cet enthousiasme humaniste n'est pas le fait d'une douzaine de savants ; il touche un plus large public, qui connaît Érasme, ce grand maître, comme Budé et Briçonnet[4]. Longue cohorte en fait, où se recrutent dans les années
15 1540 la deuxième génération, celle qui a grandi, a choisi son style et son ouvrage sous la menace des bûchers et des poursuites : celle des Scève et Louise Labé, de Ronsard (né en 1524) et la Pléiade, celle du bon Montaigne qui « resve, enregistre et dicte » avec, à portée de main, « tous ses livres, rangez à cinq degrez[5] tout à l'environ », butinant le
20 travail de ses devanciers ; la génération qui publie tant de chants élégiaques, mais aussi la *Défense et Illustration de la langue française* (1549) et les *Essais* (1580).

GEORGES DUBY et ROBERT MANDROU, *Histoire de la civilisation française*, Éd. Armand Colin, 1968.

1. Polybe et Tacite : *historiens de l'Antiquité* – 2. Gryphe et Estienne : *imprimeurs célèbres* – 3. Robins : *ecclésiastiques* – 4. Érasme, Budé et Briçonnet : *lettrés, traducteurs de l'Évangile et des textes de l'Antiquité* – 5. Degrez : *rayons de la bibliothèque*.

1 L'INSCRIPTION DU MOUVEMENT DANS UN CONTEXTE

1 ▷ En quoi le contexte historique contribue-t-il, d'après le texte B, au développement de l'humanisme ? Pourquoi peut-on dire qu'il s'agit d'un mouvement culturel ?

2 L'UNITÉ ET LE RAYONNEMENT DU MOUVEMENT

2 ▷ Quelles sont les valeurs défendues par le texte A ? Sous quelle forme les retrouve-t-on dans le tableau et dans le texte B ?

3 ▷ En vous appuyant sur le titre du tableau, dites en quoi le peintre exprime sa vision de la Renaissance. Comment les détails de la toile célèbrent-ils un état d'esprit nouveau ?

3 L'EXPRESSION DU MOUVEMENT EN LITTÉRATURE

4 ▷ Repérez dans le texte B quelques-uns des écrivains majeurs qui se sont imposés comme les chefs de file de l'humanisme. Retrouvez le titre d'un manifeste et celui d'une œuvre fondamentale.

21

Pour étudier un mouvement littéraire et culturel, il est nécessaire de tenir compte des contextes dans lesquels il se développe. Chaque mouvement défend en effet une vision nouvelle du monde en s'appuyant sur les sciences, les techniques et les créations artistiques.

Du XVIᵉ au XVIIIᵉ siècle se sont ainsi succédé l'humanisme, le baroque, le classicisme et les Lumières.

1 L'INSCRIPTION DU MOUVEMENT DANS UN CONTEXTE

1. Le contexte historique et social

L'apparition du mouvement culturel se définit en fonction de l'état du pouvoir religieux et politique, des périodes de guerre ou de paix, des mentalités et des rapports sociaux. Il peut ainsi correspondre à un sentiment d'angoisse collective devant les malheurs et les incertitudes du temps, ou, au contraire, affirmer des principes d'ordre et d'équilibre quand le rôle de l'État est assuré.

> À la suite des guerres d'Italie, François Iᵉʳ attire des artistes italiens qui, au sein d'une cour brillante et raffinée, répandent les valeurs de l'humanisme.

2. Le contexte scientifique

L'ampleur et la portée du mouvement culturel sont déterminées par les grandes découvertes, qui renouvellent la connaissance du monde et de l'homme. Les savants, les écrivains, les philosophes tirent les conséquences de ces découvertes qui remettent en cause les formes de pensée du monde médiéval, renversent les préjugés, et contestent l'enseignement de l'Église.

> L'invention de l'imprimerie (1455), la découverte de l'Amérique par Christophe Colomb (1492) ou les travaux de Copernic sur le mouvement des planètes (1543) contribuent à faire sortir l'Europe du Moyen Âge.

3. Le contexte économique

Le développement du mouvement dépend des circonstances économiques : richesse ou crise, abondance ou famine marquent la perception du monde qui est à l'origine du mouvement. Les périodes de croissance démographique et de prospérité facilitent la circulation des œuvres et des idées à travers l'Europe.

2 L'UNITÉ ET LE RAYONNEMENT DU MOUVEMENT

Du XVIᵉ au XVIIIᵉ siècle, chaque mouvement littéraire et culturel a étendu son rayonnement à travers l'Europe en partageant des valeurs et des règles communes.

1. Des valeurs partagées

Chaque mouvement culturel a défendu et illustré une nouvelle conception de l'homme, fondée sur la reconnaissance et le partage de valeurs fondamentales. L'art témoigne et exprime ce renouvellement des valeurs qui contribue à la transformation des mœurs et de la société.

Au XVIIIe siècle, les Lumières combattent le fanatisme et le despotisme au nom de la raison, de la tolérance et de la liberté de l'esprit critique.

■ 2. Des règles esthétiques communes

Chaque mouvement culturel s'est caractérisé par des principes esthétiques communs partagés par tous les artistes. Les écrivains, les peintres, les musiciens, les architectes, chacun dans son domaine, appliquent ces règles et assurent ainsi le rayonnement du mouvement culturel.

③ L'EXPRESSION DU MOUVEMENT EN LITTÉRATURE

Contribuant de façon déterminante au mouvement culturel général, le mouvement littéraire s'exprime à travers des formes qui lui sont propres.

■ 1. Un chef de file, un manifeste et des œuvres dominantes

Tout mouvement littéraire se reconnaît un ou plusieurs chefs de file, dont l'autorité est incontestée. L'influence exercée par ses œuvres ou par le manifeste qu'il rédige marque ainsi une génération d'écrivains qui s'engage à ses côtés pour défendre les mêmes idées.

En 1674, l'*Art poétique* de Boileau fixe les principes du classicisme.

■ 2. Des genres, des thèmes et des procédés communs

Les écrivains d'un mouvement ont recours aux genres littéraires et aux procédés d'écriture qui favorisent l'expression des principes esthétiques et des valeurs auxquels ils adhèrent. Tous les mouvements développent et exploitent des thèmes privilégiés qui se retrouvent à travers la diversité des œuvres.

L'enchevêtrement des intrigues dans l'écriture romanesque, l'utilisation des ressorts de l'illusion théâtrale et les images du monde renversé dans la poésie caractérisent le baroque.

Les grandes dates de l'histoire littéraire

De l'humanisme aux Lumières

XVe siècle Le retour de la paix et la fin des grandes épidémies favorisent un important mouvement culturel : l'humanisme. La relecture des textes de l'Antiquité, le développement de l'imprimerie, les voyages et les grandes découvertes remettent l'homme au centre de l'univers.

XVIe siècle De 1562 à 1598, les guerres de religion qui opposent catholiques et protestants à travers l'Europe font succéder à l'optimisme de la Renaissance une vision plus tragique de l'existence. Une sensibilité nouvelle se développe à travers les jeux de l'illusion du baroque, qui suscitent l'étonnement, l'émerveillement et la peur.

XVIIe siècle Le règne de Louis XIV impose l'autorité d'un monarque absolu. Développant les valeurs de l'intelligence, de l'ordre, de la raison et de l'équilibre, le classicisme devient la base d'un art officiel qui s'oppose au vertige du baroque.

XVIIIe siècle Les nouvelles découvertes dans le domaine de l'Histoire, de la physique et des mathématiques favorisent le développement de l'esprit critique. Les écrivains s'engagent au service de la raison pour combattre les préjugés. Ils contestent l'autorité religieuse et politique et préparent ainsi, à travers la circulation des idées et l'exaltation de la liberté, la Révolution française.

ÉTUDIER L'INSCRIPTION DU MOUVEMENT DANS UN CONTEXTE

1 **1. Dans *Les Tragiques*, Agrippa d'Aubigné défend
✱✱ la cause des protestants au moment des guerres de religion. Par quelle image le conflit est-il représenté dans le poème ?**

2. Montrez que le texte est construit sur l'opposition systématique des deux frères. Relevez des exemples d'antithèses.

3. Le baroque amplifie les images pour créer un effet de démesure. Comment l'horreur de la guerre est-elle exprimée par l'auteur ?

Ainsi Abel[1] offrait en pure conscience
Sacrifices à Dieu, Caïn offrait aussi :
L'un offrait un cœur doux, l'autre un cœur endurci,
L'un fut au gré de Dieu, l'autre non agréable.
5 Caïn grinça les dents, pâlit, épouvantable,
Il massacra son frère et de cet agneau doux
Il fit un sacrifice à son amer courroux.
Le sang fuit de son front, et honteux se retire
Sentant son frère sang[2] que l'aveugle main tire[3] ;
10 Mais quand le coup fut fait, sa première pâleur
Au prix de la seconde était vive couleur ;
Ses cheveux vers le ciel hérissés en furie,
Le grincement des dents en sa bouche flétrie,
L'œil sourcillant de peur découvrait son ennui[4].
15 Il avait peur de tout, tout avait peur de lui.

AGRIPPA D'AUBIGNÉ, « Vengeances », *Les Tragiques*, 1616.

1. **Abel** : *dans la Bible, le meurtre d'Abel par son frère Caïn* –
2. **Son frère sang** : *le sang fraternel* – 3. **Tire** : *verse* –
4. **Ennui** : *tourment*.

 Vers l'oral

2 **1. Repérez quels sont, aux yeux du philosophe,
✱✱ les bénéfices que la société peut tirer du voyage de Bougainville.**

2. Relevez dans le texte les termes qui renvoient au lexique des Lumières. Quelles sont, d'après ce portrait du navigateur, les qualités essentielles de l'homme des Lumières ?

3. *Travail en binôme.* Répondez à la question suivante : en quoi le dialogue philosophique permet-il l'expression des idées nouvelles ?

A – Que pensez-vous de son *Voyage*[1] ?
B – Autant que j'en puisse juger sur une lecture assez superficielle, j'en rapporterais l'avantage à trois points principaux. Une meilleure reconnais-
5 sance de notre vieux domicile et de ses habitants ; plus de sureté sur des mers qu'il a parcourues la sonde à la main ; et plus de correction dans nos cartes géographiques. Bougainville est parti avec

les lumières nécessaires et les qualités propres à
10 ses vues : de la philosophie, du courage, de la véracité, un coup d'œil prompt qui saisit les choses et abrège le temps des observations ; de la circonspection, de la patience, le désir de voir, de s'éclairer et d'instruire, la science du calcul, des
15 mécaniques, de la géométrie, de l'astronomie, et une teinture suffisante d'histoire naturelle.
A – Et son style ?
B – Sans apprêt, le ton de la chose ; de la simplicité et de la clarté, surtout quand on possède
20 la langue des marins.

DENIS DIDEROT, *Supplément au Voyage de Bougainville*, 1773.

1. *Voyage* : *le voyage de Bougainville autour du monde (1766-1769), dont la relation est publiée en 1771.*

ANALYSER LES VALEURS D'UN MOUVEMENT

3 **1. Quelle est l'idée défendue par chaque
✱✱ texte ?**

2. Expliquez comment Montaigne défend dans ses *Essais* les valeurs de l'humanisme.

TEXTE A

Quand j'ai été ailleurs qu'en France et que, pour me faire courtoisie, on m'a demandé si je voulais être servi à la française, je m'en suis moqué et me suis toujours jeté aux tables les plus épaisses
5 d'étrangers.
J'ai honte de voir nos hommes[1] enivrés de cette sotte humeur de s'effaroucher des formes contraires aux leurs ; il leur semble être hors de leur élément quand ils sont hors de leur village. Où qu'ils
10 aillent, ils se tiennent à leurs façons et abominent les étrangères. Retrouvent-ils un compatriote en Hongrie, ils festoient cette aventure : les voilà à se rallier et à se recoudre ensemble, à condamner tant de mœurs barbares qu'ils voient. Pourquoi
15 non barbares, puisqu'elles ne sont françaises ?

MONTAIGNE, *Essais*, 1580-1592.

1. **Nos hommes** : *les Français.*

TEXTE B

Dans ses Essais, Montaigne dénonce le pillage des richesses et l'asservissement des populations qu'a entraînés la découverte de l'Amérique en 1493.

Au rebours, nous nous sommes servis de leur ignorance et inexpérience à les plier plus facilement vers la trahison, luxure, avarice et vers toutes sortes d'inhumanité et de cruauté à l'exemple

5 et patron[1] de nos mœurs. Qui mit jamais à tel prix le service de la mercadence[2] et du trafic ? Tant de villes rasées, tant de nations exterminées, tant de millions de peuples passés au fil de l'épée, et la plus riche et belle partie du monde

10 bouleversée pour la négociation des perles et du poivre ! mécaniques victoires. Jamais l'ambition, jamais les inimitiés[3] publiques ne poussèrent les hommes les uns contre les autres à si horribles hostilités et calamités si misérables.

MONTAIGNE, *Essais*, 1580-1592.

1. **Patron** : *modèle* – 2. **Mercadence** : *commerce* – 3. **Inimitiés** : *haines*.

IDENTIFIER DES RÈGLES ESTHÉTIQUES COMMUNES

4
★★★

1. Le baroque multiplie les effets de renversement pour provoquer chez le lecteur une sensation de vertige. Repérez les indices qui, dans chaque texte, renvoient à cette esthétique du renversement.

2. Relevez et analysez un exemple des figures de l'amplification suivantes : l'hyperbole, l'antithèse, l'énumération.

3. Montrez comment les écrivains baroques manifestent, à travers le jeu des images et des renversements, leur humour et leur imagination.

TEXTE A

Un corbeau devant moi croasse,
Une ombre offusque mes regards,
Deux belettes et deux renards
Traversent l'endroit où je passe,

5 Les pieds faillent[1] à mon cheval,
Mon laquais tombe du haut mal[2],
J'entends craqueter le tonnerre,
Un esprit se présente à moi,
J'ois[3] Charon[4] qui m'appelle à soi,

10 Je vois le centre de la terre.

Ce ruisseau remonte en sa source,
Un bœuf gravit sur un clocher,
Le sang coule de ce rocher,
Un aspic[5] s'accouple d'une ourse,

15 Sur le haut d'une vieille tour
Un serpent déchire un vautour,
Le feu brûle dedans la glace,
Le soleil est devenu noir,
Je vois la lune qui va choir,

20 Cet arbre est sorti de sa place.

THÉOPHILE DE VIAU, *Œuvres*, 1621.

1. **Faillent** : *se dérobent* – 2. **Haut mal** : *épilepsie* – 3. **J'ois** : *j'entends* – 4. **Charon** : *le portier des Enfers dans la mythologie grecque* – 5. **Aspic** : *serpent venimeux*.

TEXTE B

Vincent Voiture, poète précieux, écrit des lettres qui sont lues dans les salons. Il raconte ici comment il a été condamné, par jeu, à être « berné », c'est-à-dire secoué dans une couverture tendue par quatre personnes.

J'eus beau crier et me défendre ; la couverture fut apportée et quatre des plus forts hommes du monde furent choisis pour cela. Ce que je puis dire, Mademoiselle, c'est que jamais personne

5 ne fut si haut que moi et que je ne croyais pas que la fortune me dût jamais tant élever. À tous coups ils me perdaient de vue et m'envoyaient plus haut que les aigles ne peuvent monter. Je vis les montagnes abaissées au-dessous de moi ; je

10 vis les vents et les nuées cheminer dessous mes pieds ; je découvris des pays que je n'avais jamais vus et des mers que je n'avais point imaginées. Il n'y a rien de plus divertissant que de voir tant de choses à la fois et de découvrir d'une seule

15 vue la moitié de la terre. Mais je vous assure, Mademoiselle, que l'on ne voit tout cela qu'avec inquiétude, lorsque l'on est en l'air et qu'on est assuré d'aller retomber. Une des choses qui m'effrayaient autant était que, lorsque j'étais bien

20 haut et que je regardais en bas, la couverture me paraissait si petite qu'il me semblait impossible que je retombasse dedans, et je vous avoue que cela me donnait quelque émotion.

VINCENT VOITURE, « Lettres », *Œuvres*, posth. 1649.

TEXTE C

Dans son roman, Histoire comique des États et Empires de la Lune et du Soleil, *Cyrano de Bergerac raconte comment, grâce à une machine de son invention, il arrive sur la lune où il rencontre le prophète Élie.*

Cette terre-ci est la lune que vous voyez de votre globe ; et ce lieu-ci où vous marchez est le paradis terrestre où n'ont jamais entré que six personnes : Adam, Ève, Énoch, moi qui suis le vieil

5 Élie, saint Jean l'Évangéliste, et vous. Vous savez bien comment les deux premiers en furent bannis, mais vous ne savez pas comment ils arrivèrent en votre monde. Sachez donc qu'après avoir tâté tous deux de la pomme défendue, Adam,

10 qui craignait que Dieu, irrité par sa présence, ne rengrégeât[1] sa punition, considéra la lune, votre terre, comme le seul refuge où il se pouvait mettre à l'abri des poursuites de son Créateur.

SAVINIEN CYRANO DE BERGERAC, *Histoire comique des États et Empires de la Lune et du Soleil*, posth. 1657.

1. **Rengréger** : *augmenter*.

ÉTUDIER LE MANIFESTE ET LES ŒUVRES DOMINANTES D'UN MOUVEMENT

5 **1. Quels sont, d'après Condorcet, les chefs de file
** du mouvement européen des Lumières ? Quels
autres écrivains pourriez-vous ajouter ?**

2. Repérez les valeurs revendiquées par le mouvement.

3. Relevez et commentez la métaphore filée dans les dernières lignes du texte.

4. À quelle œuvre Condorcet fait-il référence quand il évoque « la compilation la plus savante » ? Donnez un exemple de roman épistolaire, de conte philosophique, de poème argumentatif et d'essai qui expriment les valeurs des Lumières.

5. À l'aide des réponses aux questions précédentes, présentez le mouvement des Lumières.

> *Antoine de Condorcet, philosophe, mathématicien et homme politique de la Révolution, affirme le rôle essentiel de l'éducation pour l'esprit humain. Il dresse, dans cet extrait, le bilan du mouvement des Lumières en Europe.*

En Angleterre Collins et Bolingbroke, en France Bayle, Fontenelle, Voltaire, Montesquieu et les écoles formées par ces hommes célèbres combattirent en faveur de la vérité ; employant
5   tour à tour toutes les armes que l'érudition, la philosophie, l'esprit, le talent d'écrire peuvent fournir à la raison ; prenant tous les tons, employant toutes les formes, depuis la plaisanterie jusqu'au pathétique, depuis la compilation la
10 plus savante et la plus vaste jusqu'au roman ou au pamphlet du jour ; couvrant la vérité d'un voile qui ménageait les yeux trop faibles, et laissait le plaisir de la deviner ; caressant les préjugés avec adresse pour leur porter des coups
15 plus certains ; n'en menaçant presque jamais, ni plusieurs à la fois, ni même un seul tout entier ; consolant quelquefois les ennemis de la raison, en paraissant ne vouloir dans la religion qu'une demi-tolérance, dans la politique qu'une demi-
20 liberté ; ménageant le despotisme quand ils combattaient les absurdiés religieuses, et le culte quand il s'élevait contre la tyrannie ; attaquant ces deux fléaux dans leur principe, quand même ils paraissaient n'en vouloir qu'à des abus révol-
25 tants ou ridicules, et frappant ces arbres funestes dans leurs racines, quand ils semblaient se borner à en élaguer quelques branches égarées.

ANTOINE DE CONDORCET, *Esquisse d'un tableau historique
des progrès de l'esprit humain*, 1795.

REPÉRER ET ÉTUDIER LES THÈMES D'UN MOUVEMENT

 Vers l'oral

6 **1. Relevez les termes et les images qui évoquent
*** l'Antiquité. Montrez comment Du Bellay leur oppose systématiquement l'amour du pays natal.**

2. Comment la nostalgie du poète exilé s'exprime-t-elle dans le sonnet ?

3. En vous aidant de l'encadré, préparez la réponse à la question suivante : en quoi ce poème respecte-t-il les caractéristiques de la Pléiade ? Présentez votre réponse à l'oral dans un exposé de 10 minutes.

> Heureux qui, comme Ulysse, a fait un beau voyage,
> Ou comme celui-là qui conquit la Toison[1],
> Et puis est retourné, plein d'usage[2] et raison,
> Vivre entre ses parents le reste de son âge !
>
> 5   Quand reverrai-je, hélas, de mon petit village
> Fumer la cheminée, et en quelle saison
> Reverrai-je le clos de ma pauvre maison,
> Qui m'est une province, et beaucoup davantage ?
>
> Plus me plaît le séjour qu'ont bâti mes aïeux
> 10 Que des palais romains le front audacieux,
> Plus que le marbre dur me plaît l'ardoise fine,
>
> Plus mon Loir[3] gaulois que le Tibre[4] latin,
> Plus mon petit Liré[5] que le mont Palatin[6],
> Et plus que l'air marin la douceur angevine.

JOACHIM DU BELLAY, *Les Regrets*, 1558.

1. Toison : *la Toison d'or conquise par Jason, héros de l'Antiquité* – **2. Usage** : *expérience* – **3. Loir** : *rivière d'Anjou* – **4. Tibre** : *fleuve de Rome* – **5. Liré** : *village natal de Du Bellay* – **6. Mont Palatin** : *colline de Rome.*

Pour étudier le texte

LA PLÉIADE ET L'HUMANISME

La Pléiade regroupe, autour de Ronsard et Du Bellay, un ensemble de jeunes poètes qui désirent créer une littérature nationale, utilisant la langue française et non plus le latin. Nourri de l'Antiquité, s'inscrivant pleinement dans le mouvement humaniste, le poète célèbre les qualités de la beauté physique, de l'intelligence et du savoir. Du Bellay écrit le manifeste du mouvement en 1549 : *Défense et Illustration de la langue française*. Les poètes de la Pléiade adoptent l'ode et le sonnet, dont les formes permettent à la fois d'évoquer la grandeur et la gloire de l'homme, comme d'exprimer des sentiments intimes et personnels.

Vers le sujet de commentaire

LECTURE

1. Dans les deux premières strophes du texte A, quelles sont les qualités esthétiques louées par Malherbe ? Montrez que la forme du sonnet correspond à cet éloge.

2. Repérez dans le texte B toutes les caractéristiques du classicisme, les valeurs et les règles esthétiques qu'il défend.

3. Comment le tableau illustre-t-il à sa manière le classicisme ?

ÉCRITURE

En vous aidant des documents proposés sur cette page, et de l'ensemble des informations que vous pourrez trouver dans le manuel, expliquez comment les textes A et B, ainsi que le tableau, se font écho.

TEXTE A

Dans ce sonnet, Malherbe célèbre les embellissements apportés par Henri IV au domaine de Fontainebleau.

Beaux et grands bâtiments d'éternelle structure,
Superbes de matière et d'ouvrages divers,
Où le plus digne Roi qui soit en l'univers
Aux miracles de l'art fait céder la nature ;

5 Beau parc et beaux jardins, qui dans votre clôture
Avez toujours des fleurs et des ombrages verts,
Non sans quelque démon[1] qui défend aux hivers
D'en effacer jamais l'agréable peinture ;

Lieux qui donnez aux cœurs tant d'aimables
                                    [désirs,
10 Bois, fontaines, canaux, si parmi vos plaisirs
Mon humeur est chagrine et mon visage triste,

Ce n'est point qu'en effet vous n'ayez des appas ;
Mais quoi que vous ayez, vous n'avez point
                                    [Caliste,
Et moi, je ne vois rien quand je ne la vois pas.

FRANÇOIS DE MALHERBE (1555-1628), « *Chanson* », 1609.

1. **Démon** : *génie familier.*

TEXTE B

Dans son Art poétique, Boileau définit les principes du classicisme. Cet ouvrage devient ainsi le manifeste de la doctrine classique.

Enfin Malherbe vint, et, le premier en France,
Fit sentir dans les vers une juste cadence,
D'un mot mis en sa place enseigna le pouvoir,
Et réduisit la Muse[1] aux règles du devoir.
5 Par ce sage écrivain la langue réparée
N'offrit plus rien de rude à l'oreille épurée,
Les stances[2] avec grâce apprirent à tomber,
Et le vers sur le vers n'osa plus enjamber.
Tout reconnut ses lois ; et ce guide fidèle
10 Aux auteurs de ce temps sert encore de modèle.
Marchez donc sur ses pas ; aimez sa pureté,
Et de son tour heureux imitez la clarté.

NICOLAS BOILEAU (1636-1711), *Art poétique*, 1674.

1. **Muse** : *la Muse de la poésie, la poésie elle-même –*
2. **Stances** : *les strophes.*

DOCUMENT ICONOGRAPHIQUE

Un chef-d'œuvre classique :
le Château de Marly et ses jardins réalisés par Jules Hardouin Mansart pour Louis XIV (1643-1715). Le pavillon central, pavillon du soleil, était entouré par douze pavillons symbolisant les signes du zodiaque. Le château a été détruit au XIXᵉ siècle.

SÉRIES TECHNOLOGIQUES

TEXTES DU CORPUS

Texte A : Chevalier de Jaucourt, article « Égalité naturelle », *Encyclopédie*, 1766.
Texte B : Jean-Paul Marat, *Les Chaînes de l'esclavage*, 1792.
Document iconographique : Charles Lacroix, *Ordonnance du roi*, 1773.

 **OBJETS D'ÉTUDE**

❋ **L'argumentation : convaincre, persuader et délibérer**
❋ **Un mouvement littéraire et culturel du XVIIIe siècle : les Lumières**

Document iconographique

Texte A

ÉGALITÉ NATURELLE (*Droit nat.*) est celle qui est entre tous les hommes par la constitution de leur nature seulement. Cette *égalité* est le principe et le fonde-
5 ment de la liberté.

L'*égalité naturelle* ou *morale* est donc fondée sur la constitution de la nature humaine commune à tous les hommes, qui naissent, croissent, subsistent, et meu-
10 rent de la même manière.

Puisque la nature humaine se trouve la même dans tous les hommes, il est clair que, selon le droit naturel, chacun doit estimer et traiter les autres comme autant
15 d'êtres qui lui sont naturellement égaux, c'est-à-dire, qui sont hommes aussi bien que lui.

CHEVALIER DE JAUCOURT, article « Égalité naturelle », *Encyclopédie*, 1766.

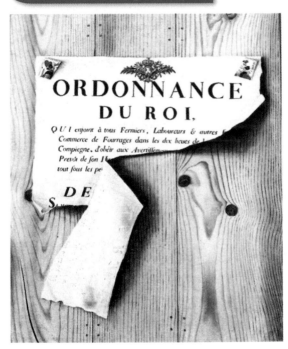

CHARLES LACROIX, *Ordonnance du roi*, 1773.

Texte B

L'opinion est fondée sur l'ignorance, et l'ignorance favorise extrêmement le despotisme[1].

C'est elle qui, tenant le bandeau sur les yeux des peuples, les empêche de connaître leurs droits, d'en sentir le prix, et de les défendre.

5 C'est elle qui, leur voilant les projets ambitieux des princes, les empêche de prévenir les usurpations de l'injuste puissance, d'arrêter ses progrès, et de la renverser.

C'est elle qui, leur cachant les noirs complots, les sourdes menées, les profonds artifices des princes contre la liberté, leur fait donner dans toutes les
10 embûches, et se prendre perpétuellement aux mêmes pièges.

C'est elle qui, les rendant dupes de tant de préceptes mensongers, leur lie les mains, plie leur tête au joug², et leur fait recevoir en silence les ordres arbitraires des despotes.

C'est elle, en un mot, qui les porte à rendre avec soumission aux tyrans
15 tous les devoirs qu'ils exigent, et les fait révérer du crédule vulgaire³ comme des dieux.

Pour soumettre les hommes, on travaille d'abord à les aveugler. Convaincus de l'injustice de leurs prétentions, et sentant qu'ils ont tout à craindre d'un peuple éclairé sur ses droits, les princes s'attachent à lui ôter tout moyen
20 de s'instruire. Persuadés d'ailleurs combien il est commode de régner sur un peuple abruti, ils s'efforcent de le rendre tel. Que d'obstacles n'opposent-ils pas aux progrès des Lumières ? Les uns bannissent les lettres de leurs États ; les autres défendent à leurs sujets de voyager ; d'autres empêchent le peuple de réfléchir, en l'amusant continuellement par des parades, des spectacles, des
25 fêtes, ou en le livrant aux fureurs du jeu : tous s'élèvent contre les sages qui consacrent leur voix et leur plume à défendre la cause de la liberté.

JEAN-PAUL MARAT, *Les Chaînes de l'esclavage*, 1792.

1. Despotisme : *pouvoir absolu* – 2. Plier au joug : *soumettre, assujettir* – 3. Crédule vulgaire : *l'opinion publique*.

ÉCRITURE

4 points ▶ **I. Après avoir pris connaissance des textes et du document iconographique, vous répondrez d'abord aux questions suivantes.**

1. Précisez l'intention argumentative de chacun de ces textes et du document iconographique.

2. En quoi chacun de ces auteurs s'inscrit-il dans le mouvement des Lumières ?

16 points ▶ **II. Vous traiterez ensuite un de ces trois sujets.**

1. Commentaire
Vous commenterez le texte de Marat. Vous montrerez comment sont développés les différents arguments utilisés, avant d'étudier les procédés de l'éloquence au service de l'argumentation.

2. Dissertation
En vous appuyant sur le corpus et sur vos connaissances personnelles, vous montrerez que le mouvement des Lumières apparaît comme un combat pour l'égalité entre tous les citoyens.

3. Invention
En tant que délégué du comité de vie lycéenne, vous êtes chargé de rédiger un éloge des écrivains des Lumières. Vous écrivez un discours visant à convaincre votre auditoire de la nécessité de maintenir vivant le souvenir des philosophes du XVIIIᵉ siècle et des idéaux qu'ils ont défendus.

Observation
22

L'autobiographie

À travers l'autobiographie, l'écrivain raconte les événements qui ont marqué son existence. L'autobiographie est le genre privilégié de l'expression de soi. Il mêle inévitablement au récit de la réalité vécue une part plus ou moins grande de fiction. Quels points communs, quelles différences ces deux formes d'autobiographie présentent-elles ?

Texte **A**

La naissance de l'autobiographie

Je forme une entreprise qui n'eut jamais d'exemple, et dont l'exécution n'aura point d'imitateur. Je veux montrer à mes semblables un homme dans toute la vérité de la nature ; et cet homme, ce sera moi.

Moi seul. Je sens mon cœur et je connais les hommes. Je ne suis fait
5   comme aucun de ceux que j'ai vus ; j'ose croire n'être fait comme aucun de ceux qui existent. Si je ne vaux pas mieux, au moins je suis autre. Si la nature a bien ou mal fait de briser le moule dans lequel elle m'a jeté, c'est ce dont on ne peut juger qu'après m'avoir lu.

Que la trompette du jugement dernier sonne quand elle voudra ;
10 je viendrai ce livre à la main me présenter devant le souverain juge[1]. Je dirai hautement : voilà ce que j'ai fait, ce que j'ai pensé, ce que je fus. J'ai dit le bien et le mal avec la même franchise. Je n'ai rien tu de mauvais, rien ajouté de bon, et s'il m'est arrivé d'employer quelque ornement indifférent, ce n'a jamais été que pour remplir un vide occasionné par
15 mon défaut de mémoire ; j'ai pu supposer vrai ce que je savais avoir pu l'être, jamais ce que je savais être faux. Je me suis montré tel que je fus, méprisable et vil quand je l'ai été, bon, généreux, sublime, quand je l'ai été : j'ai dévoilé mon intérieur[2] tel que tu l'as vu toi-même. Être éternel, rassemble autour de moi l'innombrable foule de mes semblables : qu'ils
20 écoutent mes confessions, qu'ils gémissent de mes indignités, qu'ils rougissent de mes misères. Que chacun d'eux découvre à son tour son cœur aux pieds de ton trône avec la même sincérité ; et puis qu'un seul te dise, s'il l'ose : je fus meilleur que cet homme-là.

JEAN-JACQUES ROUSSEAU, *Les Confessions*, 1765-1770.

1. Le souverain juge : *Dieu* – 2. Mon intérieur : *ma conscience, ma vie intérieure.*

Texte **B**

Le roman autobiographique

À deux ans et demi, un humain se doit de marcher et de parler. Je commençai par marcher, conformément à l'usage. Ce n'était pas sorcier : se mettre debout, se laisser tomber vers l'avant, se retenir avec un pied, puis reproduire le pas de danse avec l'autre pied.

5 Marcher était d'une utilité indéniable. Cela permettait d'avancer en voyant le paysage mieux qu'à quatre pattes. Et qui dit marcher dit courir : courir était cette trouvaille fabuleuse qui rendait possibles toutes les évasions. On pouvait s'emparer d'un objet interdit et s'enfuir en l'emportant sans être vu de personne. Courir assurait l'impunité[1] des

10 actions les plus répréhensibles. C'était le verbe des bandits de grands chemins et des héros en général.

Parler posait un problème d'étiquette : quel mot choisir en premier ? J'aurais bien élu un vocable aussi nécessaire que « marron glacé » ou « pipi », ou alors aussi beau que « pneu » ou « scotch », mais je

15 sentais que cela eût froissé des sensibilités. Les parents sont une espèce susceptible : il faut leur servir les grands classiques qui leur donnent le sentiment de leur importance. Je ne cherchais pas à me faire remarquer.

Je pris donc un air béat et solennel et, pour la première fois, je

20 voisai[2] les sons que j'avais en tête :

— Maman !

Extase de la mère.

Et comme il ne fallait vexer personne, je me hâtai d'ajouter :

— Papa !

25 Attendrissement du père. Les parents se jetèrent sur moi et me couvrirent de baisers.

AMÉLIE NOTHOMB, Métaphysique des tubes, Éd. Albin Michel, 2000.

1. L'impunité : *la garantie de ne pas être puni* – 2. Je voisai : *j'articulai.*

---

1 LES CARACTÉRISTIQUES DE L'AUTOBIOGRAPHIE

1 ▷ Identifiez, pour chacun des deux textes : l'auteur, le narrateur, le personnage principal. Quel constat pouvez-vous faire ?

2 ▷ Relevez les engagements pris par Rousseau au début de ses *Confessions* (texte A).

2 LES ENJEUX DE L'AUTOBIOGRAPHIE

3 ▷ À quelle période de son existence Amélie Nothomb consacre-t-elle ce passage (texte B) ? En quoi cette période apparaît-elle importante dans toute autobiographie ?

4 ▷ Quel rôle Rousseau assigne-t-il au lecteur ? Que signifie le mot « confessions » ?

3 LES AUTRES GENRES AUTOBIOGRAPHIQUES

5 ▷ Montrez comment, en pénétrant avec humour dans la conscience de l'enfant qui commence à parler et à marcher, Amélie Nothomb prend ses distances avec l'engagement de vérité de l'autobiographie.

Depuis le XVIIIe siècle, l'autobiographie s'est imposée comme un genre littéraire à part entière, qui évolue et adopte des formes variées. À travers l'autobiographie, l'écrivain entreprend de raconter sa vie au lecteur. Il revient sur ses souvenirs d'enfance, explore ses sentiments et établit le bilan de son existence. L'autobiographie permet aussi à l'auteur de réfléchir sur le rôle de la littérature en analysant la naissance de sa vocation d'écrivain.

1 LES CARACTÉRISTIQUES DE L'AUTOBIOGRAPHIE

Le critique Philippe Lejeune définit l'autobiographie comme le « récit rétrospectif en prose qu'une personne réelle fait de sa propre existence lorsqu'elle met l'accent sur sa vie individuelle, en particulier sur l'histoire de sa personnalité. »

■ 1. L'identité de l'auteur, du narrateur et du personnage principal

En se racontant, l'écrivain fait de lui-même l'objet de son récit. Contrairement au roman, le « je » de la narration renvoie ainsi à une personne réelle. L'auteur, le narrateur et le personnage principal forment une seule et même personne.

> « **Je** suis née à quatre heures du matin, le 9 janvier 1908, dans une chambre aux meubles laqués de blanc, qui donnait sur le boulevard Raspail. »
>
> *(Simone de Beauvoir,* Mémoires d'une jeune fille rangée, *1958)*

■ 2. Un récit rétrospectif

Le récit autobiographique conduit l'écrivain à raconter toute son existence. Il évoque son enfance, son milieu familial, les événements qui l'ont marqué. Au récit du passé se mêlent les réflexions de l'écrivain devenu adulte, qui intervient dans le récit de sa vie pour la commenter et l'analyser. Les temps du passé (passé composé, imparfait ou passé simple) cèdent alors la place au présent.

> « De **mes premières années**, je ne **retrouve** guère qu'une impression confuse : quelque chose de rouge, et de noir, et de chaud. L'appartement était rouge, rouges la moquette, la salle à manger, la soie gaufrée qui masquait les portes vitrées. »
>
> *(Simone de Beauvoir,* Mémoires d'une jeune fille rangée, *1958)*

■ 3. La revendication de sincérité

Le « pacte autobiographique » passé entre l'écrivain et le lecteur suppose, de la part de l'auteur, l'engagement d'être sincère et de raconter son existence telle qu'elle s'est fixée dans sa mémoire, sans rien cacher de ses défauts ou de ses moments de faiblesse.

> « Je dirai hautement : voilà ce que j'ai fait, ce que j'ai pensé, ce que je fus. J'ai dit le bien et le mal avec la même **franchise**. Je n'ai rien tu de mauvais, rien ajouté de bon, et s'il m'est arrivé d'employer quelque ornement indifférent, ce n'a jamais été que pour remplir un vide occasionné par mon défaut de mémoire. »
>
> *(Jean-Jacques Rousseau,* Les Confessions, *1765-1770)*

2 **LES ENJEUX DE L'AUTOBIOGRAPHIE**

L'autobiographie est pour l'écrivain l'occasion de réfléchir sur son enfance, sur les événements qui ont ponctué son existence et la naissance de sa vocation. Elle permet aussi au lecteur de découvrir l'intimité d'un auteur qu'il admire et désire connaître, dans un rapport de complicité avec lui.

■ 1. Un témoignage personnel sur une époque

En racontant sa vie, l'autobiographe revient sur les rencontres qui l'ont marqué : amitiés, amours, relations professionnelles. Mais il brosse également le tableau d'une époque, des lieux qu'il a fréquentés, des personnalités qu'il a croisées, des bouleversements sociaux qu'il a vécus. Le lecteur découvre ainsi un témoignage authentique sur une époque révolue.

■ 2. La réflexion sur la vocation littéraire

L'autobiographie permet à l'écrivain de s'interroger sur les circonstances qui l'ont conduit à s'engager dans la voie de l'écriture : travaux scolaires, premières lettres, journaux intimes, premiers récits. Il analyse la naissance de sa vocation, évoquant les lectures et les rencontres d'écrivains qui l'ont influencé. Il apporte un précieux témoignage sur la genèse de son œuvre et sur sa conception de la littérature.

> « J'ai commencé ma vie comme je la finirai sans doute : au milieu des livres. Dans le bureau de mon grand-père, il y en avait partout ; défense était faite de les épousseter sauf une fois l'an, avant la rentrée d'octobre. Je ne savais pas encore lire que, déjà, je les révérais... »
>
> *(Jean-Paul Sartre*, Les Mots, *1964)*

■ 3. La formation d'une personnalité et l'analyse de soi

Au-delà des impressions de l'enfance, l'autobiographie invite l'écrivain à analyser les émotions et les sentiments qu'il a éprouvés au cours de son existence : amours et jalousies, enthousiasmes et désillusions, satisfactions ou remords. Au fur et à mesure de la rédaction de son autobiographie, il mène une véritable introspection et découvre les traits dominants de sa personnalité.

■ 4. Le récit de la réalité vécue et la tentation de la fiction

L'autobiographie est partagée entre le souci de dire la vérité et la tentation de la fiction, propre à toute œuvre littéraire. L'écrivain peut omettre certains faits ou en déformer d'autres pour donner une image plus flatteuse de lui-même. Il peut également adopter plus ou moins consciemment une forme romanesque pour raconter sa propre vie, comme il le ferait de celle d'un héros.

3 **LES AUTRES GENRES AUTOBIOGRAPHIQUES**

Outre l'autobiographie, l'écrivain peut adopter d'autres formes littéraires pour raconter son existence et s'exposer au lecteur.

■ 1. L'autoportrait

Dans l'autoportrait, très en vogue aux XVIᵉ et XVIIᵉ siècles, l'écrivain esquisse une image de lui-même à un moment précis de sa vie. Il décrit avec minutie ses traits physiques et ses traits de caractères. Il expose ses qualités et ses défauts sans concession, et mêle réflexions et souvenirs au fil de l'écriture.

> Exemples : Montaigne, *Essais* (1580-1585) ; La Rochefoucauld, *Portrait de La Rochefoucauld par lui-même* (1658) ; Rousseau, *Lettres à M. de Malesherbes* (1762).

2. Le roman autobiographique

Le roman autobiographique est un récit directement inspiré de la vie de son auteur. L'écrivain raconte des événements qui lui sont effectivement arrivés en les attribuant à un personnage fictif qu'il dote parfois d'un nom différent du sien. Écrit à la première personne, le roman autobiographique ajoute au récit une dimension d'authenticité : derrière le narrateur-personnage, le lecteur devine la présence de l'auteur, l'expression de sentiments réels, le poids d'une existence vécue.

> Exemples : Chateaubriand, *René* (1802) ; Gide, *L'Immoraliste* (1902) ; Céline, *Voyage au bout de la nuit* (1932).

3. Les mémoires

En rédigeant ses mémoires, l'écrivain apporte un regard personnel et original sur l'Histoire. Il raconte les événements majeurs auxquels il a participé ou dont il a été le témoin : épidémies, famines, guerres, révolutions, changements politiques, grandes découvertes… Il trace le portrait des personnages illustres qu'il a rencontrés et fait ainsi la chronique d'une époque en y inscrivant son propre destin.

> Exemples : Saint-Simon, *Mémoires* (1739-1750) ; Chateaubriand, *Mémoires d'outre-tombe* (1848, posthume) ; De Gaulle, *Mémoires de guerre* (1954).

4. Le journal

L'écrivain consigne au jour le jour ses réflexions, ses émotions, ses rencontres, ses lectures… Le journal se caractérise par l'emploi de la première personne, la mention des circonstances de l'écriture (lieu, date), l'emploi du présent et du passé composé, qui soulignent la proximité avec les événements racontés. Il n'est généralement pas destiné à être publié du vivant de son auteur. La lecture des journaux intimes apporte de précieuses informations sur les goûts littéraires, les jugements de valeurs, les sentiments les plus intimes des écrivains.

> Exemples : Jules et Edmond de Goncourt, *Journal, Mémoires de la vie littéraire* (1851-1896) ; Jules Renard, *Journal* (1887-1910) ; Sartre, *Carnets de la drôle de guerre* (publiés en 1995).

Les grandes dates de l'histoire littéraire

L'histoire de l'AUTOBIOGRAPHIE

XVIIIe siècle Avec *Les Confessions*, Jean-Jacques Rousseau écrit la première autobiographie moderne, en racontant minutieusement son enfance et l'influence de ces premières années sur le développement de sa personnalité.

XIXe siècle La pratique de l'autobiographie se répand. On s'intéresse à l'essor des individualités, à la diversité des destins personnels. Dans ses *Mémoires d'outre-tombe,* Chateaubriand mêle le récit de son existence à un témoignage sur les événements historiques de son temps.

À leur tour, Alexandre Dumas, George Sand ou Jules Vallès rédigent des récits de vie pour évoquer leur existence.

XXe siècle Les études de Sigmund Freud, qui aboutissent à la création de la psychanalyse, confirment l'importance de l'enfance dans la formation de l'individu. Dès lors, les écrivains comme Colette, André Gide, Michel Leiris, Jean-Paul Sartre, Simone de Beauvoir, Annie Ernaux confient dans leur autobiographie cette part intime d'eux-mêmes.

ÉTUDIER LES CARACTÉRISTIQUES DE L'AUTOBIOGRAPHIE

1 *
Montrez que Gorki respecte les règles du genre autobiographique : utilisation de la première personne, récit rétrospectif, insistance sur l'enfance et le milieu familial.

Lorsque le grand-père et l'oncle Mikhaïl étaient partis en visite, l'oncle Iakov, tout ébouriffé, entrait dans la cuisine avec sa guitare. Ma grand-mère servait du thé avec beaucoup
5 de zakouski[1] et de la vodka dans une grande bouteille verte carrée dont le fond était orné de jolies fleurs rouges fondues dans le verre. Tsyganok, en habits du dimanche, tourbillonnait comme une toupie. Le maître compagnon
10 se glissait parmi nous, sans bruit ; les verres de ses lunettes brillaient. Ievguénia, la bonne d'enfants, ronde comme une cruche, avec sa face rouge grêlée, ses yeux rusés et sa voix claironnante, était là, elle aussi. Parfois on voyait
15 arriver le sacristain de l'église de l'Assomption, barbu, en cheveux longs, et d'autres personnages me paraissaient noirs et gluants comme des brochets ou des lottes.

Tout ce monde buvait beaucoup et mangeait
20 en poussant de gros soupirs. On donnait aux enfants des friandises et un verre de liqueur douce. Peu à peu s'allumait une ardente et étrange gaieté. L'oncle Iakov accordait amoureusement sa guitare puis prononçait ces paroles, toujours
25 les mêmes :

« Eh bien, je vais commencer ! »

Il rejetait ses boucles en arrière et se penchait sur son instrument, tendant le cou comme une oie.

MAXIME GORKI, Enfance, 1914, Éd. Messidor, traduction de G. Davydoff et P. Pauliat,1959.

1. Zakouski : *hors-d'œuvre.*

2 **
1. Montrez que George Sand respecte l'engagement de sincérité qui définit le pacte autobiographique.

2. Comment justifie-t-elle l'intérêt d'écrire son autobiographie ?

Je ne pense pas qu'il y ait de l'orgueil et de l'impertinence à écrire l'histoire de sa propre vie, encore moins à choisir, dans les souvenirs que cette vie a laissés en nous, ceux qui nous parais-
5 sent valoir la peine d'être conservés. Pour ma part, je crois accomplir un devoir, assez pénible même, car je ne connais rien de plus malaisé que de se définir et de se résumer en personne.

L'étude du cœur humain est de telle nature,
10 que plus on s'y aborde, moins on y voit clair ; et pour certains esprits actifs, se connaître est une étude fastidieuse et toujours incomplète. Pourtant, je l'accomplirai, ce devoir ; je l'ai toujours eu devant les yeux ; je me suis toujours promis
15 de ne pas mourir sans avoir fait ce que j'ai toujours conseillé aux autres de faire pour eux-mêmes : une étude sincère de ma propre nature et un examen attentif de ma propre existence.

GEORGE SAND, Histoire de ma vie, 1854.

3 **
1. Recherchez les différentes étapes de l'histoire familiale qui précèdent la naissance du narrateur. Repérez et commentez l'apparition de la première personne dans le texte.

2. Dans quel registre l'auteur inscrit-il ce récit de vie ?

3. *Travail en binôme.* Montrez en quoi le début des *Mots* obéit à la définition de l'autobiographie. Présentez votre réponse sous la forme d'un exposé oral de cinq minutes.

À peu près vers le même temps que Charles Schweitzer rencontrait Louise Guillemin[1], un médecin de campagne épousa la fille d'un riche propriétaire périgourdin et s'installa avec
5 elle dans la triste grand-rue de Thiviers, en face du pharmacien. Au lendemain du mariage, on découvrit que le beau-père n'avait pas le sou. Outré, le docteur Sartre resta quarante ans sans adresser la parole à sa femme ; à table, il s'ex-
10 primait par signes, elle finit par l'appeler « mon pensionnaire ». Il partageait son lit, pourtant, et, de temps à autre, sans un mot, l'engrossait : elle lui donna deux fils et une fille ; ces enfants du silence s'appelèrent Jean-Baptiste, Joseph et
15 Hélène. Hélène épousa sur le tard un officier de cavalerie qui devint fou ; Joseph fit son service dans les zouaves et se retira de bonne heure chez ses parents. Il n'avait pas de métier : pris entre le mutisme de l'un et les criailleries de l'autre,
20 il devint bègue et passa sa vie à se battre contre les mots. Jean-Baptiste voulut préparer Navale[2], pour voir la mer. En 1904, à Cherbourg, officier de marine et déjà rongé par les fièvres de Cochinchine[3], il fit la connaissance d'Anne-Marie
25 Schweitzer, s'empara de cette grande fille délaissée, l'épousa, lui fit un enfant au galop, moi, et tenta de se réfugier dans la mort.

JEAN-PAUL SARTRE, Les Mots, Éd. Gallimard, 1964.

1. **Charles Schweitzer et Louise Guillemin** : *les grands-parents maternels de Sartre* – 2. **Navale** : *l'École navale* – 3. **Cochinchine** : *ancienne colonie française d'Asie.*

ANALYSER LE TÉMOIGNAGE DE L'AUTEUR ET LE RÉCIT DE LA RÉALITÉ VÉCUE

4 * Quel enjeu de l'autobiographie chacun des titres suivants souligne-t-il, selon vous ?

– George Sand, *Histoire de ma vie*

– Colette, *Mes apprentissages*

– Romain Rolland, *Le Voyage intérieur*

– Michel Leiris, *L'Âge d'homme*

– Simone de Beauvoir, *Mémoires d'une jeune fille rangée*

– Nathalie Sarraute, *Enfance*

– Annie Ernaux, *Une femme*

– Alexandre Jardin, *Le Roman des Jardin*

5 ** **1.** Identifiez, dans l'extrait suivant, les caractéristiques de l'autobiographie.

2. Relevez le témoignage personnel de l'auteur sur son époque et sur son milieu.

Dans son autobiographie, Driss Chraïbi raconte comment, au cours de son enfance au Maroc, il exauce le souhait le plus cher de sa mère en lui apprenant à lire, en dépit des difficultés.

Ce que je visais, tenacement, c'était la carapace d'ignorance, d'idées reçues et de fausses valeurs qui la maintenait prisonnière au fond d'elle-même. Un mollusque sort de sa coquille
5 au cours de sa mutation. Pourquoi pas elle ? On peut très bien naître dans un pays, vivre dans un autre et mourir dans un troisième. La terre est vaste et elle appartient à tous. Les mollusques le savent, oui : même les mollusques.
10 Jour après jour, je l'amenais à remettre en cause son propre passé. Partie de là, si elle pouvait le faire craquer, sa myopie intérieure deviendrait une vue de lynx, critique. Peu m'importaient les conséquences : je l'aimais. Elle se débattait et je
15 ne lui laissais pas un moment de répit.
Nagib[1] était toujours là, à portée de voix, prêt à détendre l'atmosphère par l'un de ses rires homériques ou à nous prévenir de l'arrivée de notre père : nous rangions précipitamment livres,
20 planches, indices de nos secrets. Mais il était enfermé dans l'expansion de ses affaires (ferme, immobilier, banque, industrie), ne voyait rien de l'évolution bourgeonnante de sa femme, habitué depuis si longtemps à une compagne sta-
25 tique, permanente, immuable – puisque, lui, il était heureux avec elle, n'avait aucun problème et donc pourquoi en aurait-elle ?

DRISS CHRAÏBI, *La Civilisation, ma Mère !...*, Éd. Denoël, 1972.

1. Nagib : *le frère de l'auteur.*

6 ** **1.** Relevez les caractéristiques de l'autobiographie dans le texte suivant.

2. Quelle image Colette donne-t-elle de son milieu familial ? Montrez comment ce texte prend le ton de la confidence intime.

3. Analysez l'expression « héritage immatériel ». Comment Colette explique-t-elle la naissance de sa vocation d'écrivain ?

Sido est l'hommage rendu par Colette au souvenir de ses parents : Sido, sa mère, et le Capitaine Colette, son père. La dernière page du roman raconte comment elle découvre les manuscrits de son père, après sa mort.

– Viens donc voir...
La douzaine de tomes cartonnés nous remettait son secret, accessible, longtemps dédaigné. Deux cents, trois cents, cent cinquante pages
5 par volume ; beau papier vergé[1] crémeux ou « écolier » épais, rogné avec soin, des centaines et des centaines de pages blanches... Une œuvre imaginaire, le mirage d'une carrière d'écrivain...
10 Il y en avait tant, de ces pages respectées par la timidité ou la nonchalance, que nous n'en vîmes jamais la fin. Mon frère y écrivit ses ordonnances, ma mère couvrit de blanc ses pots de confitures, ses petites-filles griffonneuses arrachèrent
15 des feuillets, mais nous n'en épuisâmes pas les cahiers vergés, l'œuvre inconnue. Ma mère s'y employait pourtant, avec une fièvre destructive : « Comment, il y en a encore ? Il m'en faut pour les côtelettes en papillotes... Il m'en faut pour
20 tapisser mes petits tiroirs... » Ce n'était pas dérision, mais cuisant regret et besoin douloureux d'anéantir la preuve d'une impuissance...
J'y puisai à mon tour, dans cet héritage immatériel, au temps de mes débuts. Est-ce là que
25 je pris le goût fastueux d'écrire sur des feuilles lisses, de belle pâte, et de ne les point ménager ? J'osai couvrir de ma grosse écriture ronde la cursive invisible[2], dont une seule personne au monde apercevait le lumineux filigrane[3]
30 qui jusqu'à la gloire prolongeait la seule page amoureusement achevée, et signée, la page de la dédicace :

À ma chère âme,
Son mari fidèle :

35 JULES-JOSEPH COLETTE.

COLETTE, *Sido*, 1930, Librairie Arthème Fayard et Hachette Littérature, 2004.

1. **Vergé** : *beau papier de luxe* – 2. **La cursive invisible** : *l'écriture invisible du père* – 3. **Filigrane** : *dessin dans le papier qui apparaît par transparence.*

ÉTUDIER L'AUTOPORTRAIT

7 **Comment ce tableau illustre-t-il les difficultés** ✱✱ **que soulève la réalisation d'un autoportrait ? Justifiez son titre.**

NORMAN ROCKWELL, *Triple autoportrait*, 1960.

Vers l'écrit d'invention

8 **1. Quelles caractéristiques de l'autoportrait re-** ✱✱ **trouve-t-on dans l'extrait suivant ?**

2. Comment le texte est-il construit ? Quelle est son originalité ?

3. Sur le modèle de Montesquieu, rédigez votre propre autoportrait.

Je n'ai presque jamais eu de chagrin[1], et encore moins d'ennui. Ma machine[2] est si heureusement construite que je suis frappé par tous les objets assez vivement pour qu'ils puissent me
5 donner du plaisir, pas assez pour me donner de la peine.

J'ai l'ambition qu'il faut pour me faire prendre part aux choses de cette vie ; je n'ai point celle qui pourrait me faire trouver du dégoût dans le
10 poste où la Nature m'a mis.

L'étude a été pour moi le souverain remède contre les dégoûts, n'ayant jamais eu de chagrin qu'une heure de lecture ne m'ait ôté.

Je m'éveille le matin avec une joie secrète ; je
15 vois la lumière avec une espèce de ravissement. Tout le reste du jour je suis content.

Je passe la nuit sans m'éveiller ; et, le soir, quand je vais au lit, une espèce d'engourdissement m'empêche de faire des réflexions.
20 Je suis presque aussi content avec des sots qu'avec des gens d'esprit, et il y a peu d'homme si ennuyeux, qui ne m'ait amusé très souvent : il n'y a rien de si amusant qu'un homme ridicule.

MONTESQUIEU, *Les Cahiers* (posthume).

1. **Chagrin** : *souffrance morale* – 2. **Machine** : *constitution*.

ÉTUDIER UN ROMAN AUTOBIOGRAPHIQUE

9 **1. Relevez les marques du genre autobiographi-** ✱✱ **que dans ce passage.**

2. Montrez comment l'humour et l'ironie renforcent la dimension romanesque du récit.

3. Quels effets produit sur le lecteur le « style oral » adopté par le romancier ?

Dans Mort à crédit, *Céline s'inspire librement de son enfance à Paris, entre une mère commerçante et un père employé d'assurances. Il recrée l'atmosphère étouffante de ces années, illuminées par les sorties au cinéma muet où l'emmène sa grand-mère Caroline.*

On restait trois séances de suite. C'était le même prix, un franc toutes les places, du silencieux cent pour cent, sans phrases, sans musique, sans lettres, juste le ronron du moulin. On
5 y reviendra, on se fatigue de tout sauf de dormir et de rêvasser. Ça reviendra le « Voyage dans la Lune »[1]… Je le connais encore par cœur.

Souvent l'été y avait que nous deux, Caroline et moi dans la grande salle au premier. À la fin,
10 l'ouvreuse nous faisait signe qu'il fallait qu'on évacue. C'est moi qui les réveillais, le chien et Grand-mère. On se grouillait ensuite à travers la foule, les boulevards et la cohue. À chaque coup nous avions du retard. On arrivait essoufflés.
15 « T'as aimé ça ? » qu'elle me demandait Caroline. Je répondais rien, j'aime pas les questions intimes. « Cet enfant est renfermé » que prétendaient les voisins…

Au coin de notre « Passage »[2] en rentrant, elle
20 m'achetait encore à la marchande sur sa chaufferette « les Belles aventures illustrées ». Elle me les cachait même dans son froc, sous trois épais jupons. Papa voulait pas que je lise des futilités pareilles. Il prétendait que ça dévoye,
25 que ça prépare pas à la vie, que je devrais plutôt apprendre l'alphabet dans des choses sérieuses.

J'allais atteindre mes sept ans, bientôt j'irai à l'école, il fallait pas qu'on m'égare… Les autres

enfants des boutiques, ils iraient aussi prochai-
30 nement. C'était plus le moment de badiner. Il
me faisait des petits sermons sur le sérieux dans
l'existence, en revenant des livraisons.

Les baffes, ça suffit pas tout de même.

LOUIS-FERDINAND CÉLINE, *Mort à crédit*,
Éd. Gallimard, 1936.

1. Le « Voyage dans la Lune » : *film de Georges Méliès* –
2. Notre « Passage » : *passage des Bérézinas, où habitent le
narrateur et ses parents.*

Mort à crédit, dessin de TARDI,
Futuropolis/Gallimard, 1992.

ANALYSER LES MÉMOIRES OU LE JOURNAL D'UN ÉCRIVAIN

10 **1. Quel est le temps verbal utilisé dans le pre-
** ✱✱ **mier paragraphe ? Justifiez cet emploi dans un
récit d'événements passés.**

**2. À quel moment Chateaubriand mêle-t-il un
commentaire personnel au récit des événements
historiques ? Montrez que cette intervention correspond au genre des mémoires.**

Soudain le tocsin sonne. Les boutiques des
fourbisseurs[1] sont enfoncées, et trente mille
fusils enlevés aux Invalides. On se pourvoit de
piques, de bâtons, de fourches, de sabres, de pis-
5 tolets ; on pille Saint-Lazare, on brûle les barriè-
res. Les électeurs de Paris prennent en main le
gouvernement de la capitale, et, dans une nuit,
soixante mille citoyens sont organisés, armés,
équipés en gardes nationales.
10 Le 14 juillet, prise de la Bastille. J'assistai,
comme spectateur, à cet assaut contre quelques
invalides et un timide gouverneur : si l'on eût
tenu les portes fermées, jamais le peuple ne fût
entré dans la forteresse.

FRANÇOIS-RENÉ DE CHATEAUBRIAND,
Mémoires d'outre-tombe, posth. 1848.

1. Fourbisseurs : *artisans qui montent et polissent les épées
et les lances.*

11 **1. Retrouvez, dans le texte suivant, les caracté-
** ✱✱ **ristiques du journal intime.**

**2. Quelle image le texte donne-t-il de l'écrivain
au moment de son adolescence ?**

Samedi 21 avril [1888], neuf heures trente
Oh ! je voudrais écrire, écrire… Les pensées
me brûlent la plume, les mots se pressent dans
ma tête en feu et les sujets s'accumulent dans
5 ma pauvre imagination de dix-sept ans.
J'ai besoin d'être quelqu'un. J'ai besoin de per-
cer, le plus vite possible, et d'écrire, le plus possible, le mieux possible surtout.
Trois choses m'arrêtent encore maintenant :
10 l'horreur de la banalité dans laquelle je tombe
si souvent, j'en suis sûr, sans le savoir ; puis des
scrupules qui me font délaisser les vers pour les
études du bachot[1] ; enfin, la paresse, je l'avoue.
Et pourtant, non ! ce n'est pas vrai ! Ce n'est
15 pas la paresse. Je resterais bien quatre heures sur
une poésie (et je l'ai déjà fait bien des fois) si je
n'avais la conscience de perdre mon temps.
Oh ! si je puis un jour !

PIERRE LOUŸS, *Journal*, posth.1929.

1. Bachot : *le baccalauréat.*

12 **1. Retrouvez les marques du journal intime dans
** ✱✱ **le texte suivant.**

**2. Justifiez, à travers l'étude de cet extrait, le
titre donné par les Goncourt à leur journal.**

Dimanche 18 avril 1875

En sortant de chez Flaubert, Zola et moi[1] nous
nous entretenions de l'état de notre ami – état,
il vient de l'avouer, qui, à la suite de noires mé-
lancolies, éclate dans des accès de larmes. Et
5 tout en causant des raisons littéraires qui sont
la cause de cet état et qui nous tuent les uns
après les autres, nous nous étonnons du manque de rayonnement autour de cet homme célèbre. Il est célèbre, et il a du talent, et il est très
10 bon garçon, et il est très accueillant : pourquoi
donc, à l'exception de Tourgueniev, de Daudet,
de Zola, de moi, à ces dimanches ouverts à tout
le monde, n'y a-t-il personne ? Pourquoi ?

EDMOND ET JULES DE GONCOURT, *Journal,
Mémoires de la vie littéraire*, 1851-1895.

1. Moi : *il s'agit d'Edmond de Goncourt qui poursuit, après la
mort de son frère Jules, le journal qu'ils écrivaient ensemble.*

Vers le sujet de commentaire

LECTURE

1. Montrez que ces deux extraits présentent les caractéristiques fondamentales du récit autobiographique.

2. Analysez le paradoxe que présente la première ligne du texte B. Comment l'auteur l'explique-t-il dans la suite du texte ?

3. Commentez l'expression utilisée par Georges Perec (texte B) : « l'Histoire avec sa grande hache ».

ÉCRITURE

Analysez et commentez la construction de la dernière phrase du texte A. Montrez comment les derniers mots du texte sont mis en valeur. Présentez votre réponse sous la forme d'un paragraphe rédigé.

TEXTE A

Et tout d'un coup le souvenir m'est apparu. Ce goût, c'était celui du petit morceau de madeleine que le dimanche matin à Combray (parce que ce jour-là je ne sortais pas avant l'heure de
5 la messe), quand j'allais lui dire bonjour dans sa chambre, ma tante Léonie m'offrait après l'avoir trempé dans son infusion de thé ou de tilleul. La vue de la petite madeleine ne m'avait rien rappelé avant que je n'y eusse goûté : peut-être parce que,
10 en ayant souvent aperçu depuis, sans en manger, sur les tablettes des pâtissiers, leur image avait quitté ces jours de Combray pour se lier à d'autres plus récents ; peut-être parce que, de ces souvenirs abandonnés depuis si longtemps
15 hors de la mémoire, rien ne survivait, tout s'était désagrégé ; les formes – et aussi celle du petit coquillage de pâtisserie, si grassement sensuel sous son plissage sévère et dévot – s'étaient abolies, ou, ensommeillées, avaient perdu la force
20 d'expansion qui leur eût permis de rejoindre la conscience. Mais, quand d'un passé ancien rien ne subsiste, après la mort des êtres, après la destruction des choses, seules, plus frêles mais plus vivaces, plus immatérielles, plus persistantes,
25 plus fidèles, l'odeur et la saveur restent encore longtemps, comme des âmes, à se rappeler, à attendre, à espérer, sur la ruine de tout le reste, à porter sans fléchir, sur leur gouttelette presque impalpable, l'édifice immense du souvenir.

MARCEL PROUST, *Du côté de chez Swann*,
Éd. Gallimard, 1913.

TEXTE B

Je n'ai pas de souvenirs d'enfance. Jusqu'à ma douzième année à peu près, mon histoire tient en quelques lignes : j'ai perdu mon père à quatre ans, ma mère à six ; j'ai passé la guerre dans
5 diverses pensions de Villars-de-Lans. En 1945, la sœur de mon père et son mari m'adoptèrent.

Cette absence d'histoire m'a longtemps rassuré : sa sécheresse objective, son évidence apparente, son innocence, me protégeaient, mais de quoi
10 me protégeaient-elles, sinon précisément de mon histoire, de mon histoire réelle, de mon histoire à moi qui, on peut le supposer, n'était ni sèche, ni objective, ni apparemment évidente, ni évidemment innocente ?

15 « Je n'ai pas de souvenirs d'enfance » : je posais cette affirmation avec assurance, avec presque une sorte de défi. L'on n'avait pas à m'interroger sur cette question. Elle n'était pas inscrite à mon programme. J'en étais dispensé :
20 une autre histoire, la Grande, l'Histoire avec sa grande hache, avait déjà répondu à ma place : la guerre, les camps.

GEORGES PEREC, *W ou le souvenir d'enfance*,
Éd. Denoël, 1975.

SÉRIES GÉNÉRALES

TEXTES DU CORPUS
Texte A : François-René de Chateaubriand,
Mémoires d'outre-tombe, 1848 (posth.).
Texte B : George Sand, *Histoire de ma vie*, 1855.
Texte C : Albert Cohen, *Le Livre de ma mère*, 1964.
Texte D : Olivier Adam, *Falaises*, 2005.
Document iconographique : Giorgio de Chirico, *Portrait de l'artiste avec sa mère*, 1919.

⬇ OBJET D'ÉTUDE
✤ **L'autobiographie**

Texte A

Je touchais à ma septième année ; ma mère me conduisit à Plancouët, afin d'être relevé du vœu de ma nourrice, nous descendîmes chez ma grand'mère. Si j'ai vu le bonheur, c'était certainement dans cette maison.

Ma grand'mère occupait, dans la rue du Hameau de l'Abbaye, une mai-
5 son dont les jardins descendaient en terrasse sur un vallon, au fond duquel on trouvait une fontaine entourée de saules. Madame de Bedée[1] ne marchait plus, mais à cela près, elle n'avait aucun des inconvénients de son âge : c'était une agréable vieille, grasse, blanche, propre, l'air grand, les manières belles et nobles, portant des robes à plis à l'antique et une coiffe noire de dentelle,
10 nouée sous le menton. Elle avait l'esprit orné, la conversation grave, l'humeur sérieuse. Elle était soignée par sa sœur, mademoiselle de Boisteilleul, qui ne lui ressemblait que par la bonté. Celle-ci était une petite personne maigre, enjouée, causeuse, railleuse. Elle avait aimé un comte de Trémignon, lequel comte ayant dû l'épouser, avait ensuite violé sa promesse. Ma tante
15 s'était consolée en célébrant ses amours, car elle était poète. Je me souviens de lui avoir souvent entendu chantonner en nasillant, lunettes sur le nez, tandis qu'elle brodait pour sa sœur des manchettes à deux rangs, un apologue qui commençait ainsi :

Un épervier aimait une fauvette
20 *Et, ce dit-on, il en était aimé.*

ce qui m'a paru toujours singulier pour un épervier. La chanson finissait par ce refrain :

Ah ! Trémignon, la fable est-elle obscure ?
Ture lure.

25 Que de choses dans le monde finissent comme les amours de ma tante, ture lure !

FRANÇOIS-RENÉ DE CHATEAUBRIAND, *Mémoires d'outre-tombe*, 1848 (posth.).

1. Madame de Bedée : *la grand-mère de l'auteur.*

Texte B

Le 5 juillet 1804 je vins au monde, mon père jouant du violon et ma mère ayant une jolie robe rose. Ce fut l'affaire d'un instant. J'eus du moins cette part de bonheur que me prédisait ma tante Lucie de ne point faire souffrir longtemps ma mère. Je vins au monde fille légitime, ce qui aurait fort bien
5 pu ne pas arriver si mon père n'avait pas résolument marché sur les préjugés de sa famille, et cela fut un bonheur aussi, car sans cela ma grand-mère ne se fût peut-être pas occupée de moi avec autant d'amour qu'elle le fit plus tard, et j'eusse été privée d'un petit fonds d'idées et de connaissances qui a fait ma consolation dans les ennuis de ma vie.
10 J'étais fortement constituée, et, durant toute mon enfance, j'annonçais devoir être fort belle, promesse que je n'ai point tenue. Il y eut peut-être de ma faute, car à l'âge où la beauté fleurit, je passais déjà les nuits à lire et à écrire. Étant fille de deux êtres d'une beauté parfaite, j'aurais dû ne pas dégénérer, et ma pauvre mère, qui estimait la beauté plus que tout, m'en faisait souvent
15 de naïfs reproches. Pour moi, je ne pus jamais m'astreindre à soigner ma personne. Autant j'aime l'extrême propreté, autant les recherches de la mollesse m'ont toujours paru insupportables.

Se priver de travail pour avoir l'œil frais, ne pas courir au soleil quand ce bon soleil de Dieu vous attire irrésistiblement, ne point marcher dans de
20 bons gros sabots de peur de se déformer le cou-de-pied, porter des gants, c'est-à-dire renoncer à l'adresse et à la force de ses mains, se condamner à une éternelle gaucherie, à une éternelle débilité, ne jamais se fatiguer quand tout nous commande de ne point nous épargner, vivre enfin sous une cloche pour n'être ni hâlée, ni gercée, ni flétrie avant l'âge, voilà ce qu'il me fut toujours im-
25 possible d'observer. Ma grand-mère renchérissait encore sur les réprimandes de ma mère, et le chapitre des chapeaux et des gants fit le désespoir de mon enfance ; mais, quoique je ne fusse pas volontairement rebelle, la contrainte ne put m'atteindre. Je n'eus qu'un instant de fraîcheur et jamais de beauté. Mes traits étaient cependant assez bien formés, mais je ne songeai jamais à leur
30 donner la moindre expression. L'habitude contractée, presque dès le berceau, d'une rêverie dont il me serait impossible de me rendre compte à moi-même, me donna de bonne heure *l'air bête*. Je dis le mot tout net, parce que toute ma vie, dans l'enfance, au couvent, dans l'intimité de la famille, on me l'a dit de même, et qu'il faut bien que cela soit vrai.

Georges Sand, *Histoire de ma vie*, 1855.

Texte C

Tandis qu'un chien hurle dans la nuit, un pauvre chien, mon frère, qui se lamente et dit mon mal, je me souviens insatiablement. C'est moi, bébé, et elle me poudre avec du talc, puis elle me fourre, pour rire, dans une hutte faite de trois oreillers et la jeune mère et son bébé rient beaucoup. Elle est morte.
5 Maintenant, c'est moi à dix ans, je suis malade et elle me veille toute la nuit, à la lumière de la veilleuse surmontée d'une petite théière où l'infusion reste au chaud, lumière de la veilleuse, lumière de Maman qui somnole près de moi, les pieds sur la chaufferette, et moi qui gémis pour qu'elle m'embrasse.

Maintenant, c'est quelques jours plus tard, je suis convalescent et elle m'a
10 apporté un fouet de réglisse que je lui ai demandé d'aller m'acheter et comme
elle a vite couru, docile, toujours prête. Elle est auprès de mon lit, et elle coud
en respirant sagement, silencieusement. Moi, je suis parfaitement heureux.
Je fais claquer le fouet de réglisse et puis je mange à minuscules coups de
dents un Petit-Beurre en commençant par les dentelures qui sont plus brunes
15 et c'est meilleur, et puis je joue avec son alliance qu'elle m'a prêtée et que je
fais tourner sur une assiette. Bons sourires de Maman rassurante, indulgences
de Maman. Elle est morte. Maintenant, je suis guéri et elle me fait, avec des
restants de pâte à gâteau, des petits bonshommes qu'elle fera frire pour moi.
Elle est morte. Maintenant, c'est la foire. Elle me donne deux sous, je les mets
20 dans le ventre de l'ours en carton et, chic, un chou à la crème sort du ventre !
« Maman, regarde-moi le manger, c'est meilleur quand tu me regardes. » Elle
est morte.

ALBERT COHEN, Le Livre de ma mère, Éd. Gallimard, 1954.

Texte D   Avant tout cela je ne me souviens de rien. Ni de ma mère ni de moi-
même. De ma naissance à mon premier souvenir, neuf ans se sont consumés
sans laisser de traces. Et jusqu'à la mort de maman tout reste trouble et désar-
ticulé. Je me demande parfois si tout ce que j'ai oublié s'est logé quelque part.
5 Si tous ces événements, ces mots, ces sensations, ces gestes accumulés me
constituent un peu, me font une manière de socle, ou bien si j'ai grandi sur du
vide, un sol qui se dérobe. J'ai en ma possession des dizaines de photos, quelques bobines de super-huit, où l'on me voit enfant, où on la voit telle que je ne
l'ai jamais connue. Riant aux éclats, lumineuse. Armée d'une bouteille d'eau,
10 à notre poursuite dans le jardin, dansant vêtue d'un paréo à fleurs orange sur
la terrasse d'une maison de vacances. Légère elle tournoie dans le soleil, fume
à la fenêtre de sa chambre ou au volant d'une voiture, un foulard noué dans
les cheveux et des lunettes aux verres fumés cachent ses yeux. J'ai quant à moi
sur le crâne une énorme touffe de cheveux blond clair, et la plupart du temps
15 je fais la moue.

OLIVIER ADAM, Falaises, Éd. de l'Olivier, 2005.

Document iconographique

Giorgio de Chirico,
Portrait de l'artiste avec sa mère, 1919.

ÉCRITURE

4 points ➤ **I. Après avoir pris connaissance des textes, vous répondrez d'abord à la question suivante.**

Quels sont, à travers la lecture des textes du corpus et du document iconographique, les principaux enjeux de l'autobiographie ?

16 points ➤ **II. Vous traiterez ensuite un de ces trois sujets.**

1. Commentaire
Vous rédigerez un commentaire de l'extrait d'*Histoire de ma vie* (texte B).

2. Dissertation
Selon vous, quelles sont les motivations d'un écrivain qui entreprend d'écrire son autobiographie ? Vous répondrez à cette question en un développement composé qui prendra appui sur les textes du corpus mais aussi sur ceux étudiés en classe, ainsi que sur vos lectures personnelles.

3. Invention
Un éditeur essaie de convaincre un romancier célèbre d'écrire son autobiographie. Vous rédigerez cette lettre en soulignant l'intérêt que lui-même mais aussi son public pourraient y trouver.

Les reprises
et les adaptations,
les changements
de genre
ou de registre,
les formes
de détournement,
comme le pastiche
et la parodie,
mettent
en évidence les
caractéristiques
du texte original
et celles
de sa réécriture.
Quelles formes
de réécritures
l'observation
de ce corpus
fait-elle
apparaître ?

Texte **A**

Le modèle antique

Pendant l'hiver, leur blé étant humide, les fourmis le faisaient sécher. La cigale, mourant de faim, leur demandait de la nourriture. Les fourmis lui répondirent : « Pourquoi en été n'amassais-tu pas de quoi manger ? – Je n'étais pas inactive, dit celle-ci, mais je chantais mélodieusement. »
5 Les fourmis se mirent à rire. « Eh bien, si en été tu chantais, maintenant que c'est l'hiver, danse. » Cette fable montre qu'il ne faut pas être négligent en quoi que ce soit, si l'on veut éviter le chagrin et les dangers.

ÉSOPE, « La cigale et les fourmis », *Fables*, VIIᵉ-VIᵉ siècle av. J.-C.

Texte **B**

La réécriture : la fable

La Cigale ayant chanté
   Tout l'été,
Se trouva fort dépourvue
Quand la bise fut venue :
5 Pas un seul petit morceau
De mouche ou de vermisseau.
Elle alla crier famine
Chez la Fourmi sa voisine,
La priant de lui prêter
10 Quelque grain pour subsister
Jusqu'à la saison nouvelle.
« Je vous paierai, lui dit-elle,
Avant l'août, foi d'animal,
Intérêt et principal. »
15 La Fourmi n'est pas prêteuse :
C'est là son moindre défaut.
« Que faisiez-vous au temps chaud ?
Dit-elle à cette emprunteuse.
– Nuit et jour à tout venant
20 Je chantais, ne vous déplaise.
– Vous chantiez ? J'en suis fort aise :
Et bien ! dansez maintenant. »

JEAN DE LA FONTAINE,
« La Cigale et la Fourmi », *Fables*, 1668.

Texte **C**

Le détournement de la fable : la parodie

Le poète ayant rimé,
   Imprimé,
Vit sa Muse dépourvue
De marraine et presque nue :
5 Pas le plus petit morceau
De vers ou de vermisseau.
Il alla crier famine
Chez une blonde voisine,
La priant de lui prêter
10 Son petit nom pour rimer.
(C'était une rime en elle.)
Oh ! je vous paierai, Marcelle,
Avant l'août, foi d'animal !
Intérêt et principal.
15 La voisine est très prêteuse,
C'est son plus joli défaut :
Quoi : c'est tout ce qu'il vous faut ?
Votre Muse est bien heureuse…
Nuit et jour, à tout venant,
20 Rimez mon nom… Qu'il vous plaise !
Et moi, j'en serai fort aise.
Voyez : chantez maintenant.

TRISTAN CORBIÈRE, *Les Amours jaunes*, 1873.

1 LE RECOURS AUX MODÈLES ANTIQUES

1 ▷ Montrez comment le texte d'Ésope sert de modèle à la fable de La Fontaine.

2 LES EFFETS DE REPRISES ET D'ÉCHOS

2 ▷ Quels sont les points communs entre les textes d'Ésope et de La Fontaine ? Quelles sont leurs différences ?

3 ▷ Trouvez dans le poème de Tristan Corbière une allusion à l'Antiquité et une autre à l'univers des contes de fées.

3 LE DÉTOURNEMENT D'UN TEXTE

4 ▷ En quoi le texte C imite-t-il la fable de La Fontaine ? Dans quel but ?

5 ▷ Montrez que les textes B et C s'inscrivent dans des registres différents.

Les formes de la réécriture sont très diverses. Un écrivain peut reprendre le texte d'un autre auteur, proposer une variation autour d'un personnage mythique, adapter une œuvre à un nouveau public, ou en détourner le sens en l'imitant. À travers le jeu des sources, la littérature se nourrit ainsi d'effets d'échos et de reprises entre les œuvres.

1 LE RECOURS AUX MODÈLES ANTIQUES

Depuis le XVIe siècle jusqu'à la fin du XVIIIe siècle, les écrivains de l'époque classique redécouvrent et admirent les auteurs de l'Antiquité. La tradition les engage à prendre pour modèle les grandes œuvres du passé. Ils respectent alors le cadre, le niveau de langage et le registre des œuvres imitées. Mais les auteurs peuvent aussi prendre avec leurs sources plus de liberté.

> Au XVIIe siècle, les pièces de Corneille ou de Racine s'inspirent des œuvres antiques pour imposer le renouveau de la tragédie. De son côté, La Fontaine s'inspire directement des textes en prose d'Ésope pour les transformer en fables versifiées.

2 LES EFFETS DE REPRISES ET D'ÉCHOS

L'écrivain peut être influencé par la lecture d'une œuvre, antérieure ou contemporaine, avec laquelle il instaure un rapport de complicité ou de rivalité.

1. L'allusion

L'auteur fait, dans son texte, référence à un autre texte. Il indique le titre d'une œuvre. Il évoque explicitement un auteur. Il renvoie à un personnage, à une scène ou à une phrase célèbres.

> *« Quant à mon jardin, nous continuâmes à le cultiver »* : Dans *Pierrot mon ami*, Queneau fait allusion à *Candide* de Voltaire.

2. L'emprunt

L'écrivain reprend de manière consciente un texte antérieur qu'il s'approprie. Il peut appauvrir le texte source en le plagiant, c'est-à-dire en copiant les idées ou le style de son auteur. Mais il peut aussi reprendre un texte pour l'améliorer, en modifier la portée et le sens. Enfin, l'emprunt peut être, à travers la réécriture, un hommage rendu par un auteur célèbre à un autre auteur qu'il admire.

> Pour écrire *L'Albatros*, Baudelaire reprend un poème du même titre, écrit par Polydore Bounin, pour amplifier et améliorer le texte original.

3. La variation autour d'un mythe

L'auteur partage avec d'autres écrivains l'exploitation d'un même thème, d'une même situation, d'un personnage mythique qui s'inscrit dans la mémoire collective du lecteur. Il peut alors prendre la plus grande liberté avec les œuvres auxquelles il fait écho.

> Don Juan, le personnage popularisé par Molière, est repris par Mozart pour l'opéra, par Baudelaire en poésie, ou encore par Montherlant dans le roman. De même, en donnant une nouvelle vie à Robinson Crusoé, le héros du roman de Daniel Defoe, Michel Tournier utilise un personnage devenu légendaire.

■ 4. L'adaptation

Un texte peut être adapté pour rencontrer un public différent : un roman est réécrit pour le théâtre ou pour le cinéma ; une œuvre est reprise pour être comprise par des enfants ; un texte antique ou classique est adapté au lecteur ou au spectateur contemporain à travers la modernisation du langage.

> Balzac adapte pour le théâtre l'histoire de Vautrin, l'un des personnages principaux de son œuvre romanesque, *La Comédie humaine*. Zola réécrit pour la scène *L'Assommoir*, *Nana*, *le Ventre de Paris* et *Thérèse Raquin*.

3 LE DÉTOURNEMENT D'UN TEXTE

Le pastiche et la parodie correspondent à une tradition littéraire qui vise à transformer un texte pour mettre en évidence ses caractéristiques ou pour le tourner en dérision.

■ 1. Le pastiche

Il consiste à imiter le style d'un écrivain de manière plaisante en amplifiant les procédés qu'il utilise, dans une intention de jeu et de complicité. Le pastiche est aussi une forme d'hommage rendu à un écrivain que l'on admire particulièrement. C'est également pour le pasticheur l'occasion de manifester son talent à travers un véritable exercice de style.

■ 2. La parodie

Elle consiste à reprendre une œuvre célèbre en changeant son genre, son registre, son niveau de langage, son cadre historique ou géographique. Le détournement parodique cherche ainsi à faire rire aux dépens d'une œuvre connue et immédiatement reconnaissable.

> Scarron, *Virgile travesti* (1648-1653) ; Marivaux, *L'Homère travesti* ou *l'Iliade* en vers burlesques (1717) ; Queneau, *Le Chiendent* (1933).

Les grandes dates de l'histoire littéraire

La tradition de la PARODIE

Antiquité Dès l'Antiquité grecque, les auteurs de parodies reprennent les genres nobles, comme l'épopée et la tragédie, pour les traiter dans un style comique.

Moyen Âge La parodie s'exerce pendant les fêtes de carnaval sur les textes sacrés. Cette dimension subversive de la parodie éclaire l'œuvre de Rabelais.

XVIIᵉ-XVIIIᵉ siècle Nombreux sont les auteurs qui perpétuent cette tradition au XVIIᵉ siècle, avec Scarron par exemple dans son *Roman comique*.

Au siècle suivant, toutes les pièces jouées à la Comédie-Française font aussitôt l'objet d'une parodie sur le théâtre populaire de la Foire.

XIXᵉ siècle L'opérette et le théâtre de boulevard parodient à leur tour les œuvres classiques, comme *Orphée aux Enfers* ou *La Belle Hélène* d'Offenbach, qui reprend sur le mode comique l'*Iliade* d'Homère.

XXᵉ siècle La parodie connaît encore de grands succès, par exemple à travers les œuvres de Raymond Queneau, Boris Vian ou Georges Perec.

ANALYSER LES MODÈLES ANTIQUES

1 **1. Quel est le destin d'Œdipe ? Aidez-vous pour**
✱✱ répondre de l'ensemble des textes du corpus.
En quoi ce destin s'inscrit-il dans le registre
tragique ?

2. Montrez que Corneille, au XVIIe siècle, retrouve
le cadre, le niveau de langage et le registre de
l'œuvre qu'il prend pour source.

TEXTE A

    Œdipe, devenu grand, consulta l'oracle sur
sa destinée, et reçut cette réponse : « Œdipe sera le
meurtrier de son père et l'époux de sa mère : il met-
tra au jour une race détestable. » Frappé de cette
5 *horrible prédiction, et pour éviter de l'accomplir, il*
s'exila de Corinthe, et, réglant son voyage sur les
astres, prit la route de Phocide. S'étant trouvé dans
un chemin étroit qui menait à Delphes, il rencontra
Laïus monté sur un char et escorté seulement de
10 *cinq personnes, qui ordonna d'un ton de hauteur à*
Œdipe de lui laisser le passage libre ; ils en vinrent
aux mains sans se connaître, et Laïus fut tué.

        PIERRE COMMELIN, *Mythologie grecque et romaine*,
        Éd. Garnier, 1960.

TEXTE B

LE CORINTHIEN. – Et d'où vient la peur qu'elle
t'inspire ?

ŒDIPE. – D'un oracle des dieux effroyable, étranger.

5 LE CORINTHIEN – Peux-tu le dire ? ou bien doit-il
rester secret ?

ŒDIPE. – Nullement. Loxias m'a déclaré jadis
que je devais entrer dans le lit de ma mère et
verser de mes mains le sang de mon père. C'est
10 pourquoi, depuis longtemps, je m'étais fixé
bien loin de Corinthe pour mon bonheur, sans
doute, bien qu'il soit doux de voir les yeux de
ses parents.

        SOPHOCLE, *Œdipe roi*, 430 av. J.-C., trad. P. Mazon,
        Les Belles Lettres, 1958.

TEXTE C

        ŒDIPE

Aux crimes malgré moi l'ordre du ciel m'attache ;
Pour m'y faire tomber à moi-même il me cache ;
Il offre, en m'aveuglant sur ce qu'il a prédit,
Mon père à mon épée, et ma mère à mon lit.
5 Hélas, qu'il est bien vrai qu'en vain on s'imagine
Dérober notre vie à ce qu'il nous destine !
Les soins de l'éviter font courir au-devant,
Et l'adresse à le fuir y plonge plus avant.

        PIERRE CORNEILLE, *Œdipe*, Acte V, scène 5, 1659.

EXPLIQUER L'ALLUSION ET L'EMPRUNT

2 **1. Quels points communs les deux textes sui-**
✱ vants présentent-ils ?

2. Pourquoi peut-on affirmer que le texte B fait
référence au texte A ?

TEXTE A

        CHANSON D'AUTOMNE

Les sanglots longs
Des violons
De l'automne
Blessent mon cœur
5 D'une langueur
Monotone.

Tout suffocant
Et blême, quand
Sonne l'heure,
10 Je me souviens
Des jours anciens
Et je pleure,
Et je m'en vais

Au vent mauvais
15 Qui m'emporte
Deçà, delà,
Pareil à la
Feuille morte.

        PAUL VERLAINE, *Poèmes saturniens*, 1866.

TEXTE B

    JE SUIS VENU TE DIRE QUE JE M'EN VAIS

Je suis venu te dire que je m'en vais
et tes larmes n'y pourront rien changer
comme dit si bien Verlaine « au vent mauvais »
je suis venu te dire que je m'en vais
5 tu te souviens des jours anciens et tu pleures
tu suffoques, tu blémis à présent qu'a sonné l'heure
des adieux à jamais
oui je suis au regret
de te dire que je m'en vais
10 oui je t'aimais, oui, mais je suis venu te dir'que
je m'en vais
tes sanglots longs n'y pourront rien changer

        Paroles et musique de SERGE GAINSBOURG
        © 1974 by Melody Neslon Publishing.

3 **1. Relevez les ressemblances entre les textes.**
✱ Comment le second texte fait-il écho au premier ?

2. Cet effet d'écho qui unit les deux textes ins-
taure-t-il une forme de rivalité ou de complicité ?

TEXTE A

    Nanon faisait tout : elle faisait la cuisine,
elle faisait les buées, elle allait laver le linge à

la Loire, le rapportait sur ses épaules ; elle se levait au jour, se couchait tard ; faisait à manger
5 à tous les vendangeurs pendant les récoltes, surveillait les halleboteurs[1] ; défendait, comme un chien fidèle, le bien de son maître ; enfin, pleine de confiance aveugle en lui, elle obéissait sans murmure à ses fantaisies les plus saugrenues.

HONORÉ DE BALZAC, *Eugénie Grandet*, 1833.

1. **Halleboteurs** : *ceux qui cueillent les raisins restés après les vendanges.*

TEXTE B

Pendant un demi-siècle, les bourgeoises de Pont-L'évêque envièrent à Mme Aubain sa servante Félicité. Pour cent francs par an, elle faisait la cuisine, le ménage, cousait, lavait, repassait,
5 savait brider un cheval, engraisser les volailles, battre le beurre, et resta fidèle à sa maîtresse – qui cependant n'était pas une personne agréable.

GUSTAVE FLAUBERT, *Un cœur simple*, 1877.

ÉTUDIER LES VARIATIONS

Vers le commentaire

4 **1. Confrontez les deux textes suivants : à quel
*** genre et à quel registre appartiennent-ils ? Dans quel contexte s'inscrivent-ils ? Étudiez les thèmes et les procédés de style communs aux deux textes.
2. Rédigez la synthèse de votre recherche, en montrant comment les textes illustrent une variation autour d'une même situation.**

TEXTE A

Alors, à vingt mètres d'eux, du bord de la voie où l'épouvante les clouait, Misard et Cabuche les bras en l'air, Flore les yeux béants, virent cette chose effrayante : le train se dresser de-
5 bout, sept wagons monter les uns sur les autres, puis retomber avec un abominable craquement, en une débâcle informe de débris. Les trois premiers étaient réduits en miettes, les quatre autres ne faisaient plus qu'une montagne, un
10 enchevêtrement de toitures défoncées, de roues brisées, de portières, de chaînes, de tampons, au milieu de morceaux de vitre. Et, surtout, l'on avait entendu le broiement de la machine contre les pierres, un écrasement sourd terminé
15 en un cri d'agonie. La Lison, éventrée, culbutait à gauche, par-dessus le fardier[1] ; tandis que les pierres, fendues, volaient en éclats comme sous un coup de mine, et que, des cinq chevaux, quatre, roulés, traînés, étaient tués net. La queue du
20 train, six wagons encore intacts, s'était arrêtée, sans même sortir des rails.

Mais des cris montèrent, des appels dont les mots se perdaient en hurlements inarticulés de bête.
25 « À moi ! Au secours !... Oh ! Mon dieu ! Je meurs ! Au secours ! Au secours ! »

ÉMILE ZOLA, *La Bête humaine*, 1890.

1. **Fardier** : *chariot qui transporte des blocs de pierre.*

TEXTE B

Oh ! Quel choc ! Les wagons heurtés violemment
Font entendre un sinistre et profond craquement.
Les deux machines ont une lutte effrayante ;
Et, crachant la vapeur, la flamme et l'eau
[bouillante,
5 Par leurs flancs où rugit un monstrueux travail,
Les deux dragons de fer se mordent au poitrail.
Comme toujours dans ces terribles aventures,
Les voyageurs se sont jetés hors des voitures
Et courent en poussant des hurlements d'effroi.
10 Mais la gare est très proche et se met en émoi.
Par ici !... Du secours !... Enfin, de la lumière !...
Chacun se calme un peu de sa frayeur première.

FRANÇOIS COPPÉE, « Le coup de tampon » (extrait),
Les Paroles sincères, 1891.

ÉTUDIER L'ADAPTATION D'UN TEXTE

5 *Travail en binôme.* **Après une préparation de
** 20 minutes, montrez que le second texte est une adaptation à l'époque moderne du texte de La Bruyère.**

TEXTE A

HERMIPPE. Imaginez, s'il est possible, quelques outils qu'il n'ait pas, et les meilleurs et plus commodes à son gré que ceux mêmes dont les ouvriers se servent : il y en a de nouveaux et
5 d'inconnus, qui n'ont point de nom, productions de son esprit, et dont il a presque oublié l'usage. Nul ne peut se comparer à lui pour faire en peu de temps et sans peine un travail fort inutile. Il faisait dix pas pour aller de son lit à sa
10 garde-robe, il n'en fait plus que neuf par la manière dont il a su tourner sa chambre : combien de pas épargnés dans le cours d'une vie !

LA BRUYÈRE, *Les Caractères*, 1688.

TEXTE B

ALEX. Dans tous les domaines, Alex met un point d'honneur à acquérir ce qui existe de plus perfectionné. Il fut l'un des premiers Français à posséder un téléphone portable. Le sien,

⁵ aujourd'hui, a le format d'un paquet de cigarettes. Il se moque de ses amis qui notent encore
leurs adresses et leurs rendez-vous dans de jolis
carnets rechargeables à couvertures de cuir. Lui
se sert d'un mini-PC qu'il relie à son ordinateur
¹⁰ de table pour transformer ou mettre à jour informations et agendas.

Chez lui, tout est automatique, électronique,
informatique. Le paillasson camoufle une alarme à ultra-sons qui déclenche les aboiements
¹⁵ furieux d'un faux pit-bull à l'intérieur de l'appartement. Sa cuisine est un haut lieu de tech-
nicité. La cafetière parlante donne les nouvelles
du monde en trois idiomes différents. Le fer à
repasser, un modèle japonais haut de gamme,
²⁰ recolle instantanément et sans fil les boutons de
chemise à moitié décousus.

SOPHIE CHEVALIER, « Alex-le-gadget », *Les Ridicules*
du XXᵉ siècle, Arnaud Franel Éditions, 1999.

ÉTUDIER UN PASTICHE
ET UNE PARODIE

6 Confrontez ces deux extraits. Le texte B est-
* il un pastiche ou une parodie ? Justifiez votre
réponse.

TEXTE A

Maître Corbeau sur une arbre perché,
Tenait dans son bec un fromage.
Maître Renard, par l'odeur alléché,
Lui tint à peu près ce langage.
⁵ « Eh ! Bonjour, Monsieur du Corbeau,
Que vous êtes joli, que vous me semblez beau.
Sans mentir, si votre ramage
Se rapporte à votre plumage,
Vous êtes le phénix des hôtes de ces bois. »

JEAN DE LA FONTAINE, « Le Corbeau et le Renard »,
Fables, I, 2.

TEXTE B

Maître Corbeau sur un chêne mastard¹
Tenait un fromton² dans l'clapoir³
Maître Renard reniflait qu'au balcon
Quelque sombre zonard débouchait les flacons
⁵ Il dit : « Salut Corbac, c'est vous que je cherchais
Pour vous dir' que sans vous fair' mousser
⟦le bréchet
À côté du costard⁴ que vous portez mon cher
La robe du soir du Paon est une serpillière. »

PIERRE PERRET, V*ersion Pierrot*, Éd. Adèle, 1990.

1. **Mastard** : *costaud* – 2. **Fromton** : *fromage* – 3. **Clapoir** : *bec* –
4. **Costard** : *costume*.

7 1. Repérez toutes les caractéristiques du détour-
* nement dans cette publicité : l'imitation, le jeu,
la complicité, l'humour.

2. L'image est-elle un pastiche ou une parodie ?
Justifiez votre réponse.

Agence
Leo Burnett,
Londres, 1980.

8 Quelles caractéristiques du détournement repé-
* rez-vous dans le texte B ? S'agit-il d'un pastiche
ou d'une parodie ?

TEXTE A

Le soleil prolongeait sur la cime des tentes
Ces obliques rayons, ces flammes éclatantes,
Ces larges traces d'or qu'il laisse dans les airs,
Lorsqu'en un lit de sable il se couche aux déserts.
⁵ La pourpre et l'or semblaient revêtir la campagne.
Du stérile Nébo¹ gravissant la montagne,
Moïse, homme de Dieu, s'arrête et, sans orgueil,
Sur le vase horizon promène un long coup d'œil.

ALFRED DE VIGNY, *Poèmes antiques et modernes*,
1822-1826.

1. **Nébo** : *montagne de la région de Jéricho.*

TEXTE B

Le soleil prolongeait sur les Champs-Élysées
Ces obliques rayons, ces flèches aiguisées,
Ces longues pointes d'or qui vous crèvent
⟦les yeux,
Quand il se couche au loin vers le bois boulo-
⟦gneux.
⁵ Du tardif examen c'était l'heure attendue :
Dans la voiture école, au bord de l'avenue,
Le candidat troublé prend place, et, sans orgueil,
Sur le tableau de bord promène un long coup
⟦d'œil.

G.A. MASSON, *C'est pas beau de copier*,
Éd. Pierre Aniot-Dumont, 1987.

Vers le sujet de dissertation

LECTURE

1. Sur quels principes les trois textes sont-ils construits ? De quoi font-ils l'éloge ? Retrouvez et étudiez quelques-uns des procédés de l'éloge.

2. Repérez les effets de reprises et d'échos présents dans les textes : montrez qu'il s'agit d'une variation, d'une réécriture à partir d'un même thème.

ÉCRITURE

Lequel de ces trois poèmes préférez-vous ? Justifiez votre choix en apportant des exemples précis.

TEXTE A

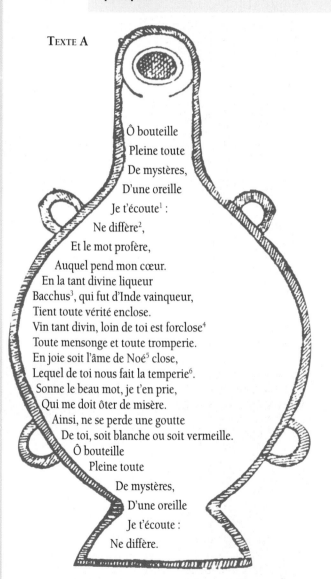

Ô bouteille
Pleine toute
De mystères,
D'une oreille
Je t'écoute[1] :
Ne diffère[2],
Et le mot profère,
Auquel pend mon cœur.
En la tant divine liqueur
Bacchus[3], qui fut d'Inde vainqueur,
Tient toute vérité enclose.
Vin tant divin, loin de toi est forclose[4]
Toute mensonge et toute tromperie.
En joie soit l'âme de Noé[5] close,
Lequel de toi nous fait la temperie[6].
Sonne le beau mot, je t'en prie,
Qui me doit ôter de misère.
Ainsi, ne se perde une goutte
De toi, soit blanche ou soit vermeille.
Ô bouteille
Pleine toute
De mystères,
D'une oreille
Je t'écoute :
Ne diffère.

FRANÇOIS RABELAIS (1494-1558), *Pantagruel*, 1532.

1. **Je t'écoute** : *le héros de Rabelais consulte la « dive bouteille » pour lui demander conseil* – 2. **Ne diffère** : *ne reporte pas ta réponse* – 3. **Bacchus** : *dieu du vin chez les Romains* – 4. **Forclose** : *exclue, rejetée* – 5. **Noé** : *personnage de la Bible* – 6. **Temperie** : *cadeau*.

TEXTE B

Nous ne pouvons rien trouver sur la terre
Qui soit bon, ni si beau que le verre,
Du tendre amour, berceau charmant,
C'est toi, champêtre fougère,
C'est toi qui sers à faire
L'heureux instrument
Où souvent pétille,
Mousse et brille
Le jus qui rend
Gai, riant,
Content.
Quelle douceur
Il porte au cœur
Tôt[1],
Tôt,
Tôt,
Qu'on m'en donne,
Qu'on l'entonne ;
Tôt,
Tôt,
Tôt,
Qu'on m'en donne,
Vite et comme il faut :
L'on y voit sur ses flots chéris
Nager l'allégresse et les ris[2].·

FRANÇOIS PANARD (1694-1765).

1.Tôt : *immédiatement, au plus vite* – 2.Ris : *les rires.*

TEXTE C

P
eti
Te
bou
teille
où mons
ieur Ba
ty cons
erve l'
antique
NECTAR

GUILLAUME APOLLINAIRE
(1880-1918),
Poèmes retrouvés,
Éd. Gallimard, 1965.

SÉRIES GÉNÉRALES

TEXTES DU CORPUS

Texte A : Alain-Fournier (1886-1914), *Le Grand Meaulnes*, Éd. Gallimard, 1913.
Texte B : Michel Tournier (contemporain), *Le Roi des Aulnes*, Éd. Gallimard, 1970.
Texte C : Interview de Michel Tournier, dans Jean-Louis de Rambures, *Comment travaillent les écrivains*, Éd. Flammarion, 1978.

⬇ OBJET D'ÉTUDE
✹ **Les réécritures**

De tous les plaisirs nouveaux que le bohémien, dès ce matin-là, introduisit chez nous, je ne me rappelle que le plus sanglant : c'était une espèce de tournoi où les chevaux étaient les grands élèves chargés des plus jeunes grimpés sur leurs épaules.

5 Partagés en deux groupes qui partaient des deux bouts de la cour, ils fondaient les uns sur les autres, cherchant à terrasser l'adversaire par la violence du choc, et les cavaliers, usant de cache-nez comme de lassos, ou de leurs bras tendus comme des lances, s'efforçaient de désarçonner leurs rivaux. Il y en eut dont on esquivait le choc et qui, perdant l'équilibre, allaient s'étaler dans la
10 boue, le cavalier roulant sous sa monture. Il y eut des écoliers à moitié désarçonnés que le cheval rattrapait par les jambes et qui, de nouveau acharnés à la lutte, regrimpaient sur ses épaules. Monté sur le grand Delage qui avait les membres démesurés, le poil roux et les oreilles décollées, le mince cavalier à la tête bandée excitait les deux troupes rivales et dirigeait malignement sa monture
15 en riant aux éclats.

Augustin, debout sur le seuil de la classe, regardait d'abord avec mauvaise humeur s'organiser ces jeux. Et j'étais auprès de lui, indécis. […]

Partout, dans tous les coins, en l'absence du maître se poursuivait la lutte : les plus petits avaient fini par grimper les uns sur les autres ; ils couraient et
20 culbutaient avant même d'avoir reçu le choc de l'adversaire…

Bientôt, il ne resta plus debout, au milieu de la cour, qu'un groupe acharné et tourbillonnant d'où surgissait par moments le bandeau blanc du nouveau chef.

Alors le grand Meaulnes ne sut plus résister. Il baissa la tête, mit ses mains
25 sur ses cuisses et me cria :

« Allons-y, François ! »

Surpris par cette décision soudaine, je sautai pourtant sans hésiter sur ses épaules et en une seconde nous étions au fort de la mêlée, tandis que la plupart des combattants, éperdus, fuyaient en criant :
30 « Voilà Meaulnes ! Voilà le grand Meaulnes ! »
Au milieu de ceux qui restaient il se mit à tourner sur lui-même en me disant :
« Étends les bras : empoigne-les comme j'ai fait cette nuit. »

Et moi, grisé par la bataille, certain du triomphe, j'agrippais au passage les gamins qui se débattaient, oscillaient un instant sur les épaules des grands

35 et tombaient dans la boue. En moins de rien il ne resta debout que le nouveau venu monté sur Delage ; mais celui-ci, peu désireux d'engager la lutte avec Augustin, d'un violent coup de reins en arrière se redressa et fit descendre le cavalier blanc.

40 La main à l'épaule de sa monture, comme un capitaine qui tient le mors de son cheval, le jeune garçon debout par terre regarda le grand Meaulnes avec un peu de saisissement et une immense admiration.

ALAIN-FOURNIER, *Le Grand Meaulnes*, Éd. Gallimard, 1913.

Texte B

14 mars 1938. La grande récréation, celle de quatre heures, battait son plein. Une clameur unanime montait de la cour où tourbillonnaient des centaines d'enfants sanglés dans leurs tabliers noirs soutachés de rouge. Assis sur le rebord d'une fenêtre auquel Nestor s'appuyait, j'observais un jeu nouveau d'une
5 fascinante brutalité. Les garçons les plus légers se juchaient sur les épaules des plus forts, et les couples ainsi formés – cavaliers et montures – s'affrontaient sans autre but que de se désarçonner les uns les autres. Les bras tendus des cavaliers formaient des lances qui visaient l'adversaire au visage et qui dans un second temps se transformaient en harpons, crochaient le cavalier au col et le
10 tiraient sur le côté ou en arrière. Il y avait des chutes brutales dans le mâchefer, mais parfois le cavalier, renversé en arrière, serrait entre ses genoux le cou de son cheval et luttait la tête au ras du sol, agrippant des deux mains les jambes des montures adverses.

Nestor avait d'abord embrassé toute la cour du regard, jouissant de la su-
15 périorité que lui donnait son immobilité contemplative face à la mêlée. […]

À ce moment, une grappe de cavaliers inextricablement enchevêtrés bascula avec les montures et se disloqua sur le sol raboteux. Nestor eut un tressaillement d'enthousiasme. « Allons viens, Mabel, me dit-il, nous allons leur montrer qui nous sommes ! » Puis il passa derrière moi, glissa sa grosse tête entre
20 mes maigres cuisses, et me souleva comme une plume. Ses mains serraient mes poignets et tiraient sur mes bras pour renforcer mon assiette, de telle sorte que nous n'avions les mains libres ni l'un ni l'autre. Il ne s'en souciait pas, car il ne comptait vaincre que sur sa masse. Et le fait est qu'il traversa l'aire des combats en renversant tout sur son passage, comme un taureau furieux. Il fit demi-tour et
25 revint à la charge, mais l'effet de surprise était épuisé, et les cavaliers qui restaient firent front courageusement. Le choc fut terrible. Les lunettes de Nestor volèrent en éclats. « Je n'y vois plus rien, me dit-il en me lâchant les mains, guide-moi ! » Je lui pris les oreilles et tentai de le diriger en tirant du côté où je voulais qu'il allât, comme on fait le mors d'un cheval. Mais il adopta bien vite une autre
30 tactique. Pour échapper aux cavaliers qui le harcelaient, il se mit à tourner sur lui-même avec une vélocité que sa corpulence rendait surprenante. De mon côté, j'empoignais tout ce qui passait à ma portée entraînant avec moi les assaillants qui culbutaient comme des quilles. Bientôt, nous fûmes seuls debout, au milieu des vaincus qui se désunissaient péniblement sur le sol. Un cercle d'admirateurs
35 nous entourait.

MICHEL TOURNIER, *Le Roi des Aulnes*, Éd. Gallimard, 1970.

« La part proprement inventée est minime dans mes romans. [...] J'ai pillé dans la *Monadologie*, de Leibniz, tout un passage de *Vendredi ou les Limbes du Pacifique* et dans *Le Grand Meaulnes* d'Alain-Fournier, la bataille des écoliers, en couples cavaliers et montures, du *Roi des Aulnes*. Ce dernier livre est en outre si inspiré
5 de Flaubert qu'il constitue une véritable anthologie de cet auteur avec des rappels de *Salammbô* (les enfants empalés), de *La Légende de saint Julien l'Hospitalier* (les battues de Göring[1]), et de *Bouvard et Pécuchet* (les nomenclatures touchant l'élevage des pigeons voyageurs, les grades SS et les explications scientifiques racistes). J'ai été jusqu'à pasticher la fameuse phrase si interminable sur la piè-
10 ce montée servie au banquet de noces de *Madame Bovary* (cf. la description de la bicyclette de Nestor). Je suis comme la pie voleuse. Je ramasse à droite et à gauche tout ce qui me plaît pour l'entasser dans mon nid. Le problème, c'est de remuer toutes ces choses hétéroclites jusqu'à ce qu'il en sorte un livre. »

Interview de MICHEL TOURNIER, dans JEAN-LOUIS DE RAMBURES,
Comment travaillent les écrivains, Flammarion, 1978.

1. Göring : *dignitaire nazi durant la Seconde Guerre mondiale.*

ÉCRITURE

4 points ➤ **I. Vous répondrez d'abord à la question suivante.**

Quels sont les points communs existant entre la scène du *Grand Meaulnes* et celle du *Roi des Aulnes* ? Vous vous appuierez dans votre réponse sur des citations précises.

16 points ➤ **II. Vous traiterez ensuite un de ces sujets au choix.**

1. Commentaire
Vous commenterez le texte A.

2. Dissertation
Michel Tournier (texte C) écrit : « Je suis comme la pie voleuse. Je ramasse à droite et à gauche tout ce qui me plaît pour l'entasser dans mon nid. Le problème, c'est de remuer toutes ces choses hétéroclites jusqu'à ce qu'il en sorte un livre. » Pensez-vous que la réécriture permette l'innovation ?
Vous répondrez à cette question en prenant appui sur les textes du corpus, ceux que vous avez étudiés en classe et vos propres lectures.

3. Invention
Dans une lettre adressée à Michel Tournier, vous lui faites part de vos réflexions et de vos sentiments après avoir lu sa réécriture de la scène du *Grand Meaulnes*.

Les questions sur le corpus

Le sujet d'examen porte sur un ensemble de textes appelé «corpus», éventuellement illustré par un document iconographique. Ce corpus peut parfois consister en une œuvre intégrale brève ou en un seul texte long. Il est représentatif d'un ou de plusieurs objets d'étude du programme de Première correspondant à la série du candidat.

Une question notée sur quatre points (séries générales) ou deux questions notées sur six points (séries technologiques) permettent de vérifier l'aptitude du candidat à lire et analyser les textes pour en dégager les significations ; elles conduisent à mettre les textes en relation, par l'analyse de leurs points communs et de leurs différences. Elles préparent également le candidat à répondre aux travaux d'écriture, eux aussi liés aux textes du corpus.

Méthodes du bac

Fiche 1 • Lire et observer les textes du corpus

Fiche 2 • Répondre aux questions sur le genre et le registre

Fiche 3 • Répondre aux questions sur la langue et le style

Fiche 4 • Répondre aux questions sur le sens du texte

Les questions sur le corpus

Sujet du BAC

OBJETS D'ÉTUDE :

La poésie : chapitre 18 p. 226

L'autobiographie : chapitre 22 p. 278

✦ Textes

Texte A : Pierre de Ronsard (1524-1585), « Madrigal », *Sonnets pour Hélène*, 1578.

Texte B : Guillaume Apollinaire (1880-1918), « À la Santé », VI, *Alcools*, 1913.

Texte C : Victor Hugo (1802-1885), « Demain, dès l'aube… », *Les Contemplations*, 1856.

✦ Questions sur le corpus (toutes séries)

1. Montrez que chaque poème présente un moment important de la vie de son auteur.

2. Qu'est-ce qui rend ces trois textes lyriques ? Vous justifierez votre réponse en vous appuyant sur des éléments précis.

Texte A

Si c'est aimer, Madame[1], et de jour et de nuit
Rêver, songer, penser le moyen de vous plaire,
Oublier toute chose, et ne vouloir rien faire
Qu'adorer et servir la beauté qui me nuit ;

5 Si c'est aimer de suivre un bonheur qui me fuit,
De me perdre moi-même et d'être solitaire,
Souffrir beaucoup de mal, beaucoup craindre et me taire,
Pleurer, crier merci[2], et m'en voir éconduit ;

Si c'est aimer de vivre en vous plus qu'en moi-même,
10 Cacher d'un front joyeux une langueur extrême,
Sentir au fond de l'âme un combat inégal,

Chaud, froid, comme la fièvre amoureuse me traite,
Je vous aime et sais bien que mon mal est fatal,
Le cœur le dit assez, mais la langue est muette.

PIERRE DE RONSARD, « Madrigal », *Sonnets pour Hélène*, 1578.

1. Madame : *Hélène de Surgères, dont Ronsard est amoureux* – 2. Crier merci : *supplier*.

Texte B

J'écoute les bruits de la ville
Et prisonnier[1] sans horizon
Je ne vois rien qu'un ciel hostile
Et les murs de ma prison

5 Le jour s'en va voici que brûle
Une lampe dans la prison
Nous sommes seuls dans ma cellule
Belle clarté Chère raison
                    Septembre 1911.

GUILLAUME APOLLINAIRE, « À la Santé », *Alcools*, 1913.

1. Prisonnier : *en 1911, après le vol de la Joconde, Apollinaire est incarcéré pendant quelques jours à la prison de la Santé, sous l'inculpation de recel.*

Texte **C**

C'est à la suite de la mort accidentelle de sa fille Léopoldine, en 1843, qu'Hugo compose ce poème.

Demain, dès l'aube, à l'heure où blanchit la campagne,
Je partirai. Vois-tu, je sais que tu m'attends.
J'irai par la forêt, j'irai par la montagne,
Je ne puis demeurer loin de toi plus longtemps.

5　Je marcherai les yeux fixés sur mes pensées,
Sans rien voir au-dehors, sans entendre aucun bruit,
Seul, inconnu, le dos courbé, les mains croisées,
Triste, et le jour sera pour moi comme la nuit.

Je ne regarderai ni l'or du soir qui tombe,
10　Ni les voiles au loin, descendant vers Harfleur[1]
Et quand j'arriverai, je mettrai sur ta tombe
Un bouquet de houx vert et de bruyère en fleur.

3 septembre 1847

VICTOR HUGO, « Demain dès l'aube... », *Les Contemplations*, 1856.

1. Harfleur : *Ville des environs du Havre.*

Réponses rédigées

1. Les auteurs de ces trois poèmes mettent en scène les circonstances d'un événement qui les a marqués : Ronsard s'adresse, dans son sonnet, à Hélène de Surgères. Il souligne l'intensité de son amour plaintif et désespéré, vers après vers, en utilisant l'anaphore « Si c'est aimer ». Accablé par le sentiment de la solitude, Apollinaire recrée en quelques mots l'atmosphère de la prison de la Santé : « sans horizon », « les murs nus », « une lampe », « ma cellule ». Enfin, Hugo évoque le pèlerinage douloureux qu'il effectuera le lendemain sur la tombe de sa fille, « vers Harfleur », confiant au lecteur son profond chagrin et sa mélancolie.

En définitive, ces trois poèmes s'inscrivent dans la confidence autobiographique, pour souligner un moment de l'existence de leur auteur.

2. Chaque poème développe avec intensité des émotions. Une relation d'intimité s'établit avec le lecteur à travers le « je » : « Je vous aime... mon mal est fatal », confie Ronsard au dernier vers, tandis que Apollinaire ou Hugo déclarent leur présence dès le début de leurs poèmes : « J'écoute les bruits de la ville » ; « Demain dès l'aube (...)/Je partirai ».

Déclaration d'amour, rêverie mélancolique du prisonnier, chagrin du deuil : les procédés de l'insistance renforcent l'expression lyrique des sentiments. Ronsard utilise l'antithèse pour exprimer son trouble (« chaud » / « froid » ; « front joyeux » / « langueur extrême ») ; Apollinaire oppose aux termes négatifs de la première strophe (« sans horizon », « rien qu'un », « hostile ») le dialogue avec lui-même (« Belle clarté Chère raison ») ; Hugo s'appuie sur la répétition du « Je » en début de vers pour dire son chagrin et sa détermination.

On le voit, du XVIᵉ au XXᵉ siècle, la poésie demeure le genre privilégié du lyrisme.

Lire et observer les textes du corpus

Le corpus proposé à l'examen comprend un ou plusieurs extraits d'œuvres littéraires, éventuellement accompagnés d'un document iconographique. Il s'agit donc, pour le candidat, de découvrir et de comprendre ce qui fonde l'unité du corpus, avant de répondre à la question ou aux deux questions qui lui sont posées.

1 Lisez attentivement les textes du corpus

● **La première lecture des textes.** Une première lecture attentive du corpus identifie précisément chacun des textes : titre de l'œuvre, nom de l'auteur, genre littéraire, thème dominant.

● **Les renseignements fournis par le paratexte.** Une lecture attentive apporte des informations sur le contexte historique ou biographique, à travers les notes éventuelles, la date et le lieu d'écriture ou de publication des œuvres.

Remarque : Devant un document iconographique, il faut se demander en quoi il peut être associé aux textes du corpus, de quelle manière il les éclaire ou les illustre. Il est nécessaire d'identifier sa nature (tableau, photographie, dessin, caricature, etc.) et le message qu'il transmet.

2 Recherchez l'unité du corpus

Quels sont les objets d'étude à l'examen ? Les objets d'étude qui peuvent être illustrés par le corpus sont : *Le roman et ses personnages : visions de l'homme et du monde ; La poésie ; Le théâtre : texte et représentation ; L'argumentation : convaincre, persuader et délibérer*. À ces quatre objets d'étude, il faut ajouter pour la série littéraire les deux objets d'étude suivants : *L'autobiographie ; Les réécritures*.

Remarque : L'objet d'étude *Un mouvement littéraire et culturel (du XVIᵉ, du XVIIᵉ ou du XVIIIᵉ siècle)*, facultatif pour les séries technologiques, est réservé à l'épreuve orale, dans la mesure où chaque enseignant choisit lui-même le mouvement qu'il veut étudier avec ses élèves.

● **Le corpus est-il construit autour d'un objet d'étude unique ?** Les textes illustrent le plus souvent un seul objet d'étude du programme de Première, qui apparaît clairement sur le sujet d'examen. Le rapprochement des textes dégage une problématique liée à cet objet d'étude.

● **Le corpus est-il construit autour de plusieurs objets d'étude ?** Les textes peuvent être représentatifs de plusieurs objets d'étude. Les questions porteront alors sur les caractéristiques de ces objets d'étude, ainsi que sur celles des textes.

Exemple : La question de lecture peut dans ce cas être formulée ainsi : *À quel(s) objet(s) d'étude se rattache chaque texte ? Justifiez votre réponse.*

Répondre aux questions sur le genre et le registre

Pour vérifier les compétences de compréhension et d'analyse du candidat, les questions de lecture peuvent demander d'identifier le genre et le registre de chaque texte. Elles préparent ainsi aux travaux d'écriture de la seconde partie de l'épreuve.

1 Pour répondre à une question sur le genre littéraire

Les textes du corpus, en fonction de l'objet d'étude qu'ils illustrent, peuvent appartenir à un même genre littéraire ou, au contraire, à des genres littéraires différents. La question de lecture permet alors de vérifier la capacité du candidat à identifier les caractéristiques ou l'évolution des genres littéraires.

● **Les caractéristiques d'un genre littéraire.** Une question peut inviter le candidat à retrouver les caractéristiques d'un genre littéraire dans les textes étudiés : roman épistolaire, récit autobiographique, poème en vers ou en prose, comédie, tragédie, drame, essai, dialogue ou apologue.

Exemple : Un corpus portant sur l'objet d'étude *L'autobiographie* – qui rassemble un extrait des *Confessions de Rousseau*, un extrait des *Mots* de Sartre et un poème des *Contemplations* de Hugo – propose la question suivante : *Retrouvez les caractéristiques des genres littéraires auxquels appartiennent les textes du corpus.*

● **L'évolution d'un genre.** Lorsque les textes appartiennent à des époques différentes, une question peut demander de mettre en évidence l'évolution d'un genre, le changement de ses formes et de ses thèmes.

Exemple : Un corpus traitant de l'objet d'étude *La poésie* propose la question : *Quelles différences voyez-vous entre la forme du texte C et celle des autres textes ?*

2 Pour répondre à une question sur le registre

● **L'identification d'un registre.** Les textes littéraires expriment des émotions que les acteurs cherchent à faire partager au lecteur. Chaque texte s'inscrit ainsi dans un registre qu'il faut identifier : comique, tragique, pathétique, lyrique, épique, fantastique, réaliste ou polémique.

● **La confrontation des registres.** Le corpus met en évidence la diversité des registres illustrés par les textes. Une question peut demander d'identifier et de caractériser ces registres.

Critères de réussite

■ **La première phrase.** La première phrase énonce-t-elle, dès le début du paragraphe, l'idée directrice de votre réponse ?

■ **Le développement.** L'analyse est-elle menée de manière ordonnée à travers un ou plusieurs paragraphes ?

■ **Les citations.** Un exemple illustre-t-il chacune des caractéristiques repérées et analysées ? Les renvois aux textes sont-ils facilement repérables par le correcteur ?

■ **Le bilan.** Une phrase conclusive fait-elle la synthèse de votre réponse ?

Répondre aux questions sur la langue et le style

Les questions de lecture peuvent porter sur la langue et les outils du discours, le lexique, ou encore l'originalité du style d'un auteur. Dans ce cas, l'identification des procédés s'accompagne nécessairement d'une interprétation qui leur donne sens.

1 Pour répondre à une question sur la langue

● **L'énonciation et les effets sur le destinataire.** On retrouve dans chaque texte des indices de l'énonciation, comme les pronoms personnels, les indicateurs de temps et de lieu, les marques de l'émotion ou du jugement. Les questions posées visent à définir avec précision les liens créés entre l'émetteur et le destinataire.

Exemple : Quelle est la situation d'énonciation mise en place dans cette première page de *Jacques le fataliste* (texte C) ?

● **Le lexique.** Chaque écrivain s'appuie sur la polysémie des mots, leurs connotations ou les réseaux lexicaux qui donnent au texte une unité thématique. Ces procédés renseignent sur l'imaginaire de l'auteur, ses idées ou sa vision du monde.

Exemple : Quelles oppositions thématiques le texte A développe-t-il ? Justifiez votre réponse en vous appuyant sur l'étude du vocabulaire.

● **La phrase et le verbe.** Les différents types de phrases utilisées, leur construction et leur rythme contribuent à la puissance expressive du texte. De même, les écrivains exploitent les possibilités offertes par l'emploi des temps et des modes verbaux.

Exemple : Étudiez les valeurs que prend le présent dans les trois textes du corpus.

2 Pour étudier les figures de style

L'identification des procédés stylistiques s'accompagne nécessairement d'une interprétation qui explique leur présence.

Procédés rhétoriques	Exemple de question	Ce qu'il faut repérer et interpréter
La comparaison et la métaphore	*Montrez comment se développe l'image présente dans les textes A et B.*	– la comparaison, la métaphore – la métaphore filée – la personnification et l'allégorie
Les figures de style	*Relevez la figure de style présente dans la première phrase du texte A et analysez l'effet produit. Trouvez un autre exemple de cette figure dans le texte B.*	– les figures d'opposition – les figures d'insistance – les figures d'amplification ou d'atténuation
Les figures de l'éloquence	*À travers quels procédés l'orateur interpelle-t-il son auditoire ? Dans quelle intention ?*	– l'apostrophe – l'exclamation – la question oratoire

Critères de réussite

■ **La première phrase.** Le procédé à interpréter est-il identifié et défini dès le début de votre réponse ?

■ **Le développement.** Le procédé est-il cité, analysé et interprété avec précision ?

■ **Le bilan.** La dernière phrase souligne-t-elle l'intérêt ou l'originalité du texte ?

FICHE 4

Répondre aux questions sur le sens des textes

Les questions de lecture peuvent demander d'analyser un ou plusieurs textes du corpus de manière à en éclairer le sens. Elles permettent de vérifier si le texte a été bien compris, à travers l'étude du titre, des idées développées ou des personnages représentés.

1 Pour expliquer la fonction d'un titre

● **Le sens apparent du titre.** Le titre affiche le thème dominant ou le résumé de l'œuvre. Son analyse permet d'émettre des hypothèses de lecture.

● **La confrontation avec le texte.** La lecture du texte peut confirmer les hypothèses de lecture offertes par le titre ou, au contraire, nuancer ou infirmer son sens.

Exemple : Un corpus de textes consacrés à la poésie – constitué de « Spleen » (Charles Baudelaire), du « Dormeur du val » (Arthur Rimbaud) et de « L'amour fou » (André Breton) – propose la question suivante : *Justifiez le titre des poèmes.*

2 Pour dégager les idées dominantes d'un texte

● **La reformulation des idées.** Les textes du corpus peuvent développer une argumentation. Il s'agit de retrouver les passages dans lesquels ces idées sont développées, puis de les reformuler afin de mettre en évidence la structure du raisonnement.

Exemple : Un corpus, construit autour de l'objet d'étude *L'argumentation* et composé de trois fables propose la question suivante : *Quelle est la leçon dégagée par chacune de ces fables ?*

● **La confrontation des idées.** Lorsque la question porte sur plusieurs textes du corpus, il faut confronter les idées développées par chacun des auteurs.

3 Pour étudier un personnage

Le corpus peut reposer sur la confrontation de plusieurs personnages. Il peut montrer l'évolution d'un personnage à l'intérieur d'une œuvre ou à travers des œuvres différentes. Il faut dans tous les cas étudier la caractérisation et le jeu des oppositions ou des associations.

Exemple : À partir de ces trois textes, vous caractériserez le personnage d'Antigone.

Critères de réussite

■ **La mise en relation des textes.** La confrontation des textes met-elle clairement en évidence leurs points communs et leurs différences ?

■ **Le développement de la réponse.** Chaque argument apporté est-il illustré par une citation expliquée et commentée ?

■ **Le bilan.** La dernière phrase fait-elle la synthèse de votre réponse ?

DÉCOUVRIR LES TEXTES DU CORPUS

1 1. Identifiez le thème développé par ce corpus.

* 2. Relevez pour les deux textes : le titre de l'œuvre, le nom de l'auteur, la date à laquelle ils ont été écrits.

3. Que signifie l'indication « posth. » ? Par quelle autre information fournie par le paratexte cette mention est-elle justifiée ?

TEXTE A

(L'un des premiers poèmes de Rimbaud, écrit en 1870, alors qu'il est âgé de seize ans, est accompagné par le récit des circonstances dans lesquelles il a été écrit.)

12 mai…
Ne devinez-vous pas pourquoi je meurs d'amour ?
La fleur me dit : salut ; l'oiseau me dit bonjour :
Salut ; c'est le printemps ! c'est l'ange de tendresse !
5 Ne devinez-vous pas pourquoi je bous d'ivresse ?
Ange de ma grand-mère, ange de mon berceau,
Ne devinez-vous pas que je deviens oiseau,
Que ma lyre frissonne et que je bats de l'aile
         Comme l'hirondelle ?…

10 *J'ai fait ces vers-là hier, pendant la récréation ; je suis entré dans la chapelle, je me suis enfermé dans un confessionnal, et là, ma jeune poésie a pu palpiter et s'envoler, dans le rêve et le silence, vers les sphères de l'amour. Puis, comme on vient m'enlever mes*
15 *moindres papiers dans mes poches, la nuit et le jour, j'ai cousu ces vers en bas de mon dernier vêtement, celui qui touche immédiatement à ma peau, et, pendant l'étude, je tire, sous mes habits, ma poésie sur mon cœur, et je la presse longuement en rêvant...*

ARTHUR RIMBAUD, *Un cœur sous une soutane*, 1924 (posth.).

TEXTE B

(Dans la tétralogie qui compose ses souvenirs d'enfance, Marcel Pagnol raconte les premiers émois amoureux qu'éprouve au lycée l'un de ses amis, Lagneau.)

« Qu'y a-t-il ? » demandai-je.
Il nous tendit la lettre et je la lus à mi-voix. Elle contenait ceci :

   Monsieur,

5 *Je ne sais comment commencer cette lettre et je suis presque aussi embarrassée que nous l'étions tous les deux avant-hier. Je crois que notre amour ne peut survivre à ce rendez-vous, qui m'a appris sur mon état d'esprit beaucoup de choses que je soupçonnais déjà.*
10 *Je ne crois pas vous aimer vraiment, car je n'avais pas*

du tout envie de me laisser embrasser, je vous l'avoue carrément. Je crois que vous m'avez plu surtout parce que je suis très seule et cet amour était un peu comme dans les livres. Si cela vous fait de la peine, je vous
15 *prie de me le pardonner. Je ne vous oublierai jamais et j'aurai toute ma vie une petite émotion quand je penserai à notre amour épistolaire.*

*   Votre,*

*   P.S. Je vous serais reconnaissante de brûler mes*
20 *lettres ou de me les renvoyer. Celles que vous m'avez écrites vous seront remises avec celle-là.*

« Ah oui, dit Peluque. Il y avait un paquet avec la lettre. Mais il était trop gros, et je l'ai chez moi. Il ne doit pas y avoir que des lettres.
25 Ça pèse bien cinq kilos.
– Je lui ai écrit chaque jour pendant trois mois, et des lettres de vingt pages.
– Malheur ! » dit Peluque éloquemment.

MARCEL PAGNOL, *Le Temps des amours*, Éd. Julliard, 1977 (posth.).

2 1. Quel est le thème commun aux trois documents du corpus ?

** 2. Identifiez précisément pour les textes et le document iconographique : le titre de l'œuvre, le nom de l'auteur, la date à laquelle ils ont été publiés.

3. Quelles informations le paratexte apporte-t-il sur le contexte historique évoqué par le corpus ?

4. Quelle est la nature du document iconographique ? Justifiez sa présence dans le corpus.

TEXTE A

Dans cet extrait des Châtiments, *Victor Hugo évoque la débâcle de l'armée napoléonienne, surprise par l'hiver aux portes de Moscou.*

Il neigeait. On était vaincu par sa conquête.
Pour la première fois l'aigle baissait la tête.
Sombres jours ! l'empereur revenait lentement,
Laissant derrière lui brûler Moscou fumant.
5 Il neigeait. L'âpre hiver fondait en avalanche.
Après la plaine blanche, une autre plaine blanche.
On ne connaissait plus les chefs ni le drapeau.
Hier la grande armée, et maintenant troupeau.
On ne distinguait plus ni les ailes ni le centre.
10 Il neigeait. Les blessés s'abritaient dans le ventre
Des chevaux morts ; au seuil des bivouacs[1] désolés
On voyait des clairons à leur poste gelés,
Restés debout, en selle et muets, blancs de givre,
Collant leur bouche en pierre aux trompettes de
                  [cuivre.

15 Boulets, mitraille, obus, mêlés aux flocons
                                    [blancs,
Pleuvaient. Les grenadiers[2], surpris d'être
                                    [tremblants,
Marchaient pensifs, la glace à leur moustache grise.
Il neigeait, il neigeait toujours ! La froide bise
Sifflait ; sur les verglas, dans des lieux inconnus,
20 On n'avait pas de pain et on allait pieds nus.
Ce n'étaient plus des cœurs vivants, des gens de
                                    [guerre :
C'était un rêve errant dans la brume, un mystère.

VICTOR HUGO, *Les Châtiments*, 1853.

1. Bivouacs : *lieux où la troupe s'est arrêtée* – **2. Grenadiers** : *soldats d'élite.*

DOCUMENT ICONOGRAPHIQUE

WEIBERZAHL, *Napoléon se retire de la Russie* (le passage de la Bérézina du 26 au 28 novembre 1812), gravure de 1816.

TEXTE B

Enfin on touche au Niémen ; des trois ponts sur lesquels nos troupes avaient défilé, aucun n'existait ; un pont, ouvrage de l'ennemi, dominait les eaux congelées. Des cinq cent mille
5 hommes, de l'innombrable artillerie qui, au mois d'août, avaient traversé le fleuve, on ne vit repasser à Kowno qu'un millier de fantassins réguliers, quelques canons et trente mille misérables couverts de plaies. Plus de musique,
10 plus de chants de triomphe ; la bande à la face violette, et dont les cils figés forçaient les yeux à se tenir ouverts, marchait en silence sur le pont ou rampait de glaçons en glaçons jusqu'à la rive polonaise. Arrivés dans des habitations échauf-
15 fées par des poêles, les malheureux expirèrent : leur vie se fondit avec la neige dont ils étaient enveloppés.

FRANÇOIS-RENÉ DE CHATEAUBRIAND,
Mémoires d'outre-tombe, 1848 (posth).

RECHERCHER L'UNITÉ DU CORPUS

3 **Observez les listes d'œuvres suivantes. Quel
* est, pour chaque corpus, l'objet d'étude correspondant ?**

Corpus 1

TEXTE A : Stendhal (1783-1842), *Vie de Henry Brulard*, 1836, édition posthume, 1890.

TEXTE B : Michel Leiris (1901-1990), *L'Âge d'homme*, 1939.

TEXTE C : François-René de Chateaubriand (1768-1848), *Mémoires d'outre-tombe*, 1848.

TEXTE D : Annie Ernaux (contemporain), *La Place*, 1984.

Corpus 2

TEXTE A : Jean Tardieu (1903-1995), « Finissez vos phrases », *La Comédie du langage*, 1951.

TEXTE B : Samuel Beckett (1906-1989), *En attendant Godot*, Acte I, 1952.

TEXTE C : Eugène Ionesco (1912-1994), *Rhinocéros*, 1959.

ANNEXE : Eugène Ionesco (1912-1994), « *Propos sur mon théâtre* », *Notes et contre-notes*, 1966.

Corpus 3

TEXTE : Jean-Jacques Rousseau (1712-1778), *Les Confessions*, 1765-1770, édition posthume, 1782.

Corpus 4

TEXTE A : Arthur Rimbaud (1854-1891), « La maline », *Poésies*, 1870.

TEXTE B : Guillaume Apollinaire (1880-1918), « Rosemonde », *Alcools*, 1913.

TEXTE C : Paul Éluard (1895-1952), « La dame de carreau », *Donner à voir*, 1930.

TEXTE D : Louis Aragon (1897-1982), « Cantique à Elsa », *Les Yeux d'Elsa*, 1942.

4 **1. A quel genre argumentatif chacun des textes du corpus renvoie-t-il ?**

2. Quelles informations le paratexte apporte-t-il sur les œuvres du corpus ?

3. Quelles sont les trois leçons données par ces trois textes ?

■ Objet d'étude **L'argumentation : convaincre, persuader et délibérer**

Corpus

TEXTE A : Jean de la Fontaine (1621-1695), « La Grenouille qui se veut faire aussi grosse que le Bœuf », *Fables*, Livre I, 3, 1668.

TEXTE B : Voltaire (1694-1778), *Candide ou l'Optimisme*, 1759.

TEXTE C : Florian (1755-1794), « Le crocodile et l'esturgeon », *Fables*, Livre V, 12, 1792.

TEXTE A

S'inspirant d'Ésope, La Fontaine donne à ses lecteurs une leçon d'humanité en mettant en scène les mœurs de son temps.

Une Grenouille vit un Bœuf
Qui lui sembla de belle taille.
Elle qui n'était pas grosse en tout comme un œuf,
Envieuse s'étend, et s'enfle, et se travaille
5   Pour égaler l'animal en grosseur,
Disant : « Regardez bien, ma sœur ;
Est-ce assez ? dites-moi : n'y suis-je point encore ?
– Nenni. – M'y voici donc ? – Point du tout. –
          [M'y voilà ?
– Vous n'en approchez point. » La chétive Pécore[1]
10   S'enfla si bien qu'elle creva.

Le monde est plein de gens qui ne sont pas plus
          [sages :
Tout bourgeois veut bâtir comme les grands
          [seigneurs,
Tout petit prince a des ambassadeurs ;
Tout marquis veut avoir des pages.

JEAN DE LA FONTAINE, *Fables*, 1668.

1. **Pécore** : *femme sotte et prétentieuse.*

TEXTE B

À travers le conte philosophique, Voltaire expose son point de vue sur la morale et la religion, sur le pouvoir et la liberté.

Pendant cette conversation, la nouvelle s'était répandue qu'on venait d'étrangler à Constantinople deux vizirs du banc[1] et le muphti[2] et qu'on avait empalé plusieurs de leurs amis :
5 cette catastrophe faisait partout un grand bruit

pendant quelques heures. Pangloss, Candide et Martin, en retournant à la petite métairie, rencontrèrent un bon vieillard qui prenait le frais à sa porte sous un berceau d'orangers. Pangloss,
10 qui était aussi curieux que raisonneur, lui demanda comment se nommait le muphti qu'on venait d'étrangler. « Je n'en sais rien, répondit le bonhomme ; et je n'ai jamais su le nom d'aucun muphti ni d'aucun vizir[3]. J'ignore absolument
15 l'aventure dont vous me parlez ; je présume qu'en général ceux qui se mêlent des affaires publiques périssent quelquefois misérablement, et qu'ils le méritent ; mais je ne m'informe jamais de ce qu'on fait à Constantinople ; je me
20 contente d'y envoyer vendre les fruits du jardin que je cultive. » Ayant dit ces mots, il fit entrer les étrangers dans sa maison.

VOLTAIRE, *Candide ou l'Optimisme*, 1759.

1. **Vizirs du banc** : *conseillers du sultan* – 2. **Muphti** : *dignitaire de la religion musulmane* – 3. **Vizir** : *ministre d'un prince musulman.*

TEXTE C

Soutenu par Voltaire, auteur dramatique, romancier, Jean-Pierre Claris de Florian est célèbre pour ses Fables *écrites dans un style facile, d'une morale souvent désabusée.*

LE CROCODILE ET L'ESTURGEON
Sur la rive du Nil un jour deux beaux enfants
    S'amusaient à faire sur l'onde,
Avec des cailloux plats, ronds, légers et tranchants,
    Les plus beaux ricochets du monde.
5 Un crocodile affreux arrive entre deux eaux,
S'élance tout à coup, happe l'un des marmots,
Qui crie et disparaît dans sa gueule profonde.
L'autre fuit, en pleurant son pauvre compagnon.
    Un honnête et digne esturgeon[1],
10   Témoin de cette tragédie,
S'éloigne avec horreur, se cache au fond des flots.
Mais bientôt il entend le coupable amphibie[2]
    Gémir et pousser des sanglots.
« Le monstre a des remords, dit-il : ô providence,
15   Tu venges souvent l'innocence
    Pourquoi ne la sauves-tu pas ?
Ce scélérat du moins pleure ses attentats ;
    L'instant est propice, je pense,
    Pour lui prêcher la pénitence :
20 Je m'en vais lui parler. » Plein de compassion,
    Notre saint homme d'esturgeon,
    Vers le crocodile s'avance :
« Pleurez, lui cria-t-il, pleurez votre forfait ;
    Livrez votre âme impitoyable

25 Au remords, qui des dieux est le dernier bienfait,
Le seul médiateur entre eux et le coupable.
Malheureux, manger un enfant !
Mon cœur en a frémi, j'entends gémir le vôtre...
– Oui, répond l'assassin, je pleure en ce moment
30 De regret d'avoir manqué l'autre. »
Tel est le remords du méchant.

FLORIAN, « Le crocodile et l'esturgeon »,
Fables, Livre V, 12, 1792.

1. **Esturgeon** : *grand poisson de mer qui remonte les fleuves pour y pondre* – 2. **Amphibie** : *animal qui vit sur terre et dans l'eau.*

5 Quels sont les objets d'étude croisés dans les corpus suivants ?

Corpus 1

TEXTE A : Jean Giraudoux (1882-1944), *La guerre de Troie n'aura pas lieu*, 1935.

TEXTE B : Albert Camus (1913-1960), *Les Justes*, 1949.

TEXTE C : Jean-Paul Sartre (1905-1980), *Un théâtre de situations*, 1973.

Corpus 2

TEXTE A : Jean de la Fontaine (1621-1695), « Le Loup et l'Agneau », *Fables*, Livre I, 10, 1668.

TEXTE B : Florian (1755-1794), « Le crocodile et l'esturgeon », *Fables*, Livre V, 12, 1792.

TEXTE C : Victor Hugo (1802-1885), « L'ogre et la fée », *Toute la lyre*, 1861.

6 1. Relevez dans chacun des textes du corpus les marques du roman.

2. Quelles différences peut-on établir entre les personnages de chacun de ces extraits ?

3. En vous appuyant sur les textes A et B, expliquez quelles visions du monde révèlent les personnages.

■ **Objet d'étude Le roman et ses personnages : visions de l'homme et du monde**

TEXTE A

Je devais avoir trois ans quand j'ai vu Madame Rosa pour la première fois. Avant, on n'a pas de mémoire et on vit dans l'ignorance. J'ai cessé d'ignorer à l'âge de trois ou quatre ans et parfois
5 ça me manque.

Il y avait beaucoup d'autres Juifs, Arabes et Noirs à Belleville, mais Madame Rosa était obligée de grimper les six étages seule. Elle disait qu'un jour elle allait mourir dans l'escalier et
10 tous les mômes se mettaient à pleurer parce que c'est ce qu'on fait toujours quand quelqu'un meurt.

ROMAIN GARY/ÉMILE AJAR, *La Vie devant soi*,
Éd. Mercure de France, 1975.

TEXTE B

Les communications téléphoniques interurbaines, autorisées au début, provoquèrent de tels encombrements aux cabines publiques et sur les lignes, qu'elles furent totalement suspen-
5 dues pendant quelques jours, puis sévèrement limitées à ce qu'on appelait les cas urgents, comme la mort, la naissance et le mariage. Les télégrammes restèrent alors notre seule ressource. Des êtres que liaient l'intelligence, le cœur et
10 la chair, en furent réduits à chercher les signes de cette communion ancienne dans les majuscules d'une dépêche de dix mots. Et comme, en fait, les formules qu'on peut utiliser dans un télégramme sont vite épuisées, de longues vies
15 communes ou des passions douloureuses se résumèrent rapidement dans un échange périodique de formules toutes faites comme : « Vais bien. Pense à toi. Tendresse. »

ALBERT CAMUS, *La Peste*, Éd. Gallimard, 1947.

TEXTE C

Pécuchet parut.
« Mon oncle est mort ! J'hérite !
– Pas possible ! »
Bouvard montra les lignes suivantes :
5 ÉTUDE DE MAÎTRE TARDIVEL
NOTAIRE
Savigny-en-Septaine, 14 janvier 1839.

Monsieur,

Je vous prie de vous rendre en mon étude, pour y
10 *prendre connaissance du testament de votre père naturel, M. François-Denys-Bartholomée Bouvard, ex-négociant dans la ville de Nantes, décédé en cette commune le 10 du présent mois. Ce testament contient en votre faveur une disposition très importante.*

15 *Agréez, Monsieur, l'assurance de mes respects.*
TARDIVEL, notaire.

Pécuchet fut obligé de s'asseoir sur une borne dans la cour. Puis il rendit le papier en disant lentement :
20 « Pourvu... que ce ne soit pas... quelque farce ?
– Tu crois que c'est une farce ! » reprit Bouvard d'une voix étranglée, pareille à un râle de moribond.

Mais le timbre de la poste, le nom de l'étude
25 en caractères d'imprimerie, la signature du notaire, tout prouvait l'authenticité de la nouvelle ;
– et ils se regardèrent avec un tremblement du coin de la bouche et une larme qui roulait dans leurs yeux fixes.

GUSTAVE FLAUBERT, *Bouvard et Pécuchet*, posth., 1881.

RÉPONDRE À UNE QUESTION SUR LE GENRE OU LE REGISTRE

7 **1. À quels genres littéraires ces deux textes appartiennent-ils ? Justifiez votre réponse.**
*

2. Quel est le registre commun aux deux textes ? Relevez les indices qui permettent d'identifier ce registre.

TEXTE **A**

Malgré mes efforts, je sentais bien qu'une terreur profonde tenait ces gens, et chaque fois que je cessais de parler, toutes les oreilles écoutaient au loin. Las d'assister à ces craintes imbéciles,
5   j'allais demander à me coucher, quand le vieux garde tout à coup fit un bond de sa chaise, saisit de nouveau son fusil, en bégayant d'une voix égarée :
« Le voilà ! Le voilà ! Je l'entends ! » Les deux
10 femmes retombèrent à genoux dans leurs coins en se cachant le visage ; et les fils reprirent leurs haches. J'allais tenter encore de les apaiser, quand le chien endormi s'éveilla brusquement et, levant sa tête, tendant le cou, regardant vers le
15 feu de son œil presque éteint, il poussa un de ces lugubres hurlements qui font tressaillir les voyageurs, le soir, dans la campagne. Tous les yeux se portèrent sur lui, il restait maintenant immobile, dressé sur ses pattes comme hanté d'une
20 vision, et il se remit à hurler vers quelque chose d'invisible, d'inconnu, d'affreux sans doute, car tout son poil se hérissait. Le garde, livide, cria : « Il le sent ! il le sent ! il était là quand je l'ai tué. » Et les deux femmes égarées se mirent,
25 toutes les deux, à hurler avec le chien.

GUY DE MAUPASSANT, *La Peur*, 1882.

TEXTE **B**

J'entendrai donc toujours là-bas cet aboiement !
Un chien maigre perdu par des landes sans borne
Vers les nuages fous galopant au ciel morne
Dans l'averse et la pluie ulule longuement.
5   Ah ! Nul ne veut pleurer les douleurs de l'Histoire !
Dormez, chantez, aimez, ô vivants sans mémoire ;
Mais votre tour viendra ; l'oubli, la fosse noire.

Avez-vous entendu ? – Oh ! ce cri déchirant !
C'est le sifflet aigu, désolé, solitaire
10 D'un train noir de damnés pèlerins du mystère
Dans la nuit lamentable à jamais s'engouffrant.

JULES LAFORGUE, « Une nuit qu'on entendait un chien perdu » (extrait), *Les Complaintes*, 1885.

8 **1. Construisez, à partir des poèmes cités, un ta-**
*** **bleau qui mette en évidence les caractéristiques des différents textes du corpus.**

2. Quelle évolution les textes du corpus font-ils apparaître dans l'histoire de la poésie ?

3. Expliquez comment chacun de ces textes s'inscrit dans le registre lyrique. Rédigez votre réponse.

■ **Objet d'étude La poésie**

TEXTE **A**

Voici venir les temps où vibrant sur sa tige
Chaque fleur s'évapore ainsi qu'un encensoir ;
Les sons et les parfums tournent dans l'air du soir ;
Valse mélancolique et langoureux vertige !
5   Chaque fleur s'évapore ainsi qu'un encensoir ;
Le violon frémit comme un cœur qu'on afflige ;
Valse mélancolique et langoureux vertige !
Le ciel est triste et beau comme un grand reposoir.

Le violon frémit comme un cœur qu'on afflige,
10 Un cœur tendre, qui hait le néant vaste et noir !
Le ciel est triste et beau comme un grand reposoir ;
Le soleil s'est noyé dans son sang qui se fige.

Un cœur tendre, qui hait le néant vaste et noir,
Du passé lumineux recueille tout vestige !
15 Le soleil s'est noyé dans son sang qui se fige…
Ton souvenir en moi luit comme un ostensoir !

CHARLES BAUDELAIRE, « Harmonie du soir », *Les Fleurs du mal*, 1857.

TEXTE **B**

Elle est debout sur mes paupières
Et ses cheveux sont dans les miens,
Elle a la forme de mes mains,
Elle a la couleur de mes yeux,
5   Elle s'engloutit dans mon ombre
Comme une pierre sur le ciel.

Elle a toujours les yeux ouverts
Et ne me laisse pas dormir.
Ses rêves en pleine lumière
10 Font s'évaporer les soleils,
Me font rire, pleurer et rire,
Parler sans avoir rien à dire.

PAUL ÉLUARD, « L'amoureuse », *Mourir de ne pas mourir*, 1924.

TEXTE **C**

Des milliers et des milliers d'années
Ne sauraient suffire
Pour dire
La petite seconde d'éternité
5   Où tu m'as embrassé

Où je t'ai embrassée
Un matin dans la lumière de l'hiver
Au parc Montsouris à Paris
À Paris
10   Sur la terre
La terre qui est un astre.

JACQUES PRÉVERT, « Le jardin », *Paroles*,
Éd. Gallimard, 1949.

9
** **1. Quels sont les trois genres théâtraux représentés dans le corpus suivant ?**

2. Quels sont les registres des textes A et B ? Justifiez votre réponse en vous appuyant sur des indices précis.

3. En vous aidant du document annexe, relevez et expliquez la présence de plusieurs registres dans le texte C.

■ **Objet d'étude Le théâtre : texte et représentation**

TEXTE A :   Jean Racine (1639-1699), *Iphigénie*, Acte V, scène 4, 1674.

TEXTE B :   Jean-François Regnard (1655-1709), *Le Divorce*, Acte I, scène 4, 1688.

TEXTE C :   Victor Hugo (1802-1885), *Hernani*, Acte I, scène 1, 1830.

ANNEXE :   Victor Hugo (1802-1885), Préface de *Cromwell*, 1827.

TEXTE A

(Afin de permettre aux bateaux grecs d'atteindre Troie, les dieux exigent le sacrifice d'Iphigénie, la fille du roi Agamemnon et de Clytemnestre. Au moment où sa fille va être sacrifiée, Clytemnestre laisse éclater sa douleur et sa colère.)

CLYTEMNESTRE

Quoi ? pour noyer les Grecs et leurs mille vaisseaux,
Mer, tu n'ouvriras pas des abîmes nouveaux ?
Quoi ? lorsque, les chassant du port qui les recèle,
L'Aulide[1] aura vomi leur flotte criminelle,
5 Les vents, les mêmes vents, si longtemps accusés,
Ne te couvriront pas de ses vaisseaux brisés ?
Et toi, soleil, et toi, qui dans cette contrée
Reconnais l'héritier et le vrai fils d'Atrée[2],
Toi, qui n'osas du père éclairer le festin,
10 Recule : ils t'ont appris ce funeste chemin.
Mais cependant, ô ciel ! ô mère infortunée !
De festons[3] odieux ma fille couronnée
Tend la gorge aux couteaux par son père apprêtés.
Calchas[4] va dans son sang... Barbares, arrêtez !
15 C'est le pur sang du dieu qui lance le tonnerre...

JEAN RACINE, *Iphigénie*,
Acte V, scène 4, 1674.

1. **L'Aulide** : *Région de la Grèce où sont arrêtés les Grecs* – 2. **Atrée** : *Père d'Agamemnon et frère de Thyeste, dont il a tué les deux fils avant de les lui servir en repas : devant ce crime, le soleil aurait fui* – 3. **Festons** : *Couronne de feuilles et de branches entremêlées* – 4. **Calchas** : *Devin qui pratique le sacrifice.*

TEXTE B

SOTINET, ARLEQUIN, *en barbier*, MEZZETIN.

ARLEQUIN, *à Sotinet*. – On m'a dit, monsieur, que vous aviez besoin d'un homme de ma profession ; je viens vous offrir mes services.

SOTINET. – Ah ! monsieur, je suis ravi de vous
5 voir ; faites-moi, s'il vous plaît, la barbe, le plus promptement que vous pourrez.

ARLEQUIN. – Ne vous mettez pas en peine, monsieur ; dans deux petites heures votre affaire sera faite.

10 SOTINET. – Comment, dans deux heures ! Je crois que vous vous moquez.

ARLEQUIN. – Oh ! que cela ne vous étonne pas ; j'ai bien été trois mois entiers après une barbe, et tandis que je rasais d'un côté, le poil reve-
15 nait de l'autre ; mais présentement je suis plus habile ; vous allez voir. *(Il déploie ses outils, ôte son manteau, et le met au cou de Sotinet, au lieu de linge à barbe.)*

SOTINET. – Mais qu'est-ce donc que vous m'avez
20 mis au cou ?

ARLEQUIN. – Ah ! ma foi, je vous demande pardon : l'empressement à vous raser m'a fait prendre mon manteau pour votre linge à barbe. Allons, toi, donne-moi le linge, vite. *(Mezzetin*
25 *lui donne le linge.)*

SOTINET, *regardant Mezzetin*. – Qui est cet homme-là ?

ARLEQUIN. – C'est maître Jacques, celui qui accommode mes outils. Venez, maître Jacques, repassez-moi ce rasoir pour faire la barbe à monsieur.

30 MEZZETIN *prend le rasoir, et contrefaisant le rémouleur, d'une jambe figure la roue de la meule, et avec la bouche, il contrefait le bruit que fait le rasoir quand on le pose sur la meule pour le repasser, et celui que font les gouttes d'eau qui tombent sur la*
35 *roue pendant qu'on repasse ; ce qu'Arlequin explique à mesure à Sotinet. À la fin, après plusieurs lazzis de cette nature, Mezzetin chante un air italien ; puis, donnant le rasoir à Arlequin, lui dit :*

– La bourse est de ce côté-ci ; ne la manque pas.
40 *(Il s'en va.)*

JEAN-FRANÇOIS REGNARD, *Le Divorce*,
Acte I, scène 4, 1688.

TEXTE C

DOÑA JOSEPHA, *ouvrant une armoire étroite dans le mur.*
Entrez ici.
DON CARLOS, *examinant l'armoire.*

5 Cette boîte !

DOÑA JOSEPHA, *la refermant.*

          Va-t'en, si tu n'en veux pas.

DON CARLOS, *rouvrant l'armoire.*

Si.

10 *L'examinant encore.*

    Serait-ce l'écurie où tu mets d'aventure

Le manche du balai qui te sert de monture ?

Il s'y blottit avec peine.

Ouf !

15 DOÑA JOSEPHA, *joignant les mains et scandalisée.*

    Un homme ici !

DON CARLOS, *dans l'armoire restée ouverte.*

          C'est une femme, est-ce pas ?

Qu'attendait ta maîtresse ?

20 DOÑA JOSEPHA

          Ô ciel ! j'entends le pas

De Doña Sol. Seigneur, fermez vite la porte.

Elle pousse la porte de l'armoire, qui se referme.

DON CARLOS, *à l'intérieur de l'armoire.*

25 Si vous dites un mot, duègne[1], vous êtes morte.

VICTOR HUGO,
Hernani, Acte I, scène 1, 1830.

1. **Duègne** : *gouvernante.*

ANNEXE

    Que si nous avions le droit de dire quel pour-
rait être, à notre gré, le style du drame, nous
voudrions un vers libre, franc, loyal, osant tout
dire sans pruderie, tout exprimer sans recher-
5 che ; passant d'une naturelle allure de la comédie à la tragédie, du sublime au grotesque ; tour
à tour positif et poétique, tout ensemble artiste
et inspiré, profond et soudain, large et vrai ; sachant briser à propos et déplacer la césure pour
10 déguiser sa monotonie d'alexandrin ; plus ami
de l'enjambement qui l'allonge que de l'inversion qui l'embrouille ; fidèle à la rime, cette esclave reine, cette suprême grâce de notre poésie,
ce générateur de notre mètre ; inépuisable dans
15 la variété de ses tours, insaisissable dans ses secrets d'élégance et de facture ; prenant comme
Protée[1] mille formes sans changer de type et de
caractère, fuyant la tirade ; se jouant dans le dialogue ; se cachant toujours derrière le person-
20 nage.

VICTOR HUGO,
Préface de *Cromwell*, 1827.

1. **Protée** : *Dieu marin qui peut changer de forme à son gré.*

RÉPONDRE À UNE QUESTION SUR L'ÉNONCIATION

10 **1. Relevez dans l'extrait suivant l'ensemble des marques de l'énonciation : pronoms personnels, temps verbaux, indicateurs de lieu et de temps, modalisateurs de certitude, indices du sentiment et du jugement de l'émetteur.**

2. Quelles relations entre l'émetteur et le destinataire l'étude de l'énonciation met-elle en évidence ?

■ **Objet d'étude L'argumentation : convaincre, persuader et délibérer**

    Prenez une galère antique, un de ces grands navires des Grecs, si admirables de construc-tion ; quel est le moteur ? C'est la force des bras. Dans les flancs de ce beau navire, il y a un enfer ;
5 il y a là des centaines de créatures humaines, entassées les unes sur les autres, et qui, menant une vie d'éternels gémissements, livrées aux plus cruels traitements, faisaient aller les rames et marcher le navire.
10   Cela a duré presque jusqu'à nos jours ; nous avons des tableaux de ce qu'était l'intérieur d'une galère sous Louis XIV : c'est à faire dres-ser les cheveux sur la tête et ce n'est pas sans raison que le nom de galère est resté synonyme
15 des plus terribles travaux forcés.
Pourquoi ces horreurs ? Il n'y avait pas de vapeur alors, l'art de la navigation était peu avancé. Les bras de l'homme, appliqués direc-tement à la rame, étaient le seul propulseur.
20 Prenez notre plus grand vaisseau ; la somme d'effort musculaire dépensée à la manœuvre est presque insignifiante.
    Dans l'Antiquité, vous avez un autre travail presque aussi pénible que celui de la rame,
25 c'était celui de la meule. Il n'y avait pas de mou-lin à eau ni à vent ; on broyait le blé à force de bras, au moyen de deux meules dont l'une était conique et l'autre s'emboîtait dans la première. Tourner la meule était synonyme du plus cruel
30 châtiment. Les moulins ont fait disparaître cette hideuse occupation.
    Je suis convaincu que les progrès de la mé-canique, de la chimie, seront la rédemption de l'ouvrier ; que le travail matériel de l'humanité
35 ira toujours en diminuant et en devenant moins pénible ; que de la sorte l'humanité deviendra plus libre de vaquer à une vie heureuse, morale, intellectuelle. Aimez la science. Respectez-la,

40 croyez-le, c'est la meilleure amie du peuple, la
plus sûre garantie de ses progrès.

ERNEST RENAN, « Conférences »,
L'Avenir de la science, 1848.

11 **1. Relevez dans l'extrait suivant l'ensemble des
** ** marques de l'énonciation.**

**2. Qui est le destinataire des quatre premières
strophes ? Qui est l'émetteur de la dernière ?**

**3. Dans quelle intention le poète procède-t-il à ce
changement d'énonciation ?**

■ **Objet d'étude La poésie**

*Lamartine évoque dans « Le lac » la liaison amou-
reuse qu'il a vécue avec Julie Charles, atteinte d'une
maladie incurable.*

Ô lac ! l'année à peine a fini sa carrière,
Et près des flots chéris qu'elle devait revoir,
Regarde ! je viens seul m'asseoir sur cette pierre
    Où tu la vis s'asseoir !

5 Tu mugissais ainsi sous ces roches profondes,
Ainsi tu te brisais sur leurs flancs déchirés,
Ainsi le vent jetait l'écume de tes ondes
    Sur ses pieds adorés.

Un soir, t'en souvient-il ? nous voguions en silence ;
10 On n'entendait au loin, sur l'onde et sous les cieux,
Que le bruit des rameurs qui frappaient en cadence
    Tes flots harmonieux.

Tout à coup des accents inconnus à la terre
Du rivage charmé frappèrent les échos :
15 Le flot fut attentif, et la voix qui m'est chère
    Laissa tomber ces mots :

« Ô temps ! suspends ton vol, et vous, heures
                                          [propices[1] !
Suspendez votre cours :
Laissez-nous savourer les rapides délices
20   Des plus beaux de nos jours ! »

ALPHONSE DE LAMARTINE, « Le lac » (extrait),
Méditations poétiques, 1820.

1. Propices : *favorables.*

RÉPONDRE À UNE QUESTION
SUR LE LEXIQUE

12 **1. L'altitude, la hauteur constituent le réseau lexi-
** ** cal dominant du passage. Relevez les termes qui
le composent et donnez-lui une interprétation.**

**2. Relevez et interprétez les autres connotations
présentes dans ce passage : que symbolise l'épervier ? Que suggère la référence à Napoléon ?**

**3. Rédigez un paragraphe de synthèse montrant
que le lexique de cette scène romanesque, par ses
connotations, reflète les ambitions du héros.**

■ **Objet d'étude Le roman et ses personnages :
visions de l'homme et du monde**

*Julien Sorel, fils de paysan, travaille comme pré-
cepteur pour le maire de sa commune, M. de Rênal.
Il vient d'obtenir une augmentation et s'isole pour
mieux savourer cette victoire.*

Julien reprenait haleine un instant à l'ombre de ces grandes roches, et puis se remettait
à monter. Bientôt, par un étroit sentier à peine
marqué et qui sert seulement aux gardiens de
5 chèvres, il se trouva debout sur un roc immense
et bien sûr d'être séparé de tous les hommes.
Cette position physique le fit sourire, elle lui
peignait la position qu'il brûlait d'atteindre au
moral. L'air pur de ces montagnes élevées com-
10 muniqua la sérénité et même la joie à son âme.
Le maire de Verrières[1] était bien toujours, à ses
yeux, le représentant de tous les riches et de tous
les insolents de la terre ; mais Julien sentait que
la haine qui venait de l'agiter, malgré la violence
15 de ses mouvements, n'avait rien de personnel.
S'il eût cessé de voir M. de Rênal, en huit jours
il l'eût oublié, lui, son château, ses chiens, ses
enfants et toute sa famille. Je l'ai forcé, je ne sais
comment, à faire le plus grand sacrifice. Quoi !
20 plus de cinquante écus par an ! un instant aupa-
ravant je m'étais tiré du plus grand danger. Voilà
deux victoires en un jour ; la seconde est sans
mérite, il faudrait en deviner le comment. Mais
à demain les pénibles recherches.

25 Julien, debout sur son grand rocher, regardait
le ciel, embrasé par un soleil d'août. Les cigales
chantaient dans le champ au-dessous du rocher ;
quand elles se taisaient tout était silence autour
de lui. Il voyait à ses pieds vingt lieues de pays.
30 Quelque épervier parti des grandes roches au-
dessus de sa tête était aperçu par lui, de temps à
autre, décrivant en silence ses cercles immenses.
L'œil de Julien suivait machinalement l'oiseau de
proie. Ses mouvements tranquilles et puissants
35 le frappaient, il enviait cette force, il enviait cet
isolement.

C'était la destinée de Napoléon, serait-ce un
jour la sienne ?

STENDHAL, *Le Rouge et le Noir*, 1830.

1. Le maire de Verrières : *Monsieur de Rênal.*

RÉPONDRE À UNE QUESTION SUR LA PHRASE ET LE VERBE

13
★★

1. Quel est le réseau lexical dominant ? Relevez l'ensemble des termes qui le constituent.

2. Relevez une phrase rythmée par une énumération de verbes ; une phrase rythmée par une énumération de groupes nominaux ; une phrase dont le mouvement suit une progression en quatre temps.

3. Expliquez à quelles intentions correspondent les choix effectués par l'auteur.

Ils accourent, ils s'offrent, ils s'imposent, tous les bruits de la maison. Les voix d'abord, toutes les voix familières : celle de l'aïeule, celles des enfants et des femmes, celles des serviteurs.
5 Elles se mêlent au gré des heures, et leur gerbe est si bien connue qu'une seule voix étrangère, introduite dans l'ensemble, suffit à faire bouger les deux oreilles vigilantes : celle du maître de la maison et celle du chien de garde. Les voix, les
10 rires, les appels : musique humaine. Un chœur champêtre y répond : aboiements et miaulements, plaintes des chèvres laitières et des poules couveuses, romance des ramiers, querelle des passereaux. Ajoutez à cela les rumeurs
15 du travail et des machines familières : la scie qui grince dans la bûche, le moteur électrique enterré dans le tréfonds et qui ronronne à tout instant, le long chuintement dans les conduites vibrantes. Quoi donc encore ? Le piano sur
20 lequel flageolent[1] des doigts puérils, le faisan qui, dans sa volière, semble frapper deux fois sur une casserole de tôle avant de prendre son essor, le vent qui tourne autour de nous, monstre inquiet, la pluie qui trépigne à pas aigus sur
25 les gouttières métalliques.

Georges Duhamel, *Querelle de famille*,
Mercure de France, 1920.

1. Flageolent : *tremblent.*

14
★

1. Repérez les temps et modes verbaux utilisés dans ce passage. Indiquez la valeur d'emploi de chacun des temps verbaux utilisés.

2. Comment expliquez-vous l'alternance du présent et du passé ?

■ **Objet d'étude** Le roman et ses personnages : visions de l'homme et du monde

Pardonnez, si j'achève en peu de mots un récit qui me tue. Je vous raconte un malheur qui n'eut jamais d'exemple. Toute ma vie est destinée à le pleurer. Mais, quoique je le porte sans cesse
5 dans ma mémoire, mon âme semble reculer d'horreur, chaque fois que j'entreprends de l'exprimer.

Nous avions passé tranquillement une partie de la nuit. Je croyais ma chère maîtresse endor-
10 mie et je n'osais pousser le moindre souffle, dans la crainte de troubler son sommeil. Je m'aperçus dès le point du jour, en touchant ses mains, qu'elle les avait froides et tremblantes. Je les approchais de mon sein, pour les échauffer.
15 Elle sentit ce mouvement, et, faisant un effort pour saisir les miennes, elle me dit, d'une voix faible, qu'elle se croyait à la dernière heure. Je ne pris d'abord ce discours que pour un langage ordinaire dans l'infortune, et je n'y répondis
20 que par les tendres consolations de l'amour. Mais, ses soupirs fréquents, son silence à mes interrogations, le serrement de ses mains, dans lesquelles elle continuait de tenir les miennes, me firent connaître que la fin de ses malheurs
25 approchait.

N'exigez point de moi que je vous décrive mes sentiments, ni que je vous rapporte ses dernières impressions. Je la perdis ; je reçus d'elle des marques d'amour, au moment même où elle
30 expirait. C'est tout ce que j'ai la force de vous apprendre de ce fatal et déplorable événement.

Antoine-François Prévost, *Manon Lescaut*, 1731.

RÉPONDRE À UNE QUESTION SUR LES FIGURES DE STYLE

15
★★

1. Justifiez le rapprochement du texte et des deux images.

2. Quelle est l'allégorie présente dans chacune de ces trois œuvres ?

3. Confrontez les procédés utilisés pour inscrire chaque scène dans le registre épique.

■ **Objet d'étude** Le roman et ses personnages : visions de l'homme et du monde

Le spectacle était épouvantable et charmant. Gavroche, fusillé, taquinait la fusillade. Il avait l'air de s'amuser beaucoup. C'était le moineau becquetant les chasseurs. Il répondait à chaque
5 décharge par un couplet. On le visait sans cesse, on le manquait toujours. Les gardes nationaux et les soldats riaient en l'ajustant. Il se couchait, puis se redressait, s'effaçait dans un coin de porte,

puis bondissait, disparaissait, reparaissait, se
10 sauvait, revenait, ripostait à la mitraille par des
pieds de nez, et cependant pillait les cartouches,
vidait les gibernes[1] et remplissait son panier. Les
insurgés, haletants d'anxiété, le suivaient des
yeux. La barricade tremblait ; lui, il chantait. Ce
15 n'était pas un enfant, ce n'était pas un homme ;
c'était un étrange gamin fée. On eût dit le nain
invulnérable de la mêlée. Les balles couraient
après lui, il était plus leste qu'elles. Il jouait on
ne sait quel effrayant jeu de cache-cache avec
20 la mort ; chaque fois que la face camarde[2] du
spectre s'approchait, le gamin lui donnait une
pichenette.

VICTOR HUGO, *Les Misérables*, 1862.

1. **Gibernes** : *boîtes à cartouches des soldats* – 2. **Camard** : *qui a le nez plat et écrasé ; la « Camarde » désigne la Mort.*

Dans son tableau, *La Liberté guidant le peuple*, Eugène Delacroix représente une des journées d'émeute de 1830. Victor Hugo s'en inspire quand il représente la barricade de la rue de la Chanvrerie dans son roman *Les Misérables*.

De grandes manifestation précèdent le second tour de l'élection présidentielle de 2002 entre Jacques Chirac et Jean-Marie Le Pen. Le 28 avril à Paris, place de la Nation, le reporter Guillaume Herbaut prend cette photographie.

16 **1. Quels thèmes traversent le poème ?**

✶✶ 2. Dans quel registre s'inscrit-il ? Justifiez votre réponse en vous appuyant sur les figures de style utilisées par l'auteur.

AVENUE DU MAINE

Les manèges déménagent
Manèges, ménageries, où ?…
                    et pour quels voyages ?
Moi qui suis en ménage
5 Depuis… ah ! il y a bel âge !
De vous goûter, manèges,
Je n'ai plus… que n'ai-je ?…
L'âge.

Les manèges déménagent.
10 Ménager manager
De l'avenue du Maine
Qui ton manège mène
Pour mener ton ménage !
Ménage ton manège
15 Manège ton manège.
Manège ton ménage
Mets des ménagements
Au déménagement.
Les manèges déménagent.
20 Ah ! vers quels mirages ?
Dites pour quels voyages
Les manèges déménagent.

MAX JACOB, *Œuvres burlesques et mystiques de Frère Matorel*, Éd. Gallimard, 1912.

17 **1. Qui le pronom personnel « toi » désigne-t-il dans le texte ? Pourquoi l'auteur a-t-il choisi, se-**
✶✶✶ lon vous, d'utiliser ce pronom dans cette lettre ouverte ?

2. Relevez des exemples d'exclamation et de fausses questions. Montrez qu'elles participent à l'éloquence de la lettre ouverte.

3. Quelles sont les métaphores utilisées par Zola dans le dernier paragraphe ? Relevez et analysez-les.

Lorsque Zola écrit cette « Lettre à la France » l'affaire Dreyfus oppose ceux qui prennent la défense du capitaine injustement accusé d'espionnage et ceux qui refusent de voir la hiérarchie militaire désavouée.

Dans les affreux jours de trouble moral que nous traversons, au moment où la conscience publique paraît s'obscurcir, c'est à toi que je m'adresse, France, à la nation, à la patrie !

5   Chaque matin, en lisant dans les journaux ce que tu sembles penser de cette lamentable affaire Dreyfus, ma stupeur grandit, ma raison se révolte davantage. Eh quoi ? France, c'est toi qui en es là, à te faire une conviction des plus évi-
10 dents mensonges, à te mettre contre quelques honnêtes gens avec la tourbe des malfaiteurs, à t'affoler sous l'imbécile prétexte que l'on insulte ton armée et que l'on complote de te vendre à l'ennemi, lorsque le désir des plus sages,
15 des plus loyaux de tes enfants, est au contraire que tu restes, aux yeux de l'Europe, la nation d'honneur, la nation d'humanité, de vérité et de justice.

Et c'est vrai, la grande masse en est là, surtout
20 la masse des petits et des humbles, le peuple des villes, presque toute la province et toutes les campagnes, cette majorité considérable de ceux qui acceptent l'opinion des journaux ou des voisins, qui n'ont le moyen ni de se documenter, ni
25 de réfléchir. Que s'est-il donc passé, comment ton peuple, France, ton peuple de bon cœur et de bon sens, a-t-il pu en venir à cette férocité de la peur, à ces ténèbres de l'intolérance ? On lui dit qu'il y a, dans la pire des tortures, un homme
30 peut-être innocent, on a des preuves matérielles et morales que la révision du procès s'impose, et voilà ton peuple qui refuse violemment la lumière, qui se range derrière les sectaires[1] et les bandits, derrière les gens dont l'intérêt est de
35 laisser en terre le cadavre, lui qui, naguère encore, aurait démoli de nouveau la Bastille, pour en tirer un prisonnier !

Quelle angoisse et quelle tristesse, France, dans l'âme de ceux qui t'aiment, qui veulent ton
40 honneur et ta grandeur ! Je me penche avec détresse sur cette mer trouble et démontée de ton peuple, je me demande où sont les causes de la tempête qui menace d'emporter le meilleur de ta gloire. Rien n'est d'une plus mortelle gravité,
45 je vois là d'inquiétants symptômes. Et j'oserai tout dire, car je n'ai jamais eu qu'une passion dans ma vie, la vérité, et je ne fais ici que continuer mon œuvre.

ÉMILE ZOLA, « Lettre à la France », 6 janvier 1898.

1. Les sectaires : *les anti-dreyfusards.*

RÉPONDRE À UNE QUESTION SUR LE TITRE ET LES IDÉES DOMINANTES D'UN TEXTE

18 Les titres suivants sont extraits de la première
*   partie du recueil des *Fleurs du mal* de Charles

Baudelaire intitulée « Spleen et Idéal ». Classez-les dans le tableau suivant après l'avoir recopié :

Spleen	Idéal

Titres de poèmes : « Élévation », « Les Phares », « La Muse malade », « Le Guignon », « La Beauté », « L'Idéal », « Hymne à la Beauté », « Parfum exotique », « Une charogne », « Remords posthume », « Le Possédé », « L'Aube spirituelle », « Harmonie du soir », « Le Poison », « L'Invitation au voyage », « Chant d'automne », « Le Revenant », « Tristesses de la lune », « Sépulture », « La Cloche fêlée », « Le Tonneau de la haine », « Spleen », « Le Goût du néant », « Alchimie de la douleur », « L'Horloge ».

19 Justifiez le titre donné par Verlaine à son poème
** « Promenade sentimentale ».

PROMENADE SENTIMENTALE

Le couchant dardait ses rayons suprêmes
Et le vent berçait les nénuphars blêmes ;
Les grands nénuphars entre les roseaux
Tristement luisaient sur les calmes eaux.
5   Moi, j'errais tout seul, promenant ma plaie
Au long de l'étang, parmi la saulaie[1]
Où la brume vague évoquait un grand
Fantôme laiteux se désespérant
Et pleurant avec la voix des sarcelles
10 Qui se rappelaient en battant des ailes
Parmi la saulaie où j'errais tout seul
Promenant ma plaie ; et l'épais linceul
Des ténèbres vint noyer les suprêmes
Rayons du couchant dans ces ondes blêmes
15 Et les nénuphars, parmi les roseaux,
Les grands nénuphars sur les calmes eaux.

PAUL VERLAINE, *Poèmes saturniens,* 1866.

1. La saulaie : *lieu planté de saules.*

20 **1. Analysez la progression du raisonnement suivi**
** **par l'auteur du texte B en identifiant successivement la thèse, les arguments et la conclusion.**

2. Confrontez les deux thèses en présence après les avoir brièvement reformulées.

TEXTE A

Nous sommes trop vêtus de villes et de murs. Nous avons trop l'habitude de nous voir sous notre forme antinaturelle. Nous avons construit

des murs partout pour l'équilibre, pour l'ordre,
5 pour la mesure. Nous ne savons plus que nous
sommes des animaux libres. Mais si l'on dit :
fleuve ! ah ! nous voyons : le ruissellement sur
les montagnes, l'effort des épaules d'eau à travers les forêts, l'arrachement des arbres, les îles
10 chantantes d'écume, le déroulement gras des
eaux plates à travers les boues des plaines, le
saut du fleuve doux dans la mer.

Le monde ! Nous n'avons pas été créés pour le
bureau, pour l'usine, pour le métro, pour l'auto-
15 bus ; notre mission n'est pas de faire des automobiles, des avions, des camions, des tracteurs,
des locomotives ; notre but n'est pas d'être assis
dans un fauteuil et d'acheter tout le blé du monde en lançant des messages le long des câbles
20 transocéaniques.

JEAN GIONO, *L'Eau vive*, Éd. Gallimard, 1939.

TEXTE **B**

Il me semble qu'ils confondent but et moyen
ceux qui s'effraient par trop de nos progrès techniques. Quiconque lutte dans l'unique espoir
de biens matériels, en effet, ne récolte rien qui
5 vaille de vivre. Mais la machine n'est pas un but.
L'avion n'est pas un but : c'est un outil, un outil
comme la charrue.

Si nous croyons que la machine abîme l'homme c'est que, peut-être, nous manquons un peu
10 de recul pour juger les effets de transformations
aussi rapides que celles que nous avons subies.
Que sont les cent années de l'histoire de la machine en regard des deux cent mille années de
l'histoire de l'homme ? C'est à peine si nous nous
15 installons dans ce paysage de mines et de cen-
trales électriques. C'est à peine si nous commen-
çons d'habiter cette maison nouvelle, que nous
n'avons même pas achevé de bâtir. Tout a changé si vite autour de nous : rapports humains,
20 conditions de travail, coutumes. Notre psychologie elle-même a été bousculée dans ses bases
les plus intimes. Les notions de séparation, d'absence, de distance, de retour, si les mots sont demeurés les mêmes, ne contiennent plus les mê-
25 mes réalités. Pour saisir le monde aujourd'hui,
nous usons d'un langage qui fut établi pour le
monde d'hier. Et la vie du passé nous semble
mieux répondre à notre nature, pour la seule
raison qu'elle répond mieux à notre langage.
30 Chaque progrès nous a chassés un peu plus
loin hors d'habitudes que nous avions à peine
acquises, et nous sommes véritablement des
émigrants qui n'ont pas fondé encore leur patrie.

ANTOINE DE SAINT-EXUPÉRY, *Terre des hommes*,
Éd. Gallimard, 1939.

RÉPONDRE À UNE QUESTION SUR LES PERSONNAGES

1. Quels sont les deux niveaux d'énonciation présents dans le texte suivant ? Montrez qu'il s'agit
d'un récit enchâssé.

2. Déterminez les étapes du récit du narrateur
second.

3. Présentez, sous la forme d'un paragraphe rédigé, les caractéristiques de Cléophas Ordinaire.

■ **Objet d'étude** Le roman et ses personnages :
vision de l'homme et du monde

Monsieur Cléophas Ordinaire se mit à rire
bruyamment. Jamais, d'ailleurs, je n'ai vu un
homme rire d'un rire aussi franc que monsieur
Cléophas Ordinaire. Son rire calmé, il continua :
5 « S'il fallait que je vous raconte tout ce qu'il
m'advint d'extraordinaire, je n'en finirais pas, et
nous serions encore autour de cette table à cinq
heures du matin. Il faut savoir se borner, hé !
hé !... Parmi mes nombreuses aventures – dont
10 quelques-unes sont inconcevables, et même,
j'ose le dire, uniques – j'en choisirai deux seulement, elles vous donneront une idée des autres :
une de mon enfance... une de ma... mettons
vieillesse, qu'est-ce que ça fait ? On n'est vieux
15 que par la tristesse, n'est-il pas vrai ?... Or, moi,
j'ai toujours la gaieté imperturbable de mes quinze ans... Et quand la gaieté va, tout va !... De-
mandez plutôt à ma gouvernante, cette chatte de
Rosalie que, chaque jour... Hé oui !... Hé oui !... »
20 Tout son ventre fut secoué d'un rire qui se pro-
longea comme la sonnerie dansante, roulante et
sursautante d'un réveille-matin. Monsieur Cléophas Ordinaire avala un plein verre de cognac et,
tapant ensuite sur la table, il reprit, verveux[1] :
25 « Attention !... C'est le moment... J'avais alors
treize ans, et ceci se passa pendant les vacances...
Un après-midi, comme j'avais été bien sage, je
fus autorisé à accompagner mon père et mon oncle, qui étaient de grands chasseurs, à la chasse.
30 Nous montions – je la revois encore – une sente
étroite qui, bordée de ronces et d'ajoncs, menait
au petit bois de Galante-Fontaine, lequel four-
mille de lapins... Mon père et mon oncle, coude
à coude, marchaient devant, causant de je ne sais
35 quoi... Moi, à quatre pas d'eux, je venais derrière,
portant le carnier. Mon père m'avait aussi, ce
jour-là, confié son fusil : imprudence fâcheuse
et qu'il doit bien regretter aujourd'hui, s'il est
dans l'usage des morts qu'ils regrettent quelque
40 chose, là-haut ! Pour me donner un air plus mar-
tial, plus saint Hubert[2], j'eus l'idée de charger le
fusil... idée bien naturelle en somme, qui fût ve-

nue à n'importe quel gamin de mon âge... Les cartouches étant dans un des compartiments du
45 carnier, cette opération m'était facile... Je chargeai donc le fusil. Et voilà que, par suite d'une fausse manœuvre, pan ! le coup part... et que mon père, à droite, mon oncle, à gauche, s'abattent dans les ronciers de la sente et qu'ils restent
50 étendus sans un mouvement, sans un cri, la face tournée contre le sol et la nuque toute rouge de sang. La charge de plomb, serrée et drue, les avait atteints en plein crâne, au moment précis et malchanceux où leurs têtes rapprochées se
55 confiaient, sans doute, quelque touchant secret de famille... Ils avaient été foudroyés, ils étaient morts ! ah ! par exemple !... Ce n'était pas mal pour le début d'un aussi jeune chasseur, et j'avais lieu d'être fier de ce résultat... Mais j'étais
60 en même temps très surpris, très embarrassé, et je ne savais vraiment pas à quoi me résoudre !... Situation complexe !... Par bonheur, un paysan se montra dans les ajoncs, qui voulut bien me tirer d'affaire, et ramena cahin-caha, dans
65 un tombereau, les deux cadavres à la maison.

"Malheureux Cléophas !... Qu'as-tu fait ?..." cria ma mère, saisie d'horreur à la vue d'un tel gibier que, certes, elle n'attendait pas si copieux, comptant sur une simple gibelotte, selon la coutume.

70 Et moi, ne sachant pas, non, en vérité, ne sachant pas quelle attitude prendre, et si je devais tirer vanité de ce coup rare, ou bien pleurer, je balbutiai bêtement :

"J'ai fait... j'ai fait... un coup double, donc !" »

75 Il faillit s'étrangler à force de rire et c'est à peine si deux ou trois verres de cognac, avalés coup sur coup, purent le remettre en état de poursuivre son récit.

OCTAVE MIRBEAU, *Un joyeux drille !*, 1902.

1. **Verveux** : *bavard* – 2. **Saint Hubert** : *saint patron des chasseurs.*

 1. En quoi le titre du texte de Rousseau, *Les Confessions*, éclaire-t-il le projet autobiographique présenté dans le Préambule ?

2. Quelle est l'idée principale développée par André Gide dans le texte C ?

3. Quelle image Montaigne donne-t-il de lui-même dans le texte A ?

■ **Objet d'étude L'Autobiographie**

TEXTE A

C'est ici un livre de bonne foi, lecteur. Il t'avertit dès l'entrée que je ne m'y suis proposé aucun autre but, que domestique et privé. Je n'y ai eu
5 nulle considération de mon service ni de ma gloire : mes forces ne sont pas capables d'un tel dessein. Je l'ai voué à la commodité particulière de mes parents et amis : afin que, m'ayant perdu (ce qu'ils ont à faire bientôt), ils y puissent re-
10 trouver certains traits de mes conditions et de mes humeurs, et que par ce moyen ils nourrissent plus entière et plus vive la connaissance qu'ils ont eue de moi. Si cela avait été pour rechercher la faveur du monde, je me serais mieux paré et me serais présenté en une marche étu-
15 diée. Je veux qu'on m'y voie en ma façon simple, naturelle et ordinaire, sans contention[1] ni artifice : car c'est moi que je peins. Mes défauts s'y liront au vif, et ma forme sera naïve, autant que la révérence publique me l'a permis. Si j'avais
20 vécu parmi ces nations qu'on dit vivre encore sous la douce liberté des premières lois de la nature, je t'assure que je m'y serais très volontiers peint tout entier, et tout nu.

MICHEL DE MONTAIGNE, *Essais* (version modernisée), 1580-1595.

1. **Contention** : *contrainte, effort d'application.*

TEXTE B

Voilà la dure mais sûre preuve de ma sincérité. Je serai vrai ; je le serai sans réserve ; je dirai tout ; le bien, le mal, tout enfin. Je remplirai rigoureusement mon titre, et jamais la dévote la plus
5 craintive ne fit un meilleur examen de conscience que celui auquel je me prépare ; jamais elle ne déploya plus scrupuleusement à son confesseur tous les replis de son âme que je vais déployer tous ceux de la mienne au public. Qu'on
10 commence seulement à me lire sur ma parole ; on n'ira pas loin sans voir que je veux la tenir.

JEAN-JACQUES ROUSSEAU, projet de Préambule (1764) aux *Confessions.*

TEXTE C

J'estime que mieux vaut encore être haï pour ce que l'on est, qu'aimé pour ce que l'on n'est pas. Ce dont j'ai le plus souffert durant ma vie, je crois bien que c'est le mensonge. Libre à cer-
5 tains de me blâmer si je n'ai pas su m'y complaire et en profiter. Certainement j'y eusse trouvé de confortables avantages. Je n'en veux point.

C'est parce qu'il se croyait unique que Rousseau dit avoir écrit ses confessions.

10 J'écris les miennes pour des raisons exactement contraires, et parce que je sais que grand est le nombre de ceux qui s'y reconnaîtront.

ANDRÉ GIDE, projet de Préface à *Si le grain ne meurt*, 1924.

Questions de lecture

PRÉPARATION   Identifiez avec précision les deux textes du corpus : titre de l'œuvre, auteur, époque, thèmes dominants. Examinez comment le corpus illustre l'objet d'étude.

RÉDACTION
1. Comparez la composition de chaque poème. Dans quel registre le corpus s'inscrit-il ?
2. Confrontez les systèmes énonciatifs mis en place dans chaque poème.
3. Analysez la métaphore filée des vers 11-12 du texte A.
4. En vous aidant du lexique, justifiez le titre des poèmes. Quels points communs présentent-ils ?

OBJET D'ÉTUDE :
La poésie : *chapitre 18 p. 226*

TEXTE A

CHANT D'AUTOMNE

Bientôt nous plongerons dans les froides
　　　　　　　　　　　　　[ténèbres ;
Adieu, vive clarté de nos étés trop courts !
J'entends déjà tomber avec des chocs funèbres
Le bois retentissant sur le pavé des cours.

5　Tout l'hiver va rentrer dans mon être : colère
Haine, frissons, horreur, labeur dur et forcé,
Et, comme le soleil dans son enfer polaire,
Mon cœur ne sera plus qu'un bloc rouge et glacé.

J'écoute en frémissant chaque bûche qui tombe ;
10　L'échafaud qu'on bâtit n'a pas d'écho plus sourd.
Mon esprit est pareil à la tour qui succombe
Sous les coups du bélier infatigable et lourd.

Il me semble, bercé par ce choc monotone,
Qu'on cloue en grande hâte un cercueil quelque
　　　　　　　　　　　　　[part.
15　Pour qui ? – C'était hier l'été ; voici l'automne !
Ce bruit mystérieux sonne comme un départ.

CHARLES BAUDELAIRE, « Chant d'automne »,
seconde édition des *Fleurs du mal*, 1861.

TEXTE B

CHANSON D'AUTOMNE

Écoutez la voix du vent dans la nuit,
La vieille voix du vent, la lugubre voix du vent,
Malédiction des morts, berceuse des vivants...
Écoutez la voix du vent.
5　Il n'y a plus de feuilles, il n'y a plus de fruits
Dans les vergers détruits.
Les souvenirs sont moins que rien, les espoirs
　　　　　　　　　　　　　[sont très loin.

Toutes vos tristesses, ô ma Dolente, sont vaines.
L'implacable oubli neige sinistrement
10　Sur les tombes des amis et des amants...
Écoutez la voix du vent.
Les lambeaux de l'été suivent le vent de la plaine ;
Tous vos souvenirs, toutes vos peines
Se disperseront dans la tempête muette du Temps.
15　Écoutez la voix du vent.

Elle est à vous, pour un moment, la sonatine[1]
Des jours défunts, des nuits d'antan...
Oubliez-la, elle a vécu, elle est bien loin.
Écoutez la voix du vent.
20　Nous irons rêver, demain, sur les ruines
D'Aujourd'hui ; préparons les paroles chagrines
Du regret qui ment quotidiennement.
Écoutons la voix du vent.

OSCAR VLADISLAS DE LUBICZ MILOSZ,
« Chanson d'automne », *Le Poème des décadences*, 1899.

1. **Sonatine** : *petite sonate, air de musique.*

SÉRIES TECHNOLOGIQUES

TEXTES DU CORPUS

Texte A : Pierre de Ronsard (1524-1585), *Sonnets pour Hélène*, 1578.
Texte B : Gérard de Nerval (1808-1855), *Odelettes*, 1830-1835.
Texte C : Benjamin Péret (1899-1959), *Dormir, dormir dans les pierres*, 1926.
Texte D : Arthur Rimbaud (1854-1891), *Illuminations*, 1886.
Document iconographique : Paul Delvaux (1897-1994), *Nuit de Noël*, 1956.

OBJET D'ÉTUDE

La poésie *Chapitre 18* p.226

Texte A

Quand vous serez bien vieille, au soir à la chandelle,
Assise auprès du feu, dévidant et filant,
Direz chantant mes vers, en vous émerveillant :
« Ronsard me célébrait du temps que j'étais belle. »

5 Lors vous n'aurez servante oyant telle nouvelle,
Déjà sous le labeur à demi sommeillant,
Qui au bruit de Ronsard ne s'aille réveillant,
Bénissant votre nom de louange immortelle.

Je serai sous la terre, et fantôme sans os
10 par les ombres myrteux je prendrai mon repos ;
Vous serez au foyer une vieille accroupie,

Regrettant mon amour et votre fier dédain.
Vivez, si m'en croyez, n'attendez à demain :
Cueillez dès aujourd'hui les roses de la vie.

PIERRE DE RONSARD, Sonnets pour Hélène, 1578.

Texte B

LE COUCHER DE SOLEIL

Quand le Soleil du soir parcourt les Tuileries
Et jette l'incendie aux vitres du château,
Je suis la Grande Allée et ses deux pièces d'eau
Tout plongé dans mes rêveries !

5 Et de là, mes amis, c'est un coup d'œil fort beau
De voir, lorsqu'à l'entour la nuit répand son voile,
Le coucher du soleil, – riche et mouvant tableau,
Encadré dans l'Arc de l'Étoile !

GÉRARD DE NERVAL, Odelettes, 1830-1835.

Texte C

Les rues molles comme des gants
Les gares aux gestes de miroir
les canaux dont les berges tentent vainement de saluer
        les nuages
5   et le sable
le sable qui est gelé comme une pompe
et projette au loin ses tentacules de cristal
Tous ses tentacules n'arriveront jamais à transformer
        le ciel en mains
10   Car le ciel s'ouvre comme une huître
et les mains ne savent que se fermer sur les poutres des mers
qui salissent les regards bleus des squales
voyageurs parfumés
voyageurs sans secousses
15   qui contournent éternellement les sifflements avertisseurs
        des saules.

BENJAMIN PÉRET, *Dormir, dormir dans les pierres,*
Éd. José Corti, 1926.

Document iconographique

PAUL DELVAUX, *Nuit de Noël*, 1956.

Texte D

ENFANCE

Je suis le saint, en prière sur la terrasse, — comme les bêtes pacifiques paissent jusqu'à la mer de Palestine.

Je suis le savant au fauteuil sombre. Les branches et
5   la pluie se jettent à la croisée de la bibliothèque.

Je suis le piéton de la grand'route par les bois nains ; la rumeur des écluses couvre mes pas. Je vois longtemps la mélancolique lessive d'or du couchant.

Je serais bien l'enfant abandonné sur la jetée partie
10 à la haute mer, le petit valet suivant l'allée dont le front touche le ciel.

Les sentiers sont âpres. Les monticules se couvrent de genêts. L'air est immobile. Que les oiseaux et les sources sont loin ! Ce ne peut être que la fin du monde,
15 en avançant.

ARTHUR RIMBAUD, « Enfance », *Illuminations*, 1886.

ÉCRITURE

6 points → **I. Vous répondrez d'abord aux questions suivantes.**

1. Quelles remarques pouvez-vous faire sur la forme poétique des différents textes du corpus ?

2. Relevez et expliquez les images poétiques présentes dans le texte C.

14 points → **II. Vous traiterez ensuite un de ces sujets au choix.**

1. Commentaire
Vous ferez le commentaire du texte C en vous appuyant sur le parcours de lecture suivant :
– montrez comment le poète mêle la description du paysage à celle d'une errance ou d'une promenade ;
– montrez que le poème crée un univers énigmatique et déroutant.

2. Dissertation
« La poésie est un miroir brouillé de notre société, et chaque poète souffle sur ce miroir », écrit Aragon. Discutez cette réflexion en vous demandant ce que peuvent être les différents rôles et fonctions de la poésie.

3. Invention
Transposez le texte B en une page de journal intime, en l'accompagnant de vos propres réflexions et sentiments.

LES ÉPREUVES DU BAC
Le commentaire

Le commentaire se présente comme un bilan de lecture organisé d'un texte littéraire ; il peut également demander la comparaison de deux textes ou de deux passages. Le commentaire vise ainsi à défendre, à développer et à illustrer les pistes de lecture choisies par l'analyse.

Il s'agit donc, après avoir analysé le texte et construit le plan du commentaire, d'introduire une problématique générale, d'expliciter et de lier logiquement les différentes parties du développement, de conclure en rappelant son interprétation et en proposant un jugement personnel.

À travers l'épreuve du commentaire, le candidat montre qu'il est capable de composer un texte structuré, en s'attachant particulièrement au soin et à la rigueur de l'expression écrite. En séries technologiques, le candidat est guidé dans son travail par la formulation du sujet.

Méthodes du bac

Fiche 1 • Analyser le texte à commenter
Fiche 2 • Construire le plan du commentaire
Fiche 3 • Rédiger l'introduction et la conclusion
Fiche 4 • Rédiger les grandes parties du commentaire

OBJETS D'ÉTUDE :

Le théâtre : texte et représentation *chapitre 19 p. 236*

L'argumentation : convaincre, persuader et délibérer : *chapitre 20 p. 254*

✶ **Texte**

Texte : Molière, *Tartuffe*, Acte III, scène 3, 1669.

✶ **Commentaire (séries générales)**

Vous ferez le commentaire de la tirade de Tartuffe (du vers 6 au vers 40) dans l'extrait de la pièce de Molière.

(Tartuffe passe pour être un homme très pieux et vertueux. C'est pourquoi Orgon l'a recueilli dans sa maison. Mais Tartuffe, qui doit épouser la fille d'Orgon, vient de déclarer son amour à la femme de ce dernier, Elmire.)

ELMIRE

La déclaration est tout à fait galante,
Mais elle est, à vrai dire, un peu bien surprenante.
Vous deviez, ce me semble, armer mieux votre sein,
Et raisonner un peu sur un pareil dessein.
5   Un dévot[1] comme vous, et que partout on nomme…

TARTUFFE

Ah ! pour être dévot, je n'en suis pas moins homme ;
Et lorsqu'on vient à voir vos célestes appas,
Un cœur se laisse prendre, et ne raisonne pas.
Je sais qu'un tel discours de moi paraît étrange ;
10   Mais, madame, après tout, je ne suis pas un ange ;
Et si vous condamnez l'aveu que je vous fais,
Vous devez vous en prendre à vos charmants[2] attraits.
Dès que j'en vis briller la splendeur plus qu'humaine,
De mon intérieur[3] vous fûtes souveraine ;
15   De vos regards divins l'ineffable douceur
Força la résistance où s'obstinait mon cœur ;
Elle surmonta tout, jeûnes, prières, larmes,
Et tourna tous mes vœux du côté de vos charmes.
Mes yeux et mes soupirs vous l'ont dit mille fois,
20   Et pour mieux m'expliquer j'emploie ici la voix.
Que si vous contemplez d'une âme un peu bénigne[4]
Les tribulations[5] de votre esclave indigne,
S'il faut que vos bontés veuillent me consoler
Et jusqu'à mon néant daignent se ravaler,

25   J'aurai toujours pour vous, ô suave[6] merveille,
     Une dévotion à nulle autre pareille.
     Votre honneur avec moi ne court point de hasard,
     Et n'a nulle disgrâce à craindre de ma part.
     Tous ces galants de cour, dont les femmes sont folles,
30   Sont bruyants dans leurs faits et vains[7] dans leurs paroles,
     De leurs progrès sans cesse on les voit se targuer ;
     Ils n'ont point de faveurs qu'ils n'aillent divulguer,
     Et leur langue indiscrète, en qui l'on se confie,
     Déshonore l'autel où leur cœur sacrifie.
35   Mais les gens comme nous brûlent d'un feu discret,
     Avec qui pour toujours on est sûr du secret :
     Le soin que nous prenons de notre renommée
     Répond de toute chose à la personne aimée,
     Et c'est en nous qu'on trouve, acceptant notre cœur,
40   De l'amour sans scandale et du plaisir sans peur.

MOLIÈRE, *Tartuffe*, Acte III, scène 3, 1669.

1. Dévot : *très attaché aux pratiques religieuses* – 2. Charmants : *fascinants, ensorcelants.* –
3. Mon intérieur : *mon cœur, mes pensées* – 4. Bénigne : *bienveillante, indulgente* –
5. Tribulations : *tourments, épreuves (vocabulaire religieux)* – 6. Suave : *qui a une douceur délicieuse* – 7. Vains : *vaniteux.*

Proposition de plan pour le commentaire

PROBLÉMATIQUE GÉNÉRALE
Tartuffe apparaît comme un séducteur flatteur et hypocrite, démasqué par son argumentation.

I. LA TENTATIVE DE PERSUASION PAR LA FLATTERIE
1. Le langage élogieux du séducteur :
– Tartuffe exalte la beauté d'Elmire : champ lexical de la beauté, images flatteuses (« célestes appas »).
2. Une habile déclaration d'amour :
– Tartuffe expose l'intensité de son amour : champ lexical de la passion, du cœur, de la soumission (vers 13 à 18) ;
– jeu sur les pronoms (implication progressive d'Elmire : « je », « vous » ; Tartuffe dans le groupe puissant des dévots : « nous »).

II. L'ARGUMENTATION DE L'HYPOCRITE
1. Un discours à la construction organisée :
– présence d'une thèse (vers 6-8), d'arguments pour se justifier et convaincre l'autre (vers 9 à 28) ;
– présence d'une illustration fondée sur la comparaison des « galants de cour » et des dévots (vers 29 à fin).
2. Mais aussi la présence d'un double langage :
– le langage amoureux et le langage religieux (vers 7, 15, 18, 26) ;
– l'humilité apparente (vers 22-24) ; l'effronterie réelle (vers 40).

JUGEMENT PERSONNEL :
Malgré prudence et habileté, l'hypocrite se trahit. Molière dénonce avec force les faux dévots.

Commentaire rédigé

En 1664, après la représentation de Tartuffe devant Louis XIV, Molière voit sa pièce interdite sous la pression des dévots, qui lui reprochent de railler la religion. En 1667, une nouvelle version de la pièce est de nouveau frappée d'interdiction par l'Église. Ce n'est que deux ans plus tard qu'il reçoit l'autorisation de la jouer, et connaît un succès triomphal. Molière sait à la fois faire rire les spectateurs et susciter l'inquiétude devant l'habileté avec laquelle l'hypocrite se sert de la religion pour s'emparer de la fortune d'Orgon, épouser sa fille, et séduire sa femme. À l'acte III, l'imposteur déclare en effet sa passion à Elmire dans une tirade devenue célèbre. Insinueux, galant, flatteur, Tartuffe révèle alors toute sa duplicité. On pourra ainsi étudier, dans un premier temps, cette tentative de séduction, puis dans un deuxième temps, l'argumentation de l'hypocrite. L'art de Molière éclate dans la composition de cette tirade à travers laquelle le faux dévot se démasque.

D'entrée, Tartuffe cherche à séduire Elmire en exaltant sa beauté. Il multiplie les compliments flatteurs et célèbre les « célestes appas » (v. 7), les « charmants attraits » (v. 12), les « charmes » (v. 18) de celle qu'il veut séduire. Le champ lexical de la beauté ensorcelante se développe à travers la première partie de la tirade, atteignant son point d'aboutissement, son apogée, dans l'expression emphatique du vers 25 : « ô suave merveille ». C'est qu'on retrouve également dans le texte l'exagération et l'amplification propres à l'éloge, qui conduit Tartuffe à faire de l'épouse d'Orgon un être divin : « la splendeur plus qu'humaine » (v. 12), « de vos regards divins » (v. 15). On le voit, Tartuffe maîtrise parfaitement le code du discours amoureux, jusque dans ses images « poétiques ». Le dévot mène une déclaration d'amour en suivant les règles de la galanterie : après avoir célébré la beauté de la femme, il lui faut souligner l'intensité de l'amour qui l'habite.

Derrière le dévot, il y a « un cœur » qui bat, affirme Tartuffe dès le premier vers de sa tirade. Dès lors, c'est bien d'une déclaration d'amour qu'il s'agit, comme le soulignent les termes « aveu » (v. 11), « vous l'ont dit » (v. 19) ou « expliquer » (v. 20). Le mot « cœur » revient lui-même trois fois, entraînant le langage de la passion amoureuse (« brûlent », v. 35 ; « personne aimée », v. 38 ; « amour », v. 40). Tartuffe se présente comme un homme vaincu par l'amour, en dépit de toutes ses résistances : Elmire est « souveraine » (v. 14), il n'est devant elle qu'un « esclave indigne » (v. 22), qui s'en remet à ses « bontés » (v. 23). De plus, cet échange qu'établit le discours amoureux entre l'amant soumis et la beauté convoitée se poursuit tout au long du texte à travers le jeu des pronoms et des adjectifs possessifs : « si vous condamnez… que je vous fais » (v. 11) ; « de mon intérieur… vous fûtes » (v. 14) ; « de vos regards… mon cœur » (v. 15-16) ; « vos bontés… me consoler » (v. 23). Le discours semble, de cette manière, réaliser une relation entre Tartuffe et Elmire, entre la première personne — le « je » du séducteur — et la deuxième personne — le

« vous » de celle qu'il veut persuader. Mais le langage de la persuasion ne suffit pas, et Tartuffe développe également une argumentation précise pour mieux convaincre. Le dévot montre alors toute son hypocrisie.

La tirade de Tartuffe n'est pas simplement l'aveu que ferait de son amour un homme passionnément épris, elle se construit comme une véritable argumentation. Les premiers vers correspondent ainsi à l'énoncé de la thèse : si Tartuffe est tombé amoureux, c'est à cause des charmes extraordinaires d'Elmire auxquels nul ne peut résister. C'est elle qui est, au fond, responsable de sa passion. Tartuffe semble ainsi s'innocenter lui-même, et rappelle que ses résistances ont été vaincues : « jeûnes, prières, larmes » (v. 17), tout a été inutile. Par ailleurs, du vers 27 au vers 40, une longue opposition entre les galants de cour d'une part et les dévots de l'autre (« les gens comme nous », v. 35) illustre un nouvel argument, énoncé aux vers 27 et 28. L'honneur d'Elmire n'a rien à redouter. Au-delà du cœur, Tartuffe s'adresse à la raison, en vantant sa discrétion dans les affaires amoureuses, comme s'il ne s'agissait plus finalement que de surmonter des obstacles matériels dans la relation adultère. Ainsi éclate aux yeux du spectateur la profonde duplicité du personnage, qui ne cesse également d'utiliser le vocabulaire religieux pour exprimer sa passion charnelle.

En effet, Tartuffe semble recourir, tout au long de sa tirade, à un double langage. Deux lexiques se croisent constamment : celui de la beauté physique et de la déclaration d'amour, d'un côté, le langage de la religion, de l'autre. Les mots et les expressions, comme « ange », « splendeur plus qu'humaine », « divins », « ineffable », « âme », « dévotion », « autel », etc. appartiennent au langage de la liturgie chrétienne et nous rappellent que Tartuffe joue, dans la maison d'Orgon, le rôle d'un dévot uniquement préoccupé de choses spirituelles. On pourrait dès lors hésiter : Tartuffe cherche-t-il à séduire Elmire en lui témoignant la dévotion qu'il accordait jusque-là à Dieu ? Ou bien veut-il, par prudence, se protéger en refusant d'utiliser des paroles profanes ? Dans tous les cas, la fin de la déclaration montre bien en Tartuffe l'hypocrite, habile à mener ses affaires de manière précise et calculée, transformant la soumission affichée du début en arrangements calculés au bénéfice du « plaisir », dernier mot du faux dévot qui a retiré son masque.

On a parfois reproché à Molière la composition de sa pièce, en soulignant le caractère languissant de l'action qui fait attendre l'apparition de Tartuffe au troisième acte. Il est vrai que le deuxième acte, en particulier, semble un peu vide. Mais dès que Tartuffe paraît, c'est un chef-d'œuvre. Et le personnage du faux dévot, sensuel, ambitieux et rusé, qui exprime en termes mystiques sa soif de plaisir, s'inscrit dans la galerie magnifique des caractères peints par Molière. Si la comédie a pour but de « corriger les vices des hommes », comme il le défend, Tartuffe remplit parfaitement cette fonction. Et l'on comprend que les faux dévots, mais aussi toutes les formes d'hypocrisie, ont pu s'alarmer de se voir ainsi dénoncés sur la scène, tandis que les acteurs rêvent tous d'incarner ce personnage habile et inquiétant, qui tient lui-même un rôle et manie à la perfection le double langage.

FICHE 1

Analyser le texte à commenter

Le sujet de commentaire invite le candidat à observer et interpréter un ou deux textes littéraires, de manière à construire à partir de cette analyse un parcours de lecture cohérent et organisé.

1 Identifiez les caractéristiques générales du texte

Une première lecture doit d'abord permettre de définir les caractéristiques du texte. On peut, si nécessaire, s'aider d'un tableau :

L'objet d'étude	Le genre	Le registre	Le mouvement ou le contenu	Le thème dominant
autobiographie poésie	théâtre - poésie	lyrique pathétique	humanisme la pléiade	

type (ton)
lyrique
polémique
tragique

Remarque : Dans le cas où le commentaire porte sur la comparaison de deux textes, le tableau fait apparaître une première série de points communs et de différences.

2 Dégagez l'originalité du texte

● **Les thèmes et les idées du texte.** Chaque texte développe des thèmes et des idées qu'il faut résumer pour en dégager l'originalité par rapport à l'histoire littéraire ou au contexte dans lequel il a été écrit.

● **Le style de l'écrivain.** Chaque écrivain s'exprime d'une manière personnelle. L'analyse stylistique met en évidence son originalité en s'appuyant sur l'étude du système énonciatif, des réseaux lexicaux, de la composition, des figures de style et des images, du rythme et des sonorités.

3 Construisez un parcours de lecture

● **Dans les séries technologiques.** La problématique générale du commentaire vous est indiquée sous la forme de pistes de lecture. Ce parcours de lecture oriente l'analyse et vous aide à construire le plan du commentaire.

Exemple : *Vous ferez le commentaire de cette scène de théâtre en vous aidant du parcours de lecture suivant :*
– vous montrerez l'évolution des sentiments du personnage ;
– vous mettrez en évidence le registre pathétique de la scène.

● **Dans les séries générales.** Vous devez dégager la problématique générale du commentaire à travers deux ou trois pistes de lecture. La découverte et l'intitulé de ces pistes de lecture s'appuient sur le travail effectué tout au long de l'analyse du texte.

Exemple : L'analyse du poème de Rimbaud, « Le dormeur du val », met en évidence deux pistes de lecture : la représentation d'un paysage naturel ; la présence de la mort.

Construire le plan du commentaire

La construction du plan fait apparaître clairement les pistes de lecture du commentaire. Rédigé au brouillon, il met en évidence les arguments et les exemples qui les développent, et souligne l'enchaînement des parties.

1 Énoncez la problématique générale de votre commentaire

Avant de mettre au point votre plan, rédigez au brouillon une ou deux phrases qui indiquent l'enjeu et l'originalité du texte. Cette problématique générale guidera la construction du plan.

2 Donnez un titre aux grandes parties

● **Dans le cas du commentaire d'un texte.** Les deux ou trois pistes de lecture du commentaire correspondent à ses grandes parties. Celles-ci doivent être mises en évidence à travers un titre qui en annonce clairement le contenu.

● **Dans le cas de la confrontation de deux textes.** Il s'agit alors de les confronter de manière systématique à l'intérieur de chaque partie. Celles-ci portent alors un titre qui renvoie aux deux textes étudiés.

3 Élaborez au brouillon le détail de votre plan

● **La succession des arguments.** Chaque grande partie comporte deux ou trois sous-parties qui développent un aspect de la piste de lecture. Les idées, les thèmes, les procédés d'écriture repérés au moment de l'analyse du texte constituent les arguments de ces sous-parties, qu'il faut indiquer clairement, en quelques mots, sur votre plan.

● **Le recours aux citations.** Chaque argument doit s'appuyer sur des citations ou des renvois au texte. Le plan doit montrer les citations qui seront utilisées par un système de surlignage ou de numérotation porté sur le texte et sur le brouillon.

4 Préparez l'enchaînement logique des parties

Des termes d'articulation logique entre les différentes parties et sous-parties soulignent la progression du commentaire. Ils seront repris au moment de la rédaction du commentaire.

Remarque : Ces termes peuvent marquer l'addition (*de plus*, *en outre*...), l'opposition (*cependant*, *au contraire*...), la conséquence (*ainsi*, *c'est pourquoi*...), la comparaison (*de même*, *de la même manière*...).

5 Énoncez le bilan du commentaire

À la fin du plan, indiquez en quelques mots un jugement personnel sur le texte, de manière à préparer la conclusion du commentaire.

Critères de réussite

■ **La problématique générale.** L'avez-vous clairement reformulée en quelques mots ?

■ **Les grandes parties.** Le titre de chaque grande partie indique-t-il la piste de lecture ?

■ **Les sous-parties.** L'idée directrice de chaque sous-partie est-elle mise en évidence ? Des renvois aux citations sont-ils indiqués ?

■ **La progression des idées.** Des termes d'articulation soulignent-ils la logique du plan ?

■ **Le bilan.** Un jugement personnel est-il formulé en quelques mots ?

Rédiger l'introduction et la conclusion

L'introduction et la conclusion du commentaire, qui correspondent au premier et au dernier paragraphe de votre copie, sont importantes et doivent être soignées. L'introduction annonce les pistes de lecture ; la conclusion effectue le bilan de votre analyse en proposant une réaction devant le texte, un jugement personnel.

1 Respectez les règles de l'introduction

L'introduction se présente sous la forme d'un seul paragraphe, qui comprend trois étapes : la mise en contexte, la problématique, le plan.

● **La mise en contexte.** L'introduction commence par situer le texte étudié dans son contexte : elle peut rappeler ses principales caractéristiques, ainsi que le mouvement littéraire ou les circonstances de son écriture. Ce début de l'introduction doit informer et accrocher le correcteur, de manière à susciter son attention.

● **L'exposé de la problématique.** L'introduction souligne ensuite ce qui fait la singularité du texte. Il peut s'agir de présenter une opinion particulière, une situation ou un thème importants, une écriture originale que le commentaire veut mettre en évidence.

Exemple : *À l'acte III de la pièce de Molière, Tartuffe déclare en effet sa passion à Elmire dans une tirade célèbre. Insinueux, galant, flatteur, le faux dévot révèle alors toute sa duplicité.*

● **L'annonce du plan.** L'introduction se termine par l'annonce des pistes de lecture. Elle indique ainsi clairement, sous forme d'affirmations ou de questions, le contenu des grandes parties du développement.

Exemple : On pourra ainsi étudier dans un premier temps cette tentative de séduction par la flatterie, derrière laquelle on verra se développer, dans un deuxième temps, l'argumentation de l'hypocrite. L'art de Molière éclate dans la composition de cette tirade à travers laquelle le faux dévot se démasque.

2 Rédigez soigneusement votre conclusion

La conclusion laisse une dernière impression au correcteur, elle doit donc être rédigée d'avance au brouillon pour ne pas être écrite dans la précipitation. Elle se présente sous la forme d'un paragraphe qui comporte deux étapes : le bilan, l'élargissement.

● **Le bilan du développement.** Le début de la conclusion résume, de manière claire et précise, l'analyse menée dans le développement. Cette première étape confirme ainsi l'interprétation du texte que vous avez proposée.

● **L'élargissement final.** La conclusion s'achève par la formulation d'une réaction ou d'un jugement personnel, qui élargit la réflexion. Vous pouvez rapprocher le texte d'autres œuvres du même auteur ou d'auteurs différents, en souligner l'originalité ou affirmer l'intérêt que vous avez pris à la lecture.

Exemple : *Et l'on comprend que les faux dévots ont pu s'alarmer de se voir ainsi dénoncés sur la scène, tandis que les acteurs rêvent tous d'incarner ce personnage habile et inquiétant qui tient lui-même un rôle et manie à la perfection le double langage.*

Rédiger les grandes parties du commentaire

La rédaction du commentaire s'appuie sur le plan élaboré au brouillon. Le développement présente deux ou trois grandes parties qui correspondent aux pistes de lecture retenues. Chaque grande partie est elle-même composée de deux ou trois paragraphes reliés par des liens logiques.

1 Passez du plan à la rédaction

Le soin apporté à la rédaction des grandes parties du commentaire vise à assurer la précision et la clarté indispensables au commentaire. Il s'agit alors d'avancer pas à pas, en s'appuyant sur son brouillon.

● **La composition des grandes parties.** Chaque grande partie du commentaire commence par formuler la piste de lecture qu'elle va explorer à travers deux ou trois sous-parties.

● **La composition des sous-parties.** Chaque sous-partie est un paragraphe qui développe un argument, de manière à éclairer et valider un aspect de la piste de lecture. Des citations du texte viennent illustrer cet argument. La succession des paragraphes est soulignée par l'emploi de termes d'articulation logique qui explicitent la construction du raisonnement.

Exemple : *D'entrée Tartuffe cherche à séduire Elmire en exaltant sa beauté* (= argument). *Il multiplie les compliments flatteurs et célèbre les « célestes appas » (v. 7), les « charmants attraits » (v. 12), les « charmes » de celle qu'il veut séduire* (= citations illustrant l'argument).

2 Rédigez les transitions

Chaque grande partie se termine en rappelant la piste de lecture qu'elle a développée et en annonçant la piste de lecture suivante. Cette annonce peut se faire sous la forme d'une question. Les transitions font ainsi le lien entre les grandes parties du commentaire.

3 Respectez les règles de mise en page du commentaire

La cohérence de votre plan doit apparaître clairement à travers la mise en page du commentaire. Séparez nettement l'introduction du développement, et le développement de la conclusion, en passant deux lignes. Distinguez chaque grande partie de la suivante en passant une ligne. Signalez le début de chaque paragraphe par un passage à la ligne et un retrait bien visible par rapport à la marge (alinéa).

Critères de réussite

■ **Le vocabulaire.** Avez-vous utilisé le vocabulaire technique de l'analyse littéraire (outils du discours, genres littéraires, registres, objets d'étude...) ?

■ **La composition des paragraphes.** Chaque argument est-il illustré par une citation ? Les citations sont-elles introduites par des guillemets et accompagnées d'un commentaire ?

■ **La progression du commentaire.** Des termes d'articulation logique soulignent-ils la cohérence et la progression de votre texte ?

IDENTIFIER LES CARACTÉRISTIQUES GÉNÉRALES DU TEXTE

1 Identifiez les caractéristiques générales des textes suivants de manière à les confronter. Aidez-
vous du tableau ci-dessous.

	Texte A	Texte B
objet d'étude		
genre		
registre		
contexte		
thème dominant		

TEXTE A

Dans son essai, Harmonies de la nature, *Bernardin de Saint-Pierre multiplie les confidences
personnelles.*

Dans mon enfance, j'allais souvent seul sur
le bord de la mer m'asseoir dans l'enfoncement
d'une falaise blanche comme le lait, au milieu de
ses débris décorés de pampres marins[1] de toutes
5 les couleurs, et frappés de vagues écumantes.
Là, comme Chrysès[2], représenté par Homère[3], et
sans doute comme ce grand poète l'avait éprouvé lui-même, je trouvais de la douceur à me
plaindre au soleil de la tyrannie des hommes.
10 Les vents et les flots semblaient prendre part à
ma douleur par leurs murmures. Je les voyais
venir des extrémités de l'horizon, sillonner la
mer azurée et agiter autour de moi mille guir-
landes pélagiennes[4]. Ces lointains, ces bruits
15 confus, ces mouvements perpétuels, plon-
geaient mon âme dans de douces rêveries. J'ad-
mirais ces plantes mobiles, semées par la nature
sur la voûte des rochers, et qui bravaient toutes
les tempêtes. De pauvres enfants, demi-nus,
20 pleins de gaieté, venaient avec des corbeilles
y chercher des crabes et des vignots[5]. Je les
voyais bien plus heureux que moi avec mes livres de collège, qui me coûtaient tant de larmes.

BERNARDIN DE SAINT-PIERRE, *Harmonies de la nature*,
1814 (posth.).

1. Pampres marins : *algues –* **2. Chrysès :** *prêtre d'Apollon –*
3. Homère : *poète grec, auteur de* l'Iliade *et de* l'Odyssée *–*
4. Pélagiennes : *marines –* **5. Vignots :** *petits mollusques.*

TEXTE B

Dans son autobiographie, Les Mots, *Sartre revient sur son apparence physique et sur l'hypocrisie qui, selon lui, l'entoure alors qu'il est enfant.*

On m'adore, donc je suis adorable. Quoi de
plus simple puisque le monde est bien fait ? On
me dit que je suis beau et je le crois. Depuis
quelque temps, je porte sur l'œil droit la taie[1]
5 qui me rendra borgne et louche mais rien n'y
paraît encore. On tire de moi cent photos que
ma mère retouche avec des crayons de couleur.
Sur l'une d'elles, qui est restée, je suis rose et
blond, avec des boucles, j'ai la joue ronde, et,
10 dans le regard, une déférence[2] affable pour l'ordre établi ; la bouche est gonflée d'une hypocrite
arrogance : je sais ce que je vaux.

JEAN-PAUL SARTRE, *Les Mots*, Éd. Gallimard, 1964.

1. Taie : *tache permanente de la cornée –* **2. Déférence :** *respect.*

ÉTABLIR L'ORIGINALITÉ DU TEXTE

2 **1. Identifiez les caractéristiques générales du
poème de Ronsard.**

**2. Analysez sa construction en étudiant :
a) la composition du sonnet ; b) le système énonciatif ; c) les réseaux lexicaux ; d) les principales
figures de style.**

Je n'ai plus que les os, un squelette je semble,
Décharné, dénervé, démusclé, dépoulpé,
Que le trait[1] de la mort sans pardon a frappé ;
Je n'ose voir mes bras que de peur je ne tremble.

5 Apollon[2] et son fils, deux grands maîtres ensemble,
Ne me sauraient guérir, leur métier m'a trompé ;
Adieu, plaisant soleil ! mon œil est étoupé,
Mon corps s'en va descendre où tout se désassemble.

Quel ami, me voyant en ce point dépouillé,
10 Ne remporte au logis un œil triste et mouillé,
Me consolant au lit et me baisant la face,

En essuyant mes yeux par la mort endormis ?
Adieu, chers compagnons ! Adieu, mes chers amis !
Je m'en vais le premier vous préparer la place.

PIERRE DE RONSARD, *Derniers Vers*, 1586.

1. Le trait : *la flèche –* **2. Apollon :** *dieu de la Beauté chez les
Grecs.*

DÉGAGER DES PISTES DE LECTURE

3 **1. Parmi les pistes de lecture présentées ci-
après, quelles sont celles qui vous semblent
le mieux rendre compte de l'originalité de ce
texte ?**

LISETTE. – Oui, vous voilà fort bien déguisé, et
avec cet habit-là, vous disant mon cousin, je

crois que vous pouvez paraître ici en toute sû-
reté ; il n'y a que votre air qui n'est pas trop d'ac-
5 cord avec la livrée[1].

ÉRASTE. – Il n'y a rien à craindre ; je n'ai pas
même, en entrant, fait mention de notre pa-
renté. J'ai dit que je voulais te parler, et l'on m'a
répondu que je te trouverais ici, sans m'en de-
10 mander davantage.

LISETTE. – Je crois que vous devez être content
du zèle avec lequel je vous sers : je m'expose à
tout, et ce que je fais pour vous n'est pas trop
dans l'ordre ; mais vous êtes un honnête hom-
15 me ; vous aimez ma jeune maîtresse, elle vous
aime ; je crois qu'elle sera plus heureuse avec
vous qu'avec celui que sa mère lui destine, et
cela calme un peu mes scrupules.

ÉRASTE. – Elle m'aime, dis-tu ? Lisette, puis-je
20 me flatter d'un si grand bonheur ? Moi qui ne
l'ai vue qu'en passant dans nos promenades,
qui ne lui ai prouvé mon amour que par mes
regards, et qui n'ai pu lui parler que deux fois
pendant que sa mère s'écartait avec d'autres da-
25 mes ! elle m'aime ?

LISETTE. – Très tendrement, mais voici un domestique de la maison qui vient ; c'est Frontin,
qui ne me hait pas, faites bonne contenance.

MARIVAUX, L'École des mères, scène 1, 1732.

1. **Livrée** : *costume de domestique.*

Pistes de lecture

– Un dialogue comique
– Les caractéristiques d'une scène d'exposition
– Le temps et le lieu de la représentation
– Le développement d'un dialogue argumentatif
– La mise en place d'une intrigue amoureuse
– Une remise en cause des genres théâtraux
– Une réflexion politique et sociale

4 **1. Identifiez les caractéristiques générales du
** **texte suivant.**

**2. Analysez le texte de manière à en montrer
l'originalité.**

**3. Dégagez, sous la forme de deux phrases, deux
pistes de lecture pour le commentaire.**

Dans son essai Génie du christianisme, *Chateaubriand rappelle le souvenir de son voyage en
Amérique et de la découverte des chutes du Niagara.*

La scène sur la terre n'était pas moins ravis-
sante : le jour bleuâtre et velouté de la lune descendait par intervalles des arbres, et poussait des
gerbes de lumière jusque dans l'épaisseur des
5 plus profondes ténèbres. La rivière qui coulait
à mes pieds tour à tour se perdait dans le bois,
tour à tour reparaissait brillante des constellations de la nuit, qu'elle répétait dans son sein.
Dans une savane, de l'autre côté de la rivière, la
10 clarté de la lune dormait sans mouvement sur
les gazons ; des bouleaux agités par les brises
et dispersés çà et là formaient des îles d'ombres
flottantes sur cette mer immobile de lumière.
Auprès tout aurait été silence et repos, sans la
15 chute de quelques feuilles, le passage d'un vent
subit, le gémissement de la hulotte[1] ; au loin,
par intervalles, on entendait les sourds mugissements de la cataracte du Niagara, qui, dans le
calme de la nuit, se prolongeaient de désert en
20 désert et expiraient à travers les forêts solitaires.
La grandeur, l'étonnante mélancolie de ce tableau ne sauraient s'exprimer dans les langues
humaines ; les plus belles nuits en Europe ne
peuvent en donner une idée. En vain dans nos
25 champs cultivés l'imagination cherche à s'étendre ; elle rencontre de toutes parts les habitations des hommes ; mais dans ces régions sauvages l'âme se plaît à s'enfoncer dans un océan
de forêts, à planer sur le gouffre des cataractes, à
30 méditer au bord des lacs et des fleuves, et, pour
ainsi dire, à se trouver seule devant Dieu.

FRANÇOIS-RENÉ DE CHATEAUBRIAND,
Génie du christianisme, 1802.

1. **Hulotte** : *ou chat-huant, oiseau rapace nocturne.*

CONSTRUIRE LE PLAN
DU COMMENTAIRE

5 **En vous aidant des deux pistes de lecture pro-
** **posées par le sujet, construisez le plan détaillé
du commentaire :**

**– vous donnerez un titre à chaque grande
partie ;**

**– vous dégagerez, pour chaque grande partie,
deux sous-parties dont vous indiquerez l'argument principal à travers une courte phrase ;**

**– vous introduirez dans chaque sous-partie les
éléments d'analyse qui justifient et illustrent
l'argument principal.**

Commentaire : Vous ferez le commentaire du
texte de Colette en vous appuyant sur les pistes
suivantes :
– vous montrerez la complicité de la narratrice
et de ses deux compagnes ;
– vous analyserez le bonheur de cet instant privilégié de communion avec le monde et d'harmonie entre les êtres.

■ **Objet d'étude L'autobiographie**

Toutes trois nous rentrons poudrées, moi, la petite Bull et la bergère flamande[1]... Il a neigé dans
les plis de nos robes, j'ai des épaulettes blanches,
un sucre impalpable fond au creux du mufle ca-
5 mard[2] de Poucette, et la bergère flamande scintille
toute, de son museau pointu à sa queue en massue.
Nous étions sorties pour contempler la neige, la
vraie neige et le vrai froid, raretés parisiennes,
occasions presque introuvables, de fin d'année…
10 Dans mon quartier désert, nous avons couru
comme trois folles, et les fortifications hospita-
lières, les fortifs décriées ont vu, de l'avenue des
Ternes au boulevard Malesherbes, notre joie ha-
letante de chiens lâchés. Du haut du talus nous
15 nous sommes penchées sur le fossé que comblait
un crépuscule violâtre fouetté de tourbillons
blancs ; nous avons contemplé Levallois noir piqué de feux roses derrière un voile chenillé de
mille mouches blanches, vivantes, froides comme
20 des fleurs effeuillées, fondantes sur les lèvres, sur
les yeux, retenues un moment aux cils, au duvet
des joues… Nous avons gratté de nos dix pattes
une neige intacte, friable, qui fuyait sous notre
poids avec un crissement caressant de taffetas[3].
25 Loin de tous les yeux, nous avons galopé, aboyé,
happé la neige au vol, goûté sa suavité de sorbet
vanillé et poussiéreux…

Assises maintenant devant la grille ardente nous
nous taisons toutes trois. Le souvenir de la nuit,
30 de la neige, du vent déchaîné derrière la porte,
fond dans nos veines lentement et nous allons
glisser à ce soudain sommeil qui récompense les
marches longues…

COLETTE, « Rêverie de Nouvel An »,
Les Vrilles de la vigne, 1908.

1. La petite Bull et la bergère flamande : *les deux chiennes de
la narratrice* – **2. Camard** : *aplati* – **3. Taffetas** : *tissu.*

Conseil BAC

Pour bien préparer le plan

● La préparation du plan est guidée par l'objet d'étude
abordé par le sujet. Elle passe par une lecture minutieuse
du texte à commenter : on surligne dans le texte les
exemples qui rappellent l'objet d'étude ; on indique en
même temps dans la marge le nom du procédé auquel
chaque exemple correspond.

● Dans un second temps, on rassemble les procédés
repérés pour les classer en deux ou trois idées directrices qui montrent l'originalité du texte. On s'attache
surtout à ne pas séparer l'étude d'un procédé de l'effet
de sens qu'il produit.

6 Construisez le plan du commentaire
** pour le poème suivant :

– vous dégagerez trois pistes de lecture, auxquelles vous donnerez un titre ;

– vous établirez un plan détaillé pour chaque
grande partie ;

– vous soulignerez la cohérence de votre plan à travers l'emploi de termes d'articulation logique.

■ **Objet d'étude La poésie**

FONCTION DU POÈTE

Peuples ! écoutez le poète !
Écoutez le rêveur sacré !
Dans votre nuit, sans lui complète,
Lui seul a le front éclairé.
5 Des temps futurs perçant les ombres,
Lui seul distingue en leurs flancs sombres,
Le germe qui n'est pas éclos.
Homme, il est doux comme une femme.
Dieu parle à voix basse à son âme
10 Comme aux forêts et comme aux flots.

C'est lui qui, malgré les épines,
L'envie et la dérision,
Marche, courbé dans vos ruines,
Ramassant la tradition.
15 De la tradition féconde
Sort tout ce qui couvre le monde,
Tout ce que le ciel peut bénir.
Toute idée, humaine ou divine,
Qui prend le passé pour racine
20 A pour feuillage l'avenir.

Il rayonne ! il jette sa flamme
Sur l'éternelle vérité !
Il la fait resplendir pour l'âme
D'une merveilleuse clarté !
25 Il inonde de sa lumière
Ville et déserts, Louvre et chaumière,
Et les plaines et les hauteurs !
À tous d'en haut il la dévoile ;
Car la poésie est l'étoile
30 Qui mène à Dieu, rois et pasteurs[1] !

VICTOR HUGO, *Les Rayons et les Ombres*, 1840.

1. **Pasteurs** : *bergers.*

7 1. Identifiez les caractéristiques générales
*** du texte.

2. Dégagez la problématique générale
du commentaire.

3. Mettez au point vos pistes de lecture.

4. Établissez le plan détaillé du commentaire du texte de Marcel Proust.

■ **Objet d'étude L'autobiographie**

Le narrateur se promène le long de la plage avec sa grand-mère et son amie Madame la Marquise de Villeparisis. Ils font la rencontre de la princesse du Luxembourg.

Cependant la Princesse de Luxembourg nous avait tendu la main et, de temps en temps, tout en causant avec la Marquise, elle se détournait pour poser de doux regards sur ma grand-mère
5 et sur moi, avec cet embryon[1] de baiser qu'on ajoute au sourire quand celui-ci s'adresse à un bébé avec sa nounou. Mais dans son désir de ne pas avoir l'air de siéger dans une sphère supérieure à la nôtre elle avait sans doute mal calculé
10 la distance, car, par une erreur de réglage, ses regards s'imprégnèrent d'une telle bonté que je vis approcher le moment où elle nous flatterait de la main comme deux bêtes sympathiques qui eussent passé la tête vers elle, à travers un grillage,
15 au Jardin d'Acclimatation. Aussitôt du reste cette idée d'animaux et de Bois de Boulogne prit plus de consistance pour moi. C'était l'heure où la digue est parcourue par des marchands ambulants et criards qui vendent des gâteaux, des bonbons,
20 des petits pains. Ne sachant que faire pour nous témoigner sa bienveillance, la Princesse arrêta le premier qui passa ; il n'avait plus qu'un pain de seigle, du genre de ceux qu'on jette aux canards. La Princesse le prit et me dit : « C'est
25 pour votre grand-mère. » Pourtant, ce fut à moi qu'elle le tendit, en me disant avec un fin sourire : « Vous le lui donnerez vous-même », pensant qu'ainsi mon plaisir serait plus complet s'il n'y avait pas d'intermédiaires entre moi et
30 les animaux. D'autres marchands s'approchèrent, elle remplit mes poches de tout ce qu'ils avaient, de paquets tout ficelés, de plaisirs[2], de babas et de sucres d'orge. Elle me dit : « Vous en mangerez et vous en ferez manger aussi à votre
35 grand-mère » et elle fit payer les marchands par le petit nègre habillé en satin rouge qui la suivait partout et qui faisait l'émerveillement de la plage. Puis elle dit adieu à Mme de Villeparisis et nous tendit la main avec l'intention de nous
40 traiter de la même manière que son amie, en intimes, et de se mettre à portée. Mais cette fois, elle plaça sans doute notre niveau un peu moins bas dans l'échelle des êtres, car son égalité avec nous fut signifiée par la Princesse à ma grand-
45 mère au moyen de ce tendre et maternel sourire qu'on adresse à un gamin quand on lui dit au

revoir comme à une grande personne. Par un merveilleux progrès de l'évolution, ma grand-mère n'était plus un canard ou une antilope, mais
50 déjà ce que Mme Swann eût appelé un « baby ».

MARCEL PROUST,
À l'ombre des jeunes filles en fleur, 1919.

1. Embryon : *être vivant au début de son développement ; ici début, esquisse* – **2. Plaisir** : *pâtisserie mince roulée en cornet.*

RÉDIGER L'INTRODUCTION DU COMMENTAIRE

8
*
1. Quelle est, selon vous, parmi les trois introductions proposées, celle qui convient le mieux au commentaire de ce texte ?

2. Quels reproches peut-on adresser aux deux autres ?

■ **Objet d'étude Le roman et ses personnages, visions de l'homme et du monde**

François Mauriac met en scène dans son roman une jeune femme qui a tenté d'empoisonner son mari.

Ces beaux étés… Thérèse, dans le petit train qui démarre enfin, s'avoue que c'est vers eux qu'il faut que sa pensée remonte, si elle veut voir clair. Incroyable vérité que dans ces aubes
5 toutes pures de nos vies, les pires orages étaient déjà suspendus. Matinées trop bleues : mauvais signe pour le temps de l'après-midi et du soir. Elles annoncent les parterres saccagés, les branches rompues et toute cette boue. Thérèse n'a
10 pas réfléchi, n'a rien prémédité à aucun moment de sa vie ; nul tournant brusque : elle a descendu une pente insensible, lentement d'abord puis plus vite. La femme perdue de ce soir, c'est bien le jeune être radieux qu'elle fut durant les étés
15 de cet Argelouse où voici qu'elle retourne furtive et protégée par la nuit.

FRANÇOIS MAURIAC, *Thérèse Desqueyroux*,
Éd. Bernard Grasset, 1927.

INTRODUCTION A

Dans cette page, on voit une femme seule dans un train pensant à son passé. Elle semble s'interroger sur ce qu'elle a fait : elle a tenté de tuer son mari. Mais elle n'arrive pas à comprendre. On étudiera d'abord dans une première partie comment est présenté une sorte de monologue intérieur pour ensuite souligner ce que la destinée de chacun a d'incompréhensible.

INTRODUCTION B

Les grandes figures criminelles, comme Phèdre, comme Médée, ne cessent pas de fasciner les dramaturges et les romanciers qui cherchent à comprendre ce qui a pu conduire des êtres humains à des gestes parfois monstrueux. C'est aussi une criminelle que François Mauriac évoque dans son roman <u>Thérèse Desqueyroux</u>, publié en 1927, puisque Thérèse a essayé d'empoisonner son mari. Même si elle a échoué, elle n'en a pas moins été criminelle.

INTRODUCTION C

Plus peut-être que le théâtre, le roman, grâce à la variété des points de vue possibles, permet de s'approcher des personnages, de surprendre leurs réactions les plus secrètes. Cette proximité du romancier avec son personnage, on la retrouve de façon saisissante dans cette page de <u>Thérèse Desqueyroux</u> où François Mauriac nous fait partager les pensées de sa triste héroïne. Revenant vers le mari qu'elle a tenté d'empoisonner, elle repense à son enfance, elle s'interroge sur le mystère de sa vie. Et le narrateur est si proche d'elle qu'on ne sait pas si c'est elle ou si c'est lui qui médite sur le mystère des vies humaines.

9 En vous aidant des informations apportées, vous
** rédigerez l'introduction au commentaire du texte de Nerval.

Indications

a) Nerval, poète français du XIXe siècle, est resté longtemps méconnu.

b) Le romantisme a mis à la mode le thème des voyages.

c) Nerval a dit de l'odelette qu'elle donne « une image gracieuse et fraîche d'où ressort une idée profonde et philosophique ».

d) Autrefois, il était vraiment pénible de voyager car les diligences n'étaient pas assez confortables.

Texte

Le relais

En voyage, on s'arrête, on descend de voiture,
Puis entre deux maisons on passe à l'aventure[1],
Des chevaux, de la route et des fouets étourdi,
L'œil fatigué de voir et le corps engourdi.

5   Et voici tout à coup, silencieuse et verte,
Une vallée humide et de lilas couverte,
Un ruisseau qui murmure entre les peupliers,
Et la route et le bruit sont bien vite oubliés !

On se couche dans l'herbe et l'on s'écoute vivre,
10 De l'odeur du foin vert à loisir on s'enivre,
Et sans penser à rien on regarde les cieux…
Hélas ! une voix crie : « En voiture, messieurs ! »
              GÉRARD DE NERVAL, *Odelettes*, 1832.

1. À l'aventure : *au hasard, sans projet précis.*

Commentaire

Vous ferez le commentaire du poème de Gérard de Nerval en vous appuyant sur les pistes suivantes :
– vous montrerez que le poème évoque une scène de voyage pittoresque ;
– vous montrerez la façon dont il rapporte l'expérience d'un bonheur intense et fragile.

RÉDIGER LA CONCLUSION

10 **1. Quelle est, parmi les trois conclusions propo
*** sées pour le poème de Gérard de Nerval (exercice 9), celle qui convient le mieux au commentaire de ce texte ? Justifiez votre choix.

2. Quels reproches peut-on adresser aux deux autres ?

CONCLUSION A

Le poème montre bien que les arrêts sont plus agréables que le voyage lui-même. À voir le bonheur que ressent le poète au moment où l'on change de chevaux, on devine que les diligences d'autrefois étaient vraiment inconfortables. Ne devons-nous pas nous féliciter des progrès des moyens de transport ? De nos jours on est plus dispos quand on descend du train ou de l'avion que lorsqu'on s'y installe. Quel plaisir de voyager !

CONCLUSION B

On le voit, dans le poème de Nerval, les arrêts du voyage sont plus agréables que le voyage lui-même. Et le poète, participant au mouvement romantique, a su restituer l'intensité d'un moment de bonheur à travers la description pittoresque d'une scène de voyage. Flânerie, plongée dans la nature, oubli des autres et de ses obligations : Nerval respire et réussit à communiquer le charme de cet instant privilégié. Chaque lecteur à son tour peut, en lisant cette odelette, éprouver la fragilité délicieuse de l'existence humaine à travers un court instant de bonheur dérobé.

CONCLUSION C

Rien de plus fragile sans doute que le moment fugitif que Nerval évoque dans son poème. Le sentiment de bonheur éprouvé par le poète aurait-il été aussi vif s'il avait pu se prolonger ?

11 Rédigez l'introduction et la conclusion du commentaire du texte suivant. Aidez-vous pour cela du plan détaillé proposé.

La jeune mariée Emma Bovary est invitée au bal de la Vaubyessard, chez le marquis d'Andervilliers.

L'air du bal était lourd ; les lampes pâlissaient. On refluait dans la salle de billard. Un domestique monta sur une chaise et cassa deux vitres ; au bruit des éclats de verre, Madame Bovary
5 tourna la tête et aperçut dans le jardin, contre les carreaux, des faces de paysans qui regardaient. Alors le souvenir des Bertaux[1] lui arriva. Elle revit la ferme, la mare bourbeuse, son père en blouse sous les pommiers, et elle se revit
10 elle-même, comme autrefois, écrémant avec son doigt les terrines de lait dans la laiterie. Mais aux fulgurations[2] de l'heure précédente, sa vie passée, si nette jusqu'alors, s'évanouissait tout entière, et elle doutait presque de l'avoir vécue.
15 Elle était là ; puis autour du bal, il n'y avait presque plus que de l'ombre, étalée sur tout le reste. Elle mangeait alors une glace au marasquin[3], qu'elle tenait de la main gauche dans une coquille de vermeil[4], et fermait à demi les yeux, la
20 cuiller entre les dents.

GUSTAVE FLAUBERT, *Madame Bovary*, 1857.

1. Les Bertaux : *ferme des parents d'Emma* – **2. Fulgurations** : *lueur électrique, éclair, foudroiement* – **3. Marasquin** : *liqueur de cerises* – **4. Vermeil** : *vaisselle d'argent dorée à la poudre d'or.*

Commentaire
Vous ferez le commentaire de cette page de *Madame Bovary* en vous aidant des pistes de lecture suivantes :
– vous montrerez l'intensité du bonheur éprouvé par l'héroïne ;
– vous étudierez le surgissement du souvenir, opposé à la réalité présente.

Plan du commentaire
I. Un instant de bonheur
1. L'atmosphère et l'animation du bal
2. Le luxe du décor et la mondanité
3. Le plaisir sensuel
II. Le surgissement du passé
1. L'irruption du monde extérieur
2. Le souvenir de l'enfance
3. Le refoulement du passé

RÉDIGER LE DÉVELOPPEMENT

12 À la suite du texte vous est proposé le plan d'un paragraphe de commentaire. Rédigez ce paragraphe.

La voiture s'ébranla lourdement, soulevant autour de ses roues des cerceaux de crotte ; on naviguait en plein marécage ; sous le ciel gris qui semblait s'appuyer sur le toit des maisons,
5 les murailles ruisselaient du haut en bas, les gouttières débordaient, les pavés étaient enduits d'une boue de pain d'épice dans laquelle des passants glissaient ; sur les trottoirs que raflaient les omnibus, des gens tassés s'arrêtaient,
10 des femmes retroussées jusqu'aux genoux, courbées sous des parapluies, s'aplatissaient pour éviter les éclaboussures contre les boutiques.

J.-K. HUYSMANS, *À rebours*, 1884.

Plan du paragraphe
– Idée développée : un univers marqué par le déluge.
– Références spatiales : le ciel, les toits, les maisons, les murailles, les gouttières, les pavés, les trottoirs (élargissement progressif).
– Agression de l'homme par la pluie : termes négatifs (« s'arrêtaient », s'aplatissaient »), participes passés qui soulignent l'impuissance (« tassés », retroussées », « courbées »).
→ La phrase accumulative souligne cette invasion de la ville par la pluie.

13 1. À partir du plan de commentaire proposé à la suite du texte d'Albert Cohen, repérez et reformulez sous la forme d'une phrase les deux pistes de lecture proposées pour les grandes parties.
2. Combien de paragraphes chaque grande partie va-t-elle développer ?

■ **Objet d'étude** Le roman et ses personnages : visions de l'homme et du monde

Adrien Deume est fonctionnaire ; il vient d'être promu à un échelon supérieur dans sa carrière (la section A). La scène se passe vers 1930.

Adrien Deume soupira d'aise, fier d'avoir rangé d'emblée sa voiture entre les deux Cadillac. Il retira la clef du contact, s'assura que les vitres étaient bien relevées, sortit, ferma la porte à clef,
5 tira à plusieurs reprises la poignée pour plus de certitude, considéra sa voiture avec tendresse. Épatante, sa Chrysler, des reprises foudroyantes. Douce mais nerveuse, voilà. Sa grosse canne sous le bras, portant gravement sa mallette de fonc-
10 tionnaire distingué, il s'en fut d'un pas guilleret. Mardi vingt-neuf mai, aujourd'hui. Dans trois jours, le premier juin, membre A à vingt-deux mille cinq cent cinquante balles-or comme début, avec augmentations annuelles jusqu'au pla-
15 fond de vingt-six mille ! Pas à dédaigner, hein ?
Arrivé dans le grand hall, il se dirigea d'un air indifférent vers le tableau des mouvements du personnel, s'assura que personne ne l'observait et, comme tous les jours précédents, se reput des

20 mots merveilleux qui proclamaient sa promotion. Ébloui et transpercé, mystique devant une
présence sacrée, il resta plusieurs minutes à les
contempler, à les comprendre à fond, à s'en pénétrer, les fixant jusqu'au vertige. Oui, c'était lui,
25 c'était bien lui, ce Deume-là, ce membre de section A, avec effet dès le premier juin. Dans trois
jours, membre A ! Est-ce possible ? Eh oui, la
promesse était là, devant lui, auguste, officielle !
– Trésor, dit-il à son visage dans la glace de l'as-
30 censeur qui le conduisait à ses travaux.

ALBERT COHEN, *Belle du Seigneur*,
Éd. Gallimard, 1968.

Plan du commentaire

I. Un portrait saisi sur le vif
1. Le personnage est vu en plein mouvement.
2. La focalisation interne et le rythme des phrases contribuent à cette viva-cité.
3. Les signes qui manifestent le bonheur du personnage.

II. Une satire du fonctionnaire
1. Sa vanité : de quoi est-il fier ? vulgarité de ses plaisirs.
2. Son narcissisme : le jeu des regards ; l'arrêt fasciné devant le tableau des promotions.
3. Son inutilité et son conformisme.

14 Lisez le paragraphe suivant qui correspond au point I. 2 du commentaire du texte d'Albert Co-hen (exercice 13). Insérez les citations ☐ qui vous paraissent nécessaires.

La focalisation interne permet de suivre les pensées du personnage avec d'autant plus de souplesse que la phrase au style indirect libre rend la vivacité de ses réactions. Des constructions sans verbe, très proches du langage oral, font entendre son plaisir : ☐ ou encore ☐. Parfois, la modalité exclamative rend sensible son enthousiasme : ☐. Ailleurs, le recours à la modalité interrogative montre le petit dialogue qu'il entretient avec lui-même : ☐. Les petits mots qui relèvent selon les linguistes de la fonction phatique, ☐, ponctuent ce monologue intérieur et contribuent à sa vivacité.

15 Le paragraphe qui suit, correspondant au point II. 2 du commentaire du texte d'Albert Cohen (exercice 13), est présenté dans le dé-sordre.

Rétablissez l'ordre des phrases en retrouvant l'argument développé, les explications et les citations qui l'accompagnent.

A. Cette illumination qui le laisse « ébloui et trans-percé », cette contemplation qui dure « plusieurs minutes » et le conduit « jusqu'au vertige », cette vision qui l'éblouit est celle de son nom qu'il contemple, extasié : « Oui, c'était lui, c'était bien lui, ce Deume-là, ce membre de section A ». Pour connaître un tel bonheur, il fallait sans doute qu'il fût humilié de n'être qu'un membre B.

B. Narcisse lui-même a-t-il connu un tel vertige ? Or ici, ce Narcisse n'est qu'un fonctionnaire dont l'auteur souligne le vain conformisme.

C. Le texte révèle aussi les racines de cette vanité, son narcissisme profond : cette promotion renvoie à Adrien Deume une image flatteuse de lui-même.

D. Mais c'est surtout dans le regard lancé au tableau de promotion que l'auteur montre la fascination que le personnage éprouve pour son nom. Le lexique religieux – « mystique », « présence sacrée » – suggère qu'il connaît une véritable extase : les mots du très officiel « tableau des mouvements du personnel » sont même qualifiés de « merveilleux ».

E. Ce n'est pas pourtant sa modestie que l'auteur éclaire, mais bien la fascination que Deume éprouve pour lui-même. La scène conduit à un miroir et le seul mot rapporté directement est ce terme affectueux qu'il s'adresse plaisamment à lui-même : « Trésor ».

16 En vous appuyant sur le travail effectué dans les exercices 13, 14 et 15, rédigez la sous-partie II. 1 du plan du commentaire (exercice 13).

Conseil BAC

Pour bien rédiger un paragraphe de commentaire

● La première phrase d'un paragraphe doit affirmer clairement l'idée directrice ou l'argument qu'il va dé-velopper.
● Il s'agit ensuite d'analyser les procédés d'écriture qui vont justifier cette idée directrice : réseaux lexicaux, temps verbaux, composition du texte, figures de style. Chaque procédé d'écriture doit être illustré d'une cita-tion du texte qui figure entre guillemets. Cette citation est suivie d'un bref commentaire qui interprète le pro-cédé et éclaire son rôle.
● Une phrase conclusive résume enfin la recherche me-née ou annonce le paragraphe suivant.

Vers le sujet de commentaire

PRÉPARATION

1. Observez sur le document iconographique les caractéristiques de la peinture de Van Gogh soulignées par Octave Mirbeau.

2. Étudiez le texte de Mirbeau de manière à mettre en évidence son originalité.

3. Construisez le plan de votre commentaire, en fonction du parcours de lecture indiqué par le sujet.

RÉDACTION

Vous ferez le commentaire du texte d'Octave Mirbeau, en vous aidant du parcours de lecture suivant :

– vous montrerez que l'auteur exalte la personnalité et l'humanité du peintre ;

– vous analyserez comment il souligne l'originalité de son style et le caractère fantastique de sa peinture.

■ **OBJET D'ÉTUDE :**

L'argumentation : convaincre, persuader et délibérer : *chapitre 20 p. 254*

TEXTE

Van Gogh a eu, à un degré rare, ce par quoi un homme se différencie d'un autre : le style. Dans une foule de tableaux mêlés les uns aux autres, l'œil, d'un seul clin, reconnaît ceux de
5 Vincent Van Gogh, comme il reconnaît ceux de Corot, de Manet, de Degas, de Monet, de Monticelli, parce qu'ils ont un génie propre qui ne peut être autre, et qui est le style, c'est-à-dire l'affirmation de la personnalité. Et tout, sous
10 le pinceau de ce créateur étrange et puissant, s'anime d'une vie étrange, indépendante de celle des choses qu'il peint, et qui est en lui et qui est lui. Il se dépense tout entier au profit des arbres, des ciels, des fleurs, des champs, qu'il
15 gonfle de la surprenante sève de son être. Ces formes se multiplient, s'échevèlent, se tordent, et jusque dans la folie admirable de ces ciels où les astres ivres tournoient et chancellent, où les étoiles s'allongent en queues de comètes
20 débraillées ; jusque dans le surgissement de ces fantastiques fleurs qui se dressent et se crêtent, semblables à des oiseaux déments, Van Gogh garde toujours ses admirables qualités de peintre, et une noblesse qui émeut, une grandeur
25 tragique qui épouvante. Et, dans les moments de calme, quelle sérénité dans les grandes plaines ensoleillées, dans les vergers fleuris où les pruniers, les pommiers neigent de la joie, où le bonheur de vivre monte de la terre en
30 frissons légers et s'épand dans les ciels pacifiques aux pâleurs tendres, aux rafraîchissantes brises ! Ah ! comme il a compris l'âme exquise des fleurs ! Comme sa main, qui promène les

torches terribles dans les noirs firmaments, se
35 fait délicate pour en lier les gerbes parfumées et si frêles ! Et quelles caresses ne trouve-t-il pas pour en exprimer l'inexprimable fraîcheur et les grâces infinies !

Et comme il a compris aussi ce qu'il y a de
40 triste, d'inconnu et de divin dans l'œil des pauvres fous et des malades fraternels !

OCTAVE MIRBEAU, « Vincent Van Gogh », *Écho de Paris*, 31 mars 1891.

DOCUMENT ICONOGRAPHIQUE

VINCENT VAN GOGH, *Route avec cyprès*, 1890.

SÉRIES TECHNOLOGIQUES

TEXTES DU CORPUS

Texte A : Saint-Amant, *La suite des ouvres du sieur de Saint-Amant*, 1631.

Texte B : François de La Rochefoucauld, *Réflexions ou sentences et maximes morales*, 1664.

Texte C : Henri Michaux, «*Mes propriétés*», La nuit remue, 1929.

Document iconographique : Baccio Maria Bacci, *Le vagabond* , 1943.

OBJETS D'ÉTUDE

❀ **L'argumentation : convaincre, persuader et délibérer** *Chapitre 20 P. 254*

❀ **La poésie** *Chapitre 18 P. 226*

Texte A

Le paresseux

Accablé de paresse et de mélancolie,
Je rêve dans un lit où je suis fagoté[1],
Comme un lièvre sans os qui dort dans un pâté
Ou comme un Don Quichotte en sa morne folie.

5 Là, sans me soucier des guerres d'Italie[2],
Du comte Palatin[3], ni de sa royauté,
Je consacre un bel hymne à cette oisiveté
Où mon âme en langueur est comme ensevelie.

Je trouve ce plaisir si doux et si charmant[4],
10 Que je crois que les biens me viendront en dormant,
Puisque je vois déjà s'en enfler ma bedaine,

Et hais tant le travail que, les yeux entr'ouverts,
Une main hors des draps, cher Baudoin[5], à peine
Ai-je pu me résoudre à t'écrire ces vers.

SAINT-AMANT , *La Suite des œuvres du sieur de Saint-Amant*, 1631.

1. Fagoté : *emmailloté, arrangé comme un fagot, sans goût* – 2. Guerres d'Italie : *allusion aux compagnes d'Italie de 1629 et 1630* – 3. Comte Palatin : *Frédéric V, en guerre contre l'empereur Ferdinand II* – 4. Charmant : *sens fort, qui fascine, ensorcelant comme un enchantement* – 5. Baudoin : *Jean Baudoin (1594-1650), poète, travailleur infatigable, un des premiers membres, avec Saint-Amant, de l'Académie française.*

Texte B

De toutes les passions celle qui est la plus inconnue à nous-mêmes, c'est la paresse ; elle est la plus ardente et la plus maligne de toutes, quoique sa violence soit insensible, et que les dommages qu'elle cause soient très cachés ; si nous considérons attentivement son pouvoir, nous verrons qu'elle se rend
5 en toutes rencontres[1] maîtresse de nos sentiments[2], de nos intérêts et de nos plaisirs ; c'est la rémore[3] qui a la force d'arrêter les plus grands vaisseaux, c'est une bonace[4] plus dangereuse aux plus importantes affaires que les écueils, et

que les plus grandes tempêtes ; le repos de la paresse est un charme secret de l'âme qui suspend soudainement les plus ardentes poursuites… et les plus
10 opiniâtres résolutions ; pour donner enfin la véritable idée de cette passion, il faut dire que la paresse est comme la béatitude de l'âme, qui la console de toutes ses pertes, et qui lui tient lieu de tous les biens.

FRANÇOIS DE LA ROCHEFOUCAULD, *Réflexions ou sentences et maximes morales*, 1664.

1. Sentiments : *jugements, opinions* – 2. Rencontres : *occasions, circonstances* – 3. Rémore : *petit poisson, aujourd'hui « rémora », qui se fixe aux poissons plus gros ou aux bateaux ; on a prétendu dans l'Antiquité qu'il pouvait arrêter des navires* – 4. Bonace : *calme plat (sur la mer)* – 5. Poursuites : *efforts pour obtenir quelque chose, parfois cour que fait un prétendant.*

Document iconographique

BACCIO MARIA BACCI, *Le Vagabond*, 1943.

Texte C

La paresse

L'âme adore nager.

Pour nager on s'étend sur le ventre. L'âme se déboîte et s'en va. Elle s'en va en nageant. (Si votre âme s'en va quand vous êtes debout, ou assis, ou les genoux ployés, ou les coudes, pour chaque position corporelle différente l'âme partira
5 avec une démarche et une forme différentes, c'est ce que j'établirai plus tard.)

On parle souvent de voler. Ce n'est pas ça. C'est nager qu'elle fait. Et elle nage comme les serpents et les anguilles, jamais autrement.

Quantité de personnes ont ainsi une âme qui adore nager. On les appelle vulgairement des paresseux. Quand l'âme quitte le corps par le ventre pour nager, il se
10 produit une telle libération de je ne sais quoi, c'est un abandon, une jouissance, un relâchement si intime.

L'âme s'en va nager dans la cage de l'escalier ou dans la rue suivant la timidité ou l'audace de l'homme, car toujours elle garde un fil d'elle à lui, et si ce fil se rompait (il est parfois très ténu, mais c'est une force effroyable qu'il faudrait
15 pour rompre le fil), ce serait terrible pour eux (pour elle et pour lui).

Quand donc elle se trouve occupée à nager au loin, par ce simple fil qui lie l'homme à l'âme s'écoulent des volumes et des volumes d'une sorte de matière spirituelle, comme de la boue, comme du mercure, ou comme un gaz – jouissance sans fin.

20 C'est pourquoi le paresseux est indécrottable. Il ne changera jamais. C'est pourquoi aussi la paresse est la mère de tous les vices. Car qu'est-ce qui est plus égoïste que la paresse ?

Elle a des fondements que l'orgueil n'a pas.

Mais les gens s'acharnent sur les paresseux.

25 Tandis qu'ils sont couchés, on les frappe, on leur jette de l'eau fraîche sur la tête, ils doivent vivement ramener leur âme. Ils vous regardent alors avec ce regard de haine, que l'on connaît bien, et qui se voit surtout chez les enfants.

Henri Michaux, « Mes propriétés », 1929,
La nuit remue, Éd. Gallimard, 1935.

ÉCRITURE

 6 points **I. Vous répondrez d'abord aux questions suivantes.**

1. Quel point de vue chaque auteur (des textes et du tableau) adopte-t-il sur la paresse ? En quoi ces points de vue sont-ils proches ? En quoi sont-ils différents ?

2. Relevez dans chaque texte une comparaison et montrez le rôle qu'elle joue là où elle apparaît.

14 points **II. Vous traiterez ensuite un de ces sujets au choix.**

1. Commentaire
Vous ferez le commentaire composé du poème de Saint-Amant en vous appuyant sur les pistes de lecture suivantes :
– vous montrerez que le poète crée une évocation pleine de fantaisie, proche de la parodie ;
– vous indiquerez en quoi ce poème revendique indépendance et liberté.

2. Dissertation
Pensez-vous que la poésie puisse jouer un rôle dans l'expression et l'évolution des idées ? Vous répondrez à cette question en vous appuyant sur les textes du corpus, les poèmes que vous avez étudiés et vos lectures personnelles.

3. Invention
Vous composerez un réquisitoire contre le paresseux dont Saint-Amant fait l'éloge. Vous aurez recours aux formes de l'éloquence oratoire.

La dissertation

La dissertation se présente comme un développement argumenté à partir d'une citation ou d'une question donnée. Il est donc nécessaire d'analyser précisément le sujet afin d'en dégager la problématique. La recherche d'idées, d'arguments et d'exemples prend appui sur les textes du corpus, les objets d'étude de la classe de Première et les connaissances personnelles du candidat. Il élabore alors le plan qui permet de développer au mieux son argumentation. Il s'agit de mettre en valeur l'idée directrice de chaque partie en l'appuyant sur deux ou trois paragraphes qui correspondent aux arguments choisis. Les transitions soulignent la logique du raisonnement et l'enchaînement des idées. La conclusion de la dissertation répond définitivement à la problématique du sujet.

Méthodes du bac

Fiche 1 • Analyser le sujet de la dissertation

Fiche 2 • Rechercher des idées

Fiche 3 • Construire le plan de la dissertation

Fiche 4 • Rédiger l'introduction et la conclusion

Fiche 5 • Rédiger le développement de la dissertation

Sujet du BAC

OBJET D'ÉTUDE :

Le théâtre : texte et représentation *chapitre 19 p. 236*

TEXTES

Texte A : Jean Racine (1639-1699), *Andromaque*, Acte IV, scène 3, 1667.

Texte B : Alfred de Musset (1810-1857), *Lorenzaccio*, Acte I, scène 2, 1834.

Texte C : Samuel Beckett (1906-1989), *En attendant Godot*, Acte II, 1952.

✽ Dissertation (toutes séries)

En vous appuyant sur le corpus proposé, les œuvres que vous avez étudiées et votre expérience du théâtre, vous direz si la représentation est indispensable pour apprécier et comprendre pleinement une pièce de théâtre.

Texte A

ORESTE

Ah ! madame, est-il vrai qu'une fois
Oreste en vous cherchant obéisse à vos lois ?
Ne m'a-t-on point flatté[1] d'une fausse espérance ?
Avez-vous en effet[2] souhaité ma présence ?
5 Croirai-je que vos yeux, à la fin désarmés,
Veulent...

HERMIONE

Je veux savoir, seigneur, si vous m'aimez.

ORESTE

Si je vous aime ? Ô dieux ! mes serments, mes parjures,
Ma fuite, mon retour, mes respects, mes injures,
10 Mon désespoir, mes yeux de pleurs toujours noyés,
Quels témoins croirez-vous si vous ne les croyez ?

HERMIONE

Vengez-moi, je crois tout.

ORESTE

Hé bien, allons, madame :
Mettons encore un coup toute la Grèce en flamme[3]
15 Prenons, en signalant mon bras et votre nom,
Vous, la place d'Hélène, et moi, d'Agamemnon,
De Troie en ce pays réveillons les misères,
Et qu'on parle de nous ainsi que de nos pères.
Partons, je suis prêt.

HERMIONE

20 Non, seigneur, demeurons :
Je ne veux pas porter si loin de tels affronts.

JEAN RACINE, *Andromaque*, Acte IV, scène 3, 1667.

1. Flatté : *trompé, abusé* – 2. En effet : *effectivement, réellement* – 3. Mettre en flamme : *provoquer la colère.*

Texte B

(Après l'échec de sa pièce, La Nuit vénitienne, *représentée à l'Odéon en 1830, Musset renonce à faire représenter ses pièces de théâtre, qu'il rassemble dans un volume sous le titre général de* Un spectacle dans un fauteuil. *C'est ainsi que* Lorenzaccio, *publié en 1834, ne fut porté à la scène pour la première fois qu'en 1896.)*

Scène II
Une rue. – Le point du jour.

Plusieurs masques sortent d'une maison illuminée ;
un MARCHAND DE SOIERIES *et un* ORFÈVRE
ouvrent leurs boutiques.

5 LE MARCHAND DE SOIERIES. – Hé, hé, père Mondella, voilà bien du vent pour mes étoffes.

Il étale ses pièces de soie.

L'ORFÈVRE, *bâillant.* – C'est à se casser la tête. Au diable leur noce ! je n'ai pas fermé l'œil de la nuit.

10 LE MARCHAND. – Ni ma femme non plus, voisin ; la chère âme s'est tournée et retournée comme une anguille. Ah ! dame ! quand on est jeune avec une barbe comme celle-là, et cependant Dieu sait si leur damnée musique me donne envie de danser.

Deux écoliers passent.

ALFRED DE MUSSET, *Lorenzaccio*, Acte I, scène 2, 1834.

Texte C

ESTRAGON. – Je suis fatigué. (*Un temps.*) Allons-nous-en.
VLADIMIR. – On ne peut pas.
ESTRAGON. – Pourquoi ?
VLADIMIR. – On attend Godot.
5 ESTRAGON. – C'est vrai. (*Un temps.*) Alors comment faire ?
VLADIMIR. – Il n'y a rien à faire.
ESTRAGON. – Mais moi je n'en peux plus.
VLADIMIR. – Veux-tu un radis ?
ESTRAGON. – C'est tout ce qu'il y a ?
10 VLADIMIR. – Il y a des radis et des navets.
ESTRAGON. – Il n'y a plus de carottes ?

VLADIMIR. — Non. D'ailleurs tu exagères avec les carottes.

ESTRAGON. — Alors donne-moi un radis. (*Vladimir fouille dans ses poches, ne trouve que des navets, sort finalement un radis qu'il donne à*
15 *Estragon qui l'examine, le renifle.*) Il est noir !

VLADIMIR. — C'est un radis.

ESTRAGON. — Je n'aime que les roses, tu le sais bien !

VLADIMIR. — Alors, tu n'en veux pas ?

ESTRAGON. — Je n'aime que les roses !

20 VLADIMIR. — Alors rends-le moi.

Estragon le lui rend.

ESTRAGON. — Je vais chercher une carotte.

Il ne bouge pas.

VLADIMIR. — Ceci devient vraiment insignifiant.

SAMUEL BECKETT, *En attendant Godot*, Acte II, Éd. de Minuit, 1952.

Proposition de plan pour la dissertation

PROBLÉMATIQUE GÉNÉRALE :

Peut-on apprécier une pièce de théâtre par la seule lecture du texte ou est-il nécessaire d'assister à sa représentation ?

I. LA LECTURE SUFFIT À APPRÉCIER UNE PIÈCE DE THÉÂTRE

1. La beauté du texte théâtral. Ex : Racine, mais aussi Hugo au XIXᵉ siècle ou Giraudoux au XXᵉ.

2. La fonction informative des didascalies. Ex : décor, mouvements des personnages, gestes, mimiques, intonations, etc. (cf. texte B).

3. Le travail de l'imagination du lecteur. La lecture comme « spectacle dans un fauteuil » : on peut imaginer le décor et les personnages tels qu'on les souhaite. Ex : théâtre contemporain, comme chez Beckett.

II. LA REPRÉSENTATION EST L'ABOUTISSEMENT DU TEXTE THÉÂTRAL

1. La beauté d'un lieu et l'émotion collective : le théâtre lui-même, la scène et le décor, devant les spectateurs qui participent à une expérience collective. Ex : le théâtre grec.

2. Une présence vivante. Les acteurs comme êtres de chair qui donnent vie au texte dans le rire et les larmes. Ex : les jeux de scène burlesques chez Molière.

3. Le rôle du metteur en scène : la mise en scène est une étape dans le processus de création théâtrale. Ex : les grands metteurs en scène comme L. Jouvet, P. Chéreau.

ÉLARGISSEMENT : nécessité, au-delà de la lecture, des retransmissions télévisées ou cinématographiques, d'assister à une représentation pour comprendre l'enjeu du théâtre.

Dissertation rédigée

Nombreux sont ceux qui, en parlant d'une pièce de théâtre, se souviennent des émotions éprouvées lors de sa représentation : la foule qui se presse, l'attente dans la salle, l'obscurité qui se fait, les trois coups qui imposent le silence, le rideau qui se lève, la découverte du décor et des acteurs. C'est un instant magique, une expérience particulière, et chaque auteur, chaque dramaturge aspire à voir ses pièces représentées. Mais le texte de leurs œuvres est également publié et les lecteurs prennent, eux aussi, plaisir à lire et à relire – souvent sans les avoir vues représentées sur la scène – les grandes pièces de théâtre de la littérature. On peut se demander alors s'il faut assister à sa représentation pour comprendre pleinement une œuvre théâtrale. La lecture ne suffit-elle pas à l'apprécier ? La représentation théâtrale est-elle un aboutissement indispensable du texte ?

Comme toute œuvre littéraire, l'œuvre de théâtre fait le bonheur du lecteur. Le dramaturge est un écrivain dont le style charme et emporte ceux qui le lisent. Corneille, Molière, Racine au XVIIᵉ siècle, Victor Hugo ou Edmond Rostand au XIXᵉ, en écrivant leurs pièces en vers, ont développé des qualités d'écriture exceptionnelles. C'est ainsi, par exemple, que l'échange entre Oreste et Hermione, dans la pièce Andromaque de Racine, reste dans la mémoire : « Hé bien, allons, madame :/ Mettons encore un coup toute la Grèce en flamme. » La tragédie classique, comme les comédies de caractère, ont su inventer des situations originales et exprimer, dans des répliques éblouissantes, la diversité des sentiments humains. De même, on lit avec plaisir et émotion les échanges de Ruy Blas et de Doña Sol dans la pièce de Victor Hugo ou la longue « tirade du nez » de Cyrano dans la pièce d'Edmond Rostand. Et, au-delà de la versification, on savoure à la lecture la subtilité des textes de Marivaux, l'ironie et la satire de Beaumarchais ou les débats désespérés des personnages de Giraudoux pour empêcher la guerre de Troie. Lire et relire permettent ainsi de goûter pleinement la richesse du texte théâtral. De plus, la précision des didascalies est le moyen de se représenter les scènes imaginées par le dramaturge.

Les informations données par les didascalies ajoutent, en effet, au plaisir du lecteur. Le dramaturge multiplie les indications sur le décor, sur les costumes, sur les mouvements des personnages, sur leurs mimiques et leurs intonations. Le lecteur n'a donc pas besoin de voir la mise en scène de la pièce et le jeu des acteurs pour comprendre où se situe l'action, pour suivre les déplacements des personnages, pour identifier les lieux. Bien sûr, il n'est pas question de comparer ces didascalies aux précisions qu'apporterait un roman, par exemple, mais les informations que donne Musset dans Lorenzaccio suffisent au lecteur à se représenter l'effervescence d'une ville italienne à l'époque de la Renaissance. Le marchand « ouvre sa boutique », il « étale ses pièces de soie », il bâille… D'autres dramaturges vont encore plus loin dans le détail des didascalies, comme Edmond Rostand quand il veut recréer l'atmosphère d'une salle de spectacle du XVIIᵉ siècle, au début de Cyrano de

Bergerac. D'ailleurs, même si les didascalies manquent, n'est-ce pas pour permettre alors au lecteur d'exercer librement son imagination ?

Dans son face-à-face avec le livre, le lecteur imagine le décor et les personnages tels qu'il les souhaite. Il supplée par son imagination au petit nombre d'informations qu'apporte le théâtre classique — quand on sait seulement, par exemple, que la scène « se passe dans un palais » — ou le théâtre contemporain, qui crée souvent des univers sans repères, dans des espaces vides. Et quand les didascalies sont nombreuses, le lecteur se représente les gestes, les visages et les corps des acteurs à son gré. Il est lui-même, en quelque sorte, le metteur en scène de la pièce. Souvenons-nous de Musset : après l'échec de La Nuit vénitienne, l'écrivain décide de ne plus faire jouer ses pièces, et les offre au lecteur à travers le livre, sous le titre de : Un spectacle dans un fauteuil. N'est-ce pas une façon d'affirmer que la lecture d'une pièce suffit à l'apprécier ? Il est vrai, cependant, que lorsque Sarah Bernhardt interprète Lorenzaccio en 1896, plus de soixante ans après la publication de la pièce, le succès est immense, et on a l'impression que l'œuvre a enfin trouvé son public.

En effet, tous les passionnés de théâtre ne peuvent admettre que la lecture d'une pièce permette, seule, de la goûter pleinement. À leurs yeux, la représentation est un moment essentiel dans le processus de création. Car le spectacle est lui-même une expérience intense, qui repose sur le charme d'un lieu et le partage collectif des émotions. La salle, la scène, le décor, les costumes participent à la magie de la représentation théâtrale. Le texte a besoin d'être porté par cette atmosphère, par les conditions dans lesquelles, rassemblé, immobile dans l'obscurité, le public découvre la pièce. Celui-ci est alors solidaire, comme l'était le public du théâtre grec qui retrouvait au spectacle la conscience collective de la cité. De plus, nombreuses sont les œuvres théâtrales qui reposent sur cette présence réelle de l'assistance. C'est ainsi qu'Harpagon, dans L'Avare de Molière, prend à partie le public en le soupçonnant d'avoir volé sa cassette. Les acteurs eux-mêmes représentent donc une dimension fondamentale que la lecture ne saurait remplacer.

Vivants, présents, avec leur visage et leur corps, avec leur voix et leurs gestes, les acteurs sont des êtres de chair qui donnent existence au texte. Ils sont indispensables pour rendre perceptibles toutes les intentions de l'auteur qui peuvent échapper à la lecture : l'humour, l'ironie, la dérision, le dépit passent souvent par un geste ou une intonation de la voix qui éclairent ainsi le texte. Et puis, comme les didascalies paraissent pauvres, confrontées à la réalité du jeu théâtral ! Les coups de bâton chez Molière, les coups de théâtre dans la tragédie, les quiproquos burlesques du théâtre de boulevard prennent tout leur intérêt quand on les voit effectivement joués par des acteurs. Il arrive même, particulièrement dans le théâtre contemporain, que les dialogues paraissent « pauvres » à la lecture, ou marqués par le silence : c'est qu'ils supposent alors la présence indispensable de l'acteur, qui communique son émotion, obéissant aux indications du metteur en scène.

Depuis le début du XXᵉ siècle, en effet, l'importance du metteur en scène dans la création théâtrale est déterminante. Chaque représentation d'une pièce, aussi ancienne soit-elle, est l'occasion d'un dialogue entre le metteur en scène et l'auteur. C'est lui, le metteur en scène, qui renouvelle le sens de la pièce aux yeux du public contemporain. C'est lui qui rappelle un sens oublié ou découvre des intentions cachées, présentes dans le texte, pour les communiquer par sa mise en scène. Il est ainsi un véritable « partenaire » de l'auteur ; il est à son tour un créateur qui conduit le texte à son point d'aboutissement. On pense, par exemple, au rôle de Louis Jouvet, de Patrice Chéreau ou de Daniel Mesguich, à tout ce qu'ils ont apporté pour faire le bonheur du public dans les salles de théâtre.

Aujourd'hui la multiplication des collections de poche et des bibliothèques permet à un grand nombre de lecteurs de lire, s'ils le souhaitent, des pièces de théâtre. Mais il ne faut pas oublier que ces pièces ont été écrites pour être jouées, et, quand l'occasion s'en présente, c'est en assistant au spectacle qu'on a le plus de chance d'apprécier pleinement une œuvre théâtrale. J'ai moi-même eu la chance d'assister à la représentation d'une pièce de Labiche, l'hiver dernier, et j'en garde un très bon souvenir. Il est vrai également que des metteurs en scène de théâtre passent de nos jours derrière la caméra et adaptent au cinéma des pièces célèbres. Le film remplacera-t-il alors le spectacle théâtral ? On peut en douter, car rien ne peut se substituer à la présence physique des acteurs devant le public.

FICHE 1

Analyser le sujet de la dissertation

Une première lecture du sujet doit définir précisément la problématique qu'il met en place. C'est cette problématique, liée à l'objet d'étude illustré par le corpus, qui va guider la construction du plan de la dissertation. Quel que soit le type de sujet proposé, il faut en souligner les mots clés de manière à mettre en évidence leur importance, pour engager la réflexion.

1 Identifiez la problématique générale du sujet

● **Le sujet qui demande de valider un point de vue.** Le sujet peut apparaître sous la forme d'une affirmation, qu'il s'agit d'étayer ou de nuancer, ou d'une question à laquelle il faut répondre en apportant des arguments.

Exemple : Par quels moyens les textes littéraires peuvent-ils se révéler particulièrement puissants pour défendre une cause ? Vous répondrez en un développement composé en vous fondant sur les textes du corpus et sur les œuvres que vous avez lues et étudiées.

● **Le sujet qui demande de discuter une citation.** Le sujet peut reposer sur une citation exprimant une réflexion ou un jugement. Lorsque cette citation est extraite d'un des textes du corpus, il faut relire attentivement le texte concerné.

Exemple : *Commentant une photographie de son enfance, Annie Ernaux note : « C'est une scène que j'arrive à sentir, la terre sèche du chemin, les cailloux affleurant, l'odeur de la campagne au début de l'été. » En vous appuyant sur les textes du corpus et sur vos lectures, vous direz si la photographie joue un rôle déterminant pour l'écrivain qui écrit son autobiographie.*

● **Le sujet qui demande de confronter deux points de vue.** Le sujet peut présenter deux points de vue apparemment opposés qu'il s'agit de confronter et d'analyser.

Exemple : *Les autobiographies connaissent de nombreux succès en librairie. Aimez-vous lire des œuvres autobiographiques ou bien leur préférez-vous des œuvres de fiction ? Vous justifierez votre point de vue en vous appuyant sur le texte du corpus et vos lectures personnelles.*

2 Reformulez la problématique

À partir des mots clés soulignés, il s'agit donc de maîtriser la problématique posée par le sujet, en la reformulant sous la forme d'une question. Cette reformulation a pour fonction d'expliciter l'enjeu de la dissertation dans des termes personnels. Elle permet ainsi de vérifier si l'on a bien compris le sujet.

Exemple : *Réécrire, est-ce imiter ou innover ?*

Reformulation : *La réécriture d'une œuvre consiste-t-elle en une simple imitation d'un texte ou est-elle l'occasion d'une création originale à partir d'un texte source ?*

Rechercher des idées

La recherche des idées qui permettront de mettre au point le plan de l'argumentation conduit à revenir sur les notions et les savoirs liés à l'objet d'étude étudié en classe. Il s'agit aussi de s'appuyer sur les textes du corpus pour y trouver des arguments et des citations.

1 Appuyez-vous sur les objets d'étude

● **Les objets d'étude de la classe de Première.** Le sujet renvoie nécessairement à un objet d'étude inscrit au programme de la classe de Première. Il s'agit donc de mobiliser vos connaissances qui se rapportent à l'objet d'étude concerné.

● **La problématique du sujet.** Après avoir identifié la problématique mise en place par le sujet, il faut noter au brouillon les idées et les références littéraires (textes, œuvres, auteurs, mouvements culturels...) qui permettent de nourrir directement la réflexion en apportant des arguments et des exemples.

Exemple : Un sujet mettant en place une problématique sur la représentation de l'homme dans le roman nécessite de rassembler les connaissances acquises en classe : cours sur le genre romanesque, textes analysés, œuvres intégrales ou lectures cursives de romans.

2 Exploitez les textes du corpus

● **S'appuyer sur les mots clés des textes du corpus.** Il s'agit de relire l'ensemble des textes du corpus en fonction de la problématique posée par le sujet pour y rechercher des idées et des arguments. On peut ainsi souligner dans les textes les phrases, les expressions et les mots clés qui indiquent de nouvelles pistes de réflexion.

● **Utiliser les idées des textes du corpus.** Pour maîtriser l'utilisation du corpus et étayer la problématique de la dissertation, il faut résumer d'une phrase ou d'un mot, dans la marge des textes, les idées qu'ils développent, l'intérêt qu'ils présentent pour traiter le sujet ou l'impression qu'ils produisent.

● **Tirer des citations des textes du corpus.** La lecture des textes du corpus permet également de repérer les citations qui pourront illustrer des arguments dans les différentes parties de la dissertation.

3 Utilisez vos connaissances personnelles

L'argumentation de la dissertation doit s'appuyer sur vos connaissances et votre expérience personnelle, sur les lectures que vous avez effectuées ou sur les spectacles auxquels vous avez pu assister, de manière à enrichir votre réflexion et à proposer un point de vue original.

Exemple : Pour un sujet portant sur les relations entre le texte théâtral et sa représentation sur scène, il est, par exemple, important de noter les impressions ressenties lors d'une représentation : atmosphère, décor et éclairage, jeu des acteurs, etc.

Construire le plan de la dissertation

Le plan de la dissertation organise les idées, les arguments et les exemples recueillis pour répondre à la problématique posée par le sujet, en fonction du type de plan que vous avez choisi.

1 Pour construire un plan dialectique

Il s'agit d'un plan en trois parties (thèse, antithèse, synthèse). La première partie explique le point de vue exprimé par le sujet. La deuxième nuance ou conteste ce point de vue en montrant ses limites. La troisième s'efforce de concilier les points de vue opposés ou de reposer le problème d'une manière nouvelle.

Exemple : Pour le sujet de la page 348, on peut adopter le plan dialectique suivant :
I. Le texte de théâtre est d'abord écrit pour la scène et la représentation.
II. Le texte de théâtre apporte cependant intérêt et plaisir à la lecture.
III. Lecture et représentation sont à la fois rivales et complémentaires.

2 Pour construire un plan analytique

Il s'agit d'un plan en deux ou trois parties. Chaque partie de la dissertation présente un aspect différent du sujet, en confrontant les arguments qui s'opposent à l'intérieur de cette partie.

Exemple : Pour le sujet de la page 348, on peut adopter le plan analytique suivant :
I. Lecture et représentation : deux modes différents de découvertes de l'intrigue et des personnages
II. Lecture et représentation : deux plaisirs différents, deux expériences littéraires
III. Lecture et représentation : de multiples visions de la mise en scène

3 Pour construire un plan critique

Il s'agit d'un plan en deux parties. Chaque partie développe un point de vue différent, à travers ses arguments et ses exemples.

Exemple : Le plan adopté page 350 présente d'abord le plaisir éprouvé par le lecteur d'une pièce de théâtre, avant d'insister sur la nécessité de la représentation théâtrale.

Remarque : Dans tous les cas, les éléments de réflexion découverts au cours du travail préparatoire se retrouvent dans le plan que vous avez choisi. À la fin du brouillon, une phrase élargit la réflexion, préparant ainsi la rédaction de votre conclusion.

Critères de réussite

■ **La problématique générale.** Est-elle reformulée en tête de votre plan ?

■ **La logique des parties.** Chacune des deux ou trois grandes parties répond-elle à un aspect de la problématique, en fonction du type de plan choisi ?

■ **Le contenu des sous-parties.** Chaque partie comporte-t-elle deux ou trois arguments ? Chaque argument est-il illustré par un exemple ou une citation ?

■ **L'élargissement final.** Un jugement personnel qui prépare la conclusion est-il formulé en quelques mots, à la fin du plan ?

Rédiger l'introduction et la conclusion

Une fois le plan de la dissertation mis au point, vous devez passer à l'étape de la rédaction en respectant les règles de l'introduction et de la conclusion. Ces deux paragraphes sont essentiels car ils présentent la problématique et établissent le bilan de la réflexion.

1 Respectez les étapes de l'introduction

L'introduction, qui comprend un seul paragraphe, comporte trois phases : la mise en contexte, la problématique, le plan.

● **La mise en contexte du sujet.** Il s'agit d'abord de commencer le devoir en situant le sujet par rapport à l'objet d'étude auquel il se réfère, au thème qu'il aborde, ou au contexte culturel dans lequel il s'inscrit.

Exemple : Dans la dissertation rédigée de la page 350, les premières lignes de l'introduction posent la question de la représentation théâtrale.

● **La mise en valeur de la problématique.** Il est nécessaire de mettre ensuite en évidence l'intérêt de la réflexion que le sujet invite à mener. Pour cela, la phrase ou la citation à discuter doit être reproduite ou reformulée, avant d'être explicitée.

Exemple : L'introduction de la page 350 reformule la problématique de la manière suivante : « On peut se demander alors s'il faut assister à sa représentation pour comprendre pleinement une œuvre théâtrale. »

● **L'annonce du plan.** Il s'agit enfin d'indiquer quelles seront les idées directrices de chacune des parties du développement de la dissertation. Cette annonce du plan peut prendre la forme d'affirmations ou de questions successives.

Exemple : L'introduction de la page 350 se termine par deux questions qui annoncent le plan.

2 Rédigez la conclusion de votre dissertation

Le paragraphe de conclusion doit, pour ne pas se faire dans la précipitation, être rédigé avant, au brouillon. Il comporte un bilan et un élargissement. La conclusion doit être particulièrement soignée, car il s'agit de la dernière impression laissée au correcteur.

● **Le bilan de l'argumentation.** Il s'agit à la fin du travail de faire le bilan de l'argumentation développée. Le début de la conclusion revient donc sur la problématique annoncée dans l'introduction et résume brièvement les réponses apportées dans chacune des parties du développement.

Exemple : La conclusion proposée à la page 353 reformule en deux phrases les idées développées par les deux grandes parties du plan.

● **L'élargissement de la problématique.** La fin de la conclusion élargit le sujet, à travers l'affirmation de votre point de vue personnel. Elle peut proposer une nouvelle orientation à la réflexion en soulignant la difficulté de la question traitée, ou relier le sujet à une autre problématique qui relance le débat.

Exemple : La conclusion proposée à la page 353 se termine par un jugement personnel : « Rien ne peut remplacer la présence physique des acteurs devant le public. »

FICHE 5

Rédiger le développement de la dissertation

Le développement se présente sous la forme de deux ou trois grandes parties, composées chacune de deux ou trois paragraphes. Des transitions soulignent la progression logique de l'argumentation.

1 Passez du plan à la rédaction

Pour mener à bien la rédaction du développement, appuyez-vous sur le plan détaillé élaboré au brouillon. La première phrase de chaque grande partie doit annoncer l'idée directrice que vous allez développer à travers deux ou trois paragraphes structurés.

2 Structurez chaque paragraphe

● **Les arguments.** Chaque paragraphe développe un argument qui valide et explique un aspect de l'idée directrice. Cet argument est clairement affirmé et expliqué au début du paragraphe de manière à mettre en évidence son intérêt et son importance.

● **Les exemples et les citations.** Les exemples appuient chaque argument pour le rendre plus précis et plus concret. Ils peuvent rappeler un auteur, une œuvre importante, un mouvement culturel. Les citations entre guillemets, prises dans les textes du corpus ou dans vos connaissances, doivent rester brèves et être systématiquement commentées.

● **La phrase conclusive.** Chaque paragraphe s'achève sur une courte phrase qui résume l'argument développé.

3 Enchaînez vos paragraphes

● **Les liens logiques.** Les paragraphes sont reliés entre eux au moyen de termes d'articulation logique qui soulignent la cohérence et l'enchaînement des idées et des arguments successifs.

● **Les transitions.** La fin de chaque grande partie résume en quelques mots l'idée qui vient d'être défendue. Elle annonce ensuite l'idée à venir dans la partie suivante au moyen d'une phrase, qui peut prendre la forme d'une question.

4 Soignez la mise en page de votre dissertation

La cohérence générale du plan doit apparaître clairement à travers la mise en page. Séparez l'introduction du développement, et le développement de la conclusion, en passant deux lignes. Distinguez chaque grande partie en passant une ligne. Signalez le début d'un paragraphe par un passage à la ligne et un retrait bien visible par rapport à la marge.

Critères de réussite

■ **Les paragraphes.** Chaque argument est-il complété par des exemples précis ou des citations entre guillemets ? Des termes d'articulation soulignent-ils l'enchaînement de vos paragraphes ?

■ **Les transitions.** À la fin de chaque grande partie, une phrase fait-elle le bilan du point de vue défendu ? Annonce-t-elle au moyen d'une question la partie qui suit ?

■ **La construction des phrases.** Avez-vous supprimé les phrases sans verbe, les répétitions de mots ou d'expressions, les constructions ou le vocabulaire appartenant au langage familier ?

ANALYSER LE SUJET DE LA DISSERTATION

1 **1. Indiquez, pour chacun des sujets suivants, s'il s'agit d'une citation à discuter, d'un point de vue à valider ou de deux points de vue à confronter.**

2. Relevez, dans chacun des sujets, les mots clés qui vont guider la réflexion.

SUJET 1

Lorsqu'un poète évoque une rencontre amoureuse, s'agit-il seulement, selon vous, de relater un événement fugitif et personnel, ou donne-t-il à cette évocation une portée universelle susceptible de toucher le lecteur ? Vous répondrez à cette question en vous appuyant sur le corpus et sur les textes poétiques que vous avez étudiés.

SUJET 2

Pour convaincre, est-il préférable d'illustrer son point de vue à travers une histoire ou de présenter directement ses arguments ? Vous répondrez à cette question en prenant appui sur les textes du corpus ainsi que sur ceux que vous avez étudiés ou lus.

SUJET 3

À partir du corpus, de vos lectures et de votre expérience de spectateur, vous vous demanderez en quoi la mise en scène d'une œuvre théâtrale en constitue, à sa manière, une interprétation.

SUJET 4

« Mon héroïne est mienne et n'appartient qu'à moi », écrit Milan Kundera. Pensez-vous que le personnage de roman soit une création uniquement issue de l'imagination du romancier ?

REFORMULER LA PROBLÉMATIQUE DU SUJET

2 **1. Pour chacun des sujets suivants, identifiez la problématique qui est posée.**

** **2. Reformulez cette problématique sous la forme d'une question.**

SUJET 1

Simone de Beauvoir affirme : « Pour parler de soi, il faut parler de tout le reste. » En vous aidant des textes du corpus et de vos connaissances personnelles, discutez ce jugement sur le texte autobiographique.

SUJET 2

Pensez-vous que le théâtre est « le lieu de la plus grande liberté, de l'imagination la plus folle », comme l'écrit Eugène Ionesco ? Vous répondrez à cette question en faisant référence à des exemples précis tirés des textes du corpus, aux œuvres étudiées en classe et à votre expérience personnelle de spectateur.

SUJET 3

Pierre Loti affirme avoir « inventé », « ajouté », « changé les faits » pour les « besoins » de son livre. Peut-on dire que toute œuvre autobiographique appelle nécessairement cette façon de procéder ? Vous répondrez en vous appuyant sur le texte qui vous est proposé, sur ceux que vous avez étudiés en classe et sur vos lectures personnelles.

Conseil BAC

Pour dégager la problèmatique d'une citation

● Pour analyser une citation, on doit commencer par reformuler l'opinion émise afin de vérifier qu'elle a été bien comprise.

● Il faut ensuite se demander dans quel contexte elle a été formulée : par qui, à qui, dans quelle intention ? Si la citation est une affirmation sans nuance, on doit alors lui opposer un jugement contraire afin de voir si on doit l'accepter, la rejeter ou la nuancer. Si la citation oppose elle-même deux affirmations, on doit réunir les idées qui permettent d'étayer ou de réfuter les opinions en présence.

● La problématique naît ainsi de la confrontation des points de vue, qu'il s'agit de mettre en évidence avant d'exprimer un jugement personnel.

RECHERCHER DES IDÉES : RECOURIR AUX OBJETS D'ÉTUDE

3 **1. Reformulez, sous la forme d'une question, la problématique posée par ce sujet.**

* **2. Repérez, dans le chapitre 20, les caractéristiques de la fable qui apportent des éléments de réponse à cette problématique.**

En vous appuyant sur les textes du corpus et sur vos propres lectures, vous vous demanderez en quoi la fable est une forme argumentative efficace.

4 **Repérez, dans le chapitre 19, les indications sur la mise en scène qui apportent des éléments de réponse à la problématique posée par ce sujet.**

À partir du corpus, de vos lectures et de votre expérience de spectateur, vous vous demanderez en quoi la mise en scène d'une œuvre théâtrale en constitue, à sa manière, une interprétation.

RECHERCHER DES IDÉES : EXPLOITER DES TEXTES DU CORPUS

5 **1. Reformulez, sous la forme d'une question, la problématique posée par le sujet.**

2. Recherchez dans les informations apportées dans les chapitres 14 et 18 des éléments de réponse à la problématique.

3. Recherchez dans les textes du corpus les passages qui peuvent servir d'exemples ou de citations.

4. Indiquez en quoi chaque texte nourrit la problématique posée par le sujet.

■ **Objet d'étude La poésie**

SUJET

« De la musique avant toute chose », affirme Verlaine dans son *Art poétique*, en 1882. Que pensez-vous de cette exigence ? Appuyez-vous sur les textes du corpus pour discuter cette affirmation.

TEXTE A

FANTAISIE

Il est un air pour qui je donnerais
Tout Rossini, tout Mozart et tout Webre,
Un air très vieux, languissant et funèbre,
Qui pour moi seul a des charmes secrets !

5 Or, chaque fois que je viens à l'entendre,
De deux cents ans mon âme rajeunit
C'est sous Louis treize ; et je crois voir s'étendre
Un coteau vert, que le couchant jaunit.

Puis un château de brique à coins de pierre,
10 Aux vitraux teints de rougeâtres couleurs,
Ceint de grands parcs, avec une rivière
Baignant ses pieds, qui coule entre des fleurs ;

Puis une dame à sa haute fenêtre,
Blonde aux yeux noirs, en ses habits anciens,
15 Que, dans une autre existence peut-être,
J'ai déjà vue... et dont je me souviens !

GÉRARD DE NERVAL, *Les Chimères*, 1854.

TEXTE B

UN RHUME QUI N'EN FINIT PAS

Quand on examine le vaste monde
ses beautés ses tristesses et ses aléas[1]
on se demande on se demande
à quoi rime tout cela
5 mais qui mais qui donc tousse là ?
le jour se transforme en nuit
le bas se retrouve en haut

un autobus croque un fruit
un pigeon roucoule miaô
10 mais qui mais qui donc tousse là-haut ?
on ne connaît jamais le fond des choses
et l'on ne s'y résigne pas
on croit à la métempsycose[2]
ou bien l'on n'y croit pas
15 mais qui mais qui donc tousse là-bas ?
dans la nature ou bien ailleurs
c'est un peu partout que poussent
les sophismes[3] de l'erreur
on ne les connaît même pas tous
20 mais qui mais qui mais qui donc tousse ?

RAYMOND QUENEAU,
Battre la campagne, Éd. Gallimard, 1968.

1. **Aléas** : *hasards divers, variations imprévisibles* –
2. **Métempsychose** : *réincarnation de l'âme après la mort* –
3. **Sophisme** : *raisonnement qui cherche à tromper par une apparence logique.*

RECHERCHER DES IDÉES : L'UTILISATION DES CONNAISSANCES PERSONNELLES

6 **1. Reformulez sous la forme d'une question la problématique posée par le sujet suivant.**

2. Utilisez vos connaissances personnelles pour enrichir votre argumentation. Recherchez des éléments de réponse parmi chacun des types de lecture suivants :
– les extraits analysés en classe,
– les œuvres intégrales étudiées,
– vos lectures personnelles.

SUJET

En vous appuyant de façon précise sur les textes du corpus, sur les ouvrages étudiés en cours d'année et sur votre culture personnelle, vous vous demanderez comment on peut expliquer l'intérêt constant porté par les lecteurs au genre romanesque depuis son apparition.

CONSTRUIRE LE PLAN : LES TYPES DE PLAN

7 **1. Lisez le sujet de dissertation et les trois plans proposés pour répondre à la problématique. Identifiez chaque type de plan.**

2. Complétez les sous-parties manquantes du plan 3.

SUJET

La poésie est-elle seulement l'expression de sentiments personnels ? Pour répondre à cette question, vous vous appuierez sur les poèmes du corpus, sur ceux que vous avez eus en cours et sur ceux que vous connaissez.

PLAN 1

I. La diversité des registres dans la poésie

1. Le registre lyrique semble dominant : du lyrisme amoureux au lyrisme mélancolique (Ex : de la Pléiade au surréalisme)

2. Mais : tous les autres registres sont aussi présents (Ex : le tragique chez Agrippa d'Aubigné ; le fantastique chez Lautréamont ; le comique chez Queneau...)

→ Derrière cette diversité apparente, n'y a-t-il pas une unité plus profonde ?

II. La diversité des fonctions du poète

1. Le « je » du poète exprime des émotions personnelles où chacun se retrouve (la Pléiade, les poètes romantiques)

2. Mais : le « je » du poète est aussi le garant des valeurs de la société (Ronsard et D'Aubigné devant les guerres de religion, Hugo visionnaire, les poètes de la Résistance)

→ La poésie a de multiples fonctions qui dépassent le simple lyrisme.

PLAN 2

I. La poésie est l'instrument de l'expression de soi

1. L'origine de la poésie (Ex : le poète Orphée et sa lyre)

2. La poésie amoureuse à travers les siècles (Ex : Ronsard, Nerval, René Char, André Breton)

3. La poésie et le lyrisme mélancolique (Ex : Du Bellay, Baudelaire)

→ La poésie est bien l'instrument privilégié du lyrisme. Mais est-ce là son unique fonction ?

II. La poésie s'exprime à travers de nombreux autres registres

1. La poésie épique (Ex : *La Chanson de Roland* ; Victor Hugo, *La Légende des siècles*)

2. La poésie de l'engagement (Ex : Aragon, Éluard et les poètes de la Résistance)

3. Poésie et invention verbale : du comique au fantastique (Ex : les surréalistes, Queneau, Prévert)

→ On ne peut donc limiter la poésie à sa seule fonction lyrique.

PLAN 3

I. La poésie, instrument privilégié du lyrisme

1. L'origine de la poésie (Ex : le poète Orphée et sa lyre)

2. (...)

3. La poésie et le lyrisme mélancolique (Ex : Du Bellay, Baudelaire)

→ La poésie favorise bien l'expression des sentiments. Mais ce n'est pas sa seule fonction.

II. Les autres fonctions de la poésie

1. La défense des valeurs de la société (Ex : la poésie épique, la poésie de combat)

2. L'exploration du rêve et de l'imagination (Ex : Lautréamont et *Les Chants de Maldoror*)

3. (...)

→ La poésie a de nombreuses fonctions au-delà de l'expression lyrique. Mais l'affrontement des différentes visions suffit-il à définir le genre poétique ?

III. La poésie, lieu privilégié de l'invention verbale

1. Le jeu sur les formes : du sonnet au poème ouvert (Ex : les sonnets de Ronsard, les poèmes en prose de Rimbaud, la poésie contemporaine)

2. (...)

3. Le jeu sur le rythme et les sonorités (Ex : Verlaine : « De la musique avant toute chose. »)

→ Parmi tous les genres littéraires, la poésie met en jeu toutes les ressources du langage.

8
⁎⁎

1. Quelle est la problématique posée par le sujet suivant ?

2. En vous aidant des différents arguments apportés, construisez le plan critique qui permet de répondre à la problématique. Donnez un titre à chaque grande partie ; illustrez chaque argument par un exemple tiré des œuvres étudiées en classe et de vos connaissances personnelles.

SUJET

Casanova écrit : « Je sens dans moi-même le repentir et l'humiliation ; et c'est tout ce qu'il faut pour que ma confession soit parfaite. » Pensez-vous qu'une autobiographie soit nécessairement la confession des repentirs et des erreurs de son auteur ?

Vous répondrez à cette question en un développement composé prenant appui sur les textes que vous avez étudiés en classe et vos propres lectures.

• L'autobiographie permet de reconstituer une époque à travers le récit de soi

• L'autobiographe est habité par un sentiment de culpabilité qui le conduit à se confier

• La sincérité de l'autobiographie conduit à donner une image fidèle de soi

• L'écriture du passé permet de revivre les moments heureux de l'enfance

• La tradition de la « confession autobiographique » suppose l'aveu des fautes

• L'autobiographie est un plaidoyer contre la médisance et pour la vérité

9 Après avoir choisi le type de plan qui vous
***semble le mieux adapté, construisez le plan
détaillé répondant à la problématique posée par
le sujet suivant.

SUJET

« On ne doit parler, on ne doit écrire que pour
l'instruction », écrit La Bruyère dans la Préface
de ses *Caractères* (1694). Vous discuterez ce
point de vue en vous appuyant sur les textes du
corpus, sur ceux que vous avez étudiés en classe,
ainsi que sur vos lectures personnelles.

TEXTE A

> Chacun se trompe ici-bas.
> On voit courir après l'ombre
> Tant de fous, qu'on n'en sait pas
> La plupart du temps le nombre.
> 5 Au chien dont parle Ésope il faut les renvoyer.
> Ce chien, voyant sa proie en l'eau représentée,
> La quitta pour l'image, et pensa se noyer ;
> La rivière devint tout d'un coup agitée.
> À toute peine il regagna les bords,
> 10 Et n'eut ni l'ombre ni le corps.

JEAN DE LA FONTAINE,
« Le Chien qui lâcha sa proie pour l'ombre »,
Livre VI, fable XVII, 1668.

DOCUMENT ICONOGRAPHIQUE

Gravure de l'édition originale des *Fables*
« Le Chien qui lâcha sa proie pour l'ombre », 1668.

TEXTE B

Avant même la représentation de sa pièce Tartuffe,
*Molière est l'objet d'attaques du « parti dévot ».
Après une interdiction royale, Molière éprouve la
nécessité de se défendre, ce qu'il fait en s'adressant
directement au roi.*

Sire,

Le devoir de la comédie étant de corriger les
hommes en les divertissant, j'ai cru que, dans
l'emploi où je me trouve, je n'avais rien de mieux
5 à faire que d'attaquer par des peintures ridicules
les vices de mon siècle ; et comme l'hypocrisie
sans doute est un des plus en usage, des plus in-
commodes et des plus dangereux, j'avais eu, Sire,
la pensée que je ne rendrais pas un petit service
10 à tous les honnêtes gens de votre royaume, si je
faisais une comédie qui décriât les hypocrites, et
mît en vue, comme il faut, toutes les grimaces
étudiées de ces gens de bien à outrance, toutes
les friponneries couvertes de ces faux-mon-
15 nayeurs en dévotion, qui veulent attraper les
hommes avec un zèle contrefait[1] et une charité
sophistique[2].

MOLIÈRE, *Premier placet envoyé au roi
sur la comédie du* Tartuffe, 1664.

1. **Un zèle contrefait :** *une ardeur feinte* – 2. **Sophistique :**
purement verbale.

TEXTE C

L'orateur et l'écrivain ne sauraient vaincre
la joie qu'ils ont d'être applaudis ; mais ils devraient rougir d'eux-mêmes s'ils n'avaient cherché par leurs discours ou par leurs écrits que des
5 éloges ; outre que l'approbation la plus sûre et la
moins équivoque est le changement de mœurs
et la réformation de ceux qui les lisent ou les
écoutent. On ne doit parler, on ne doit écrire que
pour l'instruction ; et s'il arrive que l'on plaise, il
10 ne faut pas néanmoins s'en repentir, si cela sert à
insinuer et à faire recevoir les vérités qui doivent
instruire. Quand donc il s'est glissé dans un livre quelques pensées ou quelques réflexions qui
n'ont ni le feu, ni le tour, ni la vivacité des autres,
15 bien qu'elles semblent y être admises pour la variété, pour délasser l'esprit, pour le rendre plus
attentif à ce qui va suivre [...], le lecteur peut les
condamner, et l'auteur doit les proscrire[1] : voilà
la règle.

JEAN DE LA BRUYÈRE,
Préface des *Caractères*, 1694.

1. **Proscrire :** *interdire.*

TEXTE D

Titius assiste à la lecture d'un testament avec
des yeux rouges et humides, et le cœur serré de
la perte de celui dont il espère recueillir la succession. Un article lui donne la charge[1], un autre
5 les rentes de la ville, un troisième le rend maître
d'une terre à la campagne ; il y a une clause qui,
bien entendu, lui accorde une maison située au
milieu de Paris, comme elle se trouve, avec les
meubles : son affliction[2] augmente, les larmes
10 lui coulent des yeux. Le moyen de les contenir ?
Il se voit officier, logé aux champs et à la ville,
meublé de même ; il se voit une bonne table et

un carrosse : *Y avait-il au monde un plus honnête homme que le défunt, un meilleur homme ?* Il y a
15 un codicille[3], il faut le lire : il fait Mœvius légataire universel, et il renvoie Titius dans son faubourg, sans rentes, sans titres, et le met à pied. Il essuie ses larmes : c'est à Mœvius de s'affliger.

JEAN DE LA BRUYÈRE,
« De quelques usages », *Les Caractères*, 1694.

1. **La charge** : *l'emploi* – 2. **Affliction** : *chagrin* – 3. **Codicille** : *ajout qui modifie le testament.*

10 **1. Montrez en quoi les textes et le document iconographique s'inscrivent dans le registre tragique.**

2. Dégagez la problématique posée par le sujet proposé.

3. Recherchez les idées, les arguments et les exemples qui apportent des éléments de réponse à la problématique.

4. Après avoir choisi le type de plan qui vous paraît correspondre au traitement du sujet, construisez le plan détaillé de votre dissertation.

SUJET

Selon vous, le registre tragique est-il uniquement propre à la tragédie ? Vous répondrez à cette question en vous appuyant sur les documents du corpus, les textes que vous avez étudiés, ainsi que vos connaissances personnelles.

TEXTE A

THÉRAMÈNE

J'ai vu, Seigneur, j'ai vu votre malheureux fils
Traîné par les chevaux que sa main a nourris.
Il veut les rappeler et sa voix les effraie ;
Ils courent ; tout son corps n'est bientôt qu'une plaie.
5 De nos cris douloureux la plaine retentit.
Leur fougue[1] impétueuse enfin se ralentit ;
Ils s'arrêtent non loin de ces tombeaux antiques
Où des rois ses aïeux sont les froides reliques[2].
J'y cours en soupirant[3], et sa garde me suit.
10 De son généreux[4] sang la trace nous conduit,
Les rochers en sont teints, les ronces dégouttantes[5]
Portent de ses chevaux les dépouilles[6] sanglantes.

JEAN RACINE, *Phèdre*, Acte V, scène 6, 1677.

1. **Fougue** : *ardeur, impétueuse* – 2. **Reliques** : *restes vénérables* – 3. **En soupirant** : *en poussant des soupirs de douleur* – 4. **Généreux** : *de race noble* – 5. **Dégouttantes** : *ruisselantes, trempées* – 6. **Dépouilles** : *littéralement, les peaux arrachées ; par analogie, les restes.*

TEXTE B

Et voilà. Maintenant le ressort est bandé. Cela n'a plus qu'à se dérouler tout seul. C'est cela qui est commode dans la tragédie. On donne le petit coup de pouce pour que cela démarre, rien, un
5 regard pendant une seconde à une fille qui passe et lève les bras dans la rue, une envie d'honneur un beau matin, au réveil, comme de quelque chose qui se mange, une question de trop qu'on se pose un soir… C'est tout. Après, on n'a plus
10 qu'à laisser faire. On est tranquille ; cela roule tout seul. C'est minutieux, bien huilé depuis toujours. La mort, la trahison, le désespoir sont là, tout prêts, et les éclats, et les orages, et les silences, tous les silences.

JEAN ANOUILH, *Antigone*,
Édition de La Table ronde, 1946.

DOCUMENT ICONOGRAPHIQUE

PICASSO (1881-1973), *Guernica*, 1937.

Pendant la guerre d'Espagne, l'aviation allemande, appuyant les troupes franquistes, bombarde la ville de Guernica, au Pays basque. À propos de son tableau, Picasso déclare alors : « Dans le panneau auquel je travaille et que j'appellerai *Guernica*, j'exprime clairement mon horreur de la caste militaire qui a fait sombrer l'Espagne dans un océan de douleur et de mort. »

RÉDIGER L'INTRODUCTION

11 **1. Repérez les trois étapes de l'introduction suivante.**

2. Quel est, selon vous, le sujet qu'elle introduit ? Dégagez-en le thème et la problématique.

3. Quel plan l'introduction annonce-t-elle ? Reformulez l'idée directrice de chaque partie.

Dans son ensemble, le XVIIIe siècle a été rationaliste. Les philosophes ont fait confiance au raisonnement et à la science pour faire triompher les Lumières. L'essai, le dialogue argumentatif, le dictionnaire encyclopédique, le pamphlet, le conte philosophique diffusaient les idées nouvelles. Aussi la poésie a-t-elle fini par être reléguée au rang de jeu de société. Ainsi peut s'expliquer la réflexion attribuée au mathématicien d'Alembert : « La poésie… qu'est-ce que cela prouve ? » La formule est polémique : la poésie est-elle inutile parce qu'elle semble échapper au raisonnement et aux preuves ? Ne permet-elle pas pourtant d'accéder à une autre forme de vérité ?

12 En tenant compte du plan de la dissertation ci-
** dessous, rédigez une introduction qui comporte
les trois phases suivantes : mise en contexte du
sujet, mise en valeur de la problématique, annonce du plan.

SUJET

George Sand, s'exprimant sur le rôle et la fonction
de la littérature, affirme qu'elle n'est rien d'autre
que « l'étude des hommes... ». En vous appuyant
sur votre expérience de lecteur et sur le corpus
de texte, nuancez ce jugement de George Sand.

PLAN DU DÉVELOPPEMENT

I. La littérature comme étude des hommes
1. Littérature = témoignage sur les hommes dans
la société.
2. Littérature, interrogation sur soi (ex : Montaigne, Montesquieu, théâtre classique).
3. Témoignages sur la nature humaine (du tragique au comique).
II. Les autres dimensions de la littérature
1. Elle peut mobiliser (littérature engagée).
2. Elle propose des valeurs nouvelles, morales
ou philosophiques.
3. Littérature = plaisir et séduction esthétiques.

RÉDIGER LA CONCLUSION

13 1. Repérez les deux étapes de la conclusion ré-
* digée ci-dessous.

2. Quel plan a été suivi par le candidat ? Retrou-
vez-en les grandes parties en vous aidant de la
conclusion.

SUJET

Les aspects comiques d'une pièce de théâtre ne
servent-ils qu'à faire rire ? Vous vous appuierez
pour répondre à cette question sur les textes du
corpus ainsi que sur les pièces que vous avez
lues ou dont vous avez vu une représentation.

*Les pièces comiques au théâtre, comme nous
l'avons vu, ont bien pour fonction de distraire le public,
de déclencher les rires du spectateur, quelles que*

*soient les formes que peut prendre le comique au
cours de l'Histoire. Cependant, derrière le rire se cache
toujours la volonté de dénoncer les travers des hommes ou de faire la satire des mœurs et de la société.
On pourrait ainsi être sensible à la présence d'une
forme de tragique dans le portrait que Molière nous
fait d'Harpagon ou dans les interventions burlesques
de Sganarelle auprès de Don Juan. C'est ce qu'ont
bien compris les dramaturges contemporains, pour
lesquels le comique et le tragique semblent souvent
se confondre.*

14 Rédigez les deux paragraphes qui correspondent
** à la première partie du plan de la dissertation
proposée.

SUJET

Le rôle de la littérature est-il uniquement de défendre des idées ? Vous répondrez en un développement composé en vous appuyant sur les
textes du corpus ainsi que sur les œuvres que
vous avez lues et étudiées.

PLAN DE LA DISSERTATION

I. La littérature sert à la défense des idées
1. Au XVIIIe siècle, le combat des Lumières
– Les philosophes diffusent le savoir pour vaincre l'ignorance (Ex : l'*Encyclopédie* de Diderot et
d'Alembert).
– Les philosophes combattent les formes d'op-
pression, politique ou religieuses (Ex : les *Lettres persanes* de Montesquieu, le *Contrat social*
de Rousseau, « Écrasons l'infâme ! » de Voltaire,
en référence à l'Église).
2. Au XIXe et au XXe siècle, l'engagement des écrivains
– L'écrivain mobilise l'opinion publique devant
l'injustice (Ex : Zola, « J'accuse » au moment de
l'affaire Dreyfus).
– L'écrivain s'engage dans les conflits de son
temps (Ex : Malraux et la guerre d'Espagne, les
poètes de la Résistance, Éluard : « Liberté, j'écris
ton nom »).
II. La littérature permet d'exprimer émotions et
sentiments

Vers le sujet de dissertation

PRÉPARATION

1. Dégagez la problématique posée par le sujet.

2. Relevez, dans les poèmes du corpus, les éléments qui peuvent appuyer ou nuancer la conception de la poésie de Mallarmé.

3. Recherchez, dans vos lectures ou dans les textes étudiés en classe, les arguments et exemples qui permettent d'enrichir le plan.

RÉDACTION

1. Complétez le plan proposé de manière à en faire un plan détaillé.

2. Rédigez l'introduction, le développement et la conclusion de la dissertation en vous appuyant sur le plan que vous avez construit.

■ **OBJETS D'ÉTUDE :**

La poésie *chapitre 18 p. 226*

TEXTE **A**

La lune s'attristait. Des séraphins[1] en pleurs
Rêvant, l'archet aux doigts, dans le calme des fleurs
Vaporeuses, tiraient de mourantes violes[2]
De blancs sanglots glissant sur l'azur des corolles[3]
5   – C'était le jour béni de ton premier baiser.
Ma songerie aimant à me martyriser
S'enivrait savamment du parfum de tristesse
Que même sans regret et sans déboire laisse
La cueillaison d'un Rêve au cœur qui l'a cueilli.
10 J'errais donc, l'œil rivé sur le pavé vieilli
Quand avec du soleil aux cheveux, dans la rue
Et dans le soir, tu m'es en riant apparue
Et j'ai cru voir la fée au chapeau de clarté
Qui jadis sur mes beaux sommeils d'enfant gâté
15 Passait, laissant toujours de ses mains mal fermées
Neiger de blancs bouquets d'étoiles parfumées.

STÉPHANE MALLARMÉ, « Apparition », 1863.

1. Séraphins : *anges* – **2. Violes** : *instruments anciens rappelant le violon* – **3. Corolles** : *ensembles formés par les pétales des fleurs.*

TEXTE **B**

Vous en qui je salue une nouvelle aurore,
      Vous tous qui m'aimerez,
Jeunes hommes des temps qui ne sont pas encore,
      Ô bataillons sacrés !

5   Et vous, poètes, pleins comme moi de tendresse,
      Qui relirez mes vers,
Sur l'herbe, en regardant votre jeune maîtresse
      Et les feuillages verts !

Vous les lirez, enfants à la chevelure blonde,
10   Cœurs tout extasiés,
Quand mon cœur dormira sous la terre féconde
      Au milieu des rosiers.

THÉODORE DE BANVILLE, *Le Sang de la coupe*, 1846.

SUJET DE DISSERTATION

« Un poème est un mystère dont le lecteur doit chercher la clef », affirme Stéphane Mallarmé.

Vous discuterez cette affirmation en vous appuyant sur les œuvres du corpus, les textes étudiés en classe ainsi que vos connaissances personnelles.

IDÉES DIRECTRICES DU PLAN

I. La poésie, langage hermétique de l'évocation et du mystère

II. La poésie, langage direct des sentiments et des sensations

SÉRIES TECHNOLOGIQUES

TEXTES DU CORPUS
Texte A : Francis Ponge, « La radio », 1946, dans *Le Grand Recueil*, 1961.
Texte B : Christian Bobin, « Le Mal » dans , *L'Inespérée*, 1994.
Texte C : Pierre Bourdieu, *Sur la télévision*, 1996.
Document iconographique : Dessin de Sempé.

OBJET D'ÉTUDE

✹ **L'argumentation : convaincre, persuader et délibérer**

Texte A

LA RADIO

Cette boîte vernie ne montre rien qui saille, qu'un bouton à tourner jusqu'au proche déclic, pour qu'au-dedans bientôt faiblement se rallument plusieurs petits gratte-ciel d'aluminium, tandis que de brutales vociférations jaillissent qui se disputent notre attention.

5 Un petit appareil d'une « sélectivité » merveilleuse ! Ah, comme il est ingénieux de s'être amélioré l'oreille à ce point ! Pourquoi ? Pour s'y verser incessamment l'outrage des pires grossièretés.

Tout le flot de purin de la mélodie mondiale.

Eh bien, voilà qui est parfait, après tout ! Le fumier, il faut le sortir et le 10 répandre au soleil : une telle inondation parfois fertilise…

Pourtant, d'un pas pressé, revenons à la boîte, pour en finir.

Fort en honneur dans chaque maison depuis quelques années -- au beau milieu du salon, toutes fenêtres ouvertes -- la bourdonnante, la radieuse seconde petite boîte à ordures !

FRANCIS PONGE, *écrit en 1946*, publié dans *Le Grand Recueil*,
Éd. Gallimard, 1961.

Texte B

LA TÉLÉVISION

Elle se contente de faire son travail. Son travail, c'est salir la douleur qui lui est confiée et tout agglomérer – l'enfance et le malheur, la beauté et le rire, l'intelligence et l'argent – dans un seul bloc vitré puant. On appelle ça une fenêtre sur le monde. Mais c'est plus qu'une fenêtre, le monde en son bloc, le

5 monde dans sa lumière pouilleuse de monde, les détritus du monde versés à chaque seconde sur la moquette du salon. Bien sûr, on peut fouiller. On trouve parfois, surtout dans les petites heures de la nuit, des paroles neuves, des visages frais. Dans les décharges, on met la main sur des trésors. Mais cela ne sert à rien de trier, les poubelles arrivent trop vite, ceux qui les manient sont

10 trop rapides. Ils font pitié, ces gens. Les journalistes de télévision font pitié par leur manque parfait d'intelligence et de cœur — cette maladie qu'ils ont héritée du monde des affaires : parlez-moi de Dieu et de votre mère, vous avez une minute et vingt-sept secondes pour répondre à ma question. […] La vulgarité, on dit aux enfants qu'elle est dans les mots. La vraie vulgarité de ce monde est

15 dans le temps, dans l'incapacité de dépenser le temps autrement que comme des sous, vite, vite, aller d'une catastrophe aux chiffres du tiercé, vite glisser sur des tonnes d'argent et d'inintelligence profonde de la vie, de ce qu'est la vie dans sa magie souffrante, vite aller à l'heure suivante et que surtout rien n'arrive, aucune parole juste, aucun étonnement pur.

CHRISTIAN BOBIN, « Le Mal », dans L'Inespérée, Éd. Gallimard, 1994.

Document iconographique

– Je marche !

Dessin de SEMPÉ

Prenons le plus facile : les faits divers, qui ont toujours été la pâture préférée de la presse à sensations ; le sang et le sexe, le drame et le crime ont toujours fait vendre et le règne

5 de l'Audimat devait faire remonter à la une, à l'ouverture des journaux télévisés, ces ingrédients que le souci de respectabilité imposé par le modèle de la presse écrite sérieuse avait jusque-là porté à écarter ou à reléguer. Mais les faits divers, ce sont aussi les faits qui font diversion. Les prestidigitateurs ont un principe élémentaire qui consiste à attirer l'attention sur autre chose que ce qu'ils font. Une part de l'action symbolique de la télévision, au niveau des

10 informations par exemple, consiste à attirer l'attention sur des faits qui sont de nature à intéresser tout le monde, dont on peut dire qu'ils sont omnibus – c'est-à-dire pour tout le monde. Les faits omnibus sont des faits qui, comme on dit, ne doivent choquer personne, qui sont sans enjeu, qui ne divisent pas, qui font le consensus[1], qui intéressent tout le monde mais sur un mode tel

15 qu'ils ne touchent à rien d'important. Le fait divers, c'est cette sorte de denrée élémentaire, rudimentaire, de l'information qui est très importante parce qu'elle intéresse tout le monde sans tirer à conséquence et qu'elle prend du temps, du temps qui pourrait être employé pour dire autre chose.

PIERRE BOURDIEU, *Sur la télévision*, Liber Éditions, 1996.

1. Consensus : *accord, unanimité.*

ÉCRITURE

6 points ▶ **I. Vous répondrez d'abord aux questions suivantes.**

1. Reformulez en une phrase la thèse soutenue dans chaque texte du corpus.

2. Comparez les moyens utilisés par chaque écrivain pour inscrire son texte dans le registre polémique.

14 points ▶ **II. Vous traiterez ensuite un de ces trois sujets.**

1. Commentaire
Vous commenterez le texte de Francis Ponge. Vous pourrez par exemple étudier comment est menée la description du poste de radio puis vous analyserez comment les images donnent au texte une férocité pleine d'ironie.

2. Dissertation
Lorsqu'il s'agit de faire adopter un point de vue nouveau, le recours aux images (illustrations et figures de style) est-il nécessaire ou risque-t-il d'affaiblir l'argumentation ?

3. Invention
Dans une lettre adressée à un ami, vous évoquez une émission de télévision qui vous a appris quelque chose et qui vous a fait vraiment réfléchir.

LES ÉPREUVES DU BAC

L'écrit d'invention

L'écrit d'invention se fonde sur les contraintes et les caractéristiques des genres littéraires et les objets d'étude inscrits au programme de la classe de Première. Il ne s'agit pas d'un texte de pure imagination, mais d'un texte qui développe une argumentation tout en s'inscrivant dans une forme précise définie par le sujet.

Dans certains cas cependant, l'écrit d'invention peut conduire à prolonger, à amplifier ou à transposer l'un des textes du corpus, ou, pour les séries littéraires, à imiter un texte ou un auteur du corpus en le pastichant ou en le parodiant.

Méthodes du bac

Fiche 1 • Analyser le sujet

Fiche 2 • Préparer le cadre de la réponse

Fiche 3 • Défendre ou réfuter un point de vue

Fiche 4 • Discuter un point de vue

Fiche 5 • Amplifier un texte

Fiche 6 • Imiter un texte

Sujet du BAC

OBJET D'ÉTUDE :

La poésie *chapitre18 p. 226*

TEXTES

Texte A : Pierre de Ronsard (1524-1585), « Amours de Marie », *Continuation des Amours*, 1555 (page 238).

Texte B : Félix Arvers (1806-1850), « Sonnet », *Mes Heures perdues*, 1833 (page 370).

Texte C : Paul Verlaine (1844-1896), « Initium », *Poèmes saturniens*, 1866 (page 162).

✤ Invention

Dans la préface d'une anthologie des poèmes d'amour que vous avez réunis, vous démontrez comment l'inspiration poétique et l'amour sont à vos yeux liés.

Vous devrez appuyer votre préface sur les textes du corpus et sur vos connaissances personnelles.

Texte **B**

> Mon âme a son secret, ma vie a son mystère :
> Un amour éternel en un moment conçu.
> Le mal est sans espoir, aussi j'ai dû le taire,
> Et celle qui l'a fait n'en a jamais rien su.
>
> 5 Hélas ! j'aurai passé près d'elle inaperçu,
> Toujours à ses côtés, et pourtant solitaire,
> Et j'aurai jusqu'au bout fait mon temps sur la terre,
> N'osant rien demander et n'ayant rien reçu.
>
> Pour elle, quoique Dieu l'ait faite douce et tendre,
> 10 Elle ira son chemin, distraite et sans entendre
> Ce murmure d'amour élevé sur ses pas ;
>
> À l'austère devoir pieusement fidèle,
> Elle dira, lisant ces vers tout remplis d'elle :
> « Quelle est donc cette femme ? » et ne comprendra pas.

FÉLIX ARVERS, « Sonnet », *Mes Heures perdues*, 1833.

Réponse rédigée

PRÉFACE

Au moment où paraît cet ouvrage, combien de jeunes gens dans le monde confient leurs sentiments amoureux à leurs premiers poèmes ? Des milliers, sans doute. Tout comme au Moyen Âge les troubadours chantaient la beauté et la douceur de leur Dame, partout sur la terre les cœurs exaltés laissent libre cours à la confidence amoureuse des hommes. Sans amour en effet, pas de poésie. Cette <u>Anthologie de la poésie amoureuse</u> donne à ses lecteurs l'embarras du choix, offre une profusion de textes qui témoigne à quel point l'inspiration poétique est liée aux sentiments amoureux. Car la poésie, de Villon à Jaccottet, est d'abord chant d'amour, hymne à l'être aimé.

La plus ancienne source du lyrisme continue d'être la plus neuve, à travers laquelle chacun se découvre poète : la passion amoureuse. Orphée, le prince des poètes, n'est-il pas avant tout l'amant désespéré d'Eurydice ? Qui, comme Verlaine, ne s'est jamais dit : « et je crois que voici venir la Passion » ? Dans cet ouvrage, le lecteur vagabond va à la rencontre de ces grands cœurs, de ces êtres profondément sensibles que sont Villon, Ronsard, Louise Labé, Victor Hugo, Gérard de Nerval, Charles Baudelaire, Arthur Rimbaud, André Breton, Pierre Reverdy ou Jacques Prévert. Tous pourraient reprendre à leur compte le vers de Musset : « J'aime, et pour un baiser, je donne mon génie. » Tous pourraient souscrire à l'une des exigences majeures du mouvement surréaliste : l'amour fou !

Mais tous et toutes n'ont pas seulement pour point commun d'être amoureux. Ils sont surtout poètes. Et, chaque amour étant unique, leurs poèmes le sont également. Les textes que le lecteur est invité à découvrir dans cette anthologie en sont la preuve. Chant lointain du troubadour, sonnets de la Pléiade, plainte romantique des poètes du XIXe siècle, mélancolie et cœur battant du lyrisme moderne : les voix se répondent et se font écho. La musique du vers trouve chaque fois de nouveaux et surprenants accords. L'amour est là, mais la poésie bouge, change, se renouvelle sans cesse.

Que les lecteurs qui pensent leurs propres vers maladroits se consolent en lisant les chefs-d'œuvre réunis dans cette anthologie : ils y trouveront au moins la certitude que, depuis des siècles, l'inspiration poétique et l'amour sont intimement liés. Ils y verront aussi que, si tous les amoureux ne sont pas forcément poètes, tous les poètes sont décidément amoureux.

FICHE 1

Analyser le sujet

**Une première lecture du sujet doit permettre d'identifier les objectifs de l'épreuve :
réfléchir sur un thème, développer une argumentation à travers une forme d'écriture
particulière.**

1 Identifiez le thème de réflexion

Le sujet propose de réfléchir sur un thème qui se prête au débat d'idées en relation avec
les textes du corpus et les objets d'étude du programme de Première.

Exemple : *Le théâtre classique se refusait à représenter la mort sur scène. Imaginez la préface d'une pièce de théâtre rédigée par un auteur qui défend ce point de vue.*

2 Identifiez la forme du texte à rédiger

L'écrit d'invention peut prendre des formes variées, indiquées par le libellé du sujet. Il
peut s'agir :

● **d'un article critique.** Vous devrez rédiger un article polémique, apporter un jugement,
faire l'éloge ou le blâme d'un comportement, prendre position sur un sujet littéraire ou
de société **(voir chapitre 16)** ;

● **d'un échange dialogué.** Vous devrez rédiger un dialogue théâtral, romanesque ou argumentatif, un monologue délibératif ou un discours prononcé devant une assemblée
(voir chapitre 20) ;

● **d'un essai.** Vous devrez rédiger un essai sur un sujet littéraire ou de société, qui peut
être une préface ou présentation **(voir chapitre 20)** ;

● **d'un apologue.** Vous devrez rédiger un apologue à visée argumentative, sous la forme
d'un récit qui tire un enseignement de l'histoire **(voir chapitre 20)** ;

● **d'un écrit autobiographique.** Vous devrez rédiger l'extrait du journal de voyage d'un
personnage, de son carnet intime, son autoportrait ou ses mémoires **(voir chapitre 22)** ;

● **d'une lettre.** Vous devrez rédiger une argumentation adressée à un destinataire réel
ou fictif. Il peut s'agir d'une lettre ouverte, d'une lettre privée ou d'une lettre destinée à
un journal **(voir chapitre 23)**.

3 Repérez le type d'argumentation demandé

Le sujet demande de développer une argumentation qui défend, réfute ou discute un point
de vue. Cette argumentation qui peut être directe ou indirecte s'appuie sur les textes du
corpus ainsi que sur les objets d'étude.

Exemple : *Un metteur en scène de cinéma dialogue avec le théoricien du théâtre Antonin
Artaud. Chacun défend la capacité de son art à exprimer le réel. Vous présenterez ce débat sous la forme d'un dialogue entre l'homme de cinéma et l'homme
de théâtre.*

4 Analysez le travail d'amplification à mener (séries littéraires)

Le sujet demande de prendre appui sur un texte du corpus pour l'amplifier, le pasticher
ou le parodier en se montrant sensible au style d'un auteur.

Exemple : *Vous poursuivrez le journal dans lequel Robinson Crusoé consigne les événements de sa vie quotidienne et réfléchit sur sa condition de naufragé. Vous pourrez utiliser les indications données par les textes du corpus.*

Préparer le cadre de la réponse

L'écrit d'invention vous demande d'inscrire votre réponse dans une situation d'énonciation particulière, en tenant compte du contexte de l'écriture, du statut de l'émetteur et du destinataire du texte. Le sujet renvoie aussi à un registre, clairement précisé ou que vous devez identifier.

1 Pour mettre en place une situation d'énonciation

● **Le contexte.** Le libellé du sujet situe l'écrit d'invention dans un lieu et à une époque déterminés. Votre réponse doit contenir les indices qui montrent que vous avez pris en compte ces caractéristiques particulières.

● **Le statut des interlocuteurs.** Le libellé du sujet définit l'identité de l'émetteur et du destinataire de l'écrit d'invention. Votre réponse doit prendre en compte leur niveau de langage, leurs intentions, leurs comportements en fonction de leur statut social et de leur personnalité.

Exemple : Le sujet peut demander au candidat de rédiger une lettre à un ami, au directeur d'un journal, ou la réponse d'un personnage à un texte du corpus. Il s'agit, dans chaque situation de respecter le statut des interlocuteurs et les relations indiquées par le libellé.

2 Pour s'inscrire dans un registre

● **Le registre imposé.** L'écrit d'invention s'inscrit dans un registre qui lui donne son originalité. Le libellé peut imposer le registre dans lequel la réponse doit s'inscrire : il s'agit alors de mobiliser vos connaissances afin d'utiliser les procédés propres au registre demandé.

Exemple : *Écrivez en prose et dans un registre comique la suite du dialogue entre l'ogre et la fée du poème de Victor Hugo.*

● **Le registre suggéré.** Lorsque le sujet n'indique pas le registre à adopter, il vous appartient de choisir celui-ci, ou de le déterminer en fonction de la situation d'énonciation mise en place.

Exemple : *Vous raconterez dans un texte autobiographique le souvenir d'une rencontre qui vous a laissé une très forte impression. Vous exprimerez l'intensité de l'émotion ressentie en vous inspirant des textes du corpus.*

Dans cet exemple, le registre dans lequel doit s'inscrire la réponse est indiqué implicitement : il s'agit du registre lyrique.

● **Le registre à déterminer.** Certains sujets ne demandent pas à l'écrit d'invention de s'inscrire dans un registre particulier. Dans ce cas, il vous appartient de choisir un registre et d'adopter un style qui corresponde au contexte du sujet.

Exemple : *Un directeur d'édition écrit à un auteur qui entreprend son autobiographie. Vous rédigerez la lettre dans laquelle il lui donne ses conseils.*

Dans ce cas, il s'agit de choisir un ton adapté à la situation : il peut s'agir d'un ton affectueux et amical ou, au contraire, humoristique.

FICHE 3

Défendre ou réfuter un point de vue

Quelle que soit la forme de la situation d'énonciation mise en place, l'écrit d'invention demande le plus souvent de développer une argumentation. Dans ce cas, c'est la stratégie argumentative que vous mettrez en œuvre qui déterminera la progression du texte à écrire.

1 Pour défendre un point de vue

● **Explicitez la thèse.** La thèse défendue doit être formulée clairement de manière à montrer l'enjeu de l'argumentation et les valeurs sur lesquelles elle s'appuie.

Exemple : Vous êtes chargé de constituer une anthologie qui rassemblera les poèmes que vous préférez, dans laquelle figureront entre autres les poèmes du corpus. En préface de ce recueil, vous écrivez un texte qui présente vos choix et ce qui les a guidés.

La thèse défendue par le candidat doit s'attacher à justifier le choix des textes. Il s'agit dans ce cas de réfléchir à quels poèmes on pourrait se référer. Il faut donc, dans la mise au point du cadre de la réponse, avoir noté au brouillon quelques exemples de poésies que l'on aurait pu rassembler.

● **Développez des arguments.** La thèse défendue doit être étayée au moyen d'arguments. Ceux-ci peuvent être issus du corpus de textes étudié ; ils peuvent aussi relever de votre culture personnelle, des objets d'étude vus en classe ou des lectures que vous avez effectuées.

● **Apportez des exemples.** La thèse défendue doit être illustrée au moyen d'exemples précis qui font appel aux œuvres du corpus ou à celles étudiées en classe. Les illustrations peuvent aussi prendre la forme de citations ou renvoyer à des expériences personnelles.

2 Pour réfuter un point de vue

● **Dénoncez la thèse réfutée.** Il faut, dans un premier temps, reformuler clairement la thèse à réfuter de manière à montrer qu'elle présente un point de vue erroné ou incomplet, ou une opinion reposant sur des valeurs à combattre.

Exemple : *Sous la forme d'un court essai, un poète conteste l'utilité sociale de la poésie telle que la revendique Victor Hugo dans* Les Rayons et les Ombres *(1840).*

● **Critiquez la démarche argumentative.** Il faut, dans un deuxième temps, montrer que la stratégie argumentative adoptée par l'auteur de la thèse à réfuter n'est pas pertinente parce que le contexte dans lequel elle s'inscrit a changé, qu'elle relève du domaine de l'opinion ou qu'elle est de mauvaise foi. Vous devez pour cela vous appuyer sur le texte du corpus auquel renvoie le sujet.

● **Apportez des contre-arguments et des contre-exemples.** Il faut enfin proposer une contre-argumentation qui réfute le point de vue adverse. Ces contre-arguments et ces contre-exemples figurent dans les autres textes du corpus, ou sont issus de vos connaissances personnelles.

Discuter un point de vue

En faisant discuter un point de vue, l'écrit d'invention permet de valider, nuancer ou contester les choix argumentatifs d'un personnage ou d'un auteur. La discussion d'un point de vue, qui peut prendre la forme d'un dialogue ou d'un essai, guide ainsi vers une prise de position personnelle sur le thème de l'argumentation.

1 Reformulez les thèses en présence

La discussion d'un point de vue commence par la confrontation des thèses en présence. Il est nécessaire de les reformuler de manière explicite, afin d'en dégager une problématique.

Exemple : *Face à Antigone, Ismène, sa sœur, défend « les lois de la cité ». Écrivez le dialogue de type théâtral qui oppose les deux personnages.*

Le texte à rédiger prendra donc la forme d'un dialogue théâtral, dans lequel chacun des personnages commencera par affirmer son point de vue. Le début de la réponse doit montrer une opposition entre les thèses défendues par les deux personnages.

2 Alternez des arguments et des contre-arguments

L'alternance des points de vue assure la progression de l'argumentation à travers l'enchaînement des arguments et des contre-arguments qui s'opposent. Les arguments, tout comme les exemples qui les illustrent, peuvent être issus du corpus ou des objets d'étude.

Exemple : Dans le sujet proposé dans l'exemple ci-dessus, Antigone et Ismène développeront leurs arguments et leurs exemples, en s'appuyant sur des valeurs contraires.

3 Faites aboutir la discussion

La discussion d'un point de vue peut s'achever de diverses manières : par une validation, par une opposition ou par une nouvelle thèse.

● **Par la validation d'une thèse.** La discussion conduit à valider l'une des thèses en présence au détriment de l'autre.

● **Par une opposition irréconciliable.** La discussion maintient l'opposition des thèses qui s'affrontent en renvoyant les personnages dos à dos.

● **Par l'affirmation d'une nouvelle thèse.** La discussion propose une synthèse qui réconcilie les thèses en présence et ouvre sur de nouvelles perspectives.

Critères de réussite

■ **La forme de l'écrit.** Votre texte présente-t-il les caractéristiques de la réponse demandée par le sujet ?

■ **L'énonciation.** Les indices de l'énonciation et les marques du registre apparaissent-ils clairement ?

■ **L'argumentation.** Votre réponse est-elle cohérente et organisée de manière à défendre, à réfuter ou à discuter un point de vue ?

Amplifier un texte

Le libellé du sujet peut vous demander de poursuivre un texte en l'amplifiant, c'est-à-dire en imaginant le début ou la fin, ou encore en complétant les ellipses. Dans tous les cas, il est nécessaire de respecter le style de l'auteur et les caractéristiques d'écriture du texte imité, de manière à montrer que vous avez compris ce qui en fait l'originalité.

1 Identifiez les caractéristiques du genre

Les textes du corpus appartiennent à des genres littéraires qui obéissent à des règles bien définies : la poésie, le théâtre, le récit autobiographique, le discours argumentatif. Pour imiter un texte, il faut donc respecter les contraintes du genre dans lequel il s'inscrit.

Exemple : *En respectant les indices fournis par le texte de Michel Leiris,* L'Âge d'homme, *imaginez la première page de son autobiographie.*

Dans le cas de cet exemple, il est nécessaire de respecter les règles de l'autobiographie : utilisation de la première personne, écriture d'un récit rétrospectif, respect du pacte autobiographique.

2 Inscrivez-vous dans le cadre défini par le texte

Le texte à amplifier développe une situation qu'il faut conserver : époque, lieux, statut et caractère des personnages, relations qu'ils entretiennent, émotions ressenties, réflexions ou pensées.

Exemple : Pour répondre au sujet proposé dans l'exemple ci-dessus, il faut utiliser les indices fournis par le texte source pour mener à bien le travail demandé : lieu et époque du récit, état d'esprit du narrateur, contexte historique ou familial.

3 Respectez le style de l'écrivain

L'écriture d'imitation doit repérer les caractéristiques générales du texte à amplifier, sur les plans formel et stylistique. Il s'agit de respecter l'énonciation, le niveau de langage, la structure des phrases et des paragraphes de manière à créer une continuité entre le texte à amplifier et celui que vous devez rédiger.

Exemple : Pour répondre au sujet proposé ci-dessus, il est nécessaire d'imiter le style de Michel Leiris, après en avoir repéré les caractéristiques dans le texte source.

Critères de réussite

■ **Le genre littéraire.** Avez-vous respecté les contraintes formelles du genre littéraire proposé par le sujet ? Le texte rédigé ressemble-t-il au texte source ?

■ **Le contenu de la réponse.** Les indices repérés dans le texte à amplifier se retrouvent-ils dans votre réponse ? N'y a-t-il pas de contradictions entre le texte source et son amplification ?

■ **Le style de la réponse.** Votre réponse présente-t-elle les mêmes caractéristiques de style que celles du texte ? Les deux textes donnent-ils l'impression d'avoir été écrits par le même auteur ?

Imiter un texte

Le pastiche consiste à détourner un texte en l'imitant, dans une intention de jeu et de complicité, à travers la reprise systématique des procédés de style utilisés par l'auteur. La parodie ne se contente pas d'imiter le style d'un auteur. Elle va plus loin en reprenant un texte célèbre pour le tourner en dérision.

1 Pour pasticher un texte

● **Repérez les caractéristiques formelles de l'écriture.** Il s'agit d'identifier ce qui fait l'originalité du style d'un auteur : réseaux lexicaux, niveau de langage, usage des pronoms, longueur et rythme des phrases, figures de style dominantes.

● **Systématisez les procédés de style de l'auteur.** Il s'agit de choisir deux ou trois procédés de style caractéristiques de l'auteur et de les reproduire de manière à en faire des « tics d'écriture ».

Exemple : *Vous imaginerez la rencontre évoquée par le personnage du roman autobiographique de Céline en imitant le style caractéristique de cet auteur. Vous appuierez votre pastiche sur la reproduction des procédés utilisés dans son texte par l'écrivain.*

2 Pour parodier un texte

La parodie provoque l'amusement du lecteur aux dépens de l'auteur parodié, à travers l'écart qui est créé entre le modèle et son détournement. Pour écrire une parodie, il est donc nécessaire d'utiliser les procédés suivants :

Procédés utilisés	Exemples
La transformation du cadre historique et géographique	Pour parodier une tragédie grecque, prenez pour cadre un vieux palais en ruines.
L'utilisation de l'anachronisme	Pour parodier un roman de madame de Lafayette, vous évoquez les programmes télévisés ou l'usage d'Internet.
L'inversion des valeurs et des rapports de force	Pour parodier la fable « Le Loup et l'Agneau », votre texte peut s'achever sur la victoire de l'agneau.
Le grossissement du trait et la caricature	Pour parodier une autobiographie, montrez un narrateur amnésique ou indifférent à son passé.

Critères de réussite

■ **Le style adopté.** Imite-t-il celui de l'auteur, en accentuant ses caractéristiques à travers la systématisation de constructions, de tournures ou de termes repérés dans le texte source ?

■ **Les procédés du pastiche.** Votre pastiche imite-t-il le texte source en présentant un ou plusieurs « tics d'écriture » ?

■ **Les procédés de la parodie.** Votre parodie utilise-t-elle au moins deux des procédés présentés dans le tableau ci-dessus ?

ANALYSER LE SUJET : LA LECTURE DES CONSIGNES

1 Identifiez, pour chacun des sujets suivants :
* a) le thème de réflexion et l'objet d'étude correspondant ;
b) la forme de la réponse ;
c) la thèse à défendre, à réfuter ou à discuter.

SUJET A

Vous avez assisté à la représentation d'une des pièces de théâtre du corpus. Vous écrivez au courrier des lecteurs d'une revue littéraire pour exposer votre point de vue, que cette pièce vous ait plu ou déplu.

Vous en profitez pour présenter votre propre conception du théâtre ; vous pourrez aussi vous appuyer sur d'autres expériences personnelles (représentations et lectures).

SUJET B

Une revue littéraire prépare un numéro sur le récit autobiographique. Vous êtes chargé d'y écrire un article dans lequel vous démontrerez en quoi l'écriture autobiographique peut être une aide pour les autres et pour soi.

Vous développerez votre argumentaire en utilisant les textes du corpus et les lectures que vous avez faites par ailleurs.

SUJET C

À un ami qui vous écrit que la poésie n'a pas pour but de méditer sur l'existence mais de distraire et d'émouvoir, vous répondrez que c'est elle, plus que les autres arts, qui donne une juste vue du monde.

Votre lettre sera construite et s'appuiera sur des exemples précis empruntés aux textes du corpus et à votre expérience de lecteur.

ANALYSER LE SUJET : LA FORME DE LA RÉPONSE

2 1. Retrouvez, pour chacun des sujets proposés
* dans l'exercice précédent, le début de la réponse qui lui correspond.

2. Relevez les caractéristiques de chacune des formes attendues.

3. Retrouvez dans chaque extrait de réponse l'expression de la thèse.

DÉBUT DE LA RÉPONSE 1

Éloge de l'autobiographie

On s'est souvent interrogé sur l'intérêt que le lecteur peut prendre à lire un récit autobiographique.

Raconter sa vie, revenir sur son enfance, ressusciter les bons et les mauvais moments d'une existence, n'est-ce pas en effet pour l'auteur de l'autobiographie se faire d'abord plaisir à lui-même ? Et cependant chaque lecteur peut se retrouver dans la vie qui lui est racontée et ce récit l'aide à mieux se comprendre : c'est sa propre enfance qu'il retrouve dans celle qu'il lit, ce sont ses propres angoisses qu'il explore et peut ainsi apaiser. C'est ce point de vue que je voudrais développer dans cet article.

DÉBUT DE LA RÉPONSE 2

Givenchy, le 25 novembre

Cher Philippe,

Quel plaisir j'ai eu à recevoir ta lettre ! Comme d'habitude, tu ne te contentes pas de m'y faire part des banalités de l'existence, mais tu abordes au contraire le seul sujet qui te passionnes : la littérature. Mais permets-moi pour une fois de ne pas être d'accord avec le point de vue que tu défends : selon toi, la poésie n'aurait pour but que de distraire ou d'émouvoir. Je sais bien que de nombreux poèmes te donnent apparemment raison (les poèmes d'amour sont si nombreux !), mais je te montrerai que le plus souvent, et cela même derrière la poésie lyrique, l'écriture poétique donne au lecteur l'occasion de méditer sur le sens de la vie.

DÉBUT DE LA RÉPONSE 3

Avignon, le 17 juillet

Monsieur le rédacteur,

J'ai lu dans le dernier numéro de votre revue Spectacles en scène l'article très critique que vous consacrez à la mise en scène de Rhinocéros de Ionesco, qui est proposée actuellement au festival d'Avignon. Mais, admirateur passionné de ce grand écrivain, je me suis rendu à cette représentation malgré vos réserves. Permettez-moi de vous dire que j'ai, contre l'avis de votre rédaction, particulièrement aimé cette mise en scène originale. J'aimerais vous convaincre en vous exposant les raisons qui m'ont fait prendre plaisir à ce spectacle car celui-ci correspond parfaitement à la conception que je me fais de l'art dramatique.

DÉFINIR L'ÉNONCIATION

3 1. Quels indices le texte fournit-il sur le lieu et
** l'époque de l'énonciation ?

2. Définissez le statut de chacun des interlocuteurs.

3. Rédigez le premier paragraphe d'une lettre envoyée par le docteur Bissei au philosophe, dans laquelle il reprend ses arguments.

4. Quelles sont les modifications apportées au système énonciatif ?

MOI. – Mais permettez, docteur, que je change un peu la thèse, en supposant un malade dont les crimes soient de notoriété publique. On vous appelle ; vous accourez, vous ouvrez les
5 rideaux, et vous reconnaissez Cartouche ou Nivet[1]. Guérirez-vous Cartouche ou Nivet ?…

Le docteur Bissei, après un moment d'incertitude, répondit ferme qu'il le guérirait ; qu'il oublierait le nom du malade, pour ne s'occuper
10 que du caractère de la maladie ; que c'était la seule chose qu'il fût permis de connaître ; que s'il faisait un pas au-delà, bientôt il ne saurait plus où s'arrêter ; que ce serait abandonner la vie des hommes à la merci de l'ignorance, des
15 passions, du préjugé si l'ordonnance devait être précédée de l'examen de la vie et des mœurs du malade.

DENIS DIDEROT, *Entretien d'un père avec ses enfants*, 1771.

1. Cartouche ou Nivet : *criminels célèbres, exécutés au* XVIIIe *siècle.*

 1. Relevez dans les deux derniers vers de la fable les indices de l'énonciation.

2. Quel est le statut des deux interlocuteurs ?

3. Rédigez le début de la réponse au sujet d'examen proposé.

LE LION DEVENU VIEUX

Le Lion, terreur des forêts,
Chargé d'ans, et pleurant son antique prouesse,
Fut enfin attaqué par ses propres sujets
    Devenus forts par sa faiblesse.
5 Le Cheval s'approchant lui donne un coup de
                                        [pied,
Le Loup un coup de dent, le Bœuf un coup de
                                        [corne.
Le malheureux Lion languissant, triste et morne,
Peut à peine rugir, par l'âge estropié.
Il attend son destin, sans faire aucunes plaintes,
10 Quand, voyant l'Âne même à son antre accourir :
« Ah ! c'est trop, lui dit-il, je voulais bien mourir ;
Mais c'est mourir deux fois que souffrir tes
                                        [atteintes. »

JEAN DE LA FONTAINE, « Le Lion devenu vieux »,
Fables, III, 14, 1668.

SUJET : Écrivez en prose la suite du dialogue entre le Lion et l'Âne : le Lion rappelle sa gloire passée et les services qu'il lui a rendus.

METTRE EN PLACE UN REGISTRE

 Quel est le registre attendu par les sujets suivants ?

SUJET A

Un artiste est invité par un animateur de télévision pour évoquer sa vie privée. Cet artiste répond par une lettre pour expliquer pourquoi il refuse l'invitation. Vous rédigerez cette lettre.

SUJET B

Vous écrirez un dialogue dans lequel un dramaturge contemporain défend sa conception du théâtre et de sa mise en scène de sa pièce face à un critique qui l'a violemment attaqué dans un article. Vous appuierez votre réponse sur les procédés de l'indignation et de l'ironie.

SUJET C

Imaginez la page du journal intime dans laquelle l'auteur du texte C raconte avec amusement la chute survenue pendant son enfance et ses répercussions sur sa vie d'adulte.

 1. Analysez le sujet proposé de manière à définir son thème, la forme attendue de la réponse, l'énonciation et le registre.

2. Retrouvez dans le texte de Voltaire les procédés du registre pathétique.

3. En vous appuyant sur l'extrait du poème, rédigez le début de la lettre de Voltaire.

SUJET

Vous rédigerez la lettre dans laquelle Voltaire fait part à l'un de ses amis philosophes de sa douleur et de son désarroi devant le désastre du tremblement de terre de Lisbonne. Vous appuierez votre description de la catastrophe sur le poème du corpus.

TEXTE

Ô malheureux mortels, ô terre déplorable !
Ô de tous les mortels assemblage effroyable !
D'inutiles douleurs éternel entretien !
Philosophes trompés qui criez : « Tout est bien » ;
5 Accourez, contemplez ces ruines affreuses,
Ces débris, ces lambeaux, ces cendres malheureuses,
Ces femmes, ces enfants l'un sur l'autre entassés,
Sous ces marbres rompus ces membres dispersés ;
Cent mille infortunés que la terre dévore,
10 Qui, sanglants, déchirés, et palpitants encore,
Enterrés sous leurs toits, terminent sans secours
Dans l'horreur des tourments leurs lamentables
                                        [jours !
Aux cris demi-formés de leurs voix expirantes,
Aux spectacles effrayants de leurs cendres fumantes,
15 Direz-vous : « C'est l'effet des éternelles lois
Qui, d'un Dieu libre et bon, nécessitent le choix » ?

Direz-vous, en voyant cet amas de victimes :
« Dieu s'est vengé, leur mort est le prix de leurs
[crimes » ?
Quel crime, quelle faute ont commis ces enfants
20 Sur le sein maternel écrasés et sanglants ?
Lisbonne, qui n'est plus, eut-elle plus de vices
Que Londres, que Paris, plongés dans les délices ?
Lisbonne est abîmée, et l'on danse dans Paris.

VOLTAIRE, *Poème sur le désastre de Lisbonne*, 1756.

7 **En vous aidant du plan proposé, répondez au su-**
✱✱ **jet d'invention suivant en respectant la situation**
d'énonciation et le registre qu'il impose.

SUJET

Imaginez le réquisitoire contre l'esclavage prononcé par un orateur à la tribune de l'Assemblée
pendant la Révolution française. Vous inscrirez
votre discours dans les registres lyrique et polémique. Vous introduirez, au fil du texte, par de brèves indications mises entre parenthèses, les réactions successives des membres de l'Assemblée.

PLAN DE L'ARGUMENTATION

A. Les esclavagistes ont un comportement cruel
et inhumain.
B. Tous les hommes naissent libres et égaux en
droit, quelle que soit leur couleur de peau.
C. La suppression de l'esclavage ferait rayonner
les valeurs de la Révolution.

DÉTERMINER LA STRATÉGIE ARGUMENTATIVE

8 **Indiquez, pour chacun des sujets suivants, s'il**
✱ **demande de défendre, de réfuter ou de discuter**
une thèse.

Sujet A : Imaginez une fable en prose qui s'in-
titulera « L'Enfant et le Savant », dans laquelle
chacun des deux protagonistes défendra sa
conception du monde et la place qu'il faut réser-
ver à l'imagination.
Sujet B : Poursuivez le monologue théâtral du
personnage en respectant la situation d'énonciation et en développant le point de vue paradoxal
qu'il soutient.
Sujet C : Vous envoyez une lettre ouverte à un
journal dans laquelle vous contesterez la position défendue par le narrateur du texte C. Vous
utiliserez les procédés du registre polémique.
Sujet D : La poésie classique imposait des règles
rigoureuses de versification dans l'écriture poétique. Imaginez la préface d'un recueil de poèmes
contemporains dans laquelle, après avoir justi-

fié le point de vue des classiques, vous exposez
les arguments des partisans du vers libre.
Sujet E : Écrivez dans un registre lyrique la suite
du plaidoyer en faveur de la nature prononcé
par Rousseau dans son autobiographie (texte A).
Vous respecterez la situation d'énonciation mise
en place par le texte.

DÉFENDRE UNE THÈSE

9 **1. Explicitez la thèse défendue par l'auteur dans**
✱✱ **le texte suivant.**

2. Repérez l'argument apporté par l'auteur. Il-
lustrez-le au moyen d'exemples.

3. Trouvez deux arguments supplémentaires
appuyés par des exemples pour développer la
thèse défendue.

Nous disons donc qu'un livre a d'autant plus de
valeur littéraire que les noces qu'il célèbre avec
son lecteur sont plus heureuses et plus fécondes.
Il doit se produire deux phénomènes. D'abord un
5 processus d'identification entre le lecteur et les
personnages. Tous les sentiments incarnés dans
tous les personnages – peur, envie, désir, amour,
ambition, etc. – doivent être doués de conta-
giosité et se retrouver dans le cœur du lecteur.

MICHEL TOURNIER, *Le Vol du vampire*,
Éd. Mercure de France, 1981.

RÉFUTER UNE THÈSE

10 **1. Repérez la thèse défendue par Léon Daudet**
✱✱ **dans le texte suivant. Quelles valeurs de notre**
société son argumentation remet-elle en cause ?

2. Relevez ce qui, dans la démarche argumen-
tative de l'auteur, relève de l'opinion ou de la
mauvaise foi.

3. Trouvez des contre-arguments et des contre-
exemples afin de développer une réfutation.

Je pense, à propos de l'Évolution et du Progrès, l'un portant l'autre, comme l'aveugle et le
paralytique, que le XIXe siècle pourrait être appelé
aussi le siècle du perroquet. Jamais, au cours
5 des temps modernes, le psittacisme[1] ne s'est
donné plus librement carrière que de la Révolution à nos jours. Chateaubriand parle quelque
part des cacatoès[2] hypercentenaires de l'Amérique du Sud, qui ont encore, dans le bec, des
10 mots de la langue perdue des Incas. Peut-être,
dans l'avenir, entendra-t-on ces oiseaux verts et
bleus crier sur les cimes des arbres, sans y attacher d'importance, ces termes vides de sens :

« ... Droits de l'homme... Drrrroidlom... E... volu-
15 tion... Prrrogrès... Prrrogrrrès... » Des savants
discuteront en kekesekça là-dessus, sans se douter que ces *flatus vocis*[3] auront perturbé des cervelles humaines par centaines de milliers, empli
des bibliothèques devenues poussière, et ajouté
20 quelques nouveaux motifs à la rage séculaire
de s'entretuer, qui tient les infortunés humains.

LÉON DAUDET, *Le Stupide XIXᵉ siècle*,
Éd. Robert Laffont, 1922.

1. Psittacisme : *répétition machinale de certains mots* –
2. Cacatoès : *perroquets* – 3. Flatus vocis : *paroles vides de
sens.*

11 1. Repérez la thèse défendue, les arguments et
*** les exemples dans le texte suivant.

2. En quoi le contexte dans lequel s'inscrit cette
argumentation a-t-il changé ?

3. Apportez les contre-arguments qui permettent de réfuter la thèse de Blaise Cendrars.

4. Rédigez, sous la forme d'un court essai, la
réfutation de cette thèse.

La publicité est la fleur de la vie contemporaine : elle est une affirmation d'optimisme et
de gaieté ; elle distrait l'œil et l'esprit.

C'est la plus chaleureuse manifestation de la
5 vitalité des hommes d'aujourd'hui, de leur puissance, de leur puérilité, de leur don d'invention
et d'imagination, et la plus belle réussite de leur
volonté de moderniser le monde dans tous ses
aspects et dans tous les domaines.

10 Avez-vous déjà pensé à la tristesse que repré-
senteraient les rues, les places, les gares, le
métro, les palaces, les dancings, les cinémas, le
wagon-restaurant, les voyages, les routes pour
automobiles, la nature sans les innombrables
15 affiches, sans les vitrines (ces beaux joujoux
tout neufs pour les familles soucieuses), sans les
enseignes lumineuses, sans les boniments des
haut-parleurs, et concevez-vous la tristesse et la
monotonie des repas et des vins sans les menus
20 polychromés et sans les belles étiquettes ?

Oui, vraiment, la publicité est la plus belle
expression de notre époque, la plus grande nou-
veauté du jour, un Art.

BLAISE CENDRARS, *Aujourd'hui*, Éd. Denoël, 1927.

DISCUTER UNE THÈSE

12 1. Reformulez le point de vue apporté sur l'école
*** dans chacun des textes du corpus.

2. Cherchez les arguments qui peuvent venir appuyer les points de vue opposés. Illustrez-les au

moyen d'exemples issus du corpus ou de votre
expérience personnelle.

3. Sous forme de dialogue, discutez les points de
vue proposés de manière à faire aboutir la thèse
défendue par le texte B.

TEXTE A

Ce dernier apprentissage fut pénible et dura
longtemps... Je tâchais de toute ma jeune et
coléreuse volonté à faire des bâtons[1] qui fus-
sent aussi régulièrement pleins, aussi régulière-
5 ment penchés que les bâtons modèles tracés au
tableau noir par le maître aux doigts habitués.
Mais j'y réussissais peu. Je lisais dans le regard
l'étonnement qu'un petit garçon qui lisait si bien
eût tant de mal à apprendre à écrire ; alors je pris
10 une résolution : je résolus un jour de faire si
bien ma page d'écriture que le maître n'y trouvât
rien à redire et ne fît aucune correction sur ma
page propre. Je m'appliquai de toutes mes forces, de tout mon savoir, de toute ma respiration,
15 tirant la langue, les yeux rivés ; quand j'eus fini,
je trouvai que j'avais réussi ; j'attendis, anxieux,
qu'on me rendît justice. Comme tous les autres
jours, le maître, sans rien remarquer, sans penser à mal, me corrigea mes bâtons ; quand je vis
20 ma page ainsi dénaturée, brusquement ma douleur me suffoqua ; je pleurai, en pleine classe, de
toutes mes larmes... Le jeune maître n'y comprit
rien et, tout timide, s'attrista longuement de ce
que je pleurais.

CHARLES PÉGUY, *Œuvres en prose*, 1898-1908.

1. Faire des bâtons : *exercice d'écriture pour faire acquérir de
l'habileté aux élèves.*

TEXTE B

Je me souviens du moindre détail de ma classe
et de ce qui s'y passait. D'abord de l'encrier
de porcelaine que nous remplissions chaque
lundi avec un broc affecté à cet usage : encre
5 violette bien sûr, qui laissait sur le bord blanc
une auréole évoquant pour moi le feuillage d'un
arbre. De mon plumier ensuite, qui était en bois
verni, avec un paysage peint sur le couvercle.
Il contenait de nombreux trésors, des gommes,
10 toutes aussi délicieuses les unes que les autres
– qui n'en a pas mangé ? –, des porte-plume en
bois ou en plastique avec parfois, au milieu, une
lentille lumineuse au fond de laquelle apparaissait un personnage de légende ou le Mont-
15 Saint-Michel, un crayon à ardoise noire, avec
sa bague dorée, qui maintenait le fin bâton de
pierre servant à écrire et dont j'entends encore
le grincement, des crayons de couleurs à l'odeur
délicate, que sais-je encore ?

20 Le tableau était noir, bien sûr, et nous l'effa-
cions à tour de rôle, non pas avec ces brosses
de feutre qui furent si efficaces plus tard, mais
avec un chiffon dont la poussière de craie faisait
naître de petits nuages délicieusement âcres.

25 Aux murs étaient accrochées de belles cartes de
France, quelques-unes en relief, pour la géogra-
phie ; d'autres plus simples étaient destinées aux
leçons de choses d'aujourd'hui, comme si les
choses ne donnaient pas de meilleures leçons
30 que les hommes.

CHRISTIAN SIGNOL, *Bonheur d'enfance*,
Éd. Albin Michel, 2000.

DOCUMENT ICONOGRAPHIQUE

Photographie d'ÉDOUARD BOUBAT, *Le cours de dessin*.

IMITER UN TEXTE : L'AMPLIFICATION

 **1. Identifiez les caractéristiques du genre théâ-
** ** tral dans l'extrait suivant.

**2. Définissez : le lieu, l'époque, le statut des deux
personnages, les relations qu'ils entretiennent,
leurs niveaux de langage, les sentiments et les
idées qu'ils expriment.**

**3. Poursuivez le dialogue entre les deux per-
sonnages en développant la thèse affirmée par
Pierre dans la dernière réplique.**

PIERRE. – Mon nom est Curie, Pierre Curie.
GEORGETTE. – Je sais. On se connaît.
PIERRE. – Vraiment ?
GEORGETTE. – Je suis la serveuse du restaurant
5 « Le Petit Glouton », vous vous souvenez pas ?
PIERRE. – J'y vais parfois mais…
GEORGETTE. – Vous m'avez renversé une soupière
de pois cassés sur les jambes…

PIERRE. – Mais oui parfaitement ! Je suis le roi
10 des maladroits.
GEORGETTE. – Vous êtes distrait, voilà tout,
comme tous les savants.
PIERRE. – Il n'y a que les chiens qui sont
« savants ». Je ne suis pas savant. Je suis simple-
15 ment chargé de cours et de recherches en physique et chimie. Comme monsieur Bémont.
GEORGETTE. – En tout cas, je suis sûre que quand
vous êtes à votre affaire vous ne faites pas de
bêtises.
20 PIERRE. – Non, heureusement. (*Il se rassoit. La
chaise, mal équilibrée, manque l'embarquer à
la renverse. Il se rattrape de justesse, flanquant
à nouveau par terre le tas de copies*) Sapristi !
(*Georgette se précipite pour l'aider à ramasser.*)
25 Non, laissez, je vous en prie ! (*Tous deux ramassent le tas de copies éparpillées.*) Non, s'il vous
plaît, je vous assure, ça me gêne.
GEORGETTE. – C'est un honneur de vous aider.
Vous faites un si beau métier.
30 PIERRE, *touché*. – Merci infiniment. La science,
quand elle est pure, est en effet une bien noble
tâche.

JEAN-NOËL FENWICK,
Les Palmes de M. Schutz in *L'Avant-Scène Théâtre*,
collection des Quatre-Vents, n° 855, 1er octobre 1989.

 **1. Repérez les caractéristiques du journal intime
** ** dans l'extrait suivant.

**2. Étudiez comment l'auteur exprime ses senti-
ments et ses réflexions sur les contraintes exer-
cées par l'éducation à la fin du XIXe siècle.**

**3. Poursuivez cette page de journal intime de
manière à créer une continuité thématique et
stylistique : vous illustrerez votre texte par des
exemples d'œuvres qui répondent selon vous aux
attentes d'un adolescent.**

Samedi 10 décembre [1887]
   10 décembre !
   Mon Dieu ! Je n'ai déjà plus seize ans !
Comme cela me vieillit. Et j'aurai passé les deux
plus beaux âges de la vie, quinze ans, seize ans,
5 comme tout le monde, dans une boîte, sur un
Plutarque et sur une algèbre.
   Oh ! pourquoi coffrer ainsi les enfants ? Pourquoi leur faire passer les plus beaux jours de
leur existence loin de la nature, loin des forêts
10 et loin du bonheur, loin des jeunes filles ?

Pourquoi ne leur montrer que des choses ennuyeuses à eux qui sont altérés[1] de poésie ? Pourquoi les empiffrer de Boileau, quand ils ne rêvent que de Musset ? Pourquoi ne nous
15 parler que de Nestor et d'Anchise, à nous qu'un regard de jeune fille rend fous pour toute une journée ?

Ah ! vous serez bien avancés quand vous leur aurez appris les trois unités, et la loi de
20 Mariotte[2], quand vous leur aurez alourdi la tête avec du Platon, creusé la poitrine sous le poids des mathématiques, et voûté l'échine avec vos pensums ! Vous serez bien avancés quand vous en aurez fait des énervés, des rachitiques, des
25 poitrinaires, et qu'au sortir de vos fours à hommes ils s'apercevront que le plus beau temps de leur jeunesse est passé pour l'éternité.

PIERRE LOUŸS, *Mon journal*, 1887-1888.

1. **Altérés** : *assoiffés* – 2. **La loi de Mariotte** : *loi sur la compressibilité des gaz.*

IMITER UN TEXTE : LE PASTICHE

 1. Repérez ce qui fait l'originalité du texte auto-
* biographique suivant.

2. Faites le pastiche du texte de Georges Perec en rapportant dix de vos souvenirs d'enfance.

172
Je me souviens que le Dr. Spock fut candidat à la présidence des États-Unis.

173
Je me souviens de Jacqueline Auriol, la femme « la plus vite du monde ».

174
5 Je me souviens de Mai 68.

175
Je me souviens du Biafra.

176
Je me souviens de la guerre entre l'Inde et le Pakistan.

177
Je me souviens de Youri Gagarine.

178
10 Je me souviens que le Studio Jean Cocteau s'appelait avant le Celtic.

179
Je me souviens que le lendemain de la mort de Gide, Mauriac reçut ce télégramme : « Enfer n'existe pas. Peux te dissiper. Stop. Gide. »

180
15 Je me souviens que Burt Lancaster était acrobate.

181
Je me souviens que Johnny Hallyday est passé en vedette américaine à Bobino avant Raymond Devos (je crois même avoir dit quelque chose du genre de : « si ce type fait une carrière, je
20 veux bien être pendu... »).

GEORGES PEREC, *Je me souviens*, 1978.

16 1. Comment l'autoportrait suivant est-il com-
** posé ?

2. Repérez ce qui fait l'originalité du style de La Rochefoucauld dans son autoportrait.

3. Faites le pastiche du texte de La Rochefoucauld en rédigeant votre propre autoportrait.

Je suis d'une taille médiocre, libre et bien proportionnée. J'ai le teint brun, mais assez uni ; le front élevé et d'une raisonnable grandeur ; les yeux noirs, petits et enfoncés, et les sourcils
5 noirs et épais, mais bien tournés. Je serais fort empêché à dire de quelle sorte j'ai le nez fait, car il n'est ni camus ni aquilin, ni gros ni pointu, au moins à ce que je crois. Tout ce que je sais, c'est qu'il est plutôt grand que petit, et qu'il descend
10 un peu trop en bas. J'ai la bouche grande, et les lèvres assez rouges d'ordinaire, et ni bien ni mal taillées. J'ai les dents blanches, et passablement bien rangées. On m'a dit autrefois que j'avais un peu trop de menton : je viens de me tâter
15 et de me regarder dans le miroir pour savoir ce qu'il en est, et je ne sais pas trop bien qu'en juger. Pour le tour du visage, je l'ai ou carré ou ovale ; lequel des deux, il me serait fort difficile de le dire. J'ai les cheveux noirs, naturellement
20 frisés, et avec cela assez épais et assez longs pour pouvoir prétendre en belle tête. J'ai quelque chose de chagrin et de fier dans la mine : cela fait croire à la plupart des gens que je suis méprisant, quoique je ne le sois point du tout.
25 J'ai l'action fort aisée, et même un peu trop, et jusqu'à faire beaucoup de gestes en parlant. Voilà naïvement comme je pense que je suis fait au-dehors ; et l'on trouvera, je crois, que ce que je pense de moi là-dessus n'est pas fort éloigné
30 de ce qui en est.

FRANÇOIS DE LA ROCHEFOUCAULD,
Portrait de La Rochefoucauld fait par lui-même,
écrit en 1658.

IMITER UN TEXTE : LA PARODIE

17
*
1. Repérez les procédés de la parodie dans le texte suivant.

2. Poursuivez le texte en décrivant de manière parodique le château fort dans lequel habite le personnage.

Le vingt-cinq septembre douze cent soixante-quatre, au petit jour, le duc d'Auge se pointa sur le sommet du donjon de son château pour y considérer, un tantinet soit peu, la situation
5 historique. Elle était plutôt floue. Des restes du passé traînaient encore çà et là, en vrac. Sur les bords du ru[1] voisin, campaient deux Huns ; non loin d'eux un Gaulois, Éduen[2] peut-être, trempait audacieusement ses pieds dans l'eau cou-
10 rante et fraîche. Sur l'horizon se dessinaient les silhouettes molles de romains fatigués, de Sarrasins de Corinthe, de Francs anciens, d'Alains seuls. Quelques Normands buvaient du calva.

Le duc d'Auge soupira mais n'en continua pas
15 moins d'examiner attentivement ces phénomènes usés.

Les Huns préparaient des stèques tartares, le Gaulois fumait une gitane, les Romains dessinaient des grecques, les Sarrasins fauchaient de
20 l'avoine, les Francs cherchaient des sols et les Alains regardaient cinq Ossètes. Les Normands buvaient du calva.

– Tant d'histoires, dit le duc d'Auge au duc d'Auge, tant d'histoires pour quelques calem-
25 bours, pour quelques anachronismes. Je trouve cela misérable. On n'en sortira donc jamais ?

RAYMOND QUENEAU, *Les Fleurs bleues*,
Éd. Gallimard, 1965.

1. **Ru** : *ruisseau* – 2. **Éduen** : *les Éduens étaient un peuple de la Gaule, qui s'allia à Vercingétorix contre Jules César.*

18
*
1. Repérez les caractéristiques d'écriture du texte suivant.

2. Récrivez le texte en utilisant les procédés de la parodie.

La Fée dit alors à Cendrillon : « Hé bien, voilà de quoi aller au bal, n'es-tu pas bien aise ? – Oui, mais j'irai comme cela, avec mes vilains habits ? » Sa marraine ne fit que la toucher
5 avec sa baguette, et en même temps ses habits furent changés en des habits de drap d'or et d'argent tout chamarrés de pierreries ; elle lui donna ensuite une paire de pantoufles de verre,

les plus jolies du monde. Quand elle fut ainsi
10 parée, elle monta en carrosse ; mais sa marraine lui recommanda sur toutes choses de ne pas passer minuit, l'avertissant que si elle demeurait au Bal un moment davantage, son carrosse redeviendrait citrouille, ses chevaux des souris,
15 ses laquais des lézards, et que ses vieux habits reprendraient leur première forme.

CHARLES PERRAULT, « Cendrillon », *Contes*, 1697.

19
***
1. Identifiez la composition et les caractéristiques d'écriture de cet extrait de La Chanson de Roland.

2. Faites la parodie du texte en tournant en dérision l'armée glorieuse de Charlemagne et les valeurs de la chevalerie.

3. Donnez un titre à votre texte qui souligne son intention parodique.

L'empereur a fait sonner ses cors.
Les Français mettent pied à terre et s'arment
De cuirasses, de casques, d'épées ornées d'or.
Ils ont de beaux boucliers, des épieux grands et
                                                    [forts
5 Et des étendards blancs, vermeils et bleus.
Sur les destriers[1] montent tous les barons de
                                                    [l'armée.
Ils piquent fort des éperons tant que durent les
                                                    [cols.
Il n'en est pas un qui ne dise à l'autre :
« Si nous voyions Roland avant qu'il ne fût mort,
10 Avec lui nous donnerions de grands coups. »
Mais à quoi bon ? Ils ont en effet trop tardé.

C'est l'après-midi d'un jour éclatant.
Au soleil brillent les armures,
Les cuirasses et les casques flamboient,
15 Et les boucliers ornés de fleurs,
Et les épieux, et les étendards dorés.
L'empereur chevauche furieusement,
Et les Français chagrins et courroucés[2].
Il n'en est pas un qui ne pleure amèrement,
20 Pour Roland ils sont tout angoissés.
Le roi fait prendre le comte Ganelon[3]
Et le remet aux cuisiniers de sa maison[4].
Il appelle leur premier chef, Begon :
« Garde-le-moi bien comme le félon qu'il est !
25 Tous mes proches, il les a trahis. »

La Chanson de Roland, attribué au clerc Turold, vers 1100,
trad. par J. Dufournet, Éd. GF-Flammarion.

1. **Les destriers** : *les chevaux* – 2. **Courroucés** : *en colère* –
3. **Ganelon** : *le traître responsable de la mort de Roland* – 4. **Sa maison** : *l'ensemble des serviteurs de Charlemagne.*

EXO-BAC

Vers le sujet d'invention

PRÉPARATION

1. Identifiez les deux interlocuteurs présents dans le poème.

2. Repérez la thèse et les différents arguments développés par le texte.

3. Commentez les deux derniers vers.

RÉDACTION

Vous écrivez à un ami, qui affirme pouvoir se passer de livres dans le monde d'aujourd'hui, pour le convaincre du contraire. Vous pourrez appuyer votre réponse sur l'argumentation développée par Hugo dans son poème, mais aussi sur vos connaissances et votre réflexion personnelle

■ **OBJETS D'ÉTUDE :**

La poésie *chapitre 18 p. 226*

L'argumentation : convaincre, persuader et délibérer *chapitre 20 p. 254*

La bibliothèque du Louvre est incendiée par les insurgés de la Commune, le 24 mai 1871. Cent vingt mille volumes sont alors détruits par le feu. Dans L'Année terrible, *Victor Hugo revient sur cet événement.*

Tu viens d'incendier la Bibliothèque ?

               – Oui.

J'ai mis le feu là.

          – Mais c'est un crime inouï,

5 Crime commis par toi contre toi-même infâme ?

Mais tu viens de tuer le rayon de ton âme ! [...]

As-tu donc oublié que ton libérateur,

C'est le livre ? Le livre est là sur la hauteur ;

Il luit ; parce qu'il brille et qu'il illumine,

10 Il détruit l'échafaud, la guerre, la famine ;

Il parle ; plus d'esclave et plus de paria.

Ouvre un livre. Platon, Milton, Beccaria.

Lis ces prophètes, Dante, ou Shakespeare, ou

             [Corneille ;

L'âme immense qu'ils ont en eux, en toi s'éveille ;

15 Ébloui, tu te sens le même homme qu'eux tous ;

Tu deviens en lisant grave, pensif et doux ;

Tu sens dans ton esprit tous ces grands hommes

             [croître ;

Ils t'enseignent ainsi que l'aube éclaire un cloître ;

À mesure qu'il plonge en ton cœur plus avant,

20 Leur chaud rayon t'apaise et te fait plus vivant ;

Ton âme interrogée est prête à leur répondre ;

Tu te reconnais bon, puis meilleur ; tu sens fondre

Comme la neige au feu, ton orgueil, tes fureurs,

Le mal, les préjugés, les rois, les empereurs !

25 Car la science en l'homme arrive la première.

Puis vient la liberté. Toute cette lumière,

C'est à toi, comprends donc, et c'est toi qui l'éteins !

Les buts rêvés par toi sont par le livre atteints.

Le livre en ta pensée entre, il défait en elle

30 Les liens que l'erreur à la vérité mêle,

Car toute conscience est un nœud gordien[1].

Il est ton médecin, ton guide, ton gardien.

Ta haine, il la guérit ; ta démence, il te l'ôte.

Voilà ce que tu perds, hélas, et par ta faute !

35 Le livre est ta richesse à toi ! c'est le savoir,

Le droit, la vérité, la vertu, le devoir,

Le progrès, la raison dissipant tout délire.

Et tu détruis cela, toi !

          – Je ne sais pas lire.

VICTOR HUGO, *L'Année terrible*, 1872.

1. **Nœud gordien** : *situation inextricable, tragique.*

SÉRIES GÉNÉRALES

TEXTES DU CORPUS
Texte A : Honoré de Balzac, *Eugénie Grandet*, 1833.
Texte B : Michel Butor, *L'Emploi du temps*, 1956.
Annexe : Nathalie Sarraute, *L'Ère du soupçon*, 1956.

 **OBJET D'ÉTUDE**

✸ **Le roman et ses personnages : visions de l'homme et du monde**
Chapitre 17 p.208

Texte A

Monsieur Grandet jouissait à Saumur d'une réputation dont les causes et les effets ne seront pas entièrement compris par les personnes qui n'ont point, peu ou prou, vécu en province. Monsieur Grandet, encore nommé par certaines gens le père Grandet, mais le nombre de ces vieillards diminuait sensible-
5 ment, était en 1789 un maître-tonnelier fort à son aise, sachant lire, écrire et compter. Dès que la République française mit en vente, dans l'arrondissement de Saumur, les biens du clergé, le tonnelier, alors âgé de quarante ans, venait d'épouser la fille d'un riche marchand de planches. Grandet alla, muni de sa fortune liquide et de la dot, muni de deux mille louis d'or, au district, où,
10 moyennant deux cents doubles louis offerts par son beau-père au farouche républicain qui surveillait la vente des domaines nationaux, il eut pour un morceau de pain, légalement, sinon légitimement, les plus beaux vignobles de l'arrondissement, une vieille abbaye et quelques métairies[1]. Les habitants de Saumur étant peu révolutionnaires, le père Grandet passa pour un homme
15 hardi, un républicain, un patriote, pour un esprit qui donnait dans les nouvel-les idées, tandis que le tonnelier donnait tout bonnement dans les vignes. Il fut nommé membre de l'administration du district de Saumur, et son influence pacifique s'y fit sentir politiquement et commercialement. Politiquement, il protégea les ci-devant[2] et empêcha de tout son pouvoir la vente des biens des
20 émigrés ; commercialement, il fournit aux armées républicaines un ou deux milliers de pièces de vin blanc, et se fit payer en superbes prairies dépendant d'une communauté de femmes que l'on avait réservée pour un dernier lot. Sous le Consulat, le bonhomme Grandet devint maire, administra sagement, vendangea mieux encore ; sous l'Empire, il fut monsieur Grandet. Napoléon
25 n'aimait pas les républicains : il remplaça monsieur Grandet, qui passait pour avoir porté le bonnet rouge, par un grand propriétaire, un homme à particule, un futur baron de l'Empire. Monsieur Grandet quitta les honneurs munici-paux sans aucun regret. Il avait fait faire dans l'intérêt de la ville d'excellents chemins qui menaient à ses propriétés. Sa maison et ses biens, très avanta-

30 geusement cadastrés, payaient des impôts modérés. Depuis le classement de
ses différents clos, ses vignes, grâce à des soins constants, étaient devenues la
tête du pays, mot technique en usage pour indiquer les vignobles qui produisent la première qualité de vin. Il aurait pu demander la croix de la Légion
d'Honneur. Cet événement eut lieu en 1806. Monsieur Grandet avait alors
35 cinquante-sept ans, et sa femme environ trente-six.

HONORÉ DE BALZAC, Eugénie Grandet, 1833.

1. Métairies : *fermes* – 2. Les ci-devant : *les aristocrates*.

Texte B

Quand je suis entré, j'ai dû me rendre à l'évidence : déjà ce court périple
m'avait égaré ; j'étais arrivé dans une autre gare, Bleston New Station, tout
aussi vite que la première.

Mes pieds me faisaient mal, j'étais trempé, j'avais des ampoules aux
5 mains ; mieux valait en rester là.

Je lisais au-dessus des portes : « Renseignements », « Billets », « Bar »,
« Chef de gare », « Sous-chef de gare », « Consigne », « Salle d'attente de
première classe » (j'ai tourné la poignée, j'ai tenté d'ouvrir), « Salle d'attente
de deuxième classe » (même insuccès), « salle d'attente de troisième classe »
10 (c'était allumé à l'intérieur).

M'introduisant, j'ai vu deux hommes qui dormaient sur des bancs de
bois, deux hommes très sales, l'un allongé sur le côté, le visage caché sous un
chapeau, l'autre couché sur le dos, les genoux en l'air, la tête renversée, la bouche ouverte, presque sans dents, avec une barbe de quinze jours et une croûte
15 sur la pommette droite, laissant traîner par terre sa main droite à laquelle il
manquait deux doigts.

Un troisième, assis près de la cheminée froide, plus âgé, le dos courbé, les
bras croisés sur son ventre, m'a examiné de la tête aux pieds, m'a montré des
yeux ses deux compagnons comme pour me mettre en garde, puis m'a désigné
20 d'un mouvement de menton un emplacement que j'ai nettoyé sommairement
avant d'y poser ma valise et de m'asseoir à côté d'elle, en appuyant mon coude
sur son couvercle.

MICHEL BUTOR, L'Emploi du temps, Éd. de Minuit, 1956.

Annexe

Selon toute apparence, non seulement le romancier ne croit plus guère
à ses personnages, mais le lecteur, de son côté, n'arrive plus à y croire. Aussi
voit-on le personnage de roman privé de ce double soutien, la foi en lui du
romancier et du lecteur, qui le faisait tenir debout, solidement d'aplomb, por-
5 tant sur ses larges épaules tout le poids de l'histoire, vaciller et se défaire.

Depuis les temps heureux d'*Eugénie Grandet* où, parvenu au faîte de sa
puissance, il trônait entre le lecteur et le romancier, objet de leur ferveur commune, tels les Saints des tableaux primitifs entre les donateurs, il n'a cessé de
perdre successivement tous ses attributs et prérogatives.

10 Il était très richement pourvu, comblé de biens de toute sorte, entouré de soins minutieux ; rien ne lui manquait, depuis les boucles d'argent de sa culotte jusqu'à la loupe veinée au bout de son nez. Il a, peu à peu, tout perdu : ses ancêtres, sa maison soigneusement bâtie, bourrée de la cave au grenier d'objets de toute espèce, jusqu'au plus menu colifichet, ses propriétés et ses
15 titres de rente, ses vêtements, son corps, son visage, et, surtout, ce bien précieux entre tous, son caractère qui n'appartenait qu'à lui, et souvent jusqu'à son nom.

Aujourd'hui, un flot toujours grossissant nous inonde, d'œuvres littéraires qui prétendent encore être des romans et où un être sans contours, indé-
20 finissable, insaisissable et invisible, un « je » anonyme qui est tout et qui n'est rien et qui n'est le plus souvent qu'un reflet de l'auteur lui-même, a usurpé le rôle du héros principal et occupe la place d'honneur.

NATHALIE SARRAUTE, *L'Ère du soupçon*, Éd. Gallimard, 1956.

ÉCRITURE

 I. Après avoir pris connaissance des textes, répondez à cette question :

Quelles sont les caractéristiques du texte romanesque dans les textes A et B ?

14 points **II. Vous traiterez ensuite un de ces trois sujets.**

1. Commentaire
Vous commenterez le texte de Balzac. Vous montrerez quels traits du caractère du personnage souligne le portrait. Vous indiquerez comment le romancier inscrit son récit dans un cadre réaliste.

2. Dissertation
« Selon toute apparence, non seulement le romancier ne croit plus guère à ses personnages, mais le lecteur, de son côté, n'arrive plus à y croire. » Vous discuterez cette opinion de l'écrivain Nathalie Sarraute sur l'évolution du roman en vous appuyant sur des exemples tirés des textes du corpus, sur les œuvres étudiées en classe, ainsi que sur vos attentes de lecteur.

3. Invention
Vous écrivez à un de vos amis, admirateur du Nouveau Roman, pour prendre la défense de la vision du monde développée par Balzac dans *La Comédie humaine*. Vous appuyez votre lettre sur des exemples précis.

LES ÉPREUVES DU BAC
L'épreuve orale

Dans la première partie de l'épreuve orale, le candidat dispose de trente minutes pour préparer la réponse à une question initiale, que l'examinateur formule par écrit. Cette question porte sur l'un des textes étudiés pendant l'année, et qui figure dans le descriptif de lectures et d'activités. Il s'agit d'une interprétation du texte, guidée par la question initiale qui est posée.

La seconde partie de l'épreuve prend la forme d'un entretien ouvert aux lectures et activités personnelles du candidat.

Méthodes du bac

Fiche 1 • Préparer l'épreuve orale

Fiche 2 • Mettre au point le plan de l'exposé

Fiche 3 • Réussir l'exposé oral

Fiche 4 • Réussir l'entretien oral

Descriptif d'activités

SÉQUENCE N° 2

Intitulé
L'expression du bonheur et le lyrisme poétique

Objet d'étude
La poésie

Problématique choisie
En quoi la poésie est-elle un moyen privilégié pour traduire et communiquer l'intensité de moments de bonheur ?

LECTURES ANALYTIQUES

Groupement de textes :
– Charles d'Orléans, « Le temps a laissé son manteau... », *Rondeaux*, 1462, p. 172.
– Ronsard, « Marie, qui voudrait votre beau nom tourner... », *Continuation des Amours*, 1555, p. 226.
– Saint-Amant, « Le paresseux », *La Suite des œuvres du sieur de Saint-Amant* (1631), p. 344.
– Arthur Rimbaud, « Au Cabaret-Vert », *Poésies*, 1870, p. 390.
– Verlaine, « *Initium* », *Poèmes saturniens*, 1866, p. 162.

LECTURES COMPLÉMENTAIRES ET DOCUMENTS
– Blaise Cendrars, « Académie Médrano », *Du monde entier*, 1947, p. 163.
– Guillaume Apollinaire, « Zone », *Alcools*, 1913, p. 160.
– Jacques Prévert, « Souvenir de Paris » (collage), *Fatras*, 1966, p. 29.

Lectures cursives
Au choix :
– Arthur Rimbaud, *Poésies*, 1870.
– Raymond Queneau, *Le Chien à la mandoline*, 1965.
– Yves Bonnefoy, *Les Planches courbes*, 2001.

AUTRES ACTIVITÉS PROPOSÉES À LA CLASSE
– Visite de l'exposition « Peintres et poètes en liberté » à la bibliothèque municipale.
– Présentation de son œuvre poétique à la classe par Gérard Farasse.

ACTIVITÉS PERSONNELLES DE L'ÉLÈVE
– Exposé oral sur trois poèmes de Victor Hugo, représentant trois moments de bonheur dans *Les Contemplations* (1855).

Texte choisi par l'examinateur

✦ **La question initiale :**

Comment s'explique le titre donné par Rimbaud à son poème ?

AU CABARET-VERT
cinq heures du soir

Depuis huit jours, j'avais déchiré mes bottines
Aux cailloux des chemins. J'entrais à Charleroi.
— *Au Cabaret-Vert* : je demandai des tartines
De beurre et du jambon qui fût à moitié froid.

5 Bienheureux, j'allongeai les jambes sous la table
Verte : je contemplai les sujets très naïfs
De la tapisserie. — Et ce fut adorable,
Quand la fille aux tétons énormes, aux yeux vifs,

– Celle-là, ce n'est pas un baiser qui l'épeure[1] ! –
10   Rieuse, m'apporta des tartines de beurre,
Du jambon tiède, dans un plat colorié,

Du jambon rose et blanc, parfumé d'une gousse
D'ail, – et m'emplit la chope immense, avec sa mousse
Que dorait un rayon de soleil arriéré.

Octobre 70.
ARTHUR RIMBAUD, *Poésies*, 1891.

1. Qui l'épeure : *qui l'effarouche.*

Plan de l'exposé oral du candidat

I. PRÉSENTATION DU TEXTE
– Rimbaud participe à la modernité poétique...
– <u>Poésies</u> = poèmes de jeunesse écrits à dix-sept ans, rassemblés et publiés en 1891.
→ lecture <u>expressive du poème</u>.

II. INTRODUCTION DE L'EXPOSÉ
– Titre familier qui surprend le lecteur et demande une explication…
– Est-ce que Rimbaud ne cherche pas à donner un ton nouveau et libérer la poésie à travers ce titre ? En quoi ce poème exprime-t-il un instant de bonheur ?
– Démarche choisie : une analyse thématique du poème, à travers trois points essentiels : a) un moment vécu avec intensité ; b) une expression simple et familière ; c) un poème coloré comme un tableau.

III. DÉVELOPPEMENT DE L'ANALYSE
a) <u>Un moment vécu avec intensité</u>
– Les indicateurs spatio-temporels créent le sentiment d'un événement : « cinq heures du soir », « depuis huit jours », « à Charleroi », etc.
– « Cabaret » = lieu de liberté, satisfaction des sens : la nourriture (vers 3-4, 5-6) la boisson (vers 13-14), l'ouïe (« rieuse », vers 10), l'odorat (« parfumé », vers 12).

– « Cabaret » = présence sensuelle de la servante (vers 8-10).
→ moment de repos du vagabond, moment de bonheur intense.
b) <u>Une expression simple et familière</u>
– Omniprésence du « je » du poète : expression lyrique.
– Un langage libéré, simple, voire trivial : la rime « bottines » / « tartines » ; les « tétons énormes », la « chope », le mot « cabaret » lui-même.
– Une écriture narrative : tirets, rejets et enjambements (vers 3-4, 5-6, 6-7, 12-13, etc.).
→ un poème qui s'oppose à la tradition éloquente du lyrisme.
c) <u>Un poème coloré comme un tableau</u>
– Le réseau lexical des couleurs : « Cabaret-Vert », « table verte », « plat colorié », « jambon rose et blanc ».
– Le rôle de la tapisserie : avec ses « sujets très naïfs » (vers 6-7).
– Présence de la lumière : cf. les deux derniers vers (chute du poème).
→ Le titre pourrait être celui d'un tableau coloré et naïf.

IV. CONCLUSION DE L'EXPOSÉ
Le titre résume les effets recherchés par le poète : une poésie simple, riche en saveurs et en émotions, sensuelle et lyrique.

Préparer l'épreuve orale

L'épreuve orale repose sur le descriptif des lectures et des activités effectuées durant l'année. Ce descriptif permet à l'examinateur de choisir un texte sur lequel il pose une question écrite. Vous devez donc vous présenter à l'épreuve muni de l'ensemble des textes figurant dans votre descriptif d'activités.

1 Pendant l'année : maîtrisez votre descriptif d'activités

Le descriptif d'activités précise l'objet d'étude, le titre et la problématique de chaque séquence. Il indique le groupement de textes ou l'œuvre intégrale étudiés à l'intérieur de la séquence. Il mentionne les lectures cursives ou complémentaires, et les travaux personnels de l'élève.

● **À la fin de chaque séquence.** Votre professeur élabore progressivement le descriptif au cours de l'année. À la fin de chaque séquence, vous devez vérifier que vous avez bien lu, compris et étudié les textes qui y sont indiqués.

● **Au moment des révisions.** Le professeur établit et signe le descriptif définitif. Vous devez vous appuyer sur ce descriptif pour réviser l'ensemble des textes. Il faut vous demander comment chaque texte illustre un aspect de l'objet d'étude auquel il se rattache, et revoir vos connaissances sur l'auteur, l'œuvre ou le mouvement concernés.

2 Au début de l'épreuve orale : prenez connaissance du sujet

● **Étudiez la question posée.** Après avoir choisi un texte que vous avez déjà étudié en classe, l'examinateur vous communique une question écrite qui porte sur un aspect essentiel de ce texte. Cette question ne demande en aucun cas de faire l'analyse exhaustive du texte. Elle invite à proposer une interprétation personnelle, liée à l'objet d'étude et à la problématique du texte :

– Les questions sur le sens : elles vérifient si vous avez compris le sens littéral du texte, si vous savez en dégager les thèmes ou sa portée symbolique.

Exemple : En quoi le titre du poème éclaire-t-il son sens ?

– Les questions sur le genre et la composition : elles vérifient si vous êtes capable de retrouver les caractéristiques d'un genre littéraire, le développement d'une argumentation, ou l'importance d'un passage.

Exemple : Montrez que la première scène de *Dom Juan* est conforme aux exigences d'une scène d'exposition.

– Les questions sur le registre et les intentions : elles vérifient si vous êtes capable d'analyser les moyens mis en œuvre pour transmettre une émotion ou un message.

Exemple : Montrez comment ce poème s'inscrit dans le registre lyrique.

● **Examinez le texte.** Celui-ci, déjà vu pendant l'année, peut être :

– un texte ou un extrait figurant dans un des groupements de textes,

– un extrait d'une œuvre intégrale ayant fait l'objet d'une lecture analytique,

– un extrait d'une œuvre intégrale mais n'ayant pas fait l'objet d'une explication en classe.

Mettre au point le plan de l'exposé (30 minutes)

Vous devez analyser le texte à partir de la question initiale. Il ne s'agit ni d'une lecture exhaustive ni d'une récitation d'un travail mené en classe : la question guide l'interprétation du texte et la construction du plan de l'exposé.

1 Lisez attentivement le texte

Le texte a déjà été étudié en classe. Sa relecture est orientée par la question posée. Votre réponse sera la plus complète et la plus précise possible.

● **Ses références.** Retenez dans le paratexte (le nom de l'auteur, le titre et la date de la parution de l'œuvre) ce qui éclaire la question.

● **Son contexte.** Rassemblez vos connaissances qui peuvent éclairer la question : période historique, histoire littéraire, biographie de l'auteur.

● **Sa construction.** Retrouvez le mouvement général du texte, le système énonciatif mis en place, les thèmes développés, les péripéties, les actions ou les opinions présentées.

2 Analysez le texte en fonction de la question initiale

● **Repérez les mots clés de la question.** Soulignez dans la question les mots clés qui mettent en évidence l'un des aspects de la problématique étudiée en classe.

Exemple : *Quelles difficultés de l'autobiographie Stendhal souligne-t-il dans cet extrait de la* Vie de Henry Brulard *?*

● **Dégagez les éléments de réponse.** Recherchez dans le texte les éléments de réponse. Éliminez tout ce qui ne concerne pas la question initiale. Mettez en évidence ce qui fait l'originalité des idées et du style de l'auteur.

Exemple : Pour la question posée dans l'exemple ci-dessus, vous devez souligner dans le texte les termes qui expriment la position de Stendhal face au genre autobiographique.

3 Élaborez le plan de votre exposé

Le plan de l'exposé oral n'est pas rédigé mais se présente sous la forme de notes, que vous pourrez consulter pendant l'interrogation.

● **L'introduction.** Elle présente le texte (œuvre, auteur, date), l'objet d'étude et la problématique de la séquence. Elle explique la question et annonce clairement le plan de l'exposé.

● **Le développement.** Il prend constamment appui sur le texte étudié, sans en faire une présentation exhaustive :

– L'analyse progressive. Elle suit la progression du texte, dans son déroulement linéaire, en sélectionnant les éléments qui répondent à la question posée.

– L'analyse thématique. Elle propose deux ou trois pistes de lecture, en renvoyant à chaque fois au texte au moyen de courtes citations.

Remarque : Dans tous les cas, vous devez veiller à intégrer des remarques d'ordre stylistique qui montrent à l'examinateur que vous avez pris en compte la dimension littéraire du texte.

● **La conclusion.** Elle fait le bilan de l'exposé, en récapitulant les réponses apportées à la question et en proposant une interprétation personnelle.

FICHE 3

Réussir l'exposé oral (10 minutes)

La première partie de l'épreuve consiste en un exposé oral qui répond à la question initiale sur le texte. Elle dure dix minutes et commence par la lecture du texte à voix haute par le candidat.

1 Suivez les différentes étapes de l'exposé oral

● **Présentez le texte**. Commencez votre exposé en indiquant le nom de l'auteur, le titre de l'œuvre et sa date de publication. Situez le texte dans l'œuvre dont il est extrait et dans l'histoire littéraire.

● **Lisez le texte.** Lisez le texte de manière expressive, afin de montrer que vous en avez compris le sens. Respectez le rythme, les pauses fixées par la ponctuation et utilisez le ton approprié.

● **Introduisez votre analyse.** Après une remarque initiale introduisant le problème abordé, expliquez la question initiale et annoncez la démarche adoptée pour organiser votre réponse. Il est souhaitable de donner un titre à chaque partie de l'exposé.

● **Développez votre analyse.** Soulignez les différentes étapes de l'analyse ; renvoyez régulièrement au texte, au moyen de brèves citations.

● **Concluez votre exposé.** Résumez votre analyse, puis proposez une interprétation personnelle qui répond définitivement à la question initiale.

2 Utilisez vos notes

● **L'utilisation de votre plan.** Vous devez utiliser votre plan, sans donner l'impression de lire vos notes. Il faut donc maîtriser le contenu de l'exposé et présenter à l'examinateur une réponse organisée.

● **Le recours aux citations.** Vous devez rythmer votre exposé au moyen de citations du texte. Ce peut être une phrase ou un fragment de phrase, mais aussi un relevé lexical ou une figure de style, qui seront commentés.

3 Maîtrisez votre expression orale

● **L'attitude générale.** Manifestez une attitude d'ouverture en maîtrisant votre corps, votre regard et votre voix. Il faut éviter d'apparaître trop décontracté ou, au contraire, paralysé par l'anxiété. Le visage est tourné vers l'examinateur. La voix est ferme, portée par le désir de convaincre.

● **La qualité de l'expression.** Montrez votre maîtrise de la langue en inscrivant votre discours dans un niveau courant, voire soutenu. Il faut éviter les constructions et les termes familiers ; efforcez-vous de recourir au vocabulaire technique de l'analyse littéraire.

Critères de réussite

■ **L'expression.** La lecture est-elle expressive ? Des qualités de communication apparaissent-elles ?

■ **Le vocabulaire.** Le discours s'inscrit-il dans un niveau de langue adapté ? Utilise-t-il le vocabulaire de l'analyse littéraire ?

■ **L'exposé.** L'exposé répond-il à la question posée ? La réponse suit-elle un plan ordonné ?

■ **L'analyse du texte.** Le texte étudié est-il cité avec précision ? L'analyse stylistique appuie-t-elle l'interprétation du texte ?

FICHE **4**

Réussir l'entretien oral (10 minutes)

L'entretien permet à l'examinateur d'évaluer vos connaissances, à partir de l'exposé mais aussi en liaison avec l'ensemble de la séquence. Il peut aussi porter sur vos lectures effectuées pendant l'année et vos travaux personnels.

1 Maîtrisez les objectifs de l'entretien

L'entretien prend la forme d'un dialogue entre vous et l'examinateur. Celui-ci cherche à élargir la réflexion en l'ouvrant sur le programme de Première.

● **L'ouverture sur la séquence.** L'examinateur peut vous interroger sur d'autres aspects de la séquence étudiée. Si le texte est extrait d'une œuvre intégrale, vous devez montrer que vous l'avez lue et comprise. Si le texte est extrait d'un groupement de textes, vous devez mettre ceux-ci en relation.

● **L'ouverture sur l'objet d'étude.** L'examinateur peut vous interroger sur les différents aspects de l'objet d'étude auquel le texte se rattache. Si l'objet d'étude concerne un mouvement littéraire étudié en classe, vous devez en connaître les caractéristiques, les œuvres ou les auteurs représentatifs.

● **L'ouverture sur les lectures personnelles.** L'entretien peut porter sur les lectures cursives faites durant l'année, qui sont inscrites sur le descriptif d'activité, ou sur les travaux personnels que vous avez pu effectuer.

2 Développez vos réponses

L'examinateur s'appuie sur vos propos pour mener un dialogue ouvert. Il évite les questions trop techniques pour permettre un véritable échange.

● **L'écoute des questions.** Vous devez être attentif aux questions posées. Celles-ci constituent une aide destinée à vous guider. Elles peuvent appeler des connaissances précises ou un jugement personnel.

● **La formulation des réponses.** Vous devez utiliser un langage adapté à la communication orale, en évitant les familiarités. N'hésitez pas à demander de répéter une question mal comprise. Prenez en compte les réactions de l'examinateur ; variez les tons et votre débit afin de conserver son attention.

Le candidat doit toujours s'efforcer de développer sa réponse. Il ne doit pas se contenter de répondre par oui ou par non ni se limiter à quelques mots.

Critères de réussite

■ **L'expression et la communication.** L'entretien témoigne-t-il d'une aptitude au dialogue, à travers la qualité de l'expression et du niveau de langue ?

■ **L'écoute.** L'écoute et l'attention apportées aux questions qui sont posées sont-elles perceptibles dans les réponses apportées ?

■ **L'analyse.** La cohérence de la réflexion apparaît-elle, à travers des réponses structurées et ponctuées par des termes d'articulation ?

■ **Les connaissances personnelles.** Les réponses s'appuient-elles sur la connaissance des objets d'étude, des textes ou des œuvres étudiés ?

SE FAMILIARISER AVEC LES OBJECTIFS DE L'ÉPREUVE ORALE

1 Après avoir choisi l'une des séquences que vous
* avez étudiées au cours de l'année, complétez
chacune des rubriques contenues dans le descriptif suivant après l'avoir reproduit.

SÉQUENCE N°	Lectures complémentai-res et documents :
Intitulé :	
	Lectures cursives :
Objet(s) d'étude :	
Problématique choisie :	Autres activités proposées à la classe :
Lectures analytiques Groupement de textes :	Activités personnelles de l'élève :

2 Voici le texte qui définit la première partie de
* l'épreuve orale en classe de Première. Lisez-le
puis répondez aux questions posées sous le texte.

Instructions officielles (extraits)
(BO du 16 janvier 2003)

Le choix de l'extrait

Trois possibilités sont offertes à l'examinateur :
– interroger sur un texte ou un extrait de texte
figurant dans un des groupements de textes ;
– interroger sur un extrait – ayant fait l'objet
d'une explication en classe – tiré d'une des œuvres intégrales étudiées en lecture analytique ;
– interroger sur un extrait – n'ayant pas fait
l'objet d'une explication en classe – tiré d'une
des œuvres intégrales étudiées en lecture analytique.

La question

Une question écrite amène le candidat à étudier,
en lien avec l'objet d'étude ou les objets d'étude
retenu(s), un aspect essentiel du texte. Elle est
formulée avec clarté et évite toute utilisation
abusive de termes techniques susceptibles de
mettre le candidat en difficulté. Elle appelle une
interprétation, fondée sur l'observation précise
du texte.

L'exposé du candidat

Le candidat fait une lecture à haute voix de la
totalité ou d'une partie du texte à étudier, avant

son exposé ou au cours de son exposé au choix
de l'examinateur.

L'exposé est ordonné. Il prend constamment appui sur le texte proposé mais ne peut consister
en un simple relevé. Il présente, de façon libre
mais adaptée, les éléments d'une réponse organisée à la question posée.

Questions

1. Le texte étudié a-t-il obligatoirement fait l'objet d'une explication en classe ?
2. Illustrez chacun des choix possibles par un
exemple.
3. Pourquoi peut-on dire que l'étude du texte est
« orientée » ?
4. Pourquoi la connaissance des objets d'étude
est-elle nécessaire pour réussir l'oral ?
5. À quel moment le candidat doit-il lire le texte
à haute voix ?
6. Quel est le « fil conducteur » de l'exposé
oral ?

COMPRENDRE LA QUESTION INITIALE

3 Classez les questions suivantes, en indiquant si
* elles portent : a) sur le sens du texte ; b) sur le
genre ou la composition ; c) sur le registre ou les
intentions de l'auteur.

A. Quelle vision de la société offre le discours de
Vautrin dans *Le Père Goriot* ?
B. Quelles sont, dans la Préface du *Dernier Jour
d'un condamné*, les formules les plus révélatrices
des idées défendues par Victor Hugo ?
C. Par quels procédés Pascal dénonce-t-il la
puissance de l'imagination ?
D. Montrez la double dimension, dramatique et
comique, de cette scène de *Dom Juan*.
E. Quels aspects de l'écriture autobiographique
ce texte met-il en évidence ?
F. Quels sont les principaux thèmes de ce poème
des *Fleurs du mal* ?
G. Ce dénouement offre-t-il une réponse aux
questions posées par la pièce ?
H. Dans quelle mesure le registre lyrique permet-il l'expression du souvenir dans cet extrait ?
I. Dans sa fable, La Fontaine cherche-t-il à persuader ou à convaincre le lecteur ? Comment ?
J. En quoi le titre « Des cannibales » éclaire-t-il
le texte de Montaigne ?

4 Proposez, pour le texte suivant, une question sur
** le sens, une autre sur le genre ou la composition,
et une troisième sur le registre ou les intentions
de l'auteur.

■ **Objet d'étude La poésie**

Dans Prose du Transsibérien *(1913), Blaise
Cendrars rapporte le souvenir d'un voyage en
Russie. Il imagine la présence auprès de lui d'une
compagne française, Jeanne, mêlant ainsi la réalité et l'imagination.*

Je suis en route avec la petite Jehanne de France
Le train fait un saut périlleux et retombe sur
           [toutes ses roues
Le train retombe sur ses roues
Le train retombe toujours sur toutes ses roues
5 « Blaise, dis, sommes-nous bien loin de
           [Montmartre ? »
Nous sommes loin, Jeanne, tu roules depuis sept
           [jours
Tu es loin de Montmartre, de la butte qui t'a
           [nourrie
du Sacré-Cœur contre lequel tu t'es blottie
Paris a disparu et son énorme flambée
10 Il n'y a plus que les cendres continues
La pluie qui tombe
La tourbe qui se gonfle
La Sibérie qui tourne
Les lourdes nappes de neige qui remontent
15 Et le grelot de la folie qui grelotte comme un
           [dernier désir dans l'air bleu
Le train palpite au cœur des horizons plombés
Et ton chagrin ricane…
« Blaise, dis, sommes-nous bien loin de
           [Montmartre ? »
Les inquiétudes
20 Oublie tes inquiétudes
Toutes les gares lézardées obliques sur la route
Les fils téléphoniques auxquels elles pendent
Les poteaux grimaçants qui gesticulent et les
           [étranglent
Le monde s'étire s'allonge et se retire comme un
           [accordéon
25 qu'une main sadique tourmente
Dans les déchirures du ciel, les locomotives en
           [furie
S'enfuient
Et dans les trous,
Les roues vertigineuses les bouches les voix
30 Et les chiens du malheur qui aboient à nos
           [trousses
Les démons sont déchaînés
Ferrailles
Tout est faux accord
Le *broun-roun-roun* des roues
35 Chocs

Rebondissements
Nous sommes un orage sous le crâne d'un sourd…

    BLAISE CENDRARS, *Prose du Transsibérien et de la Petite
Jehanne de France*, Éd. Denoël, 1913.

OBSERVER LE TEXTE À ÉTUDIER

5 **1. Retrouvez les références du texte suivant.**
* **2. Quelles informations pouvez-vous apporter
sur le contexte de son écriture ?**

3. Dégagez le sens littéral du poème.

MES DEUX FILLES

Dans le frais clair-obscur du soir charmant qui tombe,
L'une pareille au cygne et l'autre à la colombe,
Belles, et toutes deux joyeuses, ô douceur !
Voyez, la grande sœur et la petite sœur
5 Sont assises au seuil du jardin, et sur elles
Un bouquet d'œillets blancs aux longues tiges frêles,
Dans une urne de marbre agité par le vent,
Se penche, et les regarde, immobile et vivant,
Et frissonne dans l'ombre, et semble, au bord du vase,
10 Un vol de papillons arrêté dans l'extase.

    La Terrasse, près d'Enghien, juin 1842.

    VICTOR HUGO, *Les Contemplations*, première partie
« Autrefois » (1830-1843), 1856.

ANALYSER LE TEXTE EN FONCTION
DE LA QUESTION INITIALE

 6 Indiquez, pour chacune des questions suivantes,
* le ou les mots-clés qui vont guider l'analyse du
texte.

A. En quoi le récit des lignes 6 à 27 sert-il l'argumentation développée par Fontenelle ?
B. Quelles sont les valeurs morales défendues
par chacun des interlocuteurs de cette scène du
Mariage de Figaro ?
C. En quoi cette page remplit-elle les fonctions
d'un roman de formation ?
D. Quelles réactions ce pamphlet de Voltaire
cherche-t-il à susciter chez le lecteur ?
E. En quoi cet extrait de *Phèdre* est-il représentatif des exigences du classicisme ?
F. Quels sont les éléments susceptibles de
susciter le rire dans cet extrait de *L'École des
femmes* ?

7 **1. Comparez les trois questions initiales. Pour chaque question, indiquez quels mots doivent être expliqués dans l'introduction de la réponse.**

2. Quelle caractéristique de l'objet d'étude doit guider l'analyse du texte par le candidat ?

■ **Objet d'étude Le roman et ses personnages : visions de l'homme et du monde**

Exemples de questions initiales :
A. Comment le romancier fait-il comprendre au lecteur ce que découvre son personnage ?
B. Quelle place le romancier accorde-t-il au corps du personnage ?
C. Analysez comment est suggérée l'harmonie qui unit le personnage à l'univers.

> *Le narrateur pilote pour la première fois un navire. Il vient d'éviter une dangereuse rafale.*

Maintenant je suis sur mes gardes. Je surveille le vent et les vagues, et quand les deux semblent appuyer trop fort, je cède en tournant la roue de barre. Je crois que je ne me suis jamais
5 senti aussi fort, aussi libre. Debout sur le pont brûlant, les orteils écartés pour mieux tenir, je sens le puissant mouvement de l'eau sur la coque, sur le gouvernail. Je sens les vibrations des vagues qui frappent la proue, les coups du vent
10 dans les voiles. Je n'ai jamais connu rien de tel. Cela efface tout, efface la terre, le temps, je suis dans le pur avenir qui m'entoure. L'avenir c'est la mer, le vent, le ciel, la lumière.
Longtemps, pendant des heures peut-être, je
15 suis resté debout devant la roue, au centre des tourbillons du vent et de l'eau. Le soleil brûle mon dos, ma nuque, il est descendu le long du côté gauche de mon corps. Déjà il touche presque à l'horizon, il jette sa poussière de feu sur la
20 mer. Je suis tellement accordé au glissement du navire que je devine chaque vide de l'air, chaque creux des vagues.

> J.-M. G. Le Clézio, *Le Chercheur d'or*,
> Éd. Gallimard, 1985.

8 **Comparez les trois questions initiales. Pour chaque question, indiquez quels mots doivent être expliqués dans l'introduction de la réponse.**

■ **Objet d'étude La poésie**

Exemples de questions initiales :
A. Quelle image le poète donne-t-il de lui-même ?
B. En quoi ce poème peut-il sembler moderne ?
C. Étudiez le jeu des images dans le poème.

Ce que j'ai voulu, je l'ignore. Un train
file dans le soir : je ne suis ni dedans
ni dehors. Tout se passe comme si
je logeais dans une ombre

5 que la nuit roule comme un drap
et jette au pied du talus. Au matin,
dégager le corps, un bras puis l'autre
avec le temps au poignet

qui bat. Ce que j'ai voulu, un train
10 l'emporte : chaque fenêtre éclaire
un autre passager en moi
que celui dont j'écarte au réveil

le visage de bois, les traverses, la mort.

> Guy Goffette, *La Vie promise*, Éd. Gallimard, 1991.

9 *Travail en binôme.* **Travaillez d'abord à deux, chacun de votre côté, sur le texte de Marguerite Duras et répondez en quinze minutes, au brouillon, aux questions suivantes.**

1. Recherchez les informations apportées par les références du texte : lesquelles sont à retenir ?

2. Relevez les mots clés de la question initiale.

3. Quels éléments du texte permettent de répondre à la question posée ? En quoi contribuent-ils à son originalité ?

Au bout de quinze minutes confrontez vos recherches : qu'avez-vous oublié ? quels points n'ont pas été vus ?

Question initiale : En quoi cette scène est-elle caractéristique du théâtre moderne ?

> C'est un salon dans une maison inhabitée. Il y a un divan. Des fauteuils. Une fenêtre laisse passer la lumière d'hiver. On entend le bruit de la mer. La lumière d'hiver est brumeuse et sombre.
5 Il n'y aura aucun autre éclairage que celui-là, il n'y aura que cette lumière d'hiver.
Il y a là un homme et une femme. Ils se taisent. On peut supposer qu'ils ont beaucoup parlé avant que nous les voyions. Ils sont très étrangers au fait
10 de notre présence devant eux. Ils sont debout, adossés aux murs, aux meubles, comme épuisés. Ils ne se regardent pas. Dans le salon, il y a deux sacs de voyage et deux manteaux mais à des endroits différents. Ils sont donc venus là séparément. Ils ont
15 trente ans. On dirait qu'ils se ressemblent.
La scène commence par un long silence pendant lequel ils ne bougent pas. Ils se parleront dans une douleur accablée, profonde.
Lui. – Vous aviez toujours parlé de ce voyage.
20 Toujours. Vous avez toujours dit qu'un jour ou l'autre l'un de nous deux devrait partir.
Silence. Elle ne répond rien.
Lui. – Vous disiez : « Un jour ou l'autre, il le faudra. » Rappelez-vous.

ELLE. – Nous avons toujours parlé de partir, tou-
jours il me semble, quand nous étions des en-
fants déjà. Il se trouve que je suis celle qui le fera.
LUI. – Oui. (*Temps.*) Vous en parliez comme
d'une obligation qui aurait dépendu de notre
seule volonté.
Temps.
ELLE. – Je ne sais plus. Je ne me souviens plus bien.
LUI. – Oui…
Silence.

LUI. – Vous disiez je crois que si lointaine qu'elle
soit il nous faudrait provoquer cette obligation
de nous quitter, qu'un jour ou l'autre il nous
faudrait choisir une date, un lieu et s'y arrêter,
et ensuite faire de telle sorte qu'on ne puisse
plus empêcher le voyage, qu'on le mette hors
d'attente de soi.
ELLE. – Oui. Je me rappelle aussi, oui, qu'on
aurait dû, de même, décider d'un nom de quelqu'un qui devrait accompagner le voyage, partir
avec vous.
LUI. – Pour justement qu'il vous empêche de le
remettre à plus tard ? Plus tard encore ?
ELLE. – Peut-être. Oui.
Temps.
ELLE. – C'est un homme très jeune. Il doit avoir
l'âge que vous aviez sur cette plage. (*Temps.*)
Vingt-trois ans, je crois me souvenir.
Pas de réponse. Silence. Elle regarde par la fenêtre.
ELLE. – La mer est comme endormie. Il n'y a aucun
vent. Il n'y a personne. La plage est lisse comme
en hiver. (*Temps.*) Je vous y vois encore. (*Temps.*)
Vous alliez au-devant des vagues et je criais
de peur et vous n'entendiez pas et je pleurais.
Silence. Douleur.
LUI (*lenteur*). – Je croyais tout savoir. Tout.
ELLE. – Oui
LUI. – Tout avoir prévu, de tout, de tout ce qui
pourrait survenir entre vous et moi.
ELLE. – (*bas, comme un écho*). Oui.
LUI. – Je croyais avoir tout envisagé… tout… et
puis, voyez…
Silence. Il ferme les yeux. Elle le regarde.
ELLE. – La douleur, non, ce n'est jamais possible.
LUI. – C'est ça… jamais… on croit la connaître
comme soi-même et puis, non… chaque fois
elle revient, chaque fois miraculeuse.
Silence.
ELLE. – Chaque fois on ne sait plus rien, chaque
fois… devant ce départ par exemple… on ne
sait plus rien.
LUI. – Oui. (*Temps.*) Et tu vas partir.
ELLE. – Oui… Sans doute… Oui.
Silence. Ils se regardent.

MARGUERITE DURAS, *Agatha*,
Éd. de Minuit, 1981.

 10
★★

**1. Recherchez, pour le texte suivant, ses référen-
ces, son contexte et son sens littéral. Aidez-vous
pour cela du paratexte.**

2. Relevez les mots clés de la question initiale.

**3. Relevez dans le texte les éléments qui permet-
tent de répondre à la question posée, de manière
à mettre en évidence ce qui fait son originalité.**

■ **Objet d'étude : L'autobiographie**

Question initiale : Comment s'opère dans ce
texte la mise en forme du souvenir ?

Dans son roman autobiographique, Stupeur
et tremblements, *Amélie Nothomb raconte les
épreuves qu'elles a endurées au cours d'un stage
effectué dans une grande entreprise japonaise, à
Tokyo. Obligée de rattraper son retard, la jeune
stagiaire reste seule la nuit pour travailler après le
départ de son chef de service, Mlle Fubuki.*

Je me retrouvai seule. C'était ma troisième
nuit blanche d'affilée, dans le bureau géant. Je
tapotais sur la calculette et notais des résultats
de plus en plus incongrus.
Il m'arriva alors une chose fabuleuse : mon
esprit passa de l'autre côté.
Soudain, je ne fus plus amarrée. Je me levai.
J'étais libre. Jamais je n'avais été aussi libre. Je
marchai jusqu'à la baie vitrée. La ville illuminée
était très loin au-dessous de moi. Je dominais le
monde. J'étais Dieu. Je défenestrai mon corps
pour en être quitte.
J'éteignis les néons. Les lointaines lumières de
la cité suffisaient à y voir clair. J'allai à la cuisine chercher un Coca que je bus d'un trait. De
retour à la section comptabilité, je délaçai mes
souliers et les envoyai promener. Je sautai sur
un bureau, puis de bureau en bureau, en poussant des cris de joie.
J'étais si légère que les vêtements m'acca-
blaient. Je les enlevai un à un et les dispersai
autour de moi. Quand je fus nue, je fis le poirier
– moi de ma vie qui n'en avais jamais été capable. Sur les mains, je parcourus les bureaux
adjacents. Ensuite, après une culbute parfaite,
je bondis et me retrouvai assise à la place de ma
supérieure.
Fubuki, je suis Dieu. Même si tu ne crois pas
en moi, je suis Dieu. Tu commandes, ce qui
n'est pas grand-chose. Moi, je règne. La puissance ne m'intéresse pas. Régner, c'est tellement
plus beau. Tu n'as pas idée de ma gloire. C'est
bon, la gloire. C'est de la trompette jouée par les
anges en mon honneur. Jamais je n'ai été aussi
glorieuse que cette nuit. C'est grâce à toi. Si tu
savais que tu travailles à ma gloire !

AMÉLIE NOTHOMB, *Stupeur et tremblements*,
Éd. Albin Michel, 1999.

11 **1. Recherchez les références, le contexte et le
** ** sens littéral de cette scène d'exposition.

2. Faites l'analyse du texte de manière à trouver des éléments de réponse à la question initiale.

■ **Objet d'étude** Le théâtre : texte et représentation

Question initiale : De quelle façon cette scène remplit-elle les fonctions de l'exposition : préciser une situation, présenter des personnages, s'inscrire dans un genre ou un registre ?

Scène 1

(Un matin très tôt de l'année 1945. Simone assise en bout de table, dos au public, travaille. Debout près d'une autre table, Hélène, la patronne, travaille également. De temps en temps, elle jette un œil sur Simone.)

HÉLÈNE. – Ma sœur aussi ils l'ont prise en 43...
SIMONE. – Elle est revenue ?
HÉLÈNE. – Non... elle avait vingt-deux ans. *(Silence.)* Vous étiez à votre compte ?

5 SIMONE. – Oui, juste mon mari et moi, en saison on prenait une ouvrière... J'ai dû vendre la machine le mois dernier, il pourra même pas se remettre à travailler... J'aurais pas dû la vendre mais...
HÉLÈNE. – Une machine ça se trouve...

10 SIMONE *(approuve de la tête)*. – J'aurais pas dû la vendre... On m'a proposé du charbon et...
Silence.
HÉLÈNE. – Vous avez des enfants ?
SIMONE. – Oui, deux garçons...

15 HÉLÈNE. – Quel âge ?
SIMONE. – Dix et six.
HÉLÈNE. – C'est bien comme écart... Enfin, c'est ce qu'on dit... J'ai pas d'enfants...
SIMONE. – Ils se débrouillent bien, l'aîné s'occupe

20 du petit. Ils étaient à la campagne en zone libre, quand ils sont revenus le grand a dû expliquer au petit qui j'étais, le petit se cachait derrière le grand, il voulait pas me voir, il m'appelait Madame...

Elle rit. Gisèle vient d'entrer. Elle s'arrête un ins-
25 *tant près du portant qui sert à la fois au presseur pour accrocher les pièces qu'il vient de finir de repasser et de vestiaire pour les ouvrières. Elle ôte sa jaquette, l'accroche, enfile sa blouse et gagne sa place. D'un signe de tête elle salue Simone et Mme*
30 *Hélène. Cette dernière fait les présentations.*
HÉLÈNE. – Madame Gisèle... Madame Simone, c'est pour les finitions.

JEAN-CLAUDE GRUMBERG, *L'Atelier*,
Éd. Actes Sud-Papiers, 1985.

ÉLABORER LE PLAN DE L'EXPOSÉ

12 **1. *Travail en binôme*. En vous aidant des répon-
** ** ses apportées dans l'exercice précédent, faites en trente minutes le plan de l'exposé oral du texte de Jean-Claude Grumberg :

– votre introduction présentera le texte avant d'expliciter la question initiale ;

– votre développement mènera une analyse thématique du texte ;

– votre conclusion fera le bilan de l'analyse et proposera une interprétation personnelle du passage étudié.

2. Confrontez votre plan avec celui d'un autre élève. Quelles critiques réciproques pouvez-vous vous faire ?

13 **1. Analysez les questions initiales : quels mots
** ** appellent une explication ?

2. Quel plan permettrait de répondre à la question A ?

3. Quel plan permettrait de répondre à la question B ?

■ **Objet d'étude** Le roman et ses personnages : visions de l'homme et du monde

Exemples de questions initiales :
A. Quelles valeurs le romancier célèbre-t-il en montrant le bonheur de ses deux personnages ?
B. Quelles visions du monde s'opposent dans ce passage ?

Grâce à Mme de Rênal, le jeune Julien Sorel, habituellement vêtu d'un triste habit noir, peut cavalcader dans un bel uniforme pour accueillir le roi en visite à Verrières.

Pendant qu'il était l'occasion de tant de propos, Julien était le plus heureux des hommes. Naturellement hardi, il se sentait mieux à cheval que la plupart des jeunes gens de cette ville de
5 montagnes. Il voyait dans les yeux des femmes qu'il était question de lui.

Ses épaulettes étaient plus brillantes, parce qu'elles étaient neuves. Son cheval se cabrait à chaque instant, il était au comble de la joie.

10 Son bonheur ne connut plus de bornes, lorsque, passant près du vieux rempart, le bruit de la petite pièce de canon fit sauter son cheval hors du rang. Par un grand hasard, il ne tomba pas, de ce moment, il se sentit un héros. Il était

officier d'ordonnance de Napoléon et chargeait une batterie.

15

Une personne[1] était plus heureuse que lui. D'abord elle l'avait vu passer d'une des croisées de l'hôtel de ville ; montant ensuite en calèche, 20 et faisant rapidement un grand détour, elle arriva à temps pour frémir quand son cheval l'emporta hors du rang. Enfin sa calèche sortant au grand galop, par une autre porte de la ville, elle parvint à rejoindre la route par où le roi devait 25 passer, et put suivre la garde d'honneur à vingt pas de distance, au milieu d'une noble poussière.

STENDHAL, Le Rouge et le Noir,
Livre premier, chapitre 8, 1830.

1. Une personne : Mme de Rênal.

14 Pour répondre à la question initiale posée sur la
*** **fable de La Fontaine, procédez aux recherches suivantes :**

1. Comment le poète procède-t-il pour toucher le lecteur ? Étudiez la conduite du récit, le respect de la vraisemblance, l'art de la suggestion.

2. En quoi la moralité de la fable illustre-t-elle une des visées des artistes classiques ?

3. Pourquoi peut-on dire que la fable donne l'exemple de la moralité qu'elle propose ?

■ **Objet d'étude** Un mouvement littéraire et culturel français et européen du XVIᵉ au XVIIIᵉ siècle

Question initiale : Pourquoi peut-on dire de cette fable qu'elle relève de l'esthétique classique ?

LE CERF SE VOYANT DANS L'EAU

Dans le cristal d'une fontaine
Un cerf se mirant autrefois
Louait la beauté de son bois,
Et ne pouvait qu'avecque peine
5   Souffrir ses jambes de fuseaux,
Dont il voyait l'objet se perdre dans les eaux.
« Quelle proportion de mes pieds à ma tête ?
Disait-il en voyant leur ombre avec douleur :
Des taillis les plus hauts mon front atteint le faîte ;
10   Mes pieds ne me font point d'honneur. »
Tout en parlant de la sorte
Un limier le fait partir.
Il tâche à se garantir ;
Dans les forêts il s'emporte.
15   Son bois, dommageable ornement,
L'arrêtant à chaque moment,
Nuit à l'office que lui rendent
Ses pieds, de qui ses jours dépendent.
Il se dédit alors, et maudit les présents
20   Que le Ciel lui fait tous les ans.

Nous faisons cas du beau, nous méprisons l'utile ;
Et le beau souvent nous détruit.
Ce cerf blâme ses pieds, qui le rendent agile ;
Il estime un bois qui lui nuit.

JEAN DE LA FONTAINE, Fables, VI, IX, 1668.

15 Faites le plan de l'exposé oral répondant à la
*** **question initiale. Vous proposerez une analyse progressive ou une analyse thématique du passage.**

■ **Objet d'étude** Le roman et ses personnages : visions de l'homme et du monde

Question initiale : Comment ce dialogue contribue-t-il à caractériser les deux personnages ?

La conversation s'engage entre Mme Bovary qui vient d'arriver dans une petite ville de Normandie, Yonville, et un jeune clerc de notaire, M. Léon.

« – Avez-vous au moins quelques promenades dans les environs ? continuait Mme Bovary, parlant au jeune homme.

– Oh ! fort peu, répondit-il. Il y a un endroit 5 que l'on nomme la Pâture, sur le haut de la côte, à la lisière de la forêt. Quelquefois, le dimanche, je vais là, et j'y reste avec un livre, à regarder le soleil couchant.

– Je ne trouve rien d'admirable comme les so- 10 leils couchants, reprit-elle, mais au bord de la mer, surtout.

– Oh ! j'adore la mer, dit M. Léon.

– Et puis, ne vous semble-t-il pas, répliqua Mme Bovary, que l'esprit vogue plus librement 15 sur cette étendue sans limites, dont la contemplation vous élève l'âme et donne des idées d'infini, d'idéal ?

– Il en est de même des paysages de montagnes, reprit Léon. J'ai un cousin qui a voyagé en 20 Suisse l'année dernière, et qui me disait qu'on ne peut se figurer la poésie des lacs, le charme des cascades, l'effet gigantesque des glaciers. On voit des pins d'une grandeur incroyable, en travers des torrents, des cabanes suspendues sur 25 des précipices, et, à mille pieds sous vous, des vallées entières quand les nuages s'entrouvrent. Ces spectacles doivent enthousiasmer, disposer à la prière, à l'extase ! Aussi je ne m'étonne plus de ce musicien célèbre qui, pour exciter mieux 30 son imagination, avait coutume d'aller jouer du piano devant quelque site imposant.

– Vous faites de la musique ? demanda-t-elle.

– Non, mais je l'aime beaucoup, répondit-il. »

GUSTAVE FLAUBERT, Madame Bovary,
IIᵉ partie, Chapitre II, 1857.

INTRODUIRE LA RÉPONSE

16 **1. Analysez les trois introductions suivantes. La question posée est-elle expliquée ? Le plan est-il annoncé ?**

2. Quelle introduction respecte le mieux les règles de l'introduction ? Quels défauts comportent les deux autres ?

■ **Objet d'étude La poésie**

Question initiale : Montrez le rôle et l'importance des images dans ce poème en prose.

ÉCLAIRCIE EN HIVER

Le bleu renaît du gris, comme la pulpe éjectée d'un raisin noir.

Toute l'atmosphère est comme un œil trop humide, où raisons et envie de pleuvoir ont mo-
5 mentanément disparu.

Mais l'averse a laissé partout les souvenirs qui servent au beau temps de miroirs.

Il y a quelque chose d'attendrissant dans cette liaison entre deux états d'humeur différente.
10 Quelque chose de désarmant dans cet épanchement terminé.

Chaque flaque est alors comme une aile de papillon placé sous vitre,

Mais il suffit d'une roue de passage pour en
15 faire jaillir de la boue.

FRANCIS PONGE, *Le Grand Recueil*,
Éd. Gallimard, 1932.

INTRODUCTION 1

Francis Ponge est célèbre pour avoir délaissé les thèmes traditionnels de la poésie : lyrisme amoureux, engagement politique… Il évoque les objets les plus quotidiens : pomme de terre, morceau de viande, pain, cageot. Dans ce poème il évoque une éclaircie en hiver. Je vais répondre à la question posée en suivant le fil du texte.

INTRODUCTION 2

Comme le dit bien le titre du poème, « Éclaircie en hiver », Francis Ponge évoque un rayon de soleil qui brille après une averse. Ce qu'il veut nous faire voir à travers ses images, c'est un paysage, et il procède comme un peintre en associant les couleurs et les effets de lumière. C'est ce que je montrerai d'abord. Mais il veut aussi nous faire sentir la fragilité de cet instant. C'est pourquoi j'intitule ma seconde partie : un moment fragile. Et puis, ne veut-il pas aussi montrer la beauté du monde ? Pour nous donner de quoi être heureux ? C'est par là que je finirai mon exposé.

INTRODUCTION 3

Francis Ponge a délaissé les thèmes traditionnels de la poésie et parfois même a rejeté le nom de poète. Il voulait donner la parole aux choses muettes. On voit le monde autour de nous, on voit des lumières, on entend des bruits et toutes ces sensations nous échappent parce qu'on n'arrive pas à en parler. Par exemple, la pluie s'arrête et le soleil se met à briller : rien n'est plus intense, rien n'est plus fragile. C'est ce moment que Francis Ponge a voulu nous faire voir dans le poème « Éclaircie en hiver » en trouvant les images et les mots les plus évocateurs.

17 **Relisez le texte de l'exercice 15 et la question initiale. Préparez l'introduction de l'exposé.**

PRÉSENTER UN EXPOSÉ ORAL

18 **1. *Travail en binôme*. Un élève présente à un autre élève ou à la classe l'exposé oral proposé dans l'exercice 9. Des observateurs remplissent la grille d'évaluation suivante après l'avoir reproduite.**

2. Discutez des points forts et des points à améliorer dans l'exposé que vous avez mené ou entendu.

Grille d'évaluation de l'exposé

	critères à respecter	obser-vations
le déroulement de l'exposé	*les différentes étapes de l'exposé (présentation, lecture, introduction, développement, conclusion) sont respectées*	
la lecture du texte	*la lecture est expressive, le rythme et le ton du texte sont mis en valeur*	
l'utilisation des notes	*le plan annoncé est suivi, les notes sont utilisées sans donner l'impression d'être lues*	
le recours aux citations	*les citations sont fréquentes, courtes et judicieusement choisies*	
l'attitude générale	*l'attitude est ouverte à travers la maîtrise du corps, du regard et de la voix*	
la qualité de l'expression	*la langue utilisée est claire, précise et dépourvue de tournures familières*	

19 Après avoir lu le texte attentivement, préparez
*** votre réponse à la question initiale. Composez
votre réponse à la question posée sur ce texte.
Adoptez, au choix, une analyse progressive ou
une analyse thématique. Donnez un titre à chaque partie de votre réponse.

■ **Objet d'étude** Le théâtre, texte et représentation

Question initiale : Expliquez ce qui fait la force
théâtrale de ce dialogue.

*(La jeune Cendres est venue voir Aurélien qui
n'est pas amoureux d'elle.)*

AURÉLIEN. – Le monde est-il beau, Cendres ?

CENDRES. – Il l'est.

Les mains d'enfants déchiquetées dans les
sompteuses magies du progrès, les renonce-
5   ments éperdus à la vérité et à la beauté, les tra-
hisons endémiques, les pestes extravagantes de
la mode et du commerce, les fatalités déchaînées
au croisement de toute vertu, et les mères infan-
ticides chantant dans la tempête d'asphalte.
10 Cette nuit est belle, ce monde est beau, ces
clous rouillés enfoncés à jamais dans la chair
d'une humanité aveugle, ces clous sont beaux.
Cette douleur recommencée, mise et remise sur
l'ouvrage absurde d'un Dieu emmuré dans le
15 silence. Cette douleur est belle, ce silence est
beau.
Et aujourd'hui que nous entendons ce dernier
cri de la dernière âme, que nous sommes au dernier degré de la déchéance, je suis là, moi.
20 Une femme qui voit mourir celui qu'elle aime
dit cette déchéance est belle.

AURÉLIEN. – Le monde de l'homme heureux
n'est pas le même que celui de l'homme malheureux.

25 CENDRES. – Je n'ai pas encore connu cette joie.
Elle n'est fondue que dans la forge de ceux qui
ont souffert l'absence au-delà de toute mesure
humaine.

AURÉLIEN. – Alors quoi ?

30 CENDRES. – Je suis là au cœur du plus inexprimable mystère. L'espoir.

OLIVIER PY, *Jeunesse*, scène 13, Éd. Actes Sud-Papiers, 2003.

COMPRENDRE LES OBJECTIFS
DE L'ENTRETIEN

20 Voici le texte qui définit la seconde partie de
*** l'épreuve orale. Lisez-le puis répondez aux
questions posées sous le texte.

Instructions officielles (extraits)
(BO du 16 janvier 2003)

La seconde partie de l'épreuve est un entretien,
pendant lequel l'examinateur s'attache à conduire
un dialogue permanent avec le candidat.

Les objectifs de l'entretien

L'examinateur ne se livre pas à un « corrigé »
de la première partie de l'épreuve. Il veille à
ne pas exiger du candidat la récitation pure et
simple d'une question de cours. Il cherche au
contraire :
• à ouvrir des perspectives ;
• à approfondir et à élargir la réflexion, en partant
du texte qui vient d'être étudié pour aller vers :
– l'œuvre intégrale ou le groupement d'où ce
texte a été extrait,
– une des lectures cursives proposées en relation avec le texte qui vient d'être étudié,
– l'objet d'étude ou les objets d'étude en relation
avec le texte qui vient d'être étudié ;
• à évaluer les connaissances du candidat sur
l'œuvre ou l'objet d'étude ;
• à apprécier l'intérêt du candidat pour les textes
qu'il a étudiés ou abordés en lecture cursive ;
• à tirer parti des lectures et activités personnelles du candidat.

La conduite de l'entretien

En liaison avec l'objet ou les objets d'étude,
l'examinateur cherche à évaluer un ensemble
de connaissances et de compétences issu des
lectures de l'année. Il ouvre le plus possible cet
entretien aux lectures et aux activités personnelles du candidat, telles qu'elles sont mention-
nées sur le descriptif.

Questions
1. Qui mène l'entretien ? En quoi s'agit-il d'un
dialogue ?
2. Sur quels types de travaux effectués durant
l'année l'entretien peut-il porter ? Donnez un
exemple pour chacun d'eux.
3. Est-il nécessaire de connaître les objets
d'étude pour réussir l'entretien ? Pourquoi ?
4. Est-il nécessaire d'avoir lu les œuvres étudiées en classe ou proposées en lecture cursive ? Pourquoi ?
5. Pouvez-vous être amené à donner votre avis
sur un texte, une œuvre intégrale ou une activité
personnelle effectuée pendant l'année ? Choisissez l'une des œuvres intégrales que vous
avez étudiées et proposez un avis argumenté
sur celle-ci.

21 Classez les thèmes de réflexion suivants, selon
* leur objectif : a) ouvrir le dialogue sur la séquence étudiée ; b) ouvrir le dialogue sur l'objet d'étude concerné ; c) ouvrir le dialogue sur les lectures ou activités personnelles du candidat.

A. Les personnages féminins du roman de Balzac *Le Père Goriot* ont-ils la même vision du monde ?

B. L'évolution du personnage de Candide

C. L'enjeu de l'autobiographie dans le texte de Rousseau et dans celui de Sartre

D. Les réactions et les sentiments éprouvés lors de la représentation de Georges Dandin

E. Les rapports entre le dénouement et la scène d'exposition de la pièce de Koltès

F. La confrontation de la fable de La Fontaine et de sa parodie

G. Les caractéristiques de l'humanisme dans les textes de Rabelais, Montaigne et Ronsard

H. L'adaptation cinématographique de Madame Bovary par Claude Chabrol

I. Les enjeux de la préface des œuvres littéraires

SE PRÉPARER À L'ENTRETIEN

 22 En vous aidant des pages sur le théâtre (pages
** 176 et 238), répondez oralement aux questions suivantes, dans une langue claire et correcte.

Thème de l'entretien :
Le théâtre : texte et représentation

A. Quand la lecture d'une pièce de théâtre peut-elle être utile voire indispensable ?

B. Quand une pièce de théâtre est diffusée à la télévision, qu'est-ce qui la distingue d'un film ?

C. Pourriez-vous me rappeler les règles des trois unités ?

D. Qu'est-ce qui caractérise le théâtre moderne ?

E. Lorsque vous avez assisté à cette représentation, qu'est-ce qui vous a le plus marqué ?

F. Quelles différences faites-vous entre le texte théâtral et sa représentation sur scène ?

 23 *Travail en binôme.* En vous aidant des pages sur
* le roman (pages 148 et 210), répondez oralement aux questions suivantes par des explications précises clairement formulées.

Thème de l'entretien :
Le roman et ses personnages : visions de l'homme et du monde

- Qu'appelle-t-on un roman de formation ?

- On dit parfois que, dans un roman, les descriptions sont ennuyeuses : qu'en pensez-vous ?

- Diriez-vous que la lecture du roman que vous avez étudié cette année a contribué à modifier votre vision du monde ?

- En quoi un personnage de roman est-il différent d'un personnage de théâtre ?

- Comment définiriez-vous le style du roman que vous avez étudié ? Est-ce que ce style éclaire la vision du monde que nous donne le romancier ?

- Le romancier et ses personnages ont-ils la même vision de l'homme et du monde ?

24 1. *Travail en groupe.* Relisez les pages sur l'ar-
** gumentation (pages 194 et 256).

2. Après avoir constitué un groupe de travail de quatre ou cinq élèves, l'un d'entre vous répond oralement aux questions posées par un autre. Les élèves du groupe observateur remplissent la grille d'évaluation ci-dessous.

3. L'ensemble du groupe discute des points forts et des points à améliorer de celui qui a joué le rôle du candidat.

Thème de l'entretien :
L'argumentation : convaincre, persuader et délibérer

- Quelle distinction peut-on faire entre convaincre et persuader ?

- Donnez des exemples d'argumentations indirectes. Sont-ils moins convaincants qu'une argumentation directe ?

- En quoi le conte philosophique relève-t-il du genre argumentatif ?

- Quel est le rôle de l'argumentation au théâtre ?

- Quel est le rôle joué par la morale dans une fable ? Sans cette moralité, la fable est-elle moins convaincante ?

- Qu'est-ce qui fait selon vous la valeur argumentative des fables de La Fontaine ?

Grille d'évaluation de l'entretien

	critères à respecter
écoute des questions	*les questions sont comprises ; l'attention est maintenue et s'exprime à travers l'attitude générale de l'élève*
formulation des réponses	*les réponses sont formulées dans une langue claire, dépourvue d'hésitations, de répétitions, de tournures et de termes familiers*
contenu des réponses	*les réponses sont précises, structurées et argumentées ; l'élève manifeste des connaissances littéraires liées à l'objet d'étude*

Vers l'épreuve orale

PRÉPARATION

1. Le texte à analyser s'inscrit dans l'objet d'étude : Le roman et ses personnages : visions du monde et de l'homme. La question initiale sur le passage est la suivante : « Comment le romancier oppose-t-il dans cette page deux visions du monde ? » Préparez l'exposé oral qui répondra à cette question (30 minutes).

EXPOSÉ

2. Présentez votre exposé oral devant un groupe d'élèves (10 minutes).

ENTRETIEN

3. *Travail en groupe.* Par groupes de deux élèves, préparez les questions de l'entretien. Vous pouvez prévoir des questions sur :
- les mots du texte ;
- la conclusion de l'exposé ;
- le genre romanesque ;
- les autres romans lus par le candidat.

Un élève pose les questions à un élève d'un autre groupe, qui y répond sans préparation préalable. L'entretien dure dix minutes. Vous pouvez prendre, à tour de rôle, la place du candidat. Les autres élèves évaluent la pertinence des réponses en s'aidant de la grille proposée page 402.

■ **OBJET D'ÉTUDE :**

Le roman et ses personnages : visions de l'homme et du monde
chapitre 17 p. 208

Aurélien, jeune rentier qui se fait ici appeler Roger, a appris une nouvelle technique de nage à Riquet, un jeune ouvrier rencontré à la piscine. Les deux jeunes gens se sont donné rendez-vous au café.

Quand Riquet a revu son nouvel ami habillé, lui qui avait son vieux pantalon rayé, tout esquinté, et une veste bleue, et la casquette, il a fait entendre un sifflement. Désappointé. « Moi
5 qui t'offrais... qui vous offrais à boire ! » Il n'en revient pas de la gaffe. Il lui dira vous maintenant, on ne l'en fera pas démordre. Il y a quelque chose de cassé. Enfin, parce qu'il ne sait plus comment s'en sortir, il se laisse tout de même
10 traîner à la Chope du Clair de Lune qui s'appelle plus précisément *Brasserie de la Chope du Clair de Lune*. Un café pâle comme son nom. Presque désert. C'est haut, ça fait vide. Au comptoir, un byrrh à l'eau... Riquet louche sur les fringues
15 de son compagnon : « Alors, on est capitaliste ?... » Dit comme ça, ça a l'air moins grave. Oui. Pas vraiment ? Si vraiment... « Et à quoi vous travaillez ? » Voilà le difficile à expliquer. S'il lui dit qu'il ne fait rien... Ça le dégoûte de
20 mentir : « Je vis de mes rentes... » Ça a un effet absolument inattendu. Un effet de comique

nerveux qui ne s'arrête plus. Il en pleurerait de rire, Riquet. Rentier ! Monsieur est rentier ! Puis il se rappelle que ce rentier lui paye un verre. Il
25 s'excuse, il devient la politesse même, il boit son verre d'un air appréciatif, pour faire honneur. Il reparle de la nage. De cette nage turque... non : grecque, que Monsieur m'a montrée. « Ah bien, Riquet, si tu m'appelles Monsieur parce qu'on
30 s'est fringué... tu ne me tutoies déjà plus. » *Fringué* est clairement un mot dit pour se mettre à la portée de Riquet. Celui-ci le sent. Il dit que ce n'est pas parce qu'on s'est *rhabillé*, et il souligne de la voix le *rhabillé*, qu'il dit monsieur
35 à Roger, et le nom de Roger tombe comme un raffinement d'amabilité, tandis qu'Aurélien en rougit un peu... mais s'il lui dit monsieur à Roger, c'est parce que Roger est un monsieur, voilà tout : on n'y peut rien, on est un monsieur ou
40 on n'est pas un monsieur... Tout de même, intéressé, il retrouve le tutoiement pour lui dire : « Mais alors, explique un peu... Tu ne fais rien, rien du tout toute la journée ?... Vrai ?... À quoi alors tu passes ton temps ? Moi, je ne pourrais
45 pas, j'ai été chômeur... Il faut de la santé pour être chômeur toute la vie... »

Louis Aragon, *Aurélien*, Éd. Gallimard, 1944.

Le mot

Les mots ont une histoire. On peut retrouver leur étymologie, c'est-à-dire leur origine, dans les autres langues, auxquelles ils sont empruntés tandis que des mots nouveaux naissent au moyen de préfixes et de suffixes.

1. L'étymologie

On appelle étymologie l'étude de l'histoire des mots.

● **L'importance du latin.** Le vocabulaire français provient en partie du celtique que parlaient les Gaulois (*chêne*, *braire*) et du germanique qu'utilisaient les Francs (*guerre*, *jardin*). Le latin, langue des soldats et des marchands, a joué un rôle déterminant au moment de l'invasion de la Gaule par les Romains : 80 % du vocabulaire français est d'origine latine.

● **Les emprunts aux autres langues.** On retrouve également dans la langue française des mots d'origine grecque, particulièrement dans les domaines technique et scientifique, mais aussi des mots d'autres origines. Ces emprunts témoignent de la vitalité des échanges entre les peuples.

2. La formation des mots

La formation d'un mot nouveau peut procéder par dérivation ou par composition.

● **Les mots dérivés.** Les préfixes et les suffixes contribuent à la création de mots nouveaux à partir de mots déjà existants, qui servent de radical. Situé avant le radical, le préfixe lui donne un autre sens. Le suffixe, situé après le radical, permet de créer un dérivé appartenant souvent à une classe grammaticale différente de celle du radical.

> **Exemple :** porter → exporter ; porter → portable

● **Les mots composés.** La composition consiste à former de nouveaux mots à partir de mots existants. Le trait d'union est un signe de composition (*porte-plume*) mais les mots composés sans trait d'union sont nombreux (*pomme de terre*). Il arrive que les mots composés fusionnent en un seul mot : c'est par exemple le cas de *portefeuille*.

3. La polysémie d'un mot

Lorsqu'un mot possède un seul sens, on dit qu'il est monosémique. Mais un mot peut avoir plusieurs sens. On dit alors que ce mot est polysémique. Sa signification dépend du contexte de son utilisation : le mot *fortune* peut, selon le contexte, signifier *richesse* ou *destin*. La polysémie d'un mot participe à la richesse d'un texte, particulièrement en poésie. Elle permet de jouer sur le langage ou de produire des effets comiques ou inattendus.

4. Les synonymes et les antonymes

Certains mots possèdent des sens voisins ou identiques. Mais les mots peuvent également s'opposer les uns aux autres à travers des sens contraires.

● **Les synonymes.** On appelle synonymes les mots de même nature grammaticale qui ont un sens identique ou voisin (*voir*, *regarder*, *observer*, *contempler*). L'utilisation des synonymes permet d'éviter les répétitions et apporte des nuances qui précisent le sens de l'énoncé.

● **Les antonymes.** On appelle antonymes les mots de même nature grammaticale qui ont des sens strictement contraires (*pessimiste/optimiste*). L'utilisation des antonymes crée des effets de contraste ou d'opposition.

Exercice 1

Pour chacun des mots grecs de la liste suivante, trouvez trois termes français qui en sont issus.

– *Philia* : amour
– *Phobos* : crainte
– *Phyton* : plante
– *Zoon* : animal
– *Psyché* : âme
– *Thérapeuein* : soigner
– *Pathos* : souffrance
– *Logos* : étude, discours
– *Phagein* : manger
– *Anthropos* : homme
– *Télé* : à distance, au loin
– *Phoné* : son, voix
– *Graphein* : écrire

Exercice 2

Observez les listes de préfixes les plus courants présentés dans les tableaux ci-après. Recherchez ensuite, pour chaque préfixe, deux exemples de mots illustrant son emploi.

PRÉFIXES D'ORIGINE GRECQUE

Le préfixe	Sa signification
a-	négation, privation
ana-	à l'inverse
anti-	opposition
hyper-	à l'excès
hypo-	au-dessous de
syn- ; sym-	avec

PRÉFIXES D'ORIGINE LATINE

Le préfixe	Sa signification
ab-	loin de, séparation
ad-	vers
com-	avec
in-	dans, sur
in-	peut aussi signifier la négation
sub-	sous

Exercice 3

Trouvez le plus grand nombre possible d'adjectifs se formant à l'aide des suffixes : -able (qui marque la possibilité) ; -âtre (qui exprime un sens péjoratif) ; -ien (qui souligne l'origine).

Exercice 4

Trouvez cinq mots dérivés ou composés à partir des verbes suivants : *prendre*, *dire*, *mouvoir*, *porter*.

Exercice 5

Sur quels jeux l'image et le texte de cette publicité sont-ils construits ?

Plus qu'une mode, un mode de vie.

Armor·lux

Exercice 6

Trouvez trois synonymes pour chacun des mots suivants. Quelle nuance apportent-ils ?

– écrire, marcher, penser
– triste, surpris, méchant
– début, moquerie, courage

Exercice 7

Trouvez un antonyme pour chacun des mots suivants et employez-le dans une phrase.

– s'endormir, flatter, refuser
– robuste, hésitant, opportun
– repos, désir, joie

Exercice 8

1. Comment est construite la suite des quatre adjectifs de cette phrase, tirée des *Pensées* de Pascal ?
2. Comment comprenez-vous cette phrase ?

« L'homme est naturellement crédule, incrédule, timide, téméraire. »

Vers le BAC

1. Quel est le sens du préfixe dé- présent dans chaque mot du deuxième vers ?

2. Présentez oralement une brève analyse de ces quatre vers en justifiant le choix des mots utilisés par l'auteur.

Je n'ai plus que les os, un squelette je semble,
Décharné, dénervé, démusclé, dépoulpé,
Que le trait de la mort sans pardon a frappé ;
Je n'ose voir mes bras que de peur je ne tremble.

PIERRE DE RONSARD, *Derniers vers*, 1585.

La dénotation et la connotation

Les mots ont un sens premier, explicite et constant : un sens dénoté. Mais ils ont aussi des sens seconds et implicites : les sens connotés. Les connotations des mots dépendent du contexte de leur utilisation.

1. La dénotation

Tout mot a un sens explicite et constant qui est compris de la même façon par tous les utilisateurs de la langue. Il s'agit de son sens dénoté, celui qu'indique le dictionnaire. Les textes explicatifs ou informatifs, qui transmettent des énoncés de la manière la plus neutre possible, s'appuient sur le sens dénoté des mots.

2. La connotation

Les connotations participent à la richesse de la langue. Elles peuvent être immédiatement partagées par les utilisateurs d'une même langue, mais elles appartiennent également à la sensibilité et à la culture personnelle de chacun. C'est pourquoi elles jouent un rôle important dans les textes littéraires.

● **Les types de connotations**

Types	Explication	Exemple
Connotations thématiques	Les mots évoquent d'autres mots avec lesquels ils partagent un thème commun.	Le mot « plage » évoque le soleil, la mer, le repos, les vacances, etc.
Connotations de caractérisation	Certains termes renvoient implicitement à une caractéristique physique, un milieu social, une époque, un pays, une profession, etc.	Les noms inventés des personnages de roman ou de théâtre : par exemple, Poil de Carotte (dans le roman de Jules Renard) doit son nom à la couleur de ses cheveux.
Connotations appréciatives	Les mots peuvent suggérer une appréciation, positive ou négative, par ce qu'ils évoquent. Ils donnent parfois une clé pour l'explication du texte littéraire.	Les mots « hauteur », « élevé » peuvent, même s'ils sont utilisés dans leur sens dénoté, suggérer la supériorité, la grandeur d'âme.
Connotations culturelles	Certains mots, expressions ou situations font référence à la culture commune, aux coutumes, à l'histoire ou aux arts.	« Après Austerlitz, on redoutait la Bérézina » : cette phrase d'un journaliste sportif évoque deux batailles napoléoniennes pour parler de course cycliste.

● **L'utilisation des connotations.** Les connotations sont essentielles dans la communication. Elles sont particulièrement sollicitées par la publicité qui cherche, à travers le texte mais aussi les images, à donner envie et à faire rêver le consommateur.

On les trouve également dans les textes littéraires. En effet, l'écrivain fait vivre les mots et en renouvelle l'emploi en leur donnant un sens qui lui est propre. Le lecteur y ajoute ses propres connotations, issues de son expérience et de ses autres lectures.

Exercice 1

1. Définissez en une phrase le sens dénoté des mots suivants.

2. Indiquez, pour chacun de ces mots, quatre connotations qui peuvent lui être associées.

Soie, hérissé, hiver, printemps, bleu, Moyen Âge.

Exercice 2

Le jeu sur les connotations participe à la richesse du texte littéraire. Dans les listes qui suivent, indiquez, pour chaque mot, quelles connotations s'ajoutent au sens premier.

– **Manger** : avaler, becqueter, ingurgiter, dévorer.

– **Étourdi** : écervelé, irréfléchi, évaporé, distrait.

– **Maigre** : décharné, mince, efflanqué, filiforme.

– **Étonnant** : insolite, prodigieux, troublant.

Exercice 3

Recherchez les connotations qu'évoquent pour vous les noms de personnages, de lieux ou de titres d'œuvres suivants :

– Esméralda - Bonnemort - Lancelot du Lac - Bel Ami - Boule-de-Suif.

– Paris - Waterloo - Venise - la Corse - Hawaï.

– *Germinal - Un cœur simple - Le Rivage des Syrtes - L'Écume des jours.*

Exercice 4

Sur le modèle de l'extrait suivant, rédigez un texte analysant les connotations de la couleur verte.

Rouge : Couleur qui frappe à la fois notre vue et notre sensibilité. Le rouge fait partie aussi bien des couleurs matière que des couleurs lumière. C'est la couleur du feu et du sang. Il est présent partout : il donne leur éclat et leur vivacité aux fleurs, son rayonnement au soleil couchant, il traduit nos émotions par la couleur de notre peau ; il est apprécié en décoration, dans l'habillement et sur les carrosseries des voitures.

Colette Guillemard, Le Dico des mots de la couleur,
d'abricot à zoulou, Éd. du Seuil, 1998.

Exercice 5

1. Dans le premier paragraphe, relevez et analysez les termes aux connotations positives.

2. L'atmosphère change dans le second paragraphe. Expliquez pourquoi en justifiant votre réponse.

C'était la saison où pendant quelques jours la campagne charentaise est parsemée de taches blondes : carrés de blés mûrs d'un seul bloc jaune, champs d'avoine, dont la surface de pâle mousseline laisse voir en transparence des dessous roses ou verts, et que surmonte un bel arbre rond qui baigne dans les épis. Et puis des peupliers au bord d'un pré, des champs de vigne et leurs longues tresses de feuillage bien ordonnées, des routes blanches comme les maisons. (...)

Après Angoulême, le train sembla haleter sur une voie montante. Monsieur Pommerel quitta la banquette de son compartiment de seconde classe et, se tenant debout, sa main gantée sur le barreau de la portière où le vent agitait des rideaux fanés, il regarda la campagne montueuse.

Jacques Chardonne, Les Destinées sentimentales,
Éd. Albin Michel.

Exercice 6

Analysez les connotations suggérées par la publicité suivante, en distinguant celles contenues dans le slogan et celles contenues dans l'image.

Vers le BAC

1. Quelles sont les connotations attachées par l'auteur aux termes « nuit », « neige », « mer », « ciel » et « vent » ?

2. En un paragraphe illustré d'exemples, montrez comment la création poétique repose sur les connotations.

Je dis : nuit, et le fleuve des étoiles coule sans bruit, se tord comme le bras du laboureur autour d'une belle taille vivante.

Je dis : neige, et les tisons noircissent le bois des skis.

Je dis : mer, et l'ouragan fume au-dessus des vagues, troue les falaises où le soleil accroche des colliers de varechs.

Je dis : ciel, quand l'ombre de l'aigle suspendu dans le vide ouvre les ailes pour mourir.

Je dis : vent, et la poussière s'amoncelle sur les dalles, ensevelit les bouquets de perles, ferme les paupières encore mouillées d'images de feu.

Albert Ayguesparse, Encre couleur du sang,
Éd. Saint-Germain-des-Prés, 1957.

Les réseaux lexicaux

Un réseau lexical est constitué par l'ensemble des mots qui se rattachent à une même réalité ou à une même idée. Étudier les relations entre les réseaux lexicaux d'un même texte permet de mieux le comprendre et de l'interpréter.

1. La recherche des réseaux lexicaux

Certains réseaux lexicaux fondamentaux apparaissent fréquemment dans les textes. Le repérage et l'étude de ces réseaux lexicaux révèlent les intentions de l'auteur et les techniques qu'il utilise.

● **Les quatre éléments naturels : l'eau, la terre, l'air, le feu.** Un ou plusieurs éléments peuvent être évoqués avec insistance et sous de multiples formes.

> *Exemple :* une description de tempête peut associer les quatre éléments naturels afin d'évoquer le chaos.

● **Les cinq sens : la vue, l'ouïe, le goût, l'odorat, le toucher.** L'analyse des mots renvoyant aux cinq sens renseigne sur la perception ou l'imaginaire de l'auteur.

> *Exemple :* « Un port retentissant où mon âme peut boire / À grands flots le parfum, le son et la couleur. » (Baudelaire)

● **Le déplacement, le mouvement, la verticalité, la profondeur.** Un récit, un poème, une description peuvent évoquer le mouvement ou au contraire l'immobilité, la profondeur ou l'étendue.

> *Exemple :* le réseau lexical du mouvement accélère le rythme d'un texte narratif.

● **L'appréciation : le positif et le négatif.** Un texte peut être parcouru de termes chargés de connotations positives ou négatives, soulignant les qualités ou, au contraire, les défauts de ce qu'il évoque.

> *Exemple :* l'évocation d'un paysage sombre, triste, peut suggérer les états d'âme du personnage.

2. L'interprétation des réseaux lexicaux

Dans un énoncé, écrit ou oral, la rencontre de plusieurs réseaux lexicaux contribue à développer les thèmes qui lui donnent son unité et sa signification.

● **Les réseaux lexicaux et le thème du texte.** La succession des réseaux lexicaux donne des informations sur la progression thématique d'un texte, l'évolution d'une situation ou d'un personnage. Le repérage de leurs oppositions ou de leurs associations renseigne le lecteur sur l'imaginaire de l'auteur, sa vision personnelle de ce qu'il évoque.

> « Au moment où ils abandonnaient un tube de mayonnaise, un régime de bananes leur tombait sous la main, ils le prenaient, ou bien un poulet rôti au lieu d'une grande brosse en nylon [...]. La famille avec ses provisions, montait et descendait par les escalators et, à chaque étage, de quelque côté qu'elle se tournât, elle se trouvait devant des passages obligatoires au bout desquels une caissière pointait une caisse-comptable crépitante comme une mitrailleuse contre tous ceux qui faisaient mine de sortir. »
>
> *(Italo Calvino,* Marcovaldo ou les saisons en ville*)*

> L'association du réseau lexical de la consommation et de celui de la guerre nous indique que, pour cette famille qui fait ses courses, le supermarché est un lieu à la fois d'abondance et de tentations qui les assaillent.

● **Les réseaux lexicaux et le registre du texte.** La présence dans un texte d'un réseau lexical permet d'identifier le registre de ce texte. Le relevé du réseau lexical de la mort peut ainsi signifier que le texte s'inscrit dans le registre tragique, celui de l'amour, dans le registre lyrique, etc.

Exercice 1

Chacune de ces trois listes de mots évoque un thème et comporte un intrus. Identifiez ce thème et chassez le terme étranger au réseau lexical.

– Liste A : course, saut, effort, joueur, sueur, but, repas, équipe, victoire, muscle, lancer.
– Liste B : avalanche, tempête, typhon, bruine, tornade, tsunami, tremblement de terre, éruption volcanique.
– Liste C : édition, quatrième de couverture, best-seller, page, coquille, tranche, producteur, illustration, lire.

Exercice 2

1. Indiquez à quel réseau lexical correspond chacune des listes suivantes.

2. Complétez chaque liste par trois nouveaux mots.

3. Composez un court texte descriptif qui mêle les deux réseaux lexicaux.

– Liste A : odeurs - effluves - arôme - fermenter - âcreté - sentir - nez - parfum ;
– Liste B : mâture - vergue - tempête - mousse - coque - voile.

Exercice 3

1. Relevez les termes qui décrivent le personnage. À quel réseau lexical appartiennent-ils ?

2. Quelles connotations ce réseau lexical développe-t-il dans le texte ?

3. Récrivez le portrait en utilisant le réseau lexical opposé à celui que vous avez relevé.

J'étais en train de me demander où j'avais lu ça quand le géant a fait irruption dans mon bureau. La porte n'avait pas encore claqué derrière lui qu'il était déjà penché sur moi :

– C'est vous, Malaussène ?

Un squelette immense avec une forme approximative autour. Des os comme des massues et le taillis des cheveux planté au ras du pif.

– Benjamin Malaussène, c'est vous ?

Courbé comme un arc par-dessus ma table de travail, il me maintenait prisonnier dans mon fauteuil, ses mains énormes étranglant les accoudoirs. La préhistoire en personne. J'étais plaqué à mon dossier, ma tête s'enlisait dans mes épaules et j'étais incapable de dire si j'étais moi. Je me demandais seulement où j'avais lu cette phrase : « *La mort est un processus rectiligne* », si c'était de l'anglais, du français, une traduction...

Daniel Pennac, *La Petite Marchande de prose*,
Éd. Gallimard, 1989.

Exercice 4

1. Quel est le réseau lexical dominant dans ce texte ? À quel élément naturel est-il lié ?

2. Quelle atmosphère l'auteur a-t-il voulu recréer ? Selon vous, pourquoi ?

La pente se raidissait, l'entrelacs des ruelles se compliquait quand, tout à coup, le groupe achoppa sur un énorme égout à ciel ouvert où l'eau stagnait, engorgée d'ordures.

Un petit pont enjambait le dépotoir et sa guirlande de saloperies qui cascadait en ligne droite du haut de la favela jusqu'en bas. Cataracte de matières corrompues, de sacs de plastique bleus, éventrés, dégobillant leur contenu de reliefs[1] biscornus, tout un grouillement d'épluchures, de cartons, de guenilles déchiquetées, bidons, boîtes de conserve et tessons de bouteilles. L'avalanche partageait en deux la favela d'une artère puante, d'un grand boyau arborescent.

Patrick Grainville, *Colère*,
Éd. du Seuil, 1992, coll. Point.

1. **Reliefs :** *déchets.*

Vers le BAC

1. Relevez les réseaux lexicaux en étudiant les deux domaines de la nature et les deux domaines sensoriels dont il est question. Comment ces réseaux lexicaux sont-ils répartis dans le texte ?

2. Expliquez comment la description est organisée dans cet extrait.

Les souvenirs affluaient par longues vagues : toutes les odeurs des bois, l'âcreté du terrain mouillé sur quoi fermentent les feuilles mortes, l'arôme farineux d'un champignon écrasé en passant ; tous les murmures, tous les froissements, toutes les envolées dans les branches, les fracas d'ailes traversant les futaies[1], les essors[2] au ras des sillons ; et tous les cris des crépuscules, la crécelle rouillée des coqs-faisans, les rappels croisés des perdrix, les piaulements courts des tourterelles, et déjà, dans la nuit commençante, le grincement qui approche et passe à frôler votre tête avec le vol de la première chevêche[3] en chasse.

Maurice Genevoix, *Raboliot*, Éd. Grasset, 1925.

1. **Futaies :** *forêts exploitées pour leur bois* – 2. **Essors :** *envolées d'oiseaux* – 3. **Chevêche :** *chouette de petite taille.*

La modalité de la phrase

La modalité exprime l'attitude de celui qui parle à l'égard de ce qu'il dit : la certitude, le doute, l'envie d'agir, l'émotion. Tout énoncé, qu'il soit positif ou négatif, est formulé dans une modalité et une seule.

1. La modalité déclarative (ou assertive)

La phrase déclarative présente l'énoncé comme certain. À l'oral, une intonation montante est suivie d'une intonation descendante. À l'écrit, la fin de l'énoncé est signalée par un point ou un point-virgule. La modalité déclarative est la plus couramment employée. La phrase déclarative peut être affirmative ou négative.

> « À vaincre sans péril on triomphe sans gloire. » *(Pierre Corneille)*

2. La modalité interrogative

● **La question.** L'interrogation présente l'énoncé comme incertain. La certitude dépend de l'interlocuteur dont on attend la réponse. À l'oral, l'intonation peut suffire à marquer la modalité signifiée à l'écrit par un point d'interrogation.

> « Antoine, avez-vous vu cette reine adorable ? » *(Pierre Corneille)*

● **La question rhétorique.** Il s'agit d'une affirmation déguisée. On n'attend pas que l'interlocuteur réponde car on considère son adhésion comme acquise. On parle alors de question rhétorique ou oratoire. Elle est toujours à la fois interrogative et négative.

> « Qui ne serait touché d'un si tendre spectacle ? » *(Pierre Corneille)*

3. La modalité impérative (ou injonctive)

La phrase impérative cherche à faire réagir l'interlocuteur. Elle peut exprimer un ordre, une prière, une requête. Elle se marque à l'oral par une intonation descendante et à l'écrit par un point ou un point d'exclamation. Elle recourt à divers modes.

Destinataire	Mode	Exemple
Destinataire présent	Impératif	« Sortez ! » (Racine)
Destinataire absent	Subjonctif	« Qu'elle entre. » (Corneille)
Destinataire indéterminé	Infinitif	Entrer sans frapper.

Quand elle est négative, elle exprime une défense, une interdiction.

4. La modalité exclamative

La phrase exclamative exprime la réaction de celui qui parle sans chercher nécessairement une réaction de l'interlocuteur. Phrase affective, elle se prête à toutes sortes de sentiments : étonnement, colère, admiration, regret, entre autres. Marquée à l'écrit par un point d'exclamation, elle s'entend à l'oral par une mélodie descendante puis montante.

> « Ô soupirs ! ô respect ! oh ! qu'il est doux de plaindre
> Le sort d'un ennemi, quand il n'est plus à craindre ! » *(Pierre Corneille)*

Exercice 1

Dans les titres qui suivent, quelles modalités de phrase ont été retenues ? Pourquoi ?

1. Inventeurs, faites vos preuves ! (*Libération*)

2. Comment lisez-vous ? 250 abonnés ont répondu à notre sondage. (*Lire*)

3. TECHNO PARADONS ! (*Les Inrockuptibles*)

Exercice 2

1. Identifiez les différentes modalités utilisées dans ce passage.

2. Que révèlent ces diverses modalités de l'état d'esprit du personnage ?

HARPAGON. – Au voleur ! au voleur ! à l'assassin ! au meurtrier ! Justice, juste Ciel ! je suis perdu, je suis assassiné, on m'a coupé la gorge, on m'a dérobé mon argent. Qui peut-ce être ? Qu'est-il devenu ? Où est-il ? Où se cache-t-il ? Que ferai-je pour le trouver ? Où courir ? Où ne pas courir ? N'est-il point là ? N'est-il point ici ? Qui est-ce ? Arrête. Rends-moi mon argent, coquin… *(Il se prend lui-même le bras.)* Ah ! c'est moi. Mon esprit est troublé, et j'ignore où je suis, qui je suis et ce que je fais.

MOLIÈRE, *L'Avare*, Acte IV, scène 7, 1669.

Exercice 3

1. Identifiez le mode qui exprime la modalité impérative.

2. Le destinataire est-il présent, absent, indéterminé ?

3. Distinguez, pour chaque phrase, la nuance exprimée : prière, ordre, conseil, appel, souhait, ironie.

1. Gardes, qu'on obéisse aux ordres de ma mère. (Racine)

2. Puissent tous les hommes se souvenir qu'ils sont frères ! Qu'ils aient en horreur la tyrannie exercée sur les âmes comme ils ont en exécration le brigandage qui ravit par la force le fruit du travail et de l'industrie paisible ! (Voltaire)

3. Je vous en supplie ; ne mentez pas davantage ; en voilà assez ; je sais tout. (Musset)

Exercice 4

1. Reformulez en une phrase la thèse soutenue dans chaque texte.

2. Expliquez quel rôle jouent les questions rhétoriques dans le développement de l'argumentation.

1. Chaque culture résulte de l'apport de civilisations diverses. En effet, nous Français, ne sommes-nous pas gaulois, celtes, germaniques, latins, sarrasins, avec d'importants apports grecs et hébraïques ? Par ailleurs, la république des États-Unis est un vaste mé-tissage : Irlandais, Italiens, Polonais, noyant l'élément britannique sans compter l'importante communauté noire. Nul ne conteste, en outre, que les hommes soient différents les uns des autres.

PIERRE PARAF, *L'Homme de toutes les couleurs*, Éd. La Farandole, 1973.

2. Ainsi, si je suis bien compris, la peinture du visage ne doit pas être employée dans le but vulgaire, inavouable, d'imiter la belle nature et de rivaliser avec la jeunesse. On a d'ailleurs observé que l'artifice n'embellissait pas la laideur et ne pouvait servir que la beauté. Qui oserait assigner à l'art la fonction stérile d'imiter la nature ? Le maquillage n'a pas à se cacher, à éviter de se laisser deviner ; il peut, au contraire, s'étaler, sinon avec affectation, au moins avec une espèce de candeur.

CHARLES BAUDELAIRE, *Le peintre de la vie moderne*, « Éloge du maquillage », 1863.

Vers le BAC

1. Identifiez les différentes modalités mises en œuvre dans ce passage.

2. Rédigez un paragraphe dans lequel vous expliquerez que le jeu des modalités donne une grande vivacité à l'argumentation développée par Voltaire.

À la suite de Descartes, les cartésiens affirment que les bêtes ne sont que des machines car elles ne savent ni parler ni s'instruire.

Quelle pitié, quelle pauvreté d'avoir dit que les bêtes sont des machines, privées de connaissance et de sentiment, qui font toujours leurs opérations de la même manière, qui n'apprennent rien, ne perfectionnent rien, etc. !

Quoi, cet oiseau qui fait son nid en demi-cercle quand il l'attache à un mur, qui le bâtit en quart de cercle quand il est dans un angle et en cercle sur un arbre ; cet oiseau fait tout de la même façon ? Ce chien de chasse que tu as discipliné pendant trois mois, n'en sait-il pas plus au bout de ce temps, qu'il n'en savait avant les leçons ? Le serin à qui tu apprends un air, le répète-t-il dans l'instant ? n'emploies-tu pas un temps considérable à l'enseigner, n'as-tu pas vu qu'il se méprend et qu'il se corrige ?

Est-ce parce que je te parle que tu juges que j'ai du sentiment, de la mémoire, des idées ? Eh bien, je ne te parle pas ; tu me vois entrer chez moi l'air affligé, chercher un papier avec inquiétude, ouvrir le bureau où je me souviens de l'avoir enfermé, le trouver, le lire avec joie. Tu juges que j'ai éprouvé le sentiment de l'affliction et celui du plaisir, que j'ai de la mémoire et de la connaissance.

VOLTAIRE, Article « Bêtes », *Dictionnaire philosophique*, 1769.

La construction de la phrase

Délimitée à l'écrit par une majuscule initiale et un point final, la phrase constitue une unité de sens, plus ou moins longue selon qu'elle est simple ou complexe.

1. La phrase simple

● **La phrase verbale.** Une phrase comporte un verbe, pivot autour duquel elle s'organise.

> ▌ **« Et nous avons des nuits plus belles que vos jours. »** *(Racine)*

Une phrase simple ne comprend qu'une seule proposition. C'est-à-dire, au minimum, un groupe sujet et un groupe verbal.

> ▌ **« Tout à coup la secousse d'arrêt me réveilla. J'ouvris les yeux. »** *(Hugo)*

> ▌ Dans ces deux phrases simples, les deux actions qui se succèdent sont présentées comme deux événements distincts.

● **L'énoncé sans verbe.** La phrase peut être elliptique du verbe, c'est-à-dire ne pas exprimer de verbe conjugué. Elle s'appuie alors sur d'autres mots :

– l'adverbe : « Ailleurs, bien loin d'ici, trop tard, jamais peut-être ! » (Baudelaire)

– l'adjectif : « Pas si bête, pourtant pas si bête ! » (Beaumarchais)

– une interjection : « Euh ? Quoi ? Assurément ? Assurément ! » (Molière)

– le nom et l'adjectif : « Après la pluie, le beau temps. » (proverbe)

L'énoncé sans verbe gagne en densité et en vivacité mais il ne peut se comprendre qu'à partir d'un contexte précis.

2. La phrase complexe

Une phrase complexe comprend plusieurs propositions. Ces propositions sont intégrées dans la phrase de différentes manières : par coordination, juxtaposition ou subordination.

● **La coordination.** Les propositions, indépendantes l'une de l'autre, sont reliées par un mot de liaison, une conjonction de coordination qui expriment la simple addition, le renforcement, l'opposition.

> ▌ **Tout à coup la secousse d'arrêt me réveilla et j'ouvris les yeux.**

> ▌ La coordination relie les deux actions ; la conjonction « et » atténue l'effet de rupture.

● **La juxtaposition.** Les propositions sont posées l'une à côté de l'autre sans aucun mot de liaison.

> ▌ **Tout à coup, la secousse d'arrêt me réveilla, j'ouvris les yeux.**

> ▌ Les deux actions successives semblent rapprochées.

● **La subordination.** Elle fait dépendre certaines propositions d'une proposition dite « principale ». Deux cas se présentent alors :

- soit la proposition subordonnée est subordonnée à l'ensemble de la principale : entre les deux propositions s'exprime un lien de temps, but, cause, conséquence, concession, condition, comparaison :

> ▌ **La secousse d'arrêt me réveilla si bien que j'ouvris les yeux.**

- soit la proposition subordonnée porte sur une partie seulement de la proposition principale. C'est le cas de la proposition relative ou de la proposition complétive :

> ▌ **Sous la secousse, j'ouvris les yeux que je tenais fermés.**

Exercice 1

1. Dans ces passages de *Voyage dans le midi* de Stendhal, repérez les énoncés sans verbe. Quel est le pivot essentiel de chaque groupe ?

2. Reformulez ces énoncés sans verbe en composant une proposition avec un verbe conjugué.

3. Quel effet produit le recours aux phrases non verbales ?

1. Gaieté des jeunes ouvrières et des soldats. La plus jolie se défendait de boire : « Quand je bois du vin, je ne puis plus travailler de toute la journée. » Le sergent était brillant et en vérité n'a rien dit que de très bien. Heureux âge mais surtout heureuse classe d'êtres !

2. Irun est situé sur une petite éminence où j'arrive solidement mouillé après une demi-heure. Foule de soldats et d'officiers devant l'auberge.

Stendhal, *Voyage dans le midi*, écrit en 1838 et publié en 1927.

Exercice 2

1. Dans les textes suivants, repérez les énoncés sans verbe conjugé. Quel est le mot essentiel de ces énoncés ?

2. Repérez les phrases verbales. Sont-elles simples ou complexes ?

3. Quel effet produit l'alternance de phrases verbales et d'énoncés sans verbe ?

1. Il la trouvait belle, méprisante et distraite. Distraite, en effet ; presque rien n'arrivait à la distraire de son amour pour le comte. (Radiguet)

2. Dans le ciel soudain vidé de son soleil, quelque chose se détend. Tout un petit peuple de nuages rouges s'étire jusqu'à se résorber dans l'air. Presque aussitôt après, la première étoile apparaît qu'on voyait se former et se durcir dans l'épaisseur du ciel. Et puis, d'un coup, dévorante, la nuit. Soirs fugitifs d'Alger, qu'ont-ils donc d'inégalable pour délier tant de choses en moi ? (Camus)

Exercice 3

Distinguez les phrases simples des phrases complexes.

1. Le long d'un clair ruisseau buvait une colombe. (La Fontaine)

2. Ma mère avait trop souffert, elle avait besoin souvent de ne plus souffrir ; et moi, j'étais comme avide de souffrance. (Sand)

3. Tu seras privé de dessert jusqu'à ce que tu aies changé d'avis. (Aymé)

4. Un jour, sur ses longs pieds, allait je ne sais où,
Le héron au long bec emmanché d'un long cou. (La Fontaine)

5. Nous montâmes sur la terrasse d'où la vue à l'infini s'étendait. (Gide)

Exercice 4

1. Quels sont la nature et le nombre des propositions qui composent les phrases suivantes ?

2. Précisez la valeur et le sens de la conjonction de coordination « et » : succession, opposition, simple liaison.

3. Quand cela est possible, remplacez la conjonction de coordination par une conjonction de subordination.

1. J'ai amené des gens pour vous habiller en cadence et ces sortes d'habits se mettent avec cérémonie. (Molière)

2. Vous êtes empereur, Seigneur, et vous pleurez. (Racine)

3. J'ai l'habit d'un laquais et vous en avez l'âme. (Hugo)

4. L'homme est né libre et partout il est dans les fers. (Rousseau)

5. *(À propos de Giton, l'homme riche.)*

Il s'arrête et l'on s'arrête ; il continue de marcher et l'on marche. (La Bruyère)

6. Il pénétra dans le monument, et, renseigné par le gardien, il s'engagea dans la spirale de l'escalier. (Jules Romains)

Vers le BAC

1. Sur quel type de mot reposent les phrases sans verbe : nom, adjectif, adverbe, groupes précédés d'une préposition ?

2. Que signalent les phrases verbales ?

3. Rédigez un paragraphe où vous expliquerez d'où vient la vivacité du récit.

(Albin et Angèle s'avancent vers Clarius qui les menace de son fusil)

Si on pouvait seulement aller jusqu'au saule !

Le saule ! Une, deux, il est dépassé !

Une, deux ; en avant, de front, comme à la guerre !

Si on pouvait seulement aller jusqu'au premier peuplier !

Le voilà ; puis le deuxième, le troisième !

Une, deux ; déjà, on est aux platanes !

Oh, le bruit qu'on fait !

Jean Giono, *Un de Baumugnes*, Éd. Gallimard, 1929.

Le rythme de la phrase

Le rythme de la phrase naît de la longueur croissante ou décroissante des groupes syntaxiques. Il peut être renforcé par le jeu des accents et des sonorités.

1. Les rythmes réguliers

● **Le rythme binaire.** La phrase s'organise en deux groupes de longueur égale ou presque.

> « Notre vie et notre cœur sont entre les mains de Dieu : laissons-le donc disposer de l'une comme de l'autre. » *(Chateaubriand)*

> Les deux propositions juxtaposées sont de longueur égale. À l'intérieur de chacune on compte quatorze syllabes.

● **Le rythme ternaire.** La phrase s'organise en trois temps. Parfois, la ponctuation isole trois groupes de longueur équivalente ou proche.

> « C'était à Mégara, faubourg de Carthage dans les jardins d'Hamilcar. » *(Flaubert)*

> Le retour des trois noms propres donne à la phrase un rythme ample et solennel. Les trois temps de la phrase sont de longueur presque équivalente.

● **L'accumulation.** Plusieurs propositions se succèdent.

> « Va, cours, vole et nous venge. » *(Corneille)*

> La juxtaposition de quatre verbes courts, renforcée par l'allitération en « v », crée un rythme intense qui donne toute sa force à cet appel.

2. Les rythmes irréguliers

Divers procédés permettent de gagner en vivacité.

● **La progression.** À l'intérieur de la phrase, les groupes de mots ou les propositions, d'abord courts, deviennent de plus en plus longs ou, au contraire (mais plus rarement), raccourcissent peu à peu.

> « Je suis un ignorant, un paresseux, c'est vrai ; mais ma mère, qui compte sur moi, ma mère, à qui j'ai promis que je trouverais une place, ma mère ne doit pas être punie de mon ignorance et de ma paresse. » *(Dumas)*

● **L'alternance.** Les changements de longueur des groupes permettent divers effets.

> « Il se leva, donna par-dessus la table, sur le buste d'Étienne, une tape. » *(Jules Renard)*

> Les deux groupes circonstanciels repoussent le complément d'objet à la fin de la phrase. L'effet rythmique tient à la brièveté du complément attendu : « une tape ».

3. La période

On appelle « période » une longue phrase complexe, clairement et harmonieusement développée. Un équilibre est ménagé entre la phase montante de la phrase et la phase descendante.

> « La voûte du ciel bleu s'enfonçait dans l'horizon, d'un côté dans le poudroiement des plaines, de l'autre dans les brumes de la mer, et sur le sommet de l'Acropole des cyprès pyramidaux bordant le temple d'Eschmoûn se balançaient, et faisaient un murmure, comme les flots réguliers qui battaient lentement le long du môle, en bas des remparts. » *(Gustave Flaubert)*

> La phase montante, lancée par le verbe « s'enfonçait », s'appuie sur les deux compléments de dix syllabes annoncés par « d'un côté » et « de l'autre ». Elle aboutit au déploiement des deux groupes verbaux « se balançaient » et « faisaient un murmure », qui font ensemble dix syllabes. La phase descendante se fait par une comparaison et le dernier groupe circonstanciel.

Exercice 1

1. Repérez les groupes qui vont par deux (rythme binaire) ou par trois (rythme ternaire).

2. Sur quoi le rythme de la phrase permet-il d'insister ?

1. Il eut beau protester, on ne le crut pas. (Maupassant)

2. La culture n'est rien ; c'est l'homme qui est tout. (Le Clézio)

3. Je n'ai plus rien à apprendre, j'ai marché plus vite qu'un autre, et j'ai fait le tour de ma vie. (Chateaubriand)

4. On n'est jamais si heureux qu'on croit, ni si heureux qu'on l'avait espéré. (La Rochefoucauld)

Exercice 2

1. Repérez tous les rythmes binaires, ternaires, et les accumulations.

2. Dans quel but l'auteur organise-t-il ainsi son paragraphe ?

Bouvard fumait la pipe, aimait le fromage, prenait régulièrement sa demi-tasse ; Pécuchet prisait, ne mangeait au dessert que des confitures et trempait un morceau de sucre dans le café. L'un était confiant, étourdi, généreux ; l'autre discret, méditatif, économe. (Flaubert)

Exercice 3

1. Repérez les progressions dans la longueur des groupes.

2. Sur quelle idée permettent-ils d'insister ?

1. Le loup, quelques jours écoulés,
Vient voir si son chien n'est pas meilleur à prendre. (La Fontaine)

2. La modestie, qui semble refuser les louanges, n'est en effet qu'un désir d'en avoir de plus délicates. (La Rochefoucauld)

3. Il n'y a pas moins d'éloquence dans le ton de la voix, dans les yeux et dans l'air de la personne, que dans le choix de ses paroles. (La Rochefoucauld)

4. Je veux imiter mon père, et tous ceux de ma race, qui ne se sont jamais voulu marier. (Molière)

Exercice 4

Repérez les alternances de longueur des groupes. Quels effets produisent-ils ?

Au-dessus de nos têtes, à deux millimètres, à un millimètre peut-être des tempes, venaient vibrer l'un derrière l'autre ces longs fils d'acier tentants que tracent les balles qui veulent vous tuer, dans l'air chaud d'été. (Céline)

Exercice 5

Analysez le développement de cette phrase de Proust.

Aussi, si j'imaginais toujours autour de la femme que j'aimais les lieux que je désirais le plus alors, si j'eusse voulu que ce fût elle qui me les fît visiter, qui m'ouvrît l'accès d'un monde inconnu, ce n'était pas par le hasard d'une simple association de pensée : non, c'était que mes rêves de voyage et d'amour n'étaient que des moments – que je sépare artificiellement aujourd'hui comme si je pratiquais des sections à des hauteurs différentes d'un jet d'eau irisé et en apparence immobile – dans un même et infléchissable jaillissement de toutes les forces de la vie.

MARCEL PROUST, *Du côté de chez Swann*, 1913.

Exercice 6

Comparez la construction des phrases du passage. Analyser le rythme de la seconde.

Biarritz est un village blanc à toits roux et à contrevents verts posé sur des croupes de gazon et de bruyère, dont il suit les ondulations. On sort du village, on descend dans la dune, le sable s'écroule sous vos talons, et tout à coup on se retrouve sur une grève douce et unie au milieu d'un « labyrinthe inextricable de rochers, de chambres, d'arcades, de grottes et de cavernes, étrange architecture jetée au milieu des flots, que le ciel remplit d'azur, le soleil de lumière et d'ombre, la mer d'écume, le vent de bruit.

VICTOR HUGO, *Voyage aux Pyrénées*, 1843.

Vers le BAC

1. Relevez des tours grammaticaux qui contribuent à casser le rythme de la phrase. Relevez, inversement, les effets de régularité.

2. Expliquez dans un paragraphe rédigé ce qui donne sa vivacité à cette scène de western.

Tout à coup, voilà ce qu'on craignait et ce qu'on espérait : cinq ou six lascars se sont embusqués derrière les rochers. Haut les mains qu'ils crient eux aussi mais Jacques ne se laisse pas impressionner : il se jette à bas de son cheval et que la poudre parle ! Elle ne parle pas, elle siffle ! Non pas elle, les balles. Sifflent. En tout cas voilà déjà un des assaillants sur le carreau : il voulut montrer son nez hors de sa cachette et toc c'est un mourant. Un second, fantaisie singulière, change d'abri. Notre héros l'atteint d'un plomb agile, et le desperado faisant une grimace s'écroule, supprimé.

RAYMOND QUENEAU, *Loin de Rueil*, Éd. Gallimard, 1944.

L'emploi des temps

Les formes verbales situent le fait évoqué dans le temps en opposant le présent au futur et au passé.

1. Les valeurs du présent

Le présent évoque un fait, une action, état, événement, qui se produit au moment où l'on parle. La durée de ce présent est extensible.

Présent momentané	Il indique une action très proche du moment où l'on parle.	Il arrive. Tais-toi.
Présent actuel	Engagé dans le passé, il déborde vers le futur	Il dort depuis une heure.
Présent omni-temporel	Sans limite passée ou future, il sert à caractériser un être, un lieu, un objet.	Elle est grande ; ses yeux sont noirs.
Présent de vérité générale	Ce qui est dit vaut de tout temps.	La terre tourne autour du soleil.
Présent itératif	Dans certains contextes, il marque une action qui se répète.	Tous les jours elle se lève de bonne heure.
Présent de narration	Dans un récit au passé, il actualise, rend vivant l'événement.	Elle pleurait. Le voilà qui arrive !

2. Les temps du passé

● **L'imparfait.** Il situe le fait dans le passé sans en préciser le début ni la fin. Il convient aux descriptions, aux portraits et sert de second plan aux actions mises en avant par le passé simple.

● **Le passé simple.** Il situe le fait dans un passé coupé du présent. Les faits évoqués, vus du dehors, se succèdent. Sur fond d'imparfait, le passé simple met en avant ce qui fait événement.

> « Deux coqs vivaient en paix ; une poule <u>survint</u>,
> Et voilà la guerre allumée. » (La Fontaine)

● **Le passé composé.** Il évoque une action terminée et dont les conséquences durent dans le présent. Il lie le passé et le présent, et concurrence le passé simple.

● **Les formes composées.** Le passé composé, le plus-que-parfait et le passé antérieur présentent les faits comme antérieurs aux faits évoqués par les formes simples.

3. Le futur

● **Le futur catégorique.** Il présente comme certain un fait futur par rapport au présent de celui qui s'exprime.

> « Et qui m'<u>empêchera</u> de mettre en notre étable,
> Vu le prix dont il est, une vache et son veau,
> Que je <u>verrai</u> sauter au milieu du troupeau ? » (La Fontaine)

● **Le futur de vérité générale.** Dans cet emploi, il rivalise avec le présent.

> « Selon que vous <u>serez</u> puissant ou misérable,
> Les jugements de cour vous <u>rendront</u> blanc ou noir. » (La Fontaine)

● **Le futur antérieur.** Il annonce qu'un fait futur se réalisera avant un autre fait futur.

> Quand Perrette <u>aura vendu</u> son lait, elle achètera des œufs.

Exercice 1

Référez-vous au tableau des valeurs du présent. Quelle est la valeur du présent dans chacun de ces extraits ?

1. Chaque jour, je vais jusqu'au rivage. Il faut traverser les champs, les cannes sont si hautes que je vais à l'aveuglette, courant le long des chemins de coupe, quelquefois perdu au milieu des feuilles coupantes. Là je n'entends plus la mer. (Le Clézio)

2. J'ai quelque chose de chagrin et de fier dans la mine. (La Rochefoucauld)

3. Attaché, dit le loup : vous ne courez donc pas où vous voulez ? (La Fontaine)

4. Je dis « holà ! » On me répond. J'entre. C'est un type qui est en train d'allumer du feu dans un âtre. On se dit tout ce qu'on a à se dire. Le feu flambe. C'est un très bon moment, paisible. (Giono)

5. Hâtons-nous ; le temps fuit et nous traîne avec soi :
Le moment où je parle est déjà loin de moi. (Boileau)

Exercice 2

Dans ces vers de Corneille, distinguez les différentes valeurs du présent.

1. Prends un siège Cinna, prends et sur toute chose
Observe exactement la loi que je t'impose.

2. Le temps est un grand maître, il règle bien des choses.

3. Je cherche le silence et la nuit pour pleurer.
Albe vous a nommé, je ne vous connais plus.

Exercice 3

Dans les phrases suivantes, quelles sont les valeurs de l'imparfait ?

1. Elle entrait à toute heure dans ma chambre, toujours ouverte et s'asseyait sur la chaise au pied de mon lit. (Lamartine)

2. Ils couraient au carnage et rencontrent la guerre. (Corneille)

3. Trois minutes après, l'abbé et moi nous quittions le presbytère et nous nous avancions sur le grand chemin. (Villiers de l'Isle-Adam)

4. Il n'avait qu'à parler et je lui changeais son verre. (Renard)

Exercice 4

Remplacez par l'imparfait ou le passé simple les formes du présent de l'indicatif. Expliquez vos choix.

1. À moitié chemin de l'avenue, les deux amis trouvent sur la souche d'un arbre abattu le vieillard qui tient à la main un bâton et s'amuse à travers les raies sur le sable. En le regardant attentivement, ils s'aperçoivent qu'il vient de déjeuner ailleurs qu'à l'établissement. (Balzac)

2. Comme il frappe très fort, il croit entrevoir, au milieu de l'extrême obscurité, comme une ombre blanche qui traverse la chambre. Enfin, il n'y a plus de doute, il voit une ombre qui semble s'avancer avec une extrême lenteur. Tout à coup il voit une joue qui s'appuie à la vitre contre laquelle est son œil. (Stendhal)

Exercice 5

1. Identifiez les formes composées et indiquez leur valeur.

2. Analysez les emplois du passé simple et de l'imparfait.

La scène se passe pendant la guerre de 1914.

Mme Verdurin, souffrant pour ses migraines de ne plus avoir de croissant à tremper dans son café au lait, avait fini par obtenir de Cottard une ordonnance qui lui permit de s'en faire faire dans certain restaurant dont nous avons parlé. Cela avait été presque aussi difficile à obtenir des pouvoirs publics que la nomination d'un général. Elle reprit son premier croissant le jour où les journaux narraient le naufrage du *Lusitania*. Tout en trempant le croissant dans le café au lait, et donnant des pichenettes à son journal pour qu'il pût se tenir grand ouvert sans qu'elle eût besoin de détourner son autre main des trempettes, elle disait : « Quelle horreur ! Cela dépasse en horreur les plus affreuses tragédies. Mais la mort de tous ces noyés ne devait lui apparaître que réduite au milliardième, car, tout en faisant, la bouche pleine, ces réflexions désolées, l'air qui surnageait sur sa figure, amené là probablement par la saveur du croissant, si précieux contre la migraine, était plutôt celui d'une douce satisfaction. »

MARCEL PROUST, *À la Recherche du temps perdu*, 1927.

Vers le BAC

1. Analysez les valeurs des formes verbales.

2. Dans un paragraphe rédigé, expliquez en quoi le jeu des temps contribue à la force évocatrice du tableau.

Il n'y avait plus, à l'est, derrière Gilliatt, qu'un porche de ciel clair qui allait se fermer. Sans qu'on eût l'impression d'aucun vent, une étrange diffusion de duvet grisâtre passa, éparpillée et émiettée, comme si quelque gigantesque oiseau venait d'être plumé derrière ce mur de ténèbres. Il s'était formé un plafond de noirceur compacte qui, à l'extrême horizon, touchait la mer et s'y mêlait dans la nuit. On sentait quelque chose qui avance. C'était vaste et lourd, et farouche. L'obscurité s'épaississait. Tout à coup un immense tonnerre éclata.

VICTOR HUGO, *Les Travailleurs de la mer*, 1866.

La valeur des modes

Chaque mode a des emplois particuliers. Le mode indicatif exprime la réalité d'une action, le subjonctif évoque l'incertitude ou la possibilité, le conditionnel exprime une hypothèse et l'impératif, l'ordre.

1. Le classement des modes

Il existe deux types de classement des modes : le classement par rapport à la personne et le classement par rapport au temps.

● **Les modes personnels et impersonnels.** Les modes impersonnels n'indiquent pas la personne : il s'agit de l'infinitif et du participe. Les modes personnels se conjuguent en indiquant la personne : il s'agit de l'indicatif, du subjonctif et de l'impératif.

● **Les modes temporels et non temporels.** Le mode ayant la fonction première d'indiquer le temps est le mode indicatif, qui situe les actions dans le présent, le passé ou le futur.

2. La valeur des modes

En plus des critères de personne et de temps, les modes se distinguent aussi par un autre critère, celui du rapport à la réalité : chaque mode présente le fait comme plus ou moins possible, plus ou moins certain, plus ou moins nécessaire.

● **L'expression du réel.** Excepté au conditionnel, le mode indicatif présente le fait évoqué comme vrai, qu'il soit situé dans le passé, le présent ou le futur :

> *Il partira demain ou dans deux mois.*

Dans une phrase interrogative, la vérité est attendue de la réponse :

> *Est-ce qu'il part ?*

● **L'expression de l'hypothèse.** Elle se fait essentiellement par les temps du conditionnel de l'indicatif, parfois aussi par le futur. On distingue deux types d'hypothèses : l'éventuel et le non-réalisé.
– L'éventuel : le fait soumis à condition est présenté comme réalisable.

> *Il réussira, s'il travaille.* (Futur)
> *Il est en retard : il aura été pris dans un embouteillage.* (Futur antérieur)
> *S'il travaillait, il réussirait : encourage-le.* (Conditionnel présent)

– Le non-réalisé : l'hypothèse émise ne peut se réaliser, ni dans le présent (irréel du présent), ni dans le passé (irréel du passé).

> *Il aurait aimé pouvoir travailler.* (Conditionnel passé)

● **L'expression du possible.** Elle se fait essentiellement par le mode subjonctif : il exprime qu'un fait a pu, peut, pourra arriver, qu'il s'agisse ou non d'un fait réel.

Les faits rapportés au subjonctif sont liés à l'appréciation de celui qui parle. Le mode se prête à l'expression de la volonté, d'un sentiment, d'un souhait.

> **Moi, des tanches ? dit-il, moi, héron, que je fasse**
> **Une si pauvre chère ? (La Fontaine)**

> Le héron exprime son indignation hautaine.

● **L'expression d'une volonté.** Elle se fait essentiellement par le mode impératif, relayé par le mode subjonctif pour les formes que l'impératif ne possède pas (ex : « qu'ils soient prêts à l'heure »). Le mode impératif est en effet réservé à la formulation d'un ordre, d'une défense, d'un conseil, d'une prière. L'émetteur tente d'influencer le comportement du récepteur.

> **Évitez des témoins odieux ;**
> **Venez, rentrez, fuyez une honte certaine. (Racine)**

> La servante adresse des conseils pressants à sa maîtresse.

Exercice 1

Les phrases suivantes, extraites des *Contes du chat perché* de Marcel Aymé, évoquent les aventures de Delphine et Marinette.

1. Relevez les verbes à un mode impersonnel.

2. Relevez les verbes à un mode personnel et dites chaque fois quelle est la personne exprimée.

3. Pour chaque phrase, faites la distinction entre ce qui relève du réel et ce qui relève de l'hypothèse.

1. Il fallait aussi compter avec le chat qui avait beaucoup d'autorité dans la maison et qui verrait peut-être d'assez mauvais œil l'arrivée d'un chien.

2. J'avais mis de côté pour vous une aile et une cuisse, que vous auriez mangées ce soir, dit leur maman. Mais puisque vous répondez à vos parents, vous serez encore au pain sec ce soir.

3. Ce n'est pas tout d'avoir fait le problème. Il faut aussi qu'il soit juste. Mais ça, on le saura demain. On verra la note que la maîtresse vous donnera. Si jamais votre problème n'est pas juste, vous pouvez compter que ça ne se passera pas comme ça. Ce serait trop facile. Il suffirait de bâcler un problème.

Exercice 2

Relevez les verbes au subjonctif et expliquez la valeur de ce mode.

1. Il s'étonna que je ne l'eusse pas appelé plus tôt. (Gide)

2. Je vais chercher quelque coin où je puisse dormir. (Gautier)

3. « Je crois que je l'ai aperçue avenue des Champs-Élysées. – Je ne crois pas que ce fût elle. » (Proust)

4. Pourvu qu'il fasse beau demain ! (Renard)

5. Il vaut mieux qu'il pleuve aujourd'hui plutôt qu'un jour où il fait beau. (Dac)

Exercice 3

Faites un tableau en quatre colonnes : ordre, défense, conseil, prière. Relevez les verbes à l'impératif et placez-les dans votre tableau.

PHILIPPE. – Ne me faites pas violence, ne m'enfermez pas dans une chambre où est le cadavre de ma fille – laissez-moi m'en aller.

UN CONVIVE. – Venge-toi, Philippe, laisse-nous te venger. Que ta Louise soit notre Lucrèce ! Nous ferons boire à Alexandre le reste de son verre.

UN AUTRE. – La nouvelle Lucrèce ! Nous allons jurer sur son corps de mourir pour la liberté ! Rentre chez toi, Philippe, pense à ton pays, ne rétracte pas tes paroles.

ALFRED DE MUSSET, *Lorenzaccio*, 1834.

Exercice 4

1. Quel est le temps dominant ? Quelle valeur modale a-t-il ?

2. Relevez les deux derniers verbes. À quel mode sont-ils ? Expliquez la valeur de chacun.

Rousseau imagine ce qu'il serait devenu s'il était resté apprenti à Genève.

J'aurais été bon chrétien, bon citoyen, bon père de famille, bon ami, bon ouvrier, bon homme en toute chose. J'aurais aimé mon état[1], je l'aurais honoré peut-être, et après avoir passé une vie obscure et simple, mais égale et douce, je serais mort paisiblement dans le sein des miens. Bientôt oublié sans doute, j'aurais été regretté du moins aussi longtemps qu'on se serait souvenu de moi.

Au lieu de cela... quel tableau vais-je faire ? Ah ! n'anticipons point sur les misères de ma vie ! Je n'occuperai que trop mes lecteurs de ce triste sujet.

JEAN-JACQUES ROUSSEAU, *Les Confessions*, 1782.

1. État : *condition sociale, profession.*

Vers le BAC

1. Relevez les formes verbales qui expriment une hypothèse.

2. Expliquez la valeur des temps de la dernière phrase.

3. Dans un paragraphe rédigé, expliquez comment les modes utilisés rendent sensible le développement du rêve dans l'esprit du personnage.

Emma écoute à l'opéra de Rouen le célèbre ténor Lagardy.

Il devait avoir, pensait-elle, un intarissable amour, pour en déverser sur la foule à si larges effluves. Toutes ses velléités de dénigrement s'évanouissaient sous la poésie du rôle qui l'envahissait, et, entraînée par l'illusion du personnage, elle tâcha de se figurer sa vie, cette vie si resplendissante, extraordinaire, splendide, et qu'elle aurait pu mener cependant, si le hasard l'avait voulu. Ils se seraient connus, ils se seraient aimés ! Avec lui, par tous les royaumes de l'Europe, elle aurait voyagé de capitale en capitale, partageant ses fatigues et son orgueil, ramassant les fleurs qu'on lui jetait, brodant elle-même ses costumes ; puis, chaque soir, au fond d'une loge, derrière la grille à treillis d'or, elle eût recueilli, béante, les expansions de cette âme qui n'aurait chanté que pour elle seule ; de la scène, tout en jouant, il l'aurait regardée. Mais une folie la saisit : il la regardait, c'est sûr !

GUSTAVE FLAUBERT, *Madame Bovary*, 1857.

L'expression de l'aspect

L'aspect, c'est la façon dont se déroule une action : de façon continue sans qu'on sache quand elle se termine ; délimitée dans le temps ; ou répétitive.

1. L'expression de l'aspect à travers le sens du verbe

Un certain nombre de verbes, par leur sens même, indiquent un aspect. Ils peuvent indiquer :
- qu'une action dure. *Exemple :* aimer.
- qu'une action est limitée dans le temps. *Exemple :* mourir.
- qu'une action se répète. C'est le cas des verbes composés avec le préfixe « re- » indiquant la répétition. *Exemple :* relire.

2. L'expression de l'aspect à l'aide d'un auxiliaire

On appelle ces auxiliaires les auxiliaires d'aspect. Par rapport à un instant donné (dans le passé, le présent ou le futur, selon le moment où sont situés les événements), on indique grâce à l'auxiliaire :
– une action sur le point de se faire, par « être sur le point de » ;
– une action qui commence, par « se mettre à », « commencer à » ;
– une action engagée qui dure, par « être en train de » ;
– une action qui se termine, par « finir de », « cesser de » ;
– une action qui vient de se faire, par « venir de ».

3. L'expression de l'aspect à l'aide du temps du verbe

● **L'aspect accompli ou non accompli.** Les formes simples du verbe présentent le fait évoqué dans son déroulement, comme en train de se produire : c'est l'aspect non accompli.

Les formes composées présentent les faits envisagés comme terminés, accomplis ; elles évoquent l'état nouveau résultant de cet accomplissement.

Temps	Adverbe de temps	Aspect accompli (formes composées)	Aspect non accompli (formes simples)
Présent	Maintenant	Il a mangé	Il mange
Passé	Hier	Il avait mangé	Il mangeait
Futur	Demain	Il aura mangé	Il mangera

● **L'aspect limitatif ou non limitatif.** L'aspect est limitatif quand le fait évoqué est limité dans le temps. C'est ainsi que le passé simple est en général limitatif.

L'aspect est non limitatif quand le fait évoqué est présenté au moment où il se produit sans considérer son début ni sa fin.

▌ *Il faisait beau, il fit une promenade.*

▌ La promenade n'a duré qu'un temps (aspect limitatif), tandis qu'on ne sait pas combien de temps il aura fait beau (aspect non limitatif).

● **L'aspect itératif.** Il indique que la même action ou situation exprimée par le verbe se reproduit plusieurs fois. C'est le contexte qui permet de savoir si le temps employé renvoie à un aspect itératif.

▌ *Elle est arrivée quand il mangeait sa soupe.*

▌ La phrase indique une seule action de manger alors que : « Il mangeait sa soupe » donne au contraire à l'imparfait l'aspect itératif.

Exercice 1

Faites un tableau à trois colonnes : aspect limitatif, aspect non limitatif, aspect itératif. Dans chaque colonne, inscrivez cinq verbes dont le sens correspond à cet aspect.

Exercice 2

Dans les phrases suivantes, dites si « commencer », « venir », ou « cesser » sont employés comme verbes ou comme auxiliaires d'aspect.

– Il ne cesse pas de me harceler, je veux que cela cesse.

– Il commence à m'agacer avec ces hésitations, il faut pourtant se décider à commencer le travail.

– Il me vient une idée.

Exercice 3

Distinguez les formes simples et les formes composées. Expliquez l'effet produit par leur emploi.

1. « La varicelle, je l'ai eue, on ne l'a pas deux fois, qui est-ce qui vient me reparler de varicelle ? » (Dubillard)

2. Il a gelé blanc ; les dahlias sont fripés comme après une nuit de bal. (Renard)

3. (La mer) Quand la nuit est presque venue et que le ciel est sombre sur la terre noircie, elle luit encore faiblement, on ne sait par quel mystère. (Proust)

4. (Le frère et la sœur) Elle ne répond pas. Son regard me traverse. Je comprends tout d'un coup que, au cours de ces années d'exil, je l'ai perdue. Elle a suivi un autre chemin, elle est devenue quelqu'un d'autre, nos vies ne peuvent plus coïncider. (Le Clézio)

Exercice 4

1. Repérez le temps employé dans la proposition principale.

2. Quel élément de la phrase permet de savoir si ce temps est employé ou non sous son aspect itératif ?

1. Les vieux : les soirs où il ne pleut point, ils arrivent, traînant un banc. (Giraudoux)

2. Et, quand nous respirons, la Mort dans nos
[poumons
Descend, fleuve invisible, avec de sourdes plaintes.
(Baudelaire)

3. Du temps où tu m'aimais, Lydie,
De ses bras, nul autre que moi
N'entourait ta gorge rebondie. (Musset)

Exercice 5

1. Quelle est la valeur d'aspect des imparfaits de l'indicatif ?

2. L'auteur emploie ensuite un autre mode. Repérez lequel.

3. Quelle indication cet emploi donne-t-il sur les personnages ?

Il consacraient parfois des soirées entières à boire, resserrés autour de deux tables rapprochées pour la circonstance, et ils parlaient, interminablement, de la vie qu'ils auraient aimé mener, des livres qu'ils écriraient un jour, des travaux qu'ils aimeraient entreprendre, des films qu'ils avaient vus ou qu'ils allaient voir, de l'avenir de l'humanité, de la situation politique, de leurs vacances prochaines, de leurs vacances passées...

GEORGES PEREC, *Les Choses*, Éd. Julliard, 1965

Vers le BAC

1. Quelle est la valeur d'aspect de l'imparfait dans le texte ? Quels indices permettent de répondre ?

2. Quel est le mot-clé de l'avant-dernière phrase (lignes 13 à 16) expliquant cette prédominance de l'imparfait ?

3. Quelle est la valeur d'aspect de la dernière phrase du passage ?

4. Rédigez un paragraphe où vous vous demanderez si le choix des temps contribue à la tonalité du passage.

À Combray, tous les jours dès la fin de l'après-midi, longtemps avant le moment où il faudrait me mettre au lit et rester, sans dormir, loin de ma mère et de ma grand-mère, ma chambre à coucher devenait le point fixe et douloureux
5 de mes préoccupations. On avait bien inventé, pour me distraire les soirs où on me trouvait l'air trop malheureux, de me donner une lanterne magique dont, en attendant l'heure du dîner, on coiffait ma lampe ; et, à l'instar des premiers architectes et maîtres verriers de l'âge gothique, elle subs-
10 tituait à l'opacité des murs d'impalpables irisations, de surnaturelles apparitions multicolores, où des légendes étaient dépeintes comme dans un vitrail vacillant et momentané. Mais ma tristesse n'en était qu'accrue, parce que le changement d'éclairage détruisait l'habitude que j'avais de ma
15 chambre et grâce à quoi, sauf le supplice du coucher, elle m'était devenue supportable. Maintenant, je ne la reconnaissais plus et j'y étais inquiet, comme dans une chambre d'hôtel ou de « chalet », où je fusse arrivé pour la première fois en descendant de chemin de fer.

MARCEL PROUST, *Du côté de chez Swann*, 1913.

38 Les figures de style

Les figures de style sont des procédés qui visent à rendre l'énoncé plus expressif. Elles constituent des tours de langage particuliers qui personnalisent le discours et contribuent à l'originalité du style.

1. L'insistance

Les figures d'insistance cherchent à souligner l'importance d'un mot, d'une idée, d'une impression.

Figure	Procédé et effet	Exemple
Le parallélisme	On utilise une construction semblable pour deux énoncés. *Effet :* le parallélisme met en évidence une similitude ou une opposition.	« J'ai tendresse pour toi, j'ai passion pour elle. » (Corneille)
L'anaphore	On répète le même mot ou la même expression en tête de vers, de phrase ou de paragraphe. *Effet :* l'anaphore met l'accent sur une idée, pour convaincre ou rythmer l'énoncé.	« Il y a des petits ponts épatants Il y a mon cœur qui bat pour toi Il y a une femme triste sur la route... » (Apollinaire)
La gradation	On fait se succéder des termes d'intensité croissante ou décroissante. *Effet :* la gradation produit un effet de grossissement, elle peut tendre à l'hyperbole.	« Je me meurs, je suis mort, je suis enterré. » (Molière)

2. L'opposition

Les figures d'opposition rapprochent dans un même énoncé deux termes opposés. Elles soulignent les contradictions entre deux idées, deux situations ou deux personnages. Elles créent ainsi un effet de contraste.

Figure	Procédé et effet	Exemples
L'antithèse	On rapproche deux mots de sens contraire à l'intérieur d'un vers ou d'une strophe, d'une phrase ou d'un paragraphe. *Effet :* l'antithèse souligne un conflit, un contraste, une opposition.	« **Présente**, je vous fuis, **absente**, je vous trouve. » (Racine)
L'oxymore ou l'alliance de mots contradictoires	On juxtapose deux mots de sens contradictoire au sein d'un même groupe grammatical. *Effet :* l'oxymore crée une nouvelle réalité poétique, un effet de surprise.	« Le **soleil noir** de la mélancolie. » (Nerval)
Le chiasme	On fait se suivre deux expressions contenant les mêmes éléments syntaxiques ou lexicaux et on intervertit leur ordre dans la seconde expression. *Effet :* le chiasme crée une vision synthétique fondée sur l'union ou l'opposition.	« Des **cadavres dessous** et **dessus** des **fantômes**. » (Hugo)

3. L'amplification et l'atténuation

Les figures d'amplification permettent d'accentuer avec force la grandeur d'une idée ou l'intensité d'un sentiment. Les figures d'atténuation permettent d'adoucir par le langage la brutalité d'une réalité.

Figure	Procédé et effet	Exemple
L'hyperbole	On emploie des termes très forts, de façon exagérée. *Effet :* l'hyperbole met en relief la réalité en la grossissant.	« Une mère aussi inflexible que **soixante-treize administrations à casquettes de plomb** » (Rimbaud)
La litote	On se sert d'une expression qui en dit peu pour suggérer davantage. *Effet :* la litote renforce ce qu'elle semble minimiser.	« Va, **je ne te hais point**. » (Corneille), prononcé par Chimène amoureuse, signifie « je t'aime. »
L'euphémisme	On remplace un mot ou une expression désagréable ou cruelle par un mot ou une expression qui atténue son sens. *Effet :* l'euphémisme adoucit la réalité.	« La servante au grand cœur dont vous étiez jalouse, Et qui **dort son sommeil** sous une humble pelouse. » (Baudelaire)

4. Le détour et la substitution

Outre la comparaison et la métaphore, les figures de substitution permettent de remplacer un mot par un autre mot pour créer des effets inattendus.

Figure	Procédé et effet	Exemple
La métonymie	On désigne une chose par un terme proche de la chose désignée, qui entretient avec elle une relation logique facilement identifiable. *Effet :* la métonymie permet un raccourci d'expression.	– « Boire un verre » (le contenant pour le contenu) ; – « Aimez-vous ce bourgogne ? » (le lieu pour la chose) – les cuivres de l'orchestre (l'objet pour la matière).
La synecdoque	On emploie pour parler d'un être ou d'un objet un mot désignant une partie de cet être ou de cet objet, ou la matière dont il est fait. *Effet :* la synecdoque donne une vision fragmentée de la réalité.	– « Il a trouvé un toit » (la partie pour le tout) – « Avoir l'œil attentif » (le singulier pour le pluriel) – « Faire périr par le fer » (la matière pour l'objet)
La périphrase	On remplace un mot par une expression qui le caractérise, en précise ou en développe le sens. *Effet :* la périphrase attire l'attention sur une qualité particulière et évite une répétition.	– « L'auteur de la *Comédie humaine* » (pour Balzac) – « La ville des Lumières » (pour Paris) – « Le géant des mers » (pour un paquebot)
L'antiphrase	On dit le contraire de ce que l'on veut faire entendre, en ne laissant aucun doute sur le sens réel des propos. *Effet :* l'antiphrase traduit l'ironie et instaure une complicité entre les interlocuteurs.	- « Ne vous gênez pas ! » - « C'est du propre ! » - « Ça sent la rose... »

Exercice 1

Relevez l'anaphore et précisez l'effet produit par l'emploi de cette figure dans le poème.

Paris a froid Paris a faim
Paris ne mange plus de marrons dans la rue
Paris a mis de vieux vêtements de vieille
Paris dort tout debout sans air dans le métro

PAUL ELUARD, « Courage », *Au rendez-vous allemand*,
Éd. Gallimard, 1944.

Exercice 2

Relevez l'anaphore et précisez les effets produits par l'emploi de cette figure.

OCTAVE. – Je ne sais point aimer ; Cœlio seul le savait. La cendre que renferme cette tombe est tout ce que j'ai aimé sur la terre, tout ce que j'aimerai. Lui seul savait verser dans une autre âme toutes les sources de bonheur qui reposaient dans la sienne. Lui seul était capable d'un dévouement sans bornes ; lui seul eût consacré sa vie entière à la femme qu'il aimait, aussi facilement qu'il aurait bravé la mort pour elle. Je ne suis qu'un débauché sans cœur ; je n'estime point les femmes ; l'amour que j'inspire est comme celui que je ressens, l'ivresse passagère d'un songe. Je ne sais pas les secrets qu'il savait.

ALFRED DE MUSSET, *Les Caprices de Marianne*,
Acte II, scène 6, 1833.

Exercice 3

Repérez la gradation utilisée dans chacune des citations suivantes. Expliquez en une phrase quel est l'effet recherché.

1. « Va, cours, vole, et nous venge » (Corneille)
2. « Un souffle, une ombre, un rien, tout lui donnait la fièvre. » (La Fontaine)

3. « Pierre marchait au milieu de ces gens, plus perdu, plus séparé d'eux, plus isolé, plus noyé, dans sa pensée torturante, que si on l'avait jeté à la mer du pont d'un navire. » (Maupassant)
4. « Ah ! Oh ! Je suis blessé, je suis troué, je suis perforé, je suis administré, je suis enterré. » (Jarry)

Exercice 4

Relevez et analysez les parallélismes contenus dans l'extrait suivant.

Les uns criaient : « Sainte Barbe ! », les autres « Sainte Nitouche ! », les autres « Notre Dame de Cunault, de Lorette, de Bonne Nouvelles... » Les uns se vouaient à saint Jacques ; les autres au saint suaire de Chambéry... Les uns mouraient sans parler, les autres parlaient sans mourir, les uns mouraient en parlant, les autres parlaient en mourant.

RABELAIS, *Gargantua*, 1534.

Exercice 5

Identifiez la figure d'opposition présente dans les titres d'œuvres suivants. Quel est l'effet recherché par les auteurs ?

– *Splendeurs et misères des courtisanes*, Balzac.
– *L'Être et le Néant*, Sartre.
– *Jean-qui-pleure et Jean-qui-rit*, la comtesse de Ségur.
– *Les Rayons et les Ombres*, Hugo.
– *Moha-le-fou, Moha-le-sage*, Ben Jelloun.

Exercice 6

Sur quelle figure d'opposition cette photographie est-elle construite ? Expliquez votre réponse.

Times Square,
photographie
de Ferdinando
Scianna,
Magnum.

Exercice 7

1. Remplacez les pointillés par un adjectif en essayant de retrouver l'oxymore créé par l'auteur.

2. Sur le même modèle, essayez d'inventer une alliance de mots contradictoires.

– « Un affreux soleil ... d'où rayonne la nuit » (Hugo)
– « Je suis le parfum
  Vivant et ...
  Dans le vent venu. » (Valéry)
– « Cette ... clarté qui tombe des étoiles. » (Corneille)
– « Je la comparerais à un soleil ..., si l'on pouvait concevoir un astre noir versant la lumière et le bonheur. » (Baudelaire)
– Je suis le Ténébreux, – le Veuf, – l'Inconsolé,
  Le Prince d'Aquitaine à la Tour abolie ;
  Ma seule Étoile est morte, – et mon luth constellé
  Porte le Soleil... de la Mélancolie.

GÉRARD DE NERVAL, « El Desdichado »,
Les Chimères, 1853.

– Tout l'hiver va entrer dans mon être : colère,
  Haine, frissons, horreur, labeur dur et forcé,
  Et comme le soleil dans son enfer...
  Mon cœur ne sera plus qu'un bloc rouge et glacé.

CHARLES BAUDELAIRE, *Chant d'automne*, 1857.

Exercice 8

Les phrases suivantes recherchent-elles un effet d'amplification ou d'atténuation ? Identifiez la figure de style utilisée.

– Je suis mort de rire.
– Elle est maigre comme un clou.
– Le courage n'est pas son fort.
– Ils ont tout soldé à un prix hallucinant.
– Il est devenu fou de colère.
– Il a recommencé mille fois avant de réussir.
– Il est mort d'une longue et douloureuse maladie.
– Il n'a pas inventé l'eau tiède.

Exercice 9

Remplacez les synecdoques présentes dans les phrases suivantes par le mot ou l'expression attendus.

1. Il écoutait d'une oreille attentive.
2. « Étranger dont la voile a si longtemps longé nos côtes » (Saint-John Perse)
3. « Les cuivres et les bois se déchaînèrent »
4. « Les gens d'ici sont des mauvaises langues. »
5. « Le mur est gris, la tuile est rousse
L'hiver a rongé le ciment » (Lamartine)

Exercice 10

1. Dans *Histoires naturelles*, Jules Renard désigne les animaux par des périphrases. Associez chaque périphrase à l'animal qu'elle désigne : la puce, l'araignée, le lézard, le ver luisant. Expliquez quel aspect de l'animal est mis en valeur.

2. Par quelle périphrase pourriez-vous désigner : le chien, le lion, le hibou ?

– Fils spontané de la pierre fendue
– Une petite main noire et poilue crispée sur des cheveux
– Un grain de tabac à ressort
– Cette goutte de lune dans l'herbe

Exercice 11

Exprimez de manière explicite la pensée formulée dans les antiphrases suivantes.

– Tu peux être sûr que je vais bien le recevoir !
– C'est un très bel art que la guerre.
– Quel doux bruit de moteur !
– Je l'aime beaucoup, ton nouvel ami. Il a vraiment belle allure !
– Votre exposé était lumineux. Quel éblouissement !

Vers le BAC

1. Relevez dans le texte suivant : une anaphore, un parallélisme, une hyperbole et une synecdoque.

2. Analysez l'une de ces figures de style en montrant précisément l'effet recherché par l'auteur.

Un jour viendra où la guerre paraîtra aussi absurde et sera aussi impossible entre Paris et Londres, entre Pétersbourg et Berlin, entre Vienne et Turin, qu'elle serait impossible et qu'elle paraîtrait absurde aujourd'hui entre Rouen et Amiens, entre Boston et Philadelphie. Un jour viendra où vous France, vous Russie, vous Italie, vous Angleterre, vous Allemagne, vous toutes, nations du continent, sans perdre vos qualités distinctes et votre glorieuse individualité, vous vous fondrez étroitement dans une unité supérieure, et vous constituerez la fraternité européenne, absolument comme la Normandie, la Bretagne, la Bourgogne, la Lorraine, l'Alsace, toutes nos provinces se sont fondues dans la France. Un jour viendra où il n'y aura plus d'autre champ de bataille que les marchés s'ouvrant au commerce et les esprits s'ouvrant aux idées.

VICTOR HUGO, *Discours d'ouverture du congrès de la paix* (21 août 1849).

L'analogie : la comparaison, la métaphore et la personnification

La comparaison et la métaphore, tout comme la personnification et l'allégorie, s'appuient sur l'analogie : ces figures de style stimulent l'imagination par des rapprochements inattendus.

1. La comparaison

● **Le comparé et le comparant.** La comparaison permet de rapprocher, par l'emploi d'un outil de comparaison, deux éléments d'un même domaine, un élément servant à mesurer l'autre (« Il est plus fort que son père »).

Elle peut aussi servir à mettre sur le même plan deux éléments appartenant à des domaines différents, créant alors une image inattendue (« Il est fort comme un bœuf »).

> « La musique souvent me prend comme une mer ! »

> Dans ce vers de Baudelaire, « la musique » (= le comparé) est rapprochée de « la mer » (= le comparant) grâce au mot outil « comme ». Le point commun entre la musique et la mer peut être le mouvement, le bercement, la mélodie.

● **L'outil de comparaison.** Les termes servant à rapprocher comparé et comparant sont variés.

Les verbes	Les adjectifs	Les adverbes et locutions	Les prépositions
ressembler, sembler, avoir l'air	semblable à, pareil à, tel	comme, ainsi que, plus que, moins que	en, de (« un nez en trompette »)

2. La métaphore

● **La construction de la métaphore.** Comme la comparaison, la métaphore unit un comparant et un comparé, mais sans outil de comparaison.

> « Je me suis baigné dans le Poème de la mer. » *(Rimbaud)*

> Dans ce vers, Rimbaud suggère des points communs (l'immensité, le rêve, le voyage...) entre la poésie (le comparé) et la mer (le comparant), de manière à créer une image poétique forte.

● **La métaphore filée.** Elle se constitue d'une suite de métaphores sur le même thème. La première métaphore du texte en engendre d'autres, construites à partir du même comparant et développant un réseau lexical dans la suite du texte.

3. La personnification et l'allégorie

● **La personnification.** Le procédé de la personnification consiste à prêter des comportements ou des sentiments humains à un objet, à un être inanimé ou à un animal.

> « La cathédrale explique tout, a tout enfanté et conserve tout. Elle est la mère, la reine, énorme au milieu du petit tas des maisons basses, pareilles à une couvée abritée frileusement sous ses ailes de pierre. » *(Zola)*

● **L'allégorie.** Elle rend concrète une idée abstraite en lui donnant la forme d'un être vivant qui la représente par son apparence, ses comportements, ses gestes.

> « Je vis cette faucheuse. Elle était dans son champ.
> Elle allait à grands pas moissonnant et fauchant,
> Noir squelette laissant passer le crépuscule. » (Hugo)

> L'allégorie de la mort, représentée ici par une femme en train de faucher, est fréquente en poésie.

Exercice 1

Indiquez, pour la comparaison présente dans la citation, quel est le comparé, le comparant, l'outil de comparaison et le point commun qui les unit.

Une personne à la mode ressemble à une *fleur bleue* qui croît de soi-même dans les sillons, où elle étouffe les épis, diminue la moisson, et tient la place de quelque chose de meilleur. (La Bruyère)

Exercice 2

1. Quel est le comparé et le comparant dans les métaphores suivantes ?

2. Sur quel point commun repose l'analogie ?

1. « Et les thermomètres eux-mêmes regagnaient l'ombre en couinant. » (Belletto)

2. « Miaulements de véhicules et chuchotis de leurs pneumatiques sur le revêtement dérapant, rafales intermittentes et froid dans le dos. C'était mardi, midi moins dix. » (Echenoz)

3. « Le gouffre de tes yeux, plein d'horribles pensées. » (Baudelaire)

Exercice 3

1. Analysez la métaphore filée développée dans l'extrait suivant.

2. Quel est l'effet produit par la dernière phrase ?

Tout à coup la Marseillaise retentit. Hussonnet et Frédéric se penchèrent sur la rampe. C'était le peuple. Il se précipita dans l'escalier en secouant à flots vertigineux des têtes nues, des casques, des bonnets rouges, des baïonnettes et des épaules si impétueusement que des gens disparaissaient dans cette masse grouillante qui montait toujours comme un fleuve refoulé par une marée d'équinoxe, avec un long mugissement, sous une impulsion irrésistible. En haut, elle se répandit, et le chant tomba.

On n'entendait plus que les piétinements de tous les souliers, avec le clapotement des voix.

GUSTAVE FLAUBERT, *L'Éducation sentimentale*, 1869.

Exercice 4

Étudiez les personnifications développées dans le texte.

LES COQUELICOTS

Ils éclatent dans le blé comme une armée de petits soldats ; mais d'un bien plus beau rouge, ils sont inoffensifs.

Leur épée, c'est un épi.

C'est le vent qui les fait courir, et chaque coquelicot s'attarde, quand il veut, au bord du sillon, avec le bleuet, sa payse[1].

JULES RENARD, *Histoires naturelles*, 1896.

1. Payse : *celle qui est du même pays.*

Exercice 5

Repérez et expliquez l'allégorie développée dans l'extrait.

Le Malheur, mon grand laboureur,
Le Malheur, assois-toi,
Repose-toi,
Reposons-nous un peu toi et moi,
Repose,
Tu me trouves, tu m'éprouves, tu me le prouves.
Je suis ta ruine [...]

HENRI MICHAUX, « Repos dans le malheur », *Plume* précédé de *Lointain intérieur*, Éd. Gallimard, 1963.

Vers le BAC

1. À quel type de personnage l'hiver est-il comparé ? Relevez le champ lexical développé par la métaphore filée.

2. Analysez en un paragraphe rédigé l'allégorie présente dans le poème suivant.

Le nez rouge, la face blême,
Sur un pupitre de glaçons,
L'Hiver exécute son thème
Dans le quatuor des saisons.

Il chante d'une voix peu sûre
Des airs vieillots et chevrotants ;
Son pied glacé bât la mesure
Et la semelle en même temps ;

Et comme Haendel[1], dont la perruque
Perdait sa farine en tremblant,
Il fait envoler de sa nuque
La neige qui la poudre à blanc.

THÉOPHILE GAUTIER, « Fantaisies d'hiver »,
Émaux et Camées, 1852.

1. Haendel : *compositeur allemand du XVIIIe siècle.*

Les termes d'articulation logique

Les termes d'articulation logique sont des mots ou des locutions qui explicitent le rapport entre deux faits ou deux idées : ils expriment l'addition, l'opposition, l'explication, etc. Ils permettent de comprendre la logique interne du texte.

1. Les relations logiques

Dans un texte argumentatif, les idées entretiennent des relations logiques. L'enchaînement des phrases et des paragraphes met en évidence ces relations logiques au moyen de termes d'articulation généralement placés en tête de phrase. On distingue ainsi :

● **L'addition.** Elle ajoute une idée à une autre idée, qu'elle met sur le même plan ou classe selon un ordre logique.

> **Exemple :** D'une part, la télévision est un loisir. De l'autre, elle permet de se cultiver.

● **L'opposition.** Elle souligne une contradiction plus ou moins forte entre deux idées ou deux faits.

> **Exemple :** Les émissions culturelles sont nombreuses mais elles sont souvent diffusées à des heures tardives.

● **La cause.** Elle indique l'origine d'un fait, son point de départ.

> **Exemple :** En effet, leur audience est moins large que celle des films de variétés.

● **La conséquence.** Elle expose l'aboutissement d'un fait ou le résultat d'un raisonnement.

> **Exemple :** C'est pourquoi les budgets qui leur sont consacrés sont relativement faibles.

● **La concession.** Elle souligne une contradiction apparente. Elle peut aussi reconnaître en partie la validité d'arguments adverses avant de les réfuter.

> **Exemple :** Il est vrai que certaines émissions culturelles ne sont pas adaptées au grand public.

● **L'explication.** Elle éclaire une idée ou un fait en apportant des informations supplémentaires ou des exemples.

> **Exemple :** Ainsi, les émissions littéraires sont souvent peu ouvertes aux « best-sellers ».

2. Les termes d'articulation

De nombreux mots, adverbes ou locutions adverbiales, conjonctions de coordination ou de subordination, servent à souligner la relation logique qui unit les phrases entre elles.

Relation logique soulignée	Termes d'articulation utilisés
Ajouter	et, puis, en outre, de surcroît, d'ailleurs, voire, d'une part... d'autre part, d'un côté... de l'autre, par ailleurs, ensuite, etc.
Classer	premièrement, d'abord, en premier lieu, de plus, enfin, en dernier lieu, etc.
Opposer	mais, cependant, en revanche, au contraire, or, alors que, toutefois, pourtant, etc.
Indiquer une cause	en effet, car, parce que, puisque, en raison de, du fait de, vu que, sous prétexte que, à cause de, etc.
Indiquer une conséquence	ainsi, c'est pourquoi, en conséquence, si bien que, de sorte que, donc, etc.
Concéder	il est vrai que, sans doute, certes, quoique, même si, bien que, etc.
Expliquer	c'est-à-dire, en d'autres termes, d'ailleurs, effectivement, en effet, etc.
Illustrer	par exemple, c'est ainsi que, c'est le cas de, notamment, comme

Exercice 1

Quelle est la relation logique qui unit implicitement les propositions contenues dans les phrases suivantes ?

1. Les jours se suivent, ils ne se ressemblent pas.

2. Il s'est blessé, on a dû l'hospitaliser d'urgence.

3. Jeanne est très âgée, elle est toujours alerte.

4. Les idées nous viennent du dehors, les sentiments sont au-dedans de nous.

5. La tempête se lève, les bateaux rentrent au port.

6. Je m'inquiète pour toi, tu ne me donnes aucune nouvelle.

7. Son geste lui valut de nombreux ennuis : on le poursuivit, il fut condamné, il connut le déshonneur.

Exercice 2

1. Quelle est la relation logique explicitée par les termes d'articulation contenus dans les phrases suivantes ?

2. Remplacez chaque terme par un terme d'articulation équivalent, en transformant la phrase si nécessaire.

1. **Comme** il a beaucoup plu, la saison touristique a été décevante.

2. **D'une part**, les affiches publicitaires favorisent la consommation ; **d'autre part**, elles embellissent les rues.

3. **Certes**, le début est un peu lent, **mais** ce roman est passionnant.

4. Ce joueur a quitté le terrain **parce qu'**il prétend à tort que l'arbitrage était mauvais.

5. La vente des maillots de bain a baissé, **mais** celle des parapluies a augmenté.

6. J'ai adoré les poèmes de ce recueil **si bien que** j'ai emprunté d'autres livres de cet auteur.

Exercice 3

1. Quelles sont les trois étapes du raisonnement ?

2. Quel est le lien logique présent, et que signifie-t-il ?

3. Quel est le lien logique qui manque, et lequel mettriez-vous ?

L'amitié peut subsister entre des gens de différents sexes, exempte même de toute grossièreté. Une femme cependant regarde toujours un homme comme un homme ; et réciproquement un homme regarde une femme comme une femme. Cette liaison n'est ni passion ni amitié pure : elle fait une classe à part. (La Bruyère)

Exercice 4

1. Replacez les termes d'articulation suivants dans le texte en respectant le développement logique du raisonnement : mais, par exemple, ainsi, en effet, car, c'est par exemple le cas pour, parce qu', cependant, certes.

2. Rédigez une phrase de conclusion au texte en l'introduisant au moyen d'un terme d'articulation logique.

Victimes de leur succès, de nombreux mots de verlan sont progressivement intégrés dans les dictionnaires, perdant ...... leur caractère marginal[1]. ...... *ripou*, *meuf*, *keuf*, et de nombreux autres. ......, cette récupération est bénéfique ...... elle oblige le verlan à une créativité sans cesse renouvelée.

......, créer un mot de verlan est en théorie une chose facile. ...... en théorie seulement ! ...... dans la pratique, il existe des règles secrètes que seuls connaissent les utilisateurs de cette langue de la rue. ......, personne n'a jamais entendu un jeune évoquer, ..., sa *tomo* pour désigner sa moto !

JULIETTE ALBAN, DR.

1. **Marginalité** : *ce qui est en marge de la société.*

Vers le BAC

1. Relevez les termes d'articulation logique présents dans le premier paragraphe. Quelles sont les deux articulations principales et quel raisonnement soulignent-elles ?

2. Quelle articulation logique indique, dans le second paragraphe, que le raisonnement évolue ? Quelle nouvelle idée introduit-elle ?

3. Rédigez un paragraphe dans lequel vous rendrez compte de la rigueur de ce raisonnement.

Dire la vérité est utile à celui à qui on la dit, mais désavantageux à ceux qui la disent, parce qu'ils se font haïr. Or, ceux qui vivent avec les princes aiment mieux leurs intérêts que celui du prince qu'ils servent ; et ainsi, ils n'ont garde de[1] lui procurer un avantage en se nuisant à eux-mêmes.

Ce malheur est sans doute plus grand et plus ordinaire dans les plus grandes fortunes ; mais les moindres n'en sont pas exemptes, parce qu'il y a toujours quelque intérêt à se faire aimer des hommes. Ainsi la vie humaine n'est qu'une illusion perpétuelle ; on ne fait que s'entre-tromper et s'entre-flatter.

BLAISE PASCAL, *Pensées*, 1669.

1. **N'ont garde de** : *ils évitent de.*

Le système énonciatif

L'énonciation est l'action qui consiste à produire un message écrit ou oral. L'émetteur transmet un énoncé à un destinataire, dans un lieu et à une époque donnés, dans une certaine disposition d'esprit et avec une intention déterminée.

1. Les indices de la situation d'énonciation

Tout énoncé repose sur une relation entre un émetteur et un destinataire. Un certain nombre d'indices révèlent la présence de l'émetteur dans l'énoncé, le moment où il écrit, sa position par rapport au destinataire.

● **Les indices personnels.** Ils sont constitués par l'ensemble des marques qui renvoient à l'identité des interlocuteurs et qui renseignent sur les relations qu'ils entretiennent.

Indices personnels	Pronoms personnels	Pronoms possessifs	Pronoms démonstratifs	Adjectifs possessifs
Exemples	« je », « tu », « nous », « vous »	« le mien », « le tien », « le nôtre »	« celui-ci », « celle-là »	« mon », « ta », « votre », « leur »

● **Les indicateurs de temps et de lieu.** Un certain nombre de mots fournissent des indications sur les circonstances de l'énonciation. Ces indices sont constitués par les adverbes et les compléments de temps et de lieu (« ici », « demain »). Ils comprennent également les temps des verbes utilisés dans l'énoncé (présent, passé, futur), ainsi que leur mode (indicatif, subjonctif ou impératif).

2. Les indices du sentiment et du jugement

L'émetteur s'implique dans l'énoncé par des termes qui expriment ses émotions ou ses opinions.

● **Les marques de l'émotion.** L'expression des sentiments de l'émetteur se repère à travers les termes affectifs, à connotations positives ou négatives. L'émotion de l'émetteur se traduit également par l'intonation, souvent liée à la modalité de la phrase :

> ▎ « Ah ! Si j'avais connu Julien il y a dix ans quand je pouvais encore passer pour jolie ! »
> (Stendhal)

● **Les marques du jugement.** Le locuteur peut exprimer un jugement de valeur, à travers l'emploi de termes évaluatifs. On distingue les termes péjoratifs, qui dévalorisent ce qu'ils désignent, et les termes mélioratifs, qui mettent en valeur.

> ▎ « La civilisation mécanique vient de parvenir à son dernier degré de sauvagerie. »
> (Camus)

● **Les termes modalisateurs.** L'émetteur exprime son adhésion ou sa distance, ses certitudes ou ses doutes à l'égard du contenu de son énoncé. Il emploie pour cela des termes modalisateurs :
– des verbes comme *douter, sembler, croire, assurer que…* ;
– des adverbes et des locutions adverbiales comme *peut-être, certainement, sans doute, proba-blement, de toute évidence…* ;
– le conditionnel (*il aurait travaillé chez son voisin ce jour-là*) ou le subjonctif (*qui l'eût cru capable d'un tel geste ?*).

Exercice 1

1. Après avoir recopié le tableau suivant, relevez et classez les différents indices personnels présents dans le texte.

Pronoms personnels	Adjectifs possessifs	Pronoms démonstratifs

2. Quels sont les indices personnels les plus utilisés ?

– Entrez, j'ai dit, prenez vos aises, vous êtes ici chez vous.

J'ai allumé la télé et il s'est assis à table sans ôter son manteau, l'air morgueux[1] d'un type qui attend, l'air d'un type qui s'ennuie. Edwige s'est enfermée dans la salle de bains, on entendait des bruits d'eau par la porte vitrée, ils éclaboussaient le journal de vingt heures.

Le type observait ses ongles roses et ronds. J'ai eu peur qu'il s'impatiente quand la porte de l'appartement s'est ouverte et que Michael est entré.

– Allons bon, ai-je murmuré avec horreur, le voilà qui revient celui-là.

– Bonsoir tout le monde, a fait Michael en jetant son blouson sur le dossier d'une chaise. Bonsoir monsieur.

MARIE DESPLECHIN, *Un pas de plus*, coll. « Points », Éd. Points.

1. Morgueux : *méprisant (néologisme).*

Exercice 2

1. Relevez les adverbes et les compléments de temps et de lieu qui fournissent des indices sur la situation d'énonciation.

2. Identifiez le temps et le mode des verbes utilisés. Quelle opposition mettent-ils en évidence ?

Le xxᵉ siècle s'est enfin achevé. Il y a eu trop de morts de par le monde : d'hommes, d'idéologies, d'illusions et de religions. La créatrice de mes jours repose dans un petit mausolée[1] aux murs blancs, face à l'océan Atlantique. Je m'y suis recueilli récemment et j'ai retrouvé les mots de mon enfance, alors tout était à découvrir, à espérer et à aimer. J'ai visité la maison familiale où elle m'a donné le jour voici trois quarts de siècle. Elle est à l'abandon. Je me suis rendu dans tous les lieux de ma mémoire, au Maroc, en France et ailleurs, partout où j'ai vécu et rêvé. Le soir tombe ici ou là-bas. Du ciel perlent les étoiles, peignant du vert de l'espoir la mort et les années écoulées. Chaque étoile dans le ciel est une larme, une âme

DRISS CHRAÏBI, *Le Monde à côté*, Éd. Denoël, 2001.

1. Mausolée : *monument funéraire.*

Exercice 3

1. À travers quel type de phrase l'émetteur communique-t-il son émotion au lecteur ? Quel mot-clé du poème résume cette émotion ?

2. Relevez les termes qui expriment un jugement. Classez-les en fonction de leurs connotations, positives ou négatives.

Hélas, ai-je pensé, malgré ce grand nom d'Homme,
Que j'ai honte de nous, débiles[1] que nous sommes !
Comment on doit quitter la vie et tous ses maux,
C'est vous qui le savez, sublimes animaux !
À voir ce que l'on fut sur terre et ce qu'on laisse,
Seul le silence est grand, tout le reste est faiblesse.
Ah ! Je t'ai bien compris, sauvage voyageur,
Et ton dernier regard m'est allé jusqu'au cœur !

ALFRED DE VIGNY, « La mort du loup », *Les Destinées*, 1864.

1. Débiles : *faibles.*

Vers le BAC

1. Relevez, dans le second paragraphe, les modalisateurs de certitude utilisés par l'auteur.

2. Sur le modèle du second paragraphe, rédigez un court texte s'interrogeant sur l'évolution de la téléphonie mobile.

Les SMS ou textos, ces courts messages écrits échangés sur les téléphones mobiles, connaissent un succès grandissant. 9,8 milliards ont été échangés en 2003 auprès des trois opérateurs nationaux, soit 27 millions par jour, avec des pointes lors d'événements particuliers comme la Saint-Valentin ou le jour de l'An. En moyenne, les adolescents déclarent en envoyer 19 par semaine (les adultes 9).

On peut s'interroger sur le fait que les Français disposant des moyens de communiquer oralement au moyen d'appareils de plus en plus perfectionnés préfèrent, au moins occasionnellement, la forme écrite. Les raisons en sont sans doute pratiques : coût inférieur par rapport à l'appel oral ; temps de lecture limité ; possibilité de lire un texto lorsqu'on n'est pas en situation d'écouter un message audio. Mais les motivations véritables sont très certainement plus profondes. Le SMS est semble-t-il une façon d'exister, de lutter contre la solitude, de rencontrer des personnes qui ne font pas partie de son environnement social. Il serait d'ailleurs utilisé dans cet esprit par les médias qui cherchent à créer une interactivité avec leur public.

GÉRARD MERMET, *Francoscopie 2005*, Éd. Larousse, 2004.

Les discours rapportés

Dans le cadre d'un récit, d'un roman, d'un reportage, le narrateur ou l'émetteur s'efface pour rapporter les paroles. Il peut le faire au discours direct, au discours indirect ou au discours indirect libre.

1. Le discours direct

Le discours direct reproduit les paroles telles qu'elles ont été prononcées par l'émetteur (pronoms, temps des verbes, registre de langage…). Il donne un caractère de vivacité et d'authenticité au récit. Il permet de caractériser la personne qui parle à travers ses propos. Des signes typographiques (tirets, guillemets) les détachent du reste de l'énoncé, et des verbes peuvent les introduire.

> « Un jour que j'étais seul à la maison, Bargabot apparut, comme toujours à l'improviste. Il portait au bout d'un crochet une alose énorme. Il me dit : "C'est pour toi, tiens, je te la donne." » *(Bosco)*

> Dans cette phrase, le premier « je » (« j'étais seul ») représente l'émetteur premier, le narrateur du récit. Le second « je » (« je te la donne ») représente, quant à lui, Bargabot, dont les paroles sont rapportées sans modification. Elles sont entre guillemets et introduites par le verbe dire.

2. Le discours indirect

Le discours indirect rapporte les propos en les introduisant par un verbe de parole suivi d'une subordonnée. L'émetteur résume ou reformule les paroles qui ont été prononcées, en adoptant sa propre situation d'énonciation (changement de temps, de personne, d'indicateurs de lieu). Le discours indirect permet une mise à distance par rapport au moment de l'énonciation.

> – Le discours direct : *Il me dit : « Je te le prête, tu me le rapporteras demain. »*
> – Le discours indirect : *Il me dit qu'il me le prêtait et que je le lui rapporterais le lendemain.*

> La deuxième phrase est au discours indirect : les guillemets ont été enlevés, le verbe introducteur (« dire ») est suivi d'une subordonnée, le pronom « te » de la première phrase passe à la première personne. « Demain » est remplacé par « le lendemain » ; les verbes passent du présent au passé (« prêtait »), puisque cela s'est produit dans le passé.

3. Le discours indirect libre

Le discours indirect libre reprend les modifications de temps et de personne du discours indirect ; mais il rapporte les paroles prononcées sans indiquer le changement de situation d'énonciation. Il permet de conserver l'expressivité des propos tenus.

> « Elle s'exclamait sur la grosse chaleur de la boutique : vrai, on aurait cru entrer dans un four ! » *(Zola)*

> On retrouve dans la seconde partie de la phrase les changements de temps (« on aurait cru ») et de personne correspondant au discours indirect. Mais le discours indirect libre maintient l'essentiel des paroles prononcées par la cliente qui entre dans la blanchisserie, sans les guillemets, avec la ponctuation du discours direct (le point d'exclamation). Le discours indirect libre crée parfois une ambiguïté : le lecteur ne sait plus si c'est le narrateur ou l'un des personnages qui s'exprime.

Lorsque ce sont les pensées, et non les paroles, du narrateur ou d'un personnage qui sont ainsi librement rapportées, il s'agit d'un monologue intérieur.

Exercice 1

1. Pour chacun de ces extraits de *L'Assommoir* d'Émile Zola, indiquez de quel type de discours il s'agit.

2. Sur quelles caractéristiques vous appuyez-vous pour justifier votre réponse ?

1. Il s'avança vers Gervaise, les bras ouverts, très ému.

- T'es une bonne femme, bégayait-il. Faut que je t'embrasse.

2. Boche disait que les enfants poussaient sur la misère comme les champignons sur le fumier.

3. Elle raconta tout de suite son histoire pour se poser : elle était mariée maintenant, elle avait épousé au printemps un ancien ouvrier ébéniste qui sortait du service et qui sollicitait une place de sergent de ville, parce qu'une place, c'est plus sûr et plus comme il faut.

Exercice 2

1. Repérez dans ce passage les paroles rapportées au discours direct. Quelles sont les marques de ce type de discours (ponctuation, pronom personnel, temps verbal) ?

2. À quels moments du texte l'auteur utilise-t-il le discours indirect et le discours indirect libre ? Justifiez leur emploi.

Pour s'être découvert trois cheveux gris sur les tempes, elle parla de sa vieillesse.

Souvent des défaillances la prenaient. Un jour même elle eut un crachement de sang, et, comme Charles s'empressait, laissant apercevoir son inquiétude :

– Ah bah ! répondit-elle, qu'est-ce que cela fait ?

Charles s'alla réfugier dans son cabinet ; et il pleura, les deux coudes sur la table, assis dans son fauteuil de bureau, sous la tête phrénologique[1].

Alors, il écrivit à sa mère pour la prier de venir, et ils eurent ensemble de longues conférences au sujet d'Emma.

À quoi se résoudre ? Que faire, puisqu'elle se refusait à tout traitement ?

– Sais-tu ce qu'il faudrait à ta femme ? reprenait la mère Bovary. Ce seraient des occupations forcées, des ouvrages manuels ! Si elle était, comme tant d'autres, contrainte à gagner son pain, elle n'aurait pas ces vapeurs-là, qui lui viennent d'un tas d'idées qu'elle se fourre dans la tête, et du désœuvrement où elle vit.

– Pourtant elle s'occupe, disait Charles.

Gustave Flaubert, Madame Bovary, 1857.

1. Sous la tête phrénologique : *Charles Bovary est médecin et possède dans son cabinet un crâne lui permettant d'étudier le cerveau humain.*

Exercice 3

1. Repérez les passages écrits au discours indirect et au discours indirect libre dans cet extrait.

2. Récrivez au style direct le passage écrit au discours indirect. Quelles transformations avez-vous effectuées ?

Dans les couloirs de la maison, Rieux regarda machinalement vers les recoins et demanda à Grand si les rats avaient totalement disparu de son quartier. L'employé n'en savait rien. On lui avait parlé en effet de cette histoire, mais il ne prêtait pas beaucoup d'attention aux bruits du quartier.

Albert Camus, La Peste, Éd. Gallimard, 1947.

Exercice 4

Récrivez ce passage en transposant trois répliques au discours indirect.

Un marin les fit lever pour dérouler ses câbles.

« Où vont-ils donc ces bateaux-là ? hasarda Jacques.

– Ça dépend. Lequel ?

– Ce gros-là ?

– À Madagascar.

– Vrai ? On va le voir partir ?

– Non. Celui-là ne part que jeudi. Mais si tu veux voir un départ, faut t'amener ce soir à cinq heures : celui-ci, le La Fayette, part pour Tunis. »

Roger Martin du Gard, Les Thibault, 1922-1940.

Vers le BAC

1. Repérez, dans le texte suivant, les deux passages écrits au discours indirect libre. Y a-t-il un verbe, dans la phrase précédente, pour les introduire ?

2. Montrez en un paragraphe rédigé à quoi sert le discours indirect libre dans cet extrait.

Il ouvrit et referma à plusieurs reprises le dossier ennemi, chaque fois mélancoliquement, prononçant un très gros mot. Enfin, il se redressa, relut le paragraphe à refaire, gémit. Bon, d'accord, on allait s'y mettre tout de suite.

– Tout de suite, bâilla-t-il.

Il se leva, sortit, se dirigea vers le havre des toilettes, petit passe-temps légitime. Pour y justifier sa présence, il tenta puis feignit de les utiliser, debout devant la faïence ruisselante. Cela fait, il alla se regarder dans la grande glace. Le poing sur la hanche, il s'y aima. Ce complet à petits carreaux marron clair faisait vraiment épatant et le veston dessinait bien la taille.

Albert Cohen, Belle du Seigneur, Éd. Gallimard, 1968.

Les niveaux de langage

En fonction de la situation dans laquelle il se trouve, l'émetteur dispose de trois niveaux de langage pour s'exprimer. Le choix d'un niveau de langage permet aussi d'instaurer une relation de complicité avec le destinataire.

1. Les variations de la langue

L'évolution de la langue et des situations d'énonciation aboutit aujourd'hui à l'emploi de trois niveaux de langage distincts. L'émetteur utilise chacun de ces niveaux en fonction du contexte de l'énoncé et de l'identité du destinataire auquel il s'adresse.

	Niveau familier	Niveau courant	Niveau soutenu
Emploi	Il se pratique essentiellement à l'oral, dans la conversation en famille ou entre amis.	Il se pratique par exemple dans le journal télévisé, la presse ou la correspondance.	Il se pratique par exemple dans les discours officiels ou dans certains genres littéraires comme la tragédie.
Lexique utilisé	Vocabulaire de la vie quotidienne, termes familiers, voire argotiques.	Vocabulaire usuel, compris par tous, qui ne comporte pas de termes recherchés ou spécialisés.	Vocabulaire riche et recherché, littéraire, voire rare, choisi avec soin.
Syntaxe	Ruptures de constructions, répétitions, ellipses, suppression de la négation « ne ».	Règles respectées mais sans recherche ; temps simples de l'indicatif, conditionnel et présent du subjonctif.	Règles strictement respectées, constructions complexes, concordance des temps.
Figures de style	Nombreuses métaphores et périphrases imagées, expressions toutes faites.	Effets de style limités, ton neutre.	Utilisation de figures de style, recherche d'effets (métaphores, métonymies...).
Ce que révèle le niveau de langage	– Des relations amicales. – Un milieu populaire. – Un jeu sur le langage.	La volonté d'être compris par le plus grand nombre.	– Un milieu socioculturel élevé. – La déférence, la politesse de l'émetteur.

2. Les niveaux de langage dans la littérature

Les niveaux de langage hiérarchisent les modes d'expression par rapport à la norme, qui correspond au niveau de langage courant. Les textes littéraires jouent ainsi avec les niveaux de langage pour produire des effets inattendus.

● **Le langage familier.** Il est utilisé pour rapporter les paroles ou les pensées de personnages issus de milieux populaires : argot des faubourgs de Paris, patois paysan, etc. Le narrateur d'un roman ou un auteur de théâtre peut aussi recourir au langage familier pour créer des effets de langue, burlesques ou comiques.

● **Le langage courant.** Il souligne une volonté de communiquer facilement avec le lecteur. On le retrouve ainsi dans la plupart des romans, dans le théâtre contemporain et dans de nombreux poèmes qui expriment avec simplicité émotions et impressions.

● **Le langage soutenu.** Il répond à une volonté d'éloquence dans les genres considérés comme « nobles » : la tragédie, la poésie épique ou lyrique, les éloges.

Exercice 1

Identifiez le niveau de langage utilisé par l'auteur. Quel est l'effet recherché ?

Dessin de PLANTU

Exercice 2

1. Relevez et classez l'ensemble des caractéristiques du langage familier dans le texte suivant. Que révèle ce niveau de langage sur l'identité et la personnalité de l'émetteur ?

2. Récrivez le texte en utilisant le langage courant.

Pas vraiment un look branché, le motard à la Kawa[1]. Mais on sentait qu'il avait guère à se casser pour survivre, que tout lui était servi sur un plateau d'argent. Ma grand-mère aurait dit qu'il était né coiffé. Il était plutôt décoiffé, la frange jusqu'aux sourcils. Moches les hublots. Non, vous m'arrêterez pas madame la Juge, faut que je cause j'ai pas d'avocat. Moche le pif entre les hublots. Moche la tronche dans l'ensemble. Madame la Juge vous voyez le genre. Y avait que le blouson qu'était pas nul.

Et encore. Un blousbac sans marque spéciale, ni Schott ni Adidas et qu'avait été malmené. Pas de la camelote, quand même. J'ai flashé sur la couleur. Le noir c'est classe. Moi j'aurais horreur de me saper Benetton.

ANNIE SAUMONT, *Aldo, mon ami*, « J'lai rendu »,
coll. GF, Éd. Flammarion, 2002.

1. **Kawa :** *la marque de moto Kawasaki.*

Exercice 3

1. Le niveau de langage de cette lettre vous paraît-il adapté au contexte de son écriture ? Justifiez votre réponse.

2. Récrivez la lettre en langage courant.

Véronique ROSE   Paris, le 20 juillet
157 boulevard d'Artois
75016 PARIS

Madame la Directrice,

Titulaire d'un baccalauréat STG, je mets à profit une période de villégiature pour chercher une affectation d'assistante administrative. En effet, il ne m'eût point été concevable de demeurer dans l'oisiveté alors que mon diplôme me fut décerné en juin dernier.

J'ai découvert l'entreprise Sylvel grâce à M. Dumant, chef comptable, qui m'a encouragée à faire expressément acte de candidature au cas où un poste correspondant à mon profil viendrait à se libérer. Passionnée d'informatique, je possède de très vives lumières dans le domaine du traitement de texte.

Dans l'espoir que vous voudrez bien m'accorder l'entretien qui nous permettrait de converser de vive voix, je vous prie d'agréer, madame la Directrice, mes compliments les plus attentionnés.

Véronique Rose

Vers le BAC

1. Relevez dans le texte suivant :

– trois exemples de termes rares et recherchés ;

– un exemple de construction de phrase complexe ;

– un exemple de rythme ternaire ;

– un exemple de parallélisme.

2. Après avoir préparé votre réponse, montrez oralement que cet éloge est écrit dans une langue soutenue.

Ce qui distingue La Fontaine de tous les moralistes, c'est la facilité insinuante de sa morale, c'est cette sagesse naturelle, comme lui-même, qui paraît n'être qu'un heureux développement de son instinct. Chez lui, la vertu ne se présente point environnée du cortège effrayant qui l'accompagne d'ordinaire. Rien d'affligeant, rien de pénible : offre-t-il quelque exemple de générosité, quelque sacrifice, il le fait naître de l'amour, de l'amitié, d'un sentiment si simple, si doux pour celui qui l'éprouve, que ce sacrifice même a dû lui paraître un bonheur. Mais, s'il écarte en général les idées tristes d'efforts, de privations, de dévouements, il semble qu'ils cesseraient d'être nécessaires, et que la société n'en aurait plus besoin. Il ne vous parle que de vous-même ou pour vous-même.

NICOLAS CHAMFORT, *Éloge de La Fontaine*, 1774.

Choisir le mot juste

Utilisez le vocabulaire de l'analyse littéraire

Pour rédiger la réponse à une question, un commentaire ou une dissertation, ou encore mener une analyse à l'oral, il est nécessaire d'utiliser le vocabulaire technique de l'analyse littéraire. Il s'agit pour cela de désigner précisément les notions littéraires et les procédés rhétoriques mis en œuvre par le texte.

> **Version initiale :** Dans ce texte, Ronsard exprime la brièveté de l'existence à travers la présence de la rose.

> **Version améliorée :** Dans ce sonnet, Ronsard exprime la brièveté de l'existence à travers la métaphore filée de la rose.

Enrichissez votre lexique

Les mots imprécis, les termes passe-partout, les expressions familières nuisent à la qualité de l'expression, écrite ou orale. Pour éviter ces incorrections et ces maladresses, il est nécessaire d'utiliser le terme juste en exploitant les ressources du lexique.

> **Version initiale :** Les Confessions de Rousseau conduisent l'écrivain à dire tout ce qu'il a fait de mal, en écrivant ses souvenirs. Il y a donc dans le texte de nombreuses confidences sur sa vie.

> **Version améliorée :** Les Confessions de Rousseau conduisent l'écrivain à confesser ses erreurs et ses fautes à travers le récit de ses souvenirs. Il multiplie ainsi les confidences autobiographiques.

Supprimez les répétitions

La répétition d'un même terme affaiblit l'expression en donnant l'impression d'un style négligé et d'un lexique limité. On évite les répétitions par l'emploi de synonymes ou de périphrases qui nuancent le discours tout en l'enrichissant.

> **Version initiale :** Albert Camus consacre de nombreux textes à la défense de ses idées. Il défend ainsi son idée de la condition humaine dans L'Étranger.

> **Version améliorée :** Albert Camus consacre de nombreux textes à la défense des idées. Il expose ainsi sa conception de la condition humaine dans L'Étranger.

Choisissez le pronom adapté

L'utilisation du pronom doit mettre en relation de façon claire le pronom et le nom auxquels il se rapporte. Le choix du pronom adapté permet ainsi d'éviter les nombreuses ambiguïtés qui sont source de confusion.

> **Version initiale :** Rimbaud porte sur le monde un regard lucide. Celui-ci évoque ainsi dans « Le dormeur du val » la présence de la mort. Elle est annoncée par le vocabulaire connoté et les nombreux enjambements du poème.

> **Version améliorée :** Rimbaud porte sur le monde un regard lucide. Il évoque ainsi dans « Le dormeur du val » la présence de la mort. Celle-ci est annoncée par le vocabulaire connoté et les nombreux enjambements du poème.

Exercice 1

Remplacez les expressions suivantes par des termes appartenant au lexique de l'analyse littéraire.

« première scène », « premières lignes d'un roman », « roman constitué de lettres », « ensemble de trois œuvres », « texte écrit en vers », « idée toute faite », « personnage qui raconte l'histoire », « discours prononcé au moment de la mort de quelqu'un », « mot inventé », « ensemble de mots désignant le même thème », « poème composé de vers de longueur inégale », « auteur de pièces de théâtre », « dernière scène », « dernières lignes d'un roman », « texte présentant les conceptions d'un mouvement littéraire », « imitation amusante d'une œuvre », « long poème narratif qui célèbre des exploits guerriers », « vers de huit syllabes », « dernier vers », « strophe de dix vers », « poème présenté sous la forme d'un dessin », « art du discours », « indications de mise en scène », « coupe centrale du vers ».

Exercice 2

Remplacez les mots et expressions soulignés par les termes appropriés.

– Dans ce texte de Jean Giono, la personnalisation de l'eau passe par les verbes d'action : « a commencé », « s'est cherché », « les trouve », « entre », « s'écarte », etc. L'eau se trouve ainsi affublée d'une intelligence mise au service d'une puissance destructrice. Giono souligne par ce moyen le combat qui met face à face l'homme et la nature. Il montre la lutte de l'humanité contre la menace du désordre du monde.

– La correspondance a un rôle important dans la vie de Voltaire. Ceux à qui il écrit appartiennent à toutes les couches de la société. L'étude de ses lettres donne une idée de la philosophie des Lumières.

– Dans les pièces de Ionesco et Beckett, il y a une critique de la société contemporaine. L'action est supprimée et il n'y a plus que la répétition de paroles vides de sens, qui disent l'impuissance de la langue à entretenir une véritable communication entre les gens.

Exercice 3

Trouvez trois synonymes pour chacun des termes soulignés dans les phrases suivantes.

– Le livre de Verlaine regroupe ses poèmes de jeunesse.

– L'auteur montre au lecteur les sentiments qu'il éprouve envers les personnages de son récit.

– L'écriture sobre de Malherbe contraste avec le style baroque de Théophile de Viau.

– Le discours de Hugo s'oppose à la peine de mort.

– Dans ses oraisons funèbres Bossuet fait l'éloge des vertus des grands de la cour.

– Le dernier vers du poème provoque un effet étonnant.

Exercice 4

Retrouvez à quel(s) terme(s) renvoie chacune des périphrases suivantes.

– Le siècle des Lumières
– Le recueil scandaleux de Charles Baudelaire
– L'auteur des *Trois Mousquetaires*
– L'Ésope et le Phèdre français
– Le plus ancien des prix littéraires
– Le chef de file du surréalisme
– L'univers magique des planches
– Ces récits en vers qui font parler les animaux
– L'inventeur de l'autobiographie moderne

Exercice 5

Complétez les phrases suivantes en utilisant les pronoms qui conviennent.

– Rousseau fait le blâme de la civilisation. ... est convaincu que ... a perverti les hommes. ... fait l'éloge du « bon sauvage » en condamnant les injustices sociales. À ses yeux, ... sont nées de la propriété. Voltaire ... reproche ainsi de trahir les efforts des Lumières pour le développement du progrès, ... il est le plus ardent défenseur.

– Proust fait revivre les lieux et les personnages de son enfance. ... explore les moments de bonheur et les chagrins ... l'ont marqué. À travers sa mémoire, c'est aussi ... de tout un monde disparu ... il cherche à recréer l'atmosphère et la saveur. Ce sont ... qui donnent un charme particulier à *La Recherche du temps perdu*.

– Bossuet, homme d'Église, et Rousseau, philosophe, ont accusé Molière d'être immoral. ... dénoncent ses audaces de libre penseur, ... lui reprochent son conformisme conservateur. ... oublient alors que Molière n'est ni prêtre ni philosophe, mais homme de théâtre. ... fait rire en montrant la façon ... vivent les êtres humains.

Améliorer ses phrases

Chassez les phrases incorrectes

À l'oral, il est courant de disloquer la phrase, de manière à mettre en relief le sujet ou le thème développés. Mais ce type de construction grammaticale ne peut être utilisé à l'écrit, où il apparaît comme incorrect.

Version initiale : *Ce roman, moi, il m'a plu, au point que je l'ai lu d'une traite.*

Version améliorée : *Ce roman m'a tellement plu que je l'ai lu d'une traite.*

Respectez l'ordre des mots

Dans la phrase, le sujet précède généralement le verbe, suivi des différents compléments. C'est l'ordre normatif de la phrase, par souci de logique et de clarté.

Version initiale : *Dans cette scène, comme il a déjà subi des sarcasmes en donnant son avis, le personnage hésite.*

Version améliorée : *Dans cette scène, le personnage hésite à donner son avis, car il a déjà subi des sarcasmes.*

Mettez en relief un élément de la phrase

Le déplacement d'un mot ou d'un groupe de mots en tête de phrase met en relief les éléments importants du message. On peut également utiliser pour cela la forme emphatique (« c'est... que », « c'est... qui ») ou les présentatifs (« il y a », « voici », « voilà »).

Version initiale : *Le personnage ne révèle les raisons qui expliquent son attitude qu'à la fin de son réquisitoire.*

Version améliorée : *C'est seulement à la fin de son réquisitoire que le personnage révèle les raisons qui expliquent son attitude.*

Réduisez la longueur de vos phrases

Les phrases trop longues sont difficiles à comprendre pour le lecteur. Par ailleurs, leur construction complexe peut entraîner des erreurs. Une proposition subordonnée peut souvent être remplacée par un groupe nominal, un gérondif, un participe passé ou une proposition infinitive.

Version initiale : *Chaque fois qu'une métaphore apparaît dans le poème, il en résulte que la femme est comparée à une rose dont la beauté disparaîtra rapidement.*

Version améliorée : *Toutes les métaphores du poème comparent la femme à une rose, en soulignant ainsi sa beauté éphémère.*

Donnez du rythme et de l'ampleur aux phrases

Pour être harmonieuse, la phrase doit être rythmée. Le rythme ternaire ordonne les mots ou les groupes de mots qui constituent la phrase trois par trois, lui donnant une ampleur harmonieuse.

Version initiale : *Les textes du corpus permettent de mesurer l'évolution du poème. Celui-ci obéit à des règles rigoureuses. Il se renouvelle au cours des siècles.*

Version améliorée : *Les textes du corpus permettent de mesurer l'évolution du poème, son obéissance à des règles rigoureuses, son renouvellement progressif au cours des siècles.*

Exercice 1

Récrivez les phrases suivantes de manière à supprimer les mises en valeur inutiles. Analysez les modifications effectuées.

1. L'écrivain, avant de rédiger son roman, il prend des notes et il construit un plan rigoureux.

2. Moi, je pense que les brouillons constituent un travail de préparation indispensable.

3. Une fois, nous avons étudié en classe les plans de la mine réalisés par Zola pour écrire son roman <u>Germinal</u>.

4. Présenter dans des fiches le physique et le caractère des personnages, c'est le but du romancier.

5. Personnellement, lire les manuscrits d'écrivain, je trouve cela intéressant.

6. Moi, ce poème, son titre me déplaît.

7. Cette première phrase, je l'ai analysée.

8. Les corrections, elles sont importantes dans un manuscrit comme dans un devoir.

Exercice 2

Récrivez chaque phrase suivante de manière à replacer les mots ou les groupes de mots qui la composent dans un ordre conforme aux usages de la langue écrite. Quel est l'effet produit par ces transformations ?

1. Au vers 2 du poème de Baudelaire, la comparaison que l'on trouve développe l'image de l'incendie avant, dans les vers qui suivent, d'être reprise sous la forme d'une métaphore filée.

2. Ont été tour à tour les auteurs de la tragédie intitulée Antigone : Sophocle, Rotrou, Cocteau et Anouilh.

3. Dès la première page du roman, mais aussi dans la dernière, l'auteur fait le portrait de l'héroïne. Tel est son choix.

4. Le personnage remplit de poissons son panier mais est contraint de les abandonner et de fuir.

5. Le héros de ce conte apparaît comme un personnage vilain, inspiré à l'auteur d'un mythe de l'antique Grèce.

Exercice 3

Récrivez les phrases suivantes de manière à mettre en relief les éléments soulignés.

1. La fable donne <u>souvent</u> aux animaux les vices et les vertus des hommes.

2. <u>Le jeu des oppositions et les contrastes violents</u> plongent peu à peu le lecteur dans une atmosphère étrange et saisissante.

3. Les tenues <u>extravagantes</u> choisies par le metteur en scène donnent à la représentation de cette tragédie des allures comiques.

4. Le lecteur est séduit <u>par le caractère des personnages</u>, la beauté de l'héroïne et les <u>rebondissements de l'intrigue</u>.

Exercice 4

Les phrases suivantes sont trop longues et difficilement compréhensibles. Raccourcissez-les en remplaçant les passages soulignés par des tournures plus concises.

1. Bien que l'auteur utilise un ton ironique, le personnage adopte une attitude <u>que l'on ne peut tolérer</u>.

2. <u>Celui qui a écrit cet article</u> attaque <u>de manière vive</u> les préjugés de la société du XVIIIᵉ siècle.

3. Les points de vue <u>de ceux qui ont prononcé ces discours</u> sont <u>exactement les mêmes</u>.

4. <u>Ce que les œuvres des philosophes des Lumières nous enseignent</u>, est que l'esprit critique se caractérise comme étant essentiel pour toute société.

5. Rousseau pense qu'il a raison lorsqu'il affirme <u>que c'est la propriété privée qui est à l'origine des inégalités qui apparaissent entre les hommes</u>.

Exercice 5

Récrivez les groupes de phrases suivants en leur donnant un rythme ternaire.

1. Les formes du discours argumentatif sont très diverses. Cette diversité répond à l'évolution de la littérature. Elle est rendue possible par la multiplication des moyens de communication. Elle correspond aux enjeux sociaux, politiques et culturels de chaque époque.

2. L'argumentation est destinée à louer ou à blâmer. Elle peut vouloir attaquer ou défendre. Elle peut inciter à l'action ou déconseiller.

3. Le discours argumentatif conserve la trace des modèles de l'Antiquité. Il obéit aux principes de la rhétorique. Il agit à la fois sur le cœur et sur la raison.

4. L'avocat plaide dans l'enceinte du tribunal. Le chroniqueur défend son opinion dans les colonnes des journaux. Le publicitaire séduit en mettant en valeur les objets de consommation. Tous argumentent de manière à convaincre ou persuader.

Utiliser la ponctuation

Utilisez les majuscules

La majuscule marque le début d'une phrase ou d'un vers. Elle caractérise les noms propres : nom, prénom, surnom, nom de peuple ou de lieu. L'emploi de la majuscule sert aussi à désigner un dieu ou une divinité (*le Créateur*), une institution (*l'Académie*), une époque ou un événement historique (*la Renaissance*), une abstraction personnifiée (*la Justice*) ou un titre honorifique (*Son Excellence*). Enfin, la majuscule est employée dans les titres d'œuvres (qu'il faut également souligner) : Les Misérables.

Exemple : En 1871, après l'épisode de la Commune, Mallarmé est nommé à Paris. Rue de Rome, il reçoit ses amis : Manet, Zola, Verlaine, Valéry... En 1876, il est élu par ses pairs « Prince des poètes ». Il meurt deux ans plus tard, laissant le poème Hérodiade inachevé.

Séparez vos phrases et vos propositions

Le point marque la fin d'une phrase déclarative. Il peut prendre la forme d'un point d'interrogation ou d'exclamation pour exprimer une modalité différente. Le point-virgule sépare deux propositions liées par leur sens. Les deux points signalent une relation logique entre des propositions (la cause, la conséquence, l'explication, l'illustration) ; ils introduisent aussi le discours rapporté (discours direct ou citation). Dans ce cas, ils sont suivis de guillemets. Les points de suspension marquent la fin d'une énumération ou, placés entre parenthèses, la suppression de mots à l'intérieur d'une citation.

Exemple : L'univers de Mauriac est peuplé de consciences tourmentées ; elles y expriment un sentiment d'échec et de sacrifice. Ses techniques narratives s'accordent avec ce retour sur soi : monologue intérieur, lettre, discours indirect libre... Plus qu'un romancier catholique, Mauriac se définit ainsi comme « un (…) catholique qui écrit des romans » !

Utilisez les virgules à l'intérieur de la phrase

La virgule marque une courte pause à l'intérieur de la phrase. Elle sépare des mots, des groupes de mots ou des propositions de même nature. Elle sépare aussi les compléments circonstanciels du verbe, ainsi que les différents termes d'une énumération. Elle peut enfin servir à encadrer une proposition subordonnée ou une incise.

Exemple : Henriette d'Angleterre, qu'on appelle Madame car elle est l'épouse du frère du roi, meurt brutalement à vingt-six ans. Lors de son oraison funèbre, alors que Bossuet évoque ces moments terribles, « l'auditoire, écrit Voltaire, éclata en sanglots et la voix de l'orateur fut interrompue par ses soupirs et ses pleurs ».

Utilisez les autres signes de ponctuation

Les parenthèses, parfois remplacées par des tirets, insèrent dans la phrase un mot, un groupe de mots ou une proposition considérés comme secondaires. Le tiret s'emploie pour introduire une prise de parole ou une énumération listée. L'apostrophe signale l'élision de la voyelle finale d'un mot lorsque le mot suivant commence lui-même par une voyelle.

Exemple : Alfred de Musset varie les tons – il passe du comique à l'amertume, du lyrisme à la fantaisie – au sein d'une même scène. Les personnages apparaissent comme des êtres tourmentés (à l'image de Musset lui-même) qui illustrent à leur manière les thèmes du romantisme.

Exercice 1

Quels sont, parmi les mots suivants, ceux qui doivent être écrits avec une majuscule ?

les italiens, une encyclopédie, la provence, le panthéon, louis XVI, le parfum français, l'ancien testament, l'encyclopédie de diderot, le prophète, la sécurité sociale, le roi, jean de la fontaine, la fédération française de football, la révolution de 1789, les écritures saintes, l'école primaire, le lycée fénelon, l'académie des sciences, le 14 juillet, comprendre le chinois, la libération.

Exercice 2

Ce texte est écrit sans majuscules. Rétablissez-les.

le mythe d'orphée est l'un des plus célèbres de l'antiquité. orphée est d'abord l'amoureux qui va jusqu'aux enfers réclamer aux dieux « une existence d'une juste mesure » pour celle qu'il aime. c'est par amour pour eurydice qu'il se retourne et la regarde, provoquant son retour à la mort.

cette histoire d'un amour absolu inspire le divin orphée de l'écrivain espagnol calderon ou l'eurydice du français jean anouilh. depuis la renaissance, le mythe d'orphée célèbre aussi la puissance du chant poétique : c'est cette puissance mystérieuse de l'écriture qu'évoquent gérard de nerval ou jean cocteau quand ils reprennent dans leurs textes la figure d'orphée.

Exercice 3

Rétablissez la ponctuation du texte suivant où seules les virgules ont été conservées.

La farce met en scène des situations familières, à travers lesquelles domine le désir de tromper l'autre bons tours joués aux marchands, moqueries à l'égard des bourgeois, satires des moines le mot « farce » lui-même est dérivé du verbe « farcer », qui signifie *tromper* le comique de la farce dont s'inspirera la *commedia dell'arte* italienne repose sur le quiproquo, sur des gestes violents, sur des pitreries verbales et des jeux de mots grossiers le héros de La Farce de Maître Pathelin déclare ainsi de Guillaume, marchand avare « On aurait pu arracher les dents du vieux sapajou ( ) et de son macaque de fils, avant qu'ils vous prêtent ça »

Exercice 4

Rétablissez la ponctuation des phrases suivantes en y insérant des virgules lorsque c'est nécessaire.

Le XVIIIᵉ siècle provoque une révolution du regard que la civilisation européenne porte sur elle-même : l'indigène le barbare l'esclave deviennent les juges de l'Européen.

Dans les Lettres persanes de Montesquieu le voyageur porte un regard neuf un regard critique sur les mœurs des Parisiens leurs vices et leurs vertus. Mieux que Bougainville grand voyageur bardé de certitudes le Tahitien devient l'observateur le sociologue de ses visiteurs.

Donner la parole à un étranger qui analyse les réalités de notre civilisation regarder sa propre société comme si on la voyait pour la première fois voilà une démarche critique philosophique à laquelle les Lumières ont recours.

Exercice 5

Insérez dans le texte suivant l'ensemble des signes de ponctuation, ainsi que les majuscules, que vous jugerez nécessaires.

né en russie romain gary est âgé de treize ans lorsqu'il s'installe en france avec sa mère instructeur dans l'armée de l'air il rejoint le général de gaulle en juin 1940 et combat durant la guerre aux côtés des forces de la france libre à la libération

il mène de front une carrière d'écrivain et de diplomate et obtient le prix goncourt en 1956 pour les racines du ciel

mais ce succès auprès du public ne lui suffit pas romain gary qui a publié un pamphlet contre le nouveau roman aimerait être reconnu par ses pairs il écrit alors dans un style totalement différent du sien un roman intitulé la vie devant soi sous le pseudonyme d'émile ajar et obtient sous ce nom un second prix goncourt en 1975 un court texte laissé par l'écrivain avant sa mort révèle la supercherie

Exercice 6

Le texte suivant est écrit sans majuscules ni ponctuation, ni indications d'œuvre. Corrigez-le.

avec le petit prince antoine de saint-exupéry crée un personnage attachant à la fois fragile et volontaire la rencontre de l'adulte avec l'enfant permet la confrontation de deux univers opposés celui du rêve et celui de la réalité mais très vite des liens d'affection réunissent les deux personnages l'enfant donne à l'adulte une leçon de sagesse les yeux sont aveugles il faut chercher avec le cœur saint-exupéry qui meurt durant la seconde guerre mondiale explore ainsi la richesse intérieure de chacun en invitant le lecteur à écouter la voix de l'enfant qui est en lui

47 Introduire un exemple

Choisissez le bon exemple

L'exemple, qui illustre une idée, est toujours nécessaire. Dans les questions de lecture ou le commentaire, il prend la forme d'une citation. Dans la dissertation, les exemples sont plus variés : il peut s'agir d'une œuvre, d'une citation, d'une anecdote, de références culturelles. L'écrit d'invention peut utiliser toutes sortes d'exemples, en fonction de la situation de communication proposée.

> **Version initiale :** Sous l'Ancien Régime, les puissants possèdent des privilèges qui sont difficilement acceptés par les plus pauvres. C'est ce que dénoncent les philosophes des Lumières.
>
> **Version améliorée :** Sous l'Ancien Régime, les puissants possèdent des privilèges difficilement acceptés par les plus pauvres : « Selon que vous serez puissant ou misérables,/Les jugements de cour vous rendront blanc ou noir. » (La Fontaine) C'est cette inégalité que dénoncent les philosophes des Lumières.

Illustrez pour rendre concret

Lorsque l'exemple est l'aboutissement d'une analyse ou d'un raisonnement, il a une fonction d'illustration. Il faut dans ce cas que l'exemple soit choisi judicieusement, de manière à rendre concrète l'idée exprimée.

> **Exemple :** On se demande souvent quel livre on emporterait si l'on devait se retrouver sur une île déserte. Pour ma part, il me semble que cet ouvrage devrait apporter au naufragé une aide spirituelle en le replongeant parmi les siens. Ce livre devrait donc observer l'homme et la société. C'est le cas de La Comédie humaine qui, à mes yeux, possède toutes ces qualités.

Démontrez au moyen d'un exemple

Lorsque l'exemple est le point de départ d'une analyse ou d'un raisonnement, il permet la démonstration. Il convient de le développer avec soin à travers des arguments pour que l'idée à exprimer soit validée.

> **Exemple :** On se demande souvent quel livre emporter sur une île déserte. Pour ma part, je n'en vois qu'un : le Robinson Crusoé de Daniel Defoe. Seul cet ouvrage me semble en effet capable d'apporter au naufragé une aide à la fois spirituelle et matérielle, un compagnon d'infortune et l'expérience d'un prédécesseur.

Intégrez l'exemple dans votre texte

L'exemple peut être intégré dans la phrase par des mots-outils (*comme, par exemple, ainsi*) ou annoncé par la ponctuation (les deux points). Il peut également faire l'objet d'une phrase ou d'un paragraphe. Dans ce cas, il est introduit par des locutions : *c'est notamment le cas de, on peut mentionner, on peut citer l'exemple de*, etc.

> **Exemple bref :** C'est à travers les exclamations et l'énumération que Victor Hugo exprime son indignation : « Quoi ! le gouvernement veut restreindre, amoindrir, émonder, mutiler le suffrage universel ! »
>
> **Exemple développé :** C'est à travers les exclamations et l'énumération que Victor Hugo exprime son indignation. On peut citer l'exemple de l'emploi du pronom exclamatif « Quoi ! », utilisé pour souligner la colère. Ou encore l'énumération des verbes à l'infinitif (« restreindre, amoindrir, émonder, mutiler »), qui illustrent au moyen d'une gradation l'intensité croissante de sa révolte.

Exercice 1

Quels exemples tirés du texte suivant pourriez-vous utiliser pour illustrer les sujets ci-dessous ? Présentez en une phrase deux exemples pour chaque sujet.

Jeunesse, jeunesse ! sois toujours avec la justice. Si l'idée de justice s'obscurcissait en toi, tu irais à tous les périls. Et je ne te parle pas de la justice de nos codes, qui n'est que la garantie des liens sociaux. Certes, il faut la respecter, mais il est une notion plus haute que la justice, celle qui pose en principe que tout jugement des hommes est faillible et qui admet l'innocence possible d'un condamné, sans croire insulter les juges. N'est-ce donc pas là une aventure qui doive soulever ton enflammée passion du droit ? Qui se lèvera pour exiger que justice soit faite, si ce n'est toi qui n'es pas dans nos luttes d'intérêts et de personnes, qui n'es encore engagée ni compromise dans aucune affaire louche, qui peux parler haut, en toute pureté et en toute bonne foi ?

ÉMILE ZOLA, « Lettre à la jeunesse », *La Vérité en marche*, 1901 (texte publié dans le cadre de l'affaire Dreyfus).

1. Question : *À travers quels procédés l'auteur entretient-il une proximité avec son lecteur ?*

2. Commentaire : *Vous ferez le commentaire de ce texte en vous aidant du parcours de lecture suivant : montrez comment l'auteur entretient une relation privilégiée avec son destinataire ; analysez le rôle joué par la concession dans le texte.*

3. Dissertation : *Selon vous, appartient-il aux artistes et aux écrivains de défendre une cause et de s'engager dans les débats de leur temps ?*

Exercice 2

Intégrez dans chaque explication les exemples qui l'illustrent en utilisant un signe de ponctuation, un mot-outil, une locution ou une phrase.

1. Dans cet extrait de La Peau de chagrin, le personnage de Raphaël éprouve le sentiment d'être menacé par les convives qui l'entourent.
Exemple : champ lexical de la violence / « sourde envie », « se courrouce », « rumeurs d'émeute ».

2. Dans ce poème des Fleurs du mal, Baudelaire crée une atmosphère mélancolique à travers un rythme lent et des sonorités très douces.
Exemples : voyelles longues et graves / multiplication des nasales / répétition de la consonne liquide « l ».

3. Le récit chez Céline adopte les marques de l'oralité qui visent à embarquer le lecteur dans ce qu'il appelle lui-même son « métro émotif », à travers l'usage d'expressions populaires et des ruptures dans la construction de la phrase.
Exemples : « il a été éclaté par un obus » / « et puis non, le feu est parti » / « Après ça, rien que du feu et puis du bruit avec ».

Exercice 3

Trouvez pour chaque phrase un exemple illustrant l'idée qu'elle contient. Intégrez cet exemple à la phrase en le reliant au moyen d'un mot-outil.

1. Une autobiographie est une biographie écrite par celui qui en est le sujet.

2. Lorsque l'argumentation se fait par oral, l'ensemble du corps participe au désir de convaincre l'auditoire.

3. L'agneau de la fable de La Fontaine prouve son innocence au loup, mais c'est insuffisant.

4. De nombreux poèmes célèbres s'inscrivent dans le registre lyrique.

5. Les comédies de Molière font rire mais, le plus souvent, traitent de sujets graves.

Exercice 4

Trouvez pour chaque phrase un exemple illustrant l'idée qu'elle contient. Développez-le ensuite au moyen d'une autre phrase ou d'un bref paragraphe.

1. Dans une pièce de théâtre, l'exposition présente en quelques scènes les personnages, donne le ton de l'œuvre et les caractéristiques de l'action.

2. Durant la seconde moitié du XIXe siècle, les poètes rejettent les règles de la versification.

3. La nouvelle présente une intrigue resserrée qui tient le lecteur en haleine plus facilement que dans un roman.

4. Le genre de l'éloge traverse les siècles et se retrouve aujourd'hui dans les commentaires de nombreux médias.

5. Le registre tragique ne s'exprime pas uniquement au théâtre.

Exercice 5

1. Complétez le tableau après l'avoir recopié, de manière à trouver des exemples de couples mythiques dans l'histoire de la littérature ou du cinéma.

2. Rédigez un paragraphe dans lequel vous démontrerez, à partir des exemples trouvés, l'idée selon laquelle l'amour est la principale source d'inspiration des artistes.

	Titre	Dates	Auteur	Héros
Roman				
Théâtre				
Poésie				
Cinéma				

Bien utiliser les citations

Choisissez soigneusement vos citations

La citation est la reproduction exacte des propos d'un auteur ou du passage d'un texte. Elle a une fonction d'illustration et sert de preuve pour analyser une réflexion, un thème ou un procédé de style. Pour intéresser le lecteur, la citation doit être brève. Elle peut ainsi être coupée : on signale alors cette coupe par des points de suspension entre parenthèses.

Exemple : Dès le premier vers, Jean de La Fontaine installe le décor du récit : « Dans un chemin montant, sablonneux, malaisé (…) ».

Introduisez la citation dans votre discours

La citation est introduite au moyen de prépositions et de verbes. La préposition (*chez, pour, selon, d'après, dans*) indique la source de la citation. Le verbe introducteur précise le ton et le contexte des paroles ou du texte (*dire, confier, répondre, déclarer, expliquer, affirmer, écrire, constater, remarquer, ajouter, préciser*, etc.). Il peut être placé devant ou derrière la citation, ou en incise, à l'intérieur de celle-ci.

Exemple : « Ah ! s'il nous faut des fables, que ces fables soient au moins l'emblème de la vérité ! » s'exclame l'Ingénu, le héros de Voltaire, dans son conte philosophique.

Insérez la citation dans votre discours

La citation peut être insérée dans un texte de plusieurs manières :

● **par juxtaposition,** au style direct, c'est-à-dire qu'elle est introduite par deux points et placée entre guillemets.

Exemple : Dans sa Préface à La Fortune des Rougon, Émile Zola définit le projet de sa fresque romanesque : « Cette œuvre, qui formera plusieurs épisodes, est donc, dans ma pensée, l'histoire naturelle et sociale d'une famille sous le Second Empire. »

● **par subordination,** c'est-à-dire qu'elle dépend d'un verbe principal et doit être modifiée en tenant compte des modifications du passage du style direct au style indirect. Ces modifications sont alors signalées par des crochets.

Exemple : Dans sa Préface à La Fortune des Rougon, Émile Zola affirme que « cette œuvre, qui formera plusieurs épisodes, est donc, dans [sa] pensée, l'histoire naturelle et sociale d'une famille sous le Second Empire ».

● **par intégration** dans le discours, c'est-à-dire qu'elle est fragmentée de manière à suivre le mouvement de la phrase dans laquelle elle est insérée.

Exemple : Dans sa Préface à La Fortune des Rougon, Émile Zola déclare que son œuvre « formera plusieurs épisodes » et constitue ainsi « l'histoire naturelle et sociale d'une famille sous le Second Empire ».

Commentez la citation pour la justifier

Le commentaire est indispensable pour justifier une citation, car celle-ci est sortie de son contexte. Il explique le sens de la citation ou en fait l'analyse littéraire. Ce commentaire peut être développé avant ou après la citation.

Exemple : Selon Hyppolite Taine, Jean de La Fontaine « a aimé et observé les-animaux, et son livre est une galerie de bêtes aussi bien que d'hommes ». Le critique du XIXe siècle souligne la justesse de la représentation du monde animal chez le fabuliste, et la profondeur de sa connaissance de l'homme.

Exercice 1

Les citations suivantes sont trop longues. Quel(s) passage(s) conserveriez-vous pour les rendre plus efficaces ? Indiquez les coupes nécessaires par le signe (...).

1. « Peut-être, répondit le docteur, mais vous savez, je me sens plus de solidarité avec les vaincus qu'avec les saints. Je n'ai pas de goût, je crois, pour l'héroïsme et la sainteté. Ce qui m'intéresse, c'est d'être un homme. » (Albert Camus, *La Peste*)

2. « On déclame sans fin contre les Passions ; on leur impute toutes les peines de l'homme, et l'on oublie qu'elles sont aussi la source de tous les plaisirs. C'est, dans sa constitution, un élément dont on ne peut dire ni trop de bien ni trop de mal. Mais ce qui me donne de l'humeur, c'est qu'on ne les regarde jamais que du mauvais côté. » (Denis Diderot, *Pensées philosophiques*)

Exercice 2

En utilisant les indications données entre parenthèses, présentez les citations suivantes au moyen d'une phrase. Utilisez les prépositions et les verbes introducteurs qui conviennent en les variant dans chacune de vos phrases.

1. « Emma, c'est moi ! » (Gustave Flaubert, à propos de l'héroïne de son roman *Madame Bovary*, 1857)

2. « Pourquoi douter des songes ? La vie, remplie de tant de projets passagers et vains, est-elle autre chose qu'un songe ? » (le narrateur du roman de Bernardin de Saint-Pierre, *Paul et Virginie*, 1788)

3. « L'écrivain original n'est pas celui qui n'imite personne, mais celui que personne ne peut imiter. » (Chateaubriand, *Génie du christianisme*, 1802)

Exercice 3

Insérez chacune des citations suivantes au moyen d'une phrase de présentation : a) par juxtaposition ; b) par subordination ; c) par intégration fragmentée.

1. « Le temps use une œuvre littéraire, les chefs-d'œuvre même, quoi qu'on en dise. » (Henry de Montherlant, *Carnets*, 1957)

2. « Nos prétendues créatures sont formées d'éléments pris au réel (...). Les héros de roman naissent du mariage que le romancier contracte avec la réalité. » (François Mauriac, *Le Romancier et ses personnages*, 1933)

3. « On ne doit jamais écrire que de ce qu'on aime. L'oubli et le silence sont la punition qu'on inflige à ce qu'on a trouvé laid ou commun, dans la promenade

Exercice 4

Poursuivez le paragraphe suivant en y insérant les différentes citations proposées dans le tableau.

1. Le début du paragraphe

Dans ses fables, Jean de la Fontaine met au service de son humour toutes les ressources de la stylistique...

2. Le tableau

Figures de style utilisées	Citation	Références
Parrallélisme	« Entre la Veuve d'une année/Et la Veuve d'une journée/La différence est grande... »	« La jeune Veuve, livre VI, fable 21
Gradation	« Le Rat devrait aussi renvoyer pour bien faire/ La belle au chat, le chat au chien,/ Le chien au loup... »	« La souris métamorphosée en fille », livre IV, fable 7
Antithèse	« Et mon Chat de crier, et le Rat d'accourir,/L'un plein de désespoir, et l'autre plein de joie. »	« Le Chat et le Rat, livre VIII, fable 22
Métaphore	« Le Réveille-matin eut la gorge coupée. »	« La Vieille et les deux Servantes », livre V, fable 6

Exercice 5

Présentez et commentez chacune des citations suivantes sous la forme d'un paragraphe entièrement rédigé.

1. « La tragédie est si loin de nous, elle nous présente des êtres si gigantesques, si boursouflés, si chimériques que l'exemple de leurs vices n'est guère plus contagieux que celui de leurs vertus n'est utile. » (Jean-Jacques Rousseau, *Lettre à d'Alembert sur les spectacles*, 1758)

2. « Qu'il soit essayiste, pamphlétaire, satirique ou romancier, qu'il parle seulement de passions individuelles ou qu'il s'attache au régime de la société, l'écrivain, l'homme libre, s'adressant à des hommes libres, n'a qu'un seul sujet : la liberté. » (Jean-Paul Sartre, *Qu'est-ce que la littérature ?*, 1947)

Construire un paragraphe

Affirmez l'idée directrice du paragraphe

Chaque paragraphe développe une idée importante : c'est l'idée directrice. Celle-ci doit être affirmée avec force au début de chaque paragraphe. Le changement d'idée directrice implique un changement de paragraphe, marqué par le retour à la ligne et l'utilisation de l'alinéa (le commencement en retrait du paragraphe).

> **Exemple :** *Le registre fantastique se développe dans cette nouvelle de Maupassant à partir d'une situation et de procédés littéraires qui, sous l'apparence du réalisme, suscitent une impression de malaise et de doute.*

Apportez des arguments

Les arguments développent l'idée directrice de chaque paragraphe. Sans arguments, l'idée directrice reste une affirmation gratuite. Chaque paragraphe doit ainsi comporter deux ou trois arguments qui expliquent et justifient l'idée développée.

> **Exemple :** *Maupassant joue avec les sentiments qu'éprouve le lecteur. L'écrivain réaliste recourt pour cela aux moyens les plus divers de manière à créer un climat de confiance, avant le surgissement de l'inexplicable.*

Illustrez les arguments au moyen d'exemples

Les exemples illustrent les arguments en les validant. Ces sont des citations, des références à des auteurs ou à des œuvres, des renvois à l'histoire littéraire ou à des procédés stylistiques, selon l'argumentation qui est développée.

> **Exemple :** *Il utilise la première personne du singulier (« je », « mon »), qui provoque l'identification du lecteur au narrateur. La multiplication des questions souligne l'incompréhension qui s'empare de celui-ci : « Une émotion étrange me saisit. Qu'était-ce que cela ? Quand ? comment ? pourquoi ces cheveux avaient-ils été enfermés dans ce meuble ? » (« La Chevelure », ligne 17).*

Terminez par une phrase conclusive

Une phrase conclusive clôt le paragraphe, de manière à souligner l'aboutissement du raisonnement et à relancer l'attention du lecteur. Elle reformule ainsi l'idée directrice développée et annonce celle du paragraphe suivant.

> **Exemple :** *À l'expression du doute mise en place par le texte succède un sentiment de peur devant l'inexplicable, accentuant l'inscription de la nouvelle dans le registre fantastique.*

Utilisez des liens logiques

Des termes d'articulation logique relient entre eux les différents éléments du paragraphe ou soulignent les liens entre les paragraphes. Ces termes d'articulation marquent l'addition ou l'opposition, la cause ou la conséquence, introduisent une explication, une citation ou un exemple.

> **Exemple :** *Maupassant utilise ainsi la première personne du singulier (« je », « mon »), qui provoque l'identification du lecteur. Par ailleurs, la multiplication des questions souligne l'incompréhension qui s'empare du narrateur : « Une émotion étrange me saisit. Qu'était-ce que cela ? Quand ? comment ? pourquoi ces cheveux avaient-ils été enfermés dans ce meuble ? » (« La Chevelure », ligne 17). Cependant, à l'expression du doute mise en place par le texte succède un sentiment de peur devant l'inexplicable.*

Repérez, dans le paragraphe suivant, l'idée directrice, les arguments, les exemples et la phrase conclusive. Quel sont les termes d'articulation logique utilisés ?

Traditionnellement, la poésie a une dimension sacrée. Dans l'Antiquité, par la beauté de son chant, le poète est en effet perçu comme l'intermédiaire entre les hommes et les dieux. Homère chante ainsi dès le VIIIe siècle avant J.-C. la gloire des héros dans l'Iliade et l'Odyssée. Le Moyen Âge et la Renaissance préservent cette dimension élevée du texte poétique : Villon, Marot, Ronsard, Malherbe expriment par exemple la beauté de la femme aimée ou la mélancolie ressentie devant la mort. La poésie constitue en définitive le genre noble par excellence, le seul qui soit capable d'exprimer par le langage les sentiments de l'homme.

Retrouvez l'idée directrice du paragraphe suivant. Reformulez-la en une phrase.

L'auteur, le narrateur et le personnage principal se confondent en une seule personne. C'est ainsi en son nom propre que Jean-Jacques Rousseau raconte son histoire, confesse au lecteur ses « fautes » (ligne 2). Le « je » qui s'adresse au lecteur est la personne réelle qui s'engage à dire toute la vérité sur son existence : « Je veux montrer à mes semblables un homme dans toute la vérité de la nature ; et cet homme, ce sera moi. » Ce texte désigne par conséquent les enjeux de l'autobiographie : il s'agit d'un témoignage adressé au public, qui donne à l'auteur l'occasion de réfléchir sur sa propre identité.

1. Lisez attentivement le texte de Marivaux.

2. En vous aidant des indications fournies, développez l'analyse du passage sous la forme d'un paragraphe rédigé. Vous intégrerez les exemples qui conviennent.

HORTENSIUS. – Madame la Marquise ne pouvait charger de ses ordres personne qui me les rendît plus dignes de ma prompte obéissance.

LISETTE. – Ah ! le joli tour de phrase ! Comment ! vous me saluez de la période la plus galante qui se puisse, et l'on sent bien qu'elle part d'un homme qui sait sa rhétorique !

HORTENSIUS. – La rhétorique que je sais là-dessus, Mademoiselle, ce sont vos beaux yeux qui me l'ont apprise.

LISETTE. – Mais ce que vous me dites là est merveilleux ; je ne savais pas que mes beaux yeux enseignassent la rhétorique.

HORTENSIUS. – Ils ont mis mon cœur en état de soutenir thèse, Mademoiselle ; et, pour essai de ma science, je vais, si vous l'avez pour agréable, vous donner un petit argument en forme.

LISETTE. – Un argument à moi ! Je ne sais ce que c'est ; je ne veux point tâter de cela : adieu.

MARIVAUX, *La Seconde Surprise de l'Amour*, 1727.

Idée directrice :

Hortensius ne parvient pas à séduire Lisette car celle-ci ne confond pas les prétentions verbales de son compagnon avec l'éloquence véritable.

Argument 1 :

utilisation par Hortensius du subjonctif et de phrases longues, dans le but de flatter et d'impressionner Lisette

Argument 2 :

attitude moqueuse de Lisette, faisant semblant d'être séduite par le discours d'Hortensius

Phrase conclusive :

En définitive, Hortensius échoue, non seulement parce qu'il ne maîtrise pas l'art d'argumenter, mais aussi parce que Lisette n'est pas dupe du pouvoir du langage, qu'elle maîtrise mieux que son interlocuteur.

En vous aidant des informations ci-dessous, trouvez les arguments et les exemples qui vous permettront de développer l'idée directrice suivante : Le mouvement des Lumières conduit à la Révolution française.

Développez ensuite l'idée directrice sous la forme d'un paragraphe entièrement rédigé.

1. Un contexte historique et social favorable : expansion économique, développement des voyages (Cook et Bougainville), essor d'une bourgeoisie avide de connaissance (l'*Encyclopédie* de Diderot), renouvellement des sciences et techniques (révolution industrielle).

2. Développement de l'esprit critique : remise en cause des traditions, des modes de gouvernement (*De l'esprit des lois*, de Montesquieu), des préjugés et des croyances religieuses (les contes philosophiques de Voltaire).

3. Foi dans le progrès (Condorcet) et dans la nature (Rousseau), aspiration générale à la liberté (Beaumarchais), à l'égalité (Rousseau) et à la tolérance (Montesquieu).

Améliorer son style

Choisissez le langage courant ou soutenu

Le langage familier, parce que nous l'utilisons souvent à l'oral, apparaît de manière naturelle sur le brouillon. De la même manière, les temps d'hésitation marqués par la pensée se traduisent par des tournures incorrectes. Le travail d'écriture à partir du brouillon doit permettre de corriger le lexique et la syntaxe. Adoptez des termes précis et un niveau de langue courant, voire soutenu.

> **Version initiale :** *L'auteur dit que notre société actuelle de consommation est mauvaise pour l'homme.*
>
> **Version améliorée :** *Jean Giono voit dans la société de consommation un danger pour l'être humain.*

Employez un vocabulaire précis

Trop souvent, les mots passe-partout reviennent dans une copie : *dire, faire,* etc. Ces mots imprécis donnent au lecteur le sentiment de lire des phrases plates, sans relief, construites sur le même modèle. L'utilisation de synonymes ou de termes plus appropriés, la recherche de constructions grammaticales variées améliorent le style de la copie.

> **Version initiale :** *Cette scène parle d'un boulanger marié à une femme qui se nomme Aurélie. Celle-ci a connu une aventure avec un berger. Trois jours plus tard, Aurélie revient à la maison. Les sentiments exprimés par le boulanger, c'est qu'il est triste et même carrément désolé.*
>
> **Version améliorée :** *Cette scène évoque un boulanger et son épouse, prénommée Aurélie. Après une fugue de trois jours en compagnie d'un berger, Aurélie rentre chez elle. Son mari révèle sa tristesse et son désarroi.*

Évitez le style télégrahique et les abréviations

Certaines copies d'examen sont contaminées par le style « SMS » du téléphone mobile. Ce type d'écriture, pratique dans la vie courante, doit être banni des copies, et même du brouillon. En effet, il est difficile de passer d'un système de code destiné aux messages fonctionnels à une rédaction nécessitant des qualités littéraires et stylistiques.

> **Version à éviter :** *Le fabuliste l'S à l'1 de c personnages le soin de – la morale des évts survenus : le père de 7 famille paisible mé à profit un geste d'énervement de son fils pr lui apporter un enseignemt moral.*
>
> **Version à choisir :** *Le fabuliste laisse à l'un de ses personnages le soin de tirer la morale des événements survenus : le père de cette famille met à profit un geste d'énervement de son fils pour lui apporter un enseignement moral.*

Chassez les fautes d'orthographe

L'orthographe se travaille toute l'année et dans toutes les matières. Pour progresser, prenez l'habitude de travailler avec un dictionnaire. Il est également utile de relever les fautes d'accord présentes dans vos copies corrigées afin de dresser une liste de vos erreurs les plus fréquentes. Enfin, avant la remise de votre copie, la relecture doit s'accompagner d'une vérification dans le paratexte des noms propres des auteurs ou des œuvres cités.

Exercice 1

Récrivez les phrases suivantes dans un niveau de langage plus soutenu.

1. Le personnage tombe dans les pommes au tout début de la scène.

2. Le poète emploie un tas de procédés de l'exagération dans la seconde strophe de son sonnet.

3. À travers cette dénonciation du travail des enfants, Hugo ouvre les yeux des gens, leur montre leurs conditions de travail cruelles.

4. Au jour d'aujourd'hui, chacun veut être une star, passer à la télé et devenir une célébrité.

5. Tous les mouvements littéraires se retrouvent autour d'un leader, dont les écrivains s'en inspirent pour produire des œuvres originales.

Exercice 2

Trouvez, pour chacune des phrases suivantes, trois synonymes aux verbes soulignés.

1. À travers les paroles du personnage, l'auteur dit son désespoir.

2. Au début de ce chapitre, il y a une description qui met en place l'atmosphère du récit.

3. Le poète fait une métaphore qui montre au lecteur un univers étrange.

Exercice 3

Quels termes plus précis pourrait-on employer à la place des mots ou expressions soulignés ?

1. L'homme a toujours eu besoin de l'art pour s'exprimer.

2. Dans ce discours à l'Assemblée, l'auteur s'attaque aux lois contre la presse.

3. Les gens qui assistent à une représentation théâtrale ont en général lu le texte avant de s'y rendre.

Exercice 4

Récrivez ces phrases au brouillon en supprimant les abréviations et les tournures elliptiques.

1. Au 19è s., les poètes rejettent les règles de la versification. Ex : Rimbaud et ses poèmes en prose.

2. Il y a 1000 manières d'écrire une autobiographie (= récit de sa propre existence).

3. Dans « L'Auberge », P. Verlaine utilise un langage simple en rupture avec la tradition poétique : cf. aussi A. Rimbaud dans « Au Cabaret-Vert ».

Exercice 5

Accordez correctement les termes placés entre parenthèses, lorsque c'est nécessaire.

1. Les deux poèmes (*développer*) le même thème, à partir de registres et de formes poétiques (*différent*). Chaque auteur (*explorer*) à sa manière les ressources de la poésie. Mais l'un comme l'autre (*avoir*) abandonné les contraintes de la versification (*classique*).

2. Paul et Virginie (*vibrer*) à l'unisson dans l'âme de (*tout*) les hommes, de (*tout*) les femmes et de (*tout*) les cœurs.

3. Au cœur de l'intrigue (*se retrouver*) les procédés qui (*déclencher*) chez le lecteur un sentiment de peur (*irrationnel*), (*caractéristique*) du registre fantastique.

Exercice 6

Indiquez quel est le genre des noms suivants. Employez-les ensuite dans une phrase.

anachronisme – anagramme – aparté – astérisque – dilemme – éloge – épigramme – épilogue – épitaphe – épître – épithète – équivoque – exergue – hémistiche – mémoire – oxymore – truisme

Exercice 7

Choisissez le mot correctement orthographié parmi les deux possibilités proposées entre parenthèses.

1. Le (*langage/language*) est la faculté qu'ont les hommes de communiquer entre eux.

2. La lecture attentive de cette tragédie m'a (*boulversé/bouleversé*).

3. (*Quelle que/Quelque*) soit l'analyse effectuée, il est nécessaire de citer le texte.

4. (*Quand/quant*) à ce manuscrit, il présente de nombreuses ratures.

5. Nous (*leur/leurs*) avons lu le texte.

Exercice 8

Mettez les verbes placés entre parenthèses au participe passé. Veillez à les accorder correctement.

1. C'est cette pièce qui lui a soudainement (*donner*) envie de faire du théâtre.

2. Elle a (*travailler*) toute la soirée et à aucun moment ne s'est (*interrompre*).

3. L'analyse qu'il a (*mener*) l'a (*conduire*) à relire l'ensemble du roman.

4. Ses lectures, ses travaux et ses réflexions ont été rondement (*mener*).

5. Il a des doutes sur l'image qu'il a (*donner*) de lui-même à l'examinateur.

Rendre plus vivant

Tenez compte de la situation d'énonciation

Le statut des interlocuteurs, le lieu et l'époque de l'énoncé, l'intention du message sont déterminés par le sujet. Avant de rédiger, par exemple, l'écrit d'invention, il faut repérer et définir avec précision la situation d'énonciation que le sujet met en place.

Impliquez-vous dans le discours

Il s'agit pour cela d'utiliser les pronoms personnels de la première personne (« je » et « nous »), ainsi que les marques de la subjectivité (lexique appréciatif, vocabulaire affectif, modalisateurs de certitude).

Version initiale : Plus que les autres arts, la littérature fait réfléchir sur les grandes questions qui se posent à l'homme au cours d'une existence.

Version améliorée : Plus que les autres arts, il m'apparaît évident que la littérature est un merveilleux moyen pour nous faire réfléchir aux grandes questions qui se posent à l'homme au cours d'une existence.

Interpellez votre destinataire

Lorsque l'émetteur s'adresse à un destinataire précis, il est nécessaire d'inscrire la présence de celui-ci dans le discours, en l'interpellant directement à travers les pronoms (« nous », « tu », « vous »), les apostrophes, les questions oratoires et l'utilisation de l'ironie.

Version initiale : Les contes amusent le lecteur, mais ils apprennent également à mieux connaître les hommes et développent une critique sociale.

Version améliorée : Tu affirmes de ton côté que le seul attrait des contes est d'amuser le lecteur. Ne crois-tu pas qu'ils nous apprennent également à mieux connaître les hommes ? Réfléchis et tu conviendras qu'ils développent aussi une véritable critique sociale !

Utilisez les figures d'insistance

Les figures d'insistance mettent en valeur et rendent plus vivantes les idées développées. On peut ainsi utiliser :

– l'anaphore, qui consiste à reprendre plusieurs fois le même mot ou la même expression en tête de phrase ;

– le parallélisme, qui répète la même construction grammaticale ;

– la gradation, qui fait se succéder plusieurs termes d'intensité croissante ;

– l'hyperbole, qui repose sur l'emploi de termes exagérés.

Version initiale : Le théâtre et le roman racontent des événements qui divertissent spectateurs et lecteurs. Cependant, ils sont aussi l'occasion de découvrir des époques et des milieux nouveaux. Ils développent des situations complexes qui donnent à réfléchir.

Version améliorée : Le théâtre et le roman racontent des événements qui intriguent, divertissent, séduisent spectateurs et lecteurs. Cependant, ils sont toujours l'occasion de découvrir une époque et un milieu ; ils sont toujours le moyen de développer une situation complexe qui donne à réfléchir.

Définissez avec précision la situation d'énonciation mise en place par les sujets d'invention suivants.

Sujet 1. Un éditeur écrit une lettre à un auteur contemporain qui entreprend d'écrire ses mémoires. Vous rédigerez la lettre dans laquelle il lui communique ses réflexions et ses conseils sur l'écriture autobiographique.

Sujet 2. À l'occasion de la manifestation annuelle qui célèbre le « Printemps des poètes », vous êtes chargé de faire l'éloge de la poésie. Ce texte est destiné à être publié dans le journal de votre lycée.

Sujet 3. Un écrivain contemporain est invité dans une émission de radio qui évoque la vie privée des artistes. Imaginez le dialogue entre l'animateur et l'écrivain, qui explique et argumente pour dire pourquoi il refuse de parler de lui-même.

Sujet 4. Vous êtes chargé de constituer une anthologie de nouvelles policières. Dans la préface, vous défendez l'importance de ce genre littéraire trop souvent relégué au rang de « sous-littérature ».

Exercice 2

Les phrases suivantes répondent au sujet 1 de l'exercice précédent. Récrivez-les de manière à souligner l'implication de l'émetteur et du destinataire dans le discours.

1. Il est difficile dans une autobiographie de faire la part entre la vérité des faits et leur embellissement. Seule la sincérité permet d'entraîner l'adhésion du lecteur.

2. La personne qui écrit son autobiographie ne doit pas chercher à combler les lacunes de sa mémoire au moyen de récits ou d'événements créés de toutes pièces.

3. Le genre des mémoires doit apporter à la fois des informations précises sur l'histoire et la société et un regard original sur les épisodes historiques dont le mémorialiste a été le témoin.

4. Pour intéresser et séduire le lecteur, l'auteur de mémoires ne doit pas négliger de livrer au lecteur une part intime de lui-même.

5. Il est particulièrement important d'évoquer son enfance, sa famille, les lieux où l'on a vécu, de manière à permettre au lecteur de s'identifier à l'écrivain.

Exercice 3

Le texte suivant répond au sujet 2 de l'exercice 1. Transformez-le de manière à interpeller directement le destinataire à travers les pronoms, les apostrophes, les questions oratoires ou l'utilisation de l'ironie.

Lire la poésie procure un plaisir intense. Le lecteur ne peut rester insensible au mouvement solennel de l'alexandrin, comme au rythme plus vif de l'octosyllabe. On découvre par ailleurs dans l'histoire de la poésie des thèmes profondément humains : l'amour, la mélancolie, le temps qui passe, la mort ont été chantés par tous les poètes. Il semble que le poème apporte à chacun un miroir dans lequel il se reconnaît, de même qu'un réconfort aux chagrins et aux souffrances. Souvent, lire de la poésie devient ainsi une incitation à écrire soi-même.

Exercice 4

Le texte suivant est le début de la réponse au sujet 3 de l'exercice 1. Poursuivez l'entretien avec quatre répliques argumentées, en respectant la situation d'énonciation mise en place et l'implication des interlocuteurs.

« Chers auditeurs, nous recevons aujourd'hui Francis Toussaint, qui vient de publier son cinquième roman, intitulé Seul au bout du monde. Comme c'est la tradition dans notre émission, nous l'avons invité pour mieux le connaître, découvrir son enfance...

— Pardonnez-moi d'intervenir, mais je tiens à préciser tout de suite que je me refuse à livrer au public quoi que ce soit de ma vie privée.

— Tout de même, vous comprendrez que vos lecteurs aimeraient se faire de vous une image plus vivante, au-delà de celle que vous proposez dans vos ouvrages.

— ...... »

Exercice 5

Transformez les phrases suivantes en y introduisant la figure d'insistance indiquée entre parenthèses.

1. Je vous dirai pourquoi j'ai éprouvé le besoin de raconter ma vie, de mettre au jour mes sentiments et mes émotions les plus intimes, de dévoiler mes secrets, ou encore de porter un jugement juste et parfois sévère sur mes semblables. (*anaphore*)

2. La mise en scène actuelle du théâtre de Molière me semble en renouveler le sens. Le jeu des acteurs contemporains le met souvent bien en valeur. (*parallélisme*)

3. Le véritable plaisir du spectateur au théâtre repose sur la mise en scène d'un texte qu'il connaît bien. (*gradation*)

4. L'échange de lettres a été longtemps un important moyen de communication. Les écrivains y expriment leurs sentiments et y développent leurs idées. L'exemple de la marquise de Sévigné témoigne ainsi de l'intérêt littéraire d'une correspondance au XVIIe siècle. (*hyperbole*)

Retenir l'attention du lecteur

Soignez la première phrase de votre texte : l'accroche

La première phrase du commentaire, de la dissertation ou de l'écrit d'invention « accroche » le lecteur en captivant son attention et en amenant le sujet. Pour cela, il est possible de mettre en valeur une citation, d'évoquer un événement littéraire, d'énoncer une idée paradoxale, de recourir à une énumération, ou encore d'interpeller directement le lecteur.

> **Version initiale :** La fable, telle que la définit La Fontaine, consiste à apporter un ensei- gnement moral au lecteur à travers un récit qui le captive.

> **Version améliorée :** En 1668, le premier recueil des Fables de La Fontaine connaît un im- mense succès. Dans sa Préface, le fabuliste définit la fable comme le moyen d'apporter un enseignement moral au lecteur à travers un récit qui le captive.

Entretenez l'attention du lecteur : les relances

À l'intérieur du devoir, il est nécessaire d'entretenir l'attention du lecteur. Pour cela, il faut introduire dans le discours des phrases qui ont une fonction de relance. Celles-ci peuvent créer un effet de proximité (apostrophe, jeu sur les pronoms, fausse question) ; intensifier le discours (exclamation, antithèse, hyperbole) ; intéresser par des formulations originales ou provocatrices (comparaison ou métaphore, phrase nominale, antiphrase).

> **Version initiale :** Dans ses pastiches, Marcel Proust imite le style de Balzac, de Flaubert ou des frères Goncourt. Il fait la preuve d'une grande virtuosité stylistique.

> **Version améliorée :** Dans ses pastiches, Marcel Proust imite le style de Balzac, de Flaubert ou des frères Goncourt. Comment faut-il interpréter cet exercice d'imitation ? Proust apporte au lecteur la preuve d'une grande virtuosité stylistique.

Soulignez la logique de votre texte

Entre deux grandes parties d'un devoir, commentaire, dissertation ou écrit d'invention, il est né- cessaire de ménager des transitions qui récapitulent les idées développées et annoncent celles qui suivent. Les termes d'articulation logique mettent ainsi en valeur la rigueur et la clarté du raisonnement.

> **Exemple de transition :** Rousseau, on le voit, parvient à nous rendre sensible à l'intensité de ses remords. Si le lecteur est d'abord tenté de condamner Jean-Jacques pour l'acte qu'il a commis, il se laisse finalement toucher par la sincérité de son repentir.

Soignez votre dernière phrase : la chute

Comme l'accroche, la dernière phrase d'un texte est elle aussi déterminante : elle doit donner au lecteur une impression d'achèvement ou au contraire ouvrir des perspectives nouvelles. Pour cela, sa formulation peut s'appuyer sur un effet d'humour ou d'ironie, exprimer un sentiment personnel, prendre la forme d'une réflexion qui reste dans la mémoire.

> **Version initiale :** Molière meurt sur la scène au cours d'une représentation du Malade imaginaire. Il montre que l'art cherche à lutter contre la mort.

> **Version améliorée :** En mourant sur la scène alors qu'il interprète Le Malade imaginaire, Molière poursuit un éternel combat : celui de l'art contre la mort.

Exercice 1

Récrivez les phrases suivantes de manière à en faire des « accroches ». Utilisez pour cela les informations données entre parenthèses lorsqu'elles vous semblent utiles.

1. Ce texte est un poème extrait du recueil de Blaise Cendrars intitulé *Feuilles de route*.

(L'auteur est né à Paris d'une mère écossaise et d'un père suisse. Il a fréquenté les milieux littéraires et artistiques parisiens. Il a mené une vie aventureuse. Il est considéré comme l'inventeur du vers libre.)

2. Comme toute comédie, *Le Barbier de Séville*, du dramaturge français Beaumarchais, s'inscrit dans le registre comique.

(La première représentation du *Barbier de Séville* a lieu le 23 février 1775. La pièce est d'abord conçue comme un opéra comique. Elle inspire au compositeur italien Rossini un opéra en deux actes. Figaro déclare dans la pièce : « Je me presse de rire de tout, de peur d'être obligé d'en pleurer. »)

3. L'écriture autobiographique peut être une manière de mieux se connaître soi-même.

(*Les Confessions* de Jean-Jacques Rousseau sont publiées de 1782 à 1789. C'est la naissance de l'autobiographie comme genre littéraire. George Sand : « l'humanité a son histoire intime dans chaque homme. » L'autobiographie devient un genre populaire au XXᵉ siècle. De nombreux auteurs écrivent leur autobiographie : Gide, Valéry, Sartre, Leiris, Perec, etc.)

Exercice 2

Introduisez, aux endroits indiqués par des parenthèses, une phrase destinée à relancer l'attention du lecteur.

1. Cet extrait d'*Andromaque* nous montre comment Racine met en scène des personnages qui nous ressemblent. Les personnages éprouvent en effet les passions qui ont toujours déchiré le cœur humain : (**énumération de sentiments opposés**)... Ainsi, Andromaque, veuve inconsolée d'Hector, doit-elle épouser un homme qu'elle n'aime pas pour sauver son enfant.

2. Chez Jean de La Fontaine, la morale met souvent en valeur les rapports de force, le despotisme ou l'hypocrisie royale. C'est par exemple le cas dans la fable intitulée « Les Animaux malades de la peste ».

(**exclamation sur la vanité des puissants**) Le regard du fabuliste présente une vision critique de la société du XVIIᵉ siècle.

3. MONSIEUR JOURDAIN. — Ah ! Si vous saviez, mon ami, comme ce cours de philosophie politique me fut profitable ! Il se mouche bruyamment. J'y ai découvert mille choses toutes plus séduisantes que les autres, comme... comme..., attendez un peu : j'ai la mémoire qui flanche ... (**fausse question indignée**) Ne bougez pas, je vais chercher mes notes. Il sort.

PROFESSEUR DE YOGA. — Sacré Jourdain ! (**comparaison dévalorisante**) Mais, chut ! le voilà qui revient...

Exercice 3

Rédigez les transitions qui correspondent au passage de l'une à l'autre des trois grandes parties proposées par le plan de dissertation suivant.

Partie I. La mise en scène d'une pièce est dictée par le texte théâtral.

Partie II. Le metteur en scène est libre de choisir acteurs, décors et costumes.

Partie III. Le metteur en scène est libre de proposer une interprétation personnelle du texte.

Exercice 4

Ajoutez la dernière phrase des conclusions suivantes de manière à les rendre plus séduisantes grâce au procédé de la « chute ».

Conclusion 1 : On le constate donc, la poésie a plusieurs visages. Polysémique par nature, elle est connaissance des hommes, plaisir sensuel, émotion retranscrite, recréation du monde. Mieux encore, comme l'a écrit Eluard, la poésie offre toujours au lecteur « de grandes marges blanches ».

Conclusion 2 : Les formes de réécritures sont ainsi multiples. De l'imitation des œuvres antiques au plagiat pur et simple, de l'allusion discrète à une œuvre célèbre à son adaptation pour un nouveau public, elles s'inscrivent dans une longue tradition qui, de Ronsard à Michel Tournier, permet de renouveler la littérature.

Conclusion 3 : En conclusion, il apparaît évident que tout roman reflète la vie, les passions et les sentiments propres à une époque. Il n'est donc pas étonnant que le roman donne pour tâche, depuis ses origines, de dévoiler au lecteur l'intimité de ses héros.

Lexique des notions et des procédés littéraires

Absurde : le terme caractérise ce à quoi on ne peut pas donner de sens. Au milieu du XXe siècle, l'absurde qualifiait plusieurs courants intellectuels et artistiques. Albert Camus a défendu la philosophie de l'absurde. Le sentiment de « l'absurde naît de cette confrontation entre l'appel humain et le silence déraisonnable du monde ». Mais l'homme conquiert sa dignité quand il devient capable de le savoir et de l'assumer. Eugène Ionesco a illustré le théâtre de l'absurde ; sa pièce la plus célèbre est *La Cantatrice chauve*.

Abyme (mise en) : l'expression, qui appartient à l'étude des structures du récit, est empruntée à la science du blason : l'abyme est le nom que prend le centre du blason lorsqu'il représente lui-même un autre écu. Il y a donc mise en abyme quand des éléments représentatifs du récit sont insérés dans un deuxième récit à l'intérieur du même roman. André Gide par exemple, dans son roman *Les Faux-Monnayeurs*, campe le personnage d'Édouard, écrivain en train d'écrire *Les Faux-Monnayeurs*.

Académie : à l'origine, ce mot désignait le jardin, du grec *Akadémos*, lieu où Platon enseignait dans l'Athènes antique. Il s'est donc, par la suite, confondu avec l'école platonicienne. Par extension, il a fini par désigner toute société de gens de lettres, de savants, d'artistes. En 1635, Richelieu créa l'Académie française.

Accent, on distingue :

– l'accent de langue, appelé aussi accent d'intensité, qui allonge la voyelle accentuée et se trouve à une place fixe : sur la dernière syllabe d'une unité syntaxique (ou sur l'avant-dernière si la dernière comporte un e muet) ;

– l'accent d'insistance dont la place n'est pas fixe et dont le but est l'expressivité ;

– l'accent métrique, qui contribue à scander les vers, et qui est en général placé sur la syllabe qui précède une coupe.

Acception : sens précis que prend un mot parmi tous ceux qu'il peut avoir.

Accumulation : cette figure de style consiste à écrire, à la suite les uns des autres, une série de termes de même nature (série de noms, série de verbes...).

Actant : rôle fondamental joué par un personnage dans le récit.

Acte : la partie d'une pièce de théâtre composée d'une série de scènes ou de tableaux. Dans le théâtre classique, une pièce comportait en général cinq actes.

Action : elle désigne la suite des événements dans un récit, une pièce de théâtre, un film. L'action peut jouer un rôle secondaire, si l'auteur a préféré tenir compte de la psychologie des personnages ou de la création d'une atmosphère. Mais elle peut être essentielle comme par exemple dans le roman policier.

Adhésion : degré de confiance accordé à une thèse.

Adjuvant (ou auxiliaire) : il s'agit, dans un conte ou un récit, du personnage qui a pour fonction de venir en aide au héros.

Alexandrin : vers de douze syllabes : pour cette raison on peut aussi l'appeler dodécasyllabe (en grec, *dodéka* = douze). Le nom d'alexandrin, lui, vient d'un des premiers romans écrits en vers de douze syllabes, qui s'intitulait *Le Roman d'Alexandre*.

Allégorie : cette figure de style consiste à représenter une notion abstraite par une personne portant des vêtements ou des objets symboliques. Parfois elle agit ou parle. L'allégorie, figure constante dans la poésie du Moyen Âge, a vu son rôle se réduire progressivement avant le XVIe siècle et au moment de la Pléiade. Mais elle ne disparaîtra jamais et, au XIXe siècle, Baudelaire l'emploie beaucoup.

Allitération : répétition insistante, à une fréquence supérieure à la fréquence habituelle dans la langue, du même son de consonne.

Anachronisme : c'est une erreur qui consiste à attribuer à une époque des événements, des coutumes, des idées qui appartiennent à une autre époque. L'anachronisme peut aussi être voulu, pour provoquer le comique par exemple.

Anacoluthe : cette figure de style consiste à créer un écart, une rupture de construction par rapport à la syntaxe courante, comme une sorte d'erreur voulue.

Anagramme : on fabrique un anagramme lorsqu'on utilise toutes les lettres, ou une partie des lettres d'un mot, en les mettant dans un ordre différent, pour composer un autre mot. Rabelais avait choisi pour pseudonyme l'anagramme de son vrai nom Alcofribas Nasier.

Analogie : mise en relation de deux objets, deux phénomènes, deux situations qui appartiennent à des domaines différents mais font penser l'un à l'autre parce que leur déroulement, leur aspect présentent des similitudes. Le raisonnement par analogie est la recherche d'une conclusion à partir de cette mise en relation.

Anaphore : répétition du même mot ou de la même expression au début de plusieurs vers, phrases ou paragraphes.

Anthologie : recueil composé d'un ensemble de textes ou d'extraits choisis pour leur valeur esthétique (*anthos*, en grec, signifie « fleurs »).

Anthropomorphisme : attribution de la forme humaine à Dieu ou à des divinités.

Antihéros : dans une œuvre littéraire ou cinématographique, l'antihéros est un personnage principal qui ne possède aucune des qualités remarquables du héros traditionnel. Il est au contraire falot, sans envergure. Les personnages de Flaubert sont souvent des antihéros.

Antiphrase : figure de style consistant à dire le contraire de ce que l'on veut faire entendre, tout en ne laissant aucun doute sur ce qu'on pense.

Antiroman : roman qui refuse toutes les règles traditionnelles du genre, et qui dénonce ainsi les illusions sur lesquelles repose le roman. On a pu dire par exemple que Jacques le *Fataliste*, de Diderot, était un antiroman parce qu'il brouille sans cesse les intrigues, va même jusqu'à les modifier en cours de route pour empêcher le lecteur de céder à l'illusion du réel.

Antithèse : opposition, à l'intérieur d'une même unité du discours (membre de phrase, phrase, paragraphe, strophe), de deux idées, deux sensations ou sentiments, deux réalités.

Antonyme : terme de sens contraire par rapport à un autre terme.

Aparté : au théâtre, réplique entendue par le public mais non par l'interlocuteur pourtant en scène.

Aphorisme : réflexion formulée de façon brève.

Apologie : on prononce ou on écrit une apologie lorsqu'on défend inconditionnellement quelqu'un ou quelque chose.

Apologue : court récit allégorique, en vers ou en prose, contenant une morale.

Apostrophe : brusque interpellation d'une personne, ou d'une chose qui se trouve ainsi personnifiée.

Archaïsme : tour de la langue, qui n'est plus usité, mais qui peut être employé intentionnellement.

Argot : terme désignant tout lexique spécifique à une profession ou à un milieu social et qui, parce qu'il n'est pas connu des autres, est un signe de reconnaissance au sein du groupe.

Argument : idée qui sert à démontrer une thèse.

Argumentation : ensemble d'idées logiquement reliées afin de démontrer une thèse.

Argumentateur : personne qui cherche à convaincre son interlocuteur (l'argumenté).

Assonance : répétition insistante, à une fréquence supérieure à la fréquence habituelle dans la langue, du même son de voyelle. L'assonance a été employée par les premiers poètes français (Moyen Âge) avant la généralisation de la rime.

Autobiographie : comme le montre l'étymologie, c'est le récit rétrospectif qu'une personne fait de sa propre existence.

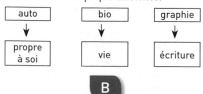

À la différence des mémoires, qui insistent avant tout sur l'époque historique à laquelle l'auteur a vécu, l'autobiographie insiste sur l'histoire individuelle (*Les Confessions* de Rousseau).

Ballade : poème composé de trois strophes et d'un envoi au dédicataire. Le nombre de vers de chaque strophe est égal au nombre de syllabes de chaque vers (trois strophes de huit octosyllabes par exemple). le dernier vers de chaque strophe constitue le refrain.

Baroque : qualificatif donné à un style qui s'éloigne des règles de la Renaissance classique et qui privilégie l'irrégulier, le mouvement et le jeu des apparences et des métamorphoses. Il a d'abord été un style architectural, sculptural et pictural, en Italie. Dans la littérature française, il est représenté par un grand nombre d'œuvres du début du XVIIe siècle, et la période classique s'imposera ensuite par réaction.

Bienséance : terme de la critique classique, très usité au XVIIe siècle, qui désigne la convenance, la décence, la délicatesse. La règle des bienséances dans le théâtre classique interdisait que les personnages mangent, boivent, se tuent ou meurent sur scène.

Bouffon : adjectif qui désigne ce qui fait rire par la farce, par une exagération grossière.

Bucolique : terme littéraire qui qualifie un texte évoquant la vie des bergers, mais sous une forme idéalisée.

Burlesque : adjectif qui désigne un comique outré, reposant sur l'extravagance des situations. Substantivé, il a désigné aussi un genre littéraire ou un style dont le comique naissait du contraste entre le sujet, qui se voulait noble, et le style familier et amusant dans lequel il était traité. Ce genre a été très à la mode au milieu du XVIIe siècle.

C

Cacophonie : c'est, au contraire de l'euphonie, la rencontre de sons qui ne vont pas ensemble.

Calembour : jeu de mot jouant sur la ressemblance sonore pour employer un mot ou un groupe de mots à la place d'un autre.

Calligrammes : poème que l'auteur représente sous la forme d'un dessin. Les lignes de ce dessin sont les vers eux-mêmes.

Caractérisation d'un personnage : manière dont l'auteur construit son personnage, lui donne progressivement les caractéristiques qui l'inscriront dans la mémoire du lecteur.

Caricature : portrait qui grossit les défauts de la personne, dans le but de faire rire.

Catastrophe : dans la dramaturgie classique, c'est le dernier événement, en général funeste, qui amène le dénouement d'une tragédie.

Catharsis : mot emprunté au philosophe grec antique Aristote. Pour lui, le spectateur se libère de passions qui pourraient être dangereuses. Il sort du spectacle purifié parce qu'il a libéré ses passions sur le mode imaginaire, en s'identifiant aux personnes ou situations sur scène.

Césure : coupe principale fixe dans un vers.

Champ lexical : l'ensemble des mots qui, dans un texte, appartiennent par leur dénotation à un même domaine.

Chanson de geste : poème épique écrit en langue vulgaire (XI-XIIe siècles), en alexandrins ou en décasyllabes, avec des assonances. Il comportait plusieurs milliers de vers et était récité avec un accompagnement musical. Il avait pour sujet les exploits plus ou moins merveilleux de héros réels mais souvent mythifiés. Les plus célèbres ont raconté la légende de Charlemagne.

Chiasme : figure de style consistant à faire se suivre deux membres de phrase contenant les mêmes éléments syntaxiques et lexicaux, mais dont on intervertit l'ordre dans le deuxième membre de phrase, de façon à créer un effet de miroir.

Chute : élément de surprise par lequel on termine un texte, dans la nouvelle par exemple. Dans un sonnet, c'est le dernier vers.

Citation : phrase extraite d'une œuvre connue pour illustrer une explication.

Classique : la période classique dans la littérature française se situe dans la seconde moitié du XVIIe siècle. Parmi les écrivains classiques, on peut citer Boileau, La Bruyère, La Fontaine, Racine. L'écrivain classique considère qu'il existe une nature humaine universelle et, par conséquent, il veut décrire les comportements, les sentiments et les passions de l'homme de tous les temps. L'art classique se caractérise aussi par la recherche de la mesure, de l'ordre, de l'équilibre, d'une certaine retenue.

Cliché : expression ou image devenue banale pour avoir été trop souvent employée.

Comédie : genre théâtral qui vise à faire rire ou sourire le spectateur.

Commedia dell'arte : ce genre de comédie est né en Italie dans la deuxième moitié du XVIe siècle. Les comédiens, qui incarnent des personnages stéréotypés, improvisent à partir d'un canevas, c'est-à-dire d'un plan qui fixe grossièrement les éléments de l'intrigue.

Comparaison : figure de style par laquelle sont rapprochées deux réalités en fonction d'un rapport de ressemblance au moyen d'un outil de comparaison.

Concession : faire une concession, c'est admettre un point de vue différent du sien. Un raisonnement par concession commence d'abord par reconnaître que la thèse adverse se justifie dans une certaine mesure. Ensuite le raisonnement s'attache à critiquer et à exposer une antithèse. Un paragraphe, mais aussi un plan de devoir, peut être organisé en raisonnement par concession.

Confident : au théâtre, il s'agit d'un personnage secondaire qui a pour fonction essentielle de recevoir les confidences du héros. C'est par exemple le cas d'Œnone dans la *Phèdre* de Racine. Le spectateur prend ainsi connaissance des sentiments éprouvés par le héros.

Connecteur : terme qui établit un lien logique entre deux énoncés.

Connotations : l'ensemble des associations d'idées et d'impressions qui peuvent s'ajouter au sens strict d'un mot, par influence du contexte, ou des références culturelles, sociales ou personnelles.

Conte : récit bref qui fait entrer le lecteur dans un monde différent du monde réel (conte merveilleux ou fantastique). Il peut inviter à la réflexion (conte philosophique).

Contrepèterie : permutation de sons, de lettres ou de syllabes, dans un ensemble de mots, pour faire surgir un autre sens générateur de comique.

Contre-rejet : fait de commencer un groupe syntaxique ou une phrase à la fin d'un vers pour le continuer au vers suivant.

Controverse : il s'agit d'un débat, d'une polémique, sur un sujet à propos duquel il y a désaccord.

Correspondance : selon cette théorie, illustrée par Baudelaire, il existerait :

– des correspondances « horizontales », ou « synesthésiques », entre les différents sens (« il est des parfums frais comme des chairs d'enfants, / Doux comme les hautbois, verts comme les prairies ») ;

– des correspondances verticales, c'est-à-dire une relation entre notre monde visible et un monde invisible.

Coup de théâtre : événement imprévu qui modifie le cours de l'action.

Lexique des notions et des procédés littéraires

Coupes : pauses du vers, qui se situent après chaque syllabe accentuée.

Déduction : cette opération logique consiste à passer d'une étape à l'étape suivante, souvent sous la forme du passage d'une cause à une conséquence. La déduction peut aussi avoir un sens plus particulier qui s'oppose alors au sens de l'induction : c'est le passage du général au particulier, alors que l'induction est le passage du particulier au général.

Dénotation : sens premier d'un mot, tel que le donne le dictionnaire.

Dénouement : moment où, à la fin d'une pièce de théâtre, se résout le conflit.

Description : texte qui cherche à fournir au lecteur une représentation précise ou évocatrice d'un objet, d'un lieu, d'un individu.

Désinence : élément grammatical, composé d'une ou plusieurs lettres, qui s'ajoute à la fin d'un mot pour signifier le genre, le nombre, le temps ou le mode en conjugaison, la fonction du mot quand une langue comporte des déclinaisons.

Destinataire : en théorie de la communication, personne ou groupe auquel un message est destiné.

Deus ex machina : personnage, ou événement, qui intervient brusquement, et sans rapport avec la logique de l'action, pour permettre le dénouement d'une pièce de théâtre. Dans la tragédie classique, ce procédé était interdit, mais il était accepté dans la comédie. C'est ainsi que la reconnaissance ultime des pères et des enfants dans *L'École des femmes* de Molière peut être considérée comme un *deus ex machina* permettant à la comédie de bien se terminer. Cette expression, qui signifie « le dieu surgissant de la machine », remonte à la pratique antique qui consistait à faire descendre un dieu sur la scène par une machinerie pour dénouer l'intrigue.

Dialectique : terme qui désigne l'ensemble des moyens mis en œuvre pour convaincre ou réfuter ; il désigne aussi la stratégie de la pensée qui consiste à examiner thèse et antithèse pour les dépasser dans une synthèse.

Diatribe : texte ou discours qui attaque de façon violente une personne ou une institution.

Didactique : adjectif qui qualifie tout ce qui a pour objectif d'instruire.

Didascalies : indications de l'auteur concernant les personnages présents et leur prise de parole, les décors, les costumes, les gestes, la façon de proférer le texte.

Diérèse : prononciation en deux voyelles nettement séparées de deux sons vocaliques contigus dans un même mot (l'inverse de la synérèse).

Digression : c'est un hors-sujet, c'est-à-dire un propos étranger au sujet général d'un discours, d'un débat, d'un écrit.

Dilemme : obligation de choisir entre deux partis contradictoires, mais qui tous les deux présentent des inconvénients.

Discours rapporté : paroles d'un personnage transcrites dans un récit au style direct ou indirect, ou encore au style indirect libre.

Distique : strophe de deux vers.

Dithyrambe : poème ou discours enthousiaste et élogieux.

Dizain : strophe de dix vers.

Double énonciation : terme utilisé pour le texte théâtral, signifiant que le personnage s'adresse à deux interlocuteurs à la fois : à un autre personnage, et indirectement au public.

Dramatique : adjectif. Il ne doit pas être confondu avec « tragique ». Il désigne d'abord ce qui se rapporte à l'action (en grec, *drama* = action) : on parle dans ce sens de l'intérêt dramatique d'une scène ou d'un passage. Mais « dramatique » signifie aussi tout ce qui concerne le théâtre : l'expression « genre dramatique » désigne tous les types d'œuvres théâtrales.

Dramaturgie : on donne ce nom à l'art de la composition des pièces de théâtre. De ce fait, la personne qui écrit une pièce de théâtre s'appelle un dramaturge.

Drame : genre théâtral qui s'est défini par rapport à la tragédie et à la comédie classiques. Il a pris des formes diverses en fonction de ce à quoi il s'opposait exactement : au XVIIIe siècle, le drame bourgeois (Diderot) veut prendre ses distances vis-à-vis des situations et personnages nobles de la tragédie ; au XIXe, le drame romantique (Hugo) refuse la distinction entre tragique et comique ; le drame moderne prend des formes variées qui nient la distinction en genres prédéfinis.

Écart : dans l'étude du style, un écart est une variation originale, propre à un auteur, qui s'éloigne de l'usage habituel du langage.

École : on appelle école un groupe d'artistes qui partagent les mêmes idées sur les techniques et les buts de leur art, comme par exemple l'école romantique ou l'école naturaliste au XIXe siècle.

Éditorial : dans un journal ou dans un magazine, un éditorial est un article qui définit la ligne politique, l'orientation de l'équipe de rédaction. Celui qui l'écrit est en général le rédacteur en chef.

Effet de réel : impression de réalité perçue par le lecteur et qui est obtenue à l'aide de procédés divers, comme par exemple la description ou l'adoption du point de vue du personnage.

Élégie : poésie lyrique, souvent amoureuse, dont le ton est mélancolique et tendre.

Ellipse : omission de un ou plusieurs éléments dans une phrase ou dans un récit.

Éloge : discours qui valorise un individu, une œuvre.

Éloquence : l'art de bien parler.

Emphase : on parle d'emphase pour caractériser une expression d'une solennité excessive.

Encyclopédie : ouvrage ayant pour ambition de recenser et exposer l'état actuel de toutes les connaissances humaines. C'est au XVIIIe siècle qu'eut lieu en France la première entreprise encyclopédique. La fabrication de cette première encyclopédie dura vingt ans et ce fut Diderot qui la dirigea.

Enjambement : il y a enjambement lorsque la fin d'un vers ne coïncide pas avec la fin d'un groupe syntaxique.

Énonciation : l'acte de production de l'énoncé.

Énumération : accumulation de termes qui décrivent une situation.

Épigramme : tout petit poème qui se termine par une attaque satirique. L'une des plus connues de la littérature française est celle de Voltaire contre un adversaire des philosophes :
« L'autre jour au fond d'un vallon,
Un serpent piqua Jean Féron.
Que pensez-vous qu'il arriva ?
Ce fut le serpent qui creva. »

Épilogue : à la suite d'un récit, l'épilogue raconte rapidement ce qui s'est passé.

Épistolaire : adjectif qui désigne tout ce qui concerne les lettres. On parle par exemple de roman épistolaire, lorsque le roman est une série de lettres échangées entre des personnages. *La Nouvelle Héloïse* de Rousseau, ou *Les Liaisons dangereuses* de Choderlos de Laclos, sont des romans épistolaires du XVIIIe siècle.

Épître : lettre en vers.

Épique : ton qui donne à un événement la valeur d'un acte héroïque.

Épopée : ce long poème narratif raconte les actions héroïques d'un homme ou d'un peuple, en y mêlant une part de merveilleux.

Essai : texte argumentatif qui analyse un aspect d'un sujet.

Étymologie : ce terme a deux sens :

– science qui fait des recherches sur l'origine des mots ;

– histoire d'un mot depuis son origine.

Euphémisme : figure de style dont le but est d'atténuer le sens d'un mot en employant à sa place un autre mot ou une autre expression.

Euphonie : on parle d'euphonie quand un ensemble de phonèmes produit un effet harmonieux.

Exergue : citation en tête d'un texte. On en trouve par exemple au début des chapitres dans certains romans.

Exorde : en rhétorique, c'est la première partie d'un discours, l'entrée en matière, qui a souvent pour but d'attirer l'attention et la bienveillance de l'auditoire.

Exposition : terme désignant, au théâtre, la ou les scènes dont la fonction principale est de fournir sur la situation et les personnages les renseignements nécessaires pour que le lecteur ou le spectateur comprennent l'action et ses enjeux.

Fable : petit récit imaginaire, en vers ou en prose, qui met en scène des animaux, ou des personnages symboliques ou allégoriques, et qui permet d'illustrer une morale.

Fabliau : forme poétique du Moyen Âge. C'est un texte narratif bref, à rimes plates, qui raconte une histoire amusante, triviale, et met en scène des personnages à l'opposé des personnages de la littérature courtoise.

Farce : petite pièce bouffonne, qui a pour but de faire rire avec un comique assez schématique.

Fiction : le terme désigne ce qui est inventé dans une œuvre littéraire.

Figure de style : procédé d'écriture qui attire l'attention du lecteur.

Focalisation (ou point de vue) : choix d'un type de narration qui consiste à faire savoir au lecteur tout ou partie de l'histoire racontée : ou il sait tout (focalisation zéro), ou il ne sait que ce qu'il verrait de l'extérieur (focalisation externe), ou il ne sait que ce que voit, pense et ressent un personnage (focalisation interne).

Francophonie : on désigne ainsi l'ensemble des personnes qui parlent le français à travers le monde. Il existe donc une littérature appelée francophone.

Genre : catégorie dans laquelle on rassemble les œuvres littéraires ayant un certain nombre de points communs. On parle de genre poétique, de genre romanesque...

Gradation : succession de termes d'intensité croissante (gradation ascendante) ou décroissante (gradation descendante).

Grotesque : adjectif qui désigne, en art, la représentation risible de ce qui est bizarre, caricatural, fantastique.

Harmonie imitative : répétition de sons par laquelle l'auteur imite le bruit de ce qui est évoqué dans le texte.

Harmonie suggestive : répétition de sons par laquelle l'auteur suggère un sentiment ou une sensation.

Hémistiche : chacune des deux moitiés de l'alexandrin ou du décasyllabe.

Hermétisme : caractéristique d'une œuvre très difficile à comprendre, secrète, et peu accessible au profane.

Héros : personnage principal d'un récit, d'une pièce de théâtre, d'un film.

Hiatus : on appelle hiatus la rencontre de la voyelle sonore qui termine un mot avec la voyelle sonore qui commence le mot suivant. La doctrine classique interdisait le hiatus en poésie, car désagréable à l'oreille.

Humanisme : c'est un mouvement de pensée de la Renaissance qui s'est caractérisé par la volonté de promouvoir l'esprit humain auquel il faisait pleine confiance. C'était aussi une volonté de renouer avec les valeurs et l'art de l'Antiquité. Les humanistes avaient une grande soif de connaissances. Par extension, ce terme désigne toute doctrine qui a pour fin l'homme et son épanouissement.

Homonyme : on appelle homonymes des mots qui ont un sens différent mais qui se prononcent de la même façon. Exemple : sot, seau, sceau, saut.

Humour : c'est une forme d'esprit qui jette un œil neuf sur les conventions en usage, pour en dénoncer les dysfonctionnements, mais sans agressivité, à la différence de l'ironie qui est beaucoup moins bienveillante. Cependant, il existe aussi l'humour noir, qui souligne, avec une certaine cruauté et une désillusion extrême, les absurdités du monde.

Hymne : poème ou chant à la gloire des héros, des dieux. Il ne correspond pas à une forme littéraire précise. Au XVIe siècle, Ronsard a écrit de nombreux hymnes.

Hyperbole : figure de style consistant à employer des termes trop forts, exagérés.

Idéogramme : signe d'écriture qui représente à lui seul un objet ou une idée, et non pas seulement un son (écriture phoni-que), ou une syllabe (écriture syllabique). L'écriture chinoise est idéogrammatique.

Image : procédé qui a pour but de rendre une idée ou une réalité plus sensible ou plus belle, en donnant à ce dont on parle des formes qui viennent d'autres objets. La métaphore, la comparaison, l'allégorie, par exemple, sont des images.

Imbroglio : situation très embrouillée, très complexe, dans laquelle il est difficile de se retrouver. On peut parler d'imbroglio pour l'intrigue de certaines pièces de théâtre.

Implicite : propos qui n'est pas exprimé dans un énoncé mais qui est présupposé ou sous-entendu.

Incipit : première phrase d'une œuvre, qui introduit le lecteur dans cette œuvre.

Index : liste, par ordre alphabétique, des noms propres ou des sujets dont il a été question dans un ouvrage ; il en figure un à la fin de cet ouvrage.

Indices de subjectivité : sentiment, émotion ou jugement d'un locuteur qui apparaissent dans ses paroles.

Induction : type de raisonnement qui consiste à passer du particulier au général. C'est un raisonnement fréquent dans les sciences expérimentales, quand on tire des règles générales d'une série d'observations.

Intermède : sorte de divertissement entre deux actes d'une pièce de théâtre. Molière a souvent utilisé des intermèdes dans les comédies (ex. : *Le Bourgeois gentilhomme*).

Intertextualité : dans un texte, c'est l'ensemble des allusions à d'autres textes déjà écrits, aux idées qui existent déjà, aux motifs culturels déjà développés par d'autres écrivains. Quand on explique un texte, il est important de savoir déceler ces allusions plus ou moins implicites.

Intimiste : adjectif qui qualifie une œuvre littéraire ou un film centré sur la peinture très approfondie et très nuancée de la vie psychologique.

Intonation : mouvement mélodique de la parole, caractérisé par des variations de hauteur.

Intrigue : enchaînement des événements dans un récit de fiction ou dans une pièce de théâtre. Dans un récit de fiction, on peut mettre en évidence les phases successives de l'intrigue.

Inversion : dans une phrase, construction non conforme à l'ordre habituel de succession des mots. L'inversion permet parfois de mettre en valeur un terme.

Ironie : moquerie qui consiste à faire entendre le contraire de ce qu'on dit, ou à donner aux mots un sens détourné.

Lexique des notions et des procédés littéraires

Légende : ce terme a deux sens. Il désigne un récit en grande partie imaginaire, mais qui s'est développé sur un fond de réel. Dans un tout autre domaine, il désigne le texte qui accompagne une image.

Leitmotiv : thème ou formule qui revient plusieurs fois dans une œuvre.

Lexique : terme employé pour désigner l'ensemble des mots propres à un groupe ou à une personne. On peut donc avoir plusieurs types de lexique.

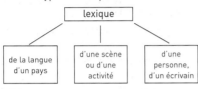

Linguistique : science fondée par Ferdinand de Saussure, qui a pour ambition l'étude des faits de langue phonétiques, syntaxiques, sémantiques ou sociaux.

Litote : figure de style consistant à dire le moins pour suggérer le plus.

Lyrisme : on qualifie ainsi l'expression de sentiments personnels intimes.

Madrigal : quelques vers destinés à faire un compliment galant.

Manifeste : texte théorique qui proclame les intentions d'un mouvement intellectuel, artistique, politique.

Marivaudage : terme qui désigne ce qui fait penser aux échanges amoureux des pièces de Marivaux : galanteries précieuses, raffinement, frivolité élégante.

Maxime : c'est une règle de conduite. Mais c'est aussi la formule concise et frappante qui énonce cette règle de conduite. Au XVIIᵉ siècle, La Rochefoucauld en a écrit un recueil.

Mélodrame : drame populaire qui accentue et exagère les effets de pathétique. Beaucoup de mélodrames ont été écrits au XIXᵉ siècle.

Mémoires : récit autobiographique où l'auteur raconte sa vie et les événements historiques dont il a été acteur et témoin.

Merveilleux : à la différence du fantastique où le lecteur hésite entre une solution rationnelle et l'irruption de l'irrationnel, dans le merveilleux la présence du surnaturel est acceptée comme telle. C'est par exemple le cas dans les contes de fées.

Métalangage : ensemble des termes et des propos utilisés pour décrire une langue ; c'est la langue parlant de la langue.

Métaphore : figure de style qui consiste à utiliser, pour désigner une réalité, un terme ou des termes (métaphore filée) qui sont habituellement employés pour désigner une autre réalité qui entretient avec la première un rapport de ressemblance.

Métonymie : figure de style consistant à désigner un référent par un terme désignant habituellement un autre référent, mais qui entretient avec le premier un rapport soit de contenant à contenu (« la salle a applaudi »), soit d'instrument pour celui qui l'emploie (« c'est le premier violon »), soit de lieu pour la chose (un coulommiers).

Métrique : étude des éléments de mesure dont sont formés les vers.

Mise en scène : art de porter à la scène un texte en utilisant les ressources de l'espace scénique (déplacement des acteurs, décor, lumière).

Modalisation : tout ce qui dans l'énoncé définit l'attitude de l'émetteur par rapport à cet énoncé, en particulier son degré d'adhésion, les nuances qu'il apporte.

Monologue : au théâtre, il s'agit des propos que tient un personnage qui se trouve (ou se croit) seul.

Monologue intérieur : l'expression appartient au lexique du récit. Elle désigne l'artifice qui consiste à rapporter telle quelle la pensée du personnage, comme si nous étions à l'intérieur de sa conscience.

Moraliste : on donne ce nom à un écrivain qui dépeint les mœurs, qui réfléchit sur la nature humaine et les comportements des hommes. On peut par exemple considérer que La Bruyère, écrivain du XVIIᵉ siècle, est un moraliste.

Moralité : le terme possède en littérature un sens particulier. Il s'agit d'une sorte de pièce de théâtre brève, qui comporte souvent des allégories de notions appartenant à la morale, et qui a existé à la fin du Moyen Âge.

Mystère : dans une acception littéraire ce mot désigne une sorte de pièce de théâtre religieuse qui était courte au début mais qui est devenue de plus en plus longue : dans la première moitié du XVIᵉ siècle, elle pouvait durer jusqu'à plusieurs jours. Son sujet était toujours tiré de l'Ancien ou du Nouveau Testament.

Mythe : on peut dégager trois sens :

– le mythe est un récit fabuleux anonyme, auquel on peut trouver un sens symbolique, et qui fait partie des traditions d'une communauté humaine ;

– on appelle également mythe la représentation de faits ou de personnages de façon amplifiée et déformée parce que cela exprime les désirs de la communauté qui véhicule ce mythe ;

– dans un sens péjoratif, on traite de mythe une construction de l'esprit qui ne repose sur rien de réel.

Narrateur : celui par lequel est racontée une histoire. Le narrateur peut être l'un des personnages ; et même lorsqu'il n'est pas un personnage il est celui qui prend en charge le récit sans vraiment représenter l'auteur, sauf dans le cas de l'autobiographie.

Narratologie : ce terme désigne toutes les études qui sont faites sur l'art de mener un récit.

Naturalisme : ce mouvement littéraire de la fin du XIXᵉ siècle est né dans le prolongement du réalisme. Comme lui, il veut peindre la réalité avec exactitude, en particulier la réalité sociale. Mais il veut aussi adopter une démarche d'observation, comparable à celle des sciences de la nature, pour respecter encore mieux les données du réel. Il s'est fait reprocher une complaisance dans le sordide, mais c'était aussi par refus de laisser de côté certains aspects de la vie sociale. Émile Zola est le chef de file du Naturalisme.

Néologisme : invention d'un mot qui n'existait pas précédemment dans le lexique. Le terme de néologisme désigne aussi le mot inventé lui-même. Le fait de donner un sens nouveau à un mot déjà existant peut aussi créer un néologisme.

Nouveau Roman : ce mouvement est né vers 1950 d'une remise en question du roman traditionnel. Il veut détruire la notion de personnage et l'analyse psychologique ; il refuse de mettre en place une intrigue. Ce qui compte, c'est le travail de l'écriture. « Le roman n'est plus l'écriture d'une aventure, mais l'aventure d'une écriture », dit le théoricien Jean Ricardou.

Nouvelle : récit bref, qui se distingue du conte parce qu'il ne fait pas appel au merveilleux, et du roman par sa brièveté.

Objection : argument qui sert à réfuter une thèse.

Octosyllabe : vers de huit syllabes.

Ode : poème lyrique dans lequel le poète exprime ses sentiments. Elle est composée de plusieurs strophes, semblables par le nombre et la mesure des vers.

Omniscient : le narrateur est omniscient lorsque par convention il est censé tout connaître sur les événements et les personnages, y compris leur pensée.

Onirique : on caractérise ainsi un texte où abondent les visions de rêve ou de délire.

Onomatopée : mot qui rappelle, par ses sonorités, le bruit que fait l'objet, l'être, ou l'action qu'il désigne. Exemple : le glou-glou, le coucou, le tic-tac.

Opposition : mode de raisonnement qui confronte des idées contradictoires.

Oraison funèbre : expression qui désigne le sermon ou le discours écrit pour être prononcé au moment de la mort d'un personnage illustre. Au XVII⁰ siècle, Bossuet en a écrit un certain nombre, en particulier *L'Oraison funèbre d'Henriette de France*.

Oxymore (ou alliance de mots) : figure de style permettant de relier étroitement dans la même expression deux termes évoquant des réalités contradictoires.

Pamphlet : il est destiné à attaquer une personne ou une institution. Voltaire en a écrit beaucoup, souvent anonymes ou sous des pseudonymes, pour ne pas être poursuivi par la censure.

Panégyrique : discours de cérémonie, composé pour chanter la gloire d'une personne illustre.

Parabole : petit récit qui a pour but de dégager une morale, une leçon, par l'intermédiaire de son symbolisme.

Paradoxe : un paradoxe est une idée qui surprend parce qu'elle est en contradiction avec ce qui est habituellement admis.

Parallélisme : succession de deux constructions lexicalement et/ou syntaxiquement très proches pour exprimer deux idées.

Paraphrase : elle consiste à réécrire un texte avec d'autres mots mais sans rien changer au sens du texte. Faire de la paraphrase quand on commente un texte, c'est répéter le contenu du texte sans expliquer la façon dont il est écrit, sans apporter des précisions pour élucider et interpréter.

Parataxe : ce procédé consiste à juxtaposer des phrases sans exprimer le lien logique qui les unit.

Paratexte : le terme désigne l'ensemble des informations données sur un texte : introduction, notes, renseignements biographiques sur l'auteur…

Parnasse : mouvement poétique de la seconde moitié du XIX⁰ siècle, qui réagit contre certaines tendances du romantisme, en particulier contre l'expression trop complaisante des sentiments personnels. Les parnassiens soulignent l'importance du travail et de la technique dans la composition. Ce mouvement est représenté par Leconte de Lisle, José-Maria de Heredia et Théophile Gautier.

Parodie : imitation comique, qui peut même être moqueuse.

Paronomase : figure de style qui consiste à rapprocher des mots dont les sonorités sont voisines mais les sens différents.

Paronyme : on appelle paronymes des mots de sens différents mais proches par leurs sonorités. *Exemple* : avoir-asseoir, argent-ardent… Ils peuvent être responsables de confusions qui perturbent la communication, mais ils sont aussi à l'origine de la figure de style qu'on appelle la paronomase. Le jeu sur les paronymes est aussi une source inépuisable de quiproquos comiques (ex. : la grammaire et la grand-mère dans la fameuse scène 6 de l'acte II des *Femmes savantes*).

Pastiche : écrit dans lequel l'auteur imite le style d'un autre auteur. Ce peut être dans une intention parodique, c'est aussi un moyen d'apprendre soi-même à écrire. Dans certains cas, le pastiche atteint même les dimensions d'un véritable texte littéraire : Marcel Proust a réalisé de remarquables pastiches, en particulier ceux qui sont réunis dans son recueil intitulé *Pastiches et Mélanges*.

Pastorale : dans ces textes littéraires, les personnages sont des bergers mais ne sont pas du tout décrits de façon réaliste. Ils sont maniérés, raffinés.

Pathétique : caractère d'un texte qui provoque une grande émotion, qui éveille par exemple des sentiments de pitié.

Pause : moment d'un récit où l'action cède la place à la description.

Période : phrase complexe amplement, clairement et harmonieusement développée, qui comporte une phase montante et une phase descendante.

Péripétie : dans une pièce de théâtre ou un récit, c'est un changement brusque de la situation.

Périphrase : remplacement d'un mot par une expression équivalente qui exprime une des qualités ou un des attributs de la réalité désignée.

Péroraison : en rhétorique, c'est la dernière partie d'un discours, qui fait appel à la pitié ou à la clémence.

Personnification : figure de style consistant à prêter des comportements ou des sentiments humains à un être inanimé ou à un animal.

Phonème : la plus petite unité de son de la langue. Chaque langue en comporte un certain nombre qui se lient pour former des mots.

Picaresque : le mot vient de l'espagnol « picaro », qui signifie coquin. Les romans picaresques mettent en scène les tribulations de personnages qui circulent à travers le pays et les milieux sociaux, et sont parfois sans scrupules.

Plagiat : le fait de recopier des passages appartenant à d'autres auteurs, en faisant croire qu'on les a écrits soi-même.

Plaidoyer : discours qui défend un individu ou une thèse.

Pléonasme : le fait de donner deux fois la même information dans une expression, ex. : « monter en haut ».

Poème en prose : poème qui abandonne la forme du vers et qui valorise la recherche du rythme de la phrase et des images.

Point de vue (voir focalisation).

Polémique : le terme vient du grec *polemos*, qui signifie « la guerre ».

– Adjectif = qui suppose une attitude critique.

– Nom = débat violent opposant des idées.

Polysémie : pluralité de sens d'une unité de discours (mot, expression, phrase…). Le terme ou l'expression admet plusieurs sens entre lesquels rien ne permet de choisir.

Poncif : on parle de poncif lorsqu'un thème ou une forme d'expression est d'une grande banalité.

Préface : texte qui présente une œuvre pour en défendre l'originalité.

Préfixe : élément composé d'une ou plusieurs lettres, qui se place au début du radical d'un mot pour en modifier le sens.

Préromantisme : nom donné après coup à certains écrivains du XVIII⁰ siècle qui annonçaient le romantisme. Ils cultivaient déjà le goût pour la nature et privilégiaient l'expression du moi. Rousseau fait partie des préromantiques.

Présent de narration : cette expression qualifie le présent utilisé pour raconter un récit passé lorsqu'on veut le rendre plus vivant.

Présupposé : idée présente dans un énoncé comme une vérité acquise.

Prétérition : figure de style qui consiste à parler de quelque chose en commençant par annoncer qu'on ne vas pas en parler : « Je ne vous dirai pas… ».

Progression du discours : mode d'enchaînement des idées et des exemples dans un texte argumentatif.

Prologue : au théâtre, il s'agit d'une déclaration qui précède la pièce elle-même. Extérieure à l'intrigue, elle peut annoncer ce que sera l'intrigue, en proposer d'emblée une interprétation, etc. L'*Antigone* de Jean Anouilh, par exemple, commence par un prologue, comme toutes les pièces antiques.

Prosodie : étude de la durée et du caractère mélodique des sons dans un poème.

Lexique des notions et des procédés littéraires

Prosopopée : figure de style qui consiste à imaginer le discours d'une personne morte ou absente, ou même d'une chose personnifiée.

Protagoniste : on désigne ainsi l'acteur qui joue le rôle principal dans une pièce de théâtre, un film ou même une situation quotidienne.

Pseudonyme : nom d'emprunt sous lequel un artiste, un écrivain se fait connaître.

Purisme : souci extrême de la correction du langage.

Q

Quatrain : strophe de quatre vers.

Quintil : strophe de cinq vers.

Quiproquo : confusion qui peut porter sur un personnage, un objet ou un lieu, qui est pris pour un autre. Le quiproquo est un ressort de la comédie, il permet à l'action de rebondir. Un quiproquo célèbre du théâtre français se trouve dans *L'Avare*, lorsque Harpagon parle du vol de sa cassette pendant que le prétendant de sa fille Marianne croit qu'il s'agit de celle-ci.

R

Rabelaisien : on emploie cet adjectif pour qualifier ce qui rappelle la verve excessive, grossière mais aussi pleine de vie qui caractérise l'œuvre de Rabelais.

Radical : partie centrale du mot, porteuse de sa signification essentielle, avant que s'ajoutent préfixes, suffixes, désinences.

Réalisme : cet adjectif caractérise un texte ou un auteur qui peint le réel tel qu'il est, avec précision, en évitant d'orienter subjectivement le récit et en excluant tout ce qui ne pourrait pas se produire dans la réalité.

Mais ce terme correspond aussi à un courant littéraire du XIXe siècle, dont le précurseur est Balzac. Flaubert et Maupassant marquent l'apogée du réalisme, que Zola infléchit en naturalisme (voir ce mot).

Récit : ce terme offre deux sens bien distincts. Il désigne d'abord un texte racontant un événement ou une série d'événements. Mais il possède aussi un sens spécifique par lequel il s'oppose à la notion de discours.

Redondance : c'est donner plusieurs fois la même information sous des formes différentes. Le pléonasme est une des manifestations de la redondance.

Réfutation : en rhétorique, il s'agit de la partie du discours où l'on démonte les arguments de la thèse adverse.

Règles : d'un point de vue littéraire, ce mot prend un sens très précis quand on fait référence à la période classique. Les règles étaient les contraintes que les écrivains étaient tenus de respecter. C'était en particulier le cas pour le théâtre.

Rejet : terme indiquant qu'un groupe syntaxique, une phrase ou une proposition s'achève, non à la rime, mais au début du vers suivant.

Réplique : au théâtre, c'est ce qu'un acteur répond à un autre.

Réquisitoire : discours qui dresse la liste des méfaits, des crimes commis par un individu.

Réseau lexical : ensemble des mots d'un texte qui, par leur sens dénoté, mais aussi par leurs sens connotés (c'est la différence avec le champ lexical) se rattachent à un même domaine.

Rhétorique : ce mot a plusieurs sens. Il peut signifier l'art de bien parler et l'éloquence oratoire. Mais il désigne aussi l'art de présenter les idées de la façon la plus persuasive possible.

Rime : répétition du même son à la fin de deux ou plusieurs vers.

Rime intérieure : répétition de la rime finale au milieu du vers.

Roman : à l'origine, le nom de roman a été donné à la langue vulgaire issue du latin. Par extension, on a donné le nom de roman à un écrit en langue romane, qui n'était d'ailleurs pas un écrit en prose, mais une forme poétique en octosyllabes (*Le Roman de Renart*). Puis il a désigné un récit en prose d'aventures imaginaires. Actuellement, la prise en considération de sa longueur conduit à faire la distinction entre la nouvelle, récit court, et le roman, récit beaucoup plus long.

Roman d'apprentissage : roman qui raconte la formation d'un être humain parfois depuis son enfance, mais plus souvent pendant son adolescence et les premières années de sa maturité. On appelle aussi ces types de romans des romans de formation. *L'Éducation sentimentale* de Flaubert en est un.

Roman-feuilleton : roman paraissant par épisodes dans la presse. Ce genre est né au XIXe siècle, et de nombreux écrivains ont alors fait connaître plusieurs de leurs romans de cette façon avant de les publier en librairie (Balzac).

Romanesque : ce terme a deux sens bien distincts. Il désigne tout ce qui se rapporte au roman. Mais il qualifie aussi tout ce qui rappelle le côté très sentimental et très aventureux des intrigues de romans faciles.

Rondeau : poème composé d'octosyllabes organisés en trois strophes de cinq, trois puis cinq vers. Les deux dernières strophes sont suivies d'un refrain.

Rythme : dans un vers, il est caractérisé par le retour, à intervalles relativement réguliers, des temps marqués ou accents rythmiques. Par exemple le rythme de l'alexandrin classique correspond à une accentuation sur la 6e et la 12e syllabe. Cette régularité est un des traits distinctifs de la poésie classique, puisqu'en prose, et dans le vers libre, la place des syllabes accentuées n'est pas prédéterminée.

Rythme du texte : rapports qui s'établissent entre le temps de la fiction et celui de la narration. Le récit s'accélère par des omissions, des ellipses, des anticipations. Il ralentit par des retours en arrière, des pauses.

S

Satire : dans un premier sens, le terme désigne un poème de forme libre, à rimes plates. Mais il s'applique aussi à des écrits en prose. Le but de la satire est de critiquer les mœurs ou une institution. Très souvent l'auteur y attaque les vices et les ridicules de ses contemporains.

Satirique (texte) : qui dénonce et ridiculise les défauts d'un individu ou d'une société.

Scène (récit) : épisode raconté de façon détaillée.

Scène (théâtre) : unité de découpage d'un acte qui correspond à l'arrivée ou au départ d'un personnage.

Schéma actantiel : ensemble des rôles fondamentaux remplis par les personnages d'un récit.

Schéma narratif : succession logique d'actions qui expliquent le décalage entre la situation initiale et la situation finale d'un récit.

Sémantique : cette partie de la linguistique étudie la signification des mots. L'adjectif « sémantique » signifie : « qui concerne le sens ».

Sentence : pensée exprimée de façon dogmatique et littéraire à la fois.

Situation argumentaire : contexte qui permet de définir les enjeux d'une argumentation et les positions des interlocuteurs.

Sizain : strophe de six vers.

Solécisme : faute de syntaxe.

Sommaire : épisode d'un récit raconté avec une grande brièveté.

Sonnet : poème composé de quatorze décasyllabes ou alexandrins répartis en deux quatrains et un sizain lui-même divisible en deux tercets. Les deux quatrains comportent les mêmes rimes : le dernier vers crée un effet de surprise.

Sophisme : raisonnement structuré et articulé qui, de par sa construction, donne l'impression de véracité rigoureuse alors qu'il est en réalité faux.

Sous-entendu : propos implicite que l'on peut logiquement déduire d'un énoncé.

Stance : la stance est un groupe de vers formant un système de rimes complet. Au pluriel, les stances signifient un poème composé de ce type de strophes, et qui aborde un sujet sérieux, philosophique, religieux ou élégiaque.

Stéréotype : idée toute faite, qui se révèle à la fois banale et simpliste.

Stichomythie : ce terme appartient au lexique du théâtre. Il désigne la partie d'un dialogue dramatique où les interlocuteurs se répondent vers pour vers.

Strophe : groupe de vers organisé en un ensemble structuré qui participe à la composition d'un poème.

Suffixe : élément composé d'une ou plusieurs lettres, qui s'ajoute à la fin du radical d'un mot pour en modifier le sens.

Surréalisme : mouvement artistique et littéraire qui s'est imposé au lendemain de la Première Guerre mondiale. Il est d'abord une révolte, le désir de renverser l'art, la morale et la société. Les artistes surréalistes (Apollinaire, Breton, Soupault, Ernst, Miró, Dali) se donnent pour mission de saisir ce qui, en l'homme, échappe à la conscience, toutes les zones non rationnelles et pourtant bien réelles de l'activité de l'esprit humain. Ils accordent beaucoup d'importance aux rêves par exemple, ou à la folie.

Synecdoque : figure de style consistant à employer, pour désigner un être ou un objet, un mot désignant une partie ou la matière dont il est fait.

Suspense : dans un récit ou un film, c'est le moment de l'action qui crée chez le lecteur ou le spectateur une attente anxieuse.

Syllogisme : raisonnement qui consiste à tirer une conclusion à partir de deux propositions : les prémisses. Exemple : les hommes sont mortels (prémisse majeure). Or Socrate est un homme (prémisse mineure). Donc Socrate est mortel (conclusion). Les syllogismes, pour être justes, obéissent à des règles rigoureuses étudiées dès l'Antiquité par les philosophes (Aristote).

Symbole : métaphores, images, objets concrets qui évoquent une idée, un idéal ou un état d'âme.

Symbolisme : c'est un mouvement littéraire de la fin du XIXᵉ siècle. Il n'a pas de doctrine précise, mais il est né dans le prolongement de l'œuvre de Baudelaire. On a coutume de considérer comme symbolistes des poètes tels que Verlaine, Rimbaud et surtout Mallarmé. Le poète symboliste cherche à exprimer le moi et le monde par un travail subtil sur la langue, et par l'intervention de symboles qui admettent plusieurs interprétations.

Synecdoque : désignation d'un être ou d'un objet au moyen d'une partie de cet être ou de cet objet (ex. : des bras s'agitaient = des individus).

Synérèse : prononciation en une seule syllabe des deux sons vocaliques contigus dans un même mot. On dira par exemple « lion » en une seule syllabe.

Synonymes : mots qui ont le même sens, ou un sens très proche.

Syntaxe : la syntaxe est la partie de la grammaire qui concerne la façon dont se combinent les divers constituants de la phrase.

Tercet : strophes de trois vers.

Terminologie : ensemble des termes propres à une science, à une technique, ou à un domaine artistique.

Thème : élément de contenu qui revient très souvent à l'intérieur d'une œuvre. Par exemple, le thème de l'eau peut être étudié chez Maupassant, ou le thème de l'automne chez Apollinaire.

Tirade : au théâtre, le terme désigne une suite de phrases ou de vers que l'auteur dit sans interruption.

Tragédie : dans sa définition classique, pièce de théâtre centrée sur une situation de crise que vivent des personnages hors du commun, et qui se termine mal.

Tragi-comédie : genre dramatique du XVIIᵉ siècle, qui mêlait à la tragédie des éléments de comédie. *Le Cid*, qui se termine bien, alors qu'une tragédie doit se terminer mal, a été qualifié de tragi-comédie.

Tragique : texte qui émeut le spectateur en lui présentant des situations sans issues.

Trilogie : désigne un ensemble de trois œuvres dramatiques dont les sujets font suite les uns aux autres. Au XVIIᵉ siècle, Beaumarchais a écrit une trilogie comprenant *Le Barbier de Séville*, *Le Mariage de Figaro* et *La Mère coupable*.

Trope : terme ancien de la rhétorique qui désigne toutes les figures de style dans lesquelles on emploie les mots avec un sens différent de leur sens habituel. C'est le cas de la métaphore, de la synecdoque, de la métonymie.

Truculent (style) : un style qui n'hésite pas à employer des mots crus, grossiers ou des mots violents.

Truisme : désigne de façon péjorative une banalité, une vérité tellement évidente qu'elle ne valait pas la peine d'être dite.

Type (personnage) : personnage qui incarne une qualité, un défaut, ou qui représente un groupe social, un style de vie.

Utopie : le mot signifie à l'origine le pays de nulle part (*utopia* : le non-lieu). C'est le titre que l'écrivain anglais Thomas More a donné à son œuvre, dans laquelle il imagine une société idéale. Ce fut le point de départ d'un genre littéraire qui consiste à imaginer une communauté parfaitement organisée. C'est ce que fait Rabelais quand il décrit l'abbaye de Thélème, ou Voltaire lorsqu'il imagine le pays d'Eldorado dans *Candide*.

Vaudeville : comédie fondée sur des séries de quiproquos et de hasards (genre qui triomphe après 1850 avec Eugène Labiche).

Vers : énoncé identifiable par le retour à la ligne et par le rythme.

Vers impair : vers qui comprend un nombre impair de syllabes.

Vers libres : cette expression a d'abord été employée pour désigner le mélange de divers types de vers dans un ensemble ne respectant pas les systèmes strophiques traditionnels (chez La Fontaine par exemple). Puis l'expression a évolué et peut désigner aussi des vers non rimés.

Verset : dans la Bible, phrase ou petit paragraphe, portant chacun un numéro. Le terme a été repris par Claudel et désigne un ensemble de mots prononcés d'une seule respiration et au terme desquels on va à la ligne, ce qui fait alors du verset l'unité de base de la poésie non versifiée.

Versification : contraintes qui définissent le vers du point de vue du mètre, du rythme, de la rime.

Vitesse du récit : étude comparée du temps de la fiction (durée de l'intrigue, chronologie de l'action) et du temps de la narration (importance accordée à un événement par le récit).

Vraisemblance : c'est le fait de donner l'impression que ce que l'on raconte aurait pu se passer tel quel dans la réalité. Pour certains auteurs, le vraisemblable est encore plus exigeant que le vrai, puisque « le vrai peut parfois n'être point vraisemblable ».

Vulgarisateur : un vulgarisateur a pour but de mettre à la portée du grand public les connaissances des spécialistes.

Moyen Âge	Histoire	Littérature française
VIIIᵉ S.	778 : bataille de Ronceveaux	842 : *Serments de Strasbourg*, écrits en ancien français
IXᵉ S.	800 : sacre de Charlemagne (→ 814)	
Xᵉ S.	987 : Hugues Capet roi de France (→ 996)	
XIᵉ S.	1054 : séparation des Églises d'Orient et d'Occident 1066 : bataille d'Hastings 1095-1099 : première Croisade 1099 : prise de Jérusalem par les croisés	vers 1040 : *Vie de saint Alexis* vers 1070 : *Chanson de Roland*
XIIᵉ S.	1180 : Philippe Auguste, roi de France (→1223) 1189 : Richard Cœur de Lion, roi d'Angleterre (→1199)	vers 1160 : premiers fabliaux en vers ; *Jeu d'Adam* au théâtre 1165 : Chrétien de Troyes, *Erec et Enide* vers 1170 : *Roman de Renart* vers 1181 : Béroul, *Tristan*
XIIIᵉ S.	1204 : prise de Constantinople par les croisés 1226 : Louis IX, futur saint Louis, roi de France (→1270) 1250 : affranchissement massif de serfs 1285 : règne de Philippe le Bel (→1314)	Apogée du roman de chevalerie (cycle de Lancelot, cycle du Graal) 1207 : naissance des chroniques historiques avec *La Conquête de Constantinople* de VILLEHARDOUIN 1230 : GUILLAUME DE LORRIS, *Roman de la Rose* vers 1270 : JEAN DE MEUNG, *Roman de la Rose* ; *Jeux* d'ADAM DE LA HALLE
XIVᵉ S.	1307 : procès des Templiers 1309 : la papauté s'installe en Avignon 1337-1453 : guerre de Cent Ans 1348-1358 : peste noire	1374 : FROISSART, *Chroniques*
XVᵉ S.	1429 : Jeanne d'Arc délivre Orléans 1431 : Jeanne d'Arc brûlée à Rouen 1440 : Charles d'Orléans, capturé par les Anglais en 1415, revient en France 1453 : prise de Constantinople par les Turcs 1461 : Louis XI roi de France (→1483) 1492 : découverte de l'Amérique par Christophe Colomb 1494 : début des guerres d'Italie 1497 : début du voyage de Vasco de Gama	De 1415 à 1440 : CHARLES D'ORLÉANS écrit *Ballades et Rondeaux* pendant sa captivité 1456 : ANTOINE DE LA SALE : *Le Petit Jehan de Saintré* 1457 : VILLON, *Lais* 1461 : VILLON, *Testament* 1466 : *Les Cent Nouvelles Nouvelles* ; *Farce de Maître Pathelin*

XVIᵉ

	Histoire	Littérature française
1500	1509 : Henri VIII roi d'Angleterre (→1547)	
1510	1515-1547 : règne de François 1ᵉʳ 1515 : victoire de Marignan 1517 : Luther en Allemagne lance la Réforme 1519 : Charles Quint empereur d'Allemagne (→1556) ; tour du monde de Magellan; conquête du Mexique par Cortez	
1520	1520 : guerre entre la France et l'Autriche	1527 : MAROT, *Épître au roi, pour le délivrer de prison*
1530	1534 : premières persécutions contre les protestants (affaire des Placards); Jacques Cartier au Canada	1532 : RABELAIS, *Pantagruel* 1534-1535 : RABELAIS, *Gargantua*
1540	1545-1563 : Concile de Trente	1540-1558 : MARGUERITE DE NAVARRE, *L'Heptaméron* 1549 : DU BELLAY, *Défense et illustration de la langue française; L'Olive*
1550	1556 : Philippe II roi d'Espagne (→1598) 1559 : fin des guerres d'Italie	1550 : RONSARD, *Odes* 1552-1553 : RONSARD, *Amours de Cassandre* 1553 : JODELLE, *Cléopâtre captive* 1555 : LOUISE LABÉ, *Élégie et Sonnets* 1558 : DU BELLAY, *Les Antiquités de Rome et Les Regrets*
1560	1562 : début des guerres de religion en France 1565 : révolte des Pays-Bas contre l'Espagne	
1570	1572 : massacre de la Saint-Barthélemy	1572 : RONSARD, *La Franciade* 1577 : D'AUBIGNÉ, *Les Tragiques* 1578 : RONSARD, *Sonnets pour Hélène*
1580	1588 : l'Invincible Armada 1589 : Henri IV roi de France (→1610)	1580-1588 : MONTAIGNE, *Essais*
1590	1593 : entrée d'Henri IV dans Paris 1598 : Édit de Nantes en faveur des protestants	1596 : MALHERBE, *Odes*

LITTÉRATURE EUROPÉENNE	ARTS, SCIENCES ET TECHNIQUES

ARTS, SCIENCES ET TECHNIQUES

vers 840 : premières enluminures

880 : première horloge

Apogée de l'art roman

Développement des moulins à eau, apparition de la charrue
vers 1070 : construction de l'Église Saint-Marc à Venise
1077 : tâpisserie de Bayeux

vers 1100 : *Psautier* de Canterbury
vers 1160 : AVERROÈS, *Commentaires d'Aristote*
1190 : *Nibelungenlieder*

1150 : apogée de l'art gothique
1163 : début de la construction de Notre-Dame de Paris

1226 : FRANÇOIS D'ASSISE, *Œuvres spirituelles*
1266 : Roger BACON, *Œuvres*
1298 : MARCO POLO, *Livre des Merveilles*

Invention de la brouette, du rouet, des lunettes, de la boussole
1245 : achèvement de la construction de Notre-Dame de Paris
1257 : fondation de la Sorbonne

1307-1321 : DANTE, *La Divine Comédie*
1349 : BOCACCE, *Le Décaméron*
1352 : PÉTRARQUE, *Les Triomphes*
1387 : CHAUCER, *Contes de Canterbury*

1340 : développement de la métallurgie (invention du haut fourneau)

vers 1460 : LÉONARD DE VINCI, *Carnets*

Multiples progrès dans l'art de la navigation (invention de la caravelle)
1455 : première Bible imprimée, de Gutenberg

1506 : LÉONARD DE VINCI, *Traité de la peinture*
1509-1511 : ÉRASME, *Éloge de la folie*

vers 1500 : invention de l'arquebuse
1500 : ■ Bosch, *La Tentation de saint Antoine*
1503-1507 : ■ Vinci, *La Joconde*

1513 : MACHIAVEL, *Le Prince*
1516 : MORE, *L'Utopie* ; L'ARIOSTE, *Le Roland furieux*

Construction des châteaux de la Loire

1528 : CASTIGLIONE, *Le Courtisan*

1536 : L'ARÉTIN, *Ragionamenti (Dialogues des courtisanes)*

1530 : fondation du Collège de France
1534 : ■ Michel-Ange, *Le Jugement dernier*
1538 : première carte du monde de Mercator

1548 : LOYOLA, *Exercices spirituels*

1541 : construction du Louvre de Lescot
1543 : système de Copernic ; Vésale, *La Fabrique du corps humain*

1550 : VASARI, *Vies des plus illustres peintres*
1554 : BANDELLO, *Nouvelles*

1550 : ■ sculptures de Gougon
1558 : ■ portraits de Clouet

vers 1560, invention du crayon
1560 : ■ travaux de Palissy sur l'émail

1572 : CAMOËNS, *Les Lusiades*

vers 1572 : observations de Tycho Brahé sur le mouvement des planètes
1573 : ■ Arcimboldo, *Les Saisons*

1580 : LE TASSE, *La Jérusalem délivrée*
1588 : MARLOWE, *La Tragique Histoire du docteur Faustus*

1582 : calendrier grégorien
1583 : lois du pendule découvertes par Galilée
1586 : ■ Le Gréco, *L'Enterrement du comte d'Orgaz*

Premières grandes pièces de SHAKESPEARE
1597 : BACON, *Essais*

XVIIᵉ	HISTOIRE	LITTÉRATURE FRANÇAISE
1600	1608 : fondation de Québec	1606 : MALHERBE, *Commentaire sur Desportes* 1607 : D'URFÉ, *L'Astrée*
1610	1610 : assassinat de Henri IV ; Régence de Marie de Médicis 1617 : début du règne de Louis XIII (→ 1643) 1618 : début de la guerre de Trente Ans	1608 -1613 : RÉGNIER, *Satires* 1616 : D'AUBIGNÉ, *Les Tragiques*
1620	1624 : début du ministère de Richelieu 1627 : siège de La Rochelle contre les protestants	1621-1624 : VIAU, *Œuvres poétiques* 1623 : SOREL, *Francion*
1630		1637 : DESCARTES, *Discours de la méthode* ; CORNEILLE, *Le Cid*
1640	1643 : mort de Louis XIII ; Régence d'Anne d'Autriche ; début du ministère de Mazarin 1649 : exécution de Charles Iᵉʳ en Angleterre	1640 : CORNEILLE, *Horace* 1647 : VAUGELAS, *Remarques sur la langue française*
1650	1649 -1652 : Fronde des princes en France 1659 : paix des Pyrénées avec l'Espagne	1651 : SCARRON, *Le Roman comique* 1656 : PASCAL, *Les Provinciales* 1659 : MOLIÈRE, *Les Précieuses ridicules*
1660	1661 : début du règne de Louis XIV (→ 1715) 1662 : début du ministère de Colbert 1665 : peste de Londres 1668 : paix d'Aix-la-Chapelle	1662 : BOSSUET, *Sermon sur l'ambition, Sermon sur la mort* 1664 : LA ROCHEFOUCAULD, *Maximes* ; MOLIÈRE, *Tartuffe* 1665 : MOLIÈRE, *Dom Juan* 1666 : RACINE, *Andromaque* 1666 -1705 : BOILEAU, *Satires* 1668 -1693 : LA FONTAINE, *Fables*
1670		1670 : PASCAL, *Pensées* (posth.) 1673 : MOLIÈRE, *Le Malade imaginaire* 1674 : BOILEAU, *Art poétique* 1677 : RACINE, *Phèdre* 1678 : Mme de LAFAYETTE, *La Princessse de Clèves*
1680	1685 : révocation de l'Édit de Nantes	1682 : BAYLE, *Pensées diverses sur la comète* 1688 : LA BRUYÈRE, *Les Caractères*
1690		1697 : BAYLE, *Dictionnaire historique et critique* ; PERRAULT, *Contes de ma mère l'Oye* 1699 : FÉNÉLON, *Les Aventures de Télémaque*

XVIIIᵉ		
1700	1701-1715 : guerre de succession d'Espagne 1702-1705 : révolte des camisards dans les Cévennes	1704 : LESAGE, *Le Diable boiteux* 1708 : REGNARD, *Le Légataire universel*
1710	1715 : mort de Louis XIV 1715-1723 : régence de Philippe d'Orléans	1715-1735 : *Gil Blas de Santillane* 1718 : VOLTAIRE, *Œdipe*
1720	1720 : crise financière, émeutes à Paris 1723 : début du règne de Louis XV (→ 1774)	1721 : MONTESQUIEU, *Lettres persanes* 1728 : VOLTAIRE, *La Henriade*
1730	1733-1735 : guerre de succession de Pologne	1730 : MARIVAUX, *Le Jeu de l'amour et du hasard* 1731 : PRÉVOST, *Manon Lescaut* 1734 : VOLTAIRE, *Lettres philosophiques* 1737 : MARIVAUX, *Les Fausses Confidences*
1740	1740 : Frédéric II roi de Prusse (→ 1786) 1741-1748 : guerre de succession d'Autriche 1748 : Louis XV est surnommé le Bien-Aimé	1748 : VOLTAIRE, *Zadig ou la Destinée* ; MONTESQUIEU, *De l'esprit des lois* 1749-1789 : BUFFON, *Histoire naturelle*
1750	1755 : tremblement de terre de Lisbonne 1756 : guerre de Sept Ans	1751-1772 : *Encyclopédie* de DIDEROT et D'ALEMBERT 1755 : ROUSSEAU, *Discours sur l'origine de l'inégalité* 1758 : HELVÉTIUS, *De l'esprit* 1759 : VOLTAIRE, *Candide ou l'Optimisme*
1760	1762 : Catherine II tsarine de Russie (→1796) 1763 : expulsion des Jésuites ; famine, émeutes à Paris	1761 : ROUSSEAU, *La Nouvelle Héloïse* 1762 : ROUSSEAU, *Du contrat social* 1764 : VOLTAIRE, *Dictionnaire philosophique* 1765 : rédaction de *Jacques le fataliste* par DIDEROT
1770	1774 : début du règne de Louis XVI (→ 1792) 1776-1783 : guerre d'indépendance des États-Unis	1775 : BEAUMARCHAIS, *Le Barbier de Séville*
1780	1789 : Révolution française	1782 : LACLOS, *Les Liaisons dangereuses* 1782-1789 : ROUSSEAU, *Les Confessions* (posth.) 1784 : BEAUMARCHAIS, *Le Mariage de Figaro* 1788 : BERNARDIN DE SAINT-PIERRE, *Paul et Virginie* 1788-1794 : RESTIF DE LA BRETONNE, *Les Nuits de Paris*
1790	1792 : batailles de Valmy et de Jemmapes 1793 : exécution de Louis XVI 1799 : coup d'État de Bonaparte	1794 : CHÉNIER, rédaction des *Iambes*

LITTÉRATURE EUROPÉENNE	ARTS, SCIENCES ET TECHNIQUES
1601 : SHAKESPEARE, *Hamlet* 1605-1616 : CERVANTÈS, *Don Quichotte* 1618 : LOPE DE VEGA, *Le Chien du jardinier*	1601 : début de la culture du mûrier pour l'industrie de la soie 1609 : lunette de Galilée 1611-1614 : ■ Rubens, *Le Jugement dernier* 1628 : étude de la circulation sanguine par Harvey
1631 : CALDERÓN, *La vie est un songe*	1632 : recherches de Galilée sur le système planétaire ; ■ Rembrandt, *La Leçon d'anatomie* 1635 : fondation de l'Académie française
1640 : JANSENIUS, *Augustinus* (posth.) 1647 : GRACIAN, *L'Homme de cour*	1640 : ■ La Tour, *Le Tricheur à l'as de carreau* 1642 : ■ Le Nain, *Famille de paysans* 1643 : expériences de Torricelli sur la pression atmosphérique
1651 : HOBBES, *Léviathan*	1656 : ■ Vélazquez, *Les Ménines*
1667 : MILTON, *Le Paradis perdu* 1669 : GRIMMELSHAUSEN, *Les Aventures de Simplicius Simplicissimus*	1661-1665 : construction du château de Versailles par Le Vau ; aménagement des jardins par Le Nôtre 1664 : ■ Vermeer, *La Dentellière* 1665 : début de la décoration de Versailles par Le Brun 1667 : éclairage des rues de Paris par des lanternes à chandelle
1677 : SPINOZA, *Éthique*	1674 : calcul différentiel et intégral par Leibniz
1689 : LOCKE, *Lettre sur la tolérance* 1690 : LOCKE, *Essai sur l'entendement humain*	1682 : Édit interdisant les poursuites pour sorcellerie 1687 : lois de l'attraction universelle par Newton 1698 : recensement de Vauban, 19 millions d'habitants dans le royaume

LITTÉRATURE EUROPÉENNE	ARTS, SCIENCES ET TECHNIQUES
1704 : LEIBNIZ, *Nouveaux Essais sur l'entendement humain* 1719 : DEFOE, *Robinson Crusoé*	1705 : première machine à vapeur industrielle 1707 : construction du bateau à vapeur par Papin 1709-1717 : ▲ Bach, *Œuvres pour orgue* 1717 : ■ Watteau, *Pèlerinage à l'île de Cythère*
1722 : DEFOE, *Moll Flanders* 1726 : SWIFT, *Les Voyages de Gulliver* 1733 : POPE, *Essai sur l'homme* 1739 : HUME, *Traité de la nature*	1725 : ▲ Vivaldi, *Les Quatre Saisons* 1728 : ■ Chardin, *La Raie* 1735 : mesure de la longueur du méridien par La Condamine 1737 : invention de l'automate *Le Joueur de flûte* par Vaucanson 1738 : théorie des gaz de Bernoulli
1740 : RICHARDSON, *Paméla ou la Vertu récompensée* 1748 : HUME, *Essai sur l'entendement humain* 1749 : FIELDING, *Tom Jones*	1740 : ■ Boucher, *Le Triomphe de Vénus* ; ■ Chardin, *Le Bénédicité* 1745 : invention du métier à tisser automatique 1748 : fouilles de Pompéi 1750 : ■ Boucher, *Portrait de Madame de Pompadour* 1752 : invention du paratonnerre de Franklin
1760 : MACPHERSON, *Poèmes d'Ossian* 1760-1767 : STERNE, *Vie et opinions de Tristram Shandy* 1765 : GOLDONI, *L'Éventail* 1768 : STERNE, *Voyage sentimental* 1774 : WALPOLE, *Le Château d'Otrante* ; GOETHE, *Les Souffrances du jeune Werther*	1761 : ■ Greuze, *L'Accordée de village* 1766 : début du voyage de Bougainville 1767 : ■ Fragonard, *Les Hasards heureux de l'escarpolette* 1768 : début du voyage de Cook
1781 : SCHILLER, *Les Brigands* ; KANT, *Critique de la raison pure*	1781 : découverte de la composition du gaz carbonique par Lavoisier 1783 : premier aérostat des frères Montgolfier 1785 : début de l'expédition de La Pérouse 1786 : ■ David, *Le Serment des Horace* 1787 : ▲ Mozart, *Dom Juan*
1793 : BLAKE, *Mariage du Ciel et de l'Enfer* 1795 : LEWIS, *Le Moine* 1799 : HÖLDERLIN, *Hypérion*	1790 : invention du métier à tisser industriel par Jacquart 1794 : ■ Goya, *La Maison des fous* 1796 : Parmentier répand l'usage de la pomme de terre

XIXe	HISTOIRE	LITTÉRATURE FRANÇAISE
1800	1804 : établissement de l'Empire : Napoléon Ier empereur (→ 1815) 1805 : Batailles de Trafalgar et Austerlitz	1800 : Mme DE STAËL, *De la littérature* 1801 : CHATEAUBRIAND, *Atala* 1802 : Mme DE STAËL, *Delphine*
1810	1812 : campagne de Russie ; incendie de Moscou ; retraite de Russie 1814 : abdication de Napoléon ; Restauration, règne de Louis XVIII 1815 : retour de Napoléon ; Waterloo ; exil de Napoléon à l'île d'Elbe	
1820	1822 : lois répressives sur la presse 1823 : expédition française en Espagne 1824 : début du règne de Charles X (→ 1830)	1820 : LAMARTINE, *Méditations poétiques* 1822 : NODIER, *Trilby* 1826-1837 : VIGNY, *Poèmes antiques et modernes* 1827 : HUGO, *Cromwell* 1828 : HUGO, *Odes et Ballades* 1829-1848 : BALZAC, *La Comédie humaine*
1830	1830 : Révolution de Juillet, les « Trois Glorieuses » ; début du règne de Louis-Philippe (→ 1848) 1831 : révolte des Canuts à Lyon 1833 : loi Guizot sur l'enseignement primaire	1830 : STENDHAL, *Le Rouge et le Noir* ; HUGO, *Hernani* 1831 : HUGO, *Notre-Dame de Paris* 1834 : MUSSET, *Lorenzaccio* 1835-1837 : MUSSET, *Les Nuits* 1837 : MÉRIMÉE, *La Vénus d'Ille* 1839 : STENDHAL, *La Chartreuse de Parme*
1840	1848 : Révolution, proclamation de la IIe République ; Louis-Napoléon élu président	1842-1843 : SUE, *Les Mystères de Paris* 1844 : DUMAS, *Les Trois Mousquetaires* 1846 : SAND, *La Mare au diable* 1847-1853 : MICHELET, *Histoire de la Révolution française* 1848 : CHATEAUBRIAND, *Mémoires d'outre-tombe* (posth.)
1850	1851 : coup d'État de Louis-Napoléon Bonaparte 1852 : établissement du Second Empire, Napoléon III empereur (→ 1870) 1854 : guerre de Crimée	1851 : DUMAS FILS, *La Dame aux camélias* ; LABICHE, *Un chapeau de paille d'Italie* 1852 : GAUTIER, *Émaux et Camées* 1853 : HUGO, *Les Châtiments* 1854 : NERVAL, *Les Filles du feu* 1856 : HUGO, *Les Contemplations* 1857 : FLAUBERT, *Madame Bovary* ; BAUDELAIRE, *Les Fleurs du mal* 1858 : GAUTIER, *Le Roman de la momie*
1860	1861-1865 : guerre de Sécession aux États-Unis 1865 : abolition de l'esclavage aux États-Unis 1869 : inauguration du canal de Suez	1862 : HUGO, *Les Misérables* ; FLAUBERT, *Salammbô* ; LECONTE DE LISLE, *Poèmes barbares* 1865 : les frères GONCOURT, *Germinie Lacerteux* 1866 : DAUDET, *Lettres de mon moulin* ; VERLAINE, *Poèmes saturniens* 1869 : FLAUBERT, *L'Éducation sentimentale* ; BAUDELAIRE, *Le Spleen de Paris* (posth.) ; LAUTRÉAMONT, *Les Chants de Maldoror*
1870	1870 : guerre franco-prussienne 1871 : défaite de Sedan, chute de l'Empire ; proclamation de la IIIe République (→ 1940) ; Commune de Paris	1870-1872 : publication en revue des poèmes de RIMBAUD 1871-1893 : ZOLA, *Les Rougon-Macquart* 1872 : VERNE, *Le Tour du monde en 80 jours* 1873 : RIMBAUD, rédaction d'*Une saison en enfer* 1874 : BARBEY D'AUREVILLY, *Les Diaboliques* ; HUGO, *Quatre-Vingt-Treize* 1877 : ZOLA, *L'Assommoir*
1880	1882 : lois sur l'enseignement obligatoire de Jules Ferry 1885-1889 : tentative de coup d'État des partisans du général Boulanger 1889-1892 : scandale de Panama	1881 : MAUPASSANT, *La Maison Tellier* ; VERLAINE, *Sagesse* 1882 : BECQUE, *Les Corbeaux* 1883 : MAUPASSANT, *Une vie* 1884 : HUYSMANS, *À Rebours* 1885 : ZOLA, *Germinal* ; LAFORGUE, *Les Complaintes* 1886 : COURTELINE, *Les Gaietés de l'escadron* ; RIMBAUD, *Illuminations* 1887 : MALLARMÉ, *Poésies* 1889 : CLAUDEL, *Tête d'or*
1890	1894 : condamnation du capitaine Dreyfus ; attentats anarchistes dans Paris 1898 : « J'accuse » de Zola, Affaire Dreyfus	1893 : HEREDIA, *Les Trophées* 1896 : JARRY, *Ubu roi* 1897 : GIDE, *Les Nourritures terrestres* ; ROSTAND, *Cyrano de Bergerac* 1899 : FEYDEAU, *La Dame de chez Maxim's*

LITTÉRATURE EUROPÉENNE	ARTS, SCIENCES ET TECHNIQUES
1800 : Novalis, *Hymne à la nuit* 1802 : Foscolo, *Les Dernières Lettres de Iacopo Ortis* 1806 : Lavater, *L'Art de connaître les hommes par la physiognomonie*	1800 : découverte de la pile électrique par Volta 1803 : locomotive à vapeur 1804 : ■ Gros, *Bonaparte visitant les pestiférés de Jaffa* 1807 : ▲ Beethoven, *Cinquième Symphonie* ; ■ David, *Le Sacre*
1812-1818 : Byron, *Le Chevalier Harold* 1812-1822 : Grimm, *Contes* 1818 : Schopenhauer, *Le Monde comme volonté et comme représentation* Shelley, *Frankenstein ou le Prométhée moderne* 1819 : Scott, *Ivanhoé* 1819-1821 : Hoffmann, *Contes des frères Sérapion*	1814 : ■ Ingres, *La Grande Odalisque* 1815 : revêtement des routes par MacAdam 1816 : première photographie par Niepce 1819 : ■ Géricault, *Le Radeau de la Méduse*
1820 : Keats, *Odes* 1822 : Quincey, *Confession d'un fumeur d'opium* 1823 : Manzoni, *Les Fiancés* 1827 : Heine, *Le Livre des chants*	1820 : électrodynamique par Ampère 1824 : Carnot fonde la thermodynamique moderne
1831 : Pouchkine : *Boris Godounov* 1834 : Lytton, *Les Derniers Jours de Pompéi* ; Pouckine, *La Dame de pique* 1835 : Andersen, *Contes* 1836 : Büchner, *Woyzzeck* 1838 : Dickens, *Oliver Twist*	1831 : ▲ Delacroix, *La Liberté guidant le peuple* 1832 : télégraphe électrique 1833 : ▲ Chopin, *Nocturnes* 1838 : daguerréotypes de Daguerre 1839 : vulgarisation du caoutchouc par Goodyear
1842 : Gogol, *Les Âmes mortes* 1843 : Kierkegaard, *Journal d'un séducteur* 1845 : Poe, *Histoires extraordinaires* 1847 : Brontë, *Les Hauts de Hurlevent* 1848 : Marx et Engels, *Manifeste du parti communiste*	1841-1850 : expériences de Joule sur la chaleur des courants électriques 1847 : ruée vers l'or en Californie ; première anesthésie générale au chloroforme 1849 : ■ Courbet, *Un enterrement à Ornans*
1852 : Tourgueniev, *Récits d'un chasseur* 1859 : Darwin, *De l'origine des espèces*	1853 : ▲ Verdi, *La Traviata* 1854 : premiers portraits photographiés par Nadar; ■ Courbet, *Les Cribleuses de blé* 1858 : ■ Daumier, *Crispin et Scapin* 1859 : ■ Millet, *L'Angélus*
1861 : Dickens, *Les Grandes Espérances* 1865-1869 : Tolstoï, *Guerre et Paix* 1865 : Carroll, *Alice au pays des merveilles* 1866 : Dostoïevski, *Crime et Châtiment* 1867 : Marx, *Le Capital*	1860 : moteur à explosion 1863 : ■ Manet, *Le Déjeuner sur l'herbe* ; Salon des Refusés ; Pasteur invente la « pasteurisation » 1867 : classification des éléments de Mendeleïev 1869 : houille blanche ; dynamo
1876-1877 : Tolstoï, *Anna Karénine* 1879 : Ibsen, *Maison de poupée*	1875 : ▲ Bizet, *Carmen* 1876 : Bell invente le téléphone 1877 : phonographe de Cros 1878 : lampe électrique d'Edison 1879 : première locomotive électrique
1880 : Dostoïevski, *Les Frères Karamazov* 1883 : Stevenson, *L'Île au trésor* ; Nietsche, *Ainsi parlait Zarathoustra* 1885 : Stevenson, *Le Docteur Jekyll et Mr. Hyde* 1888 : Strindberg, *Mademoiselle Julie* 1889 : D'Annunzio, *L'Enfant de volupté*	1880 : ■ Rodin, *Le Penseur* 1881 : ▲ Offenbach, *Les Contes d'Hoffmann* ; ■ Renoir, *Le Déjeuner des canotiers* 1882 : Koch découvre le bacille de la tuberculose ; ▲ Wagner, *Parsifal* 1888 : Dunlop invente la chambre à air 1889 : tour Eiffel
1891 : Wilde, *Le Portrait de Dorian Gray* Hardy, *Tess d'Uberville* 1891-1927 : Doyle, *Les Aventures de Sherlock Holmes* 1894 : Kipling, *Le Livre de la jungle* 1895 : Wells, *La Machine à explorer le temps* 1895 : Verhaeren, *Les Villes tentaculaires* 1898 : Svevo, *Senilità* 1899 : Tchekhov, *Oncle Vania*	1890 : ■ Van Gogh, *Le Champ de blé aux corbeaux* 1891 : Michelin et le pneumatique ; Panhard et Levassor et l'automobile 1892 : ■ Cézanne, *Les Joueurs de cartes* ; ■ Toulouse-Lautrec, *Aristide Bruant dans son cabaret* 1895 : cinématographe des frères Lumière 1897 : moteur Diesel ; avion d'Ader 1899 : Liaisons TSF de Marconi

	HISTOIRE	LITTÉRATURE FRANÇAISE
1900	1905 : loi de séparation de l'Église et de l'État 1906 : réhabilitation de Dreyfus	1901 : ZOLA, *La Vérité en marche* 1902 : GIDE, *L'Immoraliste* 1907 : FEYDEAU, *La Puce à l'oreille*
1910	1912 : guerre dans les Balkans 1914 : Première Guerre mondiale 1916 : bataille de Verdun 1917 : entrée en guerre des États-Unis ; Révolution russe 1918 : armistice du 11 novembre 1919 : traité de Versailles ; fondation de la SDN ; journée de huit heures	1912 : CENDRARS, *Les Pâques à New York* 1913 : ALAIN-FOURNIER, *Le Grand Meaulnes* ; APOLLINAIRE, *Alcools* ; CENDRARS, *La Prose du Transsibérien* ; PROUST, *Du côté de chez Swann* 1914 : GIDE, *Les Caves du Vatican* 1916 : BARBUSSE, *Le Feu* 1918 : APOLLINAIRE, *Calligrammes*
1920	1922 : Mussolini au pouvoir en Italie 1923 : occupation de la Ruhr par les Français ; la Russie prend le nom d'URSS 1927 : guerre civile en Chine 1929 : krach boursier de Wall Street	1920 : BRETON ET SOUPAULT, *Les Champs magnétiques* 1923 : COLETTE, *Le Blé en herbe* 1924 : BRETON, *Manifeste du surréalisme* ; ROMAINS, *Knock* 1925 : GENEVOIX, *Raboliot* ; GIDE, *Les Faux-Monnayeurs* 1927 : MAURIAC, *Thérèse Desqueyroux* 1928 : BRETON, *Nadja*
1930	1931 : République en Espagne 1933 : Hitler au pouvoir en Allemagne 1934 : début de la « Longue Marche » de Mao Tsé-toung, en Chine 1936 : Front populaire ; guerre civile en Espagne 1937 : le Japon envahit la Chine 1938 : annexion de l'Autriche par l'Allemagne 1939 : Seconde Guerre mondiale	1932 : CÉLINE, *Voyage au bout de la nuit* 1933 : MALRAUX, *La Condition humaine* 1935 : GIRAUDOUX, *La guerre de Troie n'aura pas lieu* 1936 : CÉLINE, *Mort à crédit* 1937 : MALRAUX, *L'Espoir* 1938 : SARTRE, *La Nausée*
1940	1940 : défaite de la France ; gouvernement de Vichy ; De Gaulle lance l'appel du 18 juin depuis Londres 1941 : entrée en guerre de l'URSS et des États-Unis 1942 : déportations massives des Juifs d'Europe vers l'Allemagne 1944 : débarquement allié en Normandie 1945 : conférence de Yalta ; capitulation allemande ; bombe atomique au Japon ; création de l'ONU 1946 : IVᵉ République (→ 1958) ; début de la guerre froide 1949 : formation de la Chine populaire	1942 : CAMUS, *L'Étranger* ; PONGE, *Le Parti pris des choses* 1943 : SARTRE, *Les Mouches* 1944 : SARTRE, *Huis clos* 1946 : SAINT-JOHN PERSE, *Vents* 1947 : CAMUS, *La Peste* ; GENET, *Les Bonnes* ; QUENEAU, *Exercices de style* ; CÉSAIRE, *Cahiers d'un retour au pays natal* 1949 : PRÉVERT, *Paroles* BEAUVOIR, *Le Deuxième Sexe*
1950	1953 : mort de Staline ; traité de Rome 1956 : indépendance du Maroc et de la Tunisie 1958 : Vᵉ République ; De Gaulle élu président de la République (→ 1969)	1950 : IONESCO, *La Cantatrice chauve* 1951 : GIONO, *Le Hussard sur le toit* ; GRACQ, *Le Rivage des Syrtes* 1953 : BECKETT, *En attendant Godot* ; ROBBE-GRILLET, *Les Gommes* 1955 : LÉVI-STRAUSS, *Tristes Tropiques* 1957 : BUTOR, *La Modification* 1958 : DURAS, *Moderato Cantabile* ; QUENEAU, *Le Chien à la mandoline*
1960	1962 : indépendance de l'Algérie ; crise de Cuba 1963 : assassinat du président Kennedy 1966 : Révolution culturelle en Chine 1968 : mouvement de Mai 68 ; intervention soviétique en Tchécoslovaquie 1969 : démission du général de Gaulle	1960 : IONESCO, *Rhinocéros* 1961 : PONGE, *Le Grand Recueil* 1962 : IONESCO, *Le Roi se meurt* 1964 : SARTRE, *Les Mots* 1965 : PEREC, *Les Choses* 1968 : COHEN, *Belle du seigneur* 1969 : TOURNIER, *Vendredi ou les Limbes du Pacifique*
1970	1973 : fin de la guerre du Vietnam ; coup d'État au Chili; premier choc pétrolier 1976 : mort de Mao Tsé-toung 1979 : révolution islamique en Iran	1971 : JACCOTTET, *La Semaison* 1977 : CHAR, *Chants de la Balandrane* 1978 : PEREC, *La Vie mode d'emploi* MODIANO, *Rue des boutiques obscures*
1980	1981 : Mitterrand président de la République (→ 1995) 1985 : Gorbatchev au pouvoir en URSS 1987 : accords Reagan-Gorbatchev sur les armes nucléaires 1989 : répression sanglante des manifestations à Pékin ; chute du mur de Berlin ; réunification allemande	1980 : LE CLÉZIO, *Désert* 1983 : KOLTÈS, *Combat de nègre et de chiens* 1984 : DURAS, *L'Amant* 1985 : QUÉFFELEC, *Les Noces barbares* 1987 : BEN JELLOUN, *La Nuit sacrée*
1990	1991 : guerre du Golfe 1991 : fin de l'URSS ; la CEE devient Union européenne 1995 : Chirac président de la République 1999 : l'euro, monnaie européenne	1990 : ROUAUD, *Les Champs d'honneur* 1991 : QUIGNARD, *Tous les matins du monde* ; LE CLÉZIO, *Onitsha* 1996 : DARRIEUSSECQ, *Truismes* 1998 : HOUELLEBECQ, *Les Particules élémentaires* 1999 : NOTHOMB, *Stupeur et tremblements*
	2001 : attentat contre le World Trade Center, à New York	

LITTÉRATURE EUROPÉENNE	ARTS, SCIENCES ET TECHNIQUES
1901 : Wells, *L'Homme invisible* 1902 : Gorki, *Les Bas-Fonds* 1904 : Tchekhov, *La Cerisaie* 1905 : Rilke, *Élégies de Duino* 1909 : Marinetti, *Manifeste du futurisme*	1900 : exposition universelle de Paris 1902 : ● Méliès, *Voyage dans la lune* 1903 : premier vol en aéroplane ; premier Tour de France cycliste 1904 : ■ Cézanne, *La Montagne Sainte-Victoire* 1907 : ■ Picasso, *Les Demoiselles d'Avignon* 1909 : Blériot traverse la Manche en avion
1912 : Kafka, *La Métamorphose* 1913 : Gorki, *Enfance* 1916 : Freud, *Introduction à la psychanalyse* 1918 : Tzara, *Manifeste Dada*	1912 : naufrage du Titanic 1914 : ■ Monet, *Nymphéas* 1917 : ■ Modigliani, *Nu sur un coussin bleu*

1921 : Pirandello, *Six personnages en quête d'auteur*
1922 : Joyce, *Ulysse*
       Zweig, *Amok*
1924 : Mann, *La Montagne magique*
       Pessoa, *Odes*
1925 : Kafka, *Le Procès*
1927 : Hesse, *Le Loup des steppes*
1928 : Brecht, *L'Opéra de quat'sous*
1929 : Döblin, *Berlin Alexanderplatz*
	1922 : Einstein prix Nobel de physique
	       ● Lang, *Docteur Mabuse*
	1923 : ■ Ernst, *Ubu Imperator*
	1926 : ● Eisenstein, *Le Cuirassé Potemkine*
	1927 : Fleming découvre la pénicilline ; Lindbergh traverse l'Atlantique

1931 : Woolf, *Les Vagues* 1932 : Huxley, *Le Meilleur des mondes* 1933 : Musil, *L'Homme sans qualités* 1937 : Bontempelli, *Des gens dans le temps* 1938 : Beckett, *Murphy*	1934 : découverte de la radioactivité par les Curie 1936 : ● Chaplin, *Les Temps modernes* ; Capa, *Guerre d'Espagne* 1937 : découverte du nylon ; ■ Picasso, *Guernica* ● Renoir, *La Grande Illusion* 1938 : ● Carné, *Hôtel du Nord* ; Renoir, *La Bête humaine* 1939 : avion à réaction

1940 : Buzzati, *Le Désert des Tartares*
1941 : Koestler, *Le Zéro et l'infini*
       Gadda, *La Connaissance de la douleur*
1942 : Cela, *La Famille de Pascual Duarte*
1948 : Moravia, *La Désobéissance*
1949 : Orwell, *1984*
       Malaparte, *La Peau*
	1940 : découverte du plutonium
	1941 : ■ Welles, *Citizen Kane*
	1942 : ■ Carné, *Les Visiteurs du soir*
	1943 : ■ Clouzot, *Le Corbeau*

1950 : Julien Green, *Maïra*
1954 : Moravia, *Le Mépris*
       Golding, *Sa Majesté des Mouches*
1955 : Nabokov, *Lolita*
1957 : Pasternak, *Le Docteur Jivago*
       Calvino, *Le Baron perché*
1958 : Primo Levi, *Si c'est un homme*
1959 : Pasolini, *Une vie violente*
       Grass, *Le Tambour*
	1950 : Doisneau, *Baiser place de l'Hôtel de Ville*
	1953 : premier film en cinémascope
	1955 : ■ Nicolas de Stael, *Paysage*
	1956 : ● Bresson, *Un condamné à mort s'est échappé*
	1956 : ● Vadim, *Et Dieu créa la femme*
	1958 : ● Tati, *Mon Oncle*
	1959 : ● Truffaut, *Les 400 Coups*

1962 : Soljenitsyne, *Une journée d'Ivan Denissovitch*
       Carpentier, *Le Siècle des lumières*
1966 : Buzatti, *Le K*
       Boulgakov, *Le Maître et Marguerite*
1967 : Arrabal, *Le Jardin des délices*
	1960 : ● Godard, *À bout de souffle* ; ● Fellini, *La Dolce Vita*
	1961 : Youri Gagarine dans l'espace
	1968 : première greffe du cœur
	1969 : l'homme marche sur la Lune ; ■ Picasso, *Le Baiser*

1974 : Böll, *L'Honneur perdu de Katarina Blum* Sciascia, *Todo Modo* 1974-1976 : Soljenitsyne, *L'Archipel du Goulag* 1975 : Morante, *La Storia*	1971 : ● Kubrick, *Orange mécanique* 1972 : prototype du TGV 1974 : invention de la carte à puce 1977 : inauguration du centre Pompidou 1979 : ● Coppola, *Apocalypse now* ; lancement de la fusée Ariane
1981 : Garcia-Marquez, *Chronique d'une mort annoncée* 1982 : Eco, *Le Nom de la rose* Bernhard, *Le Neveu de Wittgenstein* 1984 : Kundera, *L'Insoutenable Légèreté de l'être*	1980 : ● Truffaut, *Le Dernier Métro* 1982 : premiers disques compacts 1985 : inauguration de la Géode à la Villette 1988 : Pei, *Pyramide du Louvre*
1991 : Lodge, *Nouvelles du paradis* 1993 : Roddy Doyle, *Paddy Clarke Ha Ha Ha* ; Murdoch, *Le Chevalier vert* 1994 : Coe, *Un testament à l'anglaise* 1995 : Atkinson, *Dans les coulisses du musée* Muvnoz Molina, *Une ardeur guerrière* 1997 : Magris, *Microcosmes*	1992 : ouverture du réseau Internet aux particuliers 1993 : première expérience de clonage aboutie en France 1994 : tunnel sous la Manche 1998 : ■ Boltanski, *Dernières Années*
	2004 : découverte de traces d'eau sur Mars

■ Peinture ▲ Musique ● Cinéma

Index des auteurs

Index des œuvres

Index des œuvres

INDEX

Index des notions

A

absurde, 456
académie, 456
accélération, 108
accent (rythmique), 165
accumulation, 416, 456
acteur, 240
action dramatique, 177
adaptation, 294
addition, 430
alexandrin, 164
allégorie, 428
allitération, 166
allusion, 294
alternance des points de vue, 107
amplification, 425
analyse littéraire,
anagramme, 23
analogie, 428
analyse de l'image, 88-103
anaphore, 44, 424
angle de vue, 107
anticipation, 149
anti-héros, 211
antiphrase, 428
antithèse, 424
antonyme, 406
aparté, 176
apostrophe, 34
argument, 194
argumentation, 192-207, 254-265
argumentation (histoire de l'), 200
articulation logique, 430
aspect, 422
assonance, 166
attaque, 83, 195
atténuation, 425
auteur, 280
autobiographie, 278-287
autoportrait, 281

B

ballade, 228
baroque, 273
blâme, 193, 198
brouillon, 119
burlesque, 24

C

cadrage, 106
cadre spatio-temporel, 153
calembour, 23
calligramme, 299
caméra objective, 107
caméra subjective, 107
caractérisation, 212
caricature, 86
cause, 430
censure, 130, 132
champ, 107
chant épique, 52
chef de file, 139, 271
chevalerie, 57
chiasme, 424
cinéma, 104
classicisme, 275
codes symboliques, 91
combat épique, 51, 52
comédie, 24, 175, 178
comique, 20-24
comparaison, 428
comparant, 428
comparé, 428
composition,
concession, 430
conflit, 177
connotations, 63, 91, 408
conséquence, 430
construction de l'image, 90
conte philosophique, 258
contexte, 130
contexte biographique, 131
contexte économique, 270
contexte historique et social, 270
contexte scientifique, 270
contre-argument, 195
contrepèterie, 23
contre-plongée, 107
contre-rejet, 166
coordination, 414
copiste, 131
corpus de textes, 304
corrections, 116, 119-120
costume, 239
coupe, 165
critique, 199

D

décasyllabe, 164
décor, 239
défense, 83
délibération, 257
démonstration, 196
dénotation, 91, 408

dénouement, 177, 294
description, 150
destinataire, 194
détail vrai, 72
détournement, 295
dialogue (romanesque), 152
dialogue (théâtral), 176
didascalies, 238
diérèse, 164
discours direct, 434
discours indirect, 434
discours indirect libre, 77, 434
discours logique, 195
discours rapportés, 152, 434
distique, 165
documentaire, 109
dossier documentaire, 118
double énonciation, 176
doute, 63
drame romantique, 178

E

ébauche, 118
écart, 22
éditeur, 131
effet d'écho, 294
effet de réel, 72
ellipse, 108, 150
éloge, 192, 198
éloquence, 195
émetteur, 194
emprunt, 294
enjambement, 166
énonciation, 176, 432
épopée, 52, 54, 228
espace scénique, 239
essai, 257
étymologie, 406
euphémisme, 425
exagération, 24
exclamation, 34, 43
exemple, 194
explication, 430
exposition, 177

F

fable, 228, 257, 292-293
fabliau, 69, 459
fantastique, 60
farce, 24
figures de style, 424
film, 104-115
focalisation, 148

fonction des personnage, 151
forme fixe, 228
formes poétiques, 228-229
futur simple, 418

G

glissement vers l'absurde, 22
gradation, 44, 424
gros plan, 106

H

harmonie imitative, 166
harmonie suggestive, 166
hémistiche, 164
héros, 209
héros épique, 53
héros réaliste, 72
héros tragique, 32
horizon d'attente, 132
hors-champ, 107
huitain, 165
humanisme, 268-269, 274
humour, 24, 195
hyperbole, 44, 425
hypothèse, 420

I

image, 94
image poétique, 167
imitation,
imparfait, 149
implication, 197
imprécation, 33
imprimeur, 131
incertitude, 63
indices du sentiment et du jugement, 432
indignation, 83
insert, 106
insistance,
insolite, 64
interpellation, 197
interprète, 238
interrogation, 34, 43
intrigue (romanesque), 154
intrigue (théâtrale), 459
inversion sonore, 23
ironie, 83

J

jeu sur les mots, 22, 167
journal, 282
juxtaposition, 414

Index des notions

N° Editeur 10150828 - Nord Compo - Juin 2008
Imprimé en Italie par Rotolito Lombarda